SANTO TOMÁ~~S DE AQ~~

CATENA AUREA

Comentarios al Evangelio

SAN MATEO

Tomo II

CONTENIDOS

CAPÍTULO 14

En aquel tiempo, Herodes el Tetrarca, oyó la fama de Jesús, y dijo a sus criados: "Este es Juan el Bautista, que resucitó de entre los muertos, y por eso virtudes obran en El". Porque Herodes había hecho prender a Juan, y atado, ponerle en la cárcel por causa de Herodías, mujer de su hermano. Porque le decía Juan no es lícito tenerla. Y queriéndole matar, temió al pueblo porque le miraban como a un profeta. (vv. 1-5)

Glosa

Después de habernos manifestado el evangelista las calumnias que los fariseos levantaron contra Cristo a propósito de sus milagros y la admiración que le profesaban por razón de estos milagros, y que sin embargo, a pesar de esta admiración le despreciaban, pasa ahora a referirnos la opinión que de Él había formado Herodes por los milagros que había oído contar; y por eso dice: "En aquel tiempo oyó Herodes", etc.

San Juan Crisóstomo, *homiliae in Matthaeum, hom. 48,2*

No sin causa marca el evangelista en este pasaje la época: es para darnos a conocer el orgullo y la indiferencia de este tirano, quien no trató de informarse en seguida de quién era Cristo, sino después de pasado muchísimo tiempo. Es precisamente lo que acontece a aquellos que están en el poder, que rodeados de aduladores y entregados al orgullo, miran su salvación como un negocio de escaso interés.

San Agustín, *de consensu evangelistarum, 2,43*

Dice San Mateo: "En aquel tiempo", no en aquel día ni en aquella hora; también San Marcos lo refiere así, y de la misma manera aunque no con el mismo orden (*Mc* 6) puesto que lo cuenta después de haber dicho que el Señor mandó a sus discípulos a predicar, sin dejarnos lugar a suponer que Él trató de hacernos ver una continuación de tiempo. De la misma manera está puesta la narración de San Lucas (*Lc* 9) que la de San Marcos, quien únicamente nos hace suponer que El no quizo seguir el orden cronológico de los hechos.

San Juan Crisóstomo, *homiliae in Matthaeum, hom. 48,2*

Mirad cuán grande cosa es la virtud. Herodes tuvo miedo de Juan a pesar de estar muerto, y por eso habla de su resurrección: "Y dijo a sus criados: Este es Juan", etc.

Rábano

Por este pasaje podemos comprender la envidia grandísima que tenían los judíos a Jesús. El extranjero Herodes, a pesar de que no tenía testigo alguno que lo asegurase, dice que Juan había resucitado de entre los muertos; y los judíos, no obstante de tener profetas que les dijeron que Jesucristo resucitaría, prefirieron negar la resurrección del Salvador y sostener que había sido arrebatado clandestinamente del sepulcro, lo que nos muestra que entre los gentiles hubo más docilidad para creer que entre los judíos.

San Jerónimo

Un intérprete ortodoxo pregunta por qué razón sospechó Herodes que Juan había resucitado de entre los muertos, como si quisiera darnos a nosotros mismos la razón de la inconsecuencia de nuestros enemigos, o como si de sus palabras quisiera dar a entender que creía en la metempsicosis, que admite que después de muchas evoluciones de tiempo, las almas pasan a diversos cuerpos, puesto que el Señor tenía treinta años cuando Juan fue decapitado.

Rábano

Con razón todos los que admiten la resurrección de los muertos se ven precisados a admitir que los santos tendrán más poder después de la resurrección que el que tuvieron con la debilidad de la carne; y por eso dice: "Y por eso virtudes obran en El".

San Agustín, *de consensu evangelistarum, 2,43*

Mas San Lucas dice: "Y dijo Herodes: Yo he decapitado a Juan: ¿quién es éste de quien oigo hablar tanto?" (*Lc* 9,9). Puesto que Lucas nos presenta a un Herodes dubitativo, debe entenderse que, después de haber estado perplejo, se convenció en la creencia de lo que le referían sus cortesanos, lo cual manifiesta San Mateo en estos términos: "Este es Juan Bautista". A no ser que fueran pronunciadas esas palabras para indicar la perplejidad que las acompañaba. No hay dificultad en tomarlas en ambos sentidos: o como convencimiento ante las palabras de los que le rodeaban, o como expresión de su perplejidad, como refiere San Lucas.

Remigio

Quizá pregunte alguno, ¿por qué San Mateo dice: "En aquel tiempo" habiendo dicho mucho más arriba que el Señor, después de la muerte de Herodes, se volvió desde Egipto? Pero se desvanece esta dificultad teniendo presente que hubo dos Herodes. Y muerto el primer Herodes, le sucedió su hijo Arquelao, que después de diez años, fue desterrado a Viena, ciudad de la Galia. Después César Augusto mandó que fuese dividido este reino en Tetrarquías y dio tres partes a los hijos de Herodes. El Herodes, pues, que decapitó a Juan es el hijo de Herodes el mayor, en cuya época nació el Salvador; y esto mismo lo da a entender el Evangelio al usar la palabra tetrarca.

Glosa

Después de habernos dicho la opinión de Herodes sobre la resurrección de Juan, vuelve el evangelista a hablarnos sobre el modo como murió Juan, de quien nada había dicho antes.

San Juan Crisóstomo, *homiliae in Matthaeum, hom. 48,2*

Y no nos refiere el evangelista esta historia como una cosa principal, puesto que su objeto es hablarnos solamente de Cristo, sino porque este hecho está relacionado con la historia del Salvador. Dice, pues: "Herodes mandó prender a Juan, y atado", etc.

San Agustín, *de consensu evangelistarum, 2,44*

San Lucas no refiere este hecho en el mismo orden, sino que lo une a la narración del bautismo del Señor (*Lc* 3); por donde se ve que lo que preocupó al evangelista fue el referirnos lo que aconteció mucho después. Porque después de hacer mención de las palabras de Juan, que nos presentan al Señor con el bieldo en la mano, añade a continuación lo que el evangelista San Juan refiere, que no sucedió inmediatamente. Puesto que nos dice que Jesús, después del bautismo, se fue a Galilea, que después se volvió a Judea, donde bautizó cerca del Jordán; y todo esto antes de que Juan fuese encarcelado. Ni San Mateo ni San Marcos refieren el encarcelamiento de Juan en este orden, como se ve por sus escritos, porque ellos dicen que después de encarcelado Juan, el Señor estaba en Galilea, y después de los muchos milagros que allí hizo, que fueron causa de que su fama llegara a oídos de Herodes, refieren cuanto dice relación con la prisión y muerte de Juan. El motivo que hubo para que Juan fuese aprisionado lo dice en las palabras siguientes: "A causa de Herodías, mujer de su hermano; porque le decía Juan: no te es lícito tenerla".

San Jerónimo

Cuenta una historia antigua que Filipo, hijo de Herodes el mayor y hermano de este Herodes, se casó con Herodías, hija de Aretas, rey de la Arabia; y que después el suegro, por ciertas desavenencias contra el cuñado, se llevó a su hija, y para mortificar al primer marido la casó con Herodes, su enemigo. Luego, Juan Bautista, que había venido con el espíritu y la virtud de Elías (*Lc* 1), con la misma autoridad con que éste había reprendido a Acab y a Jezabel (*1Re* 21), reprendió a Herodes y a Herodías por su matrimonio ilegítimo. Él les dijo que no era lícito, mientras viviera su hermano, tomar por esposa a su mujer, prefiriendo correr los perjuicios de un rey que olvidar en la adulación los mandamientos de Dios.

San Juan Crisóstomo, *homiliae in Matthaeum, hom. 48,2*

No se dirige, sin embargo, a la mujer, sino al hombre, porque éste era la causa más principal.

Glosa

Probablemente profesaba la ley judaica, y por eso Juan en nombre de esta ley le prohibió el adulterio. Sigue: "y queriéndole matar temió al pueblo".

San Jerónimo

Temía él una sedición popular por causa de Juan, que, como él sabía, había bautizado ya un gran número de judíos; pero él era esclavo del amor por su mujer y esta pasión le había hecho despreciar los preceptos de Dios.

Glosa

El temor de Dios corrige y el temor de los hombres aplaza pero no cambia la voluntad, y los que se detienen en el borde del crimen, vuelven con más furor al mismo crimen.

Mas el día del nacimiento de Herodes, la hija de Herodías danzó delante de todos, y agradó a Herodes. Por lo que prometió con juramento, que le daría todo lo que le pidiese. Y ella, prevenida por su madre, dijo: "Dame aquí en un plato la cabeza de Juan el Bautista". Y el rey se entristeció: más por el juramento, y por los que estaban con él a la mesa, se la mandó dar. Y envió e hizo degollar a Juan en la cárcel. Y fue traída su cabeza en un plato, y dada a la muchacha, y ella la llevó a su madre. Y vinieron sus discípulos y tomaron su cuerpo y lo enterraron, y fueron a dar la nueva a Jesús. (vv. 6-12)

Glosa

Después de haber referido el evangelista la prisión de Juan, nos habla de su muerte diciendo: "Mas el día del nacimiento", etc.

San Jerónimo

De nadie más que de Herodes y del Faraón sabemos que celebraran el día de su nacimiento (*Ex* 40), sin duda para que así como estaban unidos por la impiedad, lo estuvieran también por la festividad.

Remigio

Es necesario tener presente que la costumbre, no sólo de las mujeres ricas, sino también de las pobres, es el educar a sus hijas con tal recato que apenas son vistas por los extraños; pero esta mujer impúdica educó a su hija con tan poco pudor que no solamente no le enseñó la modestia, sino que le enseñó la danza. Y no es menos digno de represión Herodes, que olvidando que su casa era un palacio real, permitió que la dicha mujer la hiciera un teatro. Por eso sigue: "Y agradó a Herodes".

San Jerónimo

Yo no excuso a Herodes que cometió homicidio, resistiéndose y sin quererlo, a causa del juramento que había hecho, porque ese mismo juramento fue quien preparó la muerte; porque -si cometió el crimen a causa del juramento- ¿si se le hubiera exigido la muerte de su padre o de su madre, los hubiera matado, sí o no? Luego, debió rechazar contra el profeta lo que hubiera rechazado en contra suya.

San Isidoro, *lib. syn, 2,10*

Las promesas, cuando son malas, no debéis cumplirlas; y es una promesa impía la que se cumple mediante un crimen; y no se debe observar un juramento en el que, sin pensarlo, se promete una cosa mala.

Sigue: "Y ella, prevenida por su madre, dijo: dame aquí en un plato la cabeza de Juan", etc.

San Jerónimo

Herodías, temiendo que Herodes se arrepintiese, o de que volviera a la amistad de su hermano Filipo, y de que su matrimonio ilegítimo terminase con el divorcio, previene a su hija que en seguida en el mismo convite pidiese la cabeza de Juan; la sangre era el precio digno de una danza.

San Juan Crisóstomo, *homiliae in Matthaeum, hom. 48,2*

Dos son los crímenes de esta joven: el danzar y el haber danzado de manera que, agradando al rey, pudiese pedir como recompensa la muerte. Y ved aquí la crueldad de la obscena bailarina y la molicie de Herodes, porque se hace a sí mismo responsable de un juramento y la hace a ella dueña de la demanda, y si se entristeció, fue porque sabía que en esa demanda iba envuelto un crimen. Por eso sigue: "Y el rey se entristeció", etc. Aun entre los malos es digna de admiración y de alabanza la virtud.

San Jerónimo

O de otro modo, es costumbre de las Escrituras el que el escritor cuente, no como opinión sino como un hecho, la opinión de gran parte de los contemporáneos del hecho que refiere. Así, como José era llamado por María padre de Jesús (*Lc* 2), así también Herodes se nos presenta ahora triste, porque así lo juzgaban los convidados. Este disimulo de su alma y artificio del homicidio hacía aparecer la tristeza en su rostro, pero la alegría estaba en su corazón. Sigue: "Por causa del juramento", etc. Excusa su maldad con el juramento y se hace más impío bajo el velo de la piedad. Por las palabras: "Y por los que estaban en la mesa", nos significa que todos los que allí se entregaban a las delicias del convite impuro eran participantes de su crimen y de los sangrientos manjares.

San Juan Crisóstomo, *homiliae in Matthaeum, hom. 48,2*

Y si él temía tener testigos de su perjurio, ¡cuánto más debió temer tener tantos testigos de una muerte impía!

Remigio

Un pecado conduce a otro pecado más grave, porque el que no arranca de su corazón un deseo licencioso, pronto llega hasta la lujuria, y si no reprime la lujuria, desciende hasta el crimen del homicidio. Por eso sigue: "Y envió e hizo degollar a Juan".

San Jerónimo

Leemos en la historia romana que Flaminio, general romano, que estaba recostado en un festín junto a una cortesana que decía que ella jamás había visto decapitar a un hombre, mandó que un criminal, condenado a pena capital, fuese decapitado en la sala del festín. Los censores le arrojaron del senado por haber derramado sangre humana en un festín, y haber ofrecido la muerte, aunque de un criminal, delante de los espectadores mezclando de esta manera el libertinaje con el homicidio. ¿Cuánto más criminales son Herodes y Herodías y la muchacha que danzaba, por haber exigido como recompensa la cabeza de un profeta, con el objeto de tener en su poder la lengua que reprendía su matrimonio ilegítimo?

Sigue: "Y fue dada a la muchacha", etc.

Glosa

Con el fin de que tuviera poder sobre la lengua que reprendía su matrimonio ilegítimo.

San Gregorio Magno, *Moralia, 3,7*

No es de extrañar que me cause una admiración profunda el ver que aquel que fue lleno del espíritu de profecía en el vientre de su madre (*Lc* 1) y que no ha tenido superior entre los hijos de mujer (*Mt* 12), sea decapitado por la danza de una muchacha, y un varón de tan grande santidad muera por la risa de una mujer infame. ¿Es por ventura para expiar algún crimen de su vida pasada la razón de sufrir una muerte tan despreciable? No, porque si Dios oprime a los suyos en las cosas pequeñas, es porque al mismo tiempo está viendo el modo de premiarlos en las cosas grandes. De aquí debemos sacar la conclusión de cuán grande será el castigo de los réprobos, cuando de esta manera prueba a los justos.

San Gregorio Magno, *Moralia, 29,4*

Juan no murió como confesor de Cristo, sino como confesor de la verdad y de la justicia; pero como la verdad es Cristo, luchó hasta morir por Cristo, y a Él debe el haber sido mártir de la verdad.

Sigue: "Y acercándosele sus discípulos", etc.

San Jerónimo

Bajo la palabra **discípulos**, podemos comprender los de Juan y los del Salvador.

Rábano

Josefo cuenta, que Juan fue cargado de cadenas y conducido al castillo de Maqueronte donde fue decapitado, pero la historia eclesiástica nos dice que fue enterrado en Sebaste, ciudad de la Palestina, llamada en otro tiempo Samaria.

San Juan Crisóstomo, *homiliae in Matthaeum, hom. 49,1*

Observad cómo los discípulos de Juan tienen más familiaridad con Jesús. Ellos son los que le anunciaron lo acontecido a Juan. Por eso sigue: "Y vinieron sus discípulos a dar la noticia a Jesús". Renunciando a todos los otros, se acogen a Él y de esta manera se dirigen a El poco a poco después de la desgracia y de la respuesta dada por el Señor.

San Hilario, *in Matthaeum, 14*

En sentido místico, Juan es la figura de la ley, porque la ley fue quien anunció a Cristo, y Herodes es el rey del pueblo y el representante del nombre y de la causa del pueblo que estaba bajo sus órdenes. Juan prevenía a Herodes que no se casara con la mujer de su hermano. Son, pues, y eran dos pueblos: el de la circuncisión y el de los gentiles. Los dos son hermanos y descienden del mismo tronco, del padre del género humano. Pero la ley mandaba al pueblo de Israel que no se mezclase con las obras y la incredulidad de los gentiles, cosas que unían a las naciones como por un lazo de íntimo maridaje. Mas en el día del nacimiento de Herodes, es decir, entre los goces terrenales danzó la hija de Herodías. La voluptuosidad, que es como hija de la incredulidad, mezcla todos los goces de Israel con los movimientos desordenados de una bailarina, a quien es vendido el pueblo de Israel mediando un juramento. Esta bailarina por instigación de su madre, esto es, de la infidelidad, suplicó que se le entregase la cabeza de Juan, esto es, la gloria de la ley. Pero el pueblo que tenía conciencia del bien que contenía la ley, no accede a las condiciones de la voluptuosidad sin una impresión dolorosa del perjuicio que se le sigue. Él sabe que no le es lícito abandonar a esta gloria de sus maestros, pero precisado por sus pecados y por el juramento, viciado y vencido por el temor y el ejemplo de los príncipes vecinos, obedece triste a las seducciones de la licencia. Y en seguida es llevada en un plato la cabeza de Juan en medio de las risotadas de un pueblo disoluto. Siempre por la infracción de la ley se desarrolla la voluptuosidad de los sentidos, y el lujo del mundo. La cabeza pasa de la hija a la madre, de esta manera el vil Israel arroja la gloria de su ley a los pies del placer y de la incredulidad. Terminados los tiempos de la ley y sepultados con Juan, sus discípulos anuncian al Señor lo acontecido y pasan de la ley al Evangelio.

San Jerónimo

O de otro modo, vemos nosotros en el día de hoy, que los judíos perdieron en la cabeza de Juan a Cristo, cabeza de todos los profetas.

Rábano

Y también se ha perdido para ellos la lengua y la voz del profeta.

Remigio

O de otro modo, la decapitación de Juan significa la disminución de su fama entre los judíos que lo tenían por Cristo (*Lc* 8), así como la exaltación del Señor sobre la cruz anuncia el avance de la fe. Por eso dijo Juan: "Es necesario que él crezca y que yo disminuya" (*Jn* 3,30).

Y cuando lo oyó Jesús se retiró de allí en un barco a un lugar desierto apartado; y habiéndolo oído las gentes, le siguieron a pie de las ciudades. Y cuando salió, vio una grande multitud de gente, y tuvo de ellos compasión, y sanó los enfermos de ellos. (vv. 13-14)

Glosa

El Salvador, cuando oyó la muerte del que le había bautizado, se retiró a un lugar desierto. Por eso sigue: "Y cuando lo oyó Jesús se retiró de allí en un barco a un lugar desierto apartado".

San Agustín, *de consensu evangelistarum, 2,45*

El evangelista refiere esto a continuación de la pasión de Juan; de donde resulta que después de estas cosas se verificaron las que se refirieron arriba y que movieron a Herodes a decir: "Este es Juan" (*Mt* 14,2). Se debe mirar como posterior lo que la fama llevó a oídos de Herodes (lo cual refiere San Lucas) y le hizo dudar, y le obligó a preguntar quién era ése de quien había oído tantas maravillas, habiendo él mismo quitado la vida a Juan.

San Jerónimo

Mas no se retiró a un lugar desierto por temor de que le quitaran la vida, como algunos se figuran, sino para perdonar a sus enemigos, no sea que añadiesen a un homicidio otro homicidio. O para diferir su muerte hasta el día de Pascua, día en que el cordero pascual era inmolado como figura, y las puertas de los fieles rociadas de sangre. O se retiró para darnos ejemplo de que no debemos exponernos con temeridad a la persecución, porque no todos los que se presentan a ella perseveran con la misma constancia. Por esta razón manda en otro lugar: "Cuando os persiguieren en una ciudad, huid a otra" (*Mt* 10,23). La expresión del evangelista es admirable, no dice: Huyó a un lugar desierto, sino, se retiró, más bien por evitar que por temer a los perseguidores. Puede también haberse retirado a un desierto, después de saber la muerte de Juan, con el objeto de poner a prueba la fe de los fieles.

San Juan Crisóstomo, *homiliae in Matthaeum, hom. 49,1*

O también hizo esto porque quiso hacer aún muchas cosas de una manera humana, no habiendo llegado aún el tiempo de descorrer el velo para descubrir su Divinidad. Y por esta razón, aunque Él sabía el acontecimiento antes de que se lo dijeran (*Mt* 16), no se retiró, hasta que se lo anunciaron, para de esta manera demostrar la verdad de su Encarnación, y hacerla creer no sólo con palabras sino con obras. Y al retirarse no se fue a una ciudad, sino a un desierto, y en un barco para que nadie le siguiese; pero las gentes no le abandonan ni aun así, sino que le siguen, sin que les aterrase lo que había sucedido con Juan. Y por eso sigue: "Y habiéndolo oído las gentes le siguieron", etc.

San Jerónimo

Le siguieron las gentes a pie, no en caballerías ni en vehículos, sino afrontando los trabajos de una marcha a pie, a fin de manifestar el ardor de su alma.

San Juan Crisóstomo, *homiliae in Matthaeum, hom. 49,1*

Y por esta razón recibieron en seguida la recompensa. Por eso sigue: "Y cuando salió, vio una grande multitud de gente, y tuvo de ellos compasión, y sanó los enfermos de ellos". Aunque era mucho el cariño de aquellos que abandonaban las ciudades y le buscaban con ansiedad, sin embargo, lo que el Señor hizo en favor de ellos excede a cuanto pudieron merecer, y por eso nos pone su misericordia como causa de esas curaciones. Y es, en efecto, un rasgo de su grande misericordia el curar a todos sin exigirles la fe.

San Hilario, *in Matthaeum, 14*

En sentido místico el Verbo de Dios, terminado el tiempo de la ley, visita la Iglesia embarcado, y se dirige hacia el desierto, porque abandonando Judea, pasa a los corazones desiertos de los que no tenían conocimiento de Dios. Mas las gentes, al oír esto, siguen al Señor desde la ciudad al desierto, es decir, se dirigen desde la sinagoga a la Iglesia, y al ver esto el Señor se mueve a piedad y les cura todo abatimiento y toda enfermedad, esto es, los purifica dándoles los principios de la nueva predicación, a sus espíritus abatidos y sus cuerpos que estaban desfallecidos por el letargo de la incredulidad.

Rábano

Es de notar que las gentes siguieron al Señor después que El llegó al desierto; porque sólo un pueblo le adoraba antes de que llegase a la soledad de las naciones.

San Jerónimo

Mas las gentes abandonan sus ciudades, esto es, sus antiguas costumbres y sus diferentes creencias. Y la salida de Jesús significa que a pesar de que las gentes tenían deseos de ir a donde Él estaba, se encontraban sin fuerzas para llegar allí, y por esta razón el Salvador sale de su lugar y marcha al encuentro de ellos.

Y venida la tarde se llegaron a Él sus discípulos y le dijeron: "Desierto es este lugar y la hora ya pasada: despacha las gentes para que pasando a las aldeas se compren qué comer". Y les dijo Jesús: "No tienen necesidad de irse: dadles vosotros de comer". Le respondieron: "No tenemos aquí, sino cinco panes y dos peces". Jesús les dijo: "Traédmelos aquí". Y habiendo mandado a la gente que se recostase sobre el heno, tomó los cinco panes y los dos peces, y alzando los ojos al cielo, bendijo y partió los panes, y los dio a los discípulos y los discípulos a las gentes. Y comieron todos y se saciaron. Y alzaron las sobras, doce cestos llenos de pedazos. Y el número de los que comieron fue cinco mil hombres sin contar mujeres y niños. (vv. 15-21)

San Juan Crisóstomo, *homiliae in Matthaeum, hom. 49,1-2*

Lo que demuestra la fe del pueblo es que a pesar de sufrir las incomodidades del hambre aguardaban al Señor hasta la tarde. Por eso sigue: "Y venida la tarde, se llegaron a Él sus discípulos y le dijeron: Desierto es este lugar". El Señor esperaba para darles de comer el que se lo suplicaran, para darnos a entender que

El no hace primero los milagros, sino después que ha sido llamado. Y por esta razón no se le acerca ninguno de la multitud; le respetaban demasiado y su presencia les hacía olvidar los estímulos del hambre. Ni al acercarse los discípulos dijeron: dales de comer (porque aún no estaban dispuestos con toda perfección) sino que le dicen: "Desierto es este lugar". Porque parecía a los judíos como un milagro en el desierto, cuando ellos dijeron: "¿Acaso puede preparar una mesa en el desierto?" (*Sal* 77,19). Esto es lo que opera Jesús: El los lleva al desierto a fin de que no puedan dudar del milagro y ninguno pueda creer que se había traído la comida de alguna aldea vecina. Pero aun cuando esté desierto el lugar, sin embargo, está presente el que alimenta al mundo. Y si ha pasado la hora de comer, como le dicen, sin embargo, El que no está sujeto a hora, les habla. Y aunque previniendo el Señor a sus discípulos, curó muchos enfermos; sin embargo, eran entonces tan imperfectos los discípulos, que no podían comprender cómo iba a dar de comer a tanta gente con tan pocos panes. Por eso dicen: "Despacha a la gente", etc. Mirad la sagacidad del Maestro: no les dijo en seguida: Yo les daré de comer (porque ni aun esto hubieran creído fácilmente), sino que se añade: "Y les dijo Jesús: no tienen necesidad de irse: dadles vosotros de comer".

San Jerónimo

El incita a los apóstoles a que partan el pan, a fin de hacer más patente a aquellos que atestiguaban que no tenían qué comer, la grandeza del milagro.

San Agustín, *de consensu evangelistarum, 2,46*

Mas se puede hacer aquí esta objeción. Si el Señor, según la narración de Juan (*Jn* 6), después de mirar a la multitud preguntó a Felipe la manera de alimentarla, ¿cómo puede ser verdad lo que sobre esto refiere San Mateo, que los discípulos dijeron primero al Señor que despachara la gente a fin de que pudiesen comprar sus alimentos en los lugares vecinos? Debe entenderse esto en el sentido de que el Señor después de esas palabras miró a la multitud, y dijo a Felipe lo que refiere Juan pero que omiten Mateo y otros; y no debe nadie inquietarse ni mirar como una dificultad el que un evangelista refiera lo que otro pasa en silencio.

San Juan Crisóstomo, *homiliae in Matthaeum, hom. 49,1*

Las palabras anteriores no dieron más acierto a los discípulos, que aún hablan al Señor como a un hombre. Por eso sigue: "Le respondieron: No tenemos aquí sino cinco panes", etc. Vemos por estas palabras la cordura de los discípulos, que les hace despreciar la comida, porque siendo ellos doce, tenían cinco panes y dos peces. Miraban, efectivamente, con desprecio las cosas materiales, y estaban poseídos de las espirituales. Pero como sus pensamientos aún eran terrenales, el Señor principia a enseñarles lo que era propio de su poder. Por eso sigue: "Jesús les dijo: traédmelos aquí", etc. ¿Por qué para alimentar a la multitud no saca los panes de la nada? Sin duda para cerrar la boca a Marción y a los maniqueos, que miran a las criaturas como cosas extrañas a Dios, y para manifestar por sus obras que todo lo visible es obra y creación suya, y hacernos ver de este modo que Él es el que da los frutos y el que dijo al principio del mundo: "Que la tierra germine hierba verde" (*Gn* 1,11). Porque no es menor obra que ésta la que ahora va a hacer, porque indudablemente no es operación más pequeña el alimentar con cinco panes y dos peces a tan numerosa multitud, que el hacer que la tierra produzca frutos, y las aguas reptiles y otros seres animados; todo lo cual nos prueba que Él es Señor de la tierra y del mar. El ejemplo de los discípulos debe enseñarnos que aunque sea poco lo que poseamos, conviene que lo distribuyamos entre los necesitados; porque al mandar el Señor a sus discípulos que trajeran los cinco panes, no dicen éstos: Y nosotros, ¿con qué apagaremos nuestra hambre? Y por eso sigue: "Y habiendo mandado a la gente que se recostase sobre el heno, tomó los cinco panes y los dos peces, y alzando los ojos al cielo, bendijo", etc. ¿Y por qué alzó los ojos al cielo y bendijo? Porque quiso hacernos ver que Él venía del Padre y era igual a Él, demostraba que era igual al Padre por el poder, y que venía del Padre refiriéndolo todo a Él e invocándolo en todas sus obras. Y para demostrar las dos cosas, unas veces obra los milagros con poder y otras con súplicas. Es de advertir, que para las cosas pequeñas alza los ojos al cielo, y en las cosas mayores obra con su poder; así cuando perdonó pecados, resucitó muertos, dio vista a ciegos de nacimiento (obras todas propias de Dios), no lo hizo con súplicas; pero en la multiplicación de los panes (obra menor que todas las anteriores) alzó los ojos al cielo, a fin de enseñarnos que su poder, aun en las cosas pequeñas, le viene únicamente del Padre. También nos enseña que antes de ponernos a comer debemos dar gracias a Dios que nos da la comida, y por esta razón levantó los ojos al cielo. Los discípulos tenían ejemplos de otra multitud de milagros, pero de éste no tenían ninguno.

San Jerónimo

Con la partición de los panes, hizo el Señor una porción de comida, porque si hubieran estado enteros, y no los hubiera partido en pedazos, ni los hubiera multiplicado en tantísima abundancia, no hubiera podido alimentar a una multitud tan grande. Mas las gentes reciben del Señor, por manos de los Apóstoles, los alimentos; y por esta razón sigue: "Y los dio a los discípulos".

San Juan Crisóstomo, *homiliae in Matthaeum, hom. 49,2-3*

En lo cual no sólo honró el Señor a sus discípulos, sino que quiso que no fueran incrédulos a la vista de este milagro, que no debían olvidar aun después de verificado, puesto que tenían por testigos de él a sus mismas manos. Y por tanto deja que las gentes sientan, primeramente, la necesidad del hambre, se le acerquen sus discípulos y le pregunten. Y recibió los panes de sus mismas manos para que fuesen muchas las pruebas del milagro que hacía y tuviesen muchos motivos para recordarlo. Y no les dio más que los panes y los peces, y de todo esto hizo participar a todos igualmente, para enseñarnos la humildad, la economía y la caridad, que mira todas las cosas como comunes a todos. Y los panes y los peces aumentaban en las manos de los discípulos. Por eso sigue: "Y comieron todos", etc. Mas no consistió sólo en esto el milagro, sino que hizo que sobraran no panes, sino pedazos de pan, a fin de hacer ver que estos restos eran de los panes, que debían anunciar a los ausentes la realidad del milagro y convencer a todos de que no era una quimera este prodigio. Por eso sigue: "Y alzaron las sobras, doce cestos llenos de pedazos".

San Jerónimo

Cada uno de los Apóstoles llenó un cesto con las sobras que quedaron del milagro del Salvador, con el objeto de hacer ver por las sobras, que realmente eran panes los que fueron multiplicados.

San Juan Crisóstomo, *homiliae in Matthaeum, hom. 49,3*

E hizo que sobraran doce cestos, para que Judas se llevase también el suyo. Entregó los fragmentos sobrantes a los discípulos y no a las gentes, porque las disposiciones de éstas eran aún más imperfectas que las de los discípulos.

San Jerónimo

Los panes eran cinco y los convidados cinco mil. Por eso sigue: "Y el número de los que comieron fue cinco mil, sin contar las mujeres y los niños".

San Juan Crisóstomo, *homiliae in Matthaeum, hom. 49,3*

La mayor gloria del pueblo fue el que estuvieran presentes, cuando quedaron estas sobras, las mujeres y los niños.

San Hilario, *in Matthaeum, 14*

No fueron multiplicados los cinco panes en multitud de panes, sino que se sucedieron los pedazos a los pedazos. Fue la materia del pan la que aumentó, pero ignoro si lo fue en el lugar que servía de mesa o en las mismas manos de los convidados.

Rábano

San Juan nos dice, antes de referirnos este milagro (*Jn* 6), que la Pascua estaba próxima, y San Mateo y San Marcos colocan este hecho inmediatamente después de la muerte de Juan, de donde resulta, que fue decapitado Juan en los días próximos a la Pascua. Y al año siguiente, a la proximidad de la Pascua, fue consumado el misterio de la Pasión del Señor.

San Jerónimo

Todas estas cosas están llenas de misterios. El Señor hizo este milagro, no por la mañana ni al mediodía, sino por la tarde, cuando murió el sol de justicia.

Remigio

Por la tarde, nos designa el evangelista la muerte del Salvador, porque después que aquel sol de la verdad murió en la cruz, todos sus servidores recibieron el alimento. O también, por la palabra *tarde*, se significa la última edad del mundo, en la que vendrá el Hijo de Dios a saciar a todos los que creen en El.

Rábano

En la súplica de los discípulos al Señor para que despache la gente, a fin de que compren lo que habían de comer, se expresa el disgusto de los judíos hacia los gentiles, a quienes los discípulos juzgaban más aptos para buscar su alimento en las escuelas de los filósofos, que en los libros sagrados.

San Hilario, *in Matthaeum, 14*

Pero les respondió el Señor: "No tienen necesidad de marcharse", manifestando de esta manera, que no tenían necesidad aquéllos a quienes había curado, ni de alimentarse de una comida venal, ni de volver a Judea para comprarla; y manda a los Apóstoles, que les den de comer. Mas ¿ignoraba acaso, que no había cosa alguna que se les pudiese dar? Pero todo esto debía tener una aplicación típica: los Apóstoles no habían recibido aún el don de confeccionar el pan del cielo y distribuirlo, y su respuesta debe entenderse completamente en un sentido espiritual. Ellos no tenían para alimentarse más que cinco panes, es decir, los cinco libros de la ley, y dos peces, esto es, las predicaciones de los profetas y de Juan.

Rábano

Puede entenderse también por los dos peces, las profecías y los salmos, porque todo el Antiguo Testamento está comprendido en la ley, los profetas y los salmos.

San Hilario, *in Matthaeum, 14*

Los Apóstoles, pues, ofrecieron primeramente lo que aún poseían, pero la predicación del Evangelio desenvolvió en ellos con abundancia lo que antes poseían. Después de esto, hace sentar al pueblo, que ya no está arrojado en tierra, sino apoyado en la ley, sobre el heno. Cada uno se sienta sobre el fruto de sus obras, como sobre la hierba del suelo.

San Jerónimo

O también los manda sentar sobre el heno, y según otro evangelista (**Mc** 6), en grupos de cincuenta y ciento, a fin de que, después de haber pisado su carne y los placeres del mundo, como si fueran heno seco, ascendieran por la penitencia desde el número cincuenta al de ciento. Y mira al cielo para enseñarles a dónde deben dirigir sus ojos. Rompe la ley y los profetas, y les pone delante los misterios, a fin de que lo que no les alimentaba cuando estaba entero, alimente dividido en partes a multitud de gentes.

San Hilario, *in Matthaeum, 14*

Y se entregan los panes a los Apóstoles, porque mediante ellos debían de ser dados los dones de la gracia divina. El número de los convidados es el de los futuros creyentes. Porque se dice en el libro de los Hechos de los Apóstoles (**Hch** 4,4), que del gran número del pueblo de Israel, que se hallaba presente, sólo creyeron cinco mil hombres.

San Jerónimo

Mas comieron cinco mil hombres, que habían llegado a la edad madura; y las mujeres y los niños, el sexo débil y los pequeños no eran dignos de ser contados en este número, por eso en el libro de los Números (**Nm** 1) no se cuentan los siervos, las mujeres, los niños y el pueblo bajo.

Rábano

No crea nuevos alimentos para las gentes hambrientas, sino que después de recibir los que tenían los Apóstoles, los bendijo, porque viniendo El en la carne no predicaba otra cosa más que lo que ya había sido anunciado, y más bien enseñaba que la Ley y los Profetas estaban llenos de misterios. Los discípulos retiran lo que había sobrado a las gentes, porque los misterios más secretos, incomprensibles al vulgo, no deben ser despreciados, sino que deben ser objeto de un estudio serio de parte de los doce Apóstoles, figurados en los doce cestos, y de sus sucesores. Los cestos sirven para usos manuales, y Dios eligió lo que es vil a los ojos del mundo para confundir a los fuertes (*1Cor* 1). También se pueden tomar los cinco mil convidados por los cinco sentidos del cuerpo humano, empleados con utilidad durante la vida en las cosas materiales.

Y Jesús hizo subir luego a sus discípulos en el barco, y que pasasen antes que El a la otra ribera del lago, mientras despedía la gente, y luego que la despidió, subió a un monte solo a orar. Y cuando vino la noche, estaba El allí solo. Y el barco, en medio de la mar, era combatido de las ondas; porque el viento era contrario. Mas a la cuarta vigilia de la noche, vino Jesús hacia ellos, andando sobre el mar. Y cuando le vieron andar sobre la mar, se turbaron y decían: "que es fantasma". Y de miedo comenzaron a dar voces. Mas Jesús les habló al mismo tiempo y dijo: "Tened buen ánimo: yo soy, no temáis". Y respondió Pedro y dijo: "Señor, si tú eres, mándame venir a Ti sobre las aguas". Y Él le dijo: "ven". Y bajando Pedro del barco, andaba sobre el agua para llegar a Jesús. Mas viendo el viento recio, tuvo miedo; y como empezase a hundirse, dio voces diciendo: "valedme, Señor". Y luego, extendiendo Jesús la mano, trabó de él y le dijo: "hombre de poca fe, ¿por qué dudaste?" Y luego que entraron en el barco, cesó el viento. Y los que estaban en el barco, vinieron y le adoraron diciendo: "Verdaderamente Hijo de Dios eres". (vv. 22-33)

San Juan Crisóstomo, *homiliae in Matthaeum, hom. 49,3*

Queriendo dar una prueba contundente de la veracidad de lo que había acontecido, ordenó a los que habían presenciado el milagro de la multiplicación de los panes que se apartaran de Él. El por su parte se retiró al monte a orar, porque estando presente se podía pensar que el milagro había sido una fantasía y no había acontecido realmente, pero esto no sucedería si se ausentaba.

San Juan Crisóstomo, *homiliae in Matthaeum, hom. 49,3*

Es necesario tener presente que cuando el Señor obra cosas grandes despacha a las multitudes, dándonos a entender con este proceder, que jamás debemos buscar el aplauso popular ni hacer que nos siga la multitud. También nos enseña que no debemos confundirnos continuamente con ella, ni alejarnos siempre de ella, sino que debemos practicar sucesivamente las dos cosas. Por eso sigue: "Y luego que despidió la gente, subió a un monte solo", etc., hecho que nos dice cuán buena es la soledad para la oración. Por esto se marchó al desierto y permaneció allí en oración toda la noche, para darnos a entender que debemos buscar para dirigir nuestras súplicas las ocasiones y los sitios tranquilos.

San Jerónimo

Cuando dice que subió solo a orar, no debemos referirnos a aquel que con cinco panes sació a cinco mil hombres, sino a aquel que, después de saber la muerte de Juan, se retiró a la soledad; no porque trate el evangelista de dividir la persona del Señor, sino solamente las obras, que son propias de la divinidad y las que lo son de la humanidad.

San Agustín, *de consensu evangelistarum, 2,47*

Parece haber una contradicción entre lo que nos dice San Mateo, esto es, que después de despedidas las gentes fue cuando subió el Señor solo a orar, y entre lo que pone San Juan, que nos indica que subió el Señor antes de que fuesen despedidas las gentes. Pero como el mismo San Juan dice que se fue al monte para evitar que el pueblo lo aclamara rey, es ciertamente indudable que para alimentar a tanta gente, el Señor debió haber descendido del monte a la llanura. Por consiguiente no hay contradicción entre San Mateo que dice: "Que subió solo a orar al monte" y San Juan, que pone (*Jn* 6,15): "cuando comprendió el Señor que le iban a coger para proclamarle rey, se retiró solo a la montaña, etc.". Porque la razón que tenía para orar, no excluye la que tenía para huir, puesto que el mismo Señor nos enseña que debemos acudir a la oración siempre que tengamos precisión de huir. Lo que pone San Mateo anteriormente (*Mt* 14,22) -que el Señor mandó entrar en el barco a sus discípulos y que en seguida, después de haber despedido las gentes, subió solo a la montaña para orar- no está en oposición con la narración de San Juan, que nos presenta al Salvador huyendo, desde luego, solo hacia la montaña, en las palabras *Jn* 6,16: " Y a la caída de la tarde bajaron los discípulos al mar y subieron en un barco, etc." Porque ¿quién no ve que San Mateo no hace más que recapitular lo que el Señor mandó antes de huir a la montaña y que San Juan lo expone después cuando fue practicado por los discípulos?

San Jerónimo

Con razón se retiraron los apóstoles con cierto pesar y repugnancia del Señor, pues temían naufragar si Él estaba ausente. Por esta razón sigue: "Y cuando vino la noche, el barco en medio de la mar era combatido por las ondas".

San Juan Crisóstomo, *homiliae in Matthaeum, hom. 50,1*

Ved aquí otra vez a los discípulos expuestos a la tempestad; pero en la primera tenían al Salvador a su lado en el barco, mas ahora están solos; de esta manera van poco a poco aprendiendo a sufrir con valor todos los contratiempos.

San Jerónimo

Cuando el Señor permanecía en la montaña orando, se levanta un viento contrario, agita el mar y pone en peligro la vida de los apóstoles hasta la llegada de Jesús.

San Juan Crisóstomo, *homiliae in Matthaeum, hom. 50,1*

Y permite que estuvieran toda la noche en peligro, para de esta manera levantar más el corazón de los discípulos con el temor y suscitar en ellos un deseo grandísimo de tener siempre presente al Señor y de que los socorriese continuamente. Por eso no los ayudó en el acto. Prosigue: "Mas a la cuarta vigilia", etc.

San Jerónimo

Porque el tiempo se dividía por las centinelas y velas militares. Al decir, pues, el evangelista, que llegó el Señor a la cuarta vigilia, nos manifiesta que toda la noche estuvieron en peligro los discípulos.

San Juan Crisóstomo, *homiliae in Matthaeum, hom. 50,1*

De esta manera les enseña el Señor a no buscar una rápida solución a los males que nos sobrevengan, y a sufrirlos con valor cuando vinieren. Cuando los discípulos creían que se habían salvado del naufragio, aumentó su temor. Por eso sigue: "Y cuando le vieron se turbaron", etc. Tal es la conducta del Señor; advierte con las cosas más difíciles siempre que va a poner fin a algún mal. Porque no queriendo probar por más tiempo al justo y tocando al fin sus combates, aumentan las dificultades para que sus méritos sean mayores; así ocurrió con Abraham, a quien mandó como última prueba la inmolación de su hijo.

San Jerónimo

La gritería confusa y las voces inciertas, son indicio de un grandísimo alboroto. Y si según Marción y Maniqueo, el Señor no nació de la Virgen y no era más que una apariencia, ¿cómo se explica ese temor de los apóstoles cuando creyeron ver un fantasma?

San Juan Crisóstomo, *homiliae in Matthaeum, hom. 50,1*

Cristo no se dio a conocer a sus discípulos hasta que gritaron. Porque cuanto mayor fuese su temor, mayor sería su alegría al verle presente. Por eso sigue: "Mas Jesús les habló al mismo tiempo y les dijo: "Tened buen ánimo: yo soy, no temáis"; palabras que calmaron el temor de los discípulos y les infundieron confianza.

San Jerónimo

Cuando dice: "Yo soy", no añade quién es Él; ya porque por el timbre de la voz tan conocida a ellos, podían comprender quién les hablaba en medio de las tinieblas de una noche tan oscura; o ya porque podían conocer que el que les hablaba era el mismo que sabían ellos habló a Moisés en estos términos (*Ex* 3,14):

"Dirás esto a los hijos de Israel: El que es, me ha mandado a vosotros". Pedro dio pruebas en todas las ocasiones de una fe grandísima y con esta fe tan ardiente, creyó (mientras los demás se callaban) que con el poder de su Maestro podría hacer lo que no podía con sus fuerzas naturales. Por eso sigue: "Y respondió Pedro y dijo: Señor, si tú eres, mándame venir a ti", etc. Manda tú, Señor y en seguida las olas tomarán solidez y mi cuerpo, que es pesado por sí, se hará ligero.

San Agustín, *sermones, 76,5*

Porque por mí nada puedo, sino por ti. Conoció Pedro hasta dónde alcanzaba su poder y el de aquel por cuya voluntad creyó podía hacer lo que no podía la débil naturaleza humana.

San Juan Crisóstomo, *homiliae in Matthaeum, hom. 50,1*

Mirad cuán grande es su fervor, cuán grande es su fe; no dijo "ruega", "suplica", sino "manda". Porque no solamente creyó que Cristo podía andar sobre las aguas, sino también hacer que otros anduviesen y deseó vivamente ir a El, no para que hiciera ostentación de este prodigio, sino por el grande amor que tenía a Jesús. Porque no dijo: "mándame andar sobre las aguas, sino mándame ir a ti". Es evidente que en el milagro de andar sobre las aguas, se ve el dominio del Señor sobre el mar; pero aún es superior a ese el milagro siguiente: "Y Él le dijo: ven. Y bajando Pedro del barco, andaba sobre el agua".

San Jerónimo

Los que opinan que el cuerpo del Señor no era un cuerpo verdadero, porque marchaba sobre las aguas, sino un cuerpo fluido y aéreo, contesten cómo pudo andar Pedro, que indudablemente era verdadero hombre.

Rábano

Finalmente, Teodoro escribió, que el cuerpo del Señor no tenía peso material y que anduvo sobre el mar sin peso alguno, pero esto es contrario a la fe católica. Porque dice Dionisio, que el Señor marchaba sobre las olas, no con pies líquidos y sin consistencia, sino con pies que tenían un peso corporal y que eran una carga material sobre las aguas.

San Juan Crisóstomo, *homiliae in Matthaeum, hom. 50,2*

Pedro, después de haber vencido la mayor dificultad, esto es, el andar sobre las aguas, se asusta en lo que era menos difícil, esto es, en el embate del viento. Por eso sigue: "Mas viendo el viento recio tuvo miedo". Porque así es la naturaleza humana. Frecuentemente obra bien en las cosas grandes y es digna de represión en las insignificantes. El temor de Pedro marca una diferencia grande entre el Maestro y el discípulo, pero al mismo tiempo calmaba a sus compañeros. Ya no habían visto con buenos ojos que los dos hermanos se sentasen a la derecha del Señor (*Mt* 20). Aún más se hubieran disgustado en este caso. Esto se debía a que aún no estaban llenos del Espíritu Santo; pero después que tuvieron ese Espíritu, reconocieron el primado de Pedro y le dieron la presidencia en todas sus reuniones.

San Jerónimo

Deja tomar algún incremento a la tentación para que aumente su fe y para que comprenda que su salvación no fue resultado de su súplica, sino del poder del Señor. Ardía en su alma la fe, pero la fragilidad humana le arrastraba al abismo.

San Agustín, *sermones, 76,8*

Pedro puso, desde luego, su esperanza en el Señor y todo lo pudo por el Señor. Como hombre tuvo miedo, pero se volvió al Señor. Por eso sigue: "Y como empezase a hundirse, dio voces, etc." ¿Y podía acaso el Señor abandonar al que zozobraba, oyendo sus súplicas? Por eso sigue: "Y luego, extendiendo el Señor la mano, etc.".

San Juan Crisóstomo, *homiliae in Matthaeum, hom. 50,2*

No mandó el Señor a los vientos que se calmasen, sino que extendió su mano y asió a Pedro, porque era necesario que tuviese fe. Porque cuando nos falta a nosotros lo que es propiamente nuestro, lo que es de Dios jamás falta y para manifestarle que no era el furor del viento sino su poca fe lo que le hacía temer por su vida, le dice: "Hombre de poca fe, ¿por qué dudaste?" Palabras que dan a entender que, si hubiera tenido mucha fe, no hubiera temido que el viento lo dañase. Y así como una madre recoge con sus alas y mete de nuevo en el nido al pollo que se sale del nido antes de tiempo y que está a punto de caer, así también lo hizo Cristo. Por eso sigue: "Y luego que estuvieron en el barco, le adoraron diciendo: "Verdaderamente, Hijo de Dios eres".

Rábano

Esto debe entenderse de los que iban en el barco, o de los apóstoles.

San Juan Crisóstomo, *homiliae in Matthaeum, hom. 50,2*

Ved cómo el Señor va enseñando poco a poco a todos hasta en las cosas más elevadas. Antes reprende al mar y ahora demuestra más su poder andando sobre el mar, mandando a otro andar también y salvándolo cuando peligraba. Por eso decían de El: "Verdaderamente Hijo de Dios es", cosa que hasta entonces no habían dicho.

San Jerónimo

Si, pues, a una sola señal del Señor se calma el mar, (cosa que acontece algunas veces y por casualidad, después de violentas tempestades) y los que iban en el barco y los que lo conducían, confiesan que el Señor verdaderamente es Hijo de Dios, ¿por qué predica Arrio en la Iglesia que sólo es una criatura?

San Agustín, *sermones, 75,2-3*

Y en sentido místico, toda montaña es una altura. ¿Y qué cosa hay en el mundo más alta que el cielo? Nuestra fe conoce quién es Aquel que sube al cielo; ¿y por qué sube solo? Porque no sube al cielo nadie más que Aquel que descendió del cielo (*Jn* 3). Aun cuando al final de los tiempos vendrá El y nos llevará al cielo, aun entonces subirá solo, porque la cabeza con el cuerpo formará un solo Cristo. Ahora sube sólo la cabeza y sube a orar, porque sube hasta el Padre para interceder por nosotros.

San Hilario, *in Matthaeum, 14*

O también, está solo por la tarde, para manifestarnos su soledad durante su pasión, dejándolo abandonado los mismos creyentes.

San Jerónimo

Sube también solo a la montaña, porque las gentes no lo podían seguir a las cosas elevadas, como no hayan sido enseñadas junto al mar en la ribera.

San Agustín, *sermones, 75,3*

Sin embargo, mientras ora Jesús en la altura, mar adentro es agitada la barquilla por las grandes olas, y puesto que éstas suben, también la barquilla puede quedar sumergida. Tenemos representada la Iglesia por la barquilla y al mundo por el mar tempestuoso.

San Hilario, *in Matthaeum, 14*

Al mandar el Señor a sus discípulos subir en el barco y atravesar el estrecho, mientras Él despide la gente y sube a la montaña a orar, nos manda vivir dentro de la Iglesia y en medio del mundo hasta que, volviendo en la gloria de su venida, dé la salud al resto del pueblo de Israel y les perdone sus pecados. Después de perdonado el pueblo, o mejor dicho, después de admitido en el reino celestial, Él se sentará dando gracias a Dios Padre, en su gloria y majestad. Sin embargo, los discípulos son entregados a los vientos y a la mar y a las tormentas del mundo, que levanta contra ellos el espíritu del mal.

San Agustín, *sermones, 75,7*

Cuando alguno que tiene una voluntad perversa, o grandísimo poder, levanta una persecución contra la Iglesia, ésta es la gran ola que azota la barquilla.

Rábano

Con esta razón se nos presenta solo en la tierra, mientras el barco está en alta mar. Porque frecuentemente la Iglesia está sometida al peso de la aflicción y parece como abandonada por algún tiempo por Dios.

San Agustín, *sermones, 75,7*

Llegó el Señor a donde estaban los discípulos temerosos de la tempestad, a la cuarta vigilia de la noche, es decir, al finalizar la noche, porque cada vigilia comprende tres horas y la noche por consiguiente se compone de cuatro vigilias.

San Hilario, *in Matthaeum, 14*

La primera vigilia fue la de la ley, la segunda la de los profetas, la tercera la de la venida corporal y la cuarta será la de la vuelta de la gloria.

San Agustín, *sermones, 75,7*

En la cuarta vigilia de la noche (esto es, casi al terminar la noche), el Señor vendrá al finalizar los tiempos (después de pasada la noche de la iniquidad) a juzgar a los vivos y a los muertos. Mas ha venido ya de una manera maravillosa. Porque se levantaban las olas y las pisoteaba y por más poderosas que se levanten las potestades del mundo, su cabeza quedará aplastada bajo los pies de aquel que es nuestra cabeza.

San Hilario, *in Matthaeum, 14*

Y cuando venga el Señor, encontrará cansada a su Iglesia y rodeada de los males que levantarán el Anticristo y el espíritu del mundo. Y las costumbres del Anticristo empujarán a los fieles hacia todo género de tentaciones. Tendrán miedo hasta de la venida de Cristo por el temor que les infundirá el Anticristo con las falsas imágenes y fantasmas que les pondrá a la vista; pero el Señor, que es tan bueno, aleja de ellos ese temor, diciendo: "Soy yo" y rechaza con la fe en su venida el inminente peligro.

San Agustín, *quaestiones evangeliorum, 1,15*

O también se entiende por las palabras de los discípulos "que era un fantasma", que sólo dudarán de la venida de Cristo aquellos que se entregasen al diablo. Y cuando Pedro pidió al Señor que le socorriese para no perecer entre las olas, se nos da a entender en esa tribulación de Pedro, que la Iglesia, después de la última persecución, será aún purificada con algunas otras tribulaciones. Esto mismo lo significa San Pablo cuando dice (*1Cor* 3,15): "El será salvo, pero sin embargo, como por el fuego".

San Hilario, *in Matthaeum, 14*

O también, el adelantarse Pedro a todos los que estaban en el barco para responder y suplicar al Señor que le mandase ir a El sobre las aguas, significa el cariño que tendrá al Señor durante su pasión, a donde le seguirá y le acompañará con desprecio de la muerte; pero su timidez figura la debilidad que había de mostrar en esta prueba futura, en que el miedo de la muerte lo llevaría a la negación, y su grito expresa los gemidos de su penitencia.

Rábano

El Señor lo miró y lo convirtió a la penitencia, extendió sus manos y le dio el perdón; de esta manera el discípulo encontró la salvación, que no viene del que la quiere ni del que corre, sino de Dios, que se compadece de él (*Rm* 9,16).

San Hilario, *in Matthaeum, 14*

Ved aquí la razón de por qué el Señor no concedió a Pedro, que estaba temblando de miedo, la fuerza necesaria para que llegase a El, sino que lo cogió de la mano y lo sostuvo. Sólo el que había de padecer por todos los hombres perdona los pecados y no admite compañero alguno en la obra de salvación el que se entrega solo por la universalidad de los hombres.

San Agustín, *sermones, 76,4*

En un sólo apóstol (esto es, en Pedro, el primero del colegio apostólico y su cabeza y en quien estaba representada la Iglesia), se nos significan las dos cosas, esto es, la fuerza cuando andaba sobre las aguas y la debilidad cuando dudó. Cada uno tiene su tempestad en la pasión que lo domina. ¿Amas a Dios? Andas sobre las aguas y tienes a tus pies el temor del mundo. ¿Amas al mundo? Él te sumergirá; pero cuando tu corazón esté agitado por el placer, invoca la divinidad de Cristo, a fin de vencer las pasiones.

Remigio

El Señor os socorrerá si tenéis confianza en que por su protección serán alejados los peligros de las tentaciones. Y esto se verificará a la aproximación de la aurora. Porque cuando la fragilidad humana, sumergida en las aflicciones, considera sus pocas fuerzas, no ve a su alrededor más que tinieblas; pero cuando levanta su alma hacia los favores celestiales, ve de repente la salida del sol, que ilumina toda la vigilia de la noche.

Rábano

Nada tiene de maravilloso que, subiendo el Señor al barco, cesara el viento. Porque en todos los corazones en que está el Señor presente por su gracia, bien pronto se calman todos los combates.

San Hilario, *in Matthaeum, 14*

También la tranquilidad del viento y del mar al subir el Señor al barco, figura la paz y la tranquilidad que el Señor concederá a su Iglesia después de su vuelta de su gloria, y como entonces vendrá con más claridad, con razón dirán todos llenos de admiración: "Verdaderamente Hijo de Dios eres tú". Entonces confesarán todos completa y públicamente, que el Hijo de Dios ha vuelto, no ya con la humildad de su cuerpo, sino con su gloria celestial, a dar la paz a su Iglesia.

San Agustín, *quaestiones evangeliorum, 1,15*

Porque se nos indica también que su gloria será entonces más clara para aquellos que marchan ahora por la fe y entonces verán al Señor en sí mismo.

Y habiendo pasado a la otra parte del lago, fueron a la tierra del Genesar. Y después que le conocieron los hombres de aquel lugar, enviaron por toda aquella tierra y le presentaron todos cuantos padecían algún mal. Y le rogaban que les permitiese tocar siquiera la orla de su vestido. Y cuando la tocaron, quedaron sanos. (vv. 34-36)

Remigio

El evangelista nos ha referido más arriba, que mandó el Señor a sus discípulos que subiesen al barco y pasasen antes que El al otro lado del estrecho. Ahora, siguiendo la narración comenzada, nos dice a dónde llegaron después de la travesía: "Y habiendo pasado al otro lado del lago, fueron a la tierra del Genesar".

Rábano

La tierra del Genesar, que se extiende sobre las riberas del lago de Genesaret, toma su nombre de la naturaleza del mismo lugar. Viene este nombre de un vocablo griego que significa engendrar el viento, porque saltan tanto las aguas en este sitio, que parece como que forman ráfagas de viento.

San Juan Crisóstomo, *homiliae in Matthaeum, hom. 50,2*

Nos manifiesta el evangelista, que después de una larga ausencia llegó el Señor a aquel país y por eso sigue: "Y después que lo conocieron".

San Jerónimo

Lo conocieron por su fama, mas no porque lo habían visto, aunque muchos seguramente lo conocían de vista y a causa de los milagros asombrosos que hacía en los pueblos. Y ved aquí la gran fe de los habitantes del Genesar. No se contentan con la curación de los que estaban presentes, sino que avisan a todas las ciudades vecinas para que acudan al médico.

San Juan Crisóstomo, *homiliae in Matthaeum, hom. 50,2*

Y no lo hacían como para probarlo, ni le arrastraban a las casas, ni le exigían la imposición de las manos, sino que lo atraían por su gran fe. Por eso sigue: "Y le presentaron cuantos padecían algún mal y le rogaban que les permitiese tocar siquiera la orla de su vestido". La mujer, que padecía el flujo de sangre, fue la que enseñó a todos que, tocando la orla del vestido de Cristo, se alcanzaba la salud. Se ve claramente por lo dicho anteriormente, cómo no desapareció, durante la ausencia del Señor, la fe de esos hombres, sino que aumentó, y por esta fe tan grande fueron todos sanados. Por eso continúa: "Y cuantos la tocaron quedaron sanos".

San Jerónimo

Si comprendiéramos nosotros lo que significa en nuestra lengua la palabra Genesar, sabríamos cómo Jesús, por este hecho de los apóstoles y del barco, pasa al otro lado, es decir, a la ribera, siendo esto figura de la Iglesia después de haberla sacado libre del naufragio de las persecuciones y la hace descansar en el puerto más tranquilo.

Rábano

La palabra Genesar significa principio del nacimiento y nosotros tendremos completa tranquilidad cuando se nos devuelva mediante Cristo la herencia del paraíso y la alegría de la investidura primigenia.

San Hilario, *in Matthaeum, 14*

O de otro modo, después de terminado el tiempo de la ley y de haber entrado en la Iglesia cinco mil hijos de Israel, sale el pueblo fiel, libre ya de la ley por la fe, al encuentro del Señor y le presenta a los que quedan aún enfermos y convalecientes, pero deseosos de tocar la orla del vestido del Señor que los ha de salvar por la fe. Porque así como de toda la orla del vestido sale la virtud del Espíritu Santo, así también sale de Nuestro Señor Jesucristo, se transmite a los apóstoles y saliendo de éstos como de su propio cuerpo, sana a todos los que deseaban tocarla.

San Jerónimo

O también, los preceptos leves están representados por la orla del vestido, porque el que los violase será llamado el más pequeño en el Reino de los Cielos (*Mt* 5).

San Juan Crisóstomo, *homiliae in Matthaeum, hom. 50,2*

Mas nosotros, no sólo tenemos la orla o vestido de Cristo, sino también su cuerpo para que lo comamos. Consiguientemente, si recibieron tan grande virtud los que tocaron la orla del vestido de Cristo, mucho mayor será la que tendrán los que reciban al mismo Cristo todo entero.

CAPÍTULO 15

Entonces se llegaron a Él unos escribas y fariseos de Jerusalén, diciendo: "¿Por qué tus discípulos traspasan la tradición de los ancianos? Pues no se lavan las manos cuando comen pan". Y El respondiendo, les dijo: "Y vosotros, ¿por qué traspasáis el mandamiento de Dios por vuestra tradición? pues Dios dijo: Honra al padre y a la madre. Y: Quien maldijere al padre o a la madre, muera de muerte. Mas vosotros decís: Cualquiera que dijere al padre o a la madre: Todo don que yo ofrezco a ti aprovechará. Y no honrará a su padre o a su madre: y habéis hecho vano el mandamiento de Dios por vuestra tradición". (vv. 1-6)

Rábano

Los hombres del Genesar y los menos instruidos creen, mientras que los que parecen sabios van al combate, según aquellas palabras (*Mt* 11,25): "Ocultaste estas cosas a los sabios y prudentes y las revelaste a los pequeñuelos". Por eso se dice: "Entonces se llegaron".

San Agustín, *de consensu evangelistarum, 2,49*

El evangelista ha enlazado el orden de su narración, de manera que las palabras: "Entonces se llegaron", indican una trasmisión a fin de seguir el mismo orden en lo que va a decir después.

San Juan Crisóstomo, *homiliae in Matthaeum, hom. 51,1*

Designa el evangelista aquí la época para manifestar la inefable perversidad de ellos, superior a la de todo hombre. Se llegan ellos al Señor cuando ven los muchos milagros que obra y los muchos enfermos que se curan con sólo tocar la orla de su vestido. Y cuando se dice que los escribas y fariseos vinieron de Jerusalén, no debemos olvidar que estaban diseminados por todas las tribus y que los peores de todos eran los que habitaban en la metrópoli, en atención a que gozaban de mayores honores y eran por lo mismo más soberbios.

Remigio

Por dos motivos son reprensibles. Porque venían de Jerusalén, lugar santo, y porque, siendo ellos los ancianos del pueblo y los doctores de la ley, vinieron no a aprender del Señor, sino a combatirlo, diciendo: "Por qué tus discípulos traspasan la tradición", etc.

San Jerónimo

Gran necedad la de los fariseos y de los escribas. Arguyen al Hijo de Dios el no observar las tradiciones y las órdenes de los hombres.

San Juan Crisóstomo, *homiliae in Matthaeum, hom.* 51,1

Mirad cómo son cogidos en su misma pregunta. Porque no dicen: por qué traspasan la ley de Moisés; sino: la tradición de los ancianos. Por donde se ve bien claro que los sacerdotes introducían muchas novedades, a pesar de haber dicho Moisés (*Dt* 4,2): "No añadiréis nada a la palabra que os propongo hoy, ni quitaréis nada de ella" y cuando les convenía quedar exentos de ciertas observancias, se comprometían con otras nuevas, por temor de que alguno les usurpara el poder supremo, queriendo ser más temibles, como si fueran ellos los legisladores.

Remigio

San Marcos nos refiere esas tradiciones con estas palabras (*Mc* 7,3): "Los fariseos y todos los judíos no comían pan, si antes no se lavaban muchas veces las manos" y por eso reprenden a los discípulos de Cristo, diciendo: "¿Por qué no se lavan?" etc.

Beda

Ellos toman en sentido carnal las palabras de los profetas parecidas a éstas (*Is* 1,16): "Lavaos y sed puros". Observaban el lavarse sólo el cuerpo y por eso establecieron que no se debía comer sino con las manos lavadas.

San Jerónimo

Las manos, esto es, no las obras del cuerpo, sino del espíritu, deben lavarse para que por ellas se obre la Palabra de Dios.

San Juan Crisóstomo, *homiliae in Matthaeum, hom.* 51,1

Precisamente los discípulos comían sin lavarse las manos porque despreciaban todo lo superfluo y sólo atendían a lo necesario y no tenían por precepto de la ley el lavarse o no lavarse. Practicaban lo uno y lo otro, según se presentaban las ocasiones. Porque ¿cómo se habían de ocupar de estas superficialidades los que despreciaban hasta el alimento indispensable?

Remigio

O bien, los fariseos reprenden a los discípulos del Señor, no porque se laven según lo exigen las costumbres y la oportunidad de los tiempos, sino porque no se lavaban según tradición supersticiosa de los ancianos.

San Juan Crisóstomo, *homiliae in Matthaeum, hom.* 51,1

Mas Cristo no se excusó, sino que les replicó inmediatamente, haciéndoles ver que aquellos que cometían las faltas más grandes no debían preocuparse de las faltas ligeras cometidas por otros y por eso sigue: "Y El respondiendo, les dijo: Y vosotros, ¿por qué traspasáis?" No les dice que los discípulos obren bien con esta infracción, a fin de no dar a los judíos motivo para calumniar, ni tampoco condena a los discípulos, por evitar el que creyeran que aprobaba semejantes tradiciones; ni acusa a los ancianos porque hubieran rechazado esa acusación como injuriosa, sino que hace recaer su represión sobre los que habían venido a verlo. Y con respecto a los ancianos que habían establecido esa tradición, dice: "Y vosotros, ¿por qué traspasáis el mandamiento de Dios por vuestra tradición?"

San Jerónimo

Como si dijera "¿con que vosotros, que despreciáis los preceptos divinos a causa de una tradición humana, pretendéis reprender a mis discípulos porque tienen en poco aprecio los preceptos de los ancianos cuando se trata de cumplir los mandamientos de Dios? Porque Dios ha dicho: "Honra a tu padre y a tu madre" y este honor del que habla la Escritura no consiste sólo en los saludos y respetos exteriores, sino en los socorros y donativos que hay obligación de hacer". "Honra -dice el apóstol (*1Tim* 5,3)- a las viudas que lo son en verdad" y aquí la palabra honor significa donativo. Por eso el Señor, teniendo en consideración la indigencia, la edad y la pobreza de los padres, tiene mandado que los hijos honren a sus padres; es decir, que les den o les proporcionen las cosas necesarias a la vida.

San Juan Crisóstomo, *homiliae in Matthaeum, hom. 51,2*

Quiso el Señor manifestar la necesidad de honrar a los padres y por esta razón manda premiar al que observe este precepto mientras que el que lo quebrante padecerá. Y el premio que promete a los que honran a sus padres consiste en una larga vida sobre la tierra y la pena que sufrirán los que los abandonan, será tan terrible que los llenará de asombro a ellos mismos, y convertirá a otros. Por eso añade: "Y quien maldijere al padre o a la madre, muera de muerte". Son palabras que nos dicen bien claro que esa clase de gente es digna de la pena de muerte. De aquí se sigue que, si el que deshonra a sus padres de palabra es digno de muerte, mucho más dignos de muerte sois vosotros que los deshonráis con vuestras obras. Y no sólo deshonráis a los padres, sino que enseñáis a otros a hacer lo mismo. ¿Cómo, pues, vosotros, que debéis morir, acusáis a mis discípulos?

Además, el Señor les manifiesta cómo ellos infringen el mandamiento de Dios, cuando añade: "Y cualquiera que dijere al padre o a la madre: Todo don que yo ofrezco a ti aprovechará", etc.

San Jerónimo

Deseando los escribas y los fariseos abolir la ley citada anteriormente, que era la manutención de los padres y de las madres e introducir la impiedad bajo el velo de la piedad, enseñaron a los hijos perversos que si alguno quisiere consagrar a Dios lo que estaba en la obligación de ofrecer a sus padres, debía preferir a Dios - que es el verdadero padre- a los socorros que reclamaban las necesidades de sus padres y de sus madres.

Glosa

El sentido es éste: lo que yo ofrezco a Dios, me aprovecha a mí y a vosotros y por lo tanto no debéis tomar mis cosas para vuestros usos, sino sufrir que yo las ofrezca a Dios.

San Jerónimo

De esta manera los padres, a fin de no incurrir en el crimen de sacrilegio, se abstenían de las cosas que creían consagradas a Dios y se morían de hambre; de donde resultaba que las ofrendas de los hijos, bajo el pretexto de que se destinaban al templo y al culto de Dios, daban una gran ganancia a los sacerdotes.

Glosa

De modo que esa enseñanza forma este sentido. Cualquiera -es decir, cualquiera de vosotros, oh, jóvenes- habrá dicho (esto es, podrá decir o dirá) a su padre o a su madre: "Oh padre, el donativo que viene de mí y yo ofrezco a Dios te aprovechará a ti. Maravilloso modo de pensar, como si dijera: pasará a vuestro uso, esto es, no debéis tomarlo a fin de no haceros culpables de sacrilegio". También puede entenderse de esta manera, sobreentendiendo algunas cosas. "Cualquiera que dijere al padre, etc.", sobreentienda que cumplirá el mandato de Dios, o cumplirá la ley, o será digno de la vida eterna.

San Jerónimo

Puede también entenderse en estas pocas palabras. Obligáis a los hijos a decir a sus padres: el donativo que yo debía ofrecer a Dios, lo consagro a vuestro alimento y te aprovecha a ti, oh padre y madre. Es como si dijera: ¡No!

Glosa

De esta manera persuadiendo con vuestra avaricia al joven, éste no honrará al padre y a la madre y por eso sigue: "Y no honrará a su padre y a su madre". Como si dijera: "vosotros inculcáis a los hijos estos principios perversos y por eso los hijos no honran después a sus padres. De esta manera hacéis servir el mandamiento de Dios sobre los socorros que deben dar los hijos a sus padres, para vuestra avaricia".

San Agustín, *contra adversarium legis et prophetarum, 2,1*

Evidentemente Cristo nos demuestra aquí que ésta es la ley de Dios de la que blasfeman los herejes y de la que los judíos tenían esas tradiciones, distintas de los libros proféticos y legítimos que el apóstol llama (*1Tim* 4) "Fábulas profanas y cuentos de viejas".

San Agustín, *contra Faustum, 16,24*

Muchas cosas nos enseña aquí el Señor. Desde luego no trató de retraer a los judíos de su Dios ni de infringir los mandamientos de Dios. Tan lejos estuvo de esto, que reprendía a aquellos mismos que los quebrantaban y no los practicaban tal como los había dado Moisés.

San Agustín, *quaestiones evangeliorum, 1,16*

O de otra manera: "Todo don que yo ofrezco, a ti aprovechará", esto es, el donativo que ofreces por causa mía, te pertenece a ti desde luego. Palabras que significan que los hijos cuando han llegado a la edad de poder ofrecer por sí mismos, no necesitan de las ofertas de sus padres. Los fariseos miraban como exentos de toda culpabilidad a los hijos que llegaban a la edad de poder hacer esto y si se lo decían a sus padres, ni les faltaban al respeto ni al honor que se les debe.

"Hipócritas, bien profetizó de vosotros Isaías, diciendo: Este pueblo con los labios me honra, mas el corazón de ellos está lejos de mí. Y en vano me honra, enseñando doctrinas y mandamientos de hombres". Y habiendo convocado a sí a las gentes, les dijo: "Oíd y entended. No ensucia al hombre lo que entra en la boca, mas lo que sale de la boca, eso ensucia al hombre". (vv. 7-11)

San Juan Crisóstomo, *homiliae in Matthaeum, hom. 51,2*
Había demostrado el Señor que no eran dignos los fariseos de acusar a los que infringían los mandamientos de los ancianos puesto que ellos mismos violaban la ley de Dios. Ahora insiste de nuevo en esta misma demostración valiéndose del profeta. Por eso dice: "Hipócritas, bien profetizó de vosotros Isaías, etc."

Remigio
Se llama hipócrita a aquel que disimula, porque hace una cosa y siente otra distinta en su corazón. Con razón, pues, llama hipócritas a los fariseos. Porque con el pretexto de dar culto a Dios, no deseaban más que amontonar para sí grandes riquezas.

Rábano
Isaías previó esta hipocresía de los judíos y los vio combatir el Evangelio y por eso dijo en nombre del Señor: "Este pueblo me honra con los labios, etc."

Remigio
Porque el pueblo parecía que se acercaba a Dios y le honraba con sus labios y con su boca en el mismo hecho de gloriarse de no reconocer más que un sólo Dios. Pero su corazón estaba muy distante de Dios, puesto que a pesar de haber visto tantas señales y milagros, no quisieron conocer la divinidad del Señor, ni recibirlo.

Rábano
También le honraban con los labios, cuando decían (*Mt* 22): "Maestro, sabemos que tú eres la verdad"; mas su corazón estuvo muy lejos de El cuando mandaron hombres que le armaran emboscadas y le echaran mano en el sermón.

Glosa
O también le honraban cuando recomendaban la limpieza exterior. Pero no teniendo la interior, que es la verdadera, estaba su corazón muy lejos de Dios y por eso era inútil semejante honor. Por eso sigue: "Y en vano me honran enseñando doctrinas y mandamientos de los hombres".

Rábano

Y no tendrán recompensa en compañía de los verdaderos adoradores, porque enseñan, despreciando los mandamientos de Dios, las doctrinas y mandamientos de los hombres.

San Juan Crisóstomo, *homiliae in Matthaeum, hom. 51,3*

Después de haber recargado el Señor la acusación de los fariseos con el testimonio del profeta y viendo que no se corregían, no les habla más y se dirige al pueblo: "Y habiendo convocado a sí a las gentes, les dijo: Oíd y entended". Como les va a exponer un dogma elevado y lleno de profunda filosofía, no se contenta con anunciarlo simplemente, sino que los prepara para que reciban su discurso, ya manifestando el honor y la solicitud que tiene para con el pueblo -cosa que expresa el evangelista, por las palabras: "Y habiendo convocado a sí a las gentes, etc."- ya también por las circunstancias en que se encuentra, puesto que propone su ley a fin de que sea más aceptable, después de haber resucitado muchos muertos y después de haber triunfado de los fariseos. Y no se contenta con llamar al pueblo, sino que gana su atención con las palabras: "Oíd y entended"; esto es, atended y levantad vuestros corazones para oír esto. Y no les dijo que no había necesidad de distinguir entre los manjares, ni les añadió que no eran acertadas las prescripciones de Moisés; sino que valiéndose del testimonio de la naturaleza de las mismas cosas, les habla como amonestándolos y aconsejándolos: "No ensucia al hombre lo que entra en la boca, etc."

San Jerónimo

Pone la palabra *"comunica"*. La palabra *comunicar* es propia de las Escrituras y no se emplea en el lenguaje ordinario. El pueblo judío, gloriándose de que formaba la parte elegida de Dios, da el nombre de alimentos comunes a aquellos que usan todos los hombres, como por ejemplo, la carne de puerco, la de liebre y de otros animales que no tienen la pezuña dividida, los que no rumian, y entre los peces, los que no tienen escamas. Por eso dice en los Hechos de los apóstoles (*Hch* 10,15): "No mirarás como cosa común lo que Dios ha santificado", de suerte que la palabra común se aplica a los alimentos que se encuentran en los demás pueblos y no formando parte del pueblo de Dios, deben tenerse como impuros.

San Agustín, *contra Faustum, 6,6*

En el Antiguo Testamento están prohibidas ciertas carnes pero esta prohibición no está en oposición con las palabras del Señor: "No ensucia al hombre lo que entra en la boca, etc." ni con las que dice el apóstol (*Tit* 1,15): "Todo lo expuso para los que están puros" y (*1Tim* 4,5): "Toda criatura de Dios es buena". Comprendan los maniqueos, si pueden, cómo el apóstol habló aquí de las mismas sustancias. La Escritura por ciertas preocupaciones propias de los tiempos consideró como impuros algunos animales, no por su naturaleza, sino a causa de la significación que entonces tenían. Por ejemplo, si se trata del puerco y del cordero, los dos animales son puros por su naturaleza porque "toda criatura de Dios es buena" y sin embargo, el puerco es impuro y el cordero puro por el significado particular que se les daba. Es como si dijéramos: el necio y el sabio; los dos son puros por el sonido de la voz, las letras y las sílabas de que se componen. Pero por cierto significado, una de estas palabras -el necio- puede decirse que es impuro, no por su naturaleza, sino porque significa alguna cosa impura y quizás en el orden de las figuras sea el puerco lo mismo que el necio en el de las realidades. Así este animal significaría completamente lo mismo que las dos sílabas de necio. La ley considera como impuro al animal que no rumia y esto no es defecto suyo, sino de la naturaleza. Mas hay algunos hombres, representados como impuros y figurados por este animal, que son efectivamente impuros por sus vicios, mas no por su naturaleza. Porque después de haber oído con gusto las palabras de la sabiduría, después no vuelven jamás a pensar en ellas. Porque cuando habéis oído una cosa útil y queréis saborearos con la dulzura de su recuerdo, la traéis como desde el intestino de la memoria a la boca del pensamiento ¿y qué es esto sino rumiarla con el espíritu? Por eso los que no obran así figuran al puerco. Esta multitud de cosas figuradas por las locuciones o por las observancias figurativas, conmueven útil y suavemente a las almas racionales y en el pueblo primitivo hay muchos preceptos puestos de esta manera, no sólo para recordarlos, sino para que sean observados. Exigían aquellos tiempos que se profetizasen las cosas que posteriormente tenían que ser reveladas, no sólo con palabras, sino también con hechos. Pero reveladas después por Cristo y en Cristo, no han sido impuestas como un yugo a la fe de las naciones. Sin embargo, la autoridad de los profetas no ha perdido su valor. Pregunto yo a los maniqueos si la sentencia del Señor: "No ensucia al hombre lo que entra en la boca" es verdadera o falsa. Si dicen que es falsa, ¿por qué el doctor Adimanto, que la atribuye a Cristo, se vale de ella como de una objeción contra el Antiguo Testamento? Y si es verdadera, ¿cómo admiten ellos en contra de ella que el alimento ensucia al hombre?

San Jerónimo

Puede el prudente lector oponernos aquí y preguntarnos: si lo que entra en la boca no ensucia al hombre ¿por qué no comemos de los manjares consagrados a los ídolos? Debemos contestar que esos mismos manjares son puros por su naturaleza, "porque toda criatura de Dios es buena", pero la invocación de los ídolos y de los demonios los hace impuros para aquellos que los comen con conciencia de que están consagrados a los ídolos y su conciencia, que está enferma, queda sucia, como dice el apóstol (*1 Tim* 8).

Remigio

Y todo aquel que tenga una fe capaz de comprender que todo lo que viene de Dios bajo ningún concepto puede ensuciar, santifique su comida con la palabra de Dios y la oración y coma de lo que quiera. Pero, no de manera que sus alimentos puedan servir de escándalo a los débiles, como dice el apóstol (como arriba).

Entonces llegándose sus discípulos, le dijeron: "¿Sabes que los fariseos se han escandalizado cuando han oído esta palabra?" Mas El respondiendo dijo: "Toda planta que no plantó mi Padre celestial, arrancada será de raíz. Dejadlos, ciegos son, y guías de ciegos. Y si un ciego guía a otro ciego, entrambos caen en el hoyo". (vv. 12-14)

San Jerónimo

Todas las observancias judaicas que hacían consistir su religión en rechazar tal manjar o en aceptar este otro, habían sido destruidas con una sola palabra del Señor.

San Juan Crisóstomo, *homiliae in Matthaeum, hom. 51,3*

Los fariseos después de haber comprendido lo que el Señor les acababa de decir, no lo volvieron a contradecir. Porque quedaron completamente convencidos no sólo con los argumentos que les puso, sino también haciéndoles ver sus engaños y malicia, Sin embargo, se escandalizaron, no las gentes, sino los fariseos, por eso se dice: "Entonces llegándose sus discípulos, le dijeron: ¿Sabes que los fariseos se han escandalizado cuando han oído esta palabra?"

San Jerónimo

Puesto que con tanta frecuencia usa la Escritura la palabra escándalo, conviene exponer aunque ligeramente el significado de esa palabra. Podemos llamar escándalo a todo lo que sirve de estorbo, caída, o de tropiezo, cuando leemos, pues: "Cualquiera que escandalizare", debe entenderse, cualquiera que por sus palabras o por sus hechos diere ocasión a la caída.

San Juan Crisóstomo, *homiliae in Matthaeum, hom. 51,3*

Cristo no destruyó el escándalo de los fariseos, sino más bien los acusó por el escándalo. Por eso sigue: "Mas El, respondiendo, dijo: Toda planta que no plantó mi Padre celestial, arrancada será de raíz". Los maniqueos sostienen que estas palabras recaen sobre la ley; pero semejante modo de pensar está en oposición con lo que se ha dicho antes. Porque si efectivamente habla aquí el Señor de la ley, ¿cómo más arriba hubiera podido defender la ley, diciendo (*Mt* 15,3): "¿Por qué traspasáis el mandamiento de Dios a causa de vuestra tradición?" ¿Con qué objeto hubiera alegado las palabras del profeta? Y si Dios dijo (*Ex* 20,12): "Honra a tu padre y a tu madre", ¿diremos que esta ley de Dios no es planta de Dios?

San Hilario, *in Matthaeum, 14*

Las palabras del Señor: "Toda planta que no plantó el Padre celestial será arrancada de raíz", nos enseñan que debemos desechar toda tradición humana bajo cuyo pretexto se traspasan los preceptos de la ley.

Remigio

No puede existir toda doctrina falsa y toda observancia supersticiosa, ni sus autores. Porque como no las plantó Dios, es preciso arrancarlas de raíz; sólo vivirá, pues, lo que plantó Dios.

San Jerónimo

¿Por ventura será también arrancada aquella planta que menciona el apóstol (*1Cor* 3) "Yo he plantado y Apolo ha regado". Esta cuestión se resuelve por lo que sigue: "Mas Dios la dio el incremento". El mismo apóstol dice también (como arriba). "Vosotros sois la agricultura de Dios: vosotros sois la construcción de Dios" (*Mt* 15,9) y en el mismo lugar: "Somos cooperadores de Dios" (*Mt* 15,9). Y si somos cooperadores, claro está, que plantando Pablo y regando Apolo, Dios planta y riega con sus cooperadores. Abusan de este pasaje los que afirman que en Dios hay muchas naturalezas, diciendo: Si la planta que no plantó el Padre será arrancada de raíz, está claro que la que plantó no puede ser arrancada de raíz. Pero oigan las palabras de Jeremías (*Jr* 2,21) "Yo os planté a vosotros viña verdadera, ¿cómo os habéis cambiado en agraz de viña ajena?". Dios la plantó efectivamente y nadie puede arrancar de raíz su planta. Pero como esta planta tiene sus raíces en el libre albedrío, nadie la puede arrancar si ella no le da su consentimiento.

Glosa

O también, significa esta plantación los doctores de la ley y sus discípulos que no tenían a Cristo por fundamento.

Después el Señor dice la razón de por qué serán arrancados de raíz: "Dejadlos, son ciegos, guías de ciegos".

Rábano

Efectivamente son ciegos, esto es, están privados de la luz de los mandamientos de Dios y arrastran a otros al precipicio, yerran y conducen a otros al error (*2Tim* 3), por eso se añade: "Si un ciego guía a otro ciego, los dos caen en el hoyo".

San Jerónimo

Esto es precisamente lo que manda el apóstol (*Tit* 3,10): "Evita al hereje, que ha sido corregido por primera y segunda vez, en la persuasión que semejante hombre es un perverso". En este sentido manda también el Salvador dejar a su libertad a los doctores perversos. Porque Él sabía lo difícil que es el que esos hombres puedan volver a la verdad.

Y respondiendo Pedro, le dijo: "explícanos esa parábola". Y dijo Jesús: "¿aún también vosotros sois sin entendimiento? ¿No comprendéis que toda cosa que entra en la boca, va al vientre, y es echado en un lugar secreto? Mas lo que sale de la boca, del corazón sale, y esto ensucia al hombre. Porque del corazón salen los pensamientos malos, homicidios, adulterios,

fornicaciones, hurtos, falsos testimonios, blasfemias. Estas cosas son las que ensucian al hombre. Mas el comer con las manos sin lavar, no ensucia al hombre". (vv. 15-20)

Remigio

Tenía el Señor la costumbre de hablar por parábolas y por esta razón, después de haberlo escuchado Pedro, creyendo que las palabras: "No ensucia al hombre lo que entra en la boca" (*Mt* 15,11), era una parábola, preguntó al Señor de esta manera: "Explícanos esa parábola". Y como había hecho la pregunta en nombre de los demás, de ahí que el Señor lo reprendiera a él y a los demás. Por eso sigue: "¿Aun también vosotros sois sin entendimiento?"

San Jerónimo

El Señor reprende a Pedro porque éste creyó que era una parábola lo que Él dijo con toda claridad. De donde se deduce que el oyente que quiere entender con claridad lo que es oscuro o tratar como oscuro lo que es claro, es un necio.

San Juan Crisóstomo, *homiliae in Matthaeum, hom. 51,4*

Lo reprende el Señor, no porque su pregunta se apoyase en alguna duda, sino en el escándalo de los fariseos. Las gentes no comprendieron lo que les había dicho y los discípulos se escandalizaron. De aquí el que le preguntaran como de parte de los fariseos, y el que al oír cosas tan elevadas como: "Toda planta que no plantare mi Padre celestial, será arrancada de raíz"(*Mt* 15,13) fueran reprendidos. Pero Pedro, que era fogoso, no se calla tan fácilmente y por eso el Señor lo reprende y le dice el motivo de su represión en estos términos: "¿No comprendéis que todo lo que entra en la boca va al vientre y es echado en un lugar secreto?".

San Jerónimo

Algunos han calumniado al Señor por este pasaje, diciendo que El no conocía las leyes físicas de nuestro cuerpo puesto que dice que los alimentos caen en el vientre y luego para la digestión pasan a un lugar secreto, siendo así que una vez deglutidos los alimentos, se distribuyen en todos los miembros, en las venas, en los nervios y hasta en la médula de los huesos. Pero este reparo no tiene fundamento, porque los alimentos después de la digestión se transforman en un humor ligero, en una substancia líquida y esta sustancia que corre por las venas y los miembros es lanzada por ciertos resortes secretos -que los griegos llaman poros- a las partes inferiores del cuerpo y después caen en lugares secretos.

San Agustín, *de vera religione, 40*

Después que los alimentos han sido disueltos, esto es, han perdido su forma, pasan a formar el cuerpo y disueltos toman una forma conveniente y renuevan los tejidos. Un movimiento propio de la vida distingue en cierto modo unos de otros y toma para levantar el edificio visible del cuerpo los que conducen a este fin. Mas los que no sirven para este objeto, son lanzados por ciertas vías a propósito. Parte de ellos, los más gruesos, vuelven a la tierra a fin de transformarse de nuevo. Otra parte es exhalada del cuerpo y otra recibe las cantidades ocultas de todo el animal y sirve para la generación.

San Juan Crisóstomo, *homiliae in Matthaeum, hom. 51,4*

Y al decir el Señor estas cosas a sus discípulos, les responde aún según la enfermedad de los judíos. Porque les dice que el alimento sale y no queda. Y aunque permaneciera, no ensuciaría el cuerpo. Pero ellos no podían comprender esto. Por eso Moisés les había dicho que se considerase como impuro todo el tiempo en que permanecían dentro los alimentos y les manda lavarse por la tarde, por ser éste el tiempo que media entre la digestión y la expulsión de los alimentos.

San Agustín, *de Trinitate, 15,10*

El Señor ha dado a entender dos cosas diferentes bajo el nombre de boca: el cuerpo y el corazón. Porque el decir: "Que lo que entra en la boca, etc." significa el cuerpo y en las palabras: "Mas lo que sale de la boca sale del corazón y esto ensucia al hombre", habla del corazón.

San Juan Crisóstomo, *homiliae in Matthaeum, hom. 51,4*

Lo que está dentro del corazón permanece en el hombre y no sólo lo que queda, sino lo que sale del hombre puede ensuciarlo, y mucho más lo que sale. Por eso añade: "Del corazón salen los pensamientos malos, etcétera". Y pone en primer lugar los pensamientos malos, por el vicio que tenían los judíos de tender lazos al Señor.

San Jerónimo

Lo que hay de principal en el alma del hombre no lo coloca Cristo en el cerebro como Platón, sino en el corazón y según esta opinión, son reprensibles los que opinan que todos los pensamientos son resultado de las sugestiones del demonio y no de la propia voluntad del hombre. El demonio puede ayudar, incitar o enardecer los malos pensamientos, pero no puede ser el autor de ellos. Porque si desde sus emboscadas inflama con su aliento la llama ligera de nuestros pensamientos, no debemos concluir de esto que él penetra en las profundidades del corazón; sino que él, por las posturas y movimientos del cuerpo, conjetura lo que pasa en el interior. Así, por ejemplo, si ve que nosotros miramos con interés e insistencia el rostro bello de una mujer, comprende por nuestros ojos, que nuestro corazón se halla herido por las flechas del amor.

Glosa

De los pensamientos malos provienen también las acciones malas y las palabras malas prohibidas por la ley. Por eso añade: "Los homicidios", que están prohibidos por el precepto "No matarás" (*Ex* 20,13); los adulterios y fornicaciones, que también lo están por este otro precepto: "No fornicarás" (*Ex* 20,14); los hurtos, por: "No hurtarás" (*Ex* 20,15); los falsos testimonios por: "No levantarás falsos testimonios contra el prójimo" (*Ex* 20,16); las blasfemias por: "No tomarás el nombre de tu Dios en vano" (*Ex* 20,7).

Remigio

El Señor, después de nombrar los vicios prohibidos por la ley divina, añade con oportunidad: "Esto es lo que ensucia al hombre", es decir, lo vuelve inmundo e impuro.

Glosa

Y como la perversidad de los judíos que preferían sus tradiciones a los preceptos divinos había dado origen a estas palabras del Señor, de ahí que el Señor concluya con las siguientes palabras para demostrarles la inconveniencia de esas tradiciones: "Mas el comer con las manos sin lavar, no ensucia al hombre".

San Juan Crisóstomo, *homiliae in Matthaeum, hom. 51,4*

Mas el Señor no dijo que no ensucia al hombre el comer manjares prohibidos por la ley, a fin de que no pudieran contradecirlo, sino que concluye con aquello mismo sobre que versaba la cuestión.

Y saliendo Jesús de allí, se fue a las partes de Tiro, y de Sidón. Y he aquí una mujer Cananea, que había salido de aquellos términos, y clamaba diciéndole: "Señor, hijo de David, ten piedad de mí: mi hija es malamente atormentada del demonio". Y Él no respondió palabra. Y llegándose sus discípulos, le rogaban y decían: "Despáchala, porque viene gritando en pos de nosotros". Y Él respondiendo dijo: "No soy enviado sino a las ovejas que perecieron de la casa de Israel". Mas ella vino y le adoró diciendo: "Señor, valedme". Él respondió y dijo: "No es bien tomar el pan de los hijos y echarlo a los perros". Y ella dijo: "Así es, Señor; mas los perros comen de las migajas que caen de la mesa de su señores": Entonces respondió Jesús, y le dijo: "Oh mujer, grande es tu fe: hágase contigo como quieres; y desde aquella hora fue sanada su hija". (vv. 21-28)

San Jerónimo

El Salvador, después de abandonar a los fariseos y a los calumniadores, pasa a los países de Tiro y Sidón para curar a sus habitantes y por eso se dice: "Y saliendo Jesús de allí, se fue a las partes de Tiro y de Sidón".

Remigio

Tiro y Sidón fueron dos ciudades habitadas por gentiles. Porque Tiro era la metrópoli de los cananeos y Sidón el término, mirando al norte, de los mismos cananeos.

San Juan Crisóstomo, *homiliae in Matthaeum, hom. 51,1*

Es digna de atención la conducta del Señor, quien en el momento en que separó a los judíos de la observancia sobre los alimentos, abrió la puerta a los gentiles. Así también Pedro recibió en una visión la orden de abolir esa ley, e inmediatamente fue enviado a Cornelio (**Hch** 10,5). Pero si alguno pregunta: ¿Cómo es que después de haber dicho el Señor a sus discípulos que no fueran por los caminos de los gentiles, ahora El mismo va por ese camino? Contestaremos en primer lugar, que el Señor no estaba sujeto al precepto que dio a los discípulos, y además porque no fue allí a predicar y por eso dice San Marcos (**Mc** 7,24) que se ocultó a sí mismo.

Remigio

Fue allí para curar a los de Tiro y Sidón, o para librar del demonio a la hija de esa mujer y condenar por su fe la perversidad de los escribas y de los fariseos. De esa mujer dice el evangelista: "Y he aquí una mujer cananea, que había salido de aquellos términos, etcétera".

San Juan Crisóstomo, *homiliae in Matthaeum, hom. 52,1*

El evangelista la llama cananea, a fin de hacer ver la influencia que en ella ejercía la presencia de Cristo. Los cananeos que habían sido expulsados para que no pervirtieran a los judíos, se mostraron en esta ocasión más sabios que los judíos, saliendo fuera de sus fronteras y acercándose a Cristo. Mas esta mujer, luego que se hubo acercado a Cristo, no le pidió más que misericordia. Por eso sigue: "Y clamaba diciéndole: Señor, hijo de David, ten piedad de mí".

Glosa

Gran fe se nota en estas palabras de la cananea: cree en la divinidad de Cristo cuando lo llama Señor y en su humanidad cuando le dice hijo de David. No pide ella nada en nombre de sus méritos, invoca sólo la misericordia de Dios, diciendo: "Ten piedad". Y no dice ten piedad de mi hija, sino de mí, porque el dolor de la hija es el dolor de la madre y a fin de moverlo a compasión, le cuenta todo su dolor. Por eso sigue: "Mi hija es malamente atormentada por el demonio". En estas palabras descubre ella sus heridas al médico y la magnitud y características de su enfermedad. La magnitud, cuando dice: "Es atormentada malamente" y las características por las palabras: "por el demonio".

Orígenes, *hom. 7 inter collectas ex diversis locis*

Ved la sabiduría de esa mujer. No se fue a los hombres seductores, ni buscó fórmulas vanas, sino que dejando todas las supersticiones diabólicas, se va al Señor y no pidió a Santiago, ni suplicó a Juan, ni se acercó a Pedro; sino que amparada en la protección de la penitencia, corrió sola al Señor. Y mirad una escena nunca vista. Pide y manifiesta con gritos su dolor y el Señor, que tanto ama a los hombres, no le responde y por eso sigue: "Y El no respondió palabra".

San Jerónimo

Y no le responde no por un acto de soberbia semejante a la de los judíos, ni por el orgullo propio de los escribas, sino por no parecer que estaban en contradicción su conducta y aquellas palabras suyas: "No vayáis por los caminos de los gentiles" (**Mt** 10,5). No quería dar motivo a que le calumniaran y reservaba para el tiempo de su pasión y resurrección la completa salvación de los gentiles.

Glosa

Con esa dilación y falta de respuesta, nos manifiesta el Señor la paciencia y la perseverancia de la mujer. También fue una de las causas para no responder, el que quisiera que los discípulos le suplicaran por ella a fin de hacernos ver lo necesarias que son para conseguir alguna cosa las súplicas de los santos. Por eso sigue: "Y llegándose los discípulos, le rogaban, etc."

San Jerónimo

Los discípulos, que aún no sabían en ese tiempo los misterios de Dios, rogaban por la mujer cananea, o bien movidos a compasión, o bien porque deseaban librarse de su importunidad.

San Agustín, *de consensu evangelistarum, 2,29*

Parece haber una especie de contradicción entre lo dicho anteriormente y la narración de San Marcos que dice que cuando vino la mujer a suplicar por su hija, se encontraba el Señor en una casa. Puede desde luego creerse que San Mateo no habló de la casa y sin embargo, contó el mismo hecho. Pero como él refiere que los discípulos dijeron al Señor: "Despáchala, porque viene gritando en pos de nosotros", parece indicar que la mujer dirigió sus súplicas al Señor cuando éste iba andando. Debe, pues, entenderse este pasaje en este sentido: La mujer entró en la casa donde estaba el Señor, puesto que San Marcos dice que el Señor estaba en una casa; pero después de las palabras que refiere San Mateo: "Y no la respondió". Durante este tiempo de silencio (puesto que ningún evangelista dice si continuó el Señor en la casa) es de creer que el Señor salió de aquella casa. Así se enlaza todo perfectamente y desaparece toda diferencia entre ambos evangelistas.

San Juan Crisóstomo, *homiliae in Matthaeum, hom, 52,1*

Yo presumo que se entristecieron los discípulos ante la desgracia de la mujer pero no se atrevieron, sin embargo, a decir: Dale esa gracia, cosa que nos sucede a nosotros con frecuencia. Queremos persuadir a alguno y sin embargo, le decimos muchas veces lo contrario de lo que queremos. Mas, respondiendo Jesús mismo dice: "No soy enviado sino a las ovejas de Israel, etc."

San Jerónimo

No dice esto porque no hubiera sido enviado a las demás naciones, sino para indicar que fue a Israel, a donde primeramente había sido enviado y que después de que este pueblo rechazara el Evangelio, el Evangelio pasaría con justicia a los gentiles.

Remigio

Fue enviado, con especialidad, al pueblo de Israel, para que este pueblo recibiese su enseñanza, hasta con su presencia visible.

San Jerónimo

Y dice señaladamente: "A las ovejas perdidas de Israel" para que con estas palabras comprendamos el significado de la oveja errante, de que se habla en otra parábola (*Lc* 15).

San Juan Crisóstomo, *homiliae in Matthaeum, hom. 52,2*

Pero al ver la mujer que nada podían los apóstoles, perdió la vergüenza, dichosa vergüenza. Antes no se atrevía a presentarse delante del Señor. Por eso sigue: "Porque viene gritando en pos de nosotros". Mas cuando parecía que se retiraría llena de angustia, entonces se acerca más al Señor. Por eso sigue: "Mas ella vino y le adoró".

San Jerónimo

Notad cómo esta mujer cananea lo llama con perseverancia hijo de David, en seguida Señor y por último le adora.

San Juan Crisóstomo, *homiliae in Matthaeum, hom. 52,2*

Y por esto no dijo: Ruega, o suplica a Dios, sino, oh Señor, ayudadme. Y cuanto más aumentaba la mujer sus súplicas, tanto menos atendía El a sus súplicas. Y no llama ovejas a los judíos, sino hijos. Mas a ella perro. "Y El respondiendo dijo: no es bien, etcétera".

Glosa

Hijos son los judíos engendrados y alimentados en el culto de un solo Dios por la ley. Su pan son el Evangelio, los milagros y cuanto pertenece a nuestra salvación. No es, pues, conveniente que se quiten todas estas cosas a los hijos y se den a los gentiles (que son los perros), mientras sean repudiados por los judíos.

Rábano

Los gentiles son llamados perros a causa de su idolatría, y los perros bebiendo sangre y devorando los cadáveres se vuelven rabiosos.

San Juan Crisóstomo, *homiliae in Matthaeum, hom. 52,2*

¡Mirad la sabiduría de la mujer! No se atrevió a contradecir, ni se entristeció por las alabanzas de los otros, ni se abatió por las cosas sensibles que la echaron en cara. Por eso sigue: "Mas ella dijo: Es verdad, Señor; pero también los perros comen de las migajas que caen de las mesas de sus señores, etc.". Había dicho El: "No es bien" y ésta dijo: "Así es, Señor". El llama hijos a los judíos y ella, señores. El llamó perro a esta mujer y ella añadió la cualidad de los perros, como si dijera: si soy perro, no soy extraña; me llamas perro, aliméntame tú como a un perro. Yo no puedo abandonar la mesa de mi Señor.

San Jerónimo

Son ensalzadas la fe, la humildad y la paciencia admirables de esta mujer. La fe, porque creía que el Señor podía curar a su hija. La paciencia, porque cuantas veces era despreciada, otras tantas perseveraba en sus súplicas. La humildad, porque no se compara ella sólo a los perros, sino a los cachorrillos. Sé -dice- que no me merezco el pan de los hijos, ni puedo tomar sus alimentos enteros, ni sentarme a la mesa con el Padre; pero me contento con lo que da a los cachorrillos, a fin de llegar, mediante mi humildad, hasta la mesa donde se sirve el pan entero.

San Juan Crisóstomo, *homiliae in Matthaeum, hom. 52,2-3*

Por esta razón, se retardaba el Señor, Él sabía que ella le hablaría de esa manera y no quería que quedara oculta tan grande virtud. Por eso sigue:

"Entonces respondió Jesús y le dijo: ¡Oh mujer, grande es tu fe: hágase contigo como quieres!" Como si dijera: tu fe puede comprender cosas mayores que éstas, pero entretanto hágase contigo como tú quieres. Observad que esta mujer influyó no poco en la curación de su hija y por eso no dijo Cristo: Sea curada tu hija, sino: "Tu fe es grande: hágase contigo como quieres". De esta manera nos da a entender la sencillez de corazón con que hablaba esa mujer, no para adular al Señor, sino para manifestarle su gran fe. Esta palabra de Cristo es parecida a aquella otra: "Hágase el firmamento y fue hecho" (**Gn** 1,6). Por eso sigue: "Y desde aquella hora fue sanada su hija". ¡Mirad cómo alcanza la mujer, lo que no obtuvieron los apóstoles. Tan gran poder tiene la insistencia en la oración! y Dios prefiere que le dirijamos a El nuestras súplicas por nuestros pecados, a que nos valgamos de las súplicas de otros.

Remigio

Estas palabras nos ofrecen un ejemplo de la necesidad que hay de catequizar y bautizar a los niños. Porque no dice la mujer: salva a mi hija, o ayúdala, sino ten compasión de mí y ayúdame. De aquí viene la costumbre en la Iglesia de prometer los fieles la fe a Dios en lugar de sus hijos pequeños, por no tener éstos la razón y la edad suficientes para hacer a Dios esa promesa y así como por la fe de esa mujer fue sanada su hija, así también por la fe de los fieles se perdonan los pecados a los niños.

Esta mujer significa, en sentido alegórico, a la Iglesia Santa, formada por todas las naciones. La venida del Señor, después de abandonar a los escribas y a los fariseos, a los países de Tiro y de Sidón, nos figura el abandono en que después dejaría a los judíos y que se pasaría a los gentiles. Y salió esta mujer de los confines de su tierra, porque la Iglesia santa salió de los errores y vicios antiguos.

San Jerónimo

Yo pienso que la hija de la cananea representa las almas de los fieles, que eran cruelmente maltratadas por el demonio, cuando no conocían a su Creador y adoraban las piedras.

Remigio

El Señor designa con la palabra "hijos" a los patriarcas y profetas de aquel tiempo, con la palabra "mesa" a la Sagrada Escritura y con "migas" a los preceptos leves o a los misterios íntimos que dan el alimento a la Iglesia y con "cortezas" a los preceptos carnales que observaban los judíos. Se dice que son comidas las migas debajo de la mesa porque la Iglesia se somete con humildad al cumplimiento de los preceptos divinos.

Rábano

Los perros pequeños no comen las cortezas, sino las migajas del pan de los niños, porque los que eran despreciados entre las naciones, convirtiéndose a la fe, buscan, no la superficie literal de la Escritura, sino el sentido espiritual, con el que pueden adelantar en sus buenas obras.

San Jerónimo

¡Admirable transformación de las cosas! En otro tiempo estaban en Israel los hijos de Dios y nosotros éramos los perros. La diversidad de la fe cambia algún tanto este orden. Después (en el tiempo en que se cumpla el misterio de la pasión) se dirá a los judíos: Muchos perros me han rodeado (*Sal* 21,13) y nosotros oiremos con la mujer cananea estas palabras: "Tu fe te ha salvado".

Rábano

Con razón se llama grande a esta fe, porque las naciones, sin haber sido imbuidas en la ley, ni haber sido instruidas por los profetas, obedecerán prontamente a las primeras palabras que les dirijan los apóstoles, por cuya obediencia merecerán la salud y si el Señor difiere la salud de sus almas y no atiende a las primeras lágrimas de las súplicas de la Iglesia, nunca esas almas deben desesperarse o dejar de suplicar, sino antes al contrario, deben insistir en sus plegarias.

San Agustín, *quaestiones evangeliorum, 1,18*

El no venir el Señor a las casas del hijo del centurión y de la mujer cananea, significa que las naciones a donde El no fuere, alcanzarán la salvación por medio de su palabra. La curación del hijo del centurión y de la hija de la mujer cananea mediante las súplicas de sus padres, es figura de la Iglesia, que es madre de todos los miembros, que son sus hijos. Porque se la llama madre de todos los hombres que la componen y éstos llevan, por lo mismo, el nombre de hijos.

San Hilario, *in Matthaeum, 15*

O también, esta mujer, que salió fuera de los límites de su país, es la primera de los prosélitos. Es decir, salió de entre las naciones para ir al medio de un pueblo que le era extraño, suplica por su hija (esto es, por la plebe de las naciones, sometidas a la dominación de los espíritus inmundos) y llama al Señor hijo de David, porque lo conoció por la ley.

Rábano

Además, si alguno tiene manchada su conciencia por la suciedad de algún vicio, ése tiene, indudablemente, a su hija malamente atormentada por el demonio y si alguno ha viciado sus buenas obras con el veneno del pecado, éste también tiene a su hija agitada por las furias del espíritu impuro y necesita, por consiguiente, acogerse a las súplicas y a las lágrimas y acudir a la intercesión y al auxilio de los santos.

Y habiendo salido Jesús de allí, vino junto al mar de Galilea: y subiendo a un monte, se sentó allí. Y se llegaron a El muchas gentes, que traían consigo mudos, ciegos, cojos, mancos y otros muchos: y los echaron a sus pies, y los sanó: de manera que se maravillaban las gentes, viendo hablar los mudos, andar los

cojos, ver los ciegos: y loaban en gran manera al Dios de Israel. (vv. 29-31)

San Jerónimo

El Señor, después de haber curado a la hija de la cananea, se vuelve a la Judea. Por eso se dice: "Y habiendo salido Jesús de allí, vino junto al mar de Galilea", etc.

Remigio

Varios son los nombres que se dan a este mar: se le llama mar de Galilea por su proximidad a la Galilea y mar de Tiberíades por la ciudad de Tiberíades.

Sigue: "Y subiendo a un monte, se sentó allí".

San Juan Crisóstomo, *homiliae in Matthaeum, hom. 52,3*

Son de considerar las idas y venidas del Señor de un punto a otro con el objeto de curar a los enfermos. Unas veces se sienta y los está esperando y por esta razón se añade oportunamente: "Y se dirigieron a Él", etc.

San Jerónimo

Se tradujo débiles por la palabra griega correspondiente, que significa, no una debilidad general, sino una sola enfermedad. Así como se llama cojo al que no puede valerse de un pie, así también se llama a aquél que tiene una mano débil.

San Juan Crisóstomo, *homiliae in Matthaeum, hom. 52,3*

En dos cosas demostraban éstos su fe: en subir al monte y en la persuasión que tenían de que no necesitaban, para ser curados, más que arrojarse a los pies del Señor. Y no se contentan con tocar la orla de su vestido, sino que dan pruebas de una fe más elevada. Y por eso se añade: "Y se echaron a los pies del Señor". Y tardó algún tiempo en curar a la hija de la cananea, para hacer patente la virtud de esta mujer y a éstos los curó en seguida, no porque eran mejores, sino para acallar a los judíos infieles. Por eso sigue: "Y los sanó a todos". La multitud de curaciones y la facilidad con que las hacía, llenó de estupor a todos, de suerte que toda la gente se admiraba al ver que hablaban los mudos.

San Jerónimo

No habla el evangelista de los mancos porque no podía expresar el fruto de su curación con una sola palabra.

Rábano

En sentido místico, viene el Señor a la Judea, después de curada la mujer cananea, figura de la conversión de los gentiles, porque alcanzará su salvación todo el pueblo de Israel, después que la mayor parte de los gentiles hayan entrado en la Iglesia (*Rm* 11,25-26).

Glosa

El mar junto al cual llegó Jesús, significa los turbios movimientos de esta vida y el mar de Galilea, el tránsito de los hombres desde el vicio a la virtud.

San Jerónimo

Sube el Señor al monte, a fin de provocar al vuelo, como hace el ave, a sus hijos, aun tiernos.

Rábano

Es decir, para levantar a sus oyentes a la meditación de las cosas superiores y celestiales y se sentó allí para hacernos ver que sólo en las cosas celestiales encuentra nuestra alma su descanso. Y mientras estaba sentado en el monte, esto es, en el palacio del cielo, se le aproxima el pueblo fiel con devoción, llevando consigo a los mudos y a los ciegos, etc. y los ponen a los pies del Señor. Porque sólo se presentan al Señor para que les dé la salud aquellos que confiesan sus pecados y de tal manera los cura el Señor, que el pueblo todo queda admirado y prorrumpe en alabanzas al Dios de Israel. De esta manera los fieles, después de ver que los que antes habían enfermado espiritualmente son enriquecidos con todo género de obras virtuosas, cantan sus alabanzas a Dios.

Glosa

Pero hay muchos que no alaban a Dios. Tales son los ciegos, que no comprenden el camino de la vida; los sordos, que no obedecen; los cojos, que no marchan derechos por el camino del deber y los mancos, que son impotentes para obrar bien.

Mas Jesús, llamando a sus discípulos, dijo: "Tengo compasión de estas gentes, porque ha ya tres días que perseveran conmigo, y no tienen qué comer: y no quiero despedirlas en ayunas, porque no desfallezcan en el campo". Y le dijeron los discípulos: "¿Cómo podremos hallar, en este desierto tantos panes que hartemos tan grande multitud de gente?" Y Jesús les dijo: "¿Cuántos panes tenéis?" Y ellos dijeron: "Siete, y unos pocos pececillos". Y mandó a la gente recostarse sobre la tierra. Y tomando los siete panes y los peces, y dando gracias los partió, y dio a sus discípulos, y los discípulos dieron al pueblo. Y comieron todos, y se hartaron. Y de los pedazos que sobraron, alzaron siete espuertas llenas. Y los que comieron fueron cuatro mil hombres, sin los niños y mujeres. (vv. 32-38)

San Jerónimo

Primeramente curó el Señor a los enfermos y después de haberlos curado, les da de comer. Reúne a sus discípulos y les dice lo que han de hacer. Por eso se dice: "Mas Jesús", etc. El Señor hace esto con el objeto de dar un ejemplo a los maestros de la necesidad que tienen de comunicar con sus inferiores y discípulos todos sus proyectos, o también para que comprendiesen sus discípulos, mediante esta conversación, la grandeza del milagro que iba a hacer.

San Juan Crisóstomo, *homiliae in Matthaeum, hom. 53,1*

No se atrevía a pedir pan el pueblo, que había venido para obtener curación. Por eso el Señor, que ama a los hombres y cuida de todos, da pan aun a aquellos que no se lo piden. Por esta razón dice: "Tengo compasión de estas gentes" y para indicar que esa gente no traía alimento alguno para el camino, añade: "Porque ha tres días que perseveran conmigo y no tienen qué comer" Y aun cuando lo hubieran traído, lo natural es que se les hubiese terminado. Por eso el Señor no hizo el milagro en el primero o segundo día, sino en el tercero, cuando la comida ya se había terminado, a fin de que, viéndose ellos en tal apuro, apreciasen más el beneficio que recibían. Las palabras del Señor: "Y no quiero despedirlas en ayunas", etc. evidencian aún más la gran distancia de donde venían y la falta de alimentos. El Señor no hizo el milagro a continuación de las palabras: "No quiero despacharlas en ayunas", con el objeto de que los discípulos prestaran más atención, mediante la pregunta que ellos hacían y la respuesta que les dio el Señor, para que brillara más su fe y para que le dijeran: "Haz los panes". Y aunque Cristo hizo muchas cosas que recordaban a los discípulos el primer milagro, como el servir ellos en las mesas y distribuir los cestos, sin embargo, aún estaban muy imperfectamente dispuestos, como se ve claramente por estas palabras. Y los discípulos dijeron: "¿Cómo podremos hallar?", etc. Dijeron ellos esto a causa de la enfermedad de sus pensamientos, a pesar de que no podían dudar del milagro por lo que les acaba de decir el Señor: hizo el Señor este milagro en un sitio solitario y distante de todo caserío, con el objeto de que nadie pudiera sospechar que había recibido la comida de alguna casa o aldea vecina. Y pregunta a sus discípulos, a fin de elevar sus almas y de recordarles (o de avisarles) por la pregunta el milagro anterior, del que ellos habían sido testigos y por eso sigue: "Y Jesús les dijo: ¿Cuántos panes tenéis? Y ellos dijeron: "siete", etc. No añaden, como dijeron antes: "¿Y qué son estos panes entre tanta gente?" (*Jn* 6,9), porque iban adelantando poco a poco. Sin embargo, aún no lo comprenden todo. Es digno de admiración el amor que tenían los apóstoles a la verdad, puesto que aun en sus mismos escritos no ocultan sus grandes defectos y no hay acusación tan grave o falta tan notable como la suya por haber olvidado tan pronto el prodigio tan grande que obró el Señor. También es de admirar en ellos otra prueba de su sabiduría: vencían el hambre, sin tener apenas en cuenta la necesidad de comer. Porque en el desierto, donde vivían ya tres días, no contaban con más alimentos que con siete panes. Otras muchas cosas hizo el Señor parecidas a las del primer milagro, pues hizo que se sentaran en tierra y que los panes se aumentaran en las manos de sus discípulos. Por eso sigue: "Y mandó a la gente recostarse sobre la tierra", etc.

San Jerónimo

Ya hemos hablado anteriormente de esto y es inútil repetirlo. Nos detendremos sólo en lo que se diferencian los dos milagros.

San Juan Crisóstomo, *homiliae in Matthaeum, hom. 53,2*

Mas no es semejante el fin de los dos milagros. Por eso sigue: "Y de los pedazos que sobraron, alzaron siete espuertas llenas: y los que comieron fueron cuatro mil", etc. ¿Por qué fueron menos las sobras en este milagro que en el primero, aunque fueron en menor número los que comieron? O es porque las espuertas eran mayores que los canastos o para que esta diferencia les sirviese para recordar los dos milagros, o también por la diferente significación que tenían las sobras en ambos milagros. En el primero sobraron tantos canastos cuantos eran los apóstoles y en el segundo, un número de espuertas igual al de los panes.

Remigio

En este pasaje del Evangelio es preciso considerar la operación de la divinidad y de la humanidad de Cristo. La humanidad en la compasión que tuvo de la multitud, cosa que es propio del sentimiento de la fragilidad humana y la divinidad en la multiplicación de los panes y en la alimentación de las gentes. Este pasaje destruye completamente el error de Eutiques, que no admitía en Cristo más que una sola naturaleza.

San Agustín, *de consensu evangelistarum, 2,50*

No es ciertamente fuera de propósito el advertir sobre este milagro, que si alguno de los evangelistas hubiese hablado sobre este milagro y no hubiera referido lo de los cinco panes, quizás ese evangelista fuese juzgado como contrario y en oposición con los demás; pero como son los mismos los que refieren el milagro de los cinco panes y el de los siete, nadie puede ponerlos en duda y todos los hombres deben admitir la existencia de ambos hechos. Hacemos esta advertencia para que, cuando encontremos en un evangelista un hecho que parece contrario a otro completamente parecido, referido por otro evangelista, de suerte que nos parezca imposible el compaginar los dos hechos, digamos desde luego que han existido los dos hechos y que un evangelista refiere el uno y otro evangelista el otro.

Glosa

Es de considerar cómo el Señor cura primero las enfermedades y después da el alimento. Lo hace así para indicar que es preciso hacer desaparecer primero los pecados y después alimentar el alma con las palabras de Dios.

San Hilario, *in Matthaeum, 15*

Así como aquella multitud que alimentó primero el Señor representa al pueblo creyente de los judíos, así también esta última es figura del pueblo gentil y los cuatro mil hombres reunidos significan la multitud innumerable reunida de las cuatro partes del mundo.

San Jerónimo

No son éstos cinco mil, sino cuatro mil, siempre el número cuatro es tenido como digno de alabanza. La piedra cuadrangular no se bambolea, no es inestable y por esta razón hasta los Evangelios hacen sagrado el número cuatro. En el milagro anterior, como el número cinco recuerda a los cinco sentidos y su proximidad, el Señor no hace mención de la multitud, pero sí los discípulos. Aquí, por el contrario, el mismo Señor dice que tiene compasión de la multitud porque hace tres días que están con Él, sin duda porque creían en el Padre, en el Hijo y en el Espíritu Santo.

San Hilario, *in Matthaeum, 15*

O bien, porque pasan con El un tiempo parecido al de la pasión; o también porque los que habían de venir al bautismo confiesan que creen en la pasión y resurrección del Señor; o también porque por un movimiento de compasión querían ayunar un tiempo semejante al de su pasión.

Rábano

O bien se dice esto porque en la duración de los siglos ha habido tres épocas en que la gracia ha sido dada: primera, la de antes de la Ley; segunda, la de la Ley y tercera, la de la gracia. La cuarta es la del cielo, cuya esperanza da ánimo al que se dirige hacia él.

Remigio

O también porque los que se corrigen por la penitencia de los pecados que han cometido se convierten al Señor con el pensamiento, con la palabra y con las obras. No quiso el Señor despachar en ayunas a toda esa gente, para que no desfalleciese en el camino. Porque los pecadores que se convierten por la penitencia, necesitan, si no han de perecer en el transcurso de esta vida pasajera, ser despachados con el alimento de la sagrada doctrina.

Glosa

Los siete panes son la Escritura del Nuevo Testamento, que revela y da la gracia del Espíritu Santo. No son éstos siete panes de cebada (como arriba). Porque no está en el Nuevo Testamento, como lo estaba en la Ley, el alimento vital envuelto entre figuras, o cubierto como de paja permanente. No se habla aquí de dos peces, figura de los dos crismas de la Ley, el del rey y el del sacerdote, sino de unos pocos peces, imagen de los santos del Nuevo Testamento, que arrancados de entre las olas de la vida, sufren el oleaje de este mar tempestuoso y nos alientan con su ejemplo para que no desfallezcamos en el camino.

San Hilario, *in Matthaeum, 15*

La gente se sienta sobre la tierra, porque ninguna obra de la Ley les daba antes dónde sentarse y ellos estaban aún adheridos al origen del pecado y de la carne.

Glosa

O también se sientan en el primer milagro sobre el heno, para reprimir los deseos de la carne y en el segundo sobre la tierra, porque Él les manda abandonar al mundo. El monte sobre el que el Señor los alimenta, es la alteza de Cristo y hay heno sobre la tierra, porque la alteza de Cristo está cubierta, a causa de los hombres carnales, por la esperanza y los deseos de la carne. En el segundo milagro, por el contrario, alejado todo deseo carnal, contiene y encierra los convites del Nuevo Testamento la solidez de la esperanza no interrumpida. Había allí cinco mil hombres que, como carnales que eran, estaban sujetos a los cinco sentidos y aquí cuatro, a causa de las cuatro virtudes que dan al alma la vida del espíritu: la prudencia, la templanza, la fortaleza y la justicia. De estas virtudes la primera da al hombre el conocimiento de las cosas que debe desear y de las que debe evitar; la segunda refrena el apetito por las cosas que deleitan temporalmente; la tercera da fuerza contra los pesares de la vida y la cuarta, que se difunde entre las otras, consiste en amar a Dios y al prójimo. Tanto allí como aquí, quedan excluidos las mujeres y los niños, porque en el Antiguo y en el Nuevo Testamento no se aproximan al Señor los que no se esfuerzan constantemente por llegar a ser hombres perfectos, o por falta de fuerza, o por poquedad de espíritu. Se celebran sobre la montaña las dos comidas, porque la Escritura de ambos Testamentos manda preceptos elevados y tiene recompensas sublimes, todo lo cual predica la grandeza de Cristo y los apóstoles retiran y cumplen todos aquellos misterios sublimes que no están al alcance de la inteligencia de la multitud, es decir, a la inteligencia enriquecida de siete formas por la gracia de Dios de los corazones perfectos. Suelen hacerse las cestas de junco entretejidos y de hojas de palmeras y significan los santos que colocan la raíz de su corazón en la misma fuente de la vida (a fin de que no se sequen como el junco en el agua) y llevan en su corazón la palma de la recompensa eterna.

CAPÍTULO 16

Y despedida la gente, entró en un barco, y pasó a los términos de Magedán. Y se llegaron a Él los fariseos y los saduceos para tentarle: y le rogaron que les mostrase alguna señal del cielo. Y Él les respondió, y les dijo: "Cuando va llegando la noche decís: Sereno hará, porque rojo está el cielo. Y por la mañana: Tempestad habrá hoy, porque el cielo triste tiene arreboles: pues la faz del cielo sabéis distinguir, ¿y las señales de los tiempos no podéis saber? Generación perversa y adúltera señal pide, y señal no le será dada, sino la señal de Jonás, el profeta"; y los dejó, y se fue. (15,39; 16,1-4)

San Juan Crisóstomo, *homiliae in Matthaeum, hom. 53,2*
El Señor despachó la gente después del milagro de los cinco panes. Lo mismo hace ahora, pero no se marchó a pie, sino en un barco, a fin de que no lo siguiese la gente. Por eso se dice: "Y despachada la gente se entró en un barco y pasó a los términos de Magedán".
San Agustín, *de consensu evangelistarum, 2,51*

San Marcos dice (*Mc* 8) a Dalmanuta, pero no da lugar a ninguna duda, porque se conocía con los dos nombres la población y en muchos códices, según el mismo San Marcos, no se encuentra más que la palabra Magedán.

Rábano

Magedán es una región situada frente a Gerasán. Significa frutas o noticias y es figura del jardín, de quien se dice (*Ct* 4,12): "Huerto cerrado, fuente sellada", en donde crecen los frutos de las virtudes y es dado a conocer el nombre del Señor. Esto nos enseña que los predicadores, después de haber distribuido al pueblo la palabra, deben renovar el interior de sus corazones con los frutos de las virtudes.

Sigue: "Y se llegaron a Él los fariseos y los saduceos", etc.

Remigio

Ciertamente llama la atención la ceguera de los fariseos y de los saduceos. Pedían un milagro del cielo, como si no fuesen milagros las obras que habían presenciado. San Juan da la razón de por qué pedían un milagro, cuando refiere (*Jn* 6,31) que la gente, después de la comida de los cinco panes, se aproximó al Señor y le dijo: "¿Qué milagro haces Tú para que veamos y creamos en Ti? Nuestros padres comieron el maná en el desierto, como está escrito (*Sal* 77): "Les dio a comer el pan del cielo". Manifiéstanos Tú un milagro del cielo, esto es, haz que llueva por espacio de uno o dos días el maná, a fin de que se harte todo el pueblo, como sucedió en el desierto durante tan largo tiempo". Mas El, como Dios, penetrando sus pensamientos y sabiendo positivamente que, aunque les hiciese el milagro que pedían, no creerían, se negó a concederles lo que le pedían. Por eso sigue: "Y El respondió y les dijo: Cuando va llegando la noche decís: Sereno hará", etc.

San Jerónimo

La mayor parte de los códices griegos no contienen esto, pero el sentido es bien claro, es decir, que por la sucesión y regularidad de los elementos podemos calcular los días serenos y los lluviosos, mientras que los escribas y los fariseos, que eran reputados como doctores de la Ley, no podían por los vaticinios de los profetas conocer la venida del Señor.

San Agustín, *quaestiones evangeliorum, 1,20*

Las palabras del Señor: "Cuando va llegando la noche, decís: Sereno hará, porque el cielo está rojo", pueden entenderse en el sentido de que se concede el perdón a los pecadores en la primera venida de Cristo por la sangre que vertió el Señor en su pasión. "Y por la mañana: Tempestad habrá hoy, porque el cielo triste tiene arreboles". Es decir, que la segunda venida del Señor será precedida de fuego.

Glosa

O de otro modo: el cielo está de un rojo triste, esto es, sufrirán los apóstoles después de mi resurrección y después de ellos podéis estar seguros que vendré Yo a juzgar en el tiempo venidero. Y si ahora no perdono a los míos, que son buenos, el que sufran, menos perdonaré después a otros.

Sigue: "Pues la faz del cielo sabéis distinguir y las señales de los tiempos no podéis saber".

Rábano

Por las señales de los tiempos quiso dar a entender su venida y su pasión, parecida al color rosáceo del cielo en la tarde, y las tribulaciones que precederán a su venida están representadas por un cielo que tiene por la mañana un color rosáceo y triste.

San Juan Crisóstomo, *homiliae in Matthaeum, hom. 53,2*

Así como las señales del buen tiempo son distintas de las del tiempo lluvioso, así sucede en mí. Porque ahora en mi primera venida tengo necesidad de esas señales que brillan sobre la tierra, pero las que brillarán en el cielo están reservadas para mi segunda venida. Ahora he venido como médico, entonces me presentaré como juez. Por esta razón he venido ahora como cubierto por un velo, mas luego, cuando se conmovieren todas las potestades del cielo, me presentaré con gran claridad. No es éste el tiempo de las señales, porque he venido a morir y a sufrir todo género de afrentas. Y por eso sigue: "Generación mala y adúltera señal pide y señal no le será dada".

San Agustín, *de consensu evangelistarum, 2,51*

San Mateo repite esto mismo en otro lugar (*Mt* 12), lo que nos debe recordar que muchas veces dice el Señor las mismas cosas, a fin de que cuando no podamos resolver una dificultad originada por dos palabras diferentes, deduzcamos, que un mismo hecho ha sido repetido dos veces.

Glosa

Dice generación mala y adúltera, esto es, incrédula, porque tenía un entendimiento carnal en lugar de espiritual.

Rábano

No dará el Señor a esta generación, a quien tantas señales dio en la tierra, la señal celestial que le pedían, sino que se las dará a la generación que lo busca, es decir, a los apóstoles que lo vieron subir al cielo y a quienes envió el Espíritu Santo.

San Jerónimo

Ya se ha dicho arriba lo que significa la señal de Jonás (*Mt* 12).

San Juan Crisóstomo, *homiliae in Matthaeum, hom. 53,3*

Convenía que los fariseos, que habían oído por segunda vez estas palabras, le preguntaran y le dijeran: "¿Qué es lo que tú dices?" Ellos no hacían esta pregunta llevados del deseo de instruirse y por eso el Señor los abandonó, de aquí sigue: "Y los dejó y se fue", etc.

Rábano

Esto es, se fue al otro lado del estrecho, abandonando a la generación mala de los judíos y siguiéndolo el pueblo de las naciones. Observad que no se fue, como en otras ocasiones, después de despachar la gente, sino que se dice que los dejó, porque sus espíritus insolentes estaban empapados en el error de infidelidad.

Y pasando sus discípulos a la otra ribera, se habían olvidado de tomar panes. Jesús les dijo: "Mirad, y guardaos de la levadura de los fariseos y de los saduceos". Mas ellos pensaban y decían dentro de sí: "¿Porque no hemos tomado panes?" Y Jesús, conociéndolo, les dijo: "Hombres de poca fe: "¿por qué estáis pensando dentro de vosotros, que no tenéis panes? ¿No comprendéis aun, ni os acordáis de los cinco panes para cinco mil hombres, y cuántos cestos alzasteis? ¿Ni de los siete panes para cuatro mil hombres, y cuántas espuertas recogisteis? ¿Cómo no comprendéis que no por el pan os dije: guardaos de la levadura de los fariseos y de los saduceos?". Entonces entendieron que no había dicho que se guardasen de la levadura de los panes, sino de la doctrina de los fariseos y de los saduceos. (vv. 5-12)

Glosa

Como el Señor abandonó a los fariseos a causa de su infidelidad, se desprende naturalmente el que mandara a sus discípulos se guardasen de la doctrina de ellos. Por eso sigue: "Y pasando sus discípulos a la otra ribera, se habían olvidado de tomar panes".

Remigio

Amaban tanto a su maestro, que no querían separarse de Él un instante. Es de advertir cuán distantes estaban los discípulos de desear los placeres, cuando hacían tan poco caso de lo necesario para la vida, que hasta se olvidaron de tomar panes, tan indispensables para poder subsistir.

Sigue: "Mirad y guardaos de la levadura de los fariseos".

San Hilario, *in Matthaeum, 16*

Aconseja el Señor en estas palabras a sus apóstoles que no se mezclen con la doctrina de los judíos, porque las obras de la ley fueron establecidas para ser realizadas en la fe y como figura de las cosas futuras. Y habiendo venido la verdad en su tiempo y edad, en adelante no consideren nada como figura de la verdad, a fin de que semejante doctrina farisaica, que no conoce a Cristo, no corrompa los efectos de la verdad del Evangelio.

San Jerónimo

Porque todo el que se guarda de la levadura de los fariseos y saduceos, no observa los preceptos de la ley y de la letra, y desprecia las tradiciones humanas, a fin de practicar los mandamientos de Dios. Esta es la levadura de que dice el apóstol (*1Cor* 5,6; *Gál* 5): "Una pequeña levadura corrompe toda la masa". Bajo todos conceptos debemos guardarnos de semejante levadura, que tuvieron Marción, Valentín y todos los demás herejes. Porque es de tal fuerza esta levadura, que si una parte, al parecer pequeña, se mezcla con la harina, aumenta cada vez más y derrama su sabor sobre toda la masa. Lo mismo sucede con la doctrina de los herejes. Si arroja ella una pequeña chispa en vuestro pecho, pronto se convertirá en una gran llama y consumirá todo lo que hay en el interior del hombre.

San Juan Crisóstomo, *homiliae in Matthaeum, hom. 53,3*

¿Y por qué no dice sin rodeos: guardaos de la doctrina de los fariseos? Porque quería recordarles lo que había pasado en la multiplicación de los panes, cosa que ellos habían olvidado. Pero como no habían motivos directos para hacerlo y aprovechando la ocasión que ellos mismos le presentaban, les dio una represión que les fue más sensible. Por eso el evangelista nos pone delante los pensamientos de los discípulos en estas palabras: "Mas ellos pensaban y decían entre sí. Porque no hemos tomado panes".

San Jerónimo

¿Cómo es que no tenían panes aquellos que después de haber dejado llenar siete espuertas, subieron en un barco y llegaron a los confines de Magedán, donde les dijo el Señor que se abstuvieran de la levadura de los fariseos y de los saduceos? Es indudable, según este pasaje de la Escritura, que ellos se olvidaron de llevar nada consigo.

San Juan Crisóstomo, *homiliae in Matthaeum, hom. 53,3*

El Señor reprende con energía para provecho de todos a los apóstoles, por el apego que aún tenían a las observancias judaicas. Por eso sigue: "Y Jesús, conociéndolo, les dijo: Hombres de poca fe: ¿Por qué estáis pensando dentro de vosotros que no tenéis panes?"

Glosa

Como si dijera: ¿por qué estáis pensando que yo he querido hablar de los panes terrenales, sobre cuyo punto no debéis dudar, habiéndolos multiplicado de tal manera, que de unos pocos panes he hecho que sobraran porciones tan considerables?

San Juan Crisóstomo, *homiliae in Matthaeum, hom. 53,3*

El Señor hace esto con los discípulos con el objeto de que no se preocupen de lo que han de comer. Pero, por qué no los reprendió cuando dijeron: ¿De dónde vamos a tomar en este desierto tantos panes? (*Mt* 15,33) Porque le pareció más oportuno, y además para que no creyesen que lo hacía con el objeto de entrometerse para hacer milagros, y porque no quería reprenderlos delante de la gente. Y esta acusación fue tanto más razonable, cuanto que a pesar del doble milagro de los panes, aún dudaban los apóstoles sobre su alimento. Mirad cómo el Señor acompaña a la represión, la mansedumbre. Responde El mismo por los que reprende y lo hace como excusándolos con estas palabras: "¿No comprendéis aún ni os acordáis de los cinco panes para los cinco mil hombres y cuántos cestos alzasteis? ¿Ni los siete panes y cuatro mil hombres?"

Glosa

Como si dijera: ¿No comprendéis el misterio, ni recordáis mi poder?

San Juan Crisóstomo, *homiliae in Matthaeum, hom. 53,3*

De esta manera les recuerda lo pasado y les avisa para el porvenir.

San Jerónimo

El Señor enseña a los discípulos por las palabras: "¿Por qué no comprendéis?" el significado de los cinco panes y de los siete; el de los cinco mil hombres y el de los cuatro mil, que fueron alimentados en el desierto. Y si la levadura de los fariseos y los saduceos no significa el pan corporal, sino las malas tradiciones y los dogmas heréticos, ¿por qué los alimentos con que fue alimentado el pueblo de Dios, no han de significar las doctrinas verdaderas íntegras?

San Juan Crisóstomo, *homiliae in Matthaeum, hom. 53,3*

Si queréis saber cuánto pudo en el corazón de los discípulos la represión de Cristo y cómo levantó sus adormecidas almas, escuchad las palabras del evangelista: "Entonces entendieron que no había dicho que se guardasen de la levadura de los panes, sino de la doctrina de los fariseos y de los saduceos". Y lo entendieron sin necesidad de interpretación. La represión, pues, del Señor, los retrajo de las observancias judaicas, hizo más diligentes a los perezosos, aumentó su poca fe, les dio valor para que no se apurasen cuando les faltara pan, para que no se preocuparan del alimento y para que consideraran todas esas cosas como dignas de desprecio.

Y vino Jesús a las partes de Cesárea de Filipo: y preguntaba a sus discípulos, diciendo: "¿Quién dicen los hombres que es el Hijo del Hombre?" Y ellos respondieron: "Los unos, que Juan el Bautista; los otros, que Elías; y los otros, que Jeremías, o uno de los Profetas". Y Jesús les dice: "Y vosotros, ¿quién decís que soy yo?" Respondió Simón Pedro y dijo: "Tú eres el Cristo, el Hijo de Dios vivo". Y respondiendo Jesús, le dijo: "Bienaventurado eres, Simón, hijo de Juan: porque no te lo reveló carne ni sangre, sino mi Padre que está en los cielos. Y yo te digo que tú eres Pedro, y sobre esta piedra edificaré mi Iglesia, y las puertas del infierno no prevalecerán contra ella. Y a ti te daré la llave del reino de los cielos. Y todo lo que ligares sobre la tierra, ligado será en los cielos; y todo lo que desatares sobre la tierra, será también desatado en los cielos". (vv. 13-19)

Glosa

El Señor, después de haber separado a sus discípulos de la doctrina de los fariseos, escoge el momento oportuno para echar en ellos los fundamentos profundos de la doctrina del Evangelio. Y para hacerlo con más solemnidad, el evangelista designa el lugar con estas palabras: "Y vino Jesús a las partes de Cesarea de Filipo".

San Juan Crisóstomo, *homiliae in Matthaeum, hom. 54,1*

Dice Cesarea de Filipo y no simplemente Cesarea, porque hay otra Cesarea que es la de Straton. No es en esta última, sino en la primera, donde el Señor, alejándolos de los judíos, preguntó a sus discípulos, quienes dijeron sin temor y con toda libertad lo que pensaban.

Rábano

Este Filipo era hermano de Herodes y Tetrarca de Ituria y de Traconítides y dio el nombre de Cesarea a la ciudad que hoy se llama Paneas, en honor de Tiberio César.

Glosa

El Señor, queriendo afirmar en la fe a sus discípulos, comienza por alejar de sus espíritus las opiniones y los errores de otros. Por eso lo que sigue: "Y preguntaba a sus discípulos, diciendo: ¿Quién dicen los hombres que es el Hijo del hombre?"

Orígenes, *homilia 1 in Matthaeum, 15*

Pregunta Cristo a los discípulos para que sepamos nosotros por las respuestas de los apóstoles las diversas opiniones que había entonces sobre Cristo entre los judíos y para que investiguemos siempre la opinión que sobre nosotros tienen formada los hombres, a fin de que si hablan mal, evitemos las ocasiones de que puedan hablar así y si bien, las aumentemos. También el ejemplo de los apóstoles enseña a los discípulos de los Obispos la obligación que tienen de informar a sus Obispos de las opiniones que sobre ellos se tenga por fuera.

San Jerónimo

La pregunta del Señor: "¿Quién dicen los hombres que es el Hijo del hombre?" es admirable. Porque los que hablan del Hijo del hombre, son hombres y los que comprenden su divinidad no se llaman hombres, sino dioses*. *(La palabra **dioses** no significa aquí **divinidades**, sino más bien alude a la participación de los hombres en la vida divina.)*

San Juan Crisóstomo, *homiliae in Matthaeum, hom. 54,1*

Mas no dice: ¿qué dicen los escribas y los fariseos de mí?, sino: ¿qué dicen los hombres de mí? Investiga la opinión del pueblo, porque no estaba inclinada hacia el mal. Y aunque su opinión sobre Cristo era inferior a la realidad, estaba, sin embargo, pura de toda malicia. No así la opinión de los fariseos, que era sumamente maliciosa.

San Hilario, *in Matthaeum, 16*

Al decir el Señor: "¿Quién dicen los hombres que es el Hijo del hombre?" dio a entender que debían tenerle por otra cosa distinta de lo que veían en El. El era, efectivamente, Hijo del hombre: ¿qué deseaba, pues, que opinaran sobre Él? No queremos opinar sobre lo que Él mismo confesó de sí, sino de lo que está oculto en Él, que es el objeto de la pregunta y la materia de nuestra fe. Nuestra confesión debe estar basada en la creencia de que Cristo no solamente es Hijo de Dios, sino también Hijo del hombre y en que sin las dos cosas no podemos abrigar esperanza alguna de salvación. Por eso dijo Cristo de una manera significativa: "¿Quién dicen los hombres que es el Hijo del hombre?"

San Jerónimo

No dijo: ¿Quién dicen los hombres que soy yo? sino: ¿Quién dicen que es el Hijo del hombre? Preguntó así a fin de que no creyesen que hacía esta pregunta por vanidad. Es de observar que siempre que en el Antiguo Testamento se dice el Hijo del Hombre, en el hebreo se dice el hijo de Adán.

Orígenes, *homilia 1 in Matthaeum, 15*

Los discípulos refieren al Señor las diferentes opiniones que sobre Él tenían los judíos. Por eso dice: "Y ellos respondieron: Los unos que Juan el Bautista", es decir, los que pensaban como Herodes; "los otros que Elías", esto es, los que creían o bien que era el mismo Elías que había vuelto a nacer, o bien el mismo Elías que aún vivía y se manifestaba en Él; "y los otros que Jeremías", a quien el Señor había constituido profeta de las naciones, no entendiendo que era figura de Cristo; "o uno de los profetas", por una razón semejante, a causa de las cosas que Dios dijo a los profetas, pero que no tuvieron su cumplimiento en ellos, sino en Cristo.

San Jerónimo

Pudo equivocarse el pueblo sobre Elías y sobre Jeremías, como se equivocó Herodes sobre Juan, de aquí mi admiración al ver a los intérpretes indagando las causas de cada uno de los errores.

San Juan Crisóstomo, *homiliae in Matthaeum, hom. 54,1*

Después de haber referido los discípulos las opiniones del pueblo, el Señor vuelve a preguntarles por segunda vez, a fin de que formen una opinión más elevada sobre Él. Por eso sigue: "Y Jesús les dice: Y vosotros, ¿quién decís que soy yo?" Vosotros, repito, que estáis siempre conmigo y que habéis presenciado milagros más grandes que los que ha visto el pueblo, bajo ningún concepto debéis tener sobre mí la misma opinión que éste. En estas palabras vemos la razón que tuvo el Señor para no haberles hecho esa pregunta al principio de su predicación y sí después de haber hecho tantos milagros y de haberles hablado de su divinidad.

San Jerónimo

Observad por el contexto de las palabras, cómo los apóstoles no son llamados hombres, sino dioses. Porque al preguntarles el Señor: "¿Quién dicen los hombres que es el Hijo del hombre?", añade: "Y vosotros, ¿quién decís que soy yo?" Que equivale a decir: aquellos que son hombres, tienen una opinión mundana, pero vosotros que sois dioses, ¿quién decís que soy yo?

Rábano

Mas no indaga el Señor -como por ignorancia- la opinión de los discípulos y de los extraños, sino que pregunta a los discípulos qué pensaban de El para premiar dignamente su confesión de la fe verdadera. Pregunta la opinión de los extraños para que quede demostrado para los discípulos por la exposición de los errores que la verdad de su confesión no depende de la opinión de los demás, sino de haber percibido el misterio mismo de la revelación del Señor.

San Juan Crisóstomo, *homiliae in Matthaeum, hom. 54,1*

Cuando pregunta el Señor sobre la opinión del pueblo, contestan todos los apóstoles y cuando pregunta a los apóstoles, sólo contesta Pedro, boca y cabeza de todos ellos. Por eso sigue: "Respondió Simón Pedro y dijo: Tú eres el Cristo, el Hijo de Dios vivo".

Orígenes, *homilia 1 in Matthaeum, 15*

Pedro negó algunas de las cosas que los judíos juzgaban acerca de cómo debía ser el Cristo, pero confesó: "Tú eres el Cristo", cosa que ignoraban los judíos. Y lo que es aún más: "El Hijo de Dios vivo", que dijo por los profetas: "Yo vivo, dice el Señor" (*Is* 49,18; *Ez* 5,11) y se llamaba vivo, pero de una manera sobresaliente, elevándose por encima de todos los seres que tienen vida, porque sólo Él tiene la inmortalidad y es la fuente de la vida, lo que propiamente se dice de Dios Padre. Es la vida que procede de la Fuente que dijo: "Yo soy la vida" (*Jn* 14,6).

San Jerónimo

Le llama también Dios vivo para distinguirle de aquellos dioses que llevan el nombre de dioses, pero que están muertos como Saturno, Júpiter, Venus, Hércules y las demás ficciones de los idólatras.

San Hilario, *in Matthaeum, 16*

La fe verdadera e inviolable consiste en creer que el Hijo de Dios fue engendrado por Dios y que tiene la eternidad del Padre. Y la confesión perfecta consiste en decir que este Hijo tomó cuerpo y fue hecho hombre. Comprendió pues en sí todo lo que expresa su naturaleza y su nombre, en lo que está la perfección de las virtudes.

Rábano

Por un admirable contraste, el Señor confiesa la humildad de la humanidad de que se halla revestido y el apóstol declara la excelencia de su divina eternidad.

San Hilario, *in Matthaeum, 16*

La confesión de Pedro mereció una gran recompensa, porque supo ver en aquel hombre al Hijo de Dios. Por eso sigue: "Y respondiendo Jesús, le dijo: Bienaventurado eres, Simón, hijo de Juan. Porque no te lo reveló la carne ni la sangre".

San Jerónimo

Devolvió el Señor la palabra al apóstol por el testimonio que dio de El: dijo Pedro: "Tú eres el Cristo, Hijo de Dios vivo" y el Señor le dijo: "Bienaventurado eres, Simón, hijo de Juan". ¿Por qué? "porque no te lo reveló la carne ni la sangre, sino mi Padre que está en los cielos". Reveló el Espíritu Santo lo que no pudo revelar ni la carne ni la sangre. Luego mereció Pedro por su confesión ser llamado hijo del Espíritu Santo, que le hizo esta revelación, puesto que Bar Iona en nuestro idioma significa hijo de la paloma. Opinan algunos que Simón era hijo de Juan según aquel pasaje (*Jn* 21,15) "Simón, hijo de Juan, me amas" y que los copistas suprimieron una sílaba y escribieron Bar Iona en lugar de Bar Ioanna, esto es, hijo de Juan. *Ioanna* quiere decir gracia de Dios y ambos nombres pueden tomarse en sentido místico, tomando la palabra paloma por Espíritu Santo y la gracia de Dios por un don espiritual.

San Juan Crisóstomo, *homiliae in Matthaeum, hom. 54,2*

Sería cosa inútil el decir: Tú eres hijo de Juan o de *Joanna*, si no fuese para manifestar que Cristo es tan naturalmente Hijo de Dios, como lo es Pedro de Juan, es decir, que es de la misma substancia de aquel que le engendró.

San Jerónimo

Las palabras "porque no te lo reveló carne ni sangre" tienen su semejanza con aquellas otras del apóstol (*Gál* 1,16): "Yo no he tenido descanso ni en la carne, ni en la sangre". En el primer pasaje las palabras carne y sangre significan los judíos y en este último, aunque en otros términos, dice San Pablo, que Cristo Hijo de Dios, fue revelado, no por la doctrina de los fariseos, sino por la gracia de Dios.

San Hilario, *in Matthaeum, 16*

O de otra manera, bienaventurado Pedro porque fue bendecido con la gracia de poder ver y comprender más allá de lo ojos humanos, no quedándose en lo que es de carne y sangre, sino contemplando al Hijo de Dios gracias a la revelación del Padre Celestial. Pedro fue juzgado digno de conocer el primero la divinidad de Cristo.

Orígenes, *homilia 1 in Matthaeum, 16*

Debemos preguntar en este lugar, si los apóstoles conocían antes de ser enviados que Jesús era el Cristo. El pasaje de arriba da a entender que ésta es la primera vez en que Pedro ha confesado a Cristo Hijo de Dios vivo y debéis tener presente, si os es posible, que es menos creer que Jesús es el Cristo, que el de reconocerle como tal. De ahí es que podéis decir desde luego, que cuando los apóstoles fueron enviados a predicar, creían que Jesús era el Cristo y después, cuando ya estaban más adelantados, le reconocieron. O también podéis contestar que los apóstoles al principio tenían un conocimiento como en embrión de Cristo y conocían muy pocas cosas de Él, pero después adelantaron de tal manera en el conocimiento de Cristo, que ya se encontraron en disposición de comprender la revelación del Padre sobre Cristo. Así vemos cómo la comprendió Pedro, que fue llamado bienaventurado no sólo por las palabras: "Tú eres el Cristo", sino principalmente por las que añadió: "El Hijo de Dios vivo".

San Juan Crisóstomo, *homiliae in Matthaeum, hom. 54,1-2*

Ciertamente si Pedro no hubiese confesado que Cristo fue engendrado realmente por el Padre, esta revelación no hubiese sido necesaria ni hubiese sido llamado bienaventurado por haber juzgado que Cristo era un hijo predilecto de tantos hijos adoptivos de Dios. Porque antes que Pedro, los que iban en el barco con Cristo, le dijeron: "Verdaderamente tú eres Hijo de Dios" (*Mt* 14,33). También Natanael había ya dicho: "Maestro, tú eres Hijo de Dios" (*Jn* 1,43), y sin embargo, no se llamaron bienaventurados, porque no confesaron la misma filiación que Pedro. Lo juzgaban como uno de tantos hijos, pero no verdaderamente como Hijo. Y aunque lo tenían como el principal de todos, no lo miraban, sin embargo, como de la misma substancia que el Padre. Ved, pues, cómo el Padre revela al Hijo y el Hijo al Padre y cómo no podemos conocer al Hijo sino por el Padre, ni al Padre más que por el Hijo, de donde resulta, que el Hijo es consustancial al Padre y debe ser adorado con el Padre. Partiendo de esta confesión, el Señor demuestra que muchos creerán lo mismo que ha confesado Pedro. De donde añade: "Y yo te digo que tú eres Pedro y sobre esta Piedra edificaré mi Iglesia".

San Jerónimo

Que equivale a decir: puesto que tú has dicho: Tú eres Cristo, el Hijo de Dios vivo, yo también te digo a ti -no con vanas palabras y que no han de ser cumplidas, sino que te lo digo a ti (y en mí el decir es obrar)- que tú eres Pedro. Antes el Señor llamó a sus apóstoles luz del mundo y otros diversos nombres y ahora a Simón, que creía en la piedra Cristo, le da el nombre de Pedro.

San Agustín, *de consensu evangelistarum, 2,53*

No se crea, sin embargo, que es en este pasaje donde recibió Pedro su nombre, lo recibió en el pasaje que tiene San Juan (*Jn* 1,42): "Tú serás llamado Cefas, que quiere decir Pedro".

San Jerónimo

Y siguiendo la metáfora de la piedra, le dice con oportunidad: Sobre ti edificaré mi Iglesia, que es lo que sigue: "Y sobre esta piedra, edificaré mi Iglesia".

San Juan Crisóstomo, *homiliae in Matthaeum, hom. 54,2*

Es decir, sobre esta fe y sobre esta confesión edificaré mi Iglesia. Palabras que dan a entender, que muchos creerán en lo mismo que ha confesado Pedro. El Señor bendice las palabras de Pedro y le hace pastor.

San Agustín, *retractationes, 1,21*

Dije en cierto lugar hablando del apóstol San Pedro, que en él, como en una piedra, fue edificada la Iglesia. Pero no ignoro que después he expuesto en muchas ocasiones las palabras del Señor: "Tú eres Pedro y sobre esta piedra edificaré mi Iglesia" en el sentido de que la Iglesia está edificada sobre aquel a quien confesó Pedro diciendo: "Tú eres el Cristo, el Hijo de Dios vivo". Pues Pedro, llamado por esta piedra, representa la persona de la Iglesia que está edificada sobre esta piedra. El Señor no le dijo: Tú eres la piedra, sino tú eres Pedro y la piedra era Cristo (*1Cor* 10,4), a quien confesó Simón, así como a éste le confiesa toda la Iglesia y por esta confesión ha sido llamado Pedro. De estas dos opiniones puede elegir el lector la que le parezca más probable.

San Hilario, *in Matthaeum, 16*

En este nuevo nombre se encuentra un fundamento admirable de la solidez de la Iglesia, digna de ser edificada sobre esta piedra, que hará desaparecer las leyes del infierno, las puertas del Tártaro y todos los cerrojos de la muerte. Por eso añade para manifestar la solidez de la Iglesia fundada sobre esta piedra: "Y las puertas del infierno no prevalecerán en contra de ella".

Glosa

Esto es, no la separarán de mi caridad y de mi fe.

San Jerónimo

Yo tengo por puertas del infierno a los pecados y a los vicios o también a las doctrinas heréticas, que seducen a los hombres y los llevan al abismo.

Orígenes, *homilia 1 in Matthaeum, 16*

Son puertas del infierno todos los vicios espirituales en el orden sobrenatural y que son opuestos a las puertas de la justicia.

Rábano

También son puertas del infierno los tormentos y seducciones de los perseguidores y las obras malas y las palabras necias de los incrédulos, porque sólo sirven para enseñar el camino de la perdición.

Orígenes, *homilia 1 in Matthaeum, 16*

Mas no expresa el Señor si prevalecerá la piedra sobre que está edificada la Iglesia, o si será la Iglesia edificada sobre la piedra; sin embargo, es indudable que ni contra la piedra, ni contra la Iglesia prevalecen las puertas del infierno.

Cirilo, *thesaurus de sancta et consubstantiali Trinitate*

Según la promesa de Cristo, la Iglesia apostólica de Pedro permanece pura de toda seducción y a cubierto de todo ataque herético, por encima de todos los gobernadores, obispos y sobre todo los primados de las iglesias, en sus pontífices, en su completísima fe y en la autoridad de Pedro. Y cuando algunas iglesias han sido tildadas por los errores de alguno de sus individuos, sólo ella reina sostenida de un modo inquebrantable, impone silencio y cierra la boca a los herejes. Y nosotros, a no ser que estemos engañados por una falsa presunción de nuestra salvación, o tomados del vino de la soberbia, confesamos y predicamos juntamente con ella la verdad y la santa tradición apostólica en su verdadera forma.

San Jerónimo

No se crea que por estas palabras promete el Señor a los apóstoles librarlos de la muerte. Abrid los ojos y veréis, por el contrario, cuánto brillaron los apóstoles en su martirio.

Orígenes, *homilia 1 in Matthaeum, 16*

También a nosotros, por una revelación del Padre que está en los cielos (**Ef** 3), revelación que tendrá lugar si nuestra conversión está en los cielos- se nos dirá: "Tu eres Pedro, etc.", si confesáremos que Jesucristo es el Hijo de Dios vivo. Porque todo el que imita a Cristo es piedra y aquel, contra el que prevalecieren las puertas del infierno, ni es la piedra sobre que edificó Cristo su Iglesia, ni es la Iglesia, ni es la parte de la Iglesia que el Señor edifica sobre la piedra.

San Juan Crisóstomo, *homiliae in Matthaeum, hom. 54,2*

El Señor da otro nuevo honor a Pedro cuando le añade: "Y te daré a ti las llaves del Reino de los Cielos", que vale tanto como decir: Así como el Padre te concedió el que me conocieras, así también te doy yo alguna cosa, esto es, las llaves del Reino de los Cielos.

Rábano

Con razón se dio las llaves del Reino de los Cielos a aquel, que confesó con más devoción que los demás, al Rey de los cielos. De esta manera se hizo saber a todos, que sin esta fe y sin esta confesión, no entraría nadie en el Reino de los Cielos. Se entiende por llaves el poder y el derecho de discernir. El poder para que ate y desate y el derecho de discernir, para que distinga a los dignos de aquellos que no lo son.

Glosa

De donde sigue: "Y cuanto atares, etc.", esto es, todo el que juzgares indigno de perdón mientras vive, indigno será juzgado delante de Dios. Y todo lo que desatares, esto es, a quien juzgares digno de ser perdonado mientras vive, alcanzará consiguientemente de Dios el perdón de sus pecados.

Orígenes, *homilia 1 in Matthaeum, 16*

Ved cuán grande es el poder de esta piedra sobre la cual está edificada la Iglesia. Permanecen inquebrantables sus juicios, como si fuera el mismo Dios el que los diera por ella.

San Juan Crisóstomo, *homiliae in Matthaeum, hom. 54,2*

Ved también cómo Cristo conduce a Pedro hasta las ideas más elevadas sobre su persona. Porque le promete dar lo que a sólo Dios compete, es decir, el perdonar los pecados y hacer inmutable a la Iglesia en medio de tantas tempestades, de persecuciones y de tentaciones.

Rábano

Aunque parece que sólo a Pedro fue dado este poder de atar y desatar, sin embargo, también es concedido a los demás apóstoles y ahora en los Obispos y en los presbíteros a toda la Iglesia. Y si Pedro recibió con especialidad las llaves del Reino de los Cielos y el principado de la potestad judiciaria, fue para que todos los fieles del mundo comprendan, que todos los que se separan, bajo cualquier concepto, de la unidad de fe o dejan de estar unidos a él, no pueden ser desatados de las cadenas de los pecados, ni entrar por las puertas del Reino de los Cielos.

Glosa

De una manera especial concedió a Pedro el poder para invitarnos a la unidad, y le hizo cabeza de los apóstoles, para que la Iglesia tuviese un solo vicario principal, al que todos los miembros de la Iglesia debían acudir en caso de disidencia. Y si en la Iglesia hubiese muchas cabezas, ya no habría unidad. Añaden algunos que las palabras "sobre la tierra" el Señor las dijo para indicar que el poder de atar y desatar se refería a los vivos y no a los muertos y el que atare o desatare a los muertos, no ejercía ese poder sobre la tierra.

Ex sententiis Constantin. Concilii, *syn. 5*

¿Y cómo algunos se atreven a decir que este poder ha sido dado sólo con respecto a los vivos? ¿Por ventura ignoran que el juicio de anatema no es más que una separación? Es preciso separarse de todos aquellos, ya sean vivos o no, que son esclavos de faltas pésimas y alejarse siempre del que es perjudicial. El mismo San Agustín, de piadosa memoria y que tantísimo brilló entre los obispos africanos, ha escrito en diversas cartas, que es útil anatematizar a los herejes aun después de muertos. La misma tradición eclesiástica observaron otros obispos africanos y la Santa Iglesia Romana anatematizó a algunos obispos después de muertos, aun cuando no fueron acusados en vida.

San Jerónimo

Algunos obispos y presbíteros, que no entienden este pasaje, participan en alguna medida del orgullo de los fariseos, llegando al punto de condenar a algunos que son inocentes y de absolver a otros que son culpables, como si el Señor tuviera en cuenta solamente la sentencia de los sacerdotes y no la conducta de los culpables. Leemos en el Levítico (caps. 13 y 14) que a los leprosos estaba mandado presentarse a los sacerdotes para que si efectivamente tenían lepra, los sacerdotes los declararan impuros y esto se mandaba, no porque los sacerdotes causasen la lepra o la inmundicia, sino porque podían distinguir ellos entre el leproso y el que no lo es, entre el que está puro y el que no lo está. Así, pues, como allí el sacerdote declara impuro al leproso, así también aquí en la Iglesia, el Obispo o presbítero ata o desata, no a los que están inocentes o sin culpa, sino a aquellos de quienes por su ministerio ha tenido necesidad de oír variedad de pecados y distinguir cuáles son dignos de ser atados y cuáles de ser desatados.

Orígenes, *homilia 1 in Matthaeum, 16*

Sea, pues, irreprensible el que ata o desata a otro, a fin de que sea también digno de atar y desatar en el cielo. Las llaves del Reino de los Cielos sólo se dan como recompensa a aquel que por su virtud puede cerrar las puertas del infierno. Y todo el que comenzare a practicar toda clase de virtudes, se abre a sí mismo la puerta del Reino de los Cielos, esto es, se la abre el Señor con su gracia, de suerte que la misma virtud es a un mismo tiempo puerta y llave de la puerta. Pueda ser que cada virtud sea el Reino de los Cielos.

Entonces mandó a sus discípulos que no dijesen a ninguno que Él era Jesús el Cristo. Desde entonces comenzó Jesús a declarar a sus discípulos, que convenía ir Él a Jerusalén, y padecer muchas cosas de los ancianos y de los escribas, y de los príncipes de los sacerdotes, y ser muerto, y resucitar al tercer día. (vv. 20-21)

Orígenes, *homilia 1 in Matthaeum, 16*

Después de haber confesado Pedro a Cristo Hijo de Dios, a fin de que no fuesen a contarlo a otros, añadió el Señor: "Entonces mandó a sus discípulos que no dijesen a ninguno, etc."

San Jerónimo

Cuando el Señor envió a sus discípulos a predicar, les mandó que anunciasen su venida, cosa al parecer contraria a lo que en este pasaje les encarga, esto es, que no digan a nadie que Él es Jesucristo. A mí me parece que una cosa es predicar a Cristo y otra predicar a Jesucristo. Porque Cristo es un nombre común de dignidad y Jesús significa propiamente Salvador.

Orígenes, *homilia 1 in Matthaeum, 16*

Quizás le anunciaran los apóstoles de una manera vaga y como un hombre grande y admirable y no como a Jesucristo. Y si alguno pretende, que ya entonces los apóstoles lo anunciaron como Cristo, tendrá que decir que el Señor quiso que en adelante ellos hicieran una ligera mención de su nombre, a fin de que, permaneciendo su nombre en el silencio durante algún tiempo, pudieran los oyentes digerir aquello que tan ligeramente habían oído de Cristo. O también, esta cuestión se debe resolver de tal manera, que parezca que todo lo que se ha dicho antes sobre la predicación de Cristo no se refiere al tiempo anterior a la resurrección de Cristo, sino a tiempos futuros después de la resurrección. Y lo que manda el Señor: "Que no lo digan a nadie" convenía entonces a los apóstoles. Porque era inútil que lo predicasen y callasen su cruz.

Les manda que no digan a nadie que Él es el Cristo y sin embargo los prepara a que después digan que Él es el Cristo, el que fue crucificado y resucitó de entre los muertos.

San Jerónimo

A fin de que nadie pueda suponer que no hemos hecho más que exponer nuestra opinión, en estas palabras el Señor dice la causa de haber prohibido el que se lo predicara: "Desde entonces comenzó Jesús a declarar a sus discípulos que convenía ir Él a Jerusalén y padecer, etc." El sentido es el siguiente: cuando hubiera padecido todos estos tormentos vosotros empezaréis a predicarme, porque no conviene predicar a Cristo en público y anunciar su majestad en medio de los pueblos, que lo han de ver después azotado y crucificado.

San Juan Crisóstomo, *homiliae in Matthaeum, hom. 54,3*

Difícilmente permanecerá en el corazón de muchos lo que una vez ha echado raíces y se arranca después, ya que llega a su crecimiento lo que una vez se ha plantado y después permanece inmóvil. Por esto el Señor se detiene en estas tristes predicciones y a propósito multiplica sus palabras para abrir la inteligencia de sus discípulos.

Orígenes, *homilia 1 in Matthaeum, 16*

Y mirad cómo no dice: y comenzó a decirles o a enseñarles, sino a manifestarles. Porque así como se dice, que las cosas visibles se manifiestan, así se dice, que Cristo manifestaba lo que hablaba. Mas yo no opino que a los que vieron a Cristo padecer tantos tormentos corporales, les fueron manifestados esos tormentos que presenciaban, como a los discípulos, que comprendieron las palabras del Señor acerca del misterio de su pasión y resurrección. Entonces fue cuando les empezó a explicar este misterio que después, cuando los discípulos tuvieron más capacidad,, desarrolló cumplidamente. Porque todo lo que Jesús comienza, lo lleva a su término. Y convenía que Jesús fuese a Jerusalén, para que fuese inmolado en la Jerusalén de abajo, en la Jerusalén terrestre, antes que por su resurrección reinara en la Jerusalén celestial, en la que está arriba (*Gál* 4). Después que resucitó Jesús y otros resucitaron con Él, no se habla ya de la Jerusalén de aquí abajo o de la casa de oración que ella encierra, sino de la Jerusalén de arriba. El Señor sufre muchas cosas de parte de los ancianos de la Jerusalén terrestre, para ser glorificado de parte de aquellos ancianos celestiales que gozan de sus beneficios. Y al tercer día resucitó de entre los muertos, y para aquellos que arrebata del mal, adquiere la gracia de ser bautizados en su espíritu, en su alma y en su cuerpo, en el nombre del Padre, del Hijo y del Espíritu Santo, que son los tres días, siempre presentes para aquellos, que mediante esos días fueron hechos hijos de la luz.

Y tomándole Pedro aparte, comenzó a increparle diciendo: "Lejos esto de ti, Señor, no será esto contigo". Y vuelto hacia Pedro, le dijo: "Quítateme de delante, Satanás, estorbo me eres; porque no entiendes las cosas que son de Dios, sino las de los hombres". (vv. 22-23)

Orígenes, *homilia 1 in Matthaeum, 16*

Cristo comienza a explicar el principio de sus misterios y ya Pedro los mira como indignos del Hijo de Dios vivo y olvidado de que nada de lo que el Hijo de Dios vivo hace merece represión, él se pone a reprenderlo en estos términos: "Y tomándole Pedro aparte, comenzó a increparle, etc."

San Jerónimo

Hemos dicho muchas veces que Pedro tuvo para con el Señor un ardor vehemente y un amor grandísimo; no queriendo pues, después de su confesión y de la promesa que el Señor le había hecho, que quedara destruido el efecto de su confesión, y creyendo imposible que muriese el Hijo de Dios, lo toma con afecto o lo lleva aparte -a fin de no parecer que reprendía a su maestro en presencia de los demás condiscípulos- y llevado del amor empieza a reprenderlo y a decirle oponiéndosele: "Lejos de ti, Señor". O mejor como se lee en el griego: "Ten compasión de ti, Señor, no será esto contigo".

Orígenes, *homilia 1 in Matthaeum, 16*

Como si tuviera necesidad de esa compasión. Al mismo tiempo que el Señor acepta ese cariño reprende a Pedro por su ignorancia. Por eso sigue: "Y vuelto hacia Pedro, le dijo: Ve en pos de mí, Satanás, etc."

San Hilario, *in Matthaeum, 16*

El Señor, conociendo el origen de las intrigas del diablo, dice a Pedro: "Ve en pos de mí", queriendo decir con estas palabras que siguiera el ejemplo de su pasión. Y volviéndose hacia a aquel que había inspirado a Pedro esas palabras, añade: "Satanás, estorbo me eres". No conviene después de tantas promesas de dicha y de poder como se han hecho a Pedro, el aplicarle el nombre de Satanás y juzgarlo como un estorbo.

San Jerónimo

Para mí el error de este apóstol es resultado de su gran amor y bajo ningún concepto de la inspiración del diablo. El lector, pues, tenga presente en su prudencia, que esta dicha y poder fueron prometidos a Pedro, no para el presente, sino para el porvenir y por consiguiente, si los hubiera recibido en seguida, jamás hubiera tenido lugar en él una confesión tan miserable.

San Juan Crisóstomo, *homiliae in Matthaeum, hom.54,3*

¿Y qué hay de admirable en que esto le haya ocurrido a Pedro, quien no había recibido revelación acerca de estas cosas? A fin de que sepáis, cómo las cosas que confesó de Cristo no fueron de Pedro, mirad la turbación que experimenta en las cosas que no le fueron reveladas. Porque él, midiendo lo que concierne a Cristo con su pensamiento humano y terrenal, cree infame e indigno del Hijo de Dios todo sufrimiento, por eso le dice el Señor: "Porque no entiendes las cosas que son de Dios, sino las de los hombres".

San Jerónimo

Que vale tanto como decir: es la voluntad de mi Padre y mía el que yo muera por la salvación de los hombres. Tú, mirando sólo a tu voluntad, no quieres que el grano de trigo caiga en la tierra, a fin de que lleve muchos frutos y por consiguiente, puesto que hablas cosas contrarias a mi voluntad, mereces el nombre de enemigo. Porque la palabra Satanás significa adversario o enemigo, no se crea, sin embargo (como opinan muchos), que Pedro fue condenado de la misma manera que Satanás. Porque a Pedro se le dice: "Ve en pos de mí, Satanás" (esto es, tú que eres contrario a mi voluntad, sígueme) y al diablo se le dijo: "Vete,

Satanás" (*Jn* 4,10) y no se le dijo en pos de mí, para indicarle que se fuese al fuego eterno.

Orígenes, *homilia 1 in Matthaeum, 16*

Dijo, pues, el Señor a Pedro: "Marcha detrás de mí"; como si por su ignorancia hubiese dejado de ir detrás de Cristo y le llama Satanás a causa de esta misma ignorancia, que le había hecho decir cosas contrarias a Dios: bienaventurado aquel a quien Cristo se vuelve, aunque se vuelva para corregirle. Pero ¿por qué dice el Señor a Pedro: "Estorbo me eres", leyéndose (*Sal* 118,165): "Mucha paz para los que aman tu ley y no hay escándalo para ellos?" Pero debemos responder, que no sólo Jesús no se escandaliza, sino tampoco ningún hombre que tiene caridad perfecta, pero puede ser escándalo a otro haciendo o diciendo ciertas cosas, aunque él no pueda ser escandalizado.

Él llama escándalo a todo discípulo que peca, como decía San Pablo (*2Cor*11,29.) "¿Quién es escandalizado, sin que yo sufra?".

Entonces dijo Jesús a sus discípulos, "si alguno quiere venir en pos de mí, niéguese a sí mismo, y tome su cruz y sígame. Porque el que su alma quisiere salvar, la perderá. Mas el que perdiere su alma por mí, la hallará". (vv. 24-25)

San Juan Crisóstomo, *homiliae in Matthaeum, hom. 55,1*

Después de haber dicho Pedro: "Ten compasión de ti, Señor, de ninguna manera será esto contigo" (*Mt* 16,22) y el Señor le contestó: "Ve en pos de mí, Satanás" (*Mt* 16,23), el Señor no se contentó con esta sola represión, sino que quiso hacerle ver de una manera sobreabundante la inconveniencia de sus palabras y manifestarle el fruto de su pasión. Por eso se dice: "Entonces dijo a sus discípulos: si alguno quiere venir en pos de mí", que equivale a decir: Tú me dices: Ten compasión de ti. Pues yo te digo, que no sólo te será perjudicial el que yo evite mi pasión, sino que tú no te podrás salvar si no padeces, si no mueres y si no renuncias para siempre a tu vida. Y mirad cómo sus palabras no imponen violencia alguna. Porque no dijo: aunque no queráis debéis sufrir, sino el que quiera, de esta manera atrae más. Porque el que deja en libertad para elegir a quienes lo escuchan, los atrae mejor y la violencia sirve las más de las veces de obstáculo. Mas no propone esta verdad sólo a los apóstoles, sino a todo el universo, cuando dice: "Si alguno quiere", esto es, si el varón, si la mujer, si el rey, si el hombre libre, si el esclavo, etc. Tres son las cosas que dice el Señor que debe hacer. El negarse a sí mismo, el tomar su cruz y el seguirlo.

San Gregorio Magno, *homiliae in Evangelia, 32,2*

Porque el que no se niega a sí mismo no puede aproximarse a aquel que está sobre él. Pero si nos abandonamos a nosotros mismos, ¿adónde iremos fuera de nosotros? ¿O quién es el que se va, si se abandona a sí mismo? Nosotros somos una cosa caídos por el pecado y otra por nuestra naturaleza original. Nosotros nos abandonamos y nos negamos a nosotros mismos, cuando evitamos lo que fuimos por el hombre viejo y nos dirigimos hacia donde nos llama nuestra naturaleza regenerada.

San Gregorio Magno, *homiliae in Hiezechihelem prophetam, hom. 10*

Se niega a sí mismo aquel que reforma su mala vida y comienza a ser lo que no era y a dejar de ser lo que era.

San Gregorio Magno, *Moralia, 23*

Se niega también a sí mismo aquel que pisoteando su vano orgullo se presenta delante de los ojos de Dios, extraño a sí mismo.

Orígenes

Aunque parezca que alguno se abstiene de pecar, sin embargo, si no ha tomado la cruz de Cristo, no se puede decir, que está crucificado con Cristo o que está abrazado a su cruz. Por eso sigue: "Y toma su cruz".

San Juan Crisóstom, *homiliae in Matthaeum, hom. 55,1*

O de otro modo, el que niega a otro o a un hermano, o a un criado, o a otro cualquiera y no le asiste cuando le viere azotado o sufriendo cualquier otro tormento, éste no le ayuda. De tal manera quiere El que desconozcamos nosotros a nuestro cuerpo, que aun cuando fuere azotado, o sufriere cualquier otro tormento, es su voluntad el que no lo perdonemos. Porque esto en realidad es perdonarlo, al modo con que un padre perdona a sus hijos, cuando los entrega al maestro y manda que no los perdone. Y a fin de que nadie pueda pensar que es necesario negarse a sí mismo, tan solamente en cuanto a las palabras injuriosas y en cuanto a las afrentas, el Señor manifiesta hasta dónde debe uno negarse a sí mismo, es decir, hasta la muerte más afrentosa (esto es, de cruz) y esto es lo que da a entender por las palabras: "Y tome su cruz y sígame".

San Hilario, *in Matthaeum, 16*

Debemos, pues, seguir al Señor, tomando la cruz de su pasión si no en la realidad, al menos con la voluntad.

San Juan Crisóstomo, *homiliae in Matthaeum, hom. 55,2*

Como que los ladrones sufren también mucho, el Señor, a fin de que nadie tenga por suficientes esa clase de sufrimientos de los malos, expone el motivo del verdadero sufrimiento, cuando dice: "Y me siga". Todo lo debemos sufrir por Él y de Él debemos aprender sus virtudes. Porque el seguir a Cristo consiste en ser celoso por la virtud y sufrirlo todo por El.

San Gregorio Magno, *homiliae in Evangelia, 32,3*

Podemos tomar la cruz de dos maneras. O dominando nuestro cuerpo con la abstinencia, o cargando nuestro espíritu con la compasión que inspiran las miserias del prójimo. Pero como muchas veces se mezclan algunos vicios con la virtud, debemos tomar en consideración que algunas veces la vanagloria acompaña a la mortificación de la carne y la virtud se hace visible y digna de alabanza, porque aparece la sequedad en el cuerpo y la palidez en el rostro. Y casi siempre se une una falsa piedad a la compasión del alma que nos arrastra con frecuencia a condescender con los vicios. El Señor a fin de evitar todo esto dice: "Y sígame".

San Jerónimo

O de otra manera, toma su cruz el que es crucificado para el mundo y sigue al Señor crucificado aquel, para quien el mundo está crucificado.

San Juan Crisóstomo, *homiliae in Matthaeum, hom.55,2*

En seguida el Señor suaviza cuanto acaba de decir, a fin de que no pareciera duro, prometiendo grandísimas recompensas a los trabajos y aflicciones a la malicia, por eso sigue: "Porque el que su alma quisiere salvar, la perderá".

Orígenes, *homilia 2 in Matthaeum*

De dos modos puede entenderse este pasaje; primero: si alguno ama la vida presente y teme morir creyendo que por la muerte perece su alma, la perdona; pero éste queriendo salvarla de esta manera la perderá, porque se aleja de la vida eterna. Si alguno lucha por la verdad hasta la muerte con desprecio de la vida presente, perderá ciertamente su alma en cuanto a la vida presente, pero como la perderá por Cristo, la salvará en cuanto a la vida eterna. Segundo modo: si alguno comprendiendo en qué consiste la verdadera salvación y deseando obtenerla para su alma, se niega a sí mismo y pierde su alma por Cristo en cuanto a los placeres carnales, éste, perdiendo su alma de esta manera, la salva mediante las obras piadosas. Y como el Señor dice: "El que quisiera", resulta que las dos maneras de entender este pasaje son exactamente iguales y una sola. Si pues las palabras: "Niéguese a sí mismo", se refieren a la muerte del cuerpo, claro está que sólo deben entenderse en cuanto a la muerte. Si negarse a sí mismo es renunciar a la vida terrenal, el perder su alma significa despojarse de todos los placeres de la carne.

"Porque ¿qué aprovecha al hombre si ganare todo el mundo, y perdiere su alma? ¿O qué cambio dará el hombre por su alma? Porque el Hijo del Hombre ha de venir en la gloria de su Padre con sus ángeles; y entonces dará a cada uno según sus obras. En verdad os digo, que hay algunos de los que están aquí, que no gustarán la muerte, hasta que vean al Hijo del Hombre venir en su reino". (vv. 26-28)

San Juan Crisóstomo, *homiliae in Matthaeum, hom. 55,3*

Porque dijo el Señor: "El que quiere salvar, perderá y el que perderá, salvará" (poniendo en una y otra parte la salvación y la perdición), añade: a fin de que nadie crea que en ambos casos lo mismo es la salvación que la perdición. Porque

¿qué aprovecha al hombre si ganare todo el mundo y perdiere su alma? Como si dijera: a fin de que no digáis, que el que evitare todos los peligros que le amenazan por causa de Cristo, salva su alma; pero pon con tu alma todo el universo. ¿Qué hay para el hombre más terrible que el perder su alma para siempre? Porque si veis a vuestros criados alegres y vosotros sufrís la última enfermedad ¿de qué os sirve el mandar sobre ellos? Aplicad a vuestra alma esta consideración, teniendo presente que a los placeres lascivos debe seguir su perdición futura.

Orígenes, *homilia 2 in Matthaeum*

Yo soy de opinión, que aquel que no se niega a sí mismo ni pierde su alma en cuanto a los placeres carnales gana el mundo, pero pierde su alma para siempre. Entre estas dos cosas debemos preferir el perder el mundo, para de esta manera ganar nuestras almas.

San Juan Crisóstomo, *homiliae in Matthaeum, hom. 55,3*

Aun cuando reinares sobre todo el mundo, no podrás comprar tu alma, por eso sigue: "Y ¿qué cosa dará el hombre por su alma?" Que vale tanto como decir: si perdieres las riquezas, podrás dar otras riquezas para comprarlas; pero si perdieres tu alma, no podrás dar otra alma, ni ninguna otra cosa cualquiera. ¿Por qué maravillarse de que acontezca esto al alma, cuando parece que también sucede al cuerpo? Porque aun cuando a un cuerpo enfermo de una manera incurable pusierais diez mil diademas, no por eso se pone bueno.

Orígenes, *homilia 2 in Matthaeum*

La primera cosa que se puede dar en cambio del alma, son los bienes temporales que puede dar el hombre a los pobres para salvar su alma. Pero no creo que tenga el hombre alguna otra cosa, que una vez dada, como en cambio de su alma, libre a ésta de la muerte; mas Dios dio en cambio de las almas de los hombres la preciosa sangre de su Hijo.

San Gregorio Magno, *homiliae in Evangelia, 32,4*

O de otro modo puede continuarse. La Iglesia santa tiene dos épocas, la de la persecución y la de la paz; y el Redentor dejó distintos preceptos para estas dos épocas. En tiempo de persecución debemos presentar el alma y en tiempo de paz debemos quebrantar todo lo que nos pueden dar los deseos terrenales, por eso se dice: "Porque ¿qué aprovecha al hombre, etc?"

San Jerónimo

Al invitar el Señor a sus discípulos a que se negaran a sí mismos y tomaran su cruz, todos los que lo escuchaban se llenaron de terror; pero a estos pensamientos tristes sucede la alegría con las palabras del Señor: "Porque el Hijo del hombre ha de venir en la gloria de su Padre, etc." ¿Teméis la muerte? Oíd la gloria de su triunfo. ¿Tenéis miedo de la cruz? Escuchad a quién sirven los ángeles.

Orígenes, *homilia 2 in Matthaeum*

Que vale tanto como decir: Ahora vino el Hijo del hombre, pero no en su gloria, porque no era oportuno que viniese en su gloria cargado de nuestros pecados; pero vendrá en su gloria cuando hubiere preparado a sus discípulos y los hubiere hecho semejantes a Él y participantes de su gloria.

San Juan Crisóstomo, *homiliae in Matthaeum, hom.* 55,4

Mas no dijo El: en tal o cual gloria del Padre, a fin de evitar el que se sospechara que había dos glorias, sino en la gloria del Padre, para manifestar que hablaba de una misma gloria. Y si la gloria es una sola, claro es que también la sustancia es una sola. ¿Por qué tienes, oh Pedro, miedo a la palabra muerte? Entonces me verás en la gloria, mas si yo estoy en la gloria, también lo estaréis vosotros; pero al hablar de la gloria, insinúa cosas terribles, poniéndonos delante el juicio por las palabras: "Y entonces dará a cada uno según sus obras".

San Jerónimo

Porque donde no se atiende a las personas sino a las obras, no hay distinción entre el judío y el gentil, entre el hombre y la mujer, entre el pobre y el rico.

San Juan Crisóstomo, *homiliae in Matthaeum, hom.* 55,4

Y dijo el Señor esto, no sólo para recordar a los pecadores los males, consecuencia de sus pecados, sino también las recompensas y las coronas a los justos.

San Jerónimo

Podía haber tenido lugar el escándalo que experimentaron los apóstoles en su interior de esta manera: nos anuncias los tormentos y la muerte para un tiempo venidero y dejas el cumplir tu promesa de venir en tu gloria para largo tiempo; mas el que penetra las cosas ocultas, previendo esta objeción, compensa el temor presente con una recompensa presente, diciendo: "En verdad os digo que hay algunos de los que están aquí, que no gustarán la muerte hasta que vean al Hijo del hombre venir en su reino, etc."

San Juan Crisóstomo, *homiliae in Matthaeum, hom.* 56,1

El Señor queriendo manifestar lo que es la gloria en la que vendrá después, se la reveló a los apóstoles en la vida presente (en cuanto les era posible comprenderla), a fin de que no se abatieran con el pensamiento de la muerte del Señor.

Remigio

Esto que aquí se dice, fue cumplido a aquellos tres discípulos delante de quienes se transfiguró el Señor en la montaña, mostrándoles los goces de la recompensa eterna: ellos lo vieron cuando venía en su reino, esto es, brillando con la claridad, en la que lo verán, terminado el juicio, todos los santos.

San Juan Crisóstomo, *homiliae in Matthaeum, hom.* 56,1

Mas el Señor, a fin de que los demás discípulos no desearan seguirle para ver la muestra de aquella gloria y no llevaran a mal el verse como despreciados, no dice de antemano los nombres de aquellos que debían subir a la montaña.

San Gregorio Magno, *homiliae in Evangelia,* 32,4

O también la Iglesia actual es el reino de Dios y como muchos de los discípulos del Señor debían vivir hasta que vieran construída esta Iglesia, levantada contra la gloria del mundo, el Señor los consuela con la siguiente esperanza: "Hay algunos de los que están aquí, etc.".

Orígenes, *homilía 2 in Matthaeum*

En sentido moral se puede decir, que el Verbo de Dios tiene, para los que han sido llamados recientemente a la fe, la apariencia de un esclavo, mas para los perfectos viene en la gloria de su Padre. Sus ángeles son las palabras de los profetas, cuyo sentido espiritual no es posible entender antes de haber entendido espiritualmente la palabra de Cristo, a fin de que se vean aparecer al mismo tiempo las dos verdades en su Majestad. Entonces dará a cada uno la gloria según sus actos porque cuanto mejor obrare cada uno, tanto más espiritualmente comprende a Cristo y a sus profetas.

Orígenes, *homilía 3 in Matthaeum*

Los que están donde está Jesús son los que han puesto las bases sólidas de su alma en Jesús y de los más notables de éstos, son de los que se dice: "No gustarán la muerte hasta que vean al Hijo del hombre venir en su reino". Ven la eminencia de Dios, que no pueden ver los que están envueltos en diferentes pecados; estos últimos son los que gustan la muerte porque el alma, cuando peca, muere. Porque así como Él es la vida y el pan vivo que bajó del cielo (*Jn* 6), así la muerte, su enemiga, es el pan muerto. De este pan comen algunos un poco y no hacen más que probarlo; otros, por el contrario, lo comen en abundancia. Los que pecan raras veces y levemente, no hacen más que gustar la muerte. Por el contrario, los que recibieron de un modo más perfecto la virtud espiritual, no gustan la muerte, sino que comen siempre del pan vivo. En las palabras: "Hasta que vean", no fija el tiempo, después del cual sucederá lo que no se verificó antes; esto no es más que la expresión de una cosa necesaria. Porque el que lo ve una vez en su gloria, jamás gustará la muerte.

Rábano

Los santos no hacen más que gustar la muerte del cuerpo y la aceptan con gusto un momento, pero están en plena posesión de la vida del alma.

CAPÍTULO 17

Y después de seis días, toma Jesús consigo a Pedro, a Santiago y a Juan su hermano, y los lleva aparte a un monte alto. Y se transfiguró delante de ellos. Y resplandeció su rostro como el sol; y sus vestiduras se volvieron blancas como la nieve. Y he aquí les aparecieron Moisés y Elías hablando con Él. Y tomando Pedro la palabra, dijo a Jesús: "Señor, bueno es que nos

estemos aquí: si quieres hagamos aquí tres tiendas: una para Ti, otra para Moisés y otra para Elías". (vv. 1-4)

Remigio

Seis días después el Señor realizó, en la transfiguración sobre la montaña, la promesa que había hecho a los discípulos de su aparición gloriosa. Por eso se dice: "Y después de seis días, toma Jesús consigo a Pedro, a Santiago y a Juan", etc.

San Jerónimo

Mas pregunto yo: ¿cómo se pone después de seis días, mientras que San Lucas pone ocho? Pero la contestación es fácil. Porque aquí se habla de los días intermedios, mientras que Lucas cuenta también el primero y el último.

San Juan Crisóstomo, *homiliae in Matthaeum, hom. 56,1*

El Señor espera que pasen seis días y no lleva inmediatamente a sus discípulos a la montaña, con el objeto de que los demás discípulos no abriguen sentimiento alguno de envidia, o bien para que llenos de vehementes deseos durante ese tiempo, los que habían de subir se acercaran con más ardor de su alma.

Rábano

Mas con razón les manifestó su gloria después de seis días, porque después de las seis edades o épocas del mundo tendría lugar su resurrección.

Orígenes, *homilia 3 in Matthaeum*

O también, porque este mundo fue hecho visible en seis días completos y el que penetra todas las cosas del mundo, es el que puede subir a las altas montañas y contemplar la gloria del Verbo de Dios.

San Juan Crisóstomo, *homiliae in Matthaeum, hom. 56,1*

Tomó El a esos tres discípulos porque eran los que ocupaban los tres puestos más elevados. Ved como San Mateo no oculta esa preferencia de los tres discípulos, ni tampoco San Juan, que hace mención de las principales alabanzas de Pedro: no conocían los apóstoles ni la emulación ni la vanagloria.

San Hilario, *in Matthaeum, 17*

También se significa en los tres que tomó consigo la futura elección de los pueblos, atendido el triple origen de Cam, Sem y Jafet.

Rábano

O también lleva consigo solamente tres, porque son muchos los llamados y pocos los elegidos. O también porque los que conservan ahora en su alma pura la fe de la Santa Trinidad, gozarán después de su visión eterna.

Remigio

El Señor, para manifestar a sus discípulos la gloria de su felicidad, los lleva al monte. Por eso sigue: "Y los lleva a un monte", etc. En esto el Señor nos enseña que es preciso, para todo el que desea contemplar a Dios, no estar enfangado en los bajos placeres, sino levantar su alma a las cosas celestiales mediante el amor de las cosas superiores. También a sus discípulos, les enseña que no deben buscar la gloria de su beatitud divina en las regiones bajas del mundo, sino en el reino de la beatitud celestial. Y son llevados separadamente, porque todos los santos están separados con toda su alma y por la dirección de la fe de toda mancha y serán separados radicalmente en el tiempo venidero, o también porque muchos son los llamados y pocos los elegidos.

Sigue: "Y se transfiguró", etc.

San Jerónimo

El Señor apareció a los apóstoles como estará en el día del juicio. No se crea que el Señor dejó su aspecto y forma verdadera, o la realidad de su cuerpo y que tomó un cuerpo espiritual. El mismo evangelista nos dice cómo se verificó esta transfiguración en estas palabras: "Resplandeció su rostro como el sol y sus vestiduras se volvieron blancas como la nieve"; estas palabras nos manifiestan que su rostro resplandecía y que sus vestiduras eran blancas. No hay cambio, pues, en la substancia, el brillo es lo que había cambiado. El Señor efectivamente se transformó en aquella gloria, con que vendrá después a su Reino. La transformación le dio esplendor, mas no le quitó la figura. Supongamos que su cuerpo hubiese sido espiritual, ¿cómo se cambiaron sus vestiduras? Porque se pusieron tan blancas, que, según otro evangelista (*Mc* 9), ningún lavandero de la tierra las podría poner tan blancas. Todo esto es corporal y apreciado por el tacto y no espiritual que ilusiona la vista y es sólo un fantasma.

Remigio

Y si el rostro del Señor resplandeció como el sol y el de los santos resplandecerá también como el sol, ¿será, por ventura, igual el resplandor del Señor y el de sus siervos? De ninguna manera; sino que como no hay cosa que brille tanto como el sol, se vale de él como comparación de la resurrección futura y por eso dice que el rostro del Señor y el de los santos brillarán como el sol.

Orígenes, *homilia 3 in Matthaeum*

En sentido místico aquel que, según lo que hemos dicho, ha pasado seis días, ve a Jesús transfigurado delante de los ojos de su corazón. Porque el Verbo de Dios tiene diversas formas y se manifiesta a cada uno bajo la forma que conviene al que se manifiesta y a ninguno se manifiesta de una manera distinta de la que cada uno puede recibir. Por esta razón no dijo: se transfiguró simplemente, sino delante de ellos. Porque comprenden simplemente en los Evangelios a Jesús aquellos, que no suben por el ejercicio de las virtudes espirituales al monte elevado de la sabiduría; pero los que suben, le conocen no ya según la carne, sino como Verbo de Dios. Delante de éstos se transfigura Jesús, mas no delante de aquellos que viven entregados a la vida de la tierra. Y éstos, delante de los que se transfigura Jesús, son hechos hijos de Dios, y se muestra Jesús a ellos como el sol de justicia y con vestiduras brillantes como la luz. Estas vestiduras, de que se cubre Jesús, son los discursos y los escritos evangélicos, por los que los apóstoles han expresado sus misterios.

Glosa

O también significan las vestiduras los santos, de quienes dice Isaías (*Is* 49,18): "Te vestirás como con un vestido de todos ellos". Son comparados con la nieve porque brillarán con la blancura de la virtud y estarán lejos del fuego de las pasiones.

Sigue: "Y he aquí les aparecieron Moisés", etc.

San Juan Crisóstomo, *homiliae in Matthaeum, hom.56,1*

Hubo muchos motivos para esto. Primeramente porque el pueblo decía que Jesús era Elías o Jeremías, o uno de los profetas y para que vieran la diferencia entre el Señor y sus siervos, se manifestó rodeado de los principales profetas. En segundo lugar, porque continuamente acusaban los judíos a Jesús de transgresor de la Ley, de blasfemo y de usurpador de la gloria del Padre y a fin de hacer ver Jesús su inocencia de todas estas acusaciones, se presenta con aquellos, cuyo testimonio era irrecusable para ellos. Porque Moisés promulgó la Ley y Elías no tuvo rival en celo por la gloria de Dios. Otro motivo fue, para que supiesen que Él tenía poder sobre la muerte y sobre la vida. Por esta razón presenta a Moisés que había muerto y a Elías que aún vivía. El evangelista añade otro motivo y es el manifestar la gloria de la cruz y calmar a Pedro y a otros discípulos, que tanto miedo tenían a la pasión. Porque hablaban, dice otro evangelista (*Lc* 9), de la muerte que debía tener lugar en Jerusalén. Por eso se presenta con aquellos que se expusieron a morir por agradar a Dios y por la salud de los que creían. Ambos, en efecto, se presentaron libremente a los tiranos, Moisés al Faraón (*Ex* 5) y Elías a Achab (*1Re* 10). También se aparece con ellos, para animar a los discípulos a que imitasen a Moisés en la mansedumbre y a Elías en el celo.

San Hilario, *in Matthaeum, 17*

Moisés y Elías fueron elegidos entre todos los santos para asistir a Cristo, para manifestarnos que el reino de Cristo está colocado entre la Ley y los Profetas, con los que juzgará el Señor, según tiene anunciado al pueblo de Israel.

Orígenes, *homilia 3 in Matthaeum*

Si alguno comprende la relación del espíritu de la Ley y las palabras de Jesús y la sabiduría de Cristo oculta en las profecías, éste ve a Moisés y a Elías en la misma gloria con Jesús.

San Jerónimo

Es de considerar que el Señor se negó a dar a los escribas y a los fariseos las señales que le pedían. Y a los apóstoles, para aumentar su fe, les da la señal: nada menos que la de hacer bajar a Elías del lugar donde estaba y la de sacar a Moisés de entre los muertos, que es lo que se había mandado a Achab por Isaías (*Is* 7): "Que pidiese una señal en el cielo o en el infierno".

San Juan Crisóstomo, *homiliae in Matthaeum, hom. 56,2*

Las palabras que dijo el ardoroso Pedro son éstas: "Y tomando Pedro la palabra, dijo: Señor, bueno es que nos estemos aquí", etc. Porque comprendió que era conveniente que Jesús fuera a Jerusalén, aun teme por Cristo, pero después de la reprensión no se atreve a decir otra vez: "Ten compasión de Ti" (*Mt* 16,22), mas indirectamente y con otras palabras le insinúa lo mismo. Porque veía la mucha tranquilidad y la soledad, pensó que les era conveniente quedarse allí; él lo conjetura por la disposición del lugar y esto es lo que significan las palabras: "Bueno es que nos estemos aquí", etc. Quiere permanecer allí para siempre y por eso habla de tiendas: "Si quieres, hagamos aquí tres tiendas" etc.; pensó que si se hacían éstas no iría Jesús a Jerusalén y si no iba no moriría, pues sabía que allí le tenderían lazos los escribas. Pensaba además con la presencia de Elías, que hizo bajar fuego sobre la montaña (*2Re* 1) y con la de Moisés, que entró en una nube y habló a Dios (*Ex* 24; 33), que podrían ocultarse de manera que ningún pecador pudiese saber dónde estaban.

Remigio

O de otra manera, Pedro, después de haber visto la majestad del Señor y de sus dos siervos, se complació de tal manera, que se olvidó de todo lo temporal y quisiera estar allí eternamente. Y si entonces Pedro se entusiasmó de esa manera, ¿cuán grande no será la suavidad y la dulzura al ver al Rey en todo su esplendor y al encontrarse en medio de los coros de los ángeles y de todos los santos? En las palabras de Pedro: "Señor, si quieres", se ven claramente la humildad del súbdito y la obediencia del servidor.

San Jerónimo

Vas equivocado, Pedro; o como dice otro evangelista (*Lc* 9), no sabes lo que te dices: no busques tres tiendas porque no hay más tienda que la del Evangelio, donde están contenidos la Ley y los Profetas. Mas si buscas tres tiendas, no iguales a los siervos con el Señor; haz tres tiendas (o mejor una sola) para el Padre, para el Hijo y para el Espíritu Santo. Porque las tres Personas que forman un solo Dios, no deben tener en tu corazón más que una sola tienda.

Remigio

Se equivocó además porque quiso establecer aquí en la tierra el reino de los elegidos, que prometió Dios dar en el cielo. Se equivocó también porque se olvidó de que tanto él como sus compañeros eran mortales y quiso subir, sin gustar la muerte, a la felicidad eterna.

Rábano

Y además, porque quiso hacer tiendas para la vida del cielo donde no hay necesidad de casas, según aquellas palabras (*Ap* 21,22): "Yo no vi templo en ella".

Él estaba aún hablando, cuando vino una nube luminosa que los cubrió. Y he aquí una voz de la nube, diciendo: "Este es mi Hijo el amado, en quien Yo mucho me he complacido: a El escuchad". Y cuando lo oyeron los discípulos, cayeron sobre sus rostros y tuvieron gran miedo. Mas Jesús se acercó y los tocó, y les dijo: "Levantaos, y no temáis". Y alzando ellos los ojos, a

nadie vieron, sino sólo a Jesús. Y al bajar ellos del monte, les mandó Jesús, diciendo: "No digáis a nadie la visión, hasta que el Hijo del Hombre resucite de entre los muertos". (vv. 5-9)

San Jerónimo

Todos los que querían una tienda terrenal hecha de ramas o de tiendas de campaña, están envueltos por la sombra de una nube brillante. Por eso se dice: "Él estaba aún hablando, cuando vino una nube luminosa", etc.

San Juan Crisóstomo, *homiliae in Matthaeum, hom. 56,3*

El Señor presenta una nube tenebrosa, como aconteció en Sinaí (*Ex* 19), cuando amenaza, pero como no trataba aquí de aterrar sino de enseñar, hizo aparecer una nube luminosa.

Orígenes, *homilia 3 in Matthaeum*

La nube luminosa que rodea a los santos es la virtud del Padre, o quizás el Espíritu Santo, y diré también que nuestro Salvador es la nube luminosa que cubre al Evangelio, a la Ley y a los Profetas. Así lo comprenden los que pueden mirar a la luz en su origen.

San Jerónimo

Pedro hizo una pregunta inconveniente y por eso no mereció la contestación del Señor, pero contesta el Padre por el Hijo, para que tuviera cumplimiento la palabra del Señor (*Jn* 8,18): "El que me ha enviado da testimonio de Mí".

San Juan Crisóstomo, *homiliae in Matthaeum, hom. 56,3*

Mas no hablan Moisés ni Elías, sino que el Padre, que está sobre ellos, hace salir su voz de entre la nube, a fin de que crean los discípulos que esa voz viene de Dios. Siempre suele Dios aparecer en una nube, según aquello (*Sal* 96,2): "La nube y la obscuridad están a su alrededor" y esto es lo que se dicen en las palabras: "Y he aquí una voz de la nube, diciendo".

San Jerónimo

El Padre hace que se oiga su voz desde el cielo, que da testimonio de su Hijo y enseña a Pedro, libre de error, la verdad. Y por medio de Pedro la enseña a los demás apóstoles. Por eso añade: "Este es mi Hijo el amado"; para éste debe hacerse una tienda, a éste debe obedecerse, éste es el Hijo, aquellos son los siervos. Ellos, lo mismo que vosotros, deben preparar al Señor una tienda en lo más profundos de su corazón.

San Juan Crisóstomo, *homiliae in Matthaeum, hom. 56,3*

No temas, pues, Pedro. Porque si Dios es poderoso, claro está que del mismo modo es poderoso el Hijo y si Él te ama, no temas. Porque El no pierde al que ama, ni tú lo puedes amar tanto como El ama a su Padre, puesto que lo ama, no sólo porque lo ha engendrado, sino porque los dos no tienen más que una sola voluntad. Sigue: "En quien Yo mucho me he complacido", que vale tanto como decir, "en quien descanso", "a quien acepto", porque cumple con celo cuanto viene del Padre y no hay más que una sola voluntad entre Él y el Padre y si éste quiere que sea crucificado, tú no te opongas.

San Hilario, *in Matthaeum, 17*

La voz del cielo atestigua que éste es el Hijo, el amado, aquel en quien se complace el Padre y a quien debemos obedecer, a quien debemos escuchar: "Escuchadle". El mismo, garante de tales maestros, había confirmado con su ejemplo que el que se niegue a sí mismo, cargue su cruz, muriendo el cuerpo, se haría merecedor a la gloria del Reino Celestial.

Remigio

Dice, pues: "Escuchadle", como si dijera en otros términos: desaparezcan las sombras legales, los símbolos de los profetas y seguid la luz brillante del Evangelio. O también, "Escuchadle", a fin de manifestar que Él es a quien anunció Moisés (*Dt* 18,13), diciendo: "Dios os suscitará un Profeta de entre vuestros hermanos; escuchadle como a mí". El Señor tuvo, pues, muchos testigos por todas partes. En el cielo la voz del Padre, en el paraíso a Elías, en los infiernos a Moisés y entre los hombres a los apóstoles, a fin de que delante de su nombre se doblase toda rodilla en el cielo, en la tierra y en los infiernos (*Flp* 2).

Orígenes, *homilia 3 in Matthaeum*

La voz de la nube se dirige a Moisés y a Elías, que deseaban ver y oír al Hijo de Dios, o a los discípulos para instruirlos.

Glosa

Es de notar que el misterio de la segunda regeneración, que se verificará cuando resucitare la carne, se armoniza perfectamente con el misterio de la primera regeneración, que tiene lugar en el bautismo, donde resucita el alma. En el bautismo de Cristo se manifestó toda la Trinidad. Porque allí estuvo el Hijo encarnado, se apareció el Espíritu Santo en forma de paloma y el Padre se declaró en la voz. De la misma manera en la transfiguración, que es una figura misteriosa de la regeneración, se apareció toda la Trinidad: el Padre en la voz, el Hijo en el hombre y el Espíritu Santo en la nube. Se pregunta ahora: ¿por qué el Espíritu Santo se apareció en el bautismo en forma de paloma y en la transfiguración en una nube? Porque suele manifestar ordinariamente sus dones invisibles por las formas que revisten exteriormente. Da en el bautismo la inocencia, significada por la sencillez de la paloma y en la resurrección dará resplandor y descanso. Este está figurado por la nube, y el resplandor de los cuerpos resucitados por el brillo de la nube luminosa.

Sigue: "Y cuando lo oyeron los discípulos, cayeron sobre sus rostros y tuvieron gran miedo".

San Jerónimo

Por tres causas cayeron aterrados de miedo. Porque comprendieron su error, porque quedaron envueltos en la nube luminosa y porque oyeron la voz de Dios cuando les hablaba. Y no pudiendo soportar la fragilidad humana tan grande gloria, se estremece con todo su cuerpo y toda su alma y cae en tierra. Porque el hombre que no conoce su medida, cuanto más quisiere elevarse hacia las cosas sublimes, más se desliza hacia las bajas.

Remigio

El acto de caer los discípulos sobre sus rostros es indicio de santidad. Porque de los santos se dice que caen sobre sus rostros y los impíos de espaldas.

San Juan Crisóstomo, *homiliae in Matthaeum, hom. 56,4*

¿Pero cómo es que cayeron sobre sus rostros los discípulos en el monte, cuando antes en el bautismo de Cristo se oyó la misma voz, y, sin embargo, ninguno de los asistentes experimentó semejante cosa? Porque era grande la soledad, la altura y el silencio, la transfiguración imponente, la luz brillante y la nube extendida, todo lo cual no podía menos de causar espanto en el corazón de los discípulos.

San Jerónimo

El Señor misericordioso, viendo a sus discípulos arrojados por el suelo e incapaces de levantarse, se acerca a ellos y los toca. Con su contacto se desvanece el miedo y los debilitados miembros adquieren robustez. Esto es lo que significa: "Y se acercó el Señor y los tocó". Y sanó con su voz a los que había sanado con su mano. Por eso sigue: "Y les dijo: levantaos y no temáis". Primeramente les quita el miedo, para enseñarles después la doctrina. Sigue: "Y alzando ellos los ojos, a nadie vieron sino sólo a Jesús". No sin motivo obró de este modo. Porque si hubieran continuado allí Moisés y Elías con el Señor, no hubieran tenido seguridad los discípulos de a quien daba testimonio la voz del Padre. Ven que el Señor estaba allí y que se desvanecieron Moisés y Elías. Porque después que desapareció la sombra de la ley y de los profetas, se vuelven a encontrar las dos cosas en el Evangelio. Sigue: "No digáis a nadie la visión", etc. No quiere que se publique lo que habían visto entre los pueblos, para que al oír la magnitud del prodigio no lo creyesen imposible y para que no sirviese a los hombres rudos de escándalo, el que a tan grande gloria siguiese después la cruz.

Remigio

O también, porque si se divulgaba en el pueblo la majestad del Señor, este mismo pueblo se opondría a los príncipes de los sacerdotes, e impediría la pasión y de este modo sufriría retraso la redención del género humano.

San Hilario, *in Matthaeum, 17*

Les manda que guarden silencio sobre las cosas que habían visto, a fin de que, cuando estuvieren llenos del Espíritu Santo, fuesen testigos de los hechos espirituales que acontecieran entonces.

Y sus discípulos le preguntaron y dijeron: "¿pues por qué dicen los escribas que Elías debe venir primero?" Y El les respondió y dijo: "Elías, en verdad, ha de venir, y restablecerá todas las

cosas. Mas os digo que ya vino Elías, y no le conocieron; antes hicieron con él cuanto quisieron. Así también harán ellos padecer al Hijo del Hombre". Entonces entendieron los discípulos que les había hablado de Juan el Bautista. (vv. 10-13)

San Jerónimo

Es tradición de los judíos, fundada en el profeta Malaquías (***Mal*** 4), que Elías debe preceder a la venida del Señor, reducir el corazón de los padres para con los hijos y el de los hijos para con sus padres y restablecer todas las cosas en su primitivo estado. Los discípulos, en vista de esto, creen que esta transformación gloriosa es precisamente la que acababan de ver en el monte. Por eso dice: "Y sus discípulos le preguntaron y dijeron": ¿pues por qué dicen lo escribas que Elías debe venir?, etc. Que equivale a preguntar: Si tú ya te has presentado glorioso, ¿cómo no se presenta tu precursor? Hablan de esta manera principalmente porque habían visto que se retiró Elías.

San Juan Crisóstomo, *homiliae in Matthaeum, hom. 57,1*

No sabían los discípulos por las Escrituras la tal venida de Elías, sino porque lo habían oído de los escribas y este dicho corría entre el pueblo ignorante, como otras cosas que se relacionaban con la venida de Cristo. Mas los escribas no interpretaban como convenía todo lo relativo a la venida de Cristo y de Elías. Las Escrituras hablan de dos venidas de Cristo: de la que ya ha tenido lugar y de la que se realizará después. Pero los escribas, para engañar al pueblo, no hablaban más que de una sola venida y sostenían que, si Jesús era el Cristo, debía ser precedido por Elías. Cristo resuelve esta dificultad de los discípulos diciendo: "Y Él les respondió: Elías, en verdad, ha de venir y restablecerá todas las cosas. Mas os digo que ya vino Elías, etc." No creáis que se equivocó el Señor diciendo unas veces, que vendrá Elías y otras que ya vino, porque cuando dice que vendrá Elías y restablecerá todas las cosas, habla del mismo Elías en su propia persona: El restablecerá todas las cosas corrigiendo la infidelidad de los judíos, que entonces encontrará. Esto es precisamente convertir el corazón de los padres hacia los hijos, es decir, el de los judíos hacia los apóstoles.

San Agustín, *quaestiones evangeliorum, 1,21*

O también restablecerá todas las cosas, esto es, todo lo que hubiese trastornado la persecución del Anticristo. O también que Él mismo, muriendo, restablezca lo que debe.

San Juan Crisóstomo, *homiliae in Matthaeum, hom. 57,1*

Si tan grandes bienes producirá la presencia de Elías, ¿por qué no fue enviado ya? Diremos porque entonces tomarían a Cristo por Elías y no creerían en El. Entonces creerán en Elías. Porque anunciando él a Jesús, por tanto tiempo esperado, estarán todos más dispuestos a recibir sus palabras. Cuando el Señor dice que ya vino Elías, este Elías de quien habla el Señor es Juan, a quien por su especial ministerio llama Elías. Porque así como Elías será el precursor de su segunda venida, así también lo ha sido Juan de la primera y llamando a Juan "Elías", nos manifiesta el Señor la conformidad de su venida con el Antiguo Testamento y las profecías.

San Jerónimo

Aquel que debe venir a la segunda venida del Salvador personalmente y en su propio cuerpo, ha venido ya por Juan en virtud y en espíritu. Sigue: "Y no lo conocieron". Esto es, lo despreciaron y lo decapitaron.

San Hilario, *in Matthaeum, 17*

A fin de que precediendo a la venida del Señor precediese también a su pasión y fuese un símbolo profético en los desprecios y ultrajes que recibió. Por eso sigue: "Así también harán ellos padecer al Hijo del hombre".

San Juan Crisóstomo, *homiliae in Matthaeum, hom. 57,2*

Refiere con oportunidad su pasión, haciendo mención de la de Juan, para que de esta manera se consolasen los discípulos.

San Jerónimo

Se pregunta aquí: ¿cómo es que se dice que Herodes y Herodías, que decapitaron a Juan, fueron los que crucificaron también a Jesús, estando escrito que los escribas y los fariseos dieron muerte a Jesús? Responderemos en pocas palabras diciendo, que la facción de los fariseos consintió la muerte de Juan y en la muerte del Señor impuso Herodes su voluntad mandándole a Pilato para que después de burlado y abofeteado le crucificara.

Rábano

Por los indicios de la pasión del Señor (que ya El mismo les había predicho en muchas ocasiones) y por la relación que les hizo de la muerte de Juan su precursor (que ya había tenido lugar), comprendieron los discípulos que Juan era el designado bajo el nombre de Elías. Por eso sigue: "Entonces comprendieron, etc."

Orígenes, *homilia 3 in Matthaeum*

Cuando dice el Señor, refiriéndose a Juan, "Elías ya vino" no debe entenderse que vino el alma de Elías, porque esto sería caer en el error de la reencarnación, tan contrario a la verdad de la Iglesia, sino que vino, como predijo el ángel, (*Lc* 1,17) en el espíritu y en la virtud de Elías.

Y cuando llegó a donde estaba la gente, vino a Él un hombre, e hincadas las rodillas delante de Él, le dijo: "Señor, apiádate de mi hijo, que es lunático y padece mucho; pues muchas veces cae en el fuego, y muchas en el agua. Y lo he presentado a tus discípulos, y no lo han podido sanar". Y respondiendo Jesús dijo: "¡Oh generación incrédula y depravada! ¿Hasta cuándo estaré con vosotros? ¿Hasta cuándo os sufriré? Traédmelo acá":

y Jesús le increpó, y salió de él el demonio, y desde aquella hora fue sanado el mozo. (vv. 14-17)

Orígenes, *homilia 3 in Matthaeum*
Pedro, deseando esta vida gloriosa y prefiriendo su propia utilidad a la de los demás, decía: "Bien es que nos estemos aquí", pero como la caridad no busca la propia utilidad (*1Cor* 13), Jesús no hizo lo que parecía un bien a Pedro, sino como que bajó del monte elevado de su divinidad, a donde estaba la gente, con el objeto de ser útil a todos aquellos que, por tener enfermas sus almas, no podían subir a donde Él estaba. Por eso se dice: "Y cuando llegó a donde estaba la gente, etc.". Y si Él no hubiera bajado a donde estaba la gente, no se le hubiera aproximado aquel de quien se añade: "Vino a Él un hombre, e hincadas las rodillas delante de Él, le dijo: Señor, apiádate de mi hijo". En estas palabras debemos considerar que unas veces creen y suplican por su salud los mismos que padecen; otras veces, como en este caso, en que el que se arrodilla ruega por su hijo, piden otros por los que padecen; y otras el mismo Salvador, sin mediar súplica de nadie, concede la salud. Debemos en primer lugar investigar, qué es lo que significan las palabras: "Porque es lunático y padece mucho". Los médicos dicen lo que quieren en este punto. Pretenden que no es resultado del espíritu impuro esa enfermedad, sino efecto de los humores puestos en movimiento en la cabeza de aquellos que tienen la naturaleza húmeda, por la influencia de la luna. Pero nosotros, que creemos en el Evangelio, decimos que el espíritu impuro es el que produce en las almas ese padecimiento. Observa él ciertas fases de la luna y conforme a ellas obra de manera que pone en armonía con ellas los padecimientos del hombre y arroja el mal sobre las criaturas de Dios. De esta manera otros demonios ponen acechanzas a los hombres según ciertas señales de las estrellas y les hacen creer que la iniquidad baja de las alturas del cielo (*Sal* 72). Por eso llaman benéficas a unas estrellas y maléficas a otras, no habiendo hecho Dios estrella alguna mala ni para que cause el mal.
Sigue: "Y muchas veces cae en el fuego".
San Juan Crisóstomo, *homiliae in Matthaeum, hom. 57,3*
No debemos olvidar que si no fuera por la providencia el hombre ya hubiera perecido. Porque el demonio, que le precipitaba en el agua y en el fuego, le hubiera quitado completamente la vida, si Dios no lo hubiera detenido.
San Jerónimo
En las palabras: "Y lo he presentado a tus discípulos y no han podido curar", acusa abiertamente a los apóstoles, pero muchas veces la imposibilidad de curar, no depende de la incapacidad de los que curan, sino de la poca fe de los que han de ser curados.
San Juan Crisóstomo, *homiliae in Matthaeum, hom. 57,3*
Observad por otra parte la imprudencia de ese hombre en interpelar a Jesús sobre sus discípulos en presencia del pueblo, pero Jesús desvanece esa acusación,

haciendo recaer sobre el mismo hombre la causa de no haber sido curado. Alega, en efecto, muchas razones que comprueban la poca fe de ese hombre. Sin embargo, el Salvador, para no asustarlo, no lo ataca personalmente, sino que se dirige a todos los judíos. Porque es probable que muchos de los que se hallaban presentes no pensaran bien de sus discípulos. Y por eso sigue: "Y respondiendo Jesús, dijo: ¿hasta cuándo, etc.?" Por las palabras: "¿Hasta cuándo estaré con vosotros?" el Señor muestra que quiere morir * y su deseo de alejarse. *(El acto de morir en el Señor Jesús es aceptado por su amor y obediencia filial llevadas hasta el extremo, mas no deseado en sí mismo. (**Jn** 15,13).)

Remigio

Es necesario saber que el Señor no comenzó entonces a sufrir las injusticias de los judíos, sino que hacía ya mucho tiempo que las venía sufriendo, y por eso dice: "¿Hasta cuándo os sufriré?" Es como si dijera: sois indignos de mi presencia porque hace ya mucho tiempo que comencé a sufrir vuestras injusticias.

Orígenes, *homilia 3 in Matthaeum*

O también porque sus discípulos, que aún tenían poca fe, no habían podido sanar al hijo de ese hombre, dijo: "Oh generación incrédula", y en las palabras que añade "perversa", demuestra que la malicia es hija de la perversidad y extraña a la naturaleza y yo pienso que, a causa de la perversidad del género humano, dijo como agobiado por el peso de tanta malicia: "¿Hasta cuándo estaré con vosotros?"

San Jerónimo

Mas no debe creerse que estaba dominado por el tedio y que el Salvador dulce y suave prorrumpió en palabras llenas de furor, sino que habló a la manera de un médico que ve que el enfermo obra en contra de sus órdenes. Exclama y dice: ¿hasta cuándo iré a tu casa? ¿Hasta cuándo estaré perjudicándome en mi trabajo, mandándote yo una cosa y haciendo tú todo lo contrario? Que efectivamente no estaba irritado el Señor contra ese hombre sino contra los vicios, y que se vale de ese hombre para argüir a los judíos por su infidelidad, está bien claro en las palabras siguientes: "Traédmelo acá".

San Juan Crisóstomo, *homiliae in Matthaeum, hom. 57,3*

Después de haber excusado el Señor a sus discípulos, infunde en el padre del hijo la dulce esperanza de curar al hijo y le persuade a que tenga fe en el milagro. Y viendo que el demonio se agitaba mucho con solo llamarlo, le increpó y por eso sigue: "Y Jesús le increpó". No es al paciente a quien increpa, sino al demonio.

Remigio

En este hecho dio un ejemplo a los predicadores, a fin de que persigan al vicio y favorezcan al hombre.

San Jerónimo

O también increpó al muchacho porque a causa de sus vicios había sido maltratado por el demonio.

Rábano

En mi opinión y en sentido tropológico es lunático todo aquel que a cada momento se vuelve al vicio y algunas veces se va al fuego porque el corazón de los adúlteros está quemándose de continuo. Otras veces a las aguas, esto es, de los placeres y de los deseos, que no pueden ser extinguidos por la caridad.

San Agustín, *quaestiones evangeliorum, 1,22*

O también el fuego significa la cólera, que se dirige siempre a las alturas y el agua a los placeres carnales.

Orígenes, *homilia 4 in Matthaeum*

Acerca de la inconstancia del pecador se dice (Ecle 27,12): "El necio se muda como la luna". Y es de ver cómo semejantes hombres se lanzan con ciertos ímpetus en determinadas circunstancias hacia las buenas obras y cómo en otras se les ve ser presa de las pasiones y con cierta languidez de espíritu y caer de la virtud en que se creían estar seguros. Quizás el ángel a quien tocó guardar a semejante lunático, sea llamado en este pasaje su padre y el que suplica al médico de las almas, que sane a su hijo de la enfermedad que no pudo sanar la humilde palabra de los discípulos de Cristo, por haberse hecho él sordo y no querer recibir los avisos de los discípulos. Por eso necesitó de la palabra de Cristo, a fin de que pudiese obrar en adelante guiado por la razón.

Entonces se acercaron a Jesús los discípulos aparte, y le dijeron: "¿por qué nosotros no le pudimos lanzar?" Jesús les dijo: "Por vuestra poca fe. Porque en verdad os digo, que si tuviereis fe, cuanto un grano de mostaza, diréis a este monte; pásate de aquí a allá, y se pasará: y nada os será imposible: Mas esta casta no se lanza sino por oración y ayuno". (vv. 18-20)

San Juan Crisóstomo, *homiliae in Matthaeum, hom. 57,3*

Los discípulos habían recibido poder sobre los espíritus impuros, pero como no pudieron curar al endemoniado que se les presentó, parece como que dudaban si habrían perdido la gracia que se les había concedido. Por eso dice: "Entonces se llegaron, etc." Le preguntan aparte, no por vergüenza, sino porque era grande e inefable el objeto de su pregunta.

Sigue: "Jesús les dijo: Por vuestra poca fe".

San Hilario, *in Matthaeum, 17*

Los apóstoles habían creído, pero su fe aún era imperfecta. Porque mientras Jesús estuvo en el monte, ellos se quedaron con la demás gente y con su contacto aflojaron en la fe.

San Juan Crisóstomo, *homiliae in Matthaeum, hom. 57,2*

Por donde se ve que algunos apóstoles decayeron algo en la fe, aunque no todos, porque las columnas de la fe -Pedro, Santiago y Juan- no estaban con ellos.

San Jerónimo

Y esto es lo que dice el Señor en otro lugar (*Mt* 21,22). "Todo lo que pidiereis en mi nombre, se os concederá a causa de vuestra creencia". Luego si no recibimos algunas veces, no es por imposibilidad del que da, sino por culpa del que pide.

San Juan Crisóstomo, *homiliae in Matthaeum, hom. 57,2*

Es necesario, sin embargo, saber, que así como basta muchas veces la fe del que se acerca para recibir el efecto del milagro, así también muchas veces es suficiente la virtud del que hace el milagro, aun cuando no crean aquellos que pidieron se hiciera el milagro. Tal sucedió en el hecho de Cornelio, con aquellos que atrajeron por su propia fe la gracia del Espíritu Santo, mientras que aquel muerto que fue arrojado al sepulcro de Eliseo resucitó por virtud del cuerpo santo (*2Re* 13). Pero entonces aconteció que los discípulos que antes de la cruz tenían disposiciones imperfectas, decayeron algún tanto en la fe y por esta razón se dice que la fe es la causa de los milagros, según las palabras del Señor: "Porque en verdad os digo, que si tuviereis fe, etc."

San Jerónimo

Piensan algunos que una fe, que es comparada con un grano de mostaza, es cosa de poca importancia. Pero oigan lo que dice el apóstol (*1Cor* 13,2.): "Y si yo tuviese una fe tan grande, de suerte que trasladara los montes". Luego es grande la fe que se compara con un grano de mostaza.

San Gregorio, *1, Moral, praefat., cap. 2, Job*

No se conoce la virtud de un grano de mostaza, como no se triture. De esta manera, si la persecución oprime y tritura al hombre santo, bien pronto se ve brillar en él el fervor de su espíritu, que antes se creía débil y despreciable.

Orígenes, *homilia 4 in Matthaeum*

O también se compara la fe con el grano de mostaza porque es despreciada por los hombres, que suelen mirarla como cosa vil y de escasa importancia. Y así como cuando ha conseguido esta semilla una alma buena, como tierra, entonces se hace un árbol grande. Así, la enfermedad del lunático resulta tan difícil de curar y es tan grande que se compara con un monte. Solamente podrán expulsarla aquellos que teniendo una fe íntegra quisiere sanar dolencias semejantes.

San Juan Crisóstomo, *homiliae in Matthaeum, hom. 57,3*

Por esta razón hace mención de la traslación de las montañas y pasa más adelante el Señor, diciendo: "Y nada os será imposible".

Rábano

De esta manera la fe hace a nuestra alma capaz de todos los dones celestiales, a fin de que veamos que nos es sumamente fácil alcanzar de nuestro fiel Señor cuanto queramos.

San Juan Crisóstomo, *homiliae in Matthaeum, hom. 57,3*

Mas si dijereis: ¿cuándo trasladaron los apóstoles las montañas? Os diré que hicieron cosas mayores que éstas porque resucitaron a los muertos en muchas ocasiones. Y se dice, que después de los apóstoles, los santos que les son inferiores, trasladaron las montañas en necesidades inminentes. Y no dice el Señor que harían esos portentos, sino que podrían hacerlos y es probable que los hicieran. Sin embargo no están escritos porque no se escribieron todos los milagros que hicieron.

San Jerónimo

La montaña de que aquí se trata, no es una montaña que se ve con los ojos del cuerpo, sino la montaña de que fue trasladado el lunático y de la que dice Jeremías (*Jr* 31) que su sombra ha infestado toda la tierra.

Glosa

El sentido es éste: diréis a esta montaña (esto es, al diablo soberbio): pasa de aquí (esto es, del cuerpo donde está) a las profundidades del mar (esto es, al profundo infierno) y pasará; "y nada os será imposible", es decir, no habrá enfermedad que no podáis curar.

San Agustín, *de consensu evangelistarum, 1,22*

O de otro modo, a fin de que los discípulos no se ensoberbeciesen por el poder de hacer milagros, les avisa el Señor que procuren evitar en las curaciones la vanidad humana, significada en este pasaje por una montaña elevada y de hacerlas con la humildad de la fe, figurada en el grano de mostaza.

Rábano

Cuando enseña el Señor a los apóstoles la manera de arrojar al demonio, nos da a todos las reglas de vida que debemos seguir, a saber: que las tentaciones más grandes, bien provengan de los hombres, bien de los espíritus impuros, debemos vencerlas con los ayunos y con las oraciones, remedio único para poder aplacarlas. Por eso se añade: "Mas esta casta no se lanza sino por oración y ayuno".

San Juan Crisóstomo, *homiliae in Matthaeum, hom. 57,4*

Palabras que se refieren, no sólo a la clase de demonios lunáticos, sino a toda clase de demonios. El ayuno, efectivamente, da mucha sabiduría, hace al hombre semejante a un ángel del cielo y combate a los poderes incorpóreos. Pero también le es necesaria la oración como elemento principal, y el que ora como conviene y ayuna, no necesita más. Porque de esta manera no se hace avaro y está pronto a dar limosna y el que ayuna está ligero, ora con vigilancia, apaga las malas concupiscencias, hace a Dios propicio y humilla el orgullo del alma. Luego el que une la oración con el ayuno, tiene dobles alas y más rapidez que los mismos vientos. No bosteza, ni se duerme durante la oración (como acontece a muchos) sino que está más enardecido que el fuego y es superior a la naturaleza terrestre. Este hombre es consiguientemente el enemigo terrible del demonio. Porque nada hay más poderoso que el hombre, que ora como debe. Y si tienes el cuerpo enfermo para ayunar, no lo tienes, sin embargo, para orar y si no puedes ayunar, puedes abstenerte de los placeres ilícitos y esto no es cosa de escasa importancia, ni muy distante del ayuno.

Orígenes, *homilia 4 in Matthaeum*

Si necesitamos, pues, alguna vez insistir por la curación de algún mal semejante, no hagamos juramentos al demonio, ni le preguntemos, ni le hablemos como si nos escuchara, sino espantemos a los espíritus malignos con nuestros ayunos y oraciones.

Glosa

O también, esta raza de demonios, esto es, esa movilidad de los placeres carnales, no se vence sino fortaleciendo el espíritu con la oración y dominando la carne con el ayuno.

Remigio

O también, aquí se habla de un ayuno general, por el que nos abstenemos, no solamente de las comidas, sino de todos los placeres carnales y de las pasiones pecaminosas. También debe tomarse la oración en sentido general, que consiste en hacer obras buenas y piadosas. De esta oración dice el apóstol (*1Tes* 5,17.) "Orad sin intermisión".

Y estando ellos en la Galilea, les dijo Jesús: "El Hijo del Hombre ha de ser entregado en manos de los hombres. Y lo matarán, y resucitará al tercero día". Y ellos se entristecieron en extremo. (vv. 21-23)

Remigio

Muchas veces el Señor había predicho a sus discípulos los misterios de su pasión, con el objeto de que cuando acontecieran, los tuvieran por tanto más ligeros, cuanto que ellos ya los conocían de antemano. Por esta razón se dice aquí: "Y estando ellos en la Galilea, les dijo Jesús: el Hijo del hombre ha de ser entregado, etc."

Orígenes, *homilia 4 in Matthaeum*

Es a primera vista lo que se dice en este pasaje, una cosa tan parecida a lo que se ha dicho más arriba, que cualquiera diría, que el Señor no ha hecho más que repetir lo mismo; pero no es así porque se dijo más arriba que sería entregado y aquí no sólo se dice que será entregado, sino que será entregado a las manos de los hombres. Refiere el apóstol, "que el Hijo fue entregado por Dios Padre" (*Rm* 8), pero también es verdad, que fue entregado a manos de los hombres por sus poderosos enemigos.

San Jerónimo

Siempre van unidas las tristezas y los consuelos. Decimos esto porque si nos entristece la muerte del Señor, debe alegrarnos lo que a continuación se dice: "Y resucitará al tercer día".

San Juan Crisóstom, *homiliae in Matthaeum, hom. 58,1*

No dijo el Señor que estaría mucho tiempo muerto, sino que resucitaría al tercer día.

Orígenes, *homilia 4 in Matthaeum*

Cuando el Señor predijo estas cosas a sus discípulos, se llenaron de tristeza. "Y ellos se entristecieron en extremo", no teniendo presente lo que a continuación les añadió: "Y resucitará al tercer día", ni considerando, que al que debía morir, le bastaban tres días para destruir la muerte.

San Jerónimo

La tristeza extrema que tenían los discípulos, no era resultado de su incredulidad, sino del amor que tenían a su maestro, que no les permitía oír con paciencia de El cosa alguna siniestra y humillante.

Y como llegaron a Cafarnaúm, vinieron a Pedro los que cobraban los didracmas y le dijeron: "¿Vuestro Maestro, no paga los didracmas?" Dijo: "Sí". -Y entrando en la casa, Jesús le habló primero diciendo: "¿Qué te parece, Simón? ¿Los reyes de la tierra, de quién cobran el tributo o el censo? ¿De sus hijos o de los extraños?" -"De los extraños", respondió Pedro. -Jesús le dijo: "Luego los hijos son francos. Mas, porque no los escandalicemos, ve a la mar, y echa el anzuelo; y el primer pez que viniere, tómalo; y abriéndole la boca hallarás un estáter: tómalo y se lo darás por mí y por ti". (vv. 24-26)

Glosa

Ya que los discípulos se habían puesto tristes después que oyeron la pasión del Señor y para que nadie atribuyese a la necesidad -y no a la humildad- la pasión de Cristo, añade el evangelista un hecho que demuestra la libertad y la humildad de Cristo. Por eso dice: "Y como llegaron a Cafarnaúm, vinieron a Pedro los que cobraban los didracmas, etc."

San Hilario, *in Matthaeum, 17*

Se pide al Señor que pague los didracmas; esto es, dos denarios. Imponía la ley este impuesto a todo Israel, por la redención del cuerpo y del alma y a fin de atender a los ministros del templo.

San Juan Crisóstomo, *homiliae in Matthaeum, hom. 58,1*

Cuando mandó el Señor dar muerte a todos los primogénitos de los egipcios, recibió el Señor el tributo de la tribu de Leví, en conmemoración de este hecho. Después, como en la Judea era inferior el número de los de la tribu que el número de los primogénitos, se mandó completar los que faltaban para llenar ese número con un siclo; de aquí trae origen la costumbre de pagar un impuesto por los primogénitos y como Cristo era primogénito, por eso le exigían el tributo y se acercan a Pedro para pedirlo porque les parecía que era el principal y yo soy de la opinión que no exigían en todas las ciudades estos tributos, y si exigieron en Cafarnaúm el tributo a Cristo, es porque creían que esa era su patria.

San Jerónimo

O de otro modo, la Judea fue hecha tributaria después de César Augusto. Todos estaban obligados a empadronarse; de aquí el que José y María -que eran de la misma tribu- tuvieran que ir a Belén. Y como el Señor había vivido en Nazaret, lugar de la Galilea, lindante con Cafarnaúm, por eso se le pide allí el tributo. No se atrevieron los que cobraban el tributo a pedírselo a Cristo, a causa de la fama de sus milagros y por eso se dirigen al discípulo.

San Juan Crisóstomo, *homiliae in Matthaeum, hom. 58,1*

Y no lo exigieron con mucha vehemencia, sino con gran dulzura, ni tampoco en forma de acusación, sino que dijeron al discípulo preguntándole: "¿Vuestro Maestro no paga los didracmas?"

San Jerónimo

O también, hacen la pregunta con malicia, si Cristo pagaba los impuestos, para ver si se oponía a la voluntad del César.

San Juan Crisóstomo, *homiliae in Matthaeum, hom.58,1*

¿Qué contesta Pedro? Dice que sí y se lo dice a aquellos, a quienes paga y no a Cristo, sin duda porque le causaba vergüenza el hablar de esas cosas a Cristo.

Glosa

O de otro modo, respondió Pedro que sí, esto es: Es cierto que no paga. Trató Pedro de comunicar al Señor que los herodianos le pedían el impuesto, pero el Señor lo previno diciendo: "Y entrando en la casa, Jesús le habló primero, etc."

San Jerónimo

Antes que Pedro le sugiriera la idea, el Señor le pregunta, a fin de que no se escandalicen los discípulos por la exigencia del impuesto y para que vean cómo sabía El todo lo que se hacía en su ausencia.

Sigue: "De los extraños, respondió Pedro. Jesús le dijo: Luego los hijos son francos".

Orígenes, *homilia 4 in Matthaeum*

Este pasaje tiene dos sentidos. Según el primero, los hijos de los reyes de la tierra están libres para con los reyes de la tierra. Los extraños también están libres fuera de los límites de su patria y son esclavos (como lo eran los israelitas entre los egipcios) de aquellos que los avasallan. Según el segundo sentido, por la misma razón de que algunos son extraños de los hijos de los reyes de la tierra pero son hijos de Dios, están libres. Estos son aquellos que permanecen en las palabras de Jesús y han conocido la verdad y la verdad los ha librado de la servidumbre del pecado. Mas los hijos de los reyes de la tierra no están libres porque todo el que comete un pecado, es esclavo del pecado (*Jn* 8,34).

San Jerónimo

Mas nuestro Señor era hijo de rey, ya según la carne, ya según el espíritu, puesto que descendía de la estirpe de David y era el Verbo del Padre omnipotente. Luego como hijo de rey, no estaba obligado a los impuestos.

San Agustín, *quaestiones evangeliorum, 1,23*

Siempre se dice, que en ningún reino están obligados los hijos a pagar los impuestos. Con mucha más razón deben estar libres en cualquier reino los hijos del Reino de Aquel de quien dependen todos los reinos de la tierra.

San Juan Crisóstomo, *homiliae in Matthaeum, hom. 58,1*

Mas si Él no era hijo, en vano nos propuso este ejemplo. Pero dirá alguno: es hijo, pero no lo es propiamente, por lo tanto es extraño. De este modo, el ejemplo no tiene valor. Yo diría que Cristo no habla aquí de los hijos en general, sino de los hijos naturales y propios. De ahí la contraposición que estableció con los extraños, nombre con que designa a los no nacidos de los reyes. Ved también cómo certifica aquí Cristo lo que el Padre reveló a Pedro y que fue la causa de que exclamara: "Tú eres el Cristo, el Hijo de Dios vivo" (*Mt* 16,16). Mirad cómo ni rechaza el tributo ni manda darlo sin más. Ante todo hace constar que Él está exento; pero luego lo da. Lo uno para que no se escandalicen los discípulos, lo otro para que no se escandalicen los cobradores.

San Jerónimo

Luego aunque Él estaba libre, sin embargo, como vistió la humildad de la carne, debió cumplir todos los deberes de justicia; por eso sigue: "Mas porque no los escandalicemos, etc."

Orígenes, *homilia 4 in Matthaeum*

De aquí se deduce, que cuando se levantan algunos y con formas judiciarias, nos arrebatan nuestros bienes terrenales, ésos son mandados por los reyes de la tierra, para que nos exijan los bienes, que son suyos. Por eso el Señor con su ejemplo prohíbe el dar escándalos, aun a semejantes hombres, ya para que no continúen pecando, o ya para salvarlos. El Hijo de Dios, que jamás hizo obra alguna servil, pagó sin embargo, los tributos y los impuestos, por la forma de esclavo, que tomó a causa del hombre.

San Jerónimo

No sé qué admirar más en este pasaje, si la presciencia del Salvador o su grandeza. Sabía por la presciencia, que en la boca de un pez y precisamente en el primero que debía coger Pedro, existía un estáter y por su grandeza y poder fue creado el estáter en la boca del pez; de esta manera hizo con su palabra lo que había de hallar después. Luego el mismo Cristo, por su excesiva caridad, llevó la cruz y pagó los impuestos. Y nosotros, desgraciados, que llevamos el nombre de Cristo y que no hemos hecho nada digno de tan grande majestad, no pagamos los impuestos por honra de Él y estamos como hijos de un rey, exentos de los tributos. Simplemente el conocer esta conducta de Cristo, en medio de su pobreza extrema, puesto que no tenía con qué pagar el impuesto por su persona ni por la del apóstol, edifica a cualquiera que lo sepa. Y si alguno nos objetara, ¿pues cómo es que Judas llevaba una bolsa? Responderemos que Cristo consideraba como criminal el aplicar en utilidad propia lo que pertenecía a los pobres y que Él mismo nos ha dejado este ejemplo.

San Juan Crisóstomo, *homiliae in Matthaeum, hom. 58,2*

O también, que no quiere que se dé de la plata que llevaban, para hacer ver que Él era el Señor del mar y de los peces.

Orígenes, *homilia 4 in Matthaeum*

O también, porque no llevaba la imagen del César. El príncipe de este mundo nada tenía que ver con El. Por eso no tomó la imagen del César de las cosas que poseía, sino del profundo del mar y no recibió El el estáter, ni lo hizo propiedad suya, para que la imagen del César no estuviese junto a la imagen de Dios invisible. Ved la prudencia de Cristo, que no rehúsa pagar el tributo, ni tampoco manda que se pague de la manera ordinaria. El Señor manifiesta primero; que no está sujeto al impuesto y después lo da. Hizo esto último es decir, el dar el impuesto, para que no se escandalicen los cobradores y lo primero, esto es, el manifestar que no estaba sujeto, para que no se escandalizasen los discípulos. Cuando los fariseos sentaron su doctrina acerca de las comidas, despreció el Señor el escándalo de los mismos fariseos (*Mt* 15). El Señor nos enseña con esta conducta que es preciso que sepamos cuándo conviene no despreciar a los que se escandalizan y cuándo es oportuno el ignorarlos.

San Gregorio, *homiliae in Hiezechihelem prophetam, hom. 7,4*

Debemos considerar que estamos en la obligación de evitar el escándalo en todo lo que no hay pecado; pero si el escándalo tiene su origen en la verdad, entonces es preferible dar lugar al escándalo a dejar la verdad.

San Juan Crisóstomo, *homiliae in Matthaeum, hom.58,2*

Y así como nos causa asombro la virtud de Cristo, así también debe llenarnos de admiración la fe de Pedro, que obedeció a una cosa tan difícil. Por eso el Señor lo recompensó por su fe y lo incorporó a sí en la paga del impuesto, cosa que le fue sumamente honrosa, por eso dice: "Y abriéndole la boca hallarás un estáter. Dalo por mí y por ti".

Glosa

Era costumbre que cada uno pagase por su persona un didracma y el estáter tenía el peso de dos didracmas.

Orígenes, *homilia 4 in Matthaeum*

En sentido místico, en el campo de la consolación (esto es, lo que significa la palabra de Cafarnaúm) el Señor consuela a todos los discípulos; los declara hijos libres y les da el poder de pescar este primer pez, para que reciba Pedro, con la subida del pez, el fruto de su pesca.

San Hilario, *in Matthaeum, 17*

Cuando el Señor aconseja a Pedro que vaya a buscar el primer pez nos indica también que subirían otros muchos. El bienaventurado y primer mártir, Esteban, subió primero, llevando en su boca un estáter, esto es, el didracma de la nueva predicación con valor como el de dos denarios. Porque predicaba la gloria de Dios y contemplaba en sus tormentos la pasión de Nuestro Señor Jesucristo.

San Jerónimo

O también este pez primero, que fue cogido, fue el primer Adán a quien salvó el segundo Adán y lo que se encontró en su boca, esto es, en su confesión, es dado por Pedro y por el Señor.

Orígenes, *homilia 4 in Matthaeum*

Cuando viereis algún hombre avaro, corregido por algún Pedro, que le ha quitado de su boca las palabras del interés, decid que ese hombre ha subido del fondo del mar, es decir, de en medio de las olas de los cuidados propios de la avaricia, pendiente del anzuelo de la razón y que ha sido cogido y salvado por algún Pedro, que le ha enseñado la verdad y le ha dado, en lugar de un estáter, la imagen de Dios, es decir, su palabra.

San Jerónimo

Es de admirar que se pague una misma cantidad por el Señor y por Pedro; pero en sentido diferente. Porque la cantidad es dada por Pedro, como por un pecador, mas nuestro Señor jamás cometió pecado; sin embargo, dando la misma cantidad por el Señor que por el servidor se hace ver la semejanza carnal entre ambos.

CAPÍTULO 18

En aquella hora se llegaron los discípulos a Jesús, diciendo: "¿Quién piensas que es mayor en el reino de los cielos?" Y llamando Jesús a un niño, lo puso en medio de ellos y dijo: "En verdad os digo, que si no os volviereis, e hiciereis como niños, no entraréis en el reino de los cielos. Cualquiera, pues, que se humillare como este niño, éste es el mayor en el reino de los cielos. Y el que recibiere a un niño tal en mi nombre, a mí recibe. Y el que escandalizare a uno de esto pequeñitos, que en mí creen, mejor le fuera que colgasen a su cuello una piedra de molino de asno, y le anegasen en el profundo de la mar". (vv. 1-6)

San Jerónimo

Después que los discípulos vieron que se había pagado el mismo tributo por Pedro que por el Señor, dedujeron que Pedro era el primero de los apóstoles.

San Juan Crisóstomo, *homiliae in Matthaeum, hom. 58,2*

Esta idea suscitó en ellos una especie de resentimiento, que da a entender el evangelista cuando dice: "En aquella hora se llegaron los discípulos a Jesús diciendo: ¿Quién piensas que es mayor en el Reino de los Cielos?" Se avergonzaban de confesar la pasión que sufrían y por eso no dicen abiertamente: ¿Por qué honraste más a Pedro que a nosotros? sino que preguntan de una manera general: ¿quién es mayor? Cuando distinguió el Señor a sus tres discípulos a la vez -a Pedro, a Santiago y a Juan- en la transfiguración, no experimentaron lo demás resentimiento alguno; pero cuando ven que uno solo es el honrado, se quejan los otros. Mas debemos considerar, primeramente, que no exigen las cosas de la tierra y además, que depusieron después este movimiento apasionado; pero nosotros no podemos llegar ni hasta sus defectos, porque no preguntamos quién es el mayor en el Reino de los Cielos, sino quién es el mayor en el reino de la tierra.

Orígenes, *homilia 5 in Matthaeum*

Si dudamos en alguna ocasión y no encontramos la resolución de las dudas, debemos imitar a los discípulos aproximándonos tranquilamente a Jesús, que tiene poder para iluminar los corazones de los hombres y hacerles entender toda clase de cuestión; preguntemos también a los doctores que están colocados al frente de las iglesias. Sabían los discípulos, al hacer esa pregunta, que en el Reino de los Cielos no eran iguales todos los santos; pero deseaban saber de qué manera se llegaba a ser el mayor y por qué camino se descendía a ser el menor. O también, por lo que el Señor les había dicho antes, sabían quién era grande y quién el menor; pero no comprendían quién sería el mayor entre muchos que eran grandes.

San Jerónimo

Mas el Señor, al ver sus pensamientos, quiso curar su deseo de vanagloria, mediante una comparación sumamente humilde. Por eso sigue: "Y llamando Jesús a un niño, etc."

San Juan Crisóstomo, *homiliae in Matthaeum, hom. 58,3*

Me parece una cosa muy bien hecha la presentación, en medio de ellos, de un niño inocente.

San Jerónimo

De manera que por su edad fuese el tipo de la inocencia. Por otro lado, el mismo Señor se presentó en medio de ellos como un niño, para demostrarles que no había venido para ser servido, sino para darles ejemplo de humildad. Otros significan por la palabra niño, al Espíritu Santo, a quien puso el Señor en el corazón de sus discípulos, para cambiar su orgullo en humildad. Sigue: "Y dijo: En verdad os digo, que si no os volviereis, e hiciereis como niños, etc." El Señor no mandó a los apóstoles que tuvieran la edad de los niños, sino que tuvieran su inocencia y que obtuvieran por sus esfuerzos lo que aquellos poseían por sus años, de manera que fueran niños en la malicia, pero no en la sabiduría (*1Cor* 14). Es como si dijera: así como este niño, que os propongo como ejemplo, no es tenaz en la cólera, olvida el mal que se le ha hecho, no se deleita en ver una mujer hermosa, no piensa una cosa y dice otra; de esta manera, vosotros, si no tuviereis esa inocencia y esa pureza de alma, no podréis entrar en el Reino de los Cielos.

San Hilario, *in Matthaeum, 18*

Llamó también niños a todos los creyentes, por su obediencia a la fe; éstos siguen a su padre, aman a su madre, no saben querer el mal, desprecian los cuidados de los afanes de la vida, no son insolentes, no tienen odio, no mienten, creen lo que se les dice y tienen por verdadero lo que oyen. Tal es el sentido literal.

Glosa

Si no os convertís de ese orgullo y de esa indignación en que ahora vivís, y no os hacéis por la virtud tan inocentes y humildes, como son los niños por su edad, no entraréis en el Reino de los Cielos, porque de este modo no se puede entrar. Cualquiera, pues, que se humillare como este niño será el mayor en el Reino de los Cielos.

Remigio

Esto es, en el conocimiento de la gracia, o en la dignidad eclesiástica, o en cierta bienaventuranza eterna.

San Jerónimo

O de otro modo, cualquiera que se humillare como este niño -es decir, el que se humillare a ejemplo mío- entrará en el Reino de los Cielos.

Sigue: "Y el que recibiere a un niño tal, en mi nombre, etc."

San Juan Crisóstomo, *homiliae in Matthaeum, hom. 58,3*

Esto equivale a decir: No solamente recibiréis una recompensa si os hiciereis como este niño, sino que si honrareis por mí a todos los que se hacen semejantes a un niño, yo determino para vosotros, como recompensa del honor que les habéis dado, el Reino de los Cielos. Y aún les propone otra cosa mayor, en estas palabras: "A mí recibe".

San Jerónimo

Efectivamente, recibe a Cristo aquel que imita su humildad y su inocencia. Y el Señor añade oportunamente, a fin de que los apóstoles no se atribuyesen a sí mismos el honor que se les había dado, que habían recibido ese honor, no por sus méritos, sino por los de su Maestro.

San Juan Crisóstomo, *homiliae in Matthaeum, hom. 58,3*

Enseguida sigue: "Mas el que escandalizare, etc.". Lo que equivale a decir: Así como tienen una recompensa los que por mí honran a éstos, así también los que los deshonran deben sufrir los más terribles males. Y no os admiréis de que se llame escándalo al desprecio, porque muchos pusilánimes se escandalizan por los desprecios que se les hacen.

San Jerónimo

Observad que el que se escandaliza es un niño. Porque los mayores no se escandalizan y aunque pudieran tomarse estas palabras en un sentido general y aplicarse a todos los que escandalizan a otro, sin embargo, el enlace de las ideas exige, que puedan aplicarse también a los apóstoles, quienes por la pregunta que hicieron al Señor: ¿Quién sería mayor en el Reino de los Cielos? parecía como que debatían una cuestión de dignidad. Si ellos hubieran continuado en esta lucha, podrían por su escándalo haber perdido a todos los que llamaban a la fe, a causa de que veían a los apóstoles divididos por una cuestión de esa especie.

Orígenes, *homilia 5 in Matthaeum*

Mas ¿cómo aquel que ha sido convertido y hecho como un niño es también el más pequeño y capaz de ser escandalizado? Podemos resolver este reparo de la manera siguiente: todo el que cree en el Hijo de Dios y conforma su vida con los preceptos evangélicos, está convertido y se hace semejante a un niño. Por el contrario, el que no se convierte de tal manera, que quede hecho como un niño, es imposible que entre en el Reino de los Cielos. En toda reunión de creyentes hay algunos que hace poco tiempo que se han convertido y se esfuerzan por hacerse semejantes a los niños, pero aún no se han hecho niños; éstos son tenidos por pequeños en Cristo y capaces de ser escandalizados.

San Jerónimo

Cuando dice el Señor: "Mejor le fuera que colgasen a su cuello una piedra de molino, etc." Usa el Señor el lenguaje acostumbrado en la provincia, pues era costumbre entre los antiguos judíos, castigar a los mayores criminales arrojándolos al mar atados con una piedra y les convenía más este castigo. Porque es mucho mejor recibir un castigo breve, que el ser reservado para sufrir las penas eternas.

San Juan Crisóstomo, *homiliae in Matthaeum, hom. 58,3*

Era una consecuencia de lo anterior el decir: "A mí no recibe", que era el más amargo de todos los males; pero como ellos eran groseros y no se movían por esto, el Señor, para manifestarles la pena que les está reservada, usa un ejemplo conocido, por eso les dice que les fuera mejor el sufrir este castigo. Porque es mucho más terrible el que les está reservado.

San Hilario, *in Matthaeum, 18*

En sentido místico, el castigo de la piedra de molino significa el mal de la ceguera, puesto que a los asnos, después de vendarles los ojos, se les hace dar vueltas con la piedra. Y muchas veces se designan con el nombre de asnos a los gentiles porque su misma ignorancia les hace ciegos; mas no a los judíos a quienes la misma ciencia de su ley les traza su camino. A éstos les hubiera sido mejor ser precipitados en el mar llevando al cuello la piedra del asno, es decir, de quedar sumergidos en los trabajos de los gentiles y en las tinieblas del siglo, que el de escandalizar a los apóstoles de Cristo. Porque hubieran tenido menos responsabilidad no conociendo a Cristo, que no habiendo recibido al Señor de los profetas.

San Gregorio Magno, *Moralia, 11,17*

O de otro modo, ¿qué otra cosa significa el mar, sino el siglo? ¿Y qué la piedra del asno, sino las acciones terrenales, que aprietan el cuello del alma con los deseos insensatos y la hacen girar en el círculo del pecado? Hay ciertamente algunos que abandonan las acciones terrestres, y, despreciando la humildad, se elevan con una fuerza superior a la de su inteligencia hasta los ejercicios contemplativos; no sólo se precipitan en el error, sino que arrastran consigo a los que están débiles en la verdad. Al que escandaliza, pues, a uno de estos pequeñuelos le hubiera sido mejor que le hubieran arrojado al mar con una piedra al cuello. Porque hubiera sido más fácil para esta alma perversa el ocuparse en los negocios del mundo, que el entregarse a los ejercicios de la contemplación con perjuicio de muchos.

San Agustín, *quaestiones evangeliorum, 1,24*

O de otro modo, el que escandalizare a uno de estos pequeños -esto es, de esos humildes como los que quiere el Señor que sean sus discípulos- o con su desobediencia, o con su resistencia, como dice el apóstol sobre Alejandro (**2Tim** 4,14.), conviene que se le ate una piedra de asno al cuello y sea arrojado al fondo del mar, es decir, le conviene que la pasión que tiene por los bienes terrenales (a los que están atados los necios y ciegos), le lleve atado con esa carga a la muerte.

"¡Ay del mundo por los escándalos! porque necesario es que vengan escándalos; mas ¡ay de aquel hombre por quien viene el escándalo! Por tanto, si tu mano o tu pie te escandaliza, córtale y échale de ti; porque más te vale entrar en la vida manco o cojo, que teniendo dos manos o dos pies, ser echado en el fuego eterno. Y si tu ojo te escandaliza, sácale y échale de ti; porque mejor te es entrar en la vida con un solo ojo, que tener dos ojos, y ser echado en la gehena del fuego". (vv. 7-9)

Glosa

Había dicho el Señor, que le era mejor a aquel que escandaliza, que se le suspendiera al cuello una piedra de asno; el mismo Señor da la razón en estas palabras: "¡Ay del mundo por los escándalos!", es decir, a causa de los escándalos.

Orígenes, *homilia 5 in Matthaeum*

Se entiende aquí por mundo, no los elementos que constituyen el mundo, sino los hombres que viven en el mundo; mas los discípulos de Cristo no son de este mundo, por consiguiente, no se les puede aplicar el "¡ay del mundo por los escándalos!" porque aunque haya muchos escándalos no llegan a aquellos que no son de este mundo. Pero si alguien está en el mundo y ama las cosas del mundo, los escándalos le alcanzarán en todas aquellas cosas del mundo en que él se mezcle.

Sigue: "Porque necesario es que vengan escándalos".

San Juan Crisóstomo, *homiliae in Matthaeum, hom. 59,1*

El Señor en las palabras: "Necesario es", no quita el libre albedrío, ni nos somete a la fatalidad; no hace más que predecir lo que irremisiblemente ha de suceder. Indudablemente los escándalos nos alejan del camino recto, mas la predicación de Cristo no abre la puerta a los escándalos. Porque la predicción no es causa del escándalo y cuando se predice no se hace más que decir con anticipación lo que realmente ha de suceder. Pero dirá alguno, ¿si todos se corrigen y no hay persona alguna que escandalice, no se podrán acusar de falsedad las palabras de Cristo? De ninguna manera. El Señor habló así porque previó que los hombres no se habrían de corregir: "Es necesario que vengan escándalos", ciertamente no hubiera pronunciado Cristo estas palabras, si los hombres se hubieran de corregir.

Glosa

O también: "necesario es que vengan escándalos", porque son necesarios, es decir, útiles. Por ellos conocemos a los que han sido probados.

San Juan Crisóstomo, *homiliae in Matthaeum, hom. 59,1*

Porque los escándalos levantan y estimulan a los hombres, los hacen más avisados, levantan con prontitud al que cae y le inspiran más solicitud.

San Hilario, *in Matthaeum, 18*

La humildad de la pasión es un escándalo para el mundo. Lo que más detiene a los hombres en su ignorancia es el no querer recibir al Señor de la gloria eterna bajo la forma de hombre. ¿Y qué hay tan perjudicial al mundo como el no haber recibido a Cristo? Y por eso es necesario que vengan los escándalos. Porque para que tenga cumplimiento el misterio que nos ha de dar la eternidad, es preciso que se realicen en El todas las humillaciones de la pasión.

Orígenes, *homilia 5 in Matthaeum*

También se dice que los escándalos que vienen son los ángeles de Satanás; sin embargo, no penséis que ellos sean escándalos, o por naturaleza, o por su sustancia, sino que su libre albedrío los ha hecho así, no queriendo sufrir por la virtud. Y no puede existir el verdadero bien sin ser combatido por el mal. Así, pues, es necesario que vengan los escándalos, como es necesario también que nosotros tengamos que sufrir la malicia de los espíritus celestiales, tanto más irritados cuanto más está entre los hombres el Verbo de Dios y aleja de ellos las inspiraciones malignas. Buscan ellos los medios para mejor escandalizar y sobre esos medios es sobre quienes principalmente recae la maldición "Ay". Porque peor será la suerte del que escandaliza, que la de aquel que es escandalizado, por eso sigue: "Mas ay de aquel hombre por quien viene el escándalo".

San Jerónimo

Lo que equivale a decir: ¡Ay de aquel hombre por cuya causa resulta el escándalo, es necesario que se verifique en el mundo! Judas, que preparaba su alma para la entrega, está comprendido en esta máxima general.

San Hilario, *in Matthaeum, 18*

O también bajo la palabra "del hombre" se significa al pueblo judío que fue el autor de ese escándalo, cuyo objeto es la pasión de Cristo, y que arrojó al mundo en el peligro de renunciar en la pasión a Cristo, a quien la ley y los profetas habían anunciado como pasible.

San Juan Crisóstomo, *homiliae in Matthaeum, hom. 59,4*

Para que podáis estar seguros de que no hay necesidad absoluta de que existan los escándalos, escuchad lo que sigue: "Por tanto, si tu mano o tu pie te escandaliza", etc. No habla aquí de los miembros del cuerpo, sino de los amigos, a quienes tenemos nosotros como miembros necesarios. Porque nada hay tan nocivo como una conversación mala.

Rábano

La palabra escándalo es griega y podemos traducirla por tropiezo, caída o choque del pie. Por consiguiente, aquel que diere a su hermano ocasión de caer, o con sus palabras, o con sus acciones, le escandaliza.

San Jerónimo

Así, pues, es preciso arrancar de raíz todo afecto y cortar todo parentesco, a fin de que con ocasión de algún sentimiento, ninguno de los creyentes abra las puertas al escándalo. Si, dice El, cuanto está unido a vosotros como la mano, el pie, el ojo y te es útil y te sirve para ver con solicitud y perspicacia, es causa de escándalo y te precipita en el infierno a causa de la diferencia de costumbres, mejor es que carezcáis de su proximidad, que el que por ganar amistades o parentescos, tengáis una ocasión de perderos; cada uno de los creyentes conoce lo que le es nocivo, lo que solicita su alma y muchas veces lo que la tienta. Por eso es mejor vivir en la soledad que perder, por atender a la vida presente, la vida eterna.

Orígenes, *homilia 5 in Matthaeum*

O también se puede entender, sin violentar el sentido, por "el ojo", a los sacerdotes, que son como el ojo de la Iglesia y sus centinelas. Por "la mano" los diáconos y todos los demás que ejecutan las obras espirituales y en el pueblo vemos los pies del cuerpo de la Iglesia; a nada de todo esto debemos perdonar, si sólo sirve para escándalo de la Iglesia. O también el acto del alma es la mano que peca y la marcha del alma el pie que peca y la vista del alma es el ojo que peca. De todo esto debemos prescindir, si nos traen el escándalo; con frecuencia se pone en la Escritura las operaciones de los miembros, en lugar de los mismos miembros.

"Mirad que no tengáis en poco a uno de estos pequeñitos; porque os digo, que sus ángeles en los cielos siempre ven la cara de mi Padre: que está en los cielos. Porque el Hijo del Hombre vino a salvar lo que había perecido. ¿Qué os parece? Si tuviere

alguno cien ovejas, y se descarriare una de ellas, ¿por ventura no deja las noventa y nueve en los montes, y va a buscar aquella que se extravió? Y si aconteciere hallarla, dígoos en verdad que se goza más con ella que con las noventa y nueve que no se extraviaron. Así no es la voluntad de vuestro Padre, que está en los cielos, que perezca uno de estos pequeñitos". (vv. 10-14)

San Jerónimo

Dijo el Señor arriba, que debían ser amputados el pie, la mano, el ojo, todo parentesco y toda costumbre que pudiera dar lugar al escándalo; ahora suaviza la dureza de esta máxima diciendo: "Mirad que no tengáis en poco a uno de estos pequeñitos". Que equivale a decir: No los despreciéis, sino procurad, en cuanto os sea posible, su salvación después de la vuestra; pero si los viereis que continúan en el pecado, mejor es que os salvéis vosotros que el que perezcáis con la multitud.

San Juan Crisóstomo, *homiliae in Matthaeum, hom. 59,4*

O también se gana mucho con huir de los malos y con honrar a los buenos. Nos enseñó el Señor arriba, que cortemos nuestras amistades con los que escandalizan y aquí nos enseña a rendir culto y a tener celo por los santos.

Glosa

O de otro modo, guardaos de despreciar a ninguno de estos pequeñitos. Porque el mal que resulta de los hermanos, que han sido escandalizados, es muy grande.

Orígenes, *homilia 5 in Matthaeum*

Son pequeñitos aquellos que hace poco tiempo que han nacido en Cristo, o aquellos, que no pudiendo avanzar, están como si acabaran de nacer. No tuvo el Señor necesidad de mandar que no se despreciase a los fieles más perfectos, sino a los pequeñitos, como ya lo había mandado antes: "Si alguno escandalizare a alguno de estos pequeñitos" (*Mt* 18,6), etc. Además, bajo la palabra pequeñitos quizá quisiera comprender aquí también a los perfectos, según el modo que tuvo de expresarse en otro lugar (*Lc* 9,48): "El que fuere más pequeño entre vosotros, éste será el mayor", etc.

San Juan Crisóstomo, *homiliae in Matthaeum, hom. 59,4*

O también, porque los que son perfectos, son mirados por muchos como pequeñitos, es decir, pobres y despreciables.

Orígenes, *homilia 5 in Matthaeum*

Sin embargo, no se armoniza bien esta interpretación con la frase: "Si alguno escandalizare a uno de estos pequeñitos" (*Mt* 18,6), etc. Porque el hombre perfecto ni se escandaliza, ni perece; los que admiten esta interpretación dicen que es mudable el alma del justo y que alguna vez se escandaliza aunque no con facilidad.

Glosa

No se les debe despreciar; son tan queridos de Dios, que les ha enviado sus ángeles para que los guarden. Por eso sigue: "En verdad os digo que", etc.

Orígenes, *homilia 5 in Matthaeum*

Afirman algunos que Dios da a los hombres un ángel custodio. Porque han venido a ser por el agua regeneradora niños en Cristo; añadiendo, que no es posible que un ángel santo mire a los incrédulos y a los que yerran y que mientras permanece el hombre en la incredulidad y en el pecado, está bajo la potestad de los ángeles de Satanás. Otros creen que desde el momento en que nace uno recibe su ángel custodio.

San Jerónimo

Grande dignidad es ésta del alma humana, de tener desde que nace un ángel destinado para que la guarde.

San Juan Crisóstomo, *homiliae in Matthaeum, hom. 59,4*

No habla aquí el Señor de los ángeles indistintamente, sino de los ángeles más elevados. Porque al decir: "Ven siempre la cara de mi Padre", nos significa que su presencia es muy libre y el honor de que gozan delante de Dios es muy grande.

San Gregorio Magno, *homiliae in Evangelia, 34,12*

Se cuenta que el anciano y venerable Padre Dionisio Areopagita decía (y lo dice realmente), que entre los ángeles, que son de un rango inferior, hay algunos que son enviados para desempeñar alguna misión visible o invisible, mientras los que son de escala superior no son empleados para ninguna comisión exterior.

San Gregorio Magno, *Moralia, 2,3*

Y los ángeles ven siempre el rostro del Padre y, sin embargo, vienen a nosotros. Porque vienen hacia nosotros con la presencia espiritual y no obstante permanecen en el lugar de donde salieron por la contemplación interior y no salen fuera de la visión divina, de tal manera que queden privados de los gozos de la contemplación interior.

San Hilario, *in Matthaeum, 18*

Los ángeles ofrecen diariamente a Dios las oraciones de los que se han de salvar por Cristo. Por consiguiente, es muy peligroso despreciar a Aquel cuyos deseos y peticiones llegan por servicio y ministerio de los ángeles a Dios eterno e invisible.

San Agustín, *de civitate Dei, 22,29*

O también son llamados ángeles nuestros los que son ángeles de Dios. Son ángeles de Dios porque no se separan de Él y nuestros porque han comenzado a tenernos por conciudadanos suyos; consiguientemente, así como ellos ven a Dios, también nosotros le veremos cara a cara. San Juan dice de esta visión (*1Jn* 3,2): "Le veremos como Él es". Por rostro de Dios debe entenderse su manifestación y no la parte del cuerpo a que nosotros damos ese nombre.

San Juan Crisóstomo, *homiliae in Matthaeum, hom. 59,4*

Otra nueva razón nos da el Señor para que no despreciemos a los pequeñitos, cuando dice: "Porque el Hijo del hombre vino", etc.

Remigio

Lo que equivale a decir: No despreciéis a los pequeñitos, porque yo me he dignado hacerme hombre por los hombres. En las palabras: "lo que había perecido" se sobreentiende el género humano. Todos los elementos guardan su orden, pero el hombre erró, porque perdió el suyo.

San Juan Crisóstomo, *homiliae in Matthaeum, hom. 59,4*

Añade el Señor a lo que acaba de decir una parábola para demostrar la voluntad que tiene su Padre de salvar a todos los hombres, cuando dice: "¿Qué os parece? Si tuviere alguno cien ovejas", etc.

San Gregorio, *homiliae in Evangelia, 34,3*

Esto dice relación al Creador de los hombres. El número cien es número perfecto y Él tuvo cien ovejas, cuando creó la naturaleza humana y la naturaleza angélica.

San Hilario, *in Matthaeum, 18*

Por la palabra una sola oveja se entiende un solo hombre y por hombre todo el género humano y todo el género humano se perdió en el error de un solo Adán. De ahí que el que busca al hombre es Cristo y las noventa y nueve ovejas que deja, son la multitud de todos aquellos que se regocijan en el cielo.

San Gregorio, *homiliae in Evangelia, 34,3*

Y dice el evangelista, que las dejó en los montes, para significar las alturas. Porque las ovejas que no habían perecido estaban en los lugares más elevados.

Beda

Encontró el Señor a la oveja, cuando restauró al hombre y hubo en el cielo mayor alegría por la oveja encontrada, que por las otras noventa y nueve. Porque hay más motivos para alabar a Dios por la restauración de los hombres, que por la creación de los ángeles. Creó Dios admirablemente a los ángeles; pero más admirablemente restauró al hombre.

Rábano

Observad que al número nueve le falta una unidad para formar el número diez y al número noventa y nueve para formar el ciento. De donde resulta, que los números a quienes para ser perfectos les falta una unidad, pueden variar por la sustracción, o por la adición; pero la unidad permaneciendo en sí misma sin variación, cuando se agrega a otros números los perfecciona. De esta manera para perfeccionar en el cielo el número completo de ovejas, es buscado en la tierra el hombre que se ha perdido.

San Jerónimo

Opinan otros que el número noventa y nueve se refiere a los justos y la pequeña oveja a los pecadores, según lo que ya se ha dicho en otro lugar: "No he venido a llamar a los justos, sino a los pecadores" (*Mt 9,13*).

San Gregorio, *homiliae in Evangelia, 34,3*

Debemos considerar por qué confiesa el Señor, que se alegra más por la conversión de los pecadores, que por la estabilidad de los justos. Es porque los que tienen seguridad de no haber cometido pecados graves, están perezosos muchas veces para cumplir los deberes más elevados, mientras que, por el contrario, a los que tienen conciencia de haber obrado mal, el sentimiento de su dolor los inflama más en el amor divino y como ven que han andado errantes lejos de Dios, recompensan con las ganancias posteriores las pérdidas anteriores; de esta manera el general prefiere al soldado, que después de huir, vuelve al enemigo y le acomete con valor, a aquel que no ha vuelto jamás la espalda, pero que jamás ha acometido ni ha hecho cosa alguna con valor. Pero también hay algunos justos que causan tanta alegría, que bajo ningún concepto se les puede posponer a ningún penitente; éstos, aunque no les arguya su conciencia de falta alguna, sin embargo, desprecian hasta lo que les es permitido y son humildes en todas las ocasiones. ¿Cuán grande alegría, pues, no proporciona el justo cuando llora en la humillación, siendo tan grande la que causa el pecador cuando condena el mal que ha hecho?

Beda

También las noventa y nueve ovejas que dejó en el monte significan los soberbios, a quienes, para llegar a la perfección (marcada por el número cien), les falta el número uno. Cuando Él ha encontrado al pecador, se alegra, es decir, hace que se alegren los suyos, más por ese pecador que por los justos falsos.

San Jerónimo

Las palabras que siguen: "Así no es la voluntad de vuestro Padre, que perezca uno solo", etcétera, se refieren a lo que queda dicho más arriba: "Mirad, no tengáis en poco a uno de estos pequeñitos" (*Mt* 18,10) y de esta manera nos enseña, que la parábola propuesta ha sido dicha para que no sean despreciados los pequeñitos. En las palabras: "No es voluntad de vuestro Padre", manifiesta el Señor que siempre que pereciere alguno de estos pequeñitos, no perece por voluntad del Padre.

"Por tanto, si tu hermano pecare contra ti, ve y corrígele entre ti y él solo. Si te oyere, ganado habrás a tu hermano. Y si no te oyere, toma aun contigo uno o dos, para que por boca de dos o tres testigos conste toda palabra. Y si no los oyere, dilo a la Iglesia. Y si no oyere a la Iglesia, tenlo como un gentil y un publicano". (vv. 15-17)

San Juan Crisóstomo, *homiliae in Matthaeum, hom. 60,1*

Después de hablar el Señor con tanta vehemencia contra los que escandalizan, advirtiéndoles por todas partes, a fin de que no se hagan tan perezosos aquellos que son el objeto del escándalo, que por evitar un pecado no caigan en el de la negligencia y tratando ellos de que se les perdone en todo, no se llenen de orgullo;

el Señor los contiene sobre este punto y manda que se les reprenda, diciendo: "Por lo tanto, si tu hermano pecare contra ti", etc.

San Agustín, *sermones, 82,1,4*

El Señor nos advierte que no debemos despreciar nuestros pecados, ni buscar lo que debemos reprender, sino ver lo que debemos corregir. Debemos corregir con amor, no con deseo de hacer daño, sino con intención de corregir; si no lo hacéis así, os hacéis peores que el que peca. Este comete una injuria y cometiéndola se hiere a sí mismo con una herida profunda. Despreciáis vosotros la herida de vuestro hermano, pues vuestro silencio es peor que su ultraje.

San Agustín, *de civitate Dei, 1,9*

Con frecuencia la verdad se disimula criminalmente. Unas veces por no enseñar o no aconsejar a los malos, otras por no corregirlos y evitarles las represiones; ya por no tomarnos ese trabajo, ya por no perder su amistad, ya porque no nos sirvan de obstáculo y no nos perjudiquen en las cosas temporales, que desea adquirir nuestra ambición, o que nuestra debilidad tiene miedo de perder. Si alguno deja de reprender o de corregir a los que obran mal, con el pretexto de esperar una ocasión más oportuna, o creyendo que no se harán peores, o que no será un impedimento para enseñar a los que están débiles una vida buena y piadosa, o que no los retraerán de la fe ni los perseguirán, no me parece que todo esto se deba a una pasión, sino a un consejo de la caridad. Con mucha más razón deben corregir con caridad los jefes de las iglesias colocados al frente de ellas para perdonar, pero no lanzando insultos contra los pecadores. Y no están exentos de faltas de este género aquellos que, aunque no son superiores, conocen y no hacen caso de muchas cosas que deberían advertir y de corregir en aquellos con quienes están íntimamente unidos por el lazo de una vida común y no los corrigen por evitarse los inconvenientes que les resultarían, por razón de las cosas temporales de que usan lícitamente, pero en las que se deleitan más de lo que deben.

San Juan Crisóstomo, *homiliae in Matthaeum, hom. 60,1*

Debemos considerar que el Señor lleva con frecuencia a aquel que ha causado tristeza, hasta aquel que ha sido entristecido; así lo dice (*Mt* 5,23-24): "Si te acordares de que tu hermano tiene alguna cosa contra ti, ve y reconcíliate con tu hermano". Y manda el Señor en otra ocasión, que aquel que sufre injustamente, debe perdonar a su prójimo, según lo que dice en otro lugar: "Perdónanos nuestras deudas, así como nosotros perdonamos a nuestros deudores" (*Mt* 6,12). Aquí halla otro modo pues no es el ofensor, sino el ofendido, quien ha de buscar la reconciliación. Como el ofensor no sería fácil que fuera a pedir perdón, de pura vergüenza y sonrojo, de ahí que manda al ofendido a que dé este paso, con el fin de corregir lo sucedido. Por eso dice: "Ve y corrígele".

Rábano

No manda el Señor que se perdone indistintamente a toda clase de pecadores, sino a los que oyen, esto es, a los que obedecen y hacen penitencia; de esta manera el perdón no es difícil, ni la indulgencia demasiado benigna.

San Juan Crisóstomo, *homiliae in Matthaeum, hom. 60,1*

Y no dice el Señor: acusad, reñid, pedid venganza, sino corregid; es decir, recordadle sus pecados; decidle lo que vosotros sufrís por causa de él, porque él está ebrio por la ira y la vergüenza y como sumergido en un sueño profundo, y vosotros que estáis sanos, debéis ir a aquel que está enfermo.

San Jerónimo

Es necesario que sepáis que si pecare contra vosotros vuestro hermano y por cualquier concepto os hiriere, no sólo tenéis poder, sino hasta necesidad de perdonarle. Porque está mandado "que perdonemos a nuestros deudores" y en este pasaje se dice: "Si pecare contra ti tu hermano"; mas si pecare contra Dios, esto no es cosa nuestra. Somos benignos con respecto a las injurias de Dios y en las nuestras, por el contrario, nos tomamos las represalias.

San Juan Crisóstomo, *homiliae in Matthaeum, hom. 60,1*

Por esta razón hace esta recomendación con relación a aquel que ha sufrido la injuria y no con respecto a otro. Porque el que ultraja a otro sufre más fácilmente la corrección del ultrajado, sobre todo si se la hace a solas. No hay cosa que más aplaque al que ultraja, como el ver que aquel que puede pedirle una reparación, se toma tanto cuidado por su salud.

San Agustín, *sermones, 82,7*

Por consiguiente, cuando peca alguno contra nosotros, debemos tener gran cuidado de olvidar nuestra injuria, pero no el mal que se ha hecho a nuestro hermano, no por nosotros, porque es una gloria el olvidar las injurias. Corrijámosle, pues, a solas y no nos ocupemos más que de la corrección y de perdonarle su vergüenza porque podrá suceder que él, a causa de la vengüenza que tiene, trate de defender su pecado y que vosotros, queriéndole corregir, le hagáis peor.

San Jerónimo

El hermano debe ser corregido, separadamente, no sea que pierda una vez el honor y la vergüenza y continúe en el pecado.

San Agustín, *sermones, 82,7-8*

Pero dice el apóstol "Corrige delante de todos al que peca, para que los demás tengan también miedo" (*1Tim* 5,20); de donde resulta, que es necesario que sepáis que en unas ocasiones se debe corregir al hermano a solas y en otras en presencia de todos. Escuchad y ved lo que es preciso hacer antes: "Si pecare -dice el Señor- tu hermano contra ti, corrígele tú y él solos". ¿Por qué? ¿Por qué pecó contra ti? ¿Cómo pecó contra ti? Tú sabes que pecó y porque fue secreto el pecar contra ti, debes buscar el secreto cuando corrijas las cosas en que pecó. Porque si sólo tú sabes que pecó contra ti, el corregirle delante de todos no es corregirle, sino delatarle. Pecó, pues, tu hermano contra ti y sólo tú lo sabes; entonces pecó realmente contra ti sólo; pero si te ha injuriado oyéndolo muchos, ha pecado también contra aquellos a quienes hizo testigos de su iniquidad. Es necesario, pues, corregir delante de todos a aquellos que han pecado delante de todos y en secreto a los que han pecado en secreto. Distinguid los tiempos y concordad las Escrituras. ¿Y por qué corriges al prójimo? ¿Por qué te dueles de que haya pecado contra ti? ¡No lo quiera Dios! Si lo haces por el amor que te tienes, nada haces; pero si lo haces por amor del prójimo, obras muy bien. Considera las palabras del texto, para ver si lo debes hacer por ti o por el prójimo; las palabras son éstas: "Si te oyere, ganado habrás a tu hermano", etc.; luego, para ganar a tu hermano, hazlo por él; acuérdate de que tú has perecido pecando contra el hombre. Porque si no habías perecido, ¿cómo te hubiera él ganado a ti? Nadie desprecie, pues, la ofensa hecha a un hermano.

San Juan Crisóstomo, *homiliae in Matthaeum, hom. 60,1*

Manifiesta el Señor en esas palabras que la enemistad es un perjuicio para los dos que se enemistan y por eso no dijo: "Que él se ganó a sí mismo, sino que tú le has ganado a él". Por donde se ve que tanto tú como él habíais sufrido un perjuicio a causa de vuestra discordia.

San Jerónimo

Adquirimos nuestra propia salvación mediante la salvación de otro.

San Juan Crisóstomo, *homiliae in Matthaeum, hom. 60,1*

Lo que debemos hacer, si no hemos persuadido a nuestro hermano, lo dice el Señor con estas palabras: "Y si no te oyere, toma aun contigo uno o dos", etc. Cuanto más desvergonzado y terco fuere, tanto más conviene aplicarle la medicina, pero sin moverle a la cólera y el odio. No desiste el médico, cuando ve que no cede la enfermedad, sino que entonces es cuando más se prepara para vencerla. Ved, pues, cómo no debemos proponernos la venganza, sino la enmienda en la corrección; atendido esto, no manda que en seguida se tomen dos, sino cuando no quisiere corregirse y ni aun en este caso quiere que se le mande al pueblo, sino que se le corrija delante de uno o de dos, según previene la Ley, que dice: "Que toda palabra salida de la boca de dos o tres testigos sea tenida por estable"; que es como si dijera: tenéis un testimonio, habéis hecho lo que está de vuestra parte.

San Jerónimo

También puede entenderse de este modo. Si no te ha querido escuchar, preséntale tan solo a un hermano y si a éste no oyere, preséntale al tercero, ya para que se corrija por vergüenza o por vuestro consejo, o ya para que vea que obráis delante de testigos.

Glosa

O para que si dijere que él no había pecado, prueben los testigos que él ha pecado.

San Jerónimo

Además, si ni aun a éstos quisiere oír, entonces se debe decir delante de muchos, con el objeto de que le detesten todos y de que lo que no pudo salvar el pudor, lo salven los oprobios; de aquí sigue: "Y si no los oyere, dilo a la Iglesia".

San Juan Crisóstomo, *homiliae in Matthaeum, hom. 60,2*

Es decir, a los que están al frente de la Iglesia.

Glosa

O también dilo a toda la Iglesia, para que él pase mayor vergüenza. Después de todo esto debe seguir la excomunión, que es preciso se haga por boca de la Iglesia, esto es, por el sacerdote, que cuando excomulga lo hace con él toda la Iglesia. Por eso dice: "Y si no oyere a la Iglesia", etc.

San Agustín, *sermones, 82,7*

No queráis desde entonces contarle entre los hermanos, sin embargo, procurad su salvación. Porque tampoco contamos en el número de hermanos a los extraños, es decir, a los gentiles y a los paganos y sin embargo, tratamos de salvarlos.

San Juan Crisóstomo, *homiliae in Matthaeum, hom. 60,1*

El Señor, no obstante, no nos ha mandado jamás, con respecto a los que están fuera de la Iglesia, una cosa parecida a la que nos manda aquí sobre la corrección de los hermanos. Porque en cuanto a los extraños, dice (*Mt* 5,39): "Si alguno te hiriere en la mejilla, preséntale también la otra" y San Pablo (*1Cor* 5,12): "¿Cómo he de juzgar a los que están fuera?" Pero nos manda, en cuanto a los hermanos, que los reprendamos y los alejemos.

San Jerónimo

En las palabras: "Tenlo como un gentil y un publicano", nos da a entender el Señor que debemos detestar más a aquel que con el nombre de cristiano practica las obras de los infieles, que aquellos que son claramente paganos. Se da el nombre de publicanos a los que buscan las ganancias del mundo y exigen impuestos por medio de tráficos, engaños, hurtos y de perjurios horribles.

Orígenes, *homilia 6 in Matthaeum*

Veamos que es posible que esta máxima no comprenda toda clase de pecados. Pero si alguno ha cometido alguno de esos pecados que conducen a la muerte -por ejemplo, si ha profanado su propio sexo, si es adúltero, homicida o afeminado- ¿hay razón para que a semejante hombre le reprenda uno solo y a solas y decir, si escuchase, le ha ganado y si no escuchase, no debe ser arrojado de la Iglesia hasta que le reprenda la Iglesia delante de testigos y se vea que después de esta represión persiste en el mal? Hay algunos, que mirando a la inmensa misericordia de Cristo, enseñan que, no haciendo las palabras de Cristo distinción de pecados, obran contra la misericordia de Cristo los que aplican las palabras de Cristo tan sólo a los pecados veniales; otros, por el contrario, considerando prudentemente las palabras de Cristo, defienden que no son aplicables a toda clase de pecados, puesto que el que comete pecados graves es hermano tan sólo en el nombre y según el apóstol (*1Cor* 5), "no es lícito ni aun comer con él". Ahora bien, los que dicen que este pasaje no comprende toda clase de pecados, abren la puerta del pecado a los negligentes; y los que defienden que en los pecados veniales y no en los mortales es donde debe mirarse como gentil y publicano al pecador que no ha querido oír la represión delante de testigos de la Iglesia, parece que introducen una doctrina cruel. Nosotros no podemos afirmar que el hombre no tenga más remedio que el de perecer, Primero, porque si no ha obedecido a las tres represiones, puede obedecer a la cuarta; además, porque algunas veces, cosa casi necesaria en este mundo, no se da al hombre según sus obras, sino algo más de lo que pecó. Finalmente, porque no dijo el Señor: Sea tenido como un gentil y un publicano, sino tenedlo vosotros. Por consiguiente, el que no se corrige de un pecado leve después de la tercera represión, es para nosotros como un gentil o un publicano, de quien nos debemos separar para que se cubra de vergüenza. Ahora, el afirmar si delante de Dios es o no un gentil o publicano, no es de nuestra competencia, pertenece sólo al juicio de Dios.

"En verdad os digo que todo aquello que ligareis sobre la tierra, ligado será también en el cielo: y todo lo que desatareis sobre la tierra, desatado será también en el cielo. Dígoos además que si dos de vosotros se convinieren sobre la tierra, de toda cosa que pidieren les será hecho por mi Padre, que está en los cielos. Porque donde están dos o tres congregados en mi nombre, allí estoy en medio de ellos". (vv. 18-20)

San Jerónimo

Como el Señor había dicho: "Y si no oyere a la Iglesia, tenedlo como gentil y publicano" (*Mt* 8,17) y pudiera acontecer que el hermano, despreciado de este modo, contestara o pensara de esta manera: Si vosotros me despreciáis, yo os desprecio a vosotros; si vosotros me condenáis, yo os condeno a vosotros. El Señor dio a los apóstoles un poder tal, que no puede quedar duda a los condenados por ellos de que la sentencia humana está confirmada por la sentencia divina. Por eso dice: "En verdad os digo que todo aquello que ligareis", etc.

Orígenes, *homilia 6 in Matthaeum*

No dijo el Señor en los cielos como había dicho a Pedro, sino en el cielo porque no es tan perfecto este poder como el que dio a Pedro.

San Hilario, *in Matthaeum, 18*

Estas palabras, en que demuestra Aquel que encierra en sí todas las cosas la inmutabilidad del juicio de la severidad apostólica, nos deben inspirar el mayor temor; de suerte que aquellos a quienes ligaren, esto es, abandonaren atados con los nudos de los pecados y aquellos a quienes desataren, es decir, recibieren la salvación con la concesión del perdón, quedan ligados o desatados en los cielos.

San Juan Crisóstomo, *homiliae in Matthaeum, hom. 60,2*

Es de observar que no dijo al Primado de la Iglesia: Liga a tal, sino si vosotros atareis, las ligaduras serán indisolubles, como dejando esto a su juicio. Ved cómo ata el Señor con dobles ligaduras al incorregible: con la pena actual, es decir, con la separación de la Iglesia, de la que ya ha hablado el Señor, cuando dijo: "Tenedle como un publicano" (*Mt* 18,17), y con el suplicio futuro de quedar atado en el cielo, a fin de que con la multitud de juicios se desvanezca la cólera del hermano.

San Agustín, *sermones, 82,7*

O de otra manera, habéis comenzado vosotros a mirar a vuestro hermano como a un publicano, le ligáis sobre la tierra; pero, mirad que le liguéis con justicia porque la justicia rompe las cadenas injustas. Mas cuando hayáis corregido a vuestro hermano y hayáis convenido con él, le habéis desatado sobre la tierra y una vez desatado en la tierra, queda desatado en el cielo. Hacéis mucho bien, no a vosotros sino a él, porque él no os perjudicó a vosotros, sino que se perjudicó a sí mismo.

Glosa

El Señor apoya, no sólo la excomunión, sino también las súplicas que hacen los que están unidos en la unidad de la Iglesia, cuando añade: "Dígoos además que si dos de vosotros se convinieren sobre la tierra", o recibiendo a un penitente, o rechazando a un soberbio, o sobre cualquier otro asunto de que trataren, pero que no sea opuesto a la unidad de la Iglesia, "les será hecho por mi Padre, que está en los cielos". Por las palabras: "Que está en los cielos", manifiesta que está sobre todas las cosas y que de esta manera puede conceder lo que se le pide. O también: "Está en los cielos", es decir, en los santos; lo que prueba que El concederá a los santos lo que le pidieren porque tienen ellos en sí mismos a Aquel a quien piden; de aquí resulta confirmada la sentencia de los que convienen porque Dios habita con ellos y por eso sigue: "Porque donde están dos o tres congregados en mi nombre, allí estoy en medio de ellos".

San Juan Crisóstomo, *homiliae in Matthaeum, hom. non. occ*

O también dijo: "Hecho les será por mi Padre". Para demostrar que El concede al mismo tiempo que el Padre, añade: "Donde están dos o tres congregados en mi nombre, allí estoy en medio de ellos".

Orígenes, *homilia 6 in Matthaeum*

Y no dijo: Estaré en medio de ellos, sino "estoy". Porque en seguida que se convienen algunos, se encuentra Cristo en ellos.

San Hilario, *in Matthaeum, 18*

Porque El, que es paz y caridad, colocará su asiento y habitación en las voluntades buenas y pacíficas.

San Jerónimo

En otras palabras, todo lo que precede nos llama a la concordia y por ella nos promete una recompensa y diciéndonos que El estará en medio de nosotros, nos estimula a que marchemos con rapidez hacia la paz.

San Juan Crisóstomo, *homiliae in Matthaeum, hom. 60.2*

Mas no dijo simplemente: "Porque donde están congregados", sino que añadió: "En mi nombre"; que es como si dijera: Si yo soy el motivo principal de la amistad que uno tiene con su prójimo, estaré con él, si es virtuoso en lo demás. ¿En qué consiste que los que se convienen entre sí no consiguen lo que piden? Primero, porque no piden lo que les conviene; segundo, porque no son dignos los que piden y porque no llevan las disposiciones convenientes. Por eso dice: "Si dos de vosotros", es decir, los que hacéis una vida evangélica; tercero, porque suplican, exigiendo la venganza contra aquellos que los han entristecido; cuarto, porque piden por los pecadores impenitentes.

Orígenes, *homilia 6 in Matthaeum*

Este es el motivo para que no sean oídos cuando suplican. Porque no estamos conformes con nosotros mismos en todas las cosas sobre la tierra, ni en cuanto al dogma, ni en cuanto a la vida y así como no agrada la música si no hay armonía en las voces, así la Iglesia, si no hay concordia en ella, ni agrada a Dios, ni es oída por Él.

San Jerónimo

También podemos entender este pasaje en sentido espiritual, en el sentido de que donde el espíritu y el alma y el cuerpo están unidos entre sí y no ofrecen el espectáculo de las voluntades que se hacen la guerra, obtendrán ellos lo que pidieren al Padre. Porque es indudable que cuando el cuerpo quiere lo mismo que el espíritu, la petición versa sobre las cosas buenas.

Orígenes, *homilia 6 in Matthaeum*

O también que allí donde están unidos los dos Testamentos, la súplica, cualquiera que sea su objeto, es agradable a Dios.

Entonces Pedro, llegándose a él, dijo: "Señor, ¿cuántas veces pecará mi hermano contra mí y le perdonaré? ¿Hasta siete veces?" Jesús le dice: "no te digo hasta siete, sino hasta setenta veces siete veces". (vv. 21-22)

San Jerónimo

El Señor había dicho anteriormente: "Guardaos de tener en poco a uno de estos pequeñitos" (*Mt* 18,10) y añadió: "Si pecare tu hermano contra ti, recíbelo" (*Mt* 18,15), etc. y prometió una recompensa diciendo: "Si dos de vosotros se convinieren, toda cosa que pidieren les será hecha", etc.; provocado el apóstol Pedro por estas palabras, hace una pregunta y ved aquí lo que de ella se dice:

"Entonces Pedro, llegándose a Él, dijo: Señor, ¿cuántas veces pecará mi hermano contra mí y le perdonaré?" etc. Y añade a la pregunta su parecer diciendo: "¿Hasta siete veces?"

San Juan Crisóstomo, *homiliae in Matthaeum, hom. 61,1*

Creyó él haber dicho muchas veces, pero ved la contestación de Cristo amigo del hombre: "Jesús le dice: no te digo hasta siete veces", etc.

San Agustín, *sermones, 83,3*

Me atrevo a decir, que aunque pecare setenta veces ocho veces, le perdonéis y si cien veces y cuantas veces pecare, perdonadle. Porque si Cristo encontró mil pecadores y sin embargo, a todos los perdonó, no debéis limitar la misericordia. Porque dice el apóstol (**Col** 3,13): "Perdonaos mutuamente las ofensas que hayáis cometido los unos contra los otros, como Dios os perdonó a vosotros en Cristo".

San Juan Crisóstomo, *homiliae in Matthaeum, hom. 61,1*

Las palabras "setenta veces siete veces" no significan un número determinado, de suerte que el perdón concluya con el número, sino que expresa que debe ser siempre y sin interrupción.

San Agustín, *sermones, 83,7*

Sin embargo, no puso el Señor ese número sin su objeto. La ley fue dada en diez preceptos y si la ley está comprendida en el número diez, el pecado está significado por el número once. Porque ya pasa del diez y lo quebranta; el número siete suele tomarse por un todo porque el tiempo corre entero entre los siete días y once veces siete forman setenta y siete y Él quiso que se perdonaran todos los pecados porque con el número setenta y siete quiso significar todos los pecados.

Orígenes, *homilia 6 in Matthaeum*

O también porque el número seis parece designar la obra y el trabajo y el número siete la cesación y el reposo. Por consiguiente, aquel que ama al mundo y ejecuta las cosas que hay en él, u obra las cosas del mundo, peca siete veces. Pedro comprendió algo de esto, cuando preguntó si a las siete veces se debía perdonar; pero como Cristo sabía que algunos cometerían más pecados que los comprendidos en ese número, añadió al siete el número setenta, expresando de este modo que se debía perdonar a los hermanos que viven en el mundo y que pecan en el uso de las cosas de este mundo; pero si alguno pecare más de esos pecados, ya no tendrá perdón.

San Jerónimo

También puede entenderse el número setenta veces siete, esto es, cuatrocientas noventa veces, en el sentido de que se debe perdonar al hermano tantas veces cuantas pecare.

Rábano

De una manera, sin embargo, se da el perdón al hermano que lo pide, a saber: uniéndonos a él con los lazos de la caridad, como hizo José con sus hermanos y de otra manera, al enemigo perseguidor, a saber, deseando y si nos es posible, haciendo el bien como hizo David cuando lloró a Saúl.

"Por eso el reino de los cielos es comparado a un hombre rey que quiso entrar en cuentas con sus siervos. Y habiendo comenzado a tomar las cuentas, le fue presentado uno que le debía diez mil talentos. Y como no tuviese con qué pagarlos, mandó su Señor que fuese vendido él, y su mujer y sus hijos y cuanto tenía, y que se le pagase. Entonces el siervo, arrojándose a sus pies, le rogaba diciendo: Señor, espérame, que todo te lo pagaré. Y compadecido el Señor de aquel siervo, le dejó libre, y le perdonó la deuda. Mas luego que salió aquel siervo, halló a uno de sus consiervos que le debía cien denarios: y trabando de él, le quería ahogar, diciendo: paga lo que debes. Y arrojándose a sus pies su compañero, le rogaba diciendo: Ten un poco de paciencia, y todo te lo pagaré. Mas él no quiso: sino que fue y le hizo poner en la cárcel hasta que pagase lo que le debía. Y viendo los otros siervos sus compañeros lo que pasaba, se entristecieron mucho y fueron a contar a su señor todo lo que había pasado. Entonces le llamó su señor y le dijo: siervo malo, toda la deuda te perdoné, porque me lo rogaste; ¿pues no debías tú también tener compasión de tu compañero, así como yo la tuve de ti? Y enojado el señor le hizo entregar a los atormentadores, hasta que pagase todo lo que debía. Del mismo modo hará también con vosotros mi Padre celestial, si no perdonareis de vuestros corazones cada uno a su hermano". (vv. 23-35)

San Juan Crisóstomo, *homiliae in Matthaeum, hom. 61,1*

El Señor añade una parábola, a fin de que a nadie le resulte excesivo el número setenta veces siete veces.

San Jerónimo

Era muy común entre los sirios y sobre todo en la Palestina, el añadir una parábola a las cosas que decían, con el objeto de que los oyentes que no podían conservar en la memoria los preceptos dichos sencillamente los conservaran mediante comparaciones y ejemplos. De ahí que se diga: "Por eso el Reino de los Cielos es comparado", etc.

Orígenes, *homilia 6 in Matthaeum*

El Hijo de Dios, así como es sabiduría, justicia y verdad, así también es El mismo, Reino; pero no de alguno de aquellos que están aquí abajo, sino de todos los que están allí arriba, en cuyos sentidos reinan la justicia y todas las demás virtudes y que, si han sido hechos habitantes del cielo, es porque llevan la imagen del hombre celestial. Este Reino de los Cielos, es decir, el Hijo de Dios, cuando tomó carne, uniéndose entonces así al hombre, fue hecho semejante al hombre rey.

Remigio

O también, por Reino de los Cielos se puede entender muy bien la Iglesia santa en la que opera el Señor lo que dice en esa parábola. Por la palabra hombre se designa algunas veces al Padre, como en aquel pasaje: "El Reino de los Cielos es semejante a un hombre rey, que trató de casar a su hijo" (*Mt* 22,2); otras veces se designa al Hijo. Aquí puede aplicarse a los dos, al Padre y al Hijo, que son un solo Dios; y a Dios se le llama Rey porque dirige y gobierna todo lo que creó.

Orígenes, *homilia 6 in Matthaeum*

Los servidores en esta parábola son los dispensadores de la palabra, a quienes está confiado el negociar y hacer producir los intereses del cielo.

Remigio

O también se entiende por siervos del hombre rey a todos los hombres, a quienes creó para que lo alabaran y a quienes dio la ley de la naturaleza y a quienes pide cuentas cuando discute su vida, sus costumbres y sus actos, para dar a cada uno según sus obras (*Rm* 2). Por eso sigue: "Y habiendo empezado a tomar las cuentas", etc.

Orígenes, *homilia 6 in Matthaeum*

El rey nos hará rendir cuentas de nuestra vida cuando sea necesario que todos nosotros seamos manifestados delante del tribunal de Cristo (*2Cor* 5). No queremos decir con esto que Cristo necesite mucho tiempo para tomar esta cuenta. Porque el Señor hará por virtud admirable -al querer poner a las claras las almas de todos- que cada uno recuerde en poco tiempo todas sus acciones y dice: "Y habiendo comenzado a tomar las cuentas", etc. porque dará principio a tomar las cuentas por la casa de Dios (*1Pe* 4). De ahí es que le será presentado al principio del juicio el hombre a quien El dio muchos talentos y que en lugar de hacerlos fructificar presentó, a pesar de la obligación que se le había impuesto, grandes pérdidas. Es verosímil que en estos talentos que él perdió, estén representados los hombres que por causa suya se han perdido, resultando de aquí el haberse hecho deudor de muchos talentos por seguir a esa mujer, que se sienta sobre un talento de plomo y que lleva el nombre de iniquidad.

San Jerónimo

No se me oculta que hay algunos que ven al diablo en el hombre que debía los diez mil talentos y que entienden por la mujer y los hijos vendidos (mientras continúa él en la malicia) la necedad y los malos pensamientos. Porque así como a la sabiduría se la llama esposa del justo, así también a la necedad se la llama mujer del injusto y del pecador. ¿Pero cómo el Señor le perdona a él los diez mil talentos y él no nos perdona a nosotros, que somos sus consiervos, los cien denarios? Ni lo admiten los hombres prudentes y la interpretación eclesiástica lo rechaza.

San Agustín, *sermones, 83,6*

Es preciso decir, que como la ley es dada en diez preceptos, él debía diez mil talentos, esto es, todos los pecados que se cometen contra la ley del Señor.

Remigio

El hombre que peca, no puede levantarse sólo con su voluntad y consiguientemente no tiene en sí nada para que se le pueda perdonar los pecados. De aquí lo que sigue: "Y como no tuviese", etc. La mujer del necio es la necedad, el placer de la carne o la ambición.

San Agustín, *de consensu evangelistarum, 1,25*

Esto significa que el trasgresor del Decálogo debe sufrir castigos por su ambición y sus malas obras, representadas aquí por su mujer y sus hijos. Ese es su precio, puesto que el precio del hombre vendido es el suplicio del hombre condenado.

San Juan Crisóstomo, *homiliae in Matthaeum, hom. 61,3*

No manda esto llevado de un sentimiento cruel sino de un afecto inefable. Porque con esto quiere llenarle de santo temor y hacerle que suplique y no se venda. Resultado que se deja ver por lo que añade: "Y arrojándose a sus pies el siervo, le rogaba", etc.

Remigio

En las palabras "Y arrojándose a sus pies" se ve la humillación y la satisfacción del pecador y en las palabras "Ten un poco de paciencia conmigo", la voz del pecador que pide tiempo para vivir y corregirse. Grande es la benignidad y la clemencia del Señor para con los pecadores conversos; siempre Él está preparado para perdonar los pecados mediante el bautismo y la penitencia. Por eso sigue: "Y compadecido el Señor", etc.

San Juan Crisóstomo, *homiliae in Matthaeum, hom. 61,3-4*

Ved la sobreabundancia del amor divino. Pide el siervo que se le prolongue el tiempo y Él le concede más de lo que le pide, perdonándole y concediéndole todas las deudas. Incluso hizo más. Él quería darle desde el principio, pero no quería que su donativo viniese solo, sino acompañado de las súplicas del siervo, a fin de que no se retirase éste sin mérito personal. Mas no.le perdonó las deudas antes de pedirle cuentas, para enseñarle cuántas eran las deudas que le perdonaba y hacerle de este modo más benigno para su consiervo. Todas las cosas hechas hasta ahora, fueron efectivamente oportunas. Confesó él sus deudas y el Señor prometió perdonárselas; suplicó arrojándose a sus pies y comprendió la grandeza de sus deudas; pero lo que después hizo fue indigno de lo primero. Porque sigue: "Y habiendo salido halló a uno de sus consiervos, que le debía cien denarios y trabando de él le quería ahogar", etcétera.

San Agustín, *sermones, 83,6*

Cuando se dice, "que le debía cien denarios" ese número se refiere al número diez, que es el de la Ley. Ciento repetido cien veces, hace el número diez mil y diez veces diez ciento; así los números diez mil talentos y cien talentos no se separan del número consagrado a expresar las transgresiones de la Ley. Los dos servidores son deudores y los dos tienen necesidad de pedir perdón porque todo hombre es deudor a Dios y tiene a su hermano por deudor.

San Juan Crisóstomo, *homiliae in Matthaeum, hom. 61,1*

La diferencia que existe entre los pecados que se cometen contra el hombre y los que se cometen contra Dios, es tan grande como la que hay entre diez mil talentos y cien denarios. Esto se hace aún más claro por la diferencia de pecados y el corto número de los que pecan. Nosotros nos abstenemos y evitamos pecar delante del hombre que nos ve, y delante de Dios, que nos está viendo, no cesamos de pecar, obrando y hablando todo lo que nos parece sin el menor miedo. De aquí es, que la gravedad de estos pecados proviene no solamente porque los cometemos contra Dios, sino también porque los cometemos abusando de los beneficios con que Él nos ha llenado. Porque Él nos ha dado la existencia y todo lo ha creado por nosotros. Inspiró en nosotros un alma racional, nos mandó a su Hijo, nos abrió el cielo y nos hizo hijos suyos. ¿Le recompensaríamos nosotros dignamente aunque muriéramos todos los días por Él? De ninguna manera, esto redundaría principalmente en utilidad nuestra y a pesar de esto, infringimos sus leyes.

Remigio

Así, en el deudor de diez mil talentos están simbolizados aquellos que cometen los mayores crímenes y en el de cien denarios los que cometen los menores.

San Jerónimo

Para que esto se comprenda mejor, es preciso explicarlo con algunos ejemplos. Si alguno de vosotros cometiere un adulterio, un homicidio o un sacrilegio -crímenes horrorosos- estos diez mil talentos le serán perdonados cuando lo suplique y perdone los males menores que otro ha cometido contra él.

San Agustín, *sermones, 83,6*

Pero aquel siervo malo, ingrato, inicuo, no quiso perdonar lo que a él, que no lo merecía, se le perdonó. Sigue el pasaje: "Y trabando de él, le quería ahogar diciendo: "Paga lo que debes".

Remigio

Esto es, insistía con energía para que le pagase lo que le debía.

Orígenes, *homilia 6 in Matthaeum*

Según mi opinión, lo quería ahogar porque había salido de la presencia del rey. Porque delante del rey no hubiera tratado de ahogarlo.

San Juan Crisóstomo, *homiliae in Matthaeum, hom. 61,4*

Cuando se dice que salió, no se entiende que fue después de pasado mucho tiempo, sino inmediatamente, resonando aun en sus oídos las palabras del beneficio, abusó maliciosamente del perdón que le dio su Señor. Lo que después hizo, se ve por lo que sigue: "Y arrojándose su compañero a sus pies, le rogaba diciendo: Ten un poco de paciencia", etc.

Orígenes, *homilia 6 in Matthaeum*

Observad la finura de la Escritura, que nos presenta al siervo que debía mucho arrojado a los pies del Señor y en actitud de adorarle y al que debía cien denarios, arrojado, pero sin actitud de adorar, sino de suplicar a su consiervo, diciendo: "Ten un poco de paciencia".

San Juan Crisóstomo, *homiliae in Matthaeum, hom. 61,4*

Pero el ingrato siervo no respetó las palabras que lo salvaron. Porque sigue: "Mas él no quiso".

San Agustín, *quaestiones evangeliroum, 1,25*

Es decir, tuvo tan mala voluntad, que trató de que castigaran a un compañero, pero él se marchó.

Remigio

Esto es, de tal manera se encendió en cólera, que llegó al punto de querer ser vengado y le mandó a la cárcel hasta que le pagase la deuda; es decir, que después de prender a su hermano se vengó de él.

San Juan Crisóstomo, *homiliae in Matthaeum, hom. 61,4*

Ved la caridad del Señor y la crueldad del siervo. El primero perdona diez mil talentos y el segundo no quiso perdonar cien denarios; el siervo pide a su Señor y obtiene el perdón completo de toda la deuda y al siervo su compañero le suplica que le deje tiempo para poder ganarlo y ni aun esto le concede. Se movieron a compasión los que no debían y por eso sigue: "Y viendo los otros siervos sus compañeros lo que pasaba, se entristecieron mucho".

San Agustín, *quaestiones evangeliorum, 1,25*

Se entiende por consiervos a la Iglesia, que liga a unos y desliga a otros.

Remigio

También pueden entenderse por consiervos a los ángeles, los predicadores de la santa Iglesia, o cualquier fiel, que al ver que a un hermano suyo, que ha conseguido el perdón, no quiere compadecerse de su consiervo, se entristece a causa de su perdición. Sigue: "Y fueron a contar a su Señor todo lo que había pasado", etc. Ciertamente vienen, pero no con el cuerpo sino con el corazón, a contar a su Señor su dolor y a manifestarle sus tristezas. Sigue: "Entonces le llamó su Señor", etc.; le llama ciertamente por la sentencia de muerte y le manda dejar este mundo diciéndole: "Siervo malo, te perdoné toda la deuda porque me lo rogaste".

San Juan Crisóstomo, *homiliae in Matthaeum, hom. 61,4*

Y a decir verdad no lo llamó siervo malo cuando debía diez mil talentos, ni tampoco le injurió, sino que se compadeció de él. Por el contrario, cuando correspondió con ingratitud, entonces es cuando le dice siervo malo. Esto es lo que significan las palabras: "¿pues no debías tú también tener compasión?", etc.

Remigio

Y es digno de saberse que no se lee que aquel siervo diese a su Señor respuesta alguna; en esto se manifiesta que cesará toda clase de excusa en el día del juicio y en seguida después de esta vida.

San Juan Crisóstomo, *homiliae in Matthaeum, hom. 61,4*

Y puesto que no se hizo mejor por el beneficio, se le deja la pena para que se corrija. Por eso sigue: "Y enojado su Señor le hizo entregar a los atormentadores", etc. Y no dijo simplemente: "le entregó", sino "enojado", palabra que no empleó cuando mandó que fuese vendido y que es más bien propia de un amor que quiere corregir, que no de un desahogo de la cólera; mas aquí es la sentencia de un suplicio y de un castigo.

Remigio

Se dice que se enoja el Señor cuando se enfurece contra los pecadores. Los atormentadores son los demonios que siempre están preparados para recibir las almas perdidas y para atormentarlas con los castigos de una condenación eterna. ¿Mas por ventura el que ha sido arrojado a la condenación eterna, podrá hallar espacio para corregirse, o puerta para salirse? No; la palabra "hasta que" significa lo infinito. De manera que forma el siguiente sentido: siempre estará pagando, pero jamás satisfacerá completamente y siempre por lo mismo sufrirá la pena.

San Juan Crisóstomo, *homiliae in Matthaeum, hom. 61,4*

Todo esto nos manifiesta que será continuamente, esto es, eternamente castigado y que jamás habrá pagado. Aunque son irrevocables los dones y las vocaciones de Dios, sin embargo, la malicia ha llegado a tal punto, que parece destruye esta misma ley.

San Agustín, *sermones, 83,7*

Dice el Señor: "Perdonad y os será perdonado" (**Lc** 6,37); pero yo os he perdonado primero, perdonad vosotros al menos después. Porque si no perdonareis, os volveré a llamar y os reclamaré cuanto os haya perdonado. No engaña ni es engañado Cristo, que ha dicho estas palabras: "Del mismo modo hará también con vosotros mi Padre celestial, si no perdonareis de vuestros corazones cada uno a su hermano". Mejor es que claméis con la boca y perdonéis con el corazón, que el que seáis dulces en las palabras y crueles en el corazón. Dice el Señor: "De vuestros corazones" a fin de que, cuando imponéis una penitencia por caridad, no abandone la mansedumbre a vuestro corazón. ¿Qué cosa hay tan caritativa como el médico que maneja el instrumento de hierro? Centra su atención en la herida para curar al hombre. Porque si no hace más que tocarla, se pierde el hombre.

San Jerónimo

Añade el Señor: "De vuestros corazones" para que nos alejemos de toda paz basada en la hipocresía y en la ficción y manda a Pedro bajo la comparación del rey Señor y el siervo, que así como el deudor de diez mil talentos ha conseguido, suplicando a su Señor, que se le perdone toda la deuda, así también Pedro debe perdonar a sus consiervos, que cometen pecados menores.

Orígenes, *homilia 6 in Matthaeum*

También quiere enseñarnos que seamos fáciles en perdonar a los que nos han hecho algún daño, especialmente si reparan sus faltas y nos suplican que los perdonemos.

Rábano

En sentido alegórico, el siervo que debía diez mil talentos es el pueblo judío, sometido al decálogo de la Ley, a quien perdonó muchas veces el Señor las deudas, cuando en sus apuros y haciendo penitencia, imploraban su misericordia. Pero una vez que salían bien de sus aflicciones, no tenían compasión con nadie y exigían con rigor cruel todo lo que se les debía; no cesaba de maltratar al pueblo gentil, como si le estuviera sometido, le exigía la circuncisión y las ceremonias de la Ley como si fuese deudor suyo y atormentaba cruelmente a los profetas y a los apóstoles, que les traían la palabra de la reconciliación. Por esta perversa conducta los entregó el Señor en manos de los romanos, para que demolieran hasta los cimientos de su ciudad, o en manos de los espíritus malignos, para que los castigaran con tormentos eternos.

CAPÍTULO 19

Y aconteció, que cuando Jesús hubo acabado de decir estas palabras, se fue de la Galilea, y pasó a los confines de la Judea, de la otra parte del Jordán. Y le siguieron muchas gentes y los sanó allí. Y se llegaron a Él los Fariseos tentándole y diciendo: "¿Es lícito a un hombre repudiar a su mujer por cualquier causa?" Él respondió y les dijo: "¿No habéis leído, que el que hizo al hombre desde el principio, macho y hembra los hizo, y dijo: Por esto dejará el hombre padre y madre, y se ayuntará a su mujer, y serán dos en una carne. Así, que ya no son dos, sino una carne. Por lo tanto, lo que Dios juntó, el hombre no lo separe". Dícenle: "¿pues por qué mandó Moisés dar carta de divorcio y repudiarla?" Les dijo: "Porque Moisés, por la dureza de vuestros corazones, os permitió repudiar a vuestras mujeres, mas al principio no fue así". (vv. 1-8)

San Juan Crisóstomo, *homiliae in Matthaeum, hom. 62,1*

El Señor abandonó primeramente la Judea, a causa de la envidia de los judíos y ahora permanece en ella, porque había de verificarse dentro de poco tiempo su pasión; sin embargo, en el entretanto no llega hasta la misma Judea, sino a sus confines. Por eso se dice: "Y aconteció, que cuando hubo Jesús acabado de decir estas palabras", etc.

Rábano

Aquí comienza el evangelista a contar lo que el Señor hizo en la Judea y lo que enseñó y lo que padeció. Primeramente al otro lado del Jordán, hacia el oriente, después al lado occidental del Jordán, cuando vino a Jericó, a Betfagué y a Jerusalén. Por eso sigue: "Y pasó a los confines de la Judea", etc.

Pseudo-Crisóstomo, *opus imperfectum in Matthaeum, hom. 32*

Como el justo Señor de todas las cosas, que de tal manera ama a sus siervos, que jamás abandona los unos por los otros.

Remigio

Es necesario no olvidar, que se llamaba generalmente Judea a todo el país ocupado por los israelitas; sin embargo, el nombre de Judea se daba, especialmente a la parte meridional, habitada por la tribu de Judá y la de Benjamín, para distinguirla de las otras regiones contenidas en la misma provincia, a saber: Samaria, Galilea, Decápolis y otras. Sigue: "Y le siguieron muchas gentes".

Pseudo-Crisóstomo, *opus imperfectum in Matthaeum, hom. 32*

Le llevaban como los hijos pequeñuelos llevan al padre que parte para un viaje largo. Mas El, como un padre que se marcha, deja a sus hijos, como prendas de su ternura, la medicina de sus males. Por eso se dice: "Y los curó".

San Juan Crisóstomo, *homiliae in Matthaeum, hom. 62,1*

Debemos también considerar que el Señor no insiste de un modo continuo ni en la predicación oral ni en la obra de los milagros, sino que practica ya lo uno o ya lo otro, a fin de hacer creíble por los milagros lo que dice y para manifestar por sus discursos la utilidad de sus milagros.

Orígenes, *homilia 7 in Matthaeum*

El Señor curaba al otro lado del Jordán, donde se administraba el bautismo. Realmente todos son salvados de sus enfermedades por el bautismo y muchos siguen a Cristo pero se levantan como se levantó Mateo, que siguió a Cristo (*Mt* 9).

Rábano

Cura a los Galileos en los confines de la Judea para admitir los pecados de los gentiles al perdón que preparaba a la Judea.

San Juan Crisóstomo, *homiliae in Matthaeum, hom. 62,1*

Curaba el Señor a los hombres y les hacía el bien y por ellos a otros muchos. Porque la curación de unos le servía de motivo para derramar sobre otros la luz divina, excepto sobre los fariseos, a quienes los milagros endurecían más. Por eso sigue: "Y se llegaron a El los fariseos tentándole y diciéndole: ¿Es lícito a un hombre repudiar a su mujer?"

San Jerónimo

Como presentándole un argumento para hacerle caer, cualquiera que sea el extremo que elija. Porque si dijere que era lícito repudiar a la mujer por cualquier causa y tomar otra, aparecía -según ellos- el predicador de la pureza diciendo cosas contrarias a la pureza; y si respondiere que no era lícito por ninguna causa repudiar a la mujer, le tenían por culpable de ese sacrilegio y sería mirado como enemigo de la doctrina de Moisés y de Dios.

San Juan Crisóstomo, *homiliae in Matthaeum, hom. 62,1*

Mirad cómo hasta en el modo de preguntar aparece la malicia de los fariseos. Ya el Señor les había hablado sobre esta ley, pero ellos, como si nada les hubiera dicho, le vuelven a preguntar, creyendo, sin duda, que no recordaría lo que les había dicho.

Pseudo-Crisóstomo, *opus imperfectum in Matthaeum, hom. 32*

Así como cuando veis que un hombre frecuenta la amistad de los médicos comprendéis que ese hombre está enfermo, así también cuando un hombre o una mujer os pregunta con frecuencia sobre repudiar a su mujer o a su marido, podéis decir que ese hombre es lascivo y esa mujer meretriz. Porque la castidad se ve complacida en el matrimonio y el libertinaje atormentado por la ley matrimonial que lo sujeta. Sabían ellos que no había más causa razonable para repudiar a la mujer, que la deshonra y ellos se forjaban otras muchas. Pero temiendo encontrarse encerrados dentro de los límites de ciertas causas, no le preguntan qué causa bastaba para repudiar a la mujer, sino que le hicieron la pregunta general, es decir, si era lícito repudiar a la mujer por toda clase de causa. Sabían que la pasión no conoce límites ni se circunscribe a los del matrimonio, sino que cuanto más se ejerce, más se enciende.

Orígenes, *homilia 7 in Matthaeum*

Después de haber sido tentado el Señor, no hay razón para que lleven a mal sus discípulos, destinados a enseñar, si también ellos mismos son tentados. Sin embargo, el Señor contesta a los tentadores con máximas de piedad.

San Jerónimo

De tal manera continúa el Señor la respuesta, que pasando por alto el lazo que le habían tendido, no hace más que aducirles el testimonio de las Escrituras y oponerles la ley natural y la primera sentencia de Dios, juntamente con la segunda. Por eso sigue: "El respondió y les dijo: ¿No habéis leído que el que hizo al hombre y a la mujer, desde el principio macho y hembra los hizo?" Esto está escrito en el principio del Génesis. Y diciendo macho y hembra, manifiesta que deben evitarse segundos enlaces. Porque no dijo macho y hembras, que es lo que buscaban los que admitían el repudio de la primera unión, sino macho y hembra, a fin de que no se enlazasen más que en un solo matrimonio.

Rábano

De esta determinación saludable de Dios resultó que el hombre abrazaba en su mujer una parte de su cuerpo y no veía como diferente de él lo que comprendía que había sido hecho de él mismo.

Pseudo-Crisóstomo, *opus imperfectum in Matthaeum, hom. 32*

Si Dios creó al hombre y a la mujer de una sola cosa con el objeto de que fuesen uno, ¿por qué el hombre y la mujer no nacen de un solo útero como algunas aves? Porque Dios creó al hombre y a la mujer para engendrar hijos. Pero Dios ama la castidad y es autor de la continencia y no quiso conservar en todos aquel modelo de vida, con el objeto de que si alguno quería casarse según la disposición de la creación humana, sepa lo que es un hombre y una mujer. Y si no quería casarse, no tenía necesidad de casarse, para que no perjudicase con su continencia a otro que no quisiera ser continente. Por esta razón, el Señor manda que después del matrimonio no se puedan separar los dos esposos sin el consentimiento de los dos. *(Ver 1Cor 7, 5. Aquí San Pablo no se refiere a romper la unión conyugal por un mutuo acuerdo, sino a la abstinencia voluntaria por parte de los esposos de las legítimas relaciones sexuales por un periodo de tiempo "para daros a la oración".)*

San Juan Crisóstomo, *homiliae in Matthaeum, hom. 62,1*

No sólo por el modo con que Dios creó al hombre sino también por la Ley, el Señor manifestó que el hombre y la mujer debían estar unidos y que jamás debían separarse*. Así, pues, sigue: "Por esto dejará el hombre padre y madre y se ayuntará a su mujer". *(Aquí se utiliza separación en el sentido de rompimiento de la unión conyugal.)*

San Jerónimo

Lo mismo dijo: a la esposa y no: a las esposas y después añade con toda claridad: "Y serán dos en una carne"; ése es el premio de los matrimonios, el hacer de dos una sola carne.

Glosa

O bien, en una sola carne, esto es, en la cópula carnal.

Pseudo-Crisóstomo, *opus imperfectum in Matthaeum, hom. 32*

Si, pues, la mujer procede del marido y los dos son de una sola carne, el hombre deberá dejar al padre y a la madre y la unión entre hermanos y hermanas debe ser mayor porque éstos vienen de los mismos padres mientras que los primeros de padres distintos. Pero el amor del matrimonio es más grande porque la ley de Dios es más poderosa que la virtud de la naturaleza y no están los preceptos de Dios sujetos a la naturaleza, sino que la naturaleza obedece a los preceptos de Dios. Los hermanos, además, proceden de uno solo, para dirigirse hacia distintos caminos. El hombre y la mujer, por el contrario, nacen de padres distintos, para reunirse en un solo destino. El orden de la naturaleza también proclama el orden de Dios. Porque el amor en los hombres es como la savia de los árboles. Sube ésta desde la raíz hasta el tallo y en la terminación de éste, va a la simiente. Por eso aman los padres y no son amados del mismo modo por los hijos. Porque los hijos no transmiten su cariño a los padres, sino que lo transmiten a los hijos que deben engendrar. Esto es lo que significan las palabras: "Por esto dejará el hombre padre y madre y se ayuntará a su mujer".

San Juan Crisóstomo, *homiliae in Matthaeum, hom. 62,1*

Ved la sabiduría del Maestro. Cuando fue preguntado si era lícito, no contestó en seguida "no es lícito", a fin de que no se asustaran; pero estableció esto mismo probándolo. "Dios, al principio, hizo al hombre y a la mujer" y no los unió simplemente, sino que mandó que dejaran al padre y a la madre y no dijo sencillamente que se fuese el hombre con su esposa, sino que se uniese a ella, manifestando en este modo de hablar la indivisibilidad y añadió que se trata de una unión más estrecha, diciendo: "Y serán dos en una carne".

San Agustín, *de Genesi ad litteram, 9, 19*

Sin embargo, como atestigua la Escritura que estas palabras fueron dichas por el primer hombre, es preciso entender lo que dice el Señor: "Que fueron dichas por Dios", en el sentido de que Adán, en el éxtasis que había precedido, pudo decirlas por inspiración y como profeta.

Remigio

El apóstol dice (*Ef* 5) "que este misterio está en Cristo y en la Iglesia". Porque Nuestro Señor Jesucristo, cuando descendió de los cielos a la tierra, de algún modo se puede decir que dejó a su Padre; y abandonó a su madre -esto es, a la sinagoga- a causa de su infidelidad y se unió a su esposa -es decir, a la Iglesia- y son dos en una sola carne, esto es, Cristo y la Iglesia en un solo cuerpo.

San Juan Crisóstomo, *homiliae in Matthaeum, hom. 62.2*

Después que el Señor hubo citado las palabras y los hechos de la ley antigua, El mismo da la interpretación de esas palabras y hechos y afirma su ley diciendo: "Así que ya no son dos, sino una carne". Así también, de los que se aman espiritualmente se dice que tienen una sola alma, según aquel pasaje de la Escritura (*Hch* 4,32): "Eran todos los creyentes de un solo corazón y de una sola alma", de la misma manera se dice del esposo y de la esposa, que se aman carnalmente, que son una sola carne y así como es cosa sucia cortar la carne, así también el dividir la mujer es una iniquidad.

San Agustín, *de civitate Dei, 14,22*

Se dice también que son una sola cosa, bien por la unión, o bien por el origen de la mujer, que fue hecha de la costilla del hombre.

San Juan Crisóstomo, *homiliae in Matthaeum, hom. 62,2*

Últimamente Dios también mandó esta unión diciendo: "Por lo tanto, lo que Dios junta, el hombre no lo separe". Está bien claro en estas palabras que el repudiar a la mujer es un acto contrario a la naturaleza y a la ley. Contra la naturaleza, porque desde luego queda dividida una sola carne y contra la ley, porque se repudia a la mujer a pesar de la unión hecha por Dios y a pesar de su mandato de que no sea dividida.

San Jerónimo

Dios los unió haciendo del hombre y de la mujer una sola carne; luego el hombre no puede separarlos, sino sólo Dios. Pero el hombre hace la separación cuando por deseos hacia otra mujer repudia a la primera y Dios hace la separación de la unión que había hecho cuando por nuestro consentimiento y con el objeto de servir a Dios, tenemos a nuestra mujer como si no la tuviéramos (*1Cor* 7).

San Agustín, *contra Faustum, 19,29*

Ved aquí a los judíos convencidos por los libros de Moisés, de que no se debe repudiar a la mujer y a aquellos que la repudiaban persuadidos de que obraban según la Ley. También conocemos nosotros -por el testimonio de Cristo- que Dios hizo al hombre y a la mujer y los unió; de esta manera quedan condenados los maniqueos* que, oponiéndose al Evangelio de Cristo, negaban esta doctrina.

*(*Secta dualista y sincrética fundada por Manes (216-277), que sostenía la existencia de dos principios: uno bueno (el bien, la luz, el espíritu) y otro malo (la oscuridad, la materia, las tinieblas). Como consecuencia de sus principios, rechazan la materia y el cuerpo y por lo tanto la unión matrimonial.*)

Pseudo-Crisóstomo, *opus imperfectum in Matthaeum, hom. 32*

Esta interpretación de la castidad es dura para los fornicarios, que no pueden contestar nada en contra de la razón y sin embargo, no se someten a la verdad. Por eso se acogen a la sombra de Moisés como los hombres que para sustentar una causa perdida se amparan en los poderosos; para que ya que no pueden salir airosos por la justicia, venzan, al menos, por la persona. Por eso sigue: "Dícenle: ¿Pues por qué mandó Moisés dar carta de divorcio?", etc.

San Jerónimo

Evidencian la calumnia que habían preparado aunque el Señor no les manifestó su propio parecer sino que les recordó la historia antigua y los mandamientos de Dios.

San Juan Crisóstomo, *homiliae in Matthaeum, hom. 62,2*

Si el Señor fuese contrario al Antiguo Testamento, no hubiese combatido en favor de Moisés ni hubiera demostrado la concordancia del Antiguo Testamento con lo que Él dice. Pero la inefable sabiduría de Cristo los excusa en su respuesta y les dice: "Porque Moisés, por la dureza de vuestros corazones, os permitió", etc. De esta manera, salva a Moisés de toda especie de acusación y la hace recaer toda sobre ellos.

San Agustín, *contra Faustum, 19,29*

¿Cuánta dureza habría en sus corazones cuando no pudieron ser convencidos por la interposición del acta de divorcio, en donde estaba abierto a los hombres justos y prudentes un medio de discusión, para que pudiesen suavizar y vencer los resentimientos que se opusiesen a recibir o a renovar el amor conyugal? ¡Con qué astucia echan en cara los maniqueos a Moisés el haber querido destruir el matrimonio por el acta de divorcio y alaban a Cristo porque robustecía su indisolubilidad! Siendo así que debían alabar a Moisés, por separar lo que había unido el diablo y vituperar a Cristo, por asegurar las uniones que el diablo había formado*. *(*San Agustín explicita la contradicción en que caen los maniqueos al negar por un lado la unión matrimonial y por otro lado condenar a Moisés quien, según ellos, atentaba contra dicha unión al crear acta de divorcio.*)

San Juan Crisóstomo, *homiliae in Matthaeum, hom. 62,2*

Finalmente, como era cosa importante lo que el Señor acababa de decir, vuelve en seguida su discurso a la ley, diciendo: "Mas al principio no fue así".

San Jerónimo

Las palabras "no fue así", ¿indican, por ventura, que Dios puede contradecirse, mandando antes una cosa, e infringiendo después ese mandato con otro nuevo? No debemos opinar de esa manera, sino que Moisés, al ver que eran asesinadas las primeras esposas por desear tener otras -que eran o más ricas, o más jóvenes, o más hermosas- o que ellos se entregaban a una mala vida, prefirió ser indulgente con el divorcio, a que continuaran los odios y los homicidios. Considerad al mismo tiempo que no dijo el Señor "por la dureza de vuestros corazones os permitió Dios", sino "os permitió Moisés", porque esto, según el apóstol (*1Cor* 7), "era el consejo de un hombre, mas no el mandato de Dios".

Pseudo-Crisóstomo, *opus imperfectum in Matthaeum, hom. 32*

Dijo muy bien que Moisés permitió, mas no lo mandó. Porque siempre queremos lo que mandamos, mas lo que permitimos lo consentimos sin quererlo. Porque no podemos prohibir enteramente la mala voluntad de los hombres. Os permitió, pues, hacer cosas malas, con el objeto de que no hicierais otras peores. Luego, con permitir Moisés hacer cosas malas, no os demostró la justicia de Dios, sino que quitó al pecado la culpa de pecar, de manera que os pareciese que, obrando según la ley, vuestro pecado no sea visto como pecado*. *(El acta de divorcio no tenía como fin eximir de culpa este pecado, sino más bien evitar un mayor mal.)*

"Y dígoos, que todo aquél que repudiare a su mujer, sino por la fornicación, y tomare otra, comete adulterio; y el que se casare con la que otro repudió, comete adulterio". (v. 9)

San Juan Crisóstomo, *homiliae in Matthaeum, hom. 62,2*

Después de haber hecho callar el Señor a los judíos, expone con autoridad su ley diciendo: "Y dígoos, que todo el que repudiare a su mujer", etc.

Orígenes, *homilia 7 in Matthaeum*

Pudiera creer alguno que Jesús por las palabras: "Todo aquel que repudiare a su mujer, sino por la fornicación", etc. permitió el repudiar a la mujer, como Moisés, de quien hemos hablado, lo permitió a causa de la dureza del corazón de los judíos. Pero nosotros debemos responder a esto que el adulterio, crimen por el que debía ser apedreada la mujer, no era la causa por la que Moisés dio el libelo del repudio (*Dt* 24). En la causa del adulterio no era conveniente dar el libelo del repudio. Sin duda quería Moisés designar, por esta cosa fea, toda la falta de la mujer y prescribir que, en este caso, se le diese el libelo del repudio. También debemos investigar, si sólo por la fornicación manda el Señor repudiar a la mujer, o si también se puede hacerlo por otras causas, como por ejemplo, a la mujer que no ha fornicado, pero que ha cometido otros crímenes muy graves, como el de envenenar, o el de quitar la vida a sus hijos. El Señor, al tratar en otro lugar (*Mt* 5,32.) esta cuestión, dijo: "El que repudiare a su mujer, excepto por causa de fornicación, la hace que caiga en el adulterio" y la expone a segundas nupcias.

San Jerónimo

Sólo la fornicación vence al cariño por la esposa. Cuando ella dividiere la unidad esponsal al entregarse a otro y se separase por la fornicación de su marido, éste debe dejarla, si no quiere que recaiga sobre él aquella maldición de la Escritura (*Prov* 18,22): "El que posee a una mujer adúltera, es insensato e impío".

Pseudo-Crisóstomo, *opus imperfectum in Matthaeum, hom. 32*

Así como es un cruel y un malvado el que repudia a la mujer casta, así también es insensato e inicuo el que posee a una meretriz, porque patrocina la torpeza y encubre el crimen de su mujer.

San Agustín, *de adulterinis coniugiis, 2,9*

Sin embargo, la reconciliación del esposo con la mujer adúltera que después de haber consumado el crimen se purifica de él, no debe ser un obstáculo, ni tenerse como cosa que rebaja al hombre, puesto que no puede haber duda de que, por el poder de las llaves del Reino de los Cielos, ha sido perdonado su pecado. De manera que es adúltera después del divorcio pronunciado por el marido y deja de serlo después que se ha unido a Cristo.

Pseudo-Crisóstomo, *opus imperfectum in Matthaeum, hom. 32*

Perecen todas las cosas por las causas mismas que les dieron origen y no siendo la unión conyugal sino más bien la voluntad la que constituye el matrimonio, aparece con claridad que no se disuelve el matrimonio por la separación del cuerpo; de donde resulta que si un hombre deja a su mujer y no toma otra, aún es marido de ella. Porque aunque esté separado de ella en el cuerpo, sin embargo, aún está unido a ella por la voluntad. Luego, tomando a otra, repudia completamente a la primera. Por eso no dice el Señor: "El que repudia a su mujer", comete el adulterio, sino el que "tomare otra"*. *(*"El vínculo matrimonial es establecido por Dios mismo, de modo que el matrimonio celebrado y consumado entre bautizados no puede ser disuelto jamás. Este vínculo que resulta del acto humano libre de los esposos y de la consumación del matrimonio es una realidad ya irrevocable y da origen a una alianza garantizada por la fidelidad de Dios".* **Catecismo de la Iglesia Católica**, *1640.)*

Rábano

Por consiguiente, para repudiar a la mujer, hay una causa carnal: la fornicación; y otra espiritual: el temor de Dios; mas no hay ningún motivo para tomar otra mujer, viviendo la primera.

San Jerónimo

Podría suceder que alguno calumniase a su mujer inocente y -a causa de un segundo matrimonio- imaginase un crimen en el primero. Por esto el Señor manda que el hombre pueda repudiar a su mujer; pero imposibilitándole de que pueda tomar otra mientras aquella viva y como ocurre esto con respecto a la mujer, también a ésta la incapacita de que pueda tomar otro marido mientras viva el primero. Y como una mujer prostituida y que ha cometido el adulterio no teme el oprobio, por eso el segundo marido que tomare a esa mujer comete el crimen de adulterio, según las palabras del Señor: "Y el que se casare con la que otro repudió, comete adulterio".

Glosa

Amenaza al que la toma, porque la adúltera no teme el oprobio.

Sus discípulos le dijeron: "si así es la condición del hombre con su mujer, no conviene casarse". Él les dijo: "no todos son capaces de esto, sino aquéllos a quienes es dado. Porque hay castrados que así nacieron del vientre de su madre; y hay castrados que lo fueron por los hombres; y hay castrados que a sí mismos se castraron por amor del reino de los cielos; el que pueda ser capaz, séalo". (vv. 10-12)

San Jerónimo

Si la mujer no puede ser repudiada más que por la fornicación, es ciertamente una carga pesada. ¿Cómo se ha de vivir con una esposa que es dada al vino, que es colérica o de malas costumbres? Por eso los apóstoles, al ver el yugo pesado de las esposas, se conmueven interiormente y exclaman: "Sus discípulos le dijeron: si así es la condición del hombre con su mujer, no conviene casarse".

San Juan Crisóstomo, *homiliae in Matthaeum, hom. 62,3*

Porque ofrece menos dificultades el combatir contra la concupiscencia y contra sí mismo que el combatir contra una mujer mala.

Pseudo-Crisóstomo, *opus imperfectum in Matthaeum, hom. 32*

Mas el Señor no dijo que esto conviene sino que más bien admite que no conviene pero tuvo consideración de la debilidad de la carne. Por eso sigue: "El les dijo: no todos son capaces de esto", es decir, no todos pueden esto.

San Jerónimo

Y nadie crea que en las palabras: "Sino aquellos a quienes es dado", quiso el Señor hablar de la suerte o el destino, de manera que sean vírgenes los que han sido conducidos para esto. Por el contrario, este don fue dado por Dios a aquellos que se lo pidieron, a los que lo quisieron y a los que trabajaron para obtenerlo.

Pseudo-Crisóstomo, *opus imperfectum in Matthaeum, hom. 32*

Luego no son capaces todos porque no todos quieren. La palma ha sido propuesta. El que desea la gloria, no piense en el trabajo Si todos tuvieran miedo al peligro, ninguno vencería. Y el hecho de que algunos abandonen sus castos propósitos no es razón para hacernos perezosos en la virtud de la castidad, así como los que sucumben en la batalla no son causa de que entre el desaliento en los demás. Por consiguiente, en las palabras: "A quienes es dado", manifiesta el Señor que nada podemos nosotros sin el auxilio de su gracia, que jamás se niega al que la desea, según aquellas palabras del Señor: "Pedid y recibiréis" (*Mt* 7,7).

San Juan Crisóstomo, *homiliae in Matthaeum, hom. 62,3*

En seguida el Señor, a fin de manifestar la posibilidad en este asunto, dice: "Porque hay castrados", etc., que es como si dijera: pensad en lo que deberíais hacer si hubieseis sido amputados por manos extrañas. Porque no tendríais placeres, ni recompensas.

Pseudo-Crisóstomo, *opus imperfectum in Matthaeum, hom. 32*

Así como no es pecado la acción involuntaria, así la justicia no se consuma en la obra, si la voluntad no asiste. En consecuencia no merece aplauso aquella continencia que se debe a la impotencia del cuerpo, sino aquella que la voluntad abraza por un santo propósito.

San Jerónimo

El Señor señaló tres clases de eunucos, dos de ellos carnales y el tercero espiritual. Los primeros son los que nacieron así del vientre de su madre; los segundos son los que fueron mutilados por la cautividad o para los placeres de las grandes damas; y los terceros los que se castraron a sí mismos por el Reino de los Cielos* o los que se hacen eunucos por amor a Cristo. A estos últimos les está prometida una recompensa; mas a los otros a quienes la necesidad y no la voluntad, ha hecho castos, nada se les debe. *(El texto no habla de castrarse en sentido literal sino figurado, esto es, vivir el celibato por el Reino de los Cielos.)*

San Hilario, *in Matthaeum, 19*

En el uno, es decir, en el que nació eunuco, nos mostró el Señor lo que hace la naturaleza; en el otro, esto es, en el que fue hecho, lo que hace la necesidad y en el tercero, es decir, en el que determinó a ser tal por el Reino de los Cielos, lo que hace la voluntad.

Pseudo-Crisóstomo, *opus imperfectum in Matthaeum, hom. 32*

El nacer eunucos proviene de la naturaleza, como proviene el que algunos nazcan con seis dedos o con cuatro. Porque si Dios al formar al principio la naturaleza, hubiera establecido un orden siempre inmutable, los hombres se hubieran olvidado de que habían sido hechos por Dios y para que tenga presente el hombre que Dios es el autor de la naturaleza, invierte alguna vez el orden que en ella estableció*. *(Dios no invierte el orden natural, sino más bien permite el desorden en la naturaleza generado por el pecado del hombre.)*

San Jerónimo

También podemos explicar todo esto de otra manera Son eunucos desde el vientre de su madre los que son de naturaleza fría y sin apetito para los placeres y los que lo son por haberlos hecho los hombres, son los que los médicos han reducido a ese estado o los que se afeminan por dar culto a los ídolos, o también los que simulan la castidad, viviendo en los deseos y aparecen por fuera con los hábitos de religión; pero ninguno de éstos, excepto los que se castraren por Cristo, consigue el Reino de los Cielos. Por eso sigue: "El que pueda ser capaz, séalo", consulte cada uno sus fuerzas para ver si puede cumplir los deberes de la virginidad y de la pureza. La castidad por sí misma es suave y atractiva; pero se deben consultar las fuerzas para que: "El que sea capaz, séalo". Esta es la palabra del Señor a sus soldados, al animarlos a que ciñan la corona de la pureza, palabras que valen tanto como éstas: El que pueda pelear, pelee, venza y triunfe.

San Juan Crisóstomo, *homiliae in Matthaeum, hom. 62,3*

En las palabras: "Que se castraron a sí mismos", no expresa el Señor la amputación de los miembros, sino de los malos pensamientos y es digno de maldición el que se mutila. Porque se coloca al nivel de los homicidios, favorece a los maniqueos (detractores de las criaturas) y obra tan inicuamente como en los países donde se mutilan a sí mismos. Es una tentación del demonio el amputar algún miembro y los que hacen tal cosa no por eso acallan los estímulos de la concupiscencia, por el contrario, se irritan más. Porque las fuentes del esperma que hay en nosotros vienen de otra parte, del deseo incontinente en especial y del alma negligente. Pero si el alma fuere sobria, ninguna influencia ejercerá en nosotros el movimiento de la sangre. Porque la amputación del miembro, ni sujeta las pasiones, ni nos deja tranquilos, ni es como el freno puesto al pensamiento.

Entonces le presentaron unos niños para que pusiese las manos sobre ellos y orase, mas los discípulos los reñían. Y Jesús les dijo: "Dejad a los niños y no los estorbéis de venir a mí; porque de los tales es el reino de los cielos". Y cuando les hubo impuesto las manos, se fue de allí. (vv. 13-15)

Pseudo-Crisóstomo, *opus imperfectum in Matthaeum, hom. 32*

Había el Señor hablado sobre la castidad y los oyentes le presentaron unos niños en quienes resplandecía la castidad en toda su pureza, creyendo que el Señor hablaba tan sólo de la pureza del cuerpo. Esto es lo que se da a entender por las palabras: "Entonces le presentaron unos niños".

Orígenes, *homilia 7 in Matthaeum*

Y porque los oyentes ya habían experimentado que por la imposición de las manos y las súplicas del Señor quedaban libres de todo lo malo, le presentan a los niños, porque creían que después de darles el Señor por contacto de sus manos la virtud divina, era imposible que los tocara el demonio o les sobreviniese algún otro mal.

Remigio

Era costumbre entre los antiguos el presentar los niños a los ancianos, para que les echaran su bendición o con la mano o de palabra y así, siguiendo esta costumbre, presentaron los niños al Señor.

Pseudo-Crisóstomo, *opus imperfectum in Matthaeum, hom. 32*

La carne olvida fácilmente el bien porque no encuentra placer en él, pero conserva siempre el mal que oyó. El Señor apenas toma uno de los niños, exclama: "Si no os hiciéreis como este niño, no entraréis en el Reino de los Cielos" (*Mt* 18,13). Y ved aquí que los discípulos, olvidándose de la inocencia de los niños, los riñen y como indignados les impiden que se acerquen al Señor. Por eso sigue: "Mas los discípulos los reñían".

San Jerónimo

No porque no quisieran que los bendijera el Salvador con la mano y con su voz, sino que como aún no tenían una fe plena, creían que se cansaría el Señor, como se cansan los demás hombres, con la importunidad de aquellos que presentaban a los niños.

San Juan Crisóstomo, *homiliae in Matthaeum, hom. 62,4*

O también, arrojan a los niños a causa de la dignidad de Cristo. Pero el Señor, enseñando a los discípulos a tener moderación y a pisotear el orgullo mundano, recibió a los niños, los tuvo en sus brazos y les prometió el Reino de los Cielos. Por eso sigue: "Y Jesús les dijo: Dejad a los niños y no les estorbéis", etc.

Pseudo-Crisóstomo, *opus imperfectum in Matthaeum, hom. 32*

Si es rechazada por Cristo la sencilla infancia, ¿quién merecerá aproximarse a Él? Por esta razón dijo: "Y no los estorbéis", etc. Porque si éstos son los futuros santos, ¿por qué prohibís el que los hijos se acerquen a su padre? Y si son los futuros pecadores, ¿por qué lanzáis la sentencia de condenación antes de conocer la falta?

San Jerónimo

El Señor dijo de una manera significativa: "De tales es el Reino de los Cielos" y no de ésos, para manifestar que no es la edad sino las costumbres las que alcanzarán el Reino y que a los que tuvieren la inocencia y la sencillez semejantes a la de un niño, es a quienes está prometida la recompensa.

Sigue: "Y cuando les hubo impuesto las manos", etc.

Pseudo-Crisóstomo, *opus imperfectum in Matthaeum, hom. 32*

El Señor instituyó en este pasaje el que todos los padres presentasen sus hijos a los sacerdotes, no porque sea el sacerdote el que impone las manos, sino el mismo Cristo, en cuyo nombre se hace la imposición. Porque si uno ofrece a Dios por medio de las oraciones sus alimentos y los come santificados (porque, como dice el apóstol, todo es santificado por la palabra de Dios y por la oración), ¿con cuánta más razón se deben ofrecer a Dios los niños para que queden santificados? La razón por la cual se deben santificar los alimentos es ésta: el mundo entero se apoya en un mal (*1Jn* 5,19); por consiguiente, todas las cosas corporales, que son una gran parte de este mundo, descansan en el mal; de donde resulta que los niños por su nacimiento, según la carne, están colocados en el mal*. *(Este mal hace referencia a la herida del pecado original)

Orígenes, *homilia 7 in Matthaeum*

Llamamos en sentido místico niños a los que aún son carnales en Cristo y tienen necesidad de ser amamantados (*1Cor* 3). Aquellos que profesan la doctrina del Verbo, los que son los más sencillos y los que se nutren de la palabra, por decirlo así, infantil, aún son principiantes y presentan al Salvador los niños y los pequeñitos. Por el contrario, los que parecen más perfectos, los discípulos de Jesús, antes de aprender la razón de la justicia divina sobre los niños, reprenden a los que por una doctrina más elemental -es decir, por ser menos eruditos- ofrecen los niños y los pequeñitos a Cristo. Mas el Señor, dirigiéndose a sus discípulos, hombres ya formados, los exhorta a que sean condescendientes con las exigencias de los niños, a que se hagan niños para con los niños, a fin de ganarlos. Y les dice: "Porque de los tales es el Reino de los Cielos". Porque El mismo, teniendo la forma de Dios, fue hecho niño (*Fil* 2). Debemos, pues, considerar esto y temer, que por el sentimiento de una sabiduría más excelente o de mayor adelanto espiritual, nos tengamos como muy grandes, despreciemos a los pequeñitos de la Iglesia y estorbemos a los niños que se acerquen a Jesús. Y como los niños no pueden comprender todo lo que se les dice, el Señor les impuso las manos y dándoles la virtud por medio de sus manos, se alejó de ellos, que no podían seguirle como los demás discípulos perfectos.

Remigio

Bendijo el Señor a los niños imponiéndoles las manos, para significar que los humildes de espíritu son dignos de su gracia y de su bendición.

Glosa

Les impuso también las manos para dar a entender que sería dada su gracia a los que son verdaderamente humildes y castos.

San Hilario, *in Matthaeum, 19*

Los niños son también figura de los gentiles que han recobrado la salud por la fe y por el oído; sin embargo, los discípulos, llevados por el deseo de salvar a Israel, les prohíben aproximarse y el Señor les dice que no es conveniente esa prohibición. Porque el don del Espíritu Santo debía ser distribuido en las naciones por la imposición de las manos y las súplicas, después de cesar las obras de la ley.

Y vino uno y le dijo: "Maestro bueno, ¿qué bien haré para conseguir la vida eterna?" Él le dijo: "¿Por qué me preguntas de bien? Sólo uno es bueno, que es Dios. Mas si quieres entrar en la vida, guarda los mandamientos". Él le dijo: "¿Cuáles?" Y Jesús le dijo: "No matarás: no cometerás adulterio: no hurtarás: no dirás falso testimonio: honra a tu padre y a tu

madre, y amarás a tu prójimo como a ti mismo". El mancebo le dice: "Yo he guardado todo eso desde mi juventud: ¿qué me falta aún?" Jesús le dijo: "Si quieres ser perfecto, ve, vende cuanto tienes, y dalo a los pobres, y tendrás un tesoro en el cielo: y ven, y sígueme". Y cuando oyó el mancebo estas palabras, se fue triste, porque tenía muchas posesiones. (vv. 16-22)

Rábano

Sin duda este hombre había oído decir al Señor que solamente son dignos de entrar en el Reino de los Cielos aquellos que desean ser semejantes a los niños y para cerciorarse mejor pide que se le diga, no por parábolas, sino de un modo claro, por qué méritos se puede conseguir la vida eterna. Por eso se dice: "Y vino uno y le dijo: Maestro bueno, ¿qué bien haré?", etc.

San Jerónimo

Ese que pregunta era joven, rico y orgulloso y no pregunta con el deseo de saber sino de tentar al Señor; cosa fácil de comprobar por las palabras que le dijo el Señor: "Si quieres entrar en la vida guarda los mandamientos", etc.; insiste de nuevo en su pregunta, pero con más astucia aún, diciendo: "¿Cuáles?" Como si no los hubiera leído, o como si el Señor pudiera mandar cosas contrarias a los mandatos de Dios.

San Juan Crisóstomo, *homiliae in Matthaeum, hom. 63,1*

No dudo yo en llamar a ese hombre avaro y amante de las riquezas, puesto que así lo llamó el Señor; pero dudo en llamarlo hipócrita, porque no estoy seguro de ello y no se debe juzgar sobre cosas inciertas, especialmente si se dirigen a formular una acusación. Pero San Marcos desvanece esta sospecha cuando dice (cap. 10): "Que él vino corriendo y se echó a los pies del Señor para suplicarle" y añade que Jesús le miró y le amó y si se hubiera acercado a Jesús con el objeto de tentarle, ya nos lo hubiera dicho el evangelista, como lo ha hecho en otras ocasiones y si él hubiera permanecido callado, no hubiera permitido Cristo ese silencio, sino que le hubiera reprendido o con una insinuación secreta, o de una manera pública; pero nada de esto hace, según lo que sigue: "Él le dijo: ¿Por qué me preguntas de bien?".

San Agustín, *de consensu evangelistarum, 2,63*

Pudiera alguno creer que hay alguna diferencia entre las palabras de San Mateo: "¿Por qué me preguntas de bien?" y las que ponen San Lucas y San Marcos (*Mc* 10,18; *Lc* 18,19): "¿Por qué me dices bueno?". Las palabras: "¿Por qué me preguntas de bien?" parece que se refieren más bien a la pregunta del joven: "¿Qué bien haré?" Esta última frase contiene a la vez la palabra "bien" y la pregunta, mientras que en las otras: "Maestro bueno" no hay pregunta. Se comprenden perfectamente los dos pasajes: "¿Por qué a mí me llamáis el bien?" y "¿Por qué me preguntas del bien?" dicen una misma cosa.

San Jerónimo

Como el joven había llamado bueno al Maestro y no había confesado a Dios o al Hijo de Dios, dijo el Señor que cualquier hombre santo no es bueno en comparación de Dios, de quien se dice: "Alabad al Señor porque es bueno" (*Sal* 117,1). Y por eso dice El: "Sólo uno es bueno, que es Dios" y a fin de que nadie piense que por estas palabras queda excluido de la bondad el Hijo de Dios. Leemos en otro lugar: "El buen pastor da su vida por sus ovejas" (*Jn* 10,11).

San Agustín, *de Trinitate, 1,13*

O también, como buscaba aquel joven la vida eterna, y la vida eterna consiste en aquella contemplación de Dios cuya visión no nos proporciona pena sino una alegría eterna y no comprendía con quién hablaba (porque le miraba tan sólo como Hijo del hombre), por eso el Señor le contesta: "¿Por qué me preguntas sobre el bien y me llamas Maestro bueno en esta forma que ves en mí?" En esta forma de Hijo del hombre aparecerá en el juicio, no sólo para que la vean los justos, sino también los impíos y esta visión no será un bien para quienes obraron el mal. Pero además hay en mí otra visión de mi forma, por la que soy igual a Dios, porque hay un solo Dios: Padre, Hijo y Espíritu Santo, que es el único y sumo Bien. Porque nadie le ve de manera que con su vista esté abatido o lloroso, sino que con ella tiene salud y alegría.

San Jerónimo

No rechaza nuestro Salvador el testimonio de bondad que le da el joven, pero sí el error de llamarlo maestro sin creer que es Dios.

San Juan Crisóstomo, *homiliae in Matthaeum, hom. 63,1*

¿Qué utilidad hay en contestarle de esa manera? Porque de ese modo le gana poco a poco, le enseña a despreciar la adulación y a retirarse de las cosas terrenales, le convence de que se una a Dios, que busque las cosas de la otra vida y que conozca al que es el verdadero Bien, la raíz y la fuente de todo lo bueno.

Orígenes, *homilia 8 in Matthaeum*

También respondió Cristo de esa manera por causa del joven que le preguntó: "¿Qué bien haré?" Porque cuando nos separamos del mal y practicamos el bien llamamos bien a lo que hacemos por comparación con lo que hacen los demás hombres. Pero en cuanto a lo que se dice: "Uno solo es bueno", nuestro bien no es bien. Mas puede alguno decir: Porque el Señor, que sabía que quien le preguntaba no tenía intención de que hiciera algún bien humano, le dijo: "¿Por qué me preguntas del bien?", que es como si le dijera: ¿Por qué me preguntas sobre el bien cuando te he dado los mandamientos que contienen el bien? Y después de esto le añadió: "Si quieres entrar en la vida", etc. En estas palabras debemos considerar que el Señor contestó al joven como si estuviera fuera de la vida. En efecto, el que está fuera de Jesús que dice "Yo soy la vida" (*Jn* 11,6), está de algún modo fuera de la vida. Por otro lado el hombre, incluso el más justo, mientras vive sobre la tierra está en la sombra de la vida, porque está aún rodeado de un cuerpo mortal*. Mas aquel que se abstuviere de las obras de muerte y deseare las de la vida, entrará en la vida. Hay palabras muertas y palabras vivas, pensamientos muertos y pensamientos vivos y por eso dice: "Si quieres entrar en la vida", etc. *(No se trata de un desprecio de lo corporal como elemento negativo, pues el cuerpo forma parte de la unidad integral que es el ser humano, imagen y semejanza de Dios. Se indica más bien, que la plenitud de la vida está en la vida eterna, es decir, en el encuentro definitivo con Dios Comunión de Amor.)

San Agustín, *sermones, 84,1*

Y no dijo: Si quieres venir a la vida eterna, sino: "Si quieres entrar en la vida", definiendo de esta manera lo que es la vida eterna. De aquí resulta cuánto debemos amar la vida eterna, cuando así se ama esta vida pasajera.

Remigio

Demuestra este pasaje que la Ley promete a los que la cumplen no sólo los bienes temporales, sino también la vida eterna, y como el joven había escuchado con atención las palabras del Señor, insiste y lleno de solicitud le pregunta: "Él le dijo: ¿Cuáles?"

San Juan Crisóstomo, *homiliae in Matthaeum, hom. 63,1*

No dijo esto con la intención de tentar al Salvador, sino porque creía que fuera de los preceptos de la Ley habría otros que le abrirían la puerta de la vida.

Remigio

Mas Jesús, tratando al joven con la misma condescendencia que a un enfermo, le expuso con mucha amabilidad los preceptos de la Ley. Por eso sigue: "Y Jesús le dijo: No matarás", etc. La siguiente sentencia: "Amarás a tu prójimo como a ti mismo", es el compendio de todos esos preceptos, según aquel pasaje del apóstol: "El que ama a su prójimo ha cumplido la Ley" (*Rm* 13,8). Debemos preguntar: ¿por qué el Señor hizo mención solamente de los preceptos de la segunda tabla? Sin duda debió ser porque el joven estaba lleno del amor de Dios o también porque el amor del prójimo era un grado para subir hasta el amor de Dios.

Orígenes, *homilia 8 in Matthaeum*

Probablemente sean suficientes estos preceptos para entrar en lo que llamamos principio de la vida, aunque ni éstos ni otros preceptos parecidos basten para entrar en el interior de la vida. Pero el que no cumpliere cualquiera de estos preceptos, ni aun en el principio de la vida entrará.

San Juan Crisóstomo, *homiliae in Matthaeum, hom. 63,1*

Después de mencionar el Señor los preceptos de la Ley, continua el evangelista: "El joven dice: Yo he guardado todo eso desde mi juventud" y no se detiene aquí, sino que pregunta de nuevo: "¿Qué me falta aún?", pregunta que indica un deseo vehemente.

Remigio

El Señor señala la manera de llegar a la perfección a todos los que quieren ser perfectos en la gracia, diciendo: "Jesús le dijo: Si quieres ser perfecto, ve, vende cuanto tienes", etc. Son dignas de atención estas palabras. No dice: Ve y come cuanto tienes, sino: "Ve y vende", y no dice: Algunas cosas, como hicieron Ananías y Safira (*Hch* 5), sino todas las cosas. Y añade con oportunidad: "Cuanto tienes", esto es, cuanto tenemos y poseemos con justicia. Debemos, por consiguiente, vender cuanto poseemos justamente; pero lo que poseemos injustamente debe entregarse a aquellos a quienes se lo hemos quitado. Y no dice: Dalo a los parientes o amigos, o a los ricos, de quienes recibirás semejantes cosas, sino: "Dalo a los pobres".

San Agustín, *de opere monachorum, 25*

Y no es necesario elegir a un monasterio o a los hermanos pobres de un lugar determinado para darlo, porque todos los cristianos no forman más que una sola sociedad. Por consiguiente, de cualquier parte de donde recibe uno lo que necesita, lo recibe de aquello que pertenece a Cristo.

Rábano

Ved aquí trazadas dos vidas al hombre: la activa, a la que hacen relación los preceptos: "No matarás" y los demás mandamientos de la Ley; y la contemplativa, a la que se refieren las palabras: "Si quieres ser perfecto", etc. La primera pertenece a la Ley y la segunda al Evangelio. Porque así como el Antiguo Testamento precedió al Nuevo, así también la acción precede a la contemplación.

San Agustín, *contra Faustum, 5, 9*

Pero, no solamente pertenecen al Reino de los Cielos aquellos que para ser perfectos venden o dejan todas sus cosas, sino que, por cierto lazo de caridad, se une a esta milicia cristiana un gran número de cierta milicia tributaria, a la cual se dirá al fin de los tiempos: "Tuve hambre y me disteis de comer" (*Mt* 25,35). Lejos de nosotros el pensar que éstos serán separados del Reino de los Cielos, o de mirarlos como fuera del Evangelio.

San Jerónimo

No debo contestar a la pretensión de Vigilancio*, de que es mejor usar los bienes y dividir sucesivamente los frutos a los pobres, que distribuírselos de una sola vez después de vendidos, puesto que el mismo Señor le contesta en las palabras: "Si quieres ser perfecto, ve y vende". Esa pretensión, que tanto aplaude Vigilancio y que nosotros aceptamos con tal de que no sea preferida a las palabras del Señor, no es para nosotros más que un segundo o tercer grado de perfección.

(Sacerdote de Aquitania a quien San Jerónimo hospedó en Belén en el 395 y que en el 406 lo denuncia como enemigo del culto a los mártires, de la pobreza monacal, del celibato del clero y de ciertas costumbres litúrgicas supersticiosas. San Jerónimo escribe un mordaz opúsculo en defensa propia, titulado precisamente "Contra Vigilancio".)

Genadio, *de ecclesia dogma, 71*

Es cosa buena el dar su fortuna a los pobres, distribuyéndola poco a poco; pero es mucho mejor darla toda de una vez, con la intención de seguir al Señor y de entrar en su compañía libre de todo cuidado.

San Juan Crisóstomo, *homiliae in Matthaeum, hom. 63,2*

Y como el Señor hablaba de la fortuna, aconsejando que nos debíamos despojar de ella, manifiesta que la recompensa que El dará será tanto mayor que la fortuna, como grande es la distancia que hay entre el cielo y la tierra. Y por eso dice: "Y tendrá un tesoro en el cielo". La palabra tesoro expresa la abundancia y la estabilidad de lo que nos dará.

Orígenes, *homilia 8 in Matthaeum*

Si todos los mandamientos se unieran en estas palabras: "Amarás a tu prójimo como a ti mismo" (*Mt* 9,19), es claro que el que cumple este mandamiento es perfecto ¿Cómo, entonces, el Señor dice al joven que contestó: "Yo he guardado todo eso desde mi juventud" (*Mt* 9,20), "Si quieres ser perfecto" como si aún no lo fuera? Ved lo que está escrito en el Evangelio, según los hebreos: después que el Señor oyó al joven y le dijo: "Ve y vende cuanto tienes", el rico empezó a rascarse la cabeza y a manifestar su desagrado y entonces el Señor le dice: "¿Cómo dices: Yo he cumplido la Ley y los Profetas?" Porque en la Ley está escrito: "Amarás a tu prójimo como a ti mismo" (*Lv* 19,18) y he aquí que muchos hijos de Abraham, hermanos tuyos, están cubiertos de estiércol y muertos de hambre y tu casa está llena de muchos bienes y nada sale de ella para que sea partido entre los pobres. Queriendo, pues, el Señor reprender al rico, le dice: "Si quieres ser perfecto, ve, vende cuanto tienes, dáselo a los pobres", etc. De esta manera harás ver que efectivamente amas a tu prójimo como a ti mismo. Pero si es perfecto el que tiene todas las virtudes, ¿cómo se hace perfecto el que vende todo lo suyo y se lo da a los pobres? Supongamos que un hombre cualquiera ha hecho esto, ¿cómo desde aquel momento ese hombre queda, sin cólera, sin concupiscencia, colmado de todas las virtudes y libre de toda malicia? Sin duda parecerá propio de un sabio decir que al dar sus bienes a los pobres, éstos le favorecen con sus oraciones y que su pobreza espiritual recibirá la abundancia espiritual de aquellos y de este modo, aunque tenga algunas pasiones humanas, se hace perfecto. O también, el que cambió sus riquezas por la pobreza para hacerse perfecto, será ayudado por la fe que tiene en las palabras de Cristo, para que pueda llegar a ser sabio en Cristo, justo, casto y sin ninguna pasión; pero no de tal manera que en el momento mismo que entrega sus bienes a los pobres sea completamente perfecto, sino que desde aquel día la meditación sobre Dios le irá conduciendo hacia todas las virtudes. Se puede dar otra explicación: La interpretación moral, diciendo que los bienes son los actos del alma. Manda, pues, el Señor vender todos los bienes que son malos y entregarlos a aquellos poderosos que trabajan en esos bienes y están pobres de todo bien verdadero. Porque así como la paz de los apóstoles se vuelve a ellos si no estuviera en ellos el Hijo de la paz (*Mt* 10), así todos los pecados se vuelven a sus autores, si no hubiere alguno que haya querido valerse de ellos. De esta manera, no puede ser dudoso que el que de este modo vendió todos sus bienes sea inmediatamente perfecto. Y es claro, en efecto, que el que obra así tiene un tesoro en el cielo y ha llegado a ser hombre celestial. Porque tendrá en el cielo el tesoro de la gloria de

Dios y las riquezas en la sabiduría de Dios. Ese tal podrá seguir a Cristo, porque no habrá posesión alguna que se lo impida.

San Jerónimo

Hay muchos que dejan sus riquezas y no siguen al Señor, lo cual no es suficiente para ser perfecto. Es preciso, habiéndonos desapegado de las riquezas, seguir al Salvador, es decir, hacer el bien después de haber abandonado el mal. Con más facilidad se abandona un bolsillo que la propia voluntad. Por eso se dice: "Y ven y sígueme". Sigue al Señor el que lo imita y marcha por sus mismos pasos. Prosigue: "Y cuando oyó el joven estas palabras, se fue triste". Esta es la tristeza que conduce a la muerte y la causa de ella son las palabras siguientes: "Porque tenía muchas posesiones", es decir, espinas y abrojos, que ahogaron la simiente del Señor.

San Juan Crisóstomo, *homiliae in Matthaeum, hom. 63,2*

No son igualmente esclavos de las riquezas los que tienen muchas y los que tienen pocas, porque las bajas riquezas levantan una llama siempre creciente y avivan el deseo con violencia cada vez mayor.

San Agustín, *epístolas, 31,5*

No entiendo qué significa que encadene más la posesión de los bienes superfluos que el deseo de ellos, pues ¿por qué se queda triste este joven, sino porque tenía grandes riquezas? Porque una cosa es no querer incorporar lo que uno no tiene y otra cosa es arrancar lo que ya se tiene incorporado. En el primer caso se abandonan las riquezas como una cosa extraña y en el segundo se arrancan como un miembro de su propio cuerpo.

Orígenes, *homilia 8 in Matthaeum*

Según la historia, es digno de alabanza el joven, porque no mató ni cometió adulterio; pero es vituperable porque se entristeció por las palabras de Cristo que lo llamaban a la perfección. Era aún joven en el alma y por eso abandonó a Cristo y se marchó.

Y dijo Jesús a sus discípulos: "En verdad os digo que con dificultad entrará un rico en el reino de los cielos. Y además os digo: Que más fácil cosa es pasar un camello por el ojo de una aguja, que entrar un rico en el reino de los cielos". Los discípulos, cuando oyeron estas palabras, se maravillaron mucho, y dijeron: "¿Pues quién podrá salvarse?" Y mirándolos Jesús, les dijo: "Esto es imposible para los hombres, mas para Dios todo es posible". (vv. 23-26)

Glosa

El Señor, con ocasión del avaro del que se ha tratado, habló sobre todos los avaros. Por eso sigue: "Y dijo Jesús a sus discípulos: En verdad os digo", etc.

San Juan Crisóstomo, *homiliae in Matthaeum, hom. 63,2*

El Señor no dijo estas palabras para condenar las riquezas, sino a aquellos que son esclavos de ellas y para que sus discípulos, al verse pobres, no se avergonzaran de la pobreza.

San Hilario, *in Matthaeum, 19*

No es un crimen el tener riquezas, pero es preciso que en su posesión haya moderación. Porque, ¿cómo ha de atender a las necesidades de los santos aquel a quien no le queda con qué atenderlos?

Rábano

Hay diferencia entre tener riquezas y amar las riquezas. Lo más seguro es no tenerlas ni amarlas.

Remigio

Explicando el mismo Señor el sentido de este pasaje, según San Marcos dijo (*Mc* 10,24): "Difícil es a los que confían en sus riquezas entrar en el Reino de los Cielos". Confían en sus riquezas los que tienen puestas en ellas todas sus esperanzas.

San Jerónimo

Como es difícil despreciar las riquezas que se poseen, el Señor dijo que era difícil, pero no imposible, que un rico entrara en el Reino de los Cielos, porque cuando se dice que una cosa es difícil, no se pretende que haya imposibilidad, sino lo que se quiere dar a entender es lo raro que es esa cosa.

San Hilario, *in Matthaeum, 19*

Es un cuidado peligroso el querer enriquecerse y una carga muy pesada para la inocencia el ocuparse en aumentar las riquezas. Porque no se adquieren los bienes del mundo sirviendo a Dios sin exponerse a los vicios del mundo. Y ésta es la dificultad que tiene el rico de entrar en el Reino de los Cielos.

San Juan Crisóstomo, *homiliae in Matthaeum, hom. 63,2*

Después de haber dicho el Señor lo difícil que es a un rico entrar en el Reino de los cielos, pasa a manifestar una cosa que es imposible. Por eso sigue: "Y además os digo: Que más fácil cosa es pasar un camello por el ojo de una aguja, que entrar un rico en el Reino de los Cielos".

San Jerónimo

Según esto ningún rico se salvaría; pero si leemos a Isaías (*Is* 30), veremos cómo los camellos de Madián y de Efa llegan a Jerusalén cargados de dones y presentes y cómo los que en otro tiempo estaban encorvados y torcidos bajo el peso de las riquezas, entran por las puertas de Jerusalén. Y veremos también cómo esos camellos, símbolo de los ricos, cuando han descargado la pesada carga de los vicios y de todas las depravaciones sensuales, pueden entrar por el angosto y difícil camino que conduce a la vida.

Pseudo-Crisóstomo, *opus imperfectum in Matthaeum, hom. 33*

En este lugar se comparan las almas de los gentiles a los camellos tortuosos sobre quienes estaba la giba de la idolatría, porque sólo el conocimiento de Dios levanta las almas. La aguja es el Hijo de Dios, la primera porción de esta aguja, que es la divinidad, es fina, mientras que la otra porción, que viene de la humanidad, es más gruesa. Esta aguja es recta y sin ninguna curvatura y por las heridas de su pasión entraron en la vida eterna todas las naciones. Con esta aguja ha sido cosida la túnica de la inmortalidad, el cuerpo al espíritu; ha sido unido el pueblo judío al de los gentiles y ha quedado enlazada la amistad de los ángeles y la de los hombres. Es, pues, más fácil que los gentiles pasen por el agujero de una aguja que el que los judíos ricos entren en el Reino de los Cielos. Porque si con tanta dificultad son separadas las naciones del culto brutal de los ídolos, ¿no habrá mucha más dificultad en separar a los judíos del culto de Dios, que ha tenido su razón de ser?

Glosa

También se puede explicar este pasaje de esta otra manera. Había en Jerusalén una puerta llamada agujero de la aguja por la que no podían pasar los camellos, a no ser que se los descargase y se los pusiese de rodillas. Y en este pasaje, aludiendo a esta puerta, se da a entender la imposibilidad en que se encuentran los ricos de pasar por el camino estrecho que conduce a la vida, a no ser que antes no se despojen, al menos con el corazón, de las inmundicias, de los pecados y de las riquezas.

San Gregorio Magno, *Moralia, 35,16*

O también, con la palabra rico se significa todo hombre orgulloso y con la palabra camello se da a entender la condescendencia del Señor. El camello entra por el agujero de la aguja desde el momento en que nuestro Redentor penetró hasta la muerte por la puerta estrecha de su pasión, que fue como una aguja que traspasó su cuerpo de dolor. Y entra más fácilmente el camello por el agujero de una aguja que el rico en el Reino de los Cielos; porque si el Señor no nos hubiera manifestado su humildad mediante su pasión, jamás nuestra intransigente soberbia se hubiera inclinado hacia la humildad del Señor.

San Juan Crisóstomo, *homiliae in Matthaeum, hom. 63,2*

Los discípulos, que vivían en la pobreza y que ya tenían entrañas de predicadores, se conturban y se afligen por la salud de los hombres. Por eso hacen la siguiente pregunta: "¿Pues quién podrá salvarse?"

San Agustín, *quaestiones evangeliorum, 1,26*

Siendo los ricos muy pocos en comparación de los pobres, es necesario tener presente que los discípulos cuentan entre los pobres a todos los que ambicionan las riquezas.

San Juan Crisóstomo, *homiliae in Matthaeum, hom. 63,2*

El evangelista demuestra, como consecuencia de lo dicho, la necesidad que tenemos del auxilio de Dios y de su gracia abundante, para que podamos dirigirnos bien en el uso de las riquezas. De aquí lo que sigue: "Y mirándolos

Jesús, les dijo: Esto es imposible para los hombres, mas para Dios todo es posible". Significa el evangelista por las palabras: "Y mirándolos Jesús", que el Señor mitigó con la dulzura de sus ojos el temor que abrigaban las almas de los discípulos.

Remigio

No debe tomarse el pasaje del que hablamos en el sentido de que es posible para Dios que entre en el Reino de los Cielos el hombre codicioso, avaro y soberbio, sino en el sentido de que es posible que se convierta y de esta manera entre en el Reino de los Cielos.

San Juan Crisóstomo, *homiliae in Matthaeum, hom. 63,2*

No dice el Señor todo esto con el objeto de que permanezcamos en la inacción y nos abstengamos de obrar porque se nos figuren las cosas como imposibles, sino para que levantemos los ojos hacia la grandeza de la justicia de Dios y saltemos por encima de todo después de haber invocado a Dios.

Entonces, tomando Pedro la palabra, le dijo: "He aquí que nosotros todo lo hemos dejado, y te hemos seguido: ¿qué es, pues, lo que tendremos?" Y Jesús les dijo: "En verdad os digo que vosotros, que me habéis seguido, cuando en la regeneración se sentará el Hijo del Hombre en el trono de su Majestad, os sentaréis también vosotros sobre doce sillas, para juzgar a las doce tribus de Israel. Y cualquiera que dejare casa, o hermanos, o padre, o madre, o mujer, o hijos, o tierras por mi nombre, recibirá ciento por uno, y poseerá la vida eterna. Mas muchos primeros, serán postreros; y postreros, primeros". (vv. 27-30)

Orígenes, *homilia 9 in Matthaeum*

Pedro había entendido las palabras del Señor: "Si quieres ser perfecto, ve y vende lo que tienes" (*Mt* 15,21), etc. Después vio que se marchaba triste el joven y comprendió la dificultad de que los ricos entraran en el Reino de los Cielos; de aquí la pregunta que hizo lleno de confianza que inspira a un hombre que ha puesto término a una empresa difícil. Porque si bien es cierto que lo que él y su hermano habían dejado valía muy poco, sabían, sin embargo, que Dios lo tenía en mucho a causa de la gran plenitud de caridad que dio origen a su desprendimiento. Y yo opino que el gran amor que profesaba al Señor y no la cantidad de las cosas que dejaba, fue la causa de la pregunta tan confiada que hizo al Señor: "Entonces, tomando Pedro la palabra, le dijo: He aquí que nosotros todo lo hemos dejado".

San Juan Crisóstomo, *homiliae in Matthaeum, hom. 63,1*

Buen Pedro, ¿cuáles son tus bienes? Una caña, una red y una barca. A esto llama Pedro todo lo nuestro, no por vanidad, sino para mover con su pregunta al pueblo pobre a que hiciera lo mismo. Porque dijo el Señor: "Si quieres ser perfecto, ve y vende todo lo que tienes", etc. ¿Cómo, pues, si no tengo no puedo ser perfecto? Pedro hace la pregunta a fin de que sepáis que, aunque seáis pobres, no por eso desmerecéis. Porque el que recibió las llaves del Reino de los Cielos pregunta aquí por todo el género humano y toma la palabra por todos aquellos que ya le habían sido confiados y por todas las gentes de la tierra. Mirad, pues, con qué cuidado y cómo hace su pregunta en armonía con las palabras de Cristo. Mandó Cristo dos cosas al rico: el que diera a los pobres lo que tenía y el que le siguiera. Esto mismo dice Pedro: "Y te hemos seguido".

Orígenes, *homilia 8 in Matthaeum*

Puede decirse según todo lo que el Padre reveló a Pedro sobre su Hijo: te hemos seguido a ti que eres la justicia, la santidad y otras cosas semejantes. Por eso pregunta Pedro, como el atleta victorioso, cuáles son los premios del combate.

San Jerónimo

Como no era suficiente el dejarlo todo, añade lo que constituye la perfección: "Y te hemos seguido"; hemos hecho lo que mandaste, ¿qué premio nos darás, pues? Sigue: "Y Jesús les dijo: En verdad os digo que vosotros que me habéis seguido", etc.

San Jerónimo

No dijo: Que lo dejasteis todo (porque esto también lo hizo el filósofo Crates y otros muchos que despreciaron las riquezas), sino y que "me habéis seguido", que es propiamente de los apóstoles y de los creyentes.

San Hilario, *in Matthaeum, 20*

Los discípulos han seguido a Cristo por la regeneración, es decir, por las aguas bautismales y por la santificación de la fe. Esta regeneración que han seguido los apóstoles no la pudo otorgar la Ley.

San Jerónimo

De este otro modo puede construirse este pasaje. Vosotros, que me habéis seguido, os sentaréis en la regeneración, esto es, en el día de la resurrección de los muertos (*1Cor* 15), os sentaréis en los asientos de los jueces para juzgar a las doce tribus de Israel, porque no quisieron creer lo que creéis vosotros.

San Agustín, *de civitate Dei, 20,5*

Porque vuestro cuerpo será regenerado por la incorrupción, de la misma manera con que será regenerada vuestra alma por la fe.

Pseudo-Crisóstomo, *opus imperfectum in Matthaeum, hom. 33*

Acontecerá que en el día del juicio responderán los judíos: Señor, no te hemos conocido como Hijo de Dios en carne mortal, ¿qué hombre podría ver un tesoro escondido en la tierra o al sol cubierto de nubes? Y los discípulos contestarán: Nosotros fuimos hombres sencillos e ignorantes del pueblo; vosotros sacerdotes y escribas. Pero nuestra buena voluntad ha venido a ser en nosotros como una lámpara que ha iluminado nuestra ignorancia, mientras que vuestra malicia ha sido para vosotros la noche donde quedó abismada vuestra ciencia.

San Juan Crisóstomo, *homiliae in Matthaeum, hom. 64,2*

No dijo el Señor: y a las naciones de todo el mundo, sino a las tribus de Israel; porque tanto los apóstoles como los judíos habían sido educados bajo las mismas leyes y costumbres. Por consiguiente, cuando digan los judíos que no pudieron creer en Cristo porque se los prohibía la ley, se presentarán los discípulos que recibieron la misma ley. Pero dirá alguno: ¿qué cosa considerable les ha prometido el Señor si tendrán ellos lo mismo que tienen los ninivitas y la reina del sur? El Señor les promete otras recompensas superiores a las que deben recibir los primeros, pero aquí insinúa veladamente algo más para ellos. Acerca de los judíos dijo simplemente que se levantarán y condenarán a esta generación, mientras que a ellos les dice: "Cuando se sentará el Hijo del hombre, os sentaréis también vosotros". Es, pues, bien manifiesto que participarán de la gloria y del Reino del Señor y esta gloria y este Reino es lo que el Señor significó con la palabra tronos. ¿Mas cómo se ha cumplido esta promesa? ¿Por ventura se sentará también Judas? De ninguna manera. Porque dice la Ley de Dios, promulgada por el profeta Jeremías (*Jr* 18,9-10): "Yo hablaré sobre una nación y sobre un reino, para edificar y plantarlo; pero si hiciere el mal en mi presencia, yo me arrepentiré de los bienes de que he hablado para hacérselos"; que equivale a decir: Si se hacen indignos de mi promesa, no haré lo que he prometido, y Judas se hizo indigno del apostolado. Por esta razón, al dirigirse el Señor a sus discípulos, no dijo simplemente: "Vosotros os sentaréis", sino que añadió: "que me habéis seguido", para de este modo excluir a Judas y atraer a todos los que después debían seguir al Señor. De manera que las palabras del Señor fueron dirigidas no sólo a los apóstoles y excluyen a Judas, que ya era indigno.

San Hilario, *in Matthaeum, 20*

Cristo, al colocar a sus doce apóstoles sobre doce tronos para juzgar a las doce tribus de Israel, unió su gloria con la de los doce patriarcas.

San Agustín, *de civitate Dei, 20,5*

De aquí debemos sacar como consecuencia que Jesús juzgará juntamente con sus discípulos. Por esto se dice a los judíos en otro lugar (*Mt* 12,27; *Lc* 11): "Y serán jueces vuestros". No debemos creer que porque el Señor dice que se sentarán sus discípulos sobre doce tronos, no juzgarán en unión con el Señor más que sólo doce hombres a todo el género humano, porque el número doce expresa toda una multitud de jueces, tomando en cuenta que las dos fracciones que constituyen el número siete -esto es, tres y cuatro- significan con frecuencia la universalidad de las cosas; y multiplicadas esas dos fracciones forman el número doce. De otro modo Matías, que fue elegido en lugar del traidor Judas, ni el apóstol San Pablo, que trabajó más que todos los otros, no tendrían donde sentarse en el tribunal. El mismo Pablo no deja lugar a dudas de que él, en unión con los otros santos, serán jueces, cuando dice (**1Cor** 6,3): "¿Ignoráis que nosotros juzgaremos a los ángeles?"

San Agustín, *sermones, 351,8*

Se cuentan, pues, en el número de jueces todos los que, por el Evangelio, han dejado todas sus cosas y han seguido al Señor.

San Gregorio Magno, *Moralia, 10,30*

Todo el que movido por el estímulo del amor de Dios dejare aquí cuanto posee, indudablemente obtendrá luego lo más elevado de la potestad judiciaria, de suerte que el que por consideración del juicio se someta a la dura necesidad de una pobreza voluntaria, vendrá entonces a juzgar con el que juzga.

San Agustín, *de civitate Dei, 20,5*

Las mismas observaciones se deben hacer sobre el número doce en lo que concierne a aquellos que deben ser juzgados. Es indudable que el Señor no excluye de este número a la tribu de Leví, así como tampoco quiso comprender sólo al pueblo judío, con exclusión de los demás pueblos.

Pseudo-Crisóstomo, *opus imperfectum in Matthaeum, hom. 33*

O bien por las palabras: "En la regeneración", Cristo quiso expresar la primera época del cristianismo, que siguió inmediatamente después de la Ascensión, porque realmente en esa época fueron regenerados los hombres por el bautismo y Él estuvo sentado en el trono de su Majestad. Ved cómo no se refieren sus palabras al último juicio sino a la vocación de todas las naciones. Porque no dijo: Cuando viniere el Hijo del hombre sentado sobre el trono de su Majestad; sino: En la regeneración cuando se sentare en el trono de su Majestad. Cosa que se verificó desde que comenzaron las gentes a creer en Cristo, según aquellas palabras (**Sal** 46,9): "Reinará el Señor sobre las naciones, Dios está sentado sobre su trono santo". Desde entonces comenzaron los apóstoles a sentarse sobre sus doce tronos, es decir, sobre todos los cristianos. Porque todo cristiano que recibe la palabra de Pedro forma el trono de Pedro, y así de los demás apóstoles. Porque los apóstoles están sentados sobre tronos divididos en doce categorías, según las diferencias de las almas y la diversidad de los corazones, que sólo Dios conoce. Porque así como el pueblo judío estuvo dividido en doce tribus, así también todo el pueblo cristiano está dividido en doce tribus, de suerte que unas almas pertenecen a la tribu de Rubén, y así las demás, según sus distintas virtudes. No todas las virtudes son iguales en todos, sino que unos sobresalen en una y otros en otra. Los doce apóstoles juzgarán a las doce tribus de Israel, esto es, a todo el pueblo judío, en el mismo hecho de haber sido recibidas sus palabras por todas las naciones. Y todos los cristianos constituyen los doce tronos de los apóstoles. Pero para Cristo no hay más que un solo trono, porque todas las virtudes son como un solo trono de Cristo, pues sólo Él es perfecto en todas las virtudes. Entre los apóstoles cada uno sobresale en alguna virtud en particular, como Pedro en la fe, Juan en la inocencia. Por esta razón Pedro tiene su trono en la fe y Juan en la inocencia y de este modo los otros apóstoles. Las palabras siguientes demuestran que Cristo se ocupaba también de la recompensa de los apóstoles en este mundo: "Y todo el que dejare su casa, o a sus hermanos", etc. Porque si reciben un céntuplo en este mundo, claro está que a los apóstoles también les estaba prometida, aun en este mundo, esta recompensa.

San Juan Crisóstomo, *homiliae in Matthaeum, hom. 64,2*

O también esta promesa se hacía a los discípulos que estaban allí presentes, porque los apóstoles eran ya superiores a tales promesas, no buscaban nada que fuese terrenal.

Orígenes, *homilia 9 in Matthaeum*

O de otro modo, si alguno lo dejare todo y siguiere a Cristo, recibirá lo que se prometió a Pedro; pero si no lo dejare todo, sino solamente ciertas cosas que se mencionan especialmente, éste recibirá un céntuplo y poseerá la vida eterna.

San Jerónimo

Valiéndose de estas palabras dicen algunos que, pasados mil años después de la resurrección, recibiremos el céntuplo de lo que hemos dejado y la vida eterna; no comprendiendo que si en todo es aceptable y digna esta promesa, con respecto a las esposas es vergonzosa, porque el que dejare una esposa por el Señor, no va a recibir después cien. Consiguientemente el sentido del pasaje es este: El que dejare por Cristo los bienes de la carne, recibirá los del espíritu, que serán con respecto a los primeros, por su valor y mérito, lo que es el número cien a un número pequeño.

Orígenes, *homilia 9 in Matthaeum*

Además en esta vida, en lugar de los hermanos carnales, encontrará un gran número de hermanos en la fe y tendrá por padres a los obispos y a los presbíteros; y por hijos, a todos los que estuvieren en la edad de la infancia. Los ángeles serán también sus hermanos, y sus hermanas todas las vírgenes que han consagrado su virginidad al Señor, tanto las que viven sobre la tierra como las que ya están en el cielo. Comprended que en la eternidad y en la ciudad de Dios tendrá él muchos campos y casas y sobre todo, poseerá la vida eterna.

San Agustín, *de civitate Dei, 20,7*

El apóstol hace un comentario de las palabras: "Recibirá centuplicado", diciendo (**2Cor** 6,10): "Vivamos como si nada tuviéramos y como si lo poseyéramos todo". La palabra ciento se pone muchas veces por un número universal e indeterminado.

San Jerónimo

Las palabras: "Y todo el que dejare", etc., están íntimamente relacionadas con aquellas otras (**Mt** 10,35): "He venido a separar al hombre de sus padres", etc. Porque el que por la fe de Cristo y la predicación del Evangelio despreciare todos los afectos del corazón, las riquezas y los placeres del siglo, éste recibirá centuplicado y poseerá la vida eterna.

San Juan Crisóstomo, *homiliae in Matthaeum, hom. 64,2*

Cuando dice el Señor: "El que dejare a su mujer", no quiere decir que se rompa el lazo del matrimonio, sino que debemos preferir el sentimiento de la fe a todo lo que existe y aún me parece que va envuelto en esas palabras de una manera insinuante el tiempo de la persecución, en el que habrá muchos padres que arrastrarán a sus hijos a los templos de la idolatría. Quien hiciere tal cosa no debe reputarse ni como hombre.

Rábano

Como sucede con frecuencia que el hombre no continúa en la virtud con el mismo celo con que principió, sino que, o se entibia o se deja caer con rapidez, añade el Señor: "Muchos que están los últimos serán los primeros y muchos que están los primeros serán los últimos".

Orígenes, *homilia 9 in Matthaeum*

El Señor exhorta por estas palabras a quienes se han acercado a la Palabra divina hace poco tiempo, a que se apresuren a llegar a la perfección mucho más que aquellos que parece que han envejecido en la fe. También pueden servir estas palabras para educar en la humildad a aquellos que se glorían de haber sido educados en el cristianismo por sus padres cristianos y para dar valor a aquellos que han sido recientemente iniciados en los dogmas del cristianismo. También se puede dar a este pasaje el sentido de que los israelitas, que fueron los primeros, llegaron a ser por su infidelidad los últimos; y los gentiles, que eran los últimos, los primeros. Con toda precaución dice el Señor: "Muchos", porque no todos los primeros serán los últimos, ni todos los últimos los primeros. Aún hay hombres que siendo inferiores a los ángeles por su naturaleza, se han hecho superiores a algunos ángeles por su vida angelical; y algunos ángeles que fueron los primeros, son los últimos por su culpa.

Remigio

Estas palabras también pueden referirse especialmente a la tristeza del rico, que creía ser el primero porque había cumplido los mandamientos y luego fue el último por haber preferido sus riquezas terrenales a Dios. Y los santos apóstoles, que eran tenidos por los últimos, fueron hechos los primeros, dejándolo todo por efecto de la gracia de la humildad. Hay, en fin, muchos que después de tener mucho celo por las buenas obras, se abstienen de ellas y son los últimos después de haber sido los primeros.

CAPÍTULO 20

"Semejante es el reino de los cielos a un hombre, padre de familias, que salió muy de mañana a ajustar trabajadores para

su viña. Y habiendo concertado con los trabajadores darles un denario por día, los envió a su viña. Y saliendo cerca de la hora de tercia, vio otros en la plaza que estaban ociosos, y les dijo: Id también vosotros a mi viña, y os daré lo que fuere justo. Y ellos fueron. Volvió a salir cerca de la hora de sexta y de nona, e hizo lo mismo. Y salió cerca de la hora de vísperas, y halló otros que se estaban allí, y les dijo: ¿Qué hacéis aquí todo el día ociosos? Y ellos le respondieron: Porque ninguno nos ha llamado a jornal. Díceles: Id también vosotros a mi viña. Y al venir la noche, dijo el dueño de la viña a su mayordomo: Llama a los trabajadores, y págales su jornal, comenzando desde los postreros hasta los primeros. Cuando vinieron los que habían ido cerca de la hora de vísperas, recibió cada uno su denario. Y cuando llegaron los primeros, creyeron que les daría más, pero no recibió sino un denario cada uno. Y tomándole, murmuraban contra el padre de familias, diciendo: Estos postreros sólo una hora han trabajado, y los has hecho iguales a nosotros que hemos llevado el peso del día y del calor; mas él respondió a uno de ellos, y le dijo: Amigo, no te hago agravio. ¿No te concertaste conmigo por un denario? Toma lo que es tuyo, y vete: pues yo quiero dar a este postrero tanto como a ti. ¿No me es lícito hacer lo que quiero? ¿Acaso tu ojo es malo porque yo soy bueno? Así serán los postreros primeros, y los primeros postreros. Porque muchos son los llamados, mas pocos los escogidos". (vv. 1-16)

Remigio

Habiendo dicho el Señor: "Que muchos de los que están los primeros serán los últimos y los últimos los primeros" (*Mt* 19,29), añade, en apoyo de esta verdad, la siguiente parábola: "Semejante es el Reino de los Cielos", etc.

Pseudo-Crisóstomo, *opus imperfectum in Matthaeum, hom. 34*

El padre de familia es Cristo, y el cielo y la tierra son como su única casa y su familia todas las criaturas. Su viña es la justicia, en la que se encuentran todas las clases de justicia, como plantas distintas de una misma viña; por ejemplo, la mansedumbre, la castidad, la paciencia y otras virtudes, todas las cuales están comprendidas en el nombre general de justicia y los cultivadores de esta viña son los hombres. Por eso se dice: "Que salió muy de mañana a ajustar trabajadores", etc. Dios ha grabado la justicia en nuestras facultades, no para su utilidad, sino para la nuestra. Sabed, pues, que nosotros somos conducidos a la viña como asalariados. Y así como nadie lleva a un asalariado a su viña con el objeto único de que coma, así también nosotros hemos sido llamados por Cristo al trabajo, no sólo para que obtengamos nuestra utilidad personal, sino para la mayor gloria de Dios; y así como el asalariado se ocupa primero de su trabajo y después de su alimentación diaria, así también nosotros debemos ocuparnos primero de lo que se refiere a la gloria de Dios y después de lo que concierne a nuestra utilidad. Así como el mercenario emplea todo el día en las obras de su señor y sólo consagra una hora para su alimentación, así también nosotros debemos emplear todo el tiempo de nuestra vida en la gloria de Dios y no conceder más que un poco de tiempo a nuestras necesidades temporales y así como el mercenario se avergüenza de entrar en la casa de su señor y de pedirle pan el día en que no trabaja, ¿cómo vosotros no os avergonzáis de entrar en la Iglesia y de estar delante de Dios el día en que no practicáis una obra buena?

San GregorioMagno, *homiliae in Evangelia, 19,1*

O también el Padre de familia, es decir, nuestro Creador, tiene una viña, esto es, la Iglesia universal, que ha arrojado tantos sarmientos cuantos son los santos que ha producido, desde el justo Abel hasta el último santo que produzca hasta el fin del mundo. En ningún tiempo ha dejado el Señor de mandar predicadores como trabajadores que enviaba para cultivar su viña a fin de que instruyeran a su pueblo. Porque Él ha trabajado en el cultivo de su viña, primeramente por los patriarcas, después por los doctores de la Ley y los profetas y últimamente por los apóstoles, como sus operarios. Se puede decir que todo hombre que obra con recta intención es de alguna manera y en cierta medida trabajador de su viña.

Orígenes, *homilia 10 in Matthaeum*

Podemos decir que todo el siglo presente no es más que un solo día. Porque aunque para nosotros es mucho un siglo, para la vida de Dios es un tiempo muy corto.

San GregorioMagno, *homiliae in Evangelia, 19,1*

La mañana del mundo es el tiempo trascurrido desde Adán hasta Noé y por eso se dice: "Que salió muy de mañana a ajustar trabajadores para su viña". Y añade el modo de ajustarlos en estas palabras: "Y habiendo concertado, etc."

Orígenes, *homilia 10 in Matthaeum*

Yo soy de opinión, que la palabra denario se aplica a la salud.

Remigio

El denario era una moneda que valía antiguamente diez ases y que tenía la efigie del emperador. Con razón, pues, el denario representa en este pasaje la recompensa por la observancia del Decálogo. Por eso el Señor dice de una manera significativa: "Y habiendo concertado, etc.". Porque en el campo de la Iglesia trabajan todos por la esperanza de una recompensa futura.

San Gregorio Magno, *homiliae in Evangelia, 19,1*

La hora de tercia, de la que se dice: "Y habiendo salido cerca de la hora de tercia, vio otros en la plaza que estaban ociosos" comprende el tiempo que media desde Noé hasta Abraham.

Orígenes, *homilia 10 in Matthaeum*

La plaza es todo lo que está fuera de la viña, esto es, de la Iglesia de Cristo.

Pseudo-Crisóstomo, *opus imperfectum in Matthaeum, hom. 34*

Los hombres viven en este mundo vendiendo y comprando y sustentan sus vidas con sus recíprocos engaños.

San Gregorio Magno, *homiliae in Evangelia, 19,1*

Con razón se llama ocioso a aquel que vive para sí y se recrea en los placeres de su carne, porque ése no trabaja para recoger los frutos de las obras de Dios.

Pseudo-Crisóstomo, *opus imperfectum in Matthaeum, hom. 34*

O también es ocioso, no el pecador, porque ése está muerto, sino el que no trabaja en las obras de Dios. ¿Queréis, pues, no estar ociosos? No toméis los bienes de otros y dad los que son vuestros y cultivando la planta de la misericordia, habréis trabajado en la viña del Señor. Sigue: "Y les dijo: Id también vosotros a mi viña". Es de advertir que sólo a los primeros les fija un denario, mientras que somete a los otros a un precio indeterminado, diciéndoles: "Os daré lo que es justo". El Señor sabía que Adán pecaría y que después de él perecerían todos los hombres en el diluvio y para que en ninguna ocasión se pudiese decir que Adán había abandonado la justicia porque ignoraba la recompensa que había de recibir, se concertó con él. Mas no hizo convenio con los otros, porque estaba dispuesto a retribuirles de una manera superior a lo que podía esperar un asalariado.

Orígenes, *homilia 10 in Matthaeum*

O también, porque Él había invitado a los trabajadores de la hora de tercia para toda la obra y se reservó el distribuirles la recompensa justa hasta después de ver lo que habían trabajado. Porque podían haber trabajado lo mismo que los que estaban desde por la mañana muy temprano, desplegando en poco tiempo una energía de trabajo que compensase la falta de trabajo de por la mañana.

San Gregorio Magno, *homiliae in Evangelia, 19,1*

La hora de sexta comprende desde Abraham hasta Moisés y la de nona desde Moisés hasta la venida del Señor. Por eso sigue: "Volvió a salir", etc.

Pseudo-Crisóstomo, *opus imperfectum in Matthaeum, hom. 34*

Y unió la hora de sexta con la de nona, porque en ese tiempo llamó al pueblo judío y se reveló con más frecuencia a los hombres para dar todas las disposiciones, porque ya se aproximaba el tiempo como definitivo de la salvación de todos.

San Gregorio Magno, *homiliae in Evangelia, 19,1*

La hora undécima comprende el tiempo que media desde su venida hasta el fin del mundo. El trabajador de la mañana, de la hora de tercia, de sexta y de nona, es el pueblo judío, que por sus elegidos no cesa de trabajar en la viña del Señor, desde el principio del mundo, esforzándose en honrar a Dios con la rectitud de su fe. Los gentiles son los llamados a la hora undécima. Por eso sigue: "Y salió cerca de la hora de vísperas". Porque estaban ociosos todo el día, sin haber hecho esfuerzo alguno en ninguna de las tan largas épocas del mundo para cultivar su viña; pero reparad en la respuesta que dan cuando fueron preguntados: "Y ellos le respondieron. Porque ninguno nos ha llamado a jornal".

Efectivamente, ningún patriarca, ni ningún profeta se había acercado a ellos. ¿Y qué otra cosa significa la contestación: "Ninguno nos ha llamado a jornal", sino el que nadie les había predicado el camino de la vida.

Pseudo-Crisóstomo, *opus imperfectum in Matthaeum, hom. 34*

¿Qué es lo que ha concertado con nosotros y cuál el precio de este contrato? La promesa de la vida eterna. Las naciones estaban solas y no conocían a Dios, ni sus promesas.

San Hilario, *in Matthaeum, 20*

Por eso son mandados a la viña: "Díceles: Id también vosotros", etc.

Rábano

Es justo que, después de haberles tomado el Señor cuenta de los trabajos del día, llegue el momento tan deseado de la recompensa: "Y al venir la noche"; esto es, cuando el día de todo el universo se fuere inclinando hacia la tarde de la consumación de todas las cosas.

Pseudo-Crisóstomo, *opus imperfectum in Matthaeum, hom. 34*

Advertid que, cuando da la recompensa, es por la tarde y no a la otra mañana. Por consiguiente, tendrá lugar el juicio dentro del presente siglo y entonces se dará a cada uno su recompensa. Y esto por dos razones: primera, porque la recompensa de la justicia es la misma bienaventuranza eterna; de donde resulta, que antes de la eternidad, esto es, en esta vida, tendrá lugar el juicio. Y la segunda, porque el juicio precederá al día de la eternidad, a fin de que los pecadores no vean la felicidad de aquel día.

Sigue: "Dice el Señor a su mayordomo", es decir, el Hijo al Espíritu Santo.

Glosa

O también, si os parece bien, dice el Padre al Hijo, porque el Padre obra por el Hijo y el Hijo por el Espíritu Santo, sin que por esto haya entre las tres personas diferencia alguna de sustancia o de dignidad.

Orígenes, *homilia 10 in Matthaeum*

O también dice a su mayordomo, esto es, a alguno de los ángeles destinado a distribuir las recompensas o también a uno de los numerosos administradores, según aquellas palabras de San Pablo (*Gál* 4,2): "Que el heredero, mientras es pequeño, está bajo el poder de los administradores y tutores".

Remigio

O también, Nuestro Señor Jesucristo es el Padre de familia y el mayordomo de la viña; como también es El mismo la puerta y el portero. Porque Él es quien ha de venir a juzgarnos y a dar a cada uno según sus obras y cuando reuniere a todos en su juicio, para que cada uno reciba según sus obras, entonces es cuando llama a los trabajadores y les da la recompensa.

Orígenes, *homilia 10 in Matthaeum*

Mas los primeros trabajadores, que no tienen más testimonio que el de su fe, no recibieron la promesa de Dios porque el Padre de familia nos ha reservado a nosotros alguna cosa mejor, no queriendo que sean terminadas sus obras sin nuestros trabajos. Nosotros que somos de Cristo y que hemos alcanzado su misericordia, esperamos recibir la recompensa antes que los demás, mientras que los que trabajaron inicialmente, la tendrán después que nosotros, por eso se dice: "Llama los trabajadores y págales su jornal".

Pseudo-Crisóstomo, *opus imperfectum in Matthaeum, hom. 34*

Siempre damos con más gusto a aquéllos a quienes damos alguna cosa gratuitamente, porque entonces concedemos las cosas sólo por nuestra honra. Por consiguiente, dando Dios su recompensa a todos los santos, se muestra justo, y dándosela a los gentiles, misericordioso; según las palabras de San Pablo (**Rm** 15,9): "En cuanto a los gentiles, no tienen ellos más que alabar a Dios por su misericordia". Y por eso se dice: "Comenzando desde los últimos hasta los primeros". El Señor efectivamente, a fin de manifestar su inefable misericordia, da su recompensa; primeramente a los últimos y a los más indignos y después a los primeros. Su excesiva misericordia no tiene en cuenta el orden.

San Agustín, *de spiritu et littera, 24*

O también los últimos son considerados como los primeros porque se les ha diferido su recompensa por menos tiempo.

Sigue: Cuando vinieron los que, etc.

San Gregorio Magno, *homiliae in Evangelia, 19,1*

El mismo denario, que con tanto deseo estuvieron esperando todos, reciben tanto los que trabajaron a la hora undécima, como los que trabajaron desde la primera hora, porque igual recompensa, la de la vida eterna, consiguen los que fueron llamados desde el principio del mundo, como los que vengan a Dios hasta el fin del mundo.

Pseudo-Crisóstomo, *opus imperfectum in Matthaeum, hom. 34*

Y esto es justo. Porque el que nació al principio del siglo, no vivió más que el tiempo marcado a su vida; ¿y qué perjuicio le ha resultado con que continuara después de su muerte el mundo? Y los que nacen al final, no viven menos tiempo que los días que les han sido destinados; ¿y qué utilidad les reporta, con respecto al cómputo de su trabajo, que el mundo termine pronto, puesto que cumplen con la tarea de su vida antes del fin del mundo? Además, no depende del hombre el haber nacido antes o después, porque esto depende de la voluntad divina. Y ciertamente, no debe reivindicar para sí el primer puesto el que ha nacido primero, ni debe considerarse como más despreciable al que ha nacido después. Sigue: "Y tomándole, murmuraban contra el Padre de familia diciendo: etc." Mas si es verdad lo que hemos dicho, que los primeros y últimos no han vivido ni más ni menos tiempo que el que tenían marcado y a unos y otros ha arrebatado la muerte, ¿qué razón tienen para decir: "¿Hemos llevado el peso del día y del calor?" Sin duda conocer que está cerca el fin de los tiempos nos da fuerza para alcanzar la justicia. Por ello el Señor, dándonos un arma para la lucha, decía (**Mt** 4,17): "El Reino de los Cielos está próximo". Para ellos era motivo de debilidad saber que el mundo duraría aún mucho tiempo. Por esto, si bien no han vivido todo un siglo, sin embargo parece que hubieran soportado el peso de sus cien años. O bien: "el peso de todo el día", son los mandamientos pesados de la ley; "el calor" es la abrasadora tentación del error, inflamada por los espíritus malignos en sus corazones, a fin de irritarlos para emulación de todos estos gentiles. De estos, los que creen en Cristo, salieron libres de los lazos y están a salvo por la plenitud de gracia, que lo resume todo.

San Gregorio Magno, *homiliae in Evangelia, 19,1*

O también: "el llevar el peso del día y del calor" es estar fatigado durante el tiempo de una larga vida, por la lucha contra los estímulos de la carne. Pero se puede preguntar: ¿Cómo es posible que murmuren los que son llamados al Reino de los Cielos? Porque el que murmura, no recibe el Reino de los Cielos y el que recibe, no puede murmurar.

San Juan Crisóstomo, *homiliae in Matthaeum, hom. 64,3*

No es conveniente examinar las parábolas hasta en sus más pequeños detalles, sino penetrarse de la intención del que la ha dicho y no pasar más adelante. Por consiguiente, en la parábola de que tratamos, no se propuso el Señor el manifestar que había algunos envidiosos, sino el de hacer ver que todos ellos gozaban de tantos honores, que sus mismos honores podían engendrar en otros el vicio de la envidia.

San Gregorio Magno, *homiliae in Evangelia, 19,1*

O también: "el murmurar" quiere decir que todos los antiguos patriarcas, a pesar de haber vivido en la justicia, no pudieron entrar en el reino, hasta la venida del Señor y por eso es propio de ellos el haber murmurado. Mientras que nosotros no podemos murmurar, porque a pesar de haber venido a la hora undécima y de haber nacido después de la venida del Mediador, entramos en el reino en seguida que abandonamos nuestros cuerpos.

San Jerónimo

O también el pueblo judío, que es llamado antes, tiene envidia de los gentiles y encuentra su tormento en la gracia del Evangelio.

San Hilario, *in Matthaeum, 20*

El murmurar de los trabajadores, se vio bien claro en tiempo de Moisés, por la boca insolente del pueblo.

Sigue: "Mas él respondió a uno de ellos y le dijo: Amigo, no te hago agravios":

Remigio

Por este "uno" pueden entenderse todos los judíos, que recibieron la fe y a quienes el Señor llama, por razón de esta misma fe "amigos".

Pseudo-Crisóstomo, *opus imperfectum in Matthaeum, hom. 34*

Mas no se quejan de no haber recibido lo que se les había prometido, sino de que los otros hubiesen recibido más de lo que merecían. Esto es propio de los envidiosos, que siempre se quejan de lo que se da a otros como si se les quitara a ellos; de donde resulta que la envidia es hija de la vanagloria y por eso, el que aquí se queja, no se queja de ser el segundo más que por los vivos deseos que tiene de ser el primero. Por esta razón, rechaza el Señor este movimiento de la envidia diciendo: "¿No te concertaste conmigo por un denario?"

San Jerónimo

El denario tiene la efigie del rey. Habéis recibido, pues, la recompensa que os he prometido, es decir, mi imagen y semejanza, ¿qué más queréis? Y vosotros deseáis, no tanto el recibir más, como el que otro no reciba nada. Tomad lo vuestro y marchaos.

Remigio

Es decir, recibid vuestra recompensa y marchaos a la gloria. Yo quiero dar a este último, esto es, al pueblo gentil (según sus méritos) tanto como a vosotros.

Orígenes, *homilia 10 in Matthaeum*

Pueda ser que dirigiera a Adán estas palabras: "Amigo, no te hago agravio: ¿No te concertaste conmigo por un denario? Toma lo que es tuyo y vete". El denario, esto es, la salvación es lo tuyo; yo quiero dar a este último tanto como a ti. Se puede creer, sin faltar a la verdad, que este último, que trabajó una hora y sin duda más que los que le precedieron, es el apóstol San Pablo.

San Agustín, *de sancta virginitate, 26*

Da a todos un denario, recompensa de todos, porque a todos será igualmente dada la misma vida eterna. Habrá en la vida eterna, en la casa del Padre, muchas moradas y resaltará en ellas, de un modo diferente, el brillo de los méritos de cada uno. El denario, que es el mismo para todos, significa, que todos vivirán el mismo tiempo en el cielo y la diferencia de mansiones, indica la gloria distinta de los santos.

San Gregorio Magno, *homiliae in Evangelia, 19,1*

Y como nosotros recibimos la corona de la bienaventuranza por efecto de la bondad del Señor, añade: "¿No me es lícito hacer lo que quiero?". Grande insensatez del hombre es murmurar contra la bondad de Dios. Porque podría quejarse de Dios cuando no le diera lo que le debe; pero no tiene motivo para formular sus quejas cuando El no da lo que no le debe. Por eso añade con tanta claridad: "¿Acaso tu ojo es malo, porque yo soy bueno?"

Remigio

El ojo significa la intención. Los judíos tuvieron un ojo malvado, es decir, una intención perversa, porque tenían envidia de la salud de los gentiles. Las palabras del Señor: "Así serán los postreros, primeros y los primeros postreros". Nos dan a entender el objeto que se propuso el Señor en esta parábola, es decir, manifestarnos el tránsito de los judíos, desde la cabeza a la cola y el tránsito nuestro, desde la cola a la cabeza.

Pseudo-Crisóstomo, *opus imperfectum in Matthaeum, hom. 34*

O también llama a los primeros postreros y a los postreros primeros, no porque los postreros sean más dignos que los primeros, sino para manifestar que la época diferente de su vocación no establece entre ellos diferencia alguna. Las palabras: "Muchos son los llamados y pocos los escogidos"; no se refieren a los santos de que hemos hablado arriba, sino a las naciones, entre las que habrá muchos que serán llamados y pocos los que serán escogidos.

San Gregorio Magno, *homiliae in Evangelia, 19,1*

Muchos vienen a la fe, pero son pocos los que llegan al Reino de los Cielos, porque son muchos los que siguen a Dios con los labios y huyen de El con sus costumbres. De todo esto, podemos sacar dos consecuencias. Primera, que nadie debe presumir de sí mismo. Porque aunque uno haya sido llamado a la fe, no sabe si estará elegido para el Reino; y segunda, que nadie debe desconfiar de la salvación del prójimo, aunque lo vea entregado al vicio, porque todos ignoramos los tesoros de la misericordia de Dios. O de otra manera, nuestra mañana es la niñez; la hora de tercia la adolescencia, porque el calor que en esa edad se desarrolla, es como el del sol cuando sube a lo más elevado de su carrera; la hora de sexta es la juventud, época en que el hombre adquiere toda su robustez y la de nona es la vejez, edad en que falta el calor de la juventud, como al sol cuando se retira de los puestos elevados de su carrera. Por último, la hora undécima, es la edad que se llama decrepitud o veterana.

San Juan Crisóstomo, *homiliae in Matthaeum, hom. 64,3*

La diferencia de las almas de los trabajadores está bien marcada en el hecho de ser llamados unos por la mañana, otros a la hora de tercia y así sucesivamente. El Señor los llamó a todos cuando estaban en disposición de obedecer, cosa que hizo con el buen ladrón, a quien llamó el Señor cuando vio que obedecería. Mas si dicen: "Porque ninguno nos ha llamado a jornal" (*Mt* 20,7), es preciso tener presente, como ya hemos dicho antes, que no debemos investigar todos los detalles de la parábola, además de que no es el Salvador quien dice eso, sino los trabajadores. Y en el mismo hecho del Salvador, en cuanto está de su parte, llamar a todos a la primera hora, significa que el Salvador no excluyó a nadie como lo indican las siguientes palabras: "Salió muy de mañana a ajustar trabajadores" (*Mt* 20,1).

San Gregorio Magno, *homiliae in Evangelia, 19,1*

Estuvieron ociosos hasta la hora undécima todos los que se retrasaron en vivir, según Dios, hasta la hora última. A éstos, sin embargo, los llama el padre de las familias y muchas veces los recompensa en primer lugar, porque mueren y van al reino antes que aquellos, que son llamados desde los primeros años de su infancia.

Orígenes, *homilia 10 in Matthaeum*

Las palabras: "¿Qué hacéis ociosos todo el día?" (*Mt* 20,6) no se dirigen a los que habiendo comenzado por el espíritu, concluyen por la carne, si después vuelven al espíritu para vivir otra vez espiritualmente. Y no decimos esto para disuadir a los hijos lascivos, que han gastado con su vida lujuriosa todos los tesoros evangélicos, a que vuelvan a la casa de su Padre, sino para hacer ver que hay una gran diferencia entre ellos y aquellos que pecaron en su juventud, cuando aún no tenían conocimiento de lo que enseña la fe.

San Juan Crisóstomo, *homiliae in Matthaeum, hom. 64,4*

En las palabras: "Los primeros serán los postreros y los postreros serán los primeros" (*Mt* 20,16) indica el Señor de una manera encubierta que se refería a los que resplandecieron primero en la virtud y después la despreciaron; y además, a aquellos que se separaron del mal y se sobrepusieron a muchos. Esta parábola fue, pues, compuesta con el objeto de avivar más los deseos de aquellos que se convertían al Señor en sus últimos años y que por lo mismo tenían la idea de que ellos recibirían menos recompensa que los demás.

Y subiendo Jesús a Jerusalén, tomó aparte a los doce discípulos, y les dijo: "Ved que subimos a Jerusalén, y el Hijo del Hombre será entregado a los príncipes de los sacerdotes, y a los escribas, y le condenarán a muerte. Y le entregarán a los gentiles para que le escarnezcan, y azoten y crucifiquen; mas al tercero día resucitará". (vv. 17-19)

San Juan Crisóstomo, *homiliae in Matthaeum, hom. 65,1*

El Señor no subió inmediatamente a Jerusalén después de su vuelta de Galilea, sino que antes hizo milagros, refutó a los fariseos e instruyó a sus discípulos en la perfección de la vida y sobre su recompensa. Pero ahora, al entrar en Jerusalén, les vuelve a hablar sobre su pasión y por eso se dice: "Y subiendo Jesús a Jerusalén, tomó aparte a los doce", etc.

Orígenes, *homilia 11 in Matthaeum*

Aún estaba Judas entre esos doce, porque probablemente aún era digno de oír lo que había de padecer el Maestro.

Pseudo-Crisóstomo, *opus imperfectum in Matthaeum, hom. 35*

La salvación del género humano pendía de la muerte de Cristo y por ninguna otra cosa debemos dar tantas gracias a Dios como por la muerte del Señor. El anuncia aparte a sus discípulos el misterio de su muerte, porque siempre el mejor tesoro se encierra en los mejores vasos. Si otros hubieran oído hablar de la pasión del Señor, probablemente se hubieran asustado; si eran hombres, por la debilidad de su fe; y si eran mujeres, por su condición compasiva hubieran derramado abundantes lágrimas.

San Juan Crisóstomo, *homiliae in Matthaeum, hom. 65,1*

Ya el Señor había hablado de este misterio en presencia de muchos, pero de una manera encubierta, como cuando dijo, por ejemplo: "Destruid este templo"(*Jn* 2,19) y: "Señal no le será dada, sino la señal del profeta Jonás" (*Mt* 12,39). Mas a sus discípulos se lo dijo bien claro en las palabras: "Ved que subimos a Jerusalén", etc.

Pseudo-Crisóstomo, *opus imperfectum in Matthaeum, hom. 35*

En la palabra "ved" manifiesta el Señor la intención de que sus discípulos conservaran en sus corazones el recuerdo de su presencia. Y dice: "Subimos", que equivale a decir: Ved cómo voy voluntariamente a la muerte. En consecuencia, cuando me viereis pendientes de la Cruz, reflexionad que Yo no soy un simple hombre. Porque, aunque la muerte es patrimonio del hombre, sin embargo, no es propio del hombre el querer morir.

Orígenes, *homilia 11 in Matthaeum*

De estas palabras del Señor debemos concluir que, aun cuando conozcamos muchas veces el ataque de las tentaciones que nos amenazan, no debemos huir, sino salir al frente de ellas, pero como nos aconseja el Señor: "Si os persiguieren en una ciudad, id a otra" (*Mt* 10,23). Sólo la sabiduría de Cristo conoce el momento en que debemos huir y el momento en que debemos hacer frente al peligro.

San Jerónimo

Muchas veces el Señor había hablado con sus discípulos acerca de su pasión. Pero como era fácil que entre tantas cuestiones que había tratado no recordaran lo que habían oído sobre este punto, al ir a Jerusalén y llevando en su compañía a los apóstoles, los prepara para la tentación, a fin de que no se escandalicen cuando llegue la persecución y vean la ignominia de la cruz.

Pseudo-Crisóstomo, *opus imperfectum in Matthaeum, hom. 35*

Porque nos es más ligera la tribulación cuando nos sobreviene después de esperarla, que cuando nos acomete de improviso.

San Juan Crisóstomo, *homiliae in Matthaeum, hom. 65,1*

Y el Señor les anuncia su pasión para que estén persuadidos de que El ya la sabía de antemano y que la aceptaba voluntariamente. Al principio sólo les predice su muerte y cuando los vio suficientemente preparados, les manifiesta que será entregado a los gentiles.

Rábano

Porque Judas entregó al Señor a los judíos y éstos le entregaron a los gentiles, es decir, a Pilatos y al poder romano. El Señor no aceptó las riquezas del mundo, sino sus tormentos, a fin de enseñarnos que los que hemos caído por el placer, debemos volver a levantarnos mediante el dolor*. Por eso sigue: "Para que le escarnezcan, le azoten y le crucifiquen". *(La vida cristiana no es sólo sufrimientos y pesares, sino asumir el valor redentor del sufrimiento y de la cruz como camino ineludible para el cristiano.)*

San Agustín, *de civitate Dei, 18,43*

El Señor nos manifiesta por su pasión lo que debemos sufrir por la verdad y por su resurrección lo que debemos esperar en la eternidad. Por eso dice: "El tercero día resucitará".

San Juan Crisóstomo, *homiliae in Matthaeum, hom. 65,1*

¿Dijo el Señor estas palabras para suavizar la tristeza con la esperanza de la resurrección? Por lo cual añade: "El tercero día resucitará".

San Agustín, *de Trinitate, 4,3*

Porque una sola muerte, esto es, la del Salvador, según el cuerpo, fue nuestra salvación con respecto a nuestra doble muerte, es decir, en cuanto a la muerte de nuestra alma y en cuanto a la de nuestro cuerpo; y una sola resurrección nos proporcionó a nosotros dos resurrecciones*. Esta relación del uno al dos nace del misterio tres, que está compuesto de uno y de dos. *(*Quien resucita es el ser humano en su unidad integral.*)

Orígenes, *homilia 11 in Matthaeum*

Al oír las cosas tristes que había de sufrir Cristo, los discípulos que recordaban lo que el Señor dijo a Pedro, no dijeron ni hicieron nada para que no se les contestara con palabras parecidas o peores. También ahora los escribas que creen conocer las Sagradas Escrituras condenan a muerte a Jesús, lo azotan con sus palabras y lo crucifican en el mismo hecho de querer que su doctrina desaparezca. Pero Él, después de haber desaparecido un momento, se levanta y se aparece a aquellos que recibieron el don de poderle distinguir.

Entonces se acercó a Él la madre de los hijos del Zebedeo con sus hijos, adorándole y pidiéndole alguna cosa. Él le dijo: "¿Qué quieres?" Ella le dijo: "Di que estos mis dos hijos se sienten en tu reino, el uno a tu derecha y el otro a tu izquierda". Y respondiendo Jesús, dijo: "No sabéis lo que pedís. ¿Podéis beber el cáliz que Yo he de beber?" Dícenle: "Podemos". Díjoles: "En verdad beberéis mi cáliz: mas el estar sentados a mi derecha o a mi izquierda, no me pertenece a Mí el darlo a vosotros, sino a los que está preparado por mi Padre". (vv. 20-23)

San Jerónimo

Como había dicho el Señor que "El resucitaría al tercero día", creyó una mujer que el Señor reinaría después de resucitado y con la curiosidad propia de su sexo, desea, sin acordarse de lo que había de realizarse después, lo que ella ve como presente. Por eso dice: "Entonces se acercó a Él", etc.

Pseudo-Crisóstomo, *opus imperfectum in Matthaeum, hom. 35*

Esta mujer es Salomé, la madre de los hijos del Zebedeo; así es llamada por otro evangelista y su nombre significa pacífica y realmente lo era, porque fue madre de los hijos de la paz. Lo que realza más a esta mujer es que no solamente sus hijos abandonaron a su padre, sino que ella misma dejó a su esposo y siguió a Cristo. Su marido podía vivir sin ella, pero ella no podía salvarse sin Cristo. También se puede decir que Zebedeo había muerto en el tiempo que media entre la vocación de los apóstoles y la pasión del Señor. Ella, a pesar de su sexo débil y de una edad en que ya no tenía fuerzas, seguía a Cristo, porque la fe no envejece, ni la religión se fatiga. Su naturaleza la hizo atrevida para pedir y por eso dice: "Adorándole y pidiéndole alguna cosa"; es decir, que ella pide con el respeto debido que se le dé lo que pide. Sigue: "Ella dijo: ¿Qué quieres?" Pregunta el Señor, no porque ignore lo que ella quiere, sino a fin de convencerla, exponiendo ella su petición, de la imposibilidad de su demanda. Por eso se añade: "Ella dijo: Di que estos mis dos hijos se sienten", etc.

San Agustín, *de consensu evangelistarum, 2,64*

Marcos pone en boca de los hijos del Zebedeo lo que San Mateo presenta como cosa dicha por la madre, no habiendo hecho ésta más que trasmitir los deseos de sus hijos al Señor. De aquí resulta que San Marcos, para abreviar, puso en boca de los hijos las palabras de la madre (**Mc** 10).

San Juan Crisóstomo, *homiliae in Matthaeum, hom. 65,2*

Ellos se veían más honrados que otros y habían oído aquellas palabras: "Os sentaréis sobre doce tronos". Por eso exigían el trono más elevado y creían que eran superiores en dignidad para con Cristo a los otros. Sin embargo, temían la preferencia de Pedro; por esta razón dice otro evangelista que ellos imaginaban, cuando estaban cerca de Jerusalén, que ya estaban a las puertas del Reino de Dios, es decir, que el Reino era una cosa sensible. De esto debemos concluir que ellos no pedían ninguna cosa espiritual ni se elevaban hasta la contemplación de un reino superior.

Orígenes, *homilia 12 in Matthaeum*

Así como en los reinos del mundo se tienen por más honrados los que se sientan junto al rey, no es de admirar que una mujer, en su natural sencillez e inexperiencia, creyera que estaba en el deber de hacer esa petición al Señor. Hasta los mismos hermanos, por su imperfección, no tenían ideas más elevadas sobre el Reino de Cristo y abrigaban los mismos sentimientos con respecto a los que se sentarán con Jesús.

Pseudo-Crisóstomo, *opus imperfectum in Matthaeum, hom. 35*

O de otra manera, no aplaudimos la petición de esta mujer; pero sí decimos que no deseaba para sus hijos los bienes terrenales, sino los celestiales. Porque no eran sus sentimientos como el de las demás madres, que aman los cuerpos de sus hijos y desprecian sus almas, desean que sean apreciados en este mundo y no se cuidan de lo que puedan sufrir en el otro, dando a entender con este proceder que son madres de cuerpos y no de almas. Y yo creo que estos mismos hermanos, cuando oyeron al Señor hablar sobre su pasión y resurrección, comenzaron a decir en su interior, puesto que eran fieles. Ved cómo el Rey del cielo baja a los reinos de los infiernos para destruir el reino de la muerte. Pero después de terminada su victoria, ¿qué le queda por hacer si no el recibir la gloria de su Reino?

Orígenes, *homilia 12 in Matthaeum*

Después de haber destruido Cristo el pecado que reinaba en nuestros cuerpos mortales y todo el poder de los espíritus infernales, recibe en medio de los hombres la corona de su Reino, que para Él equivale a sentarse en el trono de su gloria. Porque el obrar Él con todo su poder a derecha y a izquierda, no es otra cosa que destruir todo el mal que ante Él se presenta y es indudable que entre los que se aproximan a Cristo, aquellos que más sobresalen son los que están a su derecha y los que menos a su izquierda. La derecha de Cristo, ved si lo podéis comprender, es toda criatura invisible y la izquierda la visible y corporal. Entre los que se aproximan a Cristo hay algunos que se colocan a su derecha, como son las cosas inteligibles y otros a su izquierda, como son las sensibles.

Pseudo-Crisóstomo, *opus imperfectum in Matthaeum, hom. 35*

¿Cómo aquel que se entregó a sí mismo a los hombres, no hará partícipes de su Reino a los hombres? Es represible la negligencia en pedir cuando no hay duda de la misericordia del que da. Si pedimos al Maestro, probablemente moveremos los corazones de los demás hermanos. Porque, aunque no los pueda vencer el placer carnal, puesto que ya están como regenerados por el espíritu, pueden, sin embargo, conmoverse dado que aún tienen sentimientos carnales. Luego pongamos en nuestro lugar a nuestra madre, para que en su nombre pida por nosotros. Porque si ella es represible, fácilmente será perdonada. Su mismo sexo la excusa de todo error y si ella no fuere importuna, alcanzará con más facilidad cuanto pida para sus hijos. Porque el Señor, que ha llenado el corazón maternal de cariño para con sus hijos, escuchará con más facilidad los sentimientos de la madre. Entonces el Señor, que conoce las cosas que están ocultas, no contesta a las palabras de la madre sino a la intención de los hijos que inspiraron esa súplica. El deseo de ellos era efectivamente bueno, pero su petición inconsiderada. De ahí es que, aunque no debían obtener nada, sin embargo no merecían ser reprendidos por su sencilla petición nacida del amor que tenían al Señor. Por esto el Señor solamente les reprende su ignorancia: "Y respondiendo Jesús, dijo: No sabéis lo que pedís".

San Jerónimo

No es extraño que el Señor reprenda su ignorancia, habiendo dicho de Pedro (*Lc* 9,33): "No sabía lo que decía".

Pseudo-Crisóstomo, *opus imperfectum in Matthaeum, hom. 35*

Porque el Señor permite con frecuencia que los discípulos digan o piensen algunas cosas inconvenientes con el objeto de tener en ello una ocasión para enseñarles alguna regla de piedad, comprendiendo que en su presencia no podía traer ningún mal resultado el error que ellos cometían y que la doctrina que con este motivo les exponía edificaba, no sólo para el presente, sino también para el porvenir.

San Juan Crisóstomo, *homiliae in Matthaeum, hom. 65,2*

El Señor les responde de esa manera, o bien para manifestarles que lo que pedían no era un bien espiritual, o bien para hacerles ver que si ellos hubieran comprendido lo que pedían, jamás se hubieran atrevido a hacer una petición cuya realización excede a las más elevadas virtudes.

San Hilario, *in Matthaeum, 20*

Tampoco saben lo que piden porque no podía ser objeto de duda alguna la gloria de los apóstoles. Y las palabras que preceden indican de un modo terminante que serán ellos los jueces del mundo (**Hch** 19).

Pseudo-Crisóstomo, *opus imperfectum in Matthaeum, hom. 35*

O también: "No sabéis lo que pedís", que equivale a decir: Yo os he llamado desde el lado izquierdo a mi derecha y vosotros, por elección vuestra, queréis volver a pasar a la izquierda y quizás la mujer fuera la causa de esta elección. El diablo puso en juego sus acostumbradas armas: la mujer; y así como por una mujer despojó a Adán, así también quiso separar a los discípulos por sugestión de una madre. Pero desde que la salvación del mundo vino de una mujer, ya no podía perder a los santos por una mujer. O también dice: "No sabéis lo que pedís". Porque no solamente debemos pensar en la gloria que podemos conseguir sino también en el modo de evitar las consecuencias del pecado. Porque en las batallas del mundo difícilmente vence el que no piensa más que en el botín de la victoria. Por eso debieron ellos haber hecho esta petición: "Danos el auxilio de tu gracia para que triunfemos de todo mal".

Rábano

No sabían lo que pedían aquellos que pretendían del Señor el trono de una gloria que aún no merecían. Se complacen ante la perspectiva de la cumbre del honor pero les falta ejercitarse antes en el camino del trabajo. Por eso añade: "Podéis beber el cáliz".

San Jerónimo

Por cáliz se entiende en la Escritura Santa la pasión, como en el Salmo: "Tomaré el cáliz de la salud" (**Sal** 115,13) y a continuación dice lo que es este cáliz: "La muerte de los santos es preciosa en la presencia del Señor" (**Sal** 115,14).

Pseudo-Crisóstomo, *opus imperfectum in Matthaeum, hom. 35*

El Señor sabía que los discípulos podían imitar su pasión pero les hace esa pregunta con el objeto de que sepamos que nadie puede reinar con Cristo si no lo imita en la pasión pues una cosa preciosa no se adquiere a bajo precio. Entendemos por pasión del Señor, no solamente la persecución de los gentiles, sino también todo lo que tengamos que sufrir en nuestras luchas con el pecado.

San Juan Crisóstomo, *homiliae in Matthaeum, hom. 65,2*

Dice, pues: "Podéis beber", etc., como si dijera: Vosotros me habláis de honor y de coronas y yo os hablo de combates y esfuerzos, porque éste no es aún el tiempo de las recompensas. La pregunta del Señor atrae a sus discípulos, porque no les dijo: Podéis derramar vuestra sangre, sino, "¿Podéis beber el cáliz que Yo he de beber?"

Remigio

Esto con el objeto de unirlos más a El mediante el lazo de la pasión. Aquellos que poseían la libertad y la constancia del martirio prometen que lo beberían. Por eso sigue: "Dícenle: Podemos".

Pseudo-Crisóstomo, *opus imperfectum in Matthaeum, hom. 35*

O también dicen esto, no tanto por la confianza que les inspiraba su fortaleza, sino por la ignorancia de su fragilidad; porque para ellos, que no tenían experiencia, era cosa ligera la pasión y la muerte.

San Juan Crisóstomo, *homiliae in Matthaeum, hom. 65,2*

O también prometen eso por efecto de su buen deseo. Porque jamás se hubieran comprometido de ese modo si no hubieran esperado obtener lo mismo que pedían. El Señor les profetiza grandes bienes, es decir, hacerlos dignos del martirio.

Sigue: "Díjoles: En verdad beberéis mi cáliz".

Orígenes, *homilia 12 in Matthaeum*

No les contestó el Señor: Podéis beber mi cáliz, sino que, mirando a su futura perfección, les dijo: "En verdad beberéis mi cáliz".

San Jerónimo

Se pregunta cómo los hijos del Zebedeo (a saber, Santiago y Juan) han bebido el cáliz del martirio, siendo así que, según la Escritura, Santiago fue decapitado por Herodes (**Hch** 12) y Juan murió de muerte natural; pero leemos en la historia eclesiástica que Juan fue arrojado a una caldera de aceite hirviendo y desterrado a la isla de Patmos. Por consiguiente, nada le faltó para lo esencial del martirio y para beber el cáliz de confesor; cáliz que bebieron los tres jóvenes echados al horno de fuego, aunque su perseguidor no derramó la sangre de ellos.

San Hilario, *in Matthaeum, 20*

Aplaudiendo el Señor la fe de los discípulos, les dijo que en verdad podían sufrir con El el martirio, pero el sentarse a su derecha o izquierda era cosa reservada a otros por su Padre. Por eso sigue: "Mas el estar sentados a mi derecha o a mi izquierda", etc. Y efectivamente opinamos que de tal manera está reservado a otros ese honor, que no serán extraños a él los apóstoles, los cuales juzgarán a Israel sentados en los doce tronos de los patriarcas. Y Moisés y Elías -de quienes el Señor apareció rodeado en la montaña con todo el brillo de su gloria- estarán sentados en el Reino de los Cielos, en cuanto es posible concluirlo de lo que dicen los mismos Evangelios.

San Jerónimo

Mas yo opino de otra manera. Los nombres de los que estarán sentados en el Reino de los Cielos no se dicen aquí, a fin de que la designación especial de algunos no parezca la exclusión de otros. Porque el Reino de los Cielos no está tanto a la disposición del que lo da como del que lo recibe. Para Dios no hay distinción de personas y aquel que se presentare digno del Reino de los Cielos, recibirá el reino que está preparado, no para tal persona, sino para tal conducta. De donde resulta que si vosotros os portáis de tal manera que merecéis el Reino de los Cielos (que mi Padre ha preparado a los victoriosos), vosotros lo recibiréis también. Y no dijo el Señor "no os sentaréis", a fin de no cubrir de confusión a los dos hermanos, ni tampoco "os sentaréis", para no irritar a los demás.

San Juan Crisóstomo, *homiliae in Matthaeum, hom. 65,3*

O de otro modo, este primer lugar parece imposible a todos, no sólo a los hombres, sino a los ángeles, porque el apóstol San Pablo nos dice en estos términos, que tal es el principal puesto del Hijo único de Dios (**Heb** 1,13.): "¿A cuál de los ángeles dijo alguna vez: "Siéntate a mi derecha?" Contesta el Señor por condescender con los que le preguntaban, mas no con el fin de designar quiénes de los presentes debían sentarse a su lado. Porque el único objeto que efectivamente se proponían los dos discípulos en su petición era el estar sentados inmediatamente después de Él y delante de los demás. Pero el Señor responde: Efectivamente moriréis por causa mía pero esto no es suficiente para que obtengáis el primer puesto. Porque si se presentara algún otro con mayor virtud además del martirio, no le quitaré a él el primer puesto y os lo daré a vosotros por el amor que os tengo. Y para que viéramos que no cabía en El esa debilidad, no dijo simplemente: No es cosa mía el dar, sino no es cosa mía el darlo a vosotros, sino a aquéllos para quienes ha sido preparado, es decir, a aquellos que se pueden distinguir por sus obras.

Remigio

O de otro modo: no es cosa mía el darlo a vosotros, esto es, a los que son tan soberbios como vosotros, sino a los humildes de corazón, para quienes lo ha preparado mi Padre.

San Agustín, *de Trinitate, 1,12,24-25*

O también de otro modo, la respuesta del Señor: "Mas el estar sentado a mi derecha no me pertenece a Mí el darlo", fue dada según la forma de siervo de que estaba revestido. Mas lo que está preparado por el Padre, preparado está también por el mismo Hijo. Porque el Padre y el Hijo son una sola cosa.

Y cuando los diez oyeron esto, se indignaron contra los dos hermanos; mas Jesús los llamó a sí, y dijo: "Sabéis que los príncipes de las gentes avasallan a sus pueblos, y que los que son mayores ejercen potestad sobre ellos. No será así entre vosotros; mas entre vosotros, todo el que quiera ser mayor, sea vuestro criado: y el que entre vosotros quiera ser primero, sea vuestro siervo. Así como el Hijo del Hombre no vino para ser servido, sino para servir y para dar su vida en redención por muchos". (vv. 24-28)

San Juan Crisóstomo, *homiliae in Matthaeum, hom. 65,3*

Mientras que Cristo no hizo más que formular su sentencia, no se entristecieron los otros discípulos; pero cuando los reprendió, entonces se llenaron de dolor. Por eso sigue: "Y cuando los diez oyeron", etc.

San Jerónimo

No era la indignación de los diez apóstoles contra la atrevida exigencia de la madre, sino que iba directamente contra los hijos, que desconociendo su capacidad, ardían en deseos ambiciosos.

San Juan Crisóstomo, *homiliae in Matthaeum, hom. 65,3*

Comprendieron los otros discípulos el alcance de la petición de los dos hermanos cuando los reprendió el Señor; pero cuando los vieron honrados de una manera tan especial por el Señor en la transfiguración, aunque lo sintieron en su interior, no se atrevieron a manifestar su resentimiento por respeto al Maestro.

Pseudo-Crisóstomo, *opus imperfectum in Matthaeum, hom. 35*

Tan carnal fue la petición de los dos hermanos, como la indignación de los diez apóstoles. Porque si es vituperable el querer elevarse sobre los demás, no menos glorioso es el sufrir a otro sobre sí.

San Jerónimo

Mas el humilde y dulce Maestro ni arguye a los dos hermanos por su ambición, ni reprende a los otros discípulos por su indignación y envidia. Por eso sigue: "Mas Jesús los llamó a sí", etc.

San Juan Crisóstomo, *homiliae in Matthaeum, hom. 65,4*

Como el Señor los vio tristes, les consulta llamándolos y hablándoles de cosas que se habían de realizar pronto. Porque estando los dos separados de la compañía de los diez, estaban más próximos al Señor y le hablaban en particular; sin embargo, no los consuela el Señor como antes, poniéndoles a su vista el ejemplo de los niños, sino proponiéndoles otro contrario; así les dice: "¿Sabéis que los príncipes de las gentes avasallan a sus pueblos", etc.

Orígenes, *homilia 12 in Matthaeum*

Es decir, no se contentan con gobernar a sus súbditos, sino que se proponen dominarlos empleando la violencia. Pero no será así entre vosotros, que sois míos, porque así como las cosas materiales pueden ser cohibidas por la coacción y no las espirituales porque dependen de la voluntad, así también la soberanía de los príncipes debe ejercerse con amor y no con amenazas corporales.

San Juan Crisóstomo, *homiliae in Matthaeum, hom. 65,4*

Manifiesta el Señor en este pasaje que es propio de los gentiles el ambicionar los primeros puestos y con esta comparación de los gentiles convierte las encendidas almas de sus discípulos.

Pseudo-Crisóstomo, *opus imperfectum in Matthaeum, hom. 35*

Es efectivamente laudable el desear trabajar, porque esto es natural en nosotros y nuestra mayor recompensa; pero el ambicionar los honores del poder es una vanidad porque la adquisición de esos honores depende de los altos juicios de Dios y aun cuando los tengamos, no por eso merecemos ni tenemos derecho a la corona de justicia. Porque no será honrado por Dios el apóstol por ser apóstol sino porque cumplió bien los deberes que impone el apostolado. Tampoco el apóstol fue condecorado con el honor de apóstol por sus méritos anteriores, sino que por las inclinaciones y la disposición de su alma fue juzgado apto para el apostolado. Los primeros puestos buscan siempre al que no los quiere y huyen del que los desea. Debemos, por consiguiente, desear, no los puestos más elevados, sino la vida mejor. De ahí es que, deseando el Señor matar la ambición de los dos hermanos y la indignación de los otros apóstoles, les propone la diferencia que existe entre los príncipes del mundo y los príncipes de la Iglesia, haciéndoles ver que el principado en Cristo ni debe ser apetecido por el que no lo tiene, ni debe ser envidiado cuando lo tiene otro. Los príncipes del mundo se dedican a dominar a sus inferiores, a reducirlos a la servidumbre, a servirse de ellos hasta perder sus vidas cuando así lo creen conveniente los príncipes para su propia utilidad o gloria. Los príncipes de la Iglesia, en cambio, están destinados a servir a sus inferiores, a darles cuanto recibieron de Cristo, a despreciar sus propios intereses, a cuidar por los de sus inferiores y a no rehusar la muerte cuando está de por medio la salvación de los inferiores. Es, pues, injusto y de ninguna utilidad el desear la primacía de la Iglesia. Porque ningún hombre cuerdo quiere someterse a semejante tarea y al peligro en que está de perderse por tener que dar cuenta de toda la Iglesia, a no ser que no tema los juicios de Dios, abuse del poder eclesiástico y lo convierta en poder temporal.

San Jerónimo

Finalmente, el mismo Señor se propuso a sí mismo como ejemplo diciendo: "Así como el Hijo del hombre no vino a ser servido, etc.", a fin de que sus discípulos quedaran avergonzados con el ejemplo de sus actos.

Orígenes, *homilia 12 in Matthaeum*

Porque si bien lo sirvieron Marta y los ángeles, sin embargo, El no vino para ser servido sino para servir; y llegó en el servicio hasta el punto de que se puede decir de El: "Y para dar su vida en redención por muchos". Como sólo El estaba libre en medio de los muertos y era más fuerte que el poder de la muerte (*Sal* 87), ofreciendo su alma a la muerte libró de la muerte a todos los que han querido seguirle. Deben, pues, los príncipes de la Iglesia imitar a Cristo, que era tan accesible, que hablaba con las mujeres, imponía sus manos a los niños, lavaba los pies a sus discípulos, con el único objeto de que ellos hicieran lo mismo con sus hermanos. Pero somos nosotros de tal condición, que porque no comprendemos, o porque despreciamos el precepto de Cristo, tratamos de parecer más soberbios que los poderes del mundo y queremos, como los reyes del mundo, tropas que vayan delante de nosotros y nos manifestamos terribles y de acceso difícil, sobre todo para con los pobres, a quienes ni tratamos con afabilidad, ni les permitimos la tengan ellos con nosotros.

San Juan Crisóstomo, *homiliae in Matthaeum, hom. 65,4*

Por más que os humillen, jamás llegaréis a descender al punto a que descendió vuestro Señor.

Y saliendo ellos de Jericó, le siguió mucha gente. Y he aquí dos ciegos sentados junto al camino, oyeron que Jesús pasaba, y comenzaron a gritar diciendo: "Señor, hijo de David, ten misericordia de nosotros". Y la gente los reñía para que callasen. Pero ellos alzaban más el grito, diciendo: "Señor, hijo de David, ten misericordia de nosotros". Y Jesús se paró, y los llamó y dijo: "¿Qué queréis que os haga?" "Señor, le respondieron: que sean abiertos nuestros ojos". Y Jesús compadecido de ellos, les tocó los ojos. Y vieron en el mismo instante, y le siguieron. (vv. 29-34)

Pseudo-Crisóstomo, *opus imperfectum in Matthaeum, hom. 35*

Así como la mies abundante es un testimonio del esmerado trabajo del labrador, así también una iglesia llena atestigua el celo del que enseña. Por esta razón se dice en este pasaje: "Y saliendo ellos de Jericó, le siguió mucha gente", etc. El trabajo no contuvo a nadie del camino porque el amor espiritual no conoce la fatiga. A nadie retrajo el recuerdo de sus bienes, porque entraban en posesión del Reino celestial; y el que ha tomado una vez el gusto a los bienes del cielo, verdaderamente pierde su afición a todo lo de la tierra. Con mucha oportunidad se presentaron los dos ciegos delante de Cristo, porque, después de haberles abierto los ojos el Señor, podían ir con Él a Jerusalén y atestiguar su poder. En esto se funda lo que sigue: "Y he aquí dos ciegos", etc. Estos ciegos oían el ruido de los que corrían, pero no veían persona alguna, porque no les quedaba más que la voz y como no le podían seguir con los pies le siguieron con la voz. Por esta razón sigue: "Y oyeron que Jesús pasaba", etc.

San Agustín, *de consensu evangelistarum, 2,65*

San Marcos (*Mc* 10.) refiere este hecho, pero lo atribuye a un solo ciego, dificultad que se resuelve diciendo: De los dos ciegos de los que habla San Mateo, uno era muy conocido en la ciudad, cosa que se comprueba perfectamente en el hecho mismo de que San Marcos llama a su padre Timeo y al hijo Bartimeo. Probablemente había sido arrojado de una gran posición por alguna falta y por consiguiente era muy conocido. Este no solamente estaba ciego, sino que se sentaba para mendigar. De donde resulta que San Marcos, con el objeto de hacer ver la grandeza del milagro, comparó la iluminación de este ciego con la tan conocida miseria a que estaba reducido y por esta razón menciona sólo a este ciego. En cuanto a San Lucas, es probable que en lugar de contar este hecho se refiera a otro milagro semejante verificado en otro ciego (*Lc* 18). Porque él dice: "Cuando Jesús se aproxima a Jericó" y los otros evangelistas ponen: "en el momento en que Jesús salía de Jericó".

Sigue: "Y la gente los reñía para que callasen", etc.

Pseudo-Crisóstomo, *opus imperfectum in Matthaeum, hom. 35*

Estos veían los vestidos sucios y no consideraban la belleza del alma. ¡Ved ahí la necia sabiduría de los hombres! Pensaban que era injuriar a los grandes el dejarse honrar por los pobres. Porque ¿quién es el pobre que se atreve a saludar en público al rico?

San Hilario

O también imponen silencio, no para honrar al Señor, sino por la incomodidad que les causaba el oír de boca de los ciegos lo que ellos tanto negaban, a saber, que "el Señor era hijo de David".

Orígenes, *homilia 13 in Matthaeum*

O también eran los creyentes los que los reñían, para que no le llamaran con el nombre humilde de "Hijo de David" sino para que le dijeran: "Hijo de Dios, ten piedad de nosotros".

San Hilario

Pero cuanto más se lo impedían, más gritaban, porque la fe se enciende más con la contradicción, se afirma en los peligros y peligra en la seguridad. Por esto sigue: "Pero ellos alzaban más el grito, diciendo: Hijo de David, ten misericordia de nosotros". Primeramente clamaban porque estaban ciegos y después gritaban más, porque se les impedía aproximarse a la luz.

San Juan Crisóstomo, *homiliae in Matthaeum, hom. 66,1*

Cristo permitía el que se les riñera para que apareciese más vivo su deseo. De donde podemos concluir que cualquiera sea la clase de desprecio que pese sobre nosotros, podemos conseguir lo que pedimos con sólo acercarnos con verdadero deseo a Cristo.

Sigue: "Y Jesús se paró y los llamó", etc.

San Jerónimo

Jesús se paró porque los ciegos no sabían el camino que tomaría. Había en Jericó muchos fosos, muchas rocas y precipicios y para que los ciegos pudieran llegar se tuvo que parar el Señor.

Orígenes, *homilia 13 in Matthaeum*

O también se para el Señor y no sigue su camino, para que con su detención no pasara su beneficio sino que corriera su misericordia como de una fuente estable hasta los ciegos.

San Jerónimo

El Señor los manda llamar a fin de que no encuentren obstáculo en las gentes y les pregunta "qué es lo que quieren" para que por su respuesta se vea más claramente su enfermedad, y por el remedio y la curación se conozca mejor el poder.

Pseudo-Crisóstomo, *opus imperfectum in Matthaeum, hom. 35*

O también les pregunta a causa de su fe, para que, mientras los ciegos confiesan que Cristo es el Hijo de Dios, los que ven sean cuestionados, ya que lo consideran como mero hombre. Llamaron Señor a Cristo y dijeron la verdad, pero al decirle: "Hijo de David", destruían todo lo que antes confesaron con tanto acierto. En efecto, por un abuso los hombres son llamados señores, pero con toda propiedad el nombre de Señor sólo puede aplicarse a Dios. Por consiguiente, al decir los ciegos: "Señor, Hijo de David", toman la palabra Señor en el primer sentido y se la aplican a Cristo como a hombre, pero diciendo solamente Señor, confiesan la divinidad de Cristo. Por esta razón les pregunta: "¿Qué queréis?" Y ya desde entonces no le llamaron Señor, Hijo de David, sino solamente Señor. Sigue: "Señor, le respondieron, que sean abiertos nuestros ojos". Porque el Hijo de David no puede abrir los ojos a los ciegos, pero el Hijo de Dios sí. Cuando ellos dijeron: "Señor, hijo de David", no fueron curados. Pero en cuanto dijeron "Señor", enseguida recobraron la salud. Sigue: "Y Jesús, compadecido de ellos, les tocó los ojos". Los tocó con la mano como hombre y los curó como Dios.

San Jerónimo

El Creador les concede lo que les negó la naturaleza o, con más certeza, la misericordia les da lo que la enfermedad les había quitado.

San Juan Crisóstomo, *homiliae in Matthaeum, hom. 66,1*

Así como ellos perseveraron antes de recibir el don, así también fueron agradecidos después de recibirlo.

Pseudo-Crisóstomo, *opus imperfectum in Matthaeum, hom. 35*

Estos hombres, en prueba de su agradecimiento, ofrecieron al Señor un gran presente, esto es, "y le siguieron". Es lo único que Dios nos exige por el profeta (*Miq* 6): que marchemos con gran solicitud en el seguimiento de nuestro Dios y Señor.

San Jerónimo

Aquellos que por su enfermedad estaban sentados cerca de Jericó y no podían hacer otra cosa más que gritar, después siguen a Jesús no tanto con sus pies como con sus virtudes.

Rábano

El nombre de Jericó, que significa luna, figura la mutabilidad del hombre.

Orígenes, *homilia 13 in Matthaeum*

En sentido místico Jericó representa el mundo al que Cristo bajó. Y los que están en Jericó no saben salir de la sabiduría del mundo, a no ser que vean salir de Jericó a Jesús y a sus discípulos. Mas las gentes que le vieron salir le siguieron despreciando al mundo y a todo cuanto es del mundo, a fin de subir guiados por Cristo a la Jerusalén celestial. También podemos decir que los dos ciegos representaban los dos reinos de Judá y de Israel que estuvieron ciegos antes de la venida del Señor, porque no veían la verdadera palabra contenida en la Ley y en los Profetas y que sentados cerca del camino de la Ley y de los Profetas y no teniendo de ellos más que una inteligencia carnal, levantaban su voz hacia Aquel que había nacido del linaje de David según la carne (*Rm* 1).

San Jerónimo

Muchos entienden por los dos ciegos a los fariseos y saduceos.

San Agustín, *quaestiones evangeliorum, 1,28*

O de otro modo, los dos ciegos sentados junto al camino representan a todas aquellas personas de ambos pueblos que creían en la vida humana del Salvador -vida que es nuestro camino- y que deseaban ser iluminados, es decir, tener algún conocimiento de la eternidad del Verbo. Esto era lo único que deseaban alcanzar al pasar Jesús por delante de ellos, mediante la fe que nos hace creer que el Hijo de Dios fue hecho hombre y padeció por nosotros. Porque mediante este misterio viene Jesús como a pasar, puesto que pasar es una acción temporal. Era conveniente que los ciegos levantaran la voz a fin de vencer la dificultad que les causaba, con su griterío, la gente que se agolpaba. Esto quiere decir que tenían una intención bastante perseverante para vencer con la oración y la súplica la fuerza de esa intención habitual de los deseos carnales, que a la manera de un tropel de gente alborotada, detienen el pensamiento que tiene empeño en ver la luz de la verdad eterna o sirven de obstáculo para conseguir el triunfo sobre esa multitud de hombres carnales que hacen imposibles los ejercicios espirituales.

San Agustín, *sermones, 88,13*

Los cristianos malos e indiferentes impiden que los buenos cristianos cumplan los preceptos de Dios. Sin embargo, los fieles al Señor predican sin descanso. Todo buen cristiano que comienza a vivir bien y a despreciar al mundo, encontrará cristianos malos y fríos en la fe que le reprenderán su nuevo género de vida. Pero si no se cansa y es constante en su nueva vida, los mismos que antes se le oponían, lo respetarán.

San Agustín, *quaestiones evangeliorum, 2,28*

Jesús quien ha dicho: "Al que llama se le abrirá", se para delante de los ciegos, los toca y les da la vista, porque la fe en la encarnación temporal es una preparación para comprender las cosas eternas. El paso de Jesús les avisa que les será dada la vista y cuando se detiene el Señor se la concede. Esto es figura de lo pasajeras que son las cosas temporales y de la estabilidad de las eternas.

Pseudo-Crisóstomo, *opus imperfectum in Matthaeum, hom. 36*

Algunos ven en los ciegos a los gentiles, descendientes unos de Cam y los otros de Jafet. "Estaban ellos sentados cerca del camino", es decir, que su vida estaba en los confines de la verdad, pero eran incapaces de llegar hasta ella o también porque, viviendo por el Verbo, no tenían aún conocimiento del Verbo.

Rábano

Pero llegando a sus oídos la fama del nombre de Cristo, deseaban ser partícipes de Cristo. Desde luego, muchos de los judíos se opusieron (como se lee en los Hechos de los Apóstoles) y después vino una viva persecución por parte de los gentiles, sin que nada de todo esto pudiera prevalecer contra aquellos que estaban invitados a la vida.

Pseudo-Crisóstomo, *opus imperfectum in Matthaeum, hom. 36*

Jesús, consiguientemente, tocó los ojos de las naciones, dándoles la gracia del Espíritu Santo e iluminadas éstas, le siguieron con sus buenas obras.

Orígenes, *homilia 13 in Matthaeum*

También a nosotros, que estamos sentados cerca del camino de las Escrituras y que sabemos en qué consiste nuestra ceguera, el Señor nos tocará si se lo pedimos con todo el afecto de nuestras almas, abrirá los ojos de nuestras almas y alejará de nuestros sentidos las tinieblas de la ignorancia, a fin de que le veamos y le sigamos, único objeto que se propuso al concedernos la vista.

CAPÍTULO 21

Y cuando se acercaron a Jerusalén, y llegaron a Betfagé al monte del Olivar, envió entonces Jesús a dos discípulos, diciéndoles: "id a esa aldea que está enfrente de vosotros, luego hallaréis una asna atada y un pollino con ella, desatadla y traédmelos: Y si alguno os dijere alguna cosa, respondedle que el Señor los ha menester, y luego los dejará". Y esto todo fue hecho, para que se cumpliese lo que había dicho el Profeta, que dice: Decid a la hija de Sión: He aquí tu Rey, viene manso para ti, sentado sobre una asna, y un pollino, hijo de la que está debajo del yugo. Y fueron los discípulos, e hicieron como les había mandado Jesús. Y trajeron la asna y el pollino: y pusieron sobre ellos sus vestidos, y le hicieron sentar encima. Y una grande multitud del pueblo tendió también sus ropas por el camino: Y otros cortaban ramos de los árboles y los tendían por el camino. Y las gentes que iban delante y las que iban detrás gritaban, diciendo: "Hosanna al Hijo de David, bendito el que viene en el nombre del Señor: Hosanna en las alturas". (vv. 1-9)

Remigio
El evangelista ya había referido que el Salvador había salido de Galilea, y empezaba a subir hacia Jerusalén. Por lo tanto, después que refirió lo que había sucedido en el camino, queriendo continuar su narración, dice: "Y cuando se acercaron a Jerusalén y llegaron a Betfage", etc. Betfage era un lugar propio de los sacerdotes, ubicado a la falda del monte de los Olivos y distante de Jerusalén como una milla. Y los sacerdotes que servían en el templo por espacio de cierto número de días, una vez terminadas las funciones de su ministerio, se hospedaban en aquel sitio, e igualmente los que empezaban a ejercer también vivían allí; porque estaba mandado en la ley que nadie anduviese más de mil pasos en el día de sábado.

Orígenes, *homilia 14 in Matthaeum*

Por esto Betfage quiere decir Casa de las quijadas, porque la parte que correspondía a los sacerdotes según la ley era una quijada.

Prosigue: "Entonces envió Jesús", etc.

Pseudo-Crisóstomo, *opus imperfectum in Matthaeum, hom. 37*

No dijo a sus discípulos decid: tu Señor necesita de ellos, ni tampoco vuestro Señor, para que comprendan que El únicamente es verdadero Dios, no sólo de los animales sino también de todos los hombres, porque aun los pecadores en cierto sentido también son suyos; pero por voluntad propia son del demonio.

San Juan Crisóstomo, *homiliae in Matthaeum, hom. 66,2*

Y no creas que esto carece de importancia, porque ¿quién obligó a los dueños de los jumentos a no querer contradecir, queriendo callar y conceder lo que pedían? En esto evidenció a sus discípulos, que pudiendo ocultarse a los judíos, no quiso hacerlo. También dio a entender que todo lo que se pidiere lo concedieran; porque si los que desconocían a Jesucristo fueron tan generosos, con más razón sus discípulos debían ser los que dispensaran sus gracias a los demás. Y en cuanto a lo que dice: "Y luego los dejará".

Pseudo-Crisóstomo, *opus imperfectum in Matthaeum, hom. 37*

Debe creerse que el animal después de su entrada en Jerusalén fue remitido por Jesucristo a su propio dueño.

Glosa

También puede entenderse que el amo de aquellos jumentos los soltará en seguida para dedicarlos al servicio del Señor. A este hecho se añade el testimonio del profeta, para que se vea que el Señor cumplió todo lo que estaba escrito de Él. Pero que los escribas y los fariseos, cegados por la envidia, no quisieron entender la misma ley.

Por lo tanto, prosigue: "Y todo esto fue hecho, para que se cumpliese lo que había dicho el Profeta", etc. Esto es, Zacarías.

Pseudo-Crisóstomo, *opus imperfectum in Matthaeum, hom. 37*

Conociendo el profeta la malicia de los judíos -que habrían de contrariar a Jesucristo cuando subiese al templo- les advirtió cuál sería la señal para que conociesen a su rey, diciendo: "Decid a la hija de Sión: He aquí", etc.

Rábano

Hija de Sión, según la historia, es la ciudad de Jerusalén, que está colocada en el monte Sión; y en sentido espiritual es la Iglesia de los fieles, que pertenece a la suprema Jerusalén.

Pseudo-Crisóstomo, *opus imperfectum in Matthaeum, hom. 37*

"He aquí" es la palabra de una persona que enseña. Esto es, no en sentido material, sino en sentido espiritual; observad sus acciones virtuosas. Antes de ahora ciertamente decía muchas cosas para manifestar que Aquel de quien hablaba ya era tu rey antes de nacer. Y cuando lo veáis, no queráis decir: no tenemos otro rey sino el César (*Jn* 19,15). ***Vino por ti***, entiéndelo bien, para salvarte; pero si no lo comprendes, viene contra ti. ***Manso***, no para ser temido por su poder, sino para ser amado por su mansedumbre; por esto no lo ves sentado en un carro de oro, ni vestido de hermosa púrpura, ni montado en brioso caballo como amante de disensiones y de pleitos, sino sobre una pollina, amante de la tranquilidad y de la paz; por esto sigue: "Sentado sobre una asna", etc.

San Agustín, *de consensu evangelistarum, 2,36*

Opinan de diversos modos los evangelistas respecto de este testimonio profético. San Mateo lo refiere dando a conocer que la asna recordaba al profeta; pero no se expresa en esos términos San Juan, ni los códices eclesiásticos interpretados por muchos; en virtud de lo cual, me parece a mí que como San Mateo escribió su Evangelio en lengua hebrea, es evidente que aquella interpretación llamada de los Setenta, se diferencia, aunque poco, en algunas cosas que encontraron en el texto hebreo los que conocieron a fondo esta lengua y los que interpretaron estos mismos libros escritos en hebreo. Si se busca el fundamento de esta diferencia, creo muy probable que estos Setenta interpretaron con el mismo espíritu con que se había dicho lo que ellos tradujeron. Esto se ha confirmado después por la admirable conformidad que ha resultado entre ellos. Luego ellos mismos, aun cuando han variado algunas cosas respecto de la forma, no se han separado de la voluntad de Dios, cuyas palabras interpretaban, y no han querido demostrar otra cosa que lo mismo que dicen los evangelistas, aun cuando nos admiramos -por sus pequeñas diferencias-, de las que se nos dan a conocer que no hay mentira. Si bien alguno refiere algo de diferente modo, con tal que no se aparte de la voluntad de aquél con quien debe estar conforme. Por lo cual es muy conveniente conocer las costumbres para evitar equivocaciones. También son dignos de fe porque no debemos creer que exponen la verdad con las mismas expresiones, como si fuera Dios quien nos refiriera esto y nos recomendase las palabras con que deben exponerse aquellas verdades. También debe tenerse en cuenta que esto no ha sido dictado de tal manera que debamos averiguar en absoluto si podremos conocer lo que dice en la misma forma que lo conoce Dios y los ángeles conocen en El.

Prosigue: "Y fueron los discípulos y trajeron la asna", etc.

San Agustín, *de consensu evangelistarum, 2,36*

Los demás evangelistas nada hablan de la asna. No debiera llamar la atención del lector que San Mateo nada diga del pollino cuando los demás evangelistas nada hablan de la asna. Mucho menos debe llamar la atención que uno solo hable de la asna, de la cual no se ocupan los demás y, sin embargo, no habla del pollino, de quien hablan los otros evangelistas. Y aun cuando uno de ellos lo refiera de otro modo (cuánto menos debe extrañarse que cada uno lo refiera de su manera?

Prosigue: "Y pusieron sobre ellos sus vestidos y le hicieron sentar encima".

San Jerónimo

Pero parece que el Señor no debería ir montado en estos dos animales, siendo así que el camino era tan corto, pero en lo que la historia encuentra imposibilidad o dificultad debe interpretarse en sentido más elevado, esto es, en sentido místico.

Remigio

Pudo suceder muy bien que el Señor montase en estos dos animales.

San Juan Crisóstomo, *homiliae in Matthaeum, hom. 66, 2*

A mí me parece que no fue montado sobre la asna únicamente por el misterio que representaba, sino por darnos a entender la grandeza de su sabiduría, en la que nos demuestra que no hay necesidad de ir montado en caballos, sino que es suficiente un asno y que debemos contentarnos con satisfacer lo que sea necesario. Pregúntese a los judíos qué rey ha entrado en Jerusalén montado en una pollina y no sabrán citar a otro más que sólo a Este.

San Jerónimo

Las turbas que habían salido de Jericó y que seguían al Salvador pusieron sus vestidos en el suelo y cubrieron el camino con ramas de árboles. Por esto sigue: "Y una gran multitud del pueblo tendió también sus ropas", etc. Sin duda para evitar que las piedras pudieran hacer daño a los pies del asno, o que le hiriera alguna espina o cayera en algún hoyo. Prosigue: "Y otros cortaban ramas de los árboles, y las tendían por el camino", esto es, de árboles frutales de que está cubierto el monte de los Olivos. Y habiendo arreglado todo, dan testimonio de quién es por medio de la voz. Por esto sigue: "Y las gentes que iban delante y las que iban detrás gritaban diciendo: ¡Hosanna al hijo de David!". Voy a decir brevemente lo que quiere decir Hosanna. En el Salmo 117, que habla precisamente de la venida del Salvador, dice esto entre otras cosas: "Oh Señor, sálvame; Oh Señor, ayúdame; Bendito el que ha de venir en el nombre del Señor" (25,26). En lugar de lo que dicen los Setenta intérpretes: "Oh Señor, sálvame", leemos en el texto hebreo: "***Anna adonais osianna***", lo cual interpretó perfectamente San Símaco, diciendo: "Te ruego, Señor, que me salves". Por lo tanto, ninguno crea que esta invocación ha sido escrita en dos idiomas (esto es, en griego y en hebreo), sino únicamente en hebreo.

Remigio

Está compuesta de una palabra íntegra y otra adulterada. ***Hosi*** quiere decir salva o da salud, ***anna*** entre ellos es una interjección de súplica, porque así como entre los hebreos se dice por el que suplica ***anna***; así, entre los latinos el que sufre dice ¡ay!

San Jerónimo

Significa también que la venida de Jesucristo es la salvación del mundo. Por esto sigue: "Bendito el que viene en el nombre del Señor" (*Jn* 5,43). Y el Salvador aprueba esto mismo en su Evangelio cuando dice: "He venido en nombre de mi Padre".

Remigio

Porque no buscaba en todas sus acciones su propia gloria sino la de su Padre.

Glosa

Y esto es lo que significa Bendito, esto es, glorificado sea, el que viene, esto es, que se ha encarnado, en el nombre del Señor, esto es, del Padre, glorificándolo.

San Jerónimo

Además repiten, Hosanna, esto es, te ruego que me salves, e indican en dónde quieren salvarse, a saber, en lo más alto; esto es, en los cielos y no en la tierra. Y por esto se le añade Hosanna -esto es, la salvación en los cielos-, se da a conocer claramente que la venida de Jesucristo, no sólo representaba la salvación del hombre sino de todo el mundo, uniendo lo terreno con lo celestial.

Orígenes, *homilia 14 in Matthaeum*

También alababan la humanidad de Jesucristo cuando decían: "¡Hosanna al hijo de David! ¡Bendito el que viene en el nombre del Señor!", y su regreso al cielo cuando decían: "¡Hosanna en las alturas!"

Pseudo-Crisóstomo, *opus imperfectum in Matthaeum, hom. 37*

Hosanna, según unos, quiere decir gloria, y según otros redención, porque se le debe la gloria y es el autor de la redención, puesto que a todos nos ha redimido.

San Hilario, *in Matthaeum, 21*

Estas palabras de alabanza explican en sí el poder de la redención; llaman a Jesús hijo de David, y en ello reconocen la herencia del reino eterno.

Pseudo-Crisóstomo, *opus imperfectum in Matthaeum, hom. 37*

Hasta entonces el Salvador nunca había usado de animales, ni había utilizado ramos verdes de los árboles como adornos de su cuerpo. Unicamente los usa cuando asciende a Jerusalén para darse a conocer. Así, incitó a los que lo veían a hacer lo que hacía tiempo querían. Por lo tanto se les dio la posibilidad, pero no se les movió la voluntad.

San Jerónimo

El Señor también se aproxima a Jerusalén en sentido místico, saliendo de Jericó para traer de allí mucha gente; porque el grande, enriquecido con sus grandes mercancías y habiendo devuelto la salud a los que creían, desea entrar en la ciudad de la paz y en el lugar en donde puede verse a Dios. Y vino también a Betfage, esto es, a la Casa de las Quijadas, porque representaba la figura de la confesión; y radicaba en el monte de los Olivos, donde se encuentra la luz de la ciencia y el descanso de los trabajos y de los dolores. Se designa este mundo por medio de la aldea que estaba enfrente de los apóstoles y estaba contra ellos y no quería recibir la luz de su celestial doctrina.

Remigio

El Señor envió desde el monte de los Olivos a sus discípulos a la aldea, por lo que envió también a los predicadores de la Iglesia primitiva por todo el mundo. Envió dos, porque hay dos clases de predicadores, de quienes habla el Apóstol cuando dice: "El que ha obrado en Pedro en el apostolado de la circuncisión, ha obrado también en mí entre los gentiles" (*Gál* 2,8). O también porque hay dos preceptos de caridad, o por los dos testamentos, o por la letra y el espíritu.

San Jerónimo

También por la teoría y por la práctica, esto es, la ciencia y sus acciones. Y esta asna que fue acostumbrada al yugo y que llevó sobre sí el yugo de la ley, representa a la sinagoga; el pollino de la asna son los hijos lascivos de los gentiles, porque Judea, según el Señor, es la madre de todos los gentiles.

Rábano

Únicamente San Mateo, que escribió su Evangelio para los judíos, presenta una asna llevando al Señor, para demostrar a aquellas gentes que si se arrepienten no deben desesperar de su salvación.

Pseudo-Crisóstomo, *opus imperfectum in Matthaeum, hom. 37*

Los hombres son comparados con los animales porque se les parecen en algunas cosas cuando no conocen al Hijo de Dios. Este es, pues, el animal inmundo y el más irracional de todos los animales; el más necio, el más débil, el más innoble y que más se presta a la carga. Así fueron los hombres antes de la venida de Jesucristo: manchados por sus diversas pasiones, irracionales, carentes de palabras razonables, necios porque desprecian a Dios, débiles en cuanto al alma, innobles porque olvidándose de su descendencia celestial se habían convertido en esclavos de sus pasiones y de los demonios. También llevaban la carga porque llevaban sobre sí el saco del error que les habían impuesto los demonios y los filósofos. Estaba atada la asna -esto es, estaba impedida por el lazo del error del demonio-, y no tenía libertad de ir a donde quería, porque antes que pequemos, tenemos libre albedrío y hacemos lo que el demonio desea o no lo hacemos si queremos. Pero si pecamos nos vemos como obligados por sus obras, y ya no podemos escapar por nuestra propia fuerza. Y así como la nave -una vez roto el timón- es llevada a donde quiere la tempestad, así también el hombre, cuando pierde el auxilio de la divina gracia por su pecado, ya no hace lo que quiere, sino lo que quiere el demonio. Y si Dios no lo desata con la mano poderosa de su misericordia, permanecerá esclavo por sus pecados hasta la muerte. Por esto dice a sus discípulos: soltadle; esto es, por vuestra predicación y por vuestros milagros, porque todos los judíos y los gentiles fueron puestos en libertad por medio de los apóstoles. "Y traédmelos", esto es, convertidlos a mi gloria.

Orígenes, *homilia 14 in Matthaeum*

Por lo que cuando iba a subir al cielo mandó a sus discípulos que soltasen a los pecadores dándoles el Espíritu Santo. Una vez libres y ya marchando y robustecidos además por la divinidad de Jesucristo, fueron considerados como dignos de ser remitidos a aquel lugar de donde habían salido. No ya para que volviesen a sus antiguas faenas sino para que les predicasen al Hijo de Dios. Esto es lo que significa cuando dice: "Y luego los dejará".

San Hilario, *in Matthaeum, 21*

Por medio de la asna y del pollino especifica las dos vocaciones del pueblo gentil. Había algunos samaritanos que vivían bajo el influjo de cierta costumbre y eran feroces; éstos estaban representados por el pollino. Había también gentes indómitas y terribles, que estaban representadas por medio del pollino. Por esta razón, son enviados dos, para que suelten a los que estén atados por los vínculos del error. Por medio de San Felipe creyó Samaria, y por medio de San Pedro, Cornelio fue traído a la fe de Jesucristo, como primicia de los gentiles.

Remigio

Así como entonces se dijo a los apóstoles: "Si alguno os dice algo, decidle que el Señor necesita de ellos"; así, ahora manda a los predicadores que, aun cuando encuentren alguna dificultad, no cesen de predicar.

San Jerónimo

El vestido de los apóstoles, que fue colocado sobre el jumento, representa o la enseñanza de las virtudes o el conocimiento de las Sagradas Escrituras. También representa la diversidad de las enseñanzas católicas, en las que si el alma no está instruida y adornada, no puede merecer que el Señor descanse sobre ella.

Remigio

El Señor se sentó, pues, sobre el asno y se encaminó a Jerusalén, porque como era el jefe de la santa Iglesia y del alma fiel, la gobierna en este mundo y la lleva después de esta vida, introduciéndola en la patria celestial. Los apóstoles y los demás doctores colocaron sus mantos sobre la asna porque dieron a los gentiles la gloria que habían recibido de Jesucristo. Las gentes también tendían sus vestidos por el camino, porque aquellos judíos que creían en el Señor despreciaban la gloria que habían recibido de la ley. Cortaban ramas de los árboles, porque habían conocido en virtud de los profetas lo que había de hacer Jesucristo, como de árboles verdes. Las gentes que tendían sus vestidos en el camino representan a los mártires que entregaron sus vestidos -esto es, los cuerpos que cubrían sus almas-, sufriendo el martirio por Jesucristo. Y también representan a aquéllos que dominan sus cuerpos por medio de la abstinencia. Aquéllos que examinan los escritos y los testimonios de los Santos Padres cortan ramas de los árboles, para su salvación y la de sus hijos.

San Jerónimo

Cuando dice: las turbas que lo precedían y que lo seguían, se refiere a uno y otro pueblo, al de aquéllos que creyeron en el Señor antes y después del Evangelio, y que alababan a Jesús a una voz.

Pseudo-Crisóstomo, *opus imperfectum in Matthaeum, hom. 37*

Y aquéllos clamaron vaticinando la venida de Cristo; éstos en cambio, claman alabando la venida de Cristo ya cumplida.

Y cuando entró en Jerusalén, se conmovió toda la ciudad, diciendo: "¿Quién es éste?" Y los pueblos decían: "Este es Jesús, el profeta de Nazaret de Galilea". Y entró Jesús en el templo de Dios, y echaba fuera a todos los que vendían y compraban en el templo; y volcó las mesas de los banqueros, y las sillas de los que vendían palomas. Y les dice: "Escrito está: mi casa, casa de oración será llamada; mas vosotros la habéis hecho cueva de

ladrones". Y vinieron a El ciegos y cojos, en el templo, y los sanó. Y cuando los príncipes de los sacerdotes y los escribas vieron las maravillas que había hecho, y los muchachos en el templo gritando y diciendo: "Hosanna al Hijo de David", se indignaron. Y le dijeron: "¿Oyes lo que dicen éstos?" Y Jesús les dijo: "sí: ¿Nunca leísteis que de la boca de los niños y de los que maman sacaste perfecta alabanza?" (vv. 10-16)

San Jerónimo

Habiendo entrado Jesús con todas aquellas gentes, toda la ciudad de Jerusalén se conmovió, admirando que viniera tanta gente y desconociendo la causa. Por esto dice: "Y cuando entró en Jerusalén, se conmovió toda la ciudad diciendo: ¿Quién es éste?"

Pseudo-Crisóstomo, *opus imperfectum in Matthaeum, hom. 38*

Se admiran con razón cuando ven aquella cosa admirable: un hombre que era aclamado como si fuese Dios; y Dios que era alabado en un hombre. Y yo creo que ni aun los mismos que lo aclamaban sabían lo que aclamaban; pero el Espíritu Santo, habiendo entrado en ellos de repente, les inspiraba aquellas palabras de verdad.

Orígenes, *homilia 15 in Matthaeum*

Y cuando entró Jesús en Jerusalén, asombrados ante aquellas virtudes sobrenaturales decían: ¿quién es este Rey de la gloria? (*Sal* 23,8).

San Jerónimo

Y a los demás, que dudaban o preguntaban, les contestaba la plebe. Por esto sigue: "Y los pueblos decían: Este es Jesús", etc. Siempre suele suceder que las cosas empiezan por poco cuando han de llegar a mucho. Llaman profeta a Aquel de quien Moisés había dicho que vendría uno semejante a él, de Nazaret de Galilea, porque allí había sido educado, para que como la flor del campo se alimentase con la flor de las virtudes.

Rábano

Debe advertirse que esta entrada de Jesús en Jerusalén se verificó cinco días antes de la Pascua. Refiere San Juan (cap. 12) que, seis días antes de la Pascua, había venido a Betania y que al amanecer había montado en un pollino y había venido a Jerusalén. En esto debe notarse la gran conformidad que hay no sólo en las cosas, sino también en las épocas, tanto en el Antiguo como en el Nuevo Testamento. En el día décimo del mes primero estaba mandado que se trajese a la casa el cordero que se había de inmolar en la Pascua, porque el Señor, en el día décimo del mismo mes -esto es, cinco días antes de la Pascua- había de entrar en la ciudad en que había de padecer.

Prosigue: "Y entró Jesús en el templo".

Pseudo-Crisóstomo, *opus imperfectum in Matthaeum, hom. 38*

Esto era propio de un buen hijo, el pasar en seguida a la casa de su padre para tributarle allí el honor debido. Y del mismo modo tú debes imitar a Jesucristo: cuando entres en alguna ciudad debes lo primero ir a la iglesia. Esto también era propio de un buen médico, porque cuando entra en una ciudad enferma para curarla debe, en primer lugar, conocer el principio del padecimiento. Porque así como del templo sale todo lo bueno, así del templo procede todo lo malo. Cuando el sacerdocio es bueno, toda la Iglesia resplandece; pero si es malo, toda la fe se debilita. Así cuando ves un árbol que tiene las hojas amarillas, conoces que tiene algún vicio en la raíz; pues del mismo modo, cuando veas un pueblo indisciplinado, debes comprender que sus sacerdotes no son buenos.

Prosigue: "Y echaba todos los que vendían", etc.

San Jerónimo

Debe tenerse en cuenta también que según lo prescrito en la Ley, los judíos debían venir al templo del Señor de todo el mundo y debían acudir desde todos los países en que habitaban. Por este motivo se sacrificaban multitud de víctimas -especialmente en los días festivos-, de toros, de corderos y de chivos. Y con el objeto de que los pobres no dejaran de ofrecer sus sacrificios estaba mandado que éstos ofreciesen pichones de palomas y tórtolas. Sucedía también que los que venían de lejos no tenían víctimas. Razón por la que los sacerdotes inventaron el modo de facilitarles la manera de ofrecerlas, así como todos los animales -que se podían necesitar para el culto-, y por esto vendían. Además con el fin de venderlas a los que no tenían ellos mismos volvían a vender las que recibían. Esta maniobra astuta quedaba frecuentemente desbaratada por la pobreza de los peregrinos, que carecían de recursos y no sólo no traían víctimas sino que tampoco tenían con qué comprarlas. Por lo tanto, pusieron allí cajeros que daban dinero prestado con algún interés. Como estaba mandado en la ley que ninguno diese dinero con usura, y como no podía utilizarse el dinero procedente de ella, y como de esto no le resultaba beneficio alguno, sino que antes al contrario, perdían algunas cantidades, inventaron otra maña -esto es otra arte- para poder obtener beneficios, y para poder sostener cambistas en vez de prestamistas. Recibían, pues, como interés garbanzos tostados, pasas de uvas, y manzanas de diversas clases. Por lo tanto, como los cambistas no podían recibir usura en metálico, la recibían en especie. Y así, lo que no se podía exigir en dinero lo exigían en estas cosas que después reducían a dinero. Casi esto mismo dijo Ezequiel en estas palabras: "No recibiréis usura ni superabundancia alguna" (*Ez* 18,17). Bajo este aspecto, el Señor vio que su casa se había convertido en casa de negociación o de hurto. Y movido entonces por el ardor de su espíritu arrojó del templo a una multitud de gente.

Orígenes, *homilia 15 in Matthaeum*

Porque allí no debían vender ni comprar, sino únicamente dedicarse a la oración los que se reúnen en la casa de oración. Por esto sigue: "y les dice: Escrito está, que mi casa se llamará casa de oración" (según dice Isaías, cap. 56).

San Agustín, *regula ad servus Dei, 3*

Nadie haga cosa alguna en el oratorio, sino aquéllas a las que está destinado y de las que este recibe el nombre.

Prosigue: "Mas vosotros la habéis hecho cueva de ladrones".

San Jerónimo

Aquel que convierte el templo del Señor en cueva de ladrones es ladrón, que desea obtener ganancias por medio de las cosas de religión. A mí me parece que entre los muchos prodigios que hizo Jesucristo, éste fue uno de los mayores; porque un solo hombre, despreciable en aquellos días -tanto, que poco después fue crucificado-, pudo arrojar tanta multitud de gentes a fuerza de golpes que daba con un solo látigo, en presencia de los escribas y de los fariseos, que bramaban contra Él y veían que se destruían sus ganancias. Salía fuego de sus ojos y éstos brillaban como las estrellas, resplandeciendo en su cara la majestad de la divinidad.

San Agustín, *de consensu evangelistarum, 2,67*

Es indudable que el Señor no hizo esto una vez sola, sino dos veces; porque de la primera habla San Juan y de la segunda los otros tres evangelistas.

San Juan Crisóstomo, *homiliae in Matthaeum, hom. 67,1*

Y en esto se agrava la acusación contra los judíos; porque habiendo hecho esto por dos veces, sin embargo, permanecían en su demencia.

Orígenes, *homilia 15 in Matthaeum*

En sentido espiritual puede decirse que el templo de Dios es la Iglesia de Cristo. Hay también muchos en ella que no viven espiritualmente -como se debe-, sino que obran según los deseos de la carne. Por sus actos convierten la casa de oración, construida de piedras vivas, en cueva de ladrones. De modo que con seguridad podemos decir que son tres las clases de personas arrojadas del templo: todos aquellos cristianos que no se ocupan más que de comprar y vender y no oran ni ejecutan otras buenas obras sino rara vez, son los que compran y venden en el templo. Los diáconos, que no administran bien los fondos de las iglesias, y que se enriquecen a costa de los pobres, son los prestamistas de dinero que tienen las mesas de las recaudaciones que Jesucristo derribó (que los diáconos presidían las mesas de las recaudaciones eclesiásticas, lo leemos en los Hechos apostólicos). También los Obispos que entregan las iglesias a los que no deben son los que venden las palomas, esto es, la gracia del Espíritu Santo, cuyas cátedras derribó Jesucristo.

San Jerónimo

Según se comprende a primera vista, las palomas no estaban en las cátedras sino en las canastas, a no ser que se diga que los que vendían palomas se sentaban en las cátedras, lo cual es un absurdo. Por las cátedras, lo que se da a conocer, es la dignidad de los que enseñan, la cual queda anulada en el momento en que la enseñanza está inspirada sólo por la ganancia. Obsérvese también que los altares de Dios son llamados mesas de prestamistas por la avaricia de los sacerdotes. Lo que hemos dicho acerca de las iglesias, cada uno debe entenderlo de sí mismo, porque como dice el Apóstol: "Vosotros sois templo de Dios" (*2Cor* 6,16). Por lo tanto, que no haya negocio alguno en la casa de vuestro corazón ni ambición alguna de bienes temporales, no sea que Jesús entre airado y furioso y no limpie su templo de otra manera que por medio del látigo, volviendo a convertirlo de cueva de ladrones en casa de oración.

Orígenes, *homilia 15 in Matthaeum*
En su segunda venida despedirá y arrojará a aquéllos que encuentre indignos de estar en el templo de Dios.

Pseudo-Crisóstomo, *opus imperfectum in Matthaeum, hom. 38*
Y también derribó las mesas de los prestamistas, lo que significa que en el templo de Dios no debe haber más monedas que las espirituales, que llevan la imagen de Dios, no las que llevan el sello terreno. Derribó las cátedras de los que vendían palomas, clamando ***ipso facto***: ¿Qué hacen en el templo esta multitud de palomas para vender si ya ha bajado una paloma gratuita al templo de mi cuerpo?

Y lo que las turbas suplicaban, el Señor lo da a conocer por medio de las obras. Por esto sigue: "Y vinieron a El ciegos y cojos, en el templo, y los sanó".

Orígenes, *homilia 15 in Matthaeum*
En el templo de Dios (esto es, en la Iglesia), en verdad que no todos ven ni todos andan bien. Sólo sanan aquellos que entienden que de nadie sino de Cristo se necesita para curarse y se acercan al Verbo de Dios.

Remigio
Esto de sanar en el templo significa que los hombres no pueden ser curados sino en la Iglesia, a quien se le ha dado facultad de atar y de desatar.

San Jerónimo
Si Jesucristo no hubiese derribado las mesas de los prestamistas y las cátedras de los que vendían palomas, los ciegos y los cojos no hubiesen merecido conocer la luz primitiva ni sentir en el templo una profunda impresión.

San Juan Crisóstomo, *homiliae in Matthaeum, hom. 67,1*
Y como los príncipes de los sacerdotes no lo comprendían así sino que se indignaban de los demás milagros y de las aclamaciones de los niños que gritaban, por esto sigue el texto: "Y cuando los príncipes de los sacerdotes vieron", etc.

San Jerónimo
Como los sacerdotes no se atrevían a poner sus manos sobre el Salvador se contentaron con calumniar sus acciones y el testimonio del pueblo y de los niños que clamaban: ¡Hosanna al Hijo de David! Bendito el que viene en el nombre del Señor. Porque esto no se puede decir más que sólo del Hijo de Dios. Vean, pues, los Obispos y todos los hombres santos cuánto peligro corren al dejar decir estas cosas por ellos, siendo así que tratándose del Señor, de quien se decía esto en

verdad, (porque todavía no era firme la voluntad de los que creían) se quería hacer aparecer esta alabanza como un crimen.

Pseudo-Crisóstomo, *opus imperfectum in Matthaeum, hom. 38*

Sucede a una columna que si se inclina un poco, cuando recibe peso se inclina más hacia aquel lado. Así, cuando el corazón del hombre es malo, si ve u oye hablar de acciones de un hombre justo, no las aplaude, sino que por el contrario se excita más bien a la envidia, los sacerdotes se irritaron de este modo contra Jesucristo diciendo: "¿Oyes lo que dicen éstos?"

San Jerónimo

Pero la contestación del Salvador fue muy prudente, no dijo (lo que los escribas querían oír): hacen bien los niños en dar testimonio de mí; ni tampoco: se equivocan, son niños y debéis dispensar a su edad, sino que al aducir el pasaje del Salmo 8, y callando el Señor, les presenta un ejemplo tomado de las Sagradas Escrituras, que confirman las palabras de los niños. Y por esto sigue: "Mas Jesús les dijo: Ciertamente nunca leísteis que de la boca de los niños sacaste perfecta alabanza".

Pseudo-Crisóstomo, *opus imperfectum in Matthaeum, hom. 38*

Como diciendo: Sabed que éstos claman así por causa mía. ¿Acaso es culpa mía que el profeta haya predicho con tantos cientos de años de anticipación lo que hoy sucede? Los niños y los que maman no pueden conocer ni alabar a nadie. Se llaman niños, no por su edad, sino por la sencillez de su corazón; y que maman, porque, con la suavidad de la leche, casi como que claman, movidos por la complacencia de cosas admirables. Se llama leche, pues, la ejecución de cosas milagrosas, porque los milagros no exigen trabajo alguno de los que los ven sino que se complacen en su admiración, y con más suavidad invitan a la fe. El pan es la enseñanza de la perfecta santidad, que no pueden recibir sino cuando sus sentidos son movidos al conocimiento de las cosas espirituales.

San Juan Crisóstomo, *homiliae in Matthaeum, hom. 67,1*

También puede decirse que representaba para los gentiles y servía para los apóstoles de gran consuelo, y para que no se afligiesen sino que pudiesen predicar, quiso que sus hijos le precediesen deponiendo su temor, puesto que les había de confiar la predicación que había hecho cantar por medio de estos niños. También significa este milagro, que Jesucristo es el autor de la naturaleza, porque los niños decían cosas significativas, conformes con los profetas, mientras que los hombres decían necedades y cosas llenas de furor.

Y dejándolos, se fue fuera de la ciudad a Betania, y se estuvo allí. Y por la mañana, cuando volvía a la ciudad, tuvo hambre. Y viendo un árbol de higuera junto al camino, se acercó a ella; y no hallando en ella sino hojas solamente, le dijo: "Nunca jamás

nazca fruto de ti". Y se secó al punto la higuera. Y viéndolo los discípulos, se maravillaron, y decían: "¿Cómo se secó al instante?" Y respondiendo Jesús, les dijo: "En verdad os digo, que si tuviereis fe, y no dudareis, no tan solamente haréis esto de la higuera, mas aun si dijereis a este monte: Quítate y échate en la mar, será hecho. Y todas las cosas que pidiereis en la oración, creyendo, las tendréis". (vv. 17-22)

Pseudo-Crisóstomo, *opus imperfectum in Matthaeum, hom. 38*
Se puede vencer mejor la malicia de los hombres cediendo que contestando. Porque la malicia no escucha razones, sino que se excita con ellas y, por lo tanto, el Señor se propuso vencer la de aquellos, separándose, y no reprimirla, respondiendo. Por esto dice: "Y dejándolos, se fue fuera de la ciudad a Betania", etc.

San Jerónimo
En esto debe comprenderse, que aunque el Señor era muy pobre, a nadie aduló para merecer un hospedaje en aquella gran ciudad, en donde no encontró habitación donde descansar. Sin embargo, la encontró en un pueblo pequeño, en donde habitaban Lázaro y sus hermanas. Este pueblecito se llamaba Betania. Por esto sigue: "Y se estuvo allí".

Pseudo-Crisóstomo, *opus imperfectum in Matthaeum, hom. 38*
Con el fin de permanecer corporalmente en donde descansaba espiritualmente, porque es propio de los buenos no gozar en donde hay grandes convites sino en donde brilla la santidad.

San Jerónimo
Habiendo desaparecido las tinieblas de la noche, el Señor tuvo hambre cuando se volvía a la ciudad. Por esto sigue: "Y por la mañana, cuando volvió a la ciudad, tuvo hambre"; manifestando la realidad de su carne humana.

Pseudo-Crisóstomo, *opus imperfectum in Matthaeum, hom. 38*
Siempre que Jesús concede a la carne sufrir lo que es propio de ella, da a conocer que padece.

Rábano
Observa en esto también, el mayor afecto del que trabaja con afán, cuando se dice que volvió a la ciudad por la mañana para predicar y para conseguir la conversión de alguno de ellos hacia el Señor, su Padre.

San Jerónimo
El Señor, como había de padecer en medio de los pueblos y tomar sobre sí el escándalo de la Cruz, quiso confirmar sus ánimos por medio de un milagro. Por esto sigue: "Y viendo un árbol de higuera junto al camino, se acercó a él", etc.

San Juan Crisóstomo, *homiliae in Matthaeum, hom. 67,2*
No vino a la higuera porque tuviera hambre, sino por sus discípulos. Porque en todas partes hacía bien y en ninguna mortificaba a nadie y conviniendo, por lo

tanto, dar a conocer su poder de castigar, no quiso, sin embargo, demostrarlo en los hombres sino en la higuera.

San Hilario, *in Matthaeum, 21*

En esto encontramos una prueba de la bondad de Jesucristo. Porque cuando quiso demostrar que se preocupaba de concedernos la salvación por sí mismo, ejerció su poderío sobre los cuerpos de los hombres recomendando la confianza en lo que después había de suceder y la salvación del alma que estaba enferma por los cuidados de la vida presente. Pero ahora que va a establecer la manera con que tratará a los contumaces, lo da a conocer por el futuro perjuicio del árbol. Por esto sigue: "Y le dijo: nunca jamás nazca fruto de ti".

San Jerónimo

Esto es, en esta vida, porque el término griego significa una y otra cosa expresándolo del mismo modo.

San Juan Crisóstomo, *homiliae in Matthaeum, hom. 67,1*

Sospecharon sus discípulos que aquella higuera había sido maldecida porque no tenía frutos. ¿Pues por qué fue maldecida? En beneficio de sus discípulos, para que aprendan que el Salvador podía matar a todos los que le crucificaron. Por esto sigue: "Y se secó la higuera inmediatamente". Y por lo tanto, no hizo este milagro en otra planta, sino en ésta que es la más húmeda, para que de este modo fuera más patente el milagro. Y cuando acontecen cosas semejantes en las plantas o en los animales, no preguntes la razón por la que se ha secado la higuera, no siendo su tiempo -pues el indagar esto es la mayor locura, porque en tales casos no se encuentra culpa ni pena-, sino ve el milagro, y admira a su autor. Por esto sigue: "Y viéndolo los discípulos, se maravillaron", etc.

Glosa

El Creador no es injusto contra el que posee una cosa, sino que el derecho de la creatura es cambiado para bien de los demás.

San Juan Crisóstomo, *homiliae in Matthaeum, hom. 67,2*

Y para que comprendas que el milagro se hizo por ellos -esto es, para robustecer su confianza-, oye lo que dice a continuación. Prosigue, pues: "Y respondiendo Jesús les dijo: En verdad os digo", etc.

San Jerónimo

Los perros de los gentiles ladran contra nosotros asegurando que los apóstoles no tenían fe porque no pudieron trasladar los montes. A ellos responderemos que Jesucristo hizo muchos milagros que no se han escrito. Por lo tanto, creemos que hicieron esto los apóstoles y que no se escribió, con el fin de no dar ocasión a los infieles para que lo contradijesen. Y si no, preguntémosles si creen en estos milagros que se refieren por escrito o no, y viendo que no creen, por consecuencia les probaremos que no habían de creer en milagros mayores los que no creen en los menores.

San Juan Crisóstomo, *homiliae in Matthaeum, hom. 67,2*

Esto que dice el Señor lo refiere a la oración y a la fe. Y por esto añade: "Y todas las cosas que pidiereis en la oración", etc.

Orígenes

Los discípulos de Jesucristo no piden lo que no conviene, y como creen en su divino maestro, no piden más que cosas grandes y espirituales.

Rábano

Cuando no somos oídos al pedir alguna cosa es porque pedimos algo contrario a nuestra salvación; o también porque lo impide la malicia de aquellos por quienes pedimos, o que se dilata la concesión de la gracia pedida para que crezcan los deseos y se reciba con más interés el bien que se pide.

San Agustín, *de consensu evangelistarum, 2,68*

También debe observarse que los discípulos se admiraron de que la higuera se secara, y que el Señor les respondió lo que se ha dicho de la fe, aunque esto no sucedió en el segundo día después que Jesucristo maldijo el árbol, sino en el tercero, como dijo San Marcos. Este evangelista dice que los que vendían fueron arrojados del templo en el día segundo porque no había dicho que esto sucedió en el día primero. Y añade que en el mismo segundo día, cuando hubo pasado la tarde, salió de la ciudad, y que cuando vinieron a la mañana siguiente fue cuando vieron que la higuera se había secado. San Mateo se expresa en estos términos, como si todo se hubiese verificado en el segundo día. Por esto se comprende que diciendo San Mateo que se secó la higuera, inmediatamente, pasando en silencio lo demás que pertenece al segundo día y añadió enseguida: "Y como lo viesen los discípulos se admiraron". Y así se entiende cómo el Señor vio la higuera en un día y se admiraron los discípulos en otro. Se conoce pues, que no se secó en seguida, cuando la vieron seca, sino después que fue maldecida. Por lo tanto no la vieron cuando empezaba a secarse, sino cuando estaba seca del todo, y por lo tanto comprendieron que se había secado en seguida que Jesucristo pronunció aquellas palabras.

Orígenes, *homilia 16 in Matthaeum*

En sentido espiritual, dejando el Señor a los príncipes y a los escribas, salió fuera de la Jerusalén terrena, que poco después quedó destruida. Vino, pues, a Betania, o sea a la casa de la obediencia -esto es, a la Iglesia-, en donde, después de haberla cimentado, descansó. Volvió luego a la ciudad que había dejado poco antes; y cuando volvía tuvo hambre.

Pseudo-Crisóstomo, *opus imperfectum in Matthaeum, hom. 39*

Si hubiese tenido hambre como hombre, de alimento material nunca la hubiese tenido al amanecer. Pero tiene hambre por la mañana, el que desea la salvación de los demás.

San Jerónimo

El árbol que encontró en el camino, entendemos que fue la sinagoga que estaba junto al camino porque poseía la ley, y sin embargo, no creía en el camino, esto es, en Jesucristo.

San Hilario, *in Matthaeum, 21*

La higuera se compara con un árbol, porque los primeros que creyeron de Israel fueron los apóstoles, y como los higos sin madurar, precedieron a los demás en la gloria y en el tiempo de la resurrección.

Pseudo-Crisóstomo, *opus imperfectum in Matthaeum, hom. 39*

El higo, por la multitud de sus granos reunidos dentro de una misma corteza, representa la reunión de muchos fieles. Jesús no encuentra en ella más que hojas, esto es tradiciones farisaicas y jactancia de la ley sin frutos de verdad.

Orígenes, *homilia 16 in Matthaeum*

Y como aquel árbol era quien tenía alma en sentido figurado, le dice como si oyera: "Nunca jamás nazca fruto de ti". Y por lo tanto indica que la sinagoga de los judíos es infructuosa y que esto había de suceder hasta el fin del mundo, después que haya entrado en la Iglesia la multitud de todas las gentes. Y la higuera se secó cuando aún Jesucristo andaba por este mundo y habiendo visto los discípulos con los ojos espirituales el misterio de la fe seca, se admiraron. Pero los discípulos de Jesucristo y los fieles que no dudan, abandonándola, dejan que se acabe de secar, porque la virtud vivificadora, salió de ellos y pasó a los gentiles. Pero cada uno de aquéllos que son llamados a la fe toma aquel monte enemigo y lo arroja al mar, esto es, al abismo.

Pseudo-Crisóstomo, *opus imperfectum in Matthaeum, hom. 39*

Al mar, esto es, a este mundo tumultuoso, en donde subsisten las aguas saladas, esto es, los pueblos malvados.

San Agustín, *quaestiones evangeliorum, 1,29*

El siervo de Dios debe decir esto respecto del monte de la soberbia, para rechazarla lejos de sí. Y como el Evangelio había de ser predicado por ellos, el mismo Señor (que es apellidado monte por los judíos) es arrojado a los gentiles como a un mar.

Orígenes, *homilia 16 in Matthaeum*

Todo el que obedece a la palabra de Dios es como Betania y Jesucristo descansa en él. En cambio, se mantiene lejos de los malos y pecadores. Y cuando estuviere entre los justos, entonces estará en ellos, a la espalda de ellos, y con ellos. No en vano, abandonando el Señor Betania, vino a la ciudad. El Señor tiene hambre siempre de los justos, deseando comer el fruto del Espíritu Santo en ellos, como son la caridad, el gozo y la paz. Estaba junto al camino esta higuera, pero solamente tenía hojas y no daba frutos.

Pseudo-Crisóstomo, *opus imperfectum in Matthaeum, hom. 39*

Esto es, junto al mundo, porque si el hombre vive junto al mundo no puede dar de sí fruto de santidad.

Orígenes, *homilia 16 in Matthaeum*

Y si el Señor viniere en medio de las tentaciones, buscando el fruto de alguien, y lo encontrare sin fruto de santidad sino sólo con la mera profesión de su fe, que es como las hojas sin frutos, se seca inmediatamente, perdiendo hasta la apariencia de fiel. Pero cada uno de sus discípulos hace que se seque la higuera, haciéndola aparecer vacía delante de Jesucristo. Como dijo San Pedro a Simón Mago: "Tu corazón no es recto delante de Dios" (**Hch** 8,21). Mejor es, por lo tanto, que una higuera engañosa -que aparece como viva y no da fruto- sea secada por la predicación de los discípulos de Jesucristo y sea descubierta, que el robar por engaño los corazones de los inocentes. Hay, pues, en cada uno de los infieles un monte según la elevación de su infidelidad, que es destruido por la predicación de los discípulos de Jesucristo.

Y habiendo ido al templo los príncipes de los sacerdotes y los ancianos del pueblo, se llegaron a Él a sazón que estaba enseñando, y le dijeron: "¿Con qué autoridad haces estas cosas? ¿Y quién te dio esta potestad?" Respondiendo Jesús les dijo: "Quiero yo también preguntaros una palabra: y si me la dijereis, yo también os diré con qué potestad hago estas cosas. ¿El bautismo de Juan de dónde era? ¿del cielo o de los hombres?" Y ellos pensaban entre sí diciendo: "Si dijéremos del cielo, nos dirá: ¿Pues por qué no lo creísteis? Y si dijéremos de los hombres, tememos las gentes": porque todos miraban a Juan como un profeta. Y respondieron a Jesús diciendo: "No sabemos". Y les dijo El mismo: "pues ni yo os digo, con qué potestad hago estas cosas". (vv. 23-27)

Pseudo-Crisóstomo, *opus imperfectum in Matthaeum, hom. 39*
Como habían visto los sacerdotes que Jesucristo había entrado en el templo con gran pompa, eran agitados por la envidia. Así, no pudiendo sufrir en su corazón el ardor de la envidia que les acosa, levantan la voz. Por esto sigue: "Y habiendo ido al templo, se llegaron a él", etc.

San Juan Crisóstomo, *homiliae in Matthaeum, hom. 67,2*
Como no podían difamarle por sus milagros, se deciden a reprenderle porque había expulsado del templo a los que vendían, como si dijesen: ¿Acaso te has apoderado del trono de la sabiduría? ¿Eres sacerdote consagrado puesto que has demostrado tanto poder?

Pseudo-Crisóstomo, *opus imperfectum in Matthaeum, hom. 39*
Y es por esto que añaden: "¿Y quién te ha dado esa potestad?" Manifiestan en esto que hay muchas personas que dan sus poderes a otros hombres, ya en el orden material, ya en el espiritual. Como si dijesen: ¿has nacido de familia sacerdotal? El senado no te lo concedió; César tampoco te lo ha dado. Pero si hubiesen creído que todo poder viene de Dios, nunca le hubiesen preguntado: "¿Quién te ha concedido esa potestad?" Cada hombre juzga por sí mismo a los demás: el que fornica no cree que haya alguno que pueda ser casto; y el casto no

sospecha fácilmente del lascivo. Así el que no es sacerdote según Dios, no cree en el sacerdocio de los demás respecto de Dios.

San Jerónimo

En estas palabras le hacen la misma ofensa que antes, cuando dijeron: "Arroja a los demonios en nombre de Beelzebul, jefe de todos ellos" (*Mt* 12,24). Pues cuando dicen: "¿En virtud de qué poder haces esto?", niegan terminantemente al Hijo de Dios, a quien consideran haciendo prodigios, no por sus propias fuerzas, sino en virtud de poderes ajenos. Podía el Señor haber desechado aquella calumnia de sus tentadores por medio de una contestación sencilla, pero les preguntó con mucha prudencia, para que ellos se condenasen a sí mismos, o con su silencio o con su sabiduría. Por esto sigue: "Y respondiendo Jesús, les dijo: Quiero yo también preguntaros una palabra".

Pseudo-Crisóstomo, *opus imperfectum in Matthaeum, hom. 39*

No pregunta para que los que responden le escuchen, sino para que confundidos, no le sigan preguntando. El Salvador había dicho: "No queráis dar lo Santo a los perros" (*Mt* 7,6). Así, pues, aun cuando hubiese contestado, de nada aprovechaba, porque los deseos tenebrosos no pueden entender lo que procede de la luz. Conviene por lo tanto enseñar al que pregunta y confundir al que tienta por medio de razones contundentes, sin aclararle la virtud del misterio. Por lo tanto, el Señor pone un lazo con una pregunta sencilla a la interrogación de ellos, y como no podían huir de él, añade: "Y si me la dijereis, yo también os diré", etc. La pregunta es ésta: "El bautismo de San Juan, ¿de dónde procedía, del cielo o de los hombres?"

San Agustín, *in Ioanemm, 5-6*

San Juan recibió el poder de bautizar de Aquél a quien bautizó después, luego el bautismo que administraba, se llama aquí bautismo de Juan. Sólo él recibió esta gracia, ninguno antes que él ni después de él ha recibido la facultad de bautizar con bautismo propio; porque Juan había venido a bautizar en el agua de la penitencia, preparando el camino al Señor, pero no purificando interiormente, lo que un simple hombre no puede hacer.

San Jerónimo

Se conoce, pues, la malicia con que los sacerdotes preguntaron al Salvador, por lo que sigue: "Y ellos pensaban entre sí diciendo". Porque si respondían que el bautismo de Juan procedía del cielo era muy natural la respuesta: entonces ¿por qué no habéis sido bautizados por Juan? Y si se atrevían a decir que había sido inventado por engaño de los hombres, y nada tenía de divino, temían a las gentes, pues casi todos los que se hallaban allí reunidos habían recibido por grupos el bautismo de Juan, y en realidad lo respetaban como a un profeta. Responde también a la mala intención, y a las palabras de humildad que usan para ocultar su malicia, diciendo que no saben. Por esto sigue: "Y respondieron a Jesús diciendo: no sabemos". Mintieron al decir que no lo sabían. Era consiguiente también que el Señor les dijera, ni yo tampoco sé, pero la divina verdad no puede mentir; sigue pues: "Y les dijo Jesús: pues ni yo os digo", etc. En lo que da a entender que ellos sabían, pero que no habían querido responder y que él lo había conocido y que por lo tanto no lo decía, para que entiendan lo que ellos saben.

Orígenes, *homilia 17 in Matthaeum*

Dirá alguno contra esto que era ridículo preguntar en virtud de qué poder hacía Jesucristo prodigios, porque no podía suceder que respondiese que los hacía por autorización del diablo, porque ni un hombre pecador respondería que era verdad. Si alguno dice que preguntan los príncipes para asustarle, como sucede cuando alguno obra con los nuestros de un modo que nos desagrada, le decimos: ¿quién te ha mandado hacer eso? asustándolo así, para que no continúe obrando de aquel modo. ¿Pero por qué Jesucristo responde así? "Decidme vosotros esto, y yo os diré en virtud de qué poder hago estas cosas". Acaso este pasaje se entiende así. Generalmente hablando, hay dos potestades diferentes: una de parte de Dios y otra de parte del diablo. Pero especiales hay muchas. No era una misma potestad la que se había confiado a los profetas para que hiciesen prodigios, sino que una se les concedía a éstos, otra a los otros, y también algunas, aunque inferiores, al que había de hacer prodigios de poca importancia, y mayor al que había de hacerlos más superiores. Los príncipes de los sacerdotes veían que Jesús hacía muchos prodigios, y por esto querían oír de sus labios la clase y la propiedad del poder que se le había confiado. Los otros que habían hecho prodigios en verdad, habían recibido el poder para este fin, progresando hacia otro poder mayor. Sin embargo, el Salvador todo lo hace en virtud del poder que había recibido de su Padre. Pero como los príncipes no eran dignos de conocer tales misterios, no les da una respuesta, sino que les hace una pregunta.

Rábano

Por dos razones debe ocultarse el conocimiento de la verdad a los que la buscan: Porque el que lo desea no es capaz de comprender, y porque pregunta por odio o por desprecio, haciéndose indigno de conocer lo que desea.

"Mas ¿qué os parece? Un hombre tenía dos hijos, y llegando al primero, le dijo: Hijo, ve hoy, y trabaja en mi viña. Y respondiendo él, le dijo: no quiero. Mas después se arrepintió y fue. Y llegando al otro, le dijo del mismo modo; y respondiendo él, dijo: Voy, señor, mas no fue. ¿Cuál de los dos hizo la voluntad del padre?" Dicen ellos: "El primero"; Jesús les dice: "En verdad os digo, que los publicanos y las rameras, os irán delante al reino de Dios. Porque vino Juan a vosotros en camino de justicia, y no le creísteis. Y los publicanos y las rameras le creyeron, y vosotros, viéndolo, ni aun hicisteis penitencia después, para creerle". (vv. 28-32)

San Jerónimo

Después de lo dicho, Jesucristo ofrece una parábola en la que hace resaltar la impiedad de los que le preguntaban, y les da a conocer que el reino de Dios pasará a los gentiles, diciéndoles: "¿Mas qué os parece?"

Pseudo-Crisóstomo, *opus imperfectum in Matthaeum, hom. 40*

Desea a los que considera como reos que sean jueces en su propia causa, para que los que se condenan a sí mismos no merezcan ser absueltos por nadie. Grande es la confianza de la justicia cuando se confía al enemigo su propia causa. A aquellos los representa en parábolas para que no comprendan que se sentencian a sí mismos. Sigue, pues: "Un hombre tenía dos hijos", etc. ¿Quién es aquel hombre sino Dios, que ha criado a todos los hombres? El, siendo dueño por naturaleza, prefiere ser amado como padre, a ser temido como señor. El hijo mayor era el pueblo gentil y el menor el pueblo judío, pues los gentiles procedían de Noé y los judíos de Abraham. Prosigue: "Y llegando al primero, le dice: hijo, ve hoy", etc. Hoy, esto es, mientras dura el tiempo de esta vida. Habló no a la cara como un hombre, sino al corazón como Dios, penetrando hasta la inteligencia por medio de los sentidos. Trabajar en su viña, es obrar bien, no sé si alguno de los hombres podrá trabajarla toda.

San Jerónimo

Primeramente se dice al pueblo gentil, por medio de la ley natural: "Ve y trabaja en mi viña". Esto es, lo que no quieras hacer para ti, no lo quieras para otro (*Tb* 4), pero él responde con soberbia. Por esto sigue: "Y respondiendo él le dijo: no quiero".

Pseudo-Crisóstomo, *opus imperfectum in Matthaeum, hom. 40*

Los gentiles, habiendo dejado desde el principio a Dios y su justicia, y pasando a adorar los ídolos y al pecado, parece que responden en su interior: No queremos hacer la voluntad de Dios.

San Jerónimo

Después cuando vino el Salvador, el pueblo gentil, habiendo hecho penitencia, trabajó en la viña de Dios, y enmendó con su trabajo la oposición que había presentado con la palabra. Esto es lo que da a entender cuando dice: "Mas después se arrepintió y fue".

Prosigue: "Y llegando al otro, le dijo del mismo modo; y respondiendo él, dijo: voy, Señor".

San Jerónimo

Este segundo hijo es el pueblo judío que respondió a Moisés: "Haremos todo lo que nos mande el Señor" (*Ex* 24,3).

Pseudo-Crisóstomo, *opus imperfectum in Matthaeum, hom. 40*

Pero arrepentidos, después mintieron a Dios, según aquellas palabras del Salmo: "Hijos extraños me mintieron" (17,46). Y esto es lo que dice: "Mas no fue". Pregunta por lo tanto el Señor: "¿Cuál de los dos hizo la voluntad del padre? Dicen ellos: el primero." Observa, por lo tanto, cómo se sentencian a sí mismos, diciendo que el primero de los hijos hizo la voluntad del padre (esto es, el pueblo gentil). Porque más vale no ofrecer a Dios obrar bien y hacerlo, que ofrecérselo y mentir.

Orígenes, *homilia 18 in Matthaeum*

De esto se desprende que el Señor habló en esta parábola a aquéllos que ofrecen poco o nada, pero que lo manifiestan con sus acciones, y en contra de aquéllos que ofrecen mucho y que nada hacen de lo que ofrecen.

San Jerónimo

Debe saberse que en los ejemplares auténticos no se encuentra **novísimo** (último) sino **primum** (primero), para que se condenen por su propio juicio. Y si nosotros queremos leer **novísimo**, como algunos dicen, la explicación será clara, y diremos, que los judíos conocen la verdad, pero que se empeñan en tergiversarla. No quieren decir lo que sienten, como no habían querido decir que el bautismo de Juan procedía del cielo, siendo así que lo sabían.

Pseudo-Crisóstomo, *opus imperfectum in Matthaeum, hom. 40*

El Señor confirma completamente el juicio de ellos. Por esto sigue: "Jesús les dice: En verdad os digo, que los publicanos y las rameras os irán delante al reino de Dios". Como si dijese: No sólo es mejor que vosotros el pueblo gentil, sino también los publicanos y las rameras.

Rábano

Puede entenderse también el reino de Dios, por el Evangelio y la Iglesia presente, en que los gentiles preceden a los judíos, porque han querido creer más pronto.

Orígenes, *homilia 18 in Matthaeum*

Mas por esto no puede decirse que el pueblo judío no entrará alguna vez en el reino de Dios, sino que cuando hayan entrado todos los gentiles, entonces entrará el pueblo de Israel (*Rom* 2,25-26).

Pseudo-Crisóstomo, *opus imperfectum in Matthaeum, hom. 40*

Yo creo que en los publicanos están representados todos los hombres pecadores y en la persona de las rameras todas las mujeres pecadoras. Pues la avaricia abunda en los hombres y la fornicación en las mujeres. Como la mujer está siempre descansada en la casa le atormenta más la fornicación que nace de la ociosidad. El hombre, como está asiduamente ocupado en varias cosas, suele caer más fácilmente en el pecado de la avaricia, pero en la fornicación no cae con tanta facilidad, a no ser que sea muy lascivo. Porque la ocupación de los hombres suele contrariar a la voluptuosidad, por esto la lascivia es propia de hombres jóvenes que en nada se ocupan. Por lo tanto les manifiesta la causa de ello, diciendo: "Porque vino Juan a vosotros en camino de justicia, y no le creísteis".

Rábano

San Juan vino predicando el camino de la justicia, porque señaló a Jesucristo con el dedo diciendo que era la consumación de la ley.

Pseudo-Crisóstomo, *opus imperfectum in Matthaeum, hom. 40.*

También vino en el camino de la justicia de una manera tan evidente que con su trato respetable conmovía los corazones de los pecadores. Por esto sigue: "Y los publicanos y las rameras le creyeron". Considera cómo el buen testimonio del predicador da poder a la predicación para someter aun los corazones indómitos. Prosigue: "Y vosotros viéndolo, ni aun hicisteis penitencia después para creerle", como si dijese: aquéllos hicieron lo que es más creyendo, en cambio éstos ni siquiera hicieron penitencia, lo cual es menos. En esta exposición que hemos desarrollado, según explican muchos, me parece que hay alguna contradicción. Porque si por los dos hijos deben entenderse aquí los judíos y los gentiles, después que los sacerdotes respondieron que el primer hijo fue el que hizo la voluntad de su padre, concluyendo Jesucristo la parábola debió expresarse así: en verdad os digo, que los gentiles os precederán en el reino de Dios. Sin embargo dice que los publicanos y las rameras os precederán en el reino de Dios, con lo que más se refiere a la condición del populacho que a la de los gentiles. A no ser que comprendamos -como se ha dicho antes- que el pueblo de los gentiles agrada más a Dios que vosotros, por lo que los publicanos y las rameras son más aceptables a Dios que vosotros.

San Jerónimo

Por esto creen algunos que esta parábola no se refiere a los gentiles ni a los judíos, sino simplemente a los pecadores y a los justos. Porque aquéllos se negaron a servir a su señor, obrando mal contra él y después recibieron de San Juan el bautismo de la penitencia, mientras que los fariseos, que llevaban por delante la justicia de Dios y se jactaban de cumplir la Ley, menospreciando el bautismo, no cumplieron la voluntad divina.

Pseudo-Crisóstomo, *opus imperfectum in Matthaeum, hom. 40*

Ahora dice esto, porque los sacerdotes no le habían preguntado para aprender, sino para tentarle: "¿Con qué poder haces esto?" Muchos del pueblo habían creído, por eso expone la parábola de los dos hijos, manifestándoles por medio de ella que son mejores las gentes del pueblo que desde el principio profesan la vida seglar, que los sacerdotes que hacen profesión de servir a Dios desde el principio. Pues las gentes del pueblo, una vez arrepentidas, se vuelven a Dios; mientras que los sacerdotes, como impenitentes, nunca dejan de ofender a Dios; por lo tanto, el primer hijo es el pueblo, porque no es el pueblo para los sacerdotes, sino los sacerdotes para el pueblo.

"Escuchad otra parábola: Había un padre de familias, que plantó una viña y la cercó de vallado, y cavando hizo en ella un lagar, y edificó una torre, y la dio a renta a unos labradores, y se partió lejos. Y cuando se acercó el tiempo de los frutos, envió sus siervos a los labradores, para que percibiesen los frutos de ella. Mas los labradores, echando mano de los siervos, hirieron al uno, mataron al otro y al otro le apedrearon. De nuevo envió otros siervos en mayor número que los primeros, y los trataron del mismo modo. Por último, les envió su hijo, diciendo: Tendrán respeto a mi hijo. Mas los labradores, cuando vieron al hijo, dijeron entre sí: Este es el heredero, venid, matémosle, y tendremos su herencia. Y trabando de él le echaron fuera de la viña, y le mataron. Pues cuando viniere el Señor de la viña, ¿qué hará a aquellos labradores?" Ellos dijeron: "A los malos destruirá malamente, y arrendará su viña a otros labradores que le paguen el fruto a sus tiempos". Jesús les dice: "¿Nunca leísteis en las Escrituras: La piedra que desecharon los que edificaban, ésta fue puesta por cabeza de esquina? Por el Señor fue esto hecho, y es cosa maravillosa en nuestros ojos: Por tanto os digo que quitado os será el reino de Dios, y será dado a un pueblo que haga los frutos de él. Y el que cayere sobre esta piedra, será quebrantado; y sobre quien ella cayere, lo desmenuzará". (vv. 33-44)

San Juan Crisóstomo, *homiliae in Matthaeum, hom. 68,1*

Después de la primera parábola puso otra, para darles a conocer que su acusación es muy grave y no merece perdón. Por esto dice: "Escuchad otra parábola: Había un padre de familia", etc.

Orígenes, *homilia 19 in Matthaeum*

El padre de familia es Dios, que es llamado hombre en algunas parábolas, a la manera de un padre que habla con su pequeño hijo infantilmente, en sentido que le pueda entender y le instruye.

Pseudo-Crisóstomo, *opus imperfectum in Matthaeum, hom. 40*

Se llama hombre por el nombre y no por la naturaleza, por semejanza y no en verdad. Sabiendo el Hijo que por llamarse con nombre humano había de ser blasfemado como un mero hombre, por esto llamó a Dios Padre hombre invisible, porque siendo Señor de los ángeles y los hombres por naturaleza, tiene la benevolencia de Padre.

San Jerónimo

Plantó una viña, de quien dice Isaías: la viña del Señor Sabahot es la casa de Israel (*Is* 5,7).

Prosigue: "Y la cercó de vallados".

San Jerónimo

Se refiere, o a la muralla de la ciudad o al auxilio de los ángeles.

Pseudo-Crisóstomo, *opus imperfectum in Matthaeum, hom. 40*

También puede entenderse por el vallado la defensa de los Santos Padres, que se levantaron como muralla en el pueblo de Dios.

Orígenes, *homilia 19 in Matthaeum*

También puede decirse que el vallado es la defensa del mismo Dios, y el lagar es el sitio de las libaciones. Acerca de lo cual prosigue: "Y cavando hizo en ella un lagar".

San Jerónimo

Esto es, un altar, o aquellos lagares con cuyo título se designan tres Salmos (*Sal* 8; 80; 83), esto es, los mártires.

San Hilario, *in Matthaeum, 22*

También consideró a los profetas como a ciertos lagares en los que se encuentra de muchas maneras una gran abundancia del fuego del Espíritu Santo.

Pseudo-Crisóstomo, *opus imperfectum in Matthaeum, hom. 40*

El lagar es también la palabra de Dios que corrige al hombre contradiciendo la naturaleza de la carne.

Prosigue: "Y edificó una torre".

San Jerónimo

Esto es, un templo de quien dice por Miqueas: Y torre nebulosa de la hija de Sión (*Miq* 4,8).

San Hilario, *in Matthaeum, 22*

En la torre colocó la magnificencia de la Ley que llegaba desde la tierra hasta al cielo y por la que podía verificarse la venida de Jesucristo.

Prosigue: "Y la dio en renta a unos labradores".

Pseudo-Crisóstomo, *opus imperfectum in Matthaeum, hom. 40*

Esto es, cuando fueron instituidos los sacerdotes y los levitas por medio de la ley, y tomaron a su cargo el gobierno del pueblo. Así como el colono, aun cuando cumpla con su deber no agradará a su amo si no le entrega las rentas de la viña, así el sacerdote no agrada tanto al Señor por su santidad, como enseñando al pueblo de Dios la práctica de la virtud. Porque su santidad es única, y la del pueblo es muy variada.

Prosigue: "Y se marchó lejos".

San Jerónimo

No por haber variado de lugar -porque Dios no puede decirse que está lejos de ninguna parte, siendo así que todo lo abarca-, pero parece que se separa de su viña para dejar a los viñadores libertad para trabajar.

San Juan Crisóstomo, *homiliae in Matthaeum, hom. 68,1*

Se marchó lejos porque tuvo longanimidad, no queriendo castigar siempre los pecados de los malos.

Orígenes, *homilia 19 in Matthaeum*

Como el Señor había estado con los israelitas en la nube durante el día y en la columna de fuego durante la noche (***Ex*** 13), en adelante ya no se les apareció en esta forma. El pueblo judío se llama, pues, viña, según Isaías. La amenaza del padre de familia se hace en contra de esta viña, y en el Evangelio no se inculpa a esta viña, sino a sus habitantes. Pero en el Evangelio se entiende por viña el reino de Dios, esto es, la doctrina que se encuentra en las Sagradas Escrituras. Y es el fruto de esa viña la vida irreprensible de los hombres. Según las Sagradas Escrituras la cerca fue puesta a la viña para que los frutos que ella tiene escondidos no sean vistos por los que están fuera. La profundidad de la palabra divina es el lagar de la viña, en el cual los que aprendieron la palabra de Dios derraman su saber como frutos. Y la torre edificada es la palabra que procede del mismo Dios y de las misericordias de Jesucristo. Entregó esta viña a sus campesinos -esto es, a los que vivieron antes que nosotros-, tanto sacerdotes como seglares. Y se marchó lejos a su estancia para dar a los campesinos ocasión de trabajar. Se acerca, pues, el tiempo de los frutos. Según sucede en cada una y generalmente en todas las creaturas, el primer tiempo de la vida se parece a la infancia, y entonces nada produce, únicamente tiene en sí mucha fuerza y vigor. Cuando empieza a poder hablar, es el tiempo de la generación. Todo lo que progresa el alma de un niño, progresa también la viña -esto es, la palabra de Dios-, y después que ha crecido, la viña produce el maduro fruto de la caridad, de la alegría, de la paz y de otras cosas por el estilo.

Y para el pueblo, que recibió la Ley por medio de Moisés, se acerca el tiempo de que alguna vez dé frutos. Por esto sigue: "Y cuando se acercó el tiempo de los frutos", etc.

Rábano

Dijo muy oportunamente el tiempo de los frutos y no de los productos, porque el fruto del pueblo rebelde es nulo.

San Juan Crisóstomo, *homiliae in Matthaeum, hom. non.occ*

Llama siervos a los profetas que ofrecen los frutos del pueblo, y como sacerdotes del Señor, hacen ostentación de su obediencia por medio de las obras. Estos, por lo tanto, no sólo fueron malos por no dar fruto, sino que indignándose contra aquéllos que vinieron a pedirlo, manchan sus manos con la sangre de éstos. Por esto sigue: "Mas los labradores echando mano de los siervos", etc.

San Jerónimo

Los arrojaron como a Jeremías (*Jr* 37), los mataron como a Isaías, los apedrearon como a Nabot (*1Re* 21) y a Zacarías, a quien mataron entre el templo y el altar (*Mt* 23).

Pseudo-Crisóstomo, *opus imperfectum in Matthaeum, hom. 40*

La misericordia del Señor aumentaba conforme crecía la malicia de los judíos. Y a medida que se aumentaba la misericordia del Señor crecía la malicia de los judíos. Y así peleaba la malicia humana contra la clemencia divina. Por esto sigue: "De nuevo envió otros siervos", etc.

San Hilario, *in Matthaeum, 22*

Envió a muchos siervos, significando aquello tiempo en el que después de la predicación individual de los profetas, fueron enviados simultáneamente gran cantidad de vaticinadores.

Rábano

Los primeros siervos enviados fueron Moisés, el primer legislador, y Aarón, el primer sacerdote de Dios, los cuales fueron muertos por el látigo de la lengua y los despacharon sin nada. Por lo tanto, comprendamos que los otros siervos fueron la multitud de profetas.

San Hilario, *in Matthaeum, 22*

La venida de Nuestro Señor Jesucristo está representada por el hijo enviado. Por esto sigue: "Por último, les envió su hijo".

San Juan Crisóstomo, *homiliae in Matthaeum, hom. 68,1*

¿Y por qué no lo envió primero? Para poderlos acusar por lo que habían hecho con otros, y para que abandonando su rabia, respetasen al propio hijo que venía. Por esto sigue: "Tendrán respeto a mi hijo".

Pseudo-Crisóstomo, *opus imperfectum in Matthaeum, hom. 40*

Envió a éste no para traer la sentencia del castigo a los que obraban mal, sino para ofrecerles el perdón por medio de la penitencia. Es decir, lo envió para humillarlos, y no para castigarlos.

San Jerónimo

Cuando dice, quizá respetarán a mi hijo, no lo dice porque ignore. ¿Cómo había de ignorar el padre de familia, que aquí representa a Dios? Pero se dice muchas veces que Dios anda dudoso, para que de este modo pueda conservarse inmune el libre albedrío en el hombre.

San Juan Crisóstomo, *homiliae in Matthaeum, hom. 68,1*

Dice también esto, anunciando lo que debía suceder. Porque convenía que ellos se avergonzasen. Por esto quiere dar a entender que es grande el pecado de aquéllos, y que carece de toda excusa.

Orígenes, *homilia 19 in Matthaeum*

Y aquello que dice: "Respetarán a mi hijo" parece que se cumple respecto de aquellos judíos que, conociendo a Jesucristo, creyeron en El. Pero está aquello otro que dice: "Mas los labradores, cuando vieron al hijo, dijeron entre sí: éste es el heredero, venid, matémosle". En estas palabras se cumplió aquello de que, habiendo visto a Jesucristo y conociendo que era Hijo de Dios, sin embargo, lo crucificaron.

San Jerónimo

Preguntamos a Arrio y a Eunomio: he aquí que se dice, el Padre no sabe; todo lo que dicen respecto del padre, entiéndanlo también respecto del Hijo, que según dice, no sabe cuándo será el día del juicio (*Mc* 13).

Pseudo-Crisóstomo, *opus imperfectum in Matthaeum, hom. 40*

Dicen también algunos que, después de la encarnación, Cristo fue llamado el Hijo de Dios, por medio del bautismo, como sucede a los demás cristianos, a quienes desde este día muestra el Señor diciendo: "Enviaré a mi hijo". Cuando aun pensaba mandar a su Hijo después de los profetas, ya existía su Hijo. Por lo tanto, si se llama hijo de este modo, como todos los santos a quienes alcanza la palabra de Dios, debió también llamar a los profetas hijos como a Jesucristo, o decir que Jesucristo era siervo como los demás profetas.

San Jerónimo

Cuando dice: "Este es el heredero", demuestra el Señor claramente que los príncipes de los judíos no se proponían crucificar al Hijo de Dios por ignorancia sino por envidia. Comprendieron, por lo tanto, que Él era aquél a quien el Padre le dice por medio del Profeta: "Pídeme y te daré todas las gentes en herencia" (*Sal* 2,8). La herencia del Hijo es la santa Iglesia que se formó de todos los gentiles, la que el Padre le dejó, no porque hubiese muerto, sino porque la adquirió de un modo admirable por su propia muerte.

Pseudo-Crisóstomo, *opus imperfectum in Matthaeum, hom. 40*

Sin embargo, después que entró en el templo y arrojó fuera a los que vendían animales destinados a los sacrificios, entonces fue cuando pensaron matarle de una manera resuelta. Por esto dicen: "Venid y matémosle". Entonces decían entre sí: El pueblo dejará la costumbre de ofrecer sacrificios por la predicación de éste, y sus sacrificios constituyen nuestras ganancias. Y se dedicará a ofrecer el sacrificio de la santidad, que afecta a la gloria de Dios; y en este caso, este pueblo ya no será nuestro, sino de Dios. Pero si lo matamos, como no habrá quien exija al pueblo el fruto de la santidad, durará para siempre la costumbre de ofrecer sacrificios, el pueblo será nuestra dotación constante. A esto se refiere lo que sigue: "Y tendremos su herencia". Este es el pensamiento general de todos los sacerdotes materiales que no se cuidan de cómo podrá vivir el pueblo sin pecar, sino que se fijan sólo en lo que se ofrece en la Iglesia, considerando a esto como ganancia de su sacerdocio.

Rábano

Los judíos trataban de apoderarse de su herencia, extinguiendo la fe que de Dios procede y esforzándose en inculcar al pueblo que prefiriera la de ellos que procede de la Ley.

Prosigue: "Y trabando de él lo echaron fuera de la viña y le mataron".

San Hilario, *in Matthaeum, 22*

Jesucristo fue llevado fuera de Jerusalén, como fuera de su viña, a sufrir la sentencia de su condenación.

Orígenes, *homilia 19 in Matthaeum*

Y cuando dice: "Le sacaron fuera de la viña", me parece que lo consideraron como extraño de la viña y de los colonos.

Prosigue: "Pues cuando viniere el Señor de la viña, ¿qué hará a aquellos labradores?"

San Jerónimo

Les pregunta el Señor no porque no sepa lo que van a contestar, sino para que se condenen por su propia boca. Prosigue: "Ellos dijeron: A los malos destruirá malamente", etc.

Pseudo-Crisóstomo, *opus imperfectum in Matthaeum, hom. 40*

Como respondieron la verdad, no puede decirse que juzgaron con justicia, sino que la verdad les obligó.

Orígenes, *homilia 19 in Matthaeum*

Como Caifás, así éstos no vaticinaron por sí mismos contra sí, puesto que se les había de privar de la divina gracia que había de pasar a los gentiles los cuales habían de dar fruto a su tiempo; y el Señor, a quien mataron, vino en seguida resucitado de entre los muertos y perdió a los malos colonos de mala manera. Entregó entonces su viña a otros colonos (esto es, a los apóstoles), o sea a aquéllos que creyeron, procedentes del pueblo judío.

San Agustín, *de consensu evangelistarum, 2,70*

San Marcos no dice que respondieran esto, sino que el Señor lo dijo cuando siguió hablando. Después de su pregunta, de alguna manera se respondió a sí mismo. Pero puede entenderse fácilmente que, o la voz de aquellos estaba tan confundida que no podían responder, o ellos respondieron sin comprender. Más aún esta respuesta debe atribuirse al Señor, porque como dijeron la verdad, también respondería por ellos el que es la verdad misma.

San Juan Crisóstomo, *homiliae in Matthaeum, hom. 68,2*

En esto no hay contradicción alguna, porque sucedió lo uno y lo otro, esto es, primero respondieron ellos y el Señor reiteró la contestación.

San Agustín, *de consensu evangelistarum, 2,70*

Lo que más llama la atención en San Lucas es que no sólo dice que ellos no respondieron esto, sino que también dieron una contestación contraria. Lo refiere así: "Habiendo oído esto -a saber, una sentencia que había salido de la boca del Señor- dijeron: De ningún modo" (*Lc* 20,16). Resta, por lo tanto, que comprendamos que del pueblo que oía algunos respondieron lo que dice San Mateo, y que los otros contestaron lo que dice San Lucas, esto es: "De ningún modo". Y no llame la atención lo que diga San Mateo, que los príncipes de los sacerdotes y los ancianos del pueblo se acercaron al Salvador, y así, sin mediación de alguna persona une la narración hasta la parte donde se habla de la viña que fue entregada a otros viñadores. También puede creerse que habló todas estas cosas con los príncipes de los sacerdotes. Pero San Mateo calló en obsequio de la brevedad lo que refirió San Lucas, a saber, esta parábola no fue dicha solamente para aquéllos que preguntaron al Salvador, en virtud de qué poder hacía prodigios, sino para la plebe, entre quienes había algunos que dijesen: "Los perderá, y entregará su viña a otros colonos". Sentencia que con seguridad se entiende que es propia del mismo Dios, ya por la verdad, ya por la unión de los miembros con su cabeza. Había también algunos que contestando a los que respondían decían: "De ninguna manera", porque comprendían que la parábola era contra ellos.

Pseudo-Crisóstomo, *opus imperfectum in Matthaeum, hom. 40*

Además San Lucas refirió según lo que estos habían contestado. Y San Mateo, según la contestación de su conciencia, porque en realidad se contradijeron, diciendo: "De ninguna manera", pero en su conciencia decían: "A los malos debe perderlos malamente"; así como cuando un hombre es cogido en una acción mala y se excusa con palabras, pero interiormente reconoce su delito.

San Juan Crisóstomo, *homiliae in Matthaeum, hom. 68,2*

El Señor por lo tanto les propuso esta parábola, para que ellos, sin saberlo, se sentenciaran a sí mismos, como sucedió a David, respecto de Natán. Comprendían además que lo que se había dicho se decía contra ellos, y por esto contestaron: "De ninguna manera".

Rábano

En sentido moral, a cada uno se le entrega su viña para que la cultive cuando se le administra el sacramento del bautismo, para que trabaje por medio de él. Es enviado un siervo, otro, y un tercero; cuando la ley, el salmo y la profecía dicen, en virtud de cuyas enseñanzas debe obrarse bien. Pero el enviado es muerto y arrojado fuera, se desprecia su predicación o lo que es peor, se blasfema de él. Mata al heredero en cuanto a sí, todo aquel que ultraje al Hijo de Dios y ofenda al Espíritu de su gracia. Una vez perdido el mal cultivador, la viña fue entregada a otro, como sucede con el don de la gracia, que el soberbio menosprecia, y el humilde recoge.

Pseudo-Crisóstomo, *opus imperfectum in Matthaeum, hom. 40*

Después, como veía que no se convencían, les citó un testimonio de la Sagrada Escritura. Prosigue: "Les dijo Jesús: ¿nunca leísteis en las Escrituras: La piedra que desecharon los que edificaban?", etc. Esto es, si no comprendéis mi parábola, al menos conoceréis este testimonio de la Sagrada Escritura.

San Jerónimo

Viene a decirse una misma cosa en diferentes parábolas: Los que en una de ellas se llaman operarios y colonos, en otra son llamados edificadores o constructores.

San Juan Crisóstomo, *homiliae in Matthaeum, hom. 68,2*

Llama a Jesucristo la piedra, los doctores de los judíos son los edificadores, que reprobaron a Jesucristo diciendo: "Este no procede de Dios" (***Jn*** 9,16).

Rábano

Pero aun cuando ellos no querían, consolidó la piedra el cimiento del ángulo, porque unió por medio de su fe a todos los que quiso, procedentes de uno y otro pueblo. Por esto sigue: "Esta fue puesta para cabeza de esquina".

San Hilario, *in Matthaeum, 22*

Fue hecho cabeza del ángulo, porque hay cierta unión entre los lados de la ley y de los gentiles.

San Juan Crisóstomo, *homiliae in Matthaeum, hom. 68,2*

Después añadió, para que sepan que nada de lo que hacían los judíos podía contrariar a Dios: "Por el Señor fue esto hecho".

Orígenes, *homilia 19 in Matthaeum*

Esto es, esta piedra es un don regalado por Dios al edificio del universo, y es la cabeza admirable que se presenta a nuestra vista para que podamos verla con la luz de nuestra inteligencia.

Pseudo-Crisóstomo, *opus imperfectum in Matthaeum, hom. 40*

Como diciendo: ¿por qué no queréis entender que la piedra, una vez desechada por vosotros, se ha de poner en el ángulo de algún edificio que no será el vuestro sino otro? Si ha de levantarse otro edificio, debe abandonarse vuestra construcción. Por esto añade: "Por tanto, os digo, que quitado os será el reino de Dios", etc.

Orígenes, *homilia 19 in Matthaeum*

Llama reino de Dios a los misterios del reino de Dios, es decir, a las divinas Escrituras que el Señor ha dictado. En primer lugar, a aquel pueblo primitivo a quien fueron confiados los primeros misterios; en segundo lugar, a los gentiles que producían frutos. A nadie se concede la palabra de Dios, sino al que da de ella frutos. Y a ninguno se concede tampoco el reino de Dios si el pecado reina en él. Por lo tanto, ¿cómo les fue dado a aquéllos a quienes se les volvió a quitar? Pero observa que lo que se da, se da gratuitamente. Y aquéllos a quienes concedió esta gracia, no se la concedió en absoluto, como a sus escogidos y a sus fieles, a quienes la dio por juicio de elección.

Pseudo-Crisóstomo, *opus imperfectum in Matthaeum, hom. 40*

Jesucristo es llamado piedra, no sólo por su firmeza, sino también porque es grande en la destrucción de sus enemigos, por esto sigue: "Y el que cayere sobre esta piedra, será quebrantado", etc.

San Jerónimo

El que es pecador y sin embargo cree en El, cae en verdad sobre esta piedra y se quebranta, pero no se destroza por completo, sino que se le espera por medio de la paciencia para obtener su salvación. Y cuando cae sobre alguno (esto es quien de corazón ha negado a Jesucristo), lo quebrantará de tal modo que no quedará de él una sola teja en que pueda beber un poco de agua.

Pseudo-Crisóstomo, *opus imperfectum in Matthaeum, hom. 40*

Una cosa es ser quebrantado, y otra ser destrozado. De lo que se rompe queda algo, pero lo que se desmenuza queda reducido a polvo. Lo que da contra la piedra no se quebranta por la dureza de la piedra, sino por la fuerza con que choca; también según su peso, o la altura de donde cae. Esto sucede al cristiano que peca, que no sufre únicamente lo que Jesucristo puede hacerle perecer, sino que él se pierde por sus propias acciones, ya según la gravedad de su pecado o ya por la elevación de su dignidad. Pero los infieles únicamente en cuanto al uso que hacen del conocimiento que tengan de Jesucristo.

San Juan Crisóstomo, *homiliae in Matthaeum, hom. 68,2*

Aquí da a conocer las dos clases de perdición: una que procede de cuando se ofende a Dios y se escandaliza a los demás, a la cual se refiere cuando dice: "El que cayere sobre esta piedra será quebrantado". Y la otra se refiere a la cautividad que habrá de sobrevenirle, como indica cuando dice: "Y sobre quien ella cayere", etc.

San Agustín, *quaestiones evangeliorum, 1,30*

Ahora se refiere a aquéllos que caerán sobre El, que lo desprecian de algún modo o lo injurian. Estos no perecen en absoluto pero quedan mal tratados y ya no marchan por caminos rectos. Cuando cae sobre éstos, vendrá sobre ellos en el día del juicio con la pena de la eterna perdición. Y por esto dijo: "Lo desmenuzará, para que sean como polvo del impío, a quien arrastra el viento por la faz de la tierra" (*Sal* 1,4).

Y cuando los príncipes de los sacerdotes y los fariseos oyeron sus parábolas, entendieron que de ellos hablaba. Y queriéndole echar mano, temieron al pueblo, porque le miraban como un profeta. (vv. 45-46)

San Jerónimo

Aunque los judíos eran de corazón duro por su incredulidad, comprendían, sin embargo, que todas las sentencias de Jesucristo se dirigían contra ellos. Por esto dice: "Y cuando los príncipes", etc.

Pseudo-Crisóstomo, *opus imperfectum in Matthaeum, hom. 40*

Hay una diferencia entre los hombres buenos y los hombres malos. El bueno cuando cae en pecado, llora porque pecó. Pero el malo se enfurece, no porque ha pecado, sino porque ha sido cogido en el pecado. Y el malo no sólo no hace penitencia, sino que antes al contrario, se enfurece más contra quien lo corrige. Por esto los que son reprendidos se vuelven peores. Prosigue: "Y queriéndole echar mano, temieron al pueblo, porque le miraban como a un profeta".

Orígenes, *homilia 19 in Matthaeum*

Conocen algo de lo que es verdad cuando lo consideran como a un profeta, pero no conocen toda su grandeza, según la cual era hijo de Dios. Los príncipes temen a las turbas que conociéndolo así estaban dispuestas a defenderlo, porque no pueden ponerse a la altura de sus conocimientos, no creyendo nada digno respecto de Él. Por lo tanto, debe tenerse en cuenta que habían diversas opiniones entre los que querían prender a Jesús. Los príncipes y los fariseos deseaban detenerlo, pero de un modo distinto al que deseaba tenerle la esposa del Cantar de los Cantares, cuando dice: "Lo he sujetado y no lo dejaré hasta que lo lleve a mi tienda" (*Ct* 3,4), o como dice en otro lugar: "Subiré a la palma, y tendrá su altura"(*Ct* 7,8). Pero los que no conocen perfectamente a la divinidad quieren cogerle para maltratarle. Además, no se deben comprender ni admitir palabras contrarias a las de Jesucristo. Ninguno puede por lo tanto comprender el Verbo de la verdad -esto es, entenderlo- ni separar del sentido de los que creen, ni mortificarlo -esto es, destruirlo-.

Pseudo-Crisóstomo, *opus imperfectum in Matthaeum, hom. 40*

Pero todo hombre malo prende y mata a Dios (en cuanto le es posible). El que quebranta los mandamientos de Dios, el que murmura contra Dios, el que mira al cielo con rostro airado, ¿no echaría mano de Dios y le mataría si pudiese para poder pecar con libertad?

Rábano

Sin embargo, temen poner su mano sobre Jesús por las turbas que todos los días se levantan en su Iglesia, puesto que cada hermano, de sólo nombre, se avergüenza o tiene miedo de contrariar la fe y la unidad de la paz (que no ama), por los que son buenos y viven con Él.

CAPÍTULO 22

Y respondiendo Jesús, les volvió a hablar otra vez en parábolas, diciendo: "semejante es el reino de los cielos a cierto hombre rey que hizo bodas a su hijo. Y envió sus siervos a llamar a los convidados a las bodas, mas no quisieron ir. Envió de nuevo otros siervos diciendo: Decid a los convidados: He aquí, he preparado mi banquete, mis toros y los animales cebados están ya muertos, todo está pronto: venid a las bodas. Mas ellos lo despreciaron y se fueron, el uno a su granja y el otro a su tráfico: y los otros echaron mano de los siervos, y después de haberlos ultrajado, los mataron. Y el rey cuando lo oyó, se irritó; y enviando sus ejércitos, acabó con aquellos homicidas, y puso fuego a la ciudad. Entonces dijo a sus siervos: Las bodas

ciertamente están aparejadas; mas los que habían sido convidados no fueron dignos. Pues id a las salidas de los caminos, y a cuantos hallareis llamadlos a las bodas. Y habiendo salido sus siervos a los caminos, congregaron cuantos hallaron, malos y buenos; y se llenaron las bodas de convidados. Y entró el rey para ver a los que estaban a la mesa, y vio allí un hombre que no estaba vestido con vestidura de boda. Y le dijo: Amigo, ¿cómo has entrado aquí no teniendo vestido de boda? Mas él enmudeció. Entonces el rey dijo a sus ministros: Atado de pies y de manos, arrojadle en las tinieblas exteriores: allí será el llorar y crujir de dientes. Porque muchos son los llamados y pocos los escogidos". (vv. 1-14)

San Juan Crisóstomo, *homiliae in Matthaeum, hom. 69,1*

Como había dicho el Salvador que se daría la viña a otras gentes que le pagasen sus frutos (*Mt* 21,43), ahora dice a qué clase de gentes. Por eso el Evangelista añade: "Y respondiendo Jesús, les dijo", etc.

Glosa

Dice respondiendo, porque contrariaba la intención depravada de los que fraguaban su muerte.

San Agustín, *de consensu evangelistarum,*

Unicamente San Mateo refiere esta parábola; San Lucas refiere otra semejante, pero no es ésta, como indica el orden mismo.

San Gregorio Magno, *homiliae in Evangelia, 38*

Aquí se infiere a la Iglesia presente, por medio de las nupcias, pero allí se refiere, por medio de la cena, al convite último y eterno. Porque en éste entran algunos de los que han de salir, pero de aquél no saldrá ya el que una vez haya entrado. Y si alguno cree que esto viene a ser lo mismo, vea que San Lucas pasó en silencio lo que dijo San Mateo refiriéndose a aquel que no había entrado con el vestido nupcial. No obsta que por medio del primero se entienda la cena, por medio del segundo, la comida; porque cuando se almorzaba todos los días a la hora nona entre los antiguos, el almuerzo se llamaba cena.

Orígenes, *homilia 20 in Matthaeum*

El reino de los cielos es semejante, según quien allí reina, a un hombre rey; y según aquel con quien reina, al hijo del rey; según lo que hay en los estados del rey, es semejante a los siervos y a los convidados a las bodas, entre los que se encuentra también el ejército del rey. Y se añade: "a un **hombre** rey", para que como hombre hable a los hombres y gobierne a aquellos que no quieren ser gobernados por Dios. Pero entonces el reino de los cielos cesará de ser semejante a un hombre, porque cuando haya concluido el celo, la disputa y las demás pasiones, cesaremos también de andar como hombres, y lo veremos tal y como es; ahora lo vemos, no como es, sino como ha querido hacerse por nosotros.

San Gregorio Magno, *homiliae in Evangelia, 38*

Dios Padre celebró las bodas a su propio Hijo cuando unió a Este con la humanidad en el vientre de la Virgen. Mas como el casamiento no puede verificarse sino entre dos personas, no debemos pensar que la persona del Salvador consta de dos personas unidas. Decimos que consta y que está formada por las dos naturalezas, pero de ningún modo podemos decir que sea un compuesto de dos personas. Mejor puede decirse que este Padre rey celebró las bodas para su Hijo rey, asociándole la santa Iglesia por medio del misterio de la encarnación: el tálamo de este esposo es el vientre de la Virgen María.

Pseudo-Crisóstomo, *opus imperfectum in Matthaeum, hom. 41*

Cuando suceda la resurrección de los santos recibirá el hombre la verdadera vida (que es Jesucristo), porque Este asumirá en su inmortalidad la mortalidad del hombre. Ahora recibimos al Espíritu Santo como en arras del consorcio eterno, pero después recibiremos al mismo Jesucristo en toda su plenitud.

Orígenes, *homilia 20 in Matthaeum*

Por la unión del esposo con la esposa (esto es, de Jesucristo con el alma) debe entenderse la aceptación de la divina palabra; y las buenas obras serán el parto.

San Hilario, *in Matthaeum, 22*

Se dice con razón que estas bodas ya han sido celebradas por el Padre, porque esta unión de la eternidad, y los desposorios del nuevo cuerpo, se han consumado ya por medio de Jesucristo.

Prosigue: "Y envió sus siervos a llamar a los convidados a las bodas, mas no quisieron venir".

Pseudo-Crisóstomo, *opus imperfectum in Matthaeum, hom. 41*

Si envió a sus siervos, fue porque ya estaban invitados primeramente. Son invitados, pues, los hombres desde el tiempo de Abraham, a quien ya se prometió la encarnación de Jesucristo.

San Jerónimo

Envió a su siervo; y no cabe duda que éste fue Moisés, por quien se dio la ley a los invitados. Aunque leemos siervos (como se encuentra en muchos ejemplares), debemos entender que se refiere a los profetas; porque invitados por ellos, no quisieron venir. Sigue, pues: "Envió de nuevo otros siervos, diciendo: decid a los convidados". Debe creerse que los siervos que fueron enviados la segunda vez son los profetas más bien que los apóstoles; y así, si antes está escrito el siervo, cuando después de lee los siervos, debe entenderse que estos segundos siervos son los apóstoles.

Pseudo-Crisóstomo, *opus imperfectum in Matthaeum, hom. 41*

A quienes envió cuando les dijo: "No os marchéis por los caminos de los gentiles, sino más bien buscad antes las ovejas perdidas de la casa de Israel" (*Mt* 10,5).

Orígenes, *homilia 20 in Matthaeum*

También puede decirse que los siervos enviados en primer lugar a que llamasen a los invitados a las bodas son los profetas, que invitaban al pueblo por medio de sus profecías, a la alegría por la unión de la Iglesia con Jesucristo. Y los que no quisieron venir habiendo sido invitados primero, son los que no quisieron oír las palabras de los profetas. Además, cuando pasaron éstos, hubo otro período en que abundaron los profetas.

San Hilario, *in Matthaeum, 22*

Los siervos que fueron enviados primeramente a llamar a los convidados, son los apóstoles. Habían sido enviados para que viniesen los que ya habían sido invitados antes, esto es, el pueblo de Israel, que fue llamado por medio de la ley a la gloria eterna. Era propio de los Apóstoles instar a los que los profetas habían invitado de antemano. Los que fueron enviados después en condición de maestros, son los varones apostólicos que sucedieron a aquéllos.

San Gregorio Magno, *homiliae in Evangelia, 38*

Y como los que antes habían sido invitados no quisieron venir al convite, se les dice en la segunda invitación: "He aquí que he preparado mi banquete".

San Jerónimo

El banquete preparado, los toros y los animales cebados ya muertos, representan, en sentido metafórico, las riquezas del rey, para que por medio de las cosas materiales se venga en conocimiento de las espirituales. Además, la magnificencia de los dogmas, y la doctrina del Señor, pueden conocerse de una manera evidente en la plenitud de la ley.

Pseudo-Crisóstomo, *opus imperfectum in Matthaeum, hom. 41*

Cuando dijo el Señor a sus apóstoles: "Id y predicad que se acerca el reino de los cielos" (**Mt** 10,7), se refirió a lo que dice ahora: "He preparado mi banquete"; esto es, por medio de la ley y de los Profetas he adornado las mesas de las Escrituras. Por esto sigue: "Mis toros", etc.

San Gregorio Magno, *homiliae in Evangelia, 38*

Los toros representan a los padres del Antiguo Testamento, los cuales, según estaba permitido en la ley, herían con el cuerno de su virtud corporal a sus enemigos. Llamamos a los animales cebados, por Aquel que alimenta desde lo alto; por eso les decimos saciados. Por medio de los animales cebados se figuran los padres del Nuevo Testamento, los cuales, cuando perciben la gracia de la dulce alimentación interna, se elevan de los deseos terrenos a las cosas de lo alto por las alas su contemplación. Dice, pues: "Mis toros y mis animales cebados ya están muertos". Como diciendo: Observad las muertes de los padres que precedieron, y pensad en aplicar los remedios para que conservéis vuestras vidas.

Pseudo-Crisóstomo, *opus imperfectum in Matthaeum, hom. 41*

Y habla de los animales cebados y de los toros, no porque los toros no estuviesen cebados, sino porque no todos habían engordado del mismo modo. Luego, únicamente llama cebados a los profetas que estuvieron llenos del Espíritu

Santo; y toros, a los profetas y sacerdotes, como Jeremías y Ezequiel. Así como los toros son los guías del rebaño, así los sacerdotes son los jefes del pueblo.

San Hilario, in Matthaeum, 22.

Los toros representan la gloria de los mártires que han sido inmolados como víctimas escogidas por haber confesado a Dios; y cebados, los hombres espirituales, porque son alimentados con el pan del cielo, como las aves se alimentan cuando han de volar para alimentar a las demás, haciéndoles partícipes de la abundancia de su comida.

San Gregorio Magno, homiliae in Evangelia, 38

Debe advertirse también, que en la primera invitación nada se habló de toros ni de animales cebados; pero que en la segunda, se dice que los toros y los animales cebados ya están muertos. Porque el Dios omnipotente, cuando no queremos oír su divina palabra, cita ejemplos para que veamos que hay facilidad para poder vencer todo lo que consideramos como imposible, oyendo que otros han pasado por esto.

Orígenes, homilia 20 in Matthaeum

Y como la comida que estaba preparada es la palabra divina, se entiende que la gran fuerza de esta palabra está representada por medio de los toros. Y lo que éstos tienen de suave y de deleitable, es por lo que se les llama cebados. Si alguno dice que las razones expuestas tienen poca fuerza y que son de poco valor, tienen que admitir la esterilidad de cuanto se lleva dicho: son cebadas, cuando se citan muchos ejemplos para cada una de las proposiciones, en prueba completa del discurso. Cuando alguno predica sobre la castidad, cita por ejemplo la tórtola; pero cuando sobre la misma virtud cita muchas pruebas de las Sagradas Escrituras de modo que deleite y confirme, el alma del que oye queda como cebada.

Pseudo-Crisóstomo, opus imperfectum in Matthaeum, hom. 41

Y cuando dice: "Todo está preparado", se entiende que ya está cumplido en las Sagradas Escrituras todo lo necesario para la salvación. El que es ignorante, encuentra allí algo que aprender; el que es orgulloso, encuentra algo que temer; el que trabaja, encuentra allí todo lo ofrecido a aquellos a quienes se invita a trabajar.

Glosa

Todo está ya preparado, esto es, está preparada la entrada en el reino, por medio de la fe en mi encarnación, la que antes estaba cerrada.

Pseudo-Crisóstomo, opus imperfectum in Matthaeum, hom. 41

Dice que está preparado todo lo que pertenece al misterio de la pasión del Señor, y de nuestra redención. Por esto dice: "Venid a las bodas", no con los pies, sino con la fe y con las costumbres.

Prosigue: "Mas ellos lo despreciaron". El por qué lo despreciaron lo da a conocer cuando añade: "Y se fueron, unos a sus granjas", etc.

San Juan Crisóstomo, homiliae in Matthaeum, hom. 69,1

Aun cuando parece que los motivos son razonables, aprendemos, sin embargo, que incluso cuando sean necesarias las cosas que nos detienen, conviene siempre dar la preferencia a las espirituales: y a mí me parece que cuando alegaban estas razones, daban a conocer los pretextos de su negligencia.

San Hilario, *in Matthaeum, 22.*

Los hombres del mundo se ocupan en la ambición de cosas temporales y muchos se dedican a los negocios por la codicia del dinero.

Pseudo-Crisóstomo, *opus imperfectum in Matthaeum, hom. 41*

Cuando hacemos algo con el trabajo de nuestras manos, cuando cultivamos un campo o una viña, o cuando hacemos una obra de madera o de hierro, parece que entonces trabajamos la granja. Y cuando obtenemos otras ganancias, no por el trabajo de nuestras manos, todo esto se llama negocio. ¡Oh mundo miserable, y desgraciados los que le siguen! Muchas veces los trabajos del mundo alejan a los hombres de la vida verdadera.

San Gregorio Magno, *homiliae in Evangelia, 38*

El que se propone labrar un terreno, o está dedicado a las cosas del mundo, simula meditar en el misterio de la encarnación, y vivir según su espíritu, y marcha hacia la granja o sea hacia el negocio, rehusando venir a las bodas del rey. A veces (lo que todavía es peor), algunos llamados a la gracia, no sólo la desprecian, sino que también la persiguen: por esto añade: "Y los otros echaron mano de los siervos", etc.

Pseudo-Crisóstomo, *opus imperfectum in Matthaeum, hom. 41*

Por la ocupación de la granja se entiende la gente del pueblo de los judíos, que por su deseo de las cosas del mundo fueron separados de Cristo; por la ocupación de los negocios se entiende a los sacerdotes y los demás ministros del templo a quienes el afán de lucro separó de la fe, aun siendo ellos los encargados del servicio de la ley y del templo. No dijo de éstos que habían obrado maliciosamente, sino que despreciaron; los que crucificaron a Jesucristo por odio o por envidia, fueron los que obraron mal; los que impedidos por los negocios no creyeron, son los que le despreciaron, aun cuando no eran malos. El Señor nada dice acerca de su muerte, porque ya había dicho lo bastante en la parábola anterior, pero da a conocer la muerte de sus discípulos, a quienes mataron los judíos, después que el Señor subió a los cielos, apedreando a Esteban y degollando a Santiago de Alfeo. Por todo lo cual Jerusalén fue destruida por los romanos. Debe advertirse que se habla de la ira de Dios, no en sentido propio, sino en sentido traslativo: se dice que se enfurece cuando castiga. Por lo que se dice aquí: "Y el rey, cuando lo oyó, se irritó".

San Jerónimo

Cuando invitaba a las bodas y obraba con clemencia, era llamado hombre; pero ahora, cuando vino a aleccionarse calla la palabra hombre, y únicamente se le llama rey.

Orígenes, *homilia 20 in Matthaeum*

Adviertan los que pecan contra el Señor de la ley, de los profetas y de toda la creación, que éste que ahora se llama hombre, y se muestra airado, es el mismo Padre de Jesucristo. Y si conocen que éste es el mismo, se verán obligados a confesar que de El se dicen muchas cosas parecidas a las que tiene la naturaleza pasible de los hombres: no porque El sea pasible, sino porque muchas veces obra a imitación de la naturaleza pasible de los hombres. Y en este mismo concepto debemos tener la ira de Dios, y la penitencia, y todo lo demás que leemos en los profetas.

Prosigue: "Enviando sus ejércitos, acabó con aquellos homicidas", etc.

San Jerónimo

Por estos ejércitos entendemos los ejércitos romanos, capitaneados por Vespasiano y por Tito, los cuales, habiendo destruido los pueblos de Judea, prendieron fuego a la ciudad prevaricadora.

Pseudo-Crisóstomo, *opus imperfectum in Matthaeum, hom. 41*

El ejército romano se considera como el ejército de Dios porque la tierra y cuanto en ella se contiene pertenece a Dios (*Sal* 23,1). No hubiesen venido los romanos a Jerusalén, si Dios no los hubiese enviado.

San Gregorio Magno, *homiliae in Evangelia, 38*

Los ejércitos de los ángeles son los de nuestro Rey. Habiendo, pues, enviado sus ejércitos se dice que acabó con aquellos homicidas porque todo designio se cumple sobre los hombres por medio de los ángeles. Acabó, pues, con aquellos homicidas, porque mató a los que le perseguían; incendió también su ciudad, porque no solamente sus almas sino que también su carne (en la que habían vivido), habían de ser atormentadas con el fuego eterno.

Orígenes, *homilia 20 in Matthaeum*

La ciudad de los impíos es la reunión de los que están en un todo conformes con el modo de pensar de los príncipes de este mundo: el rey incendia y destruye la ciudad, construida de malos edificios.

San Gregorio Magno, *homiliae in Evangelia, 38*

Pero éste que se ve despreciado de los que convida, no tendrá desiertas las bodas de su hijo: porque alguna vez la palabra de Dios encontrará también en dónde descansar. Por esto añade: "Entonces dijo a sus siervos".

Orígenes, *homilia 20 in Matthaeum*

Esto es, a los apóstoles o a los ángeles que estaban preparados para la vocación de los gentiles: "Las bodas ciertamente están aparejadas".

Remigio

Esto es, todo sacramento acerca de la redención de los hombres, ya está ultimado y concluido. "Mas los que habían sido convidados (esto es, los judíos), no fueron dignos" (*Rm* 10,3), porque desconociendo la santidad de Dios, y queriendo dar preferencia a la suya, fueron considerados como indignos de la vida eterna. Por lo tanto, una vez reprobado el pueblo judío, fue llamado el pueblo gentil a estas bodas. Por esto sigue: "Pues id a las salidas de los caminos", etc.

San Jerónimo

El pueblo gentil no estaba en los caminos, sino en las salidas de los caminos.

Remigio

Estos son los errores de los gentiles.

Pseudo-Crisóstomo, *opus imperfectum in Matthaeum, hom. 41*

Son caminos también todos los conocimientos humanos como los de la filosofía, los de la milicia, y otros por el estilo. Dijo, pues: "Id a las salidas de los caminos", para que llamen también a la fe a todos los hombres, cualquiera que sea su condición. Además, así como la castidad es el camino que lleva a Dios, la fornicación es el camino que lleva al demonio; y esto mismo debe decirse de las demás virtudes y de los demás vicios. Manda, por lo tanto que conviden a los hombres de cualquier clase y de cualquier condición para que crean.

San Hilario, *in Matthaeum, 22.*

También pueden entenderse por el camino, la duración de esta vida, y por lo tanto, se les manda ir a las salidas de los caminos, porque estas gracias a todos se dan.

San Gregorio Magno, *homiliae in Evangelia, 38*

Según la Sagrada Escritura, se entiende por camino las acciones; las salidas de los caminos son las faltas de las acciones, porque con frecuencia vienen a Dios con facilidad, aquéllos que ninguna satisfacción se conceden en las cosas de la vida.

Orígenes, *homilia 20 in Matthaeum*

Yo creo que esta primera invitación a las bodas se dirigía a algunas almas sencillas: en verdad, Dios quiere que vengan al convite divino principalmente aquellos que son prontos para comprender; y como éstos generalmente no quieren venir cuando se les llama, son enviados otros siervos para animarlos, ofreciéndoles que si vienen, disfrutarán del convite preparado por su rey. Y así como en esta vida una es la esposa que se casa, otros los que convidan, y otros los que son convidados a las bodas, así el Señor conoce las diversas clases de las almas, las virtudes y sus fundamentos. Por esta razón unas son consideradas como esposas, otros como siervos que convocan, y otros están en el número de los invitados a las bodas. Pero los que en primer lugar fueron llamados, despreciaron a los primeros que los invitaban (como hombres de poco conocimiento), y se marcharon a cuidar de sus cosas, complaciéndose más en ellas que en lo que el Rey les ofrecía por medio de sus siervos. Pero éstos son menos culpables que aquéllos que injuriaron a los siervos enviados y los mataron. Estos últimos se atrevieron a detener a los siervos enviados por medio de cuestiones enojosas, y como no estaban preparados para contestar a sus ingeniosas cuestiones, fueron primero abrumados de insultos y luego muertos por ellos.

Prosigue: "Y habiendo salido sus siervos a los caminos, congregaron", etc.

Orígenes, *homilia 20 in Matthaeum*

Habiendo salido los siervos, ya de Judea o Jerusalén, como los apóstoles de Jesucristo, o ya de los interiores, como los santos ángeles, y viniendo a los diversos caminos de las costumbres diferentes, reunieron a todos los que encontraron: y no se cuidan de si alguna vez habían sido malos o buenos, antes de ser llamados. Aquí debemos entender como buenos los que sencillamente son más humildes y más perfectos en cuanto afecta al culto divino y a quienes se refiere lo que dice el Apóstol: "Cuando las gentes que no conocen la ley, obran según lo que ella manda, ellos mismos son su propia ley" (*Rm* 2,14).

San Jerónimo

También entre los gentiles hay una diversidad infinita, pues debemos conocer, que unos están más inclinados a lo malo, y otros practican las virtudes por sus buenas costumbres.

San Gregorio Magno, *homiliae in Evangelia, 38*

Y dice esto, porque en la Iglesia no puede haber buenos sin malos, ni malos sin buenos, y no fue bueno aquél que no quiso sufrir a los malos.

Prosigue: "Y se llenaron las bodas", etc.

Orígenes, *homilia 20 in Matthaeum*

Las bodas, esto es, de Jesucristo y de la Iglesia, se llenaron porque fueron traídos a Dios los que fueron encontrados por los Apóstoles, y se recostaron para comer en las bodas. Pero como fue conveniente llamar a los buenos y a los malos, no para que los malos continuasen siendo malos, sino para que dejasen los vestidos impropios de las bodas, y vistiesen los trajes nupciales (esto es, el corazón misericordioso, bondadoso, etc.). Por eso, después entra el rey para ver a los que estaban sentados antes que se les presente la comida, para detener y regalar a los que tengan los vestidos nupciales, y para condenar a los que no los tengan. Por eso sigue: "Y entró el rey para ver a los que estaban a la mesa".

Pseudo-Crisóstomo, *opus imperfectum in Matthaeum, hom. 41*

No es que el Señor deje de estar en todas partes, sino que donde quiere observar para juzgar, allí se dice que está presente, y donde no quiere, parece que está ausente. El día en que todo lo verá es el día del juicio, cuando habrá de visitar a todos los cristianos, que descansan sobre la mesa de las Sagradas Escrituras.

Orígenes, *homilia 20 in Matthaeum*

Cuando entró, vio a uno que no había mudado sus costumbres; por esto sigue: "Y vio allí un hombre que no estaba vestido con vestidura de bodas". Dijo en singular, porque son de un mismo género todos los que conservan la malicia después de la fe, como la habían tenido antes de creer.

San Gregorio Magno, *homiliae in Evangelia, 38*

¿Qué debemos entender por vestido de bodas, sino la caridad? Porque el Señor la tuvo cuando vino a celebrar sus bodas con la Iglesia. Entra, pues, a las bodas, sin el vestido nupcial, el que cree en la Iglesia, pero no tiene caridad.

San Agustín, *contra Faustum, 2,19*

Se atreve a venir a las bodas sin vestido nupcial, el que busca allí la gloria, no la del esposo, sino la propia.

San Hilario, *in Matthaeum, 22.*

El vestido de bodas es también la gracia del Espíritu Santo, y el candor del vestido celestial, que una vez recibido por la confesión de la fe, debe conservarse limpio e íntegro hasta la consecución del reino de los cielos.

San Jerónimo

El vestido nupcial es también la ley de Dios y las acciones que se practican en virtud de la ley y del Evangelio, y que constituyen el vestido del hombre nuevo. El cual si algún cristiano dejare de llevar en el día del juicio, será castigado inmediatamente; por esto sigue: "Y le dijo: Amigo, ¿cómo has entrado aquí, no teniendo vestido de bodas?" Le llama amigo, porque había sido invitado a las bodas (y en realidad era su amigo por la fe), pero reprende su atrevimiento, porque había entrado a las bodas, afeándolas con su vestido sucio.

Orígenes, *homilia 20 in Matthaeum*

Y como el que peca y no se viste de nuestro Señor Jesucristo, no tiene excusa alguna, prosigue: "Mas él enmudeció".

San Jerónimo

Entonces, cuando todos los ángeles y el mundo entero sean testigos de los pecados, no habrá lugar a petulancias ni se podrá negar.

Orígenes, *homilia 20 in Matthaeum*

Pero no sólo fue arrojado de las bodas el que las ultrajó, sino que fue atado por los ministros del rey, ya preparados a este fin, y con la presteza que él no había empleado para hacer cosa buena. Por no obrar el bien fue aprendido por la fuerza y fue condenado a un sitio en donde no hay luz alguna y que se llama tinieblas exteriores. Por lo que sigue: "Entonces el rey dijo a sus ministros: atado de pies y manos, arrojadle en las tinieblas exteriores".

San Gregorio Magno, *homiliae in Evangelia, 38*

En virtud del poder de aquella sentencia son atados sus pies y sus manos, que poco antes habían estado atados por las malas acciones, y no habían mejorado su vida. Entonces son atados para castigo los que la culpa tenía atados para impedirles que obrasen bien.

San Agustín, *de Trinitate, 11,6*

El embrollo de los malos deseos y de las malas intenciones, constituye un lazo, con el cual es atado, quien obra de tal modo, que merece ser arrojado a las tinieblas exteriores.

San Gregorio Magno, *homiliae in Evangelia, 38*

Llamamos tinieblas interiores, a la ceguedad del alma, y tinieblas exteriores a la noche eterna de la condenación.

Pseudo-Crisóstomo, *opus imperfectum in Matthaeum, hom. 41*

De este modo se designa también la diferencia de castigos que se aplicarán a los pecadores: hay tinieblas exteriores e interiores, hay primeros lugares así como hay últimos lugares.

Prosigue: "Allí será el llorar y el crujir de dientes".

San Jerónimo

En el llanto de los ojos y en el rechinar de dientes, se da a conocer la magnitud de los tormentos por medio de una metáfora de miembros corporales. Los pies y las manos atadas, el llanto de los ojos y el rechinar de dientes, son para que se entienda la veracidad de la resurrección.

San Gregorio Magno, *homiliae in Evangelia, 38*

Para que allí rechinen los dientes de los que se gozaban en la voracidad, y allí lloren los ojos que aquí disfrutaban de complacencias ilícitas. Porque cada uno de los miembros sufrirá un castigo, relacionado con todas las acciones a que vivieron sujetos, obedeciendo a los vicios.

San Jerónimo

Y como en el convite nupcial no se busca el principio, sino el fin, añade: "Muchos son los llamados y pocos los escogidos".

San Hilario, *in Matthaeum, 22.*

Cuando el que invita lo hace sin excepción, da a conocer su afecto y la gran bondad que resulta de su humanidad; pero en los convidados o llamados, se elige a cada uno según su mérito propio.

San Gregorio Magno, *homiliae in Evangelia, 38*

Mas algunos, ni siquiera empiezan a obrar bien; y otros no perseveran en las buenas acciones que comenzaron. Tema cada uno por sí mismo, tanto más, cuanto que desconoce lo que viene después.

Pseudo-Crisóstomo, *opus imperfectum in Matthaeum, hom. 41*

O de otro modo: cuantas veces el Señor prueba a su Iglesia, entra en ella para ver a los que están reunidos. Si encuentra alguno que no tenga vestido nupcial, le pregunta: ¿para qué te has hecho cristiano si amabas estas acciones? A este tal entrega Jesucristo a sus ministros (esto es, a algunos sectarios), y le atan sus manos (esto es, sus acciones), y sus pies (a saber, las aspiraciones de su alma), y lo arrojan a las tinieblas, esto es, a los errores (o de los gentiles, o de los judíos, o de los herejes). En primer lugar, a las tinieblas de los gentiles, porque desprecian la verdad que no han oído; o a las exteriores de los judíos que oyeron, pero que no creyeron, y especialmente a las exteriores de los herejes que oyeron y conocieron.

Entonces los fariseos se fueron y consultaron entre sí, cómo le sorprenderían en lo que hablase. Y le envían sus discípulos, juntamente con los herodianos, diciendo: "Maestro, sabemos que eres veraz, y que enseñas el camino de Dios, en verdad, y no

te cuidas de cosa alguna; porque no miras a la persona de los hombres: Dinos, pues, qué te parece, ¿es lícito dar tributo al César o no?" Mas Jesús, conociendo la malicia de ellos, dijo: "¿Por qué me tentáis, hipócritas? mostradme la moneda del tributo". Y ellos le presentaron un denario. Y Jesús les dijo: "(Cuya es esta figura e inscripción?" Dícenle: "del César". Entonces les dijo: "pues pagad a César lo que es de César, y a Dios lo que es de Dios". Y cuando esto oyeron, se maravillaron, y dejándole, se retiraron. (vv. 15-22)

Pseudo-Crisóstomo, *opus imperfectum in Matthaeum, hom. 42*

Así como sucede cuando alguno quiere detener el curso del agua que corre, que si llega a saltar la presa busca su curso por otro lado, así la malicia de los judíos, cuando se vio confundida por una parte, buscó salida por otra. Por esto dice: "Entonces los fariseos se fueron", etc. Se fueron, diré, a buscar a los herodianos. Tal fue el consejo, como tales eran los que lo dieron. Por esto sigue: "Y le enviaron sus discípulos juntamente con los herodianos, diciendo: Maestro, sabemos que eres veraz, y que enseñas el camino de Dios en verdad".

Glosa

Se valieron de personas desconocidas, para engañar más fácilmente a Jesús y poderle atrapar por medio de ellas. Porque como temían a las gentes, no se atrevían a hacerlo por sí mismos.

San Jerónimo

Hacía poco que Judea había quedado sometida a los romanos por César Augusto, cuando tuvo lugar el censo de todo el mundo, y se establecieron los tributos. Por eso había en el pueblo mucho deseo de insurreccionarse. Decían unos que los romanos cuidaban de la seguridad y de la tranquilidad de todos, por cuya razón se les debía pagar el tributo; pero los fariseos, que se atribuían toda justicia, apoyaban, por el contrario, que el pueblo de Dios (que ya pagaba los diezmos, daba las primicias, y todo lo demás que estaba prescrito en la ley) no debía estar sujeto a leyes humanas. Pero César Augusto había colocado a Herodes, hijo de Antípatro, extranjero y prosélito, como rey de los judíos; el cual debía ordenar los tributos y obedecer al Imperio Romano. Por lo tanto, los fariseos envían a sus discípulos con los herodianos, esto es, o con los soldados de Herodes o con aquellos a quienes daban el apodo irónico de herodianos y trataban como no afectos al culto divino, porque pagaban sus tributos a los romanos.

San Juan Crisóstomo, *homiliae in Matthaeum, hom. 70,1*

Por esto, pues, envían a sus discípulos junto con los soldados de Herodes, para que pudiesen vituperar cualquier cosa que dijere el Salvador. Deseaban, pues, que el Señor dijere algo en contra de los herodianos, porque como temían prenderlo por temor a las turbas, querían ponerle en peligro, y hacerle aparecer como enemigo de los tributos públicos.

Pseudo-Crisóstomo, *opus imperfectum in Matthaeum, hom. 42*

Esta es la primera ficción de los hipócritas, cuando alaban a los que quieren perder; y por lo tanto, empiezan la alabanza, diciendo: "Maestro, sabemos que eres veraz, etc." Le llaman Maestro, para que viéndose honrado y alabado, les manifieste sencillamente los secretos de su corazón, como deseando tenerles por discípulos.

Glosa

De tres modos sucede que alguno no enseñe la verdad: primeramente, por parte del que enseña, porque o desconoce la verdad, o no la estima; y en contra de esto dicen: "Sabemos que eres veraz". En segundo lugar, de parte de Dios, porque pospuesto su temor, algunos no enseñan con toda su pureza la verdad que procede de Dios, y que ellos conocen; y contra esto dicen: "Y que enseñas el camino de Dios, en verdad". Y en tercer lugar, de parte del prójimo, por cuyo temor o amor calla alguno la verdad; y para ocultar esto añaden: "Y que no te cuidas de cosa alguna", (esto es, del hombre), "porque no miras a la persona de los hombres".

San Juan Crisóstomo, *homiliae in Matthaeum, hom. 70,1*

Esto lo decían en secreto, pero refiriéndose a Herodes y a César.

San Jerónimo

Esta pregunta suave y engañosa, le provoca a responder, que debe temerse más a Dios que al César; por esto dicen: "Dinos, pues: ¿qué te parece?", etc. Para que si dice que no deben pagarse los tributos, lo oigan enseguida los herodianos y le detengan como reo de sedición contra el emperador de Roma.

San Juan Crisóstomo, *homiliae in Matthaeum, hom. 70,1*

Y como sabían que a algunos que habían aspirado a introducir esta discordia los habían matado, querían también hacerle caer en esta sospecha por estas palabras.

Prosigue: "Pero Jesús, conociendo la malicia de ellos", etc.

Pseudo-Crisóstomo, *opus imperfectum in Matthaeum, hom. 42*

No les responde de la misma manera sencilla y pacífica sino que contesta según las intenciones malas de los que preguntan, porque Dios responde a los pensamientos y no a las palabras.

San Jerónimo

La primera virtud del que responde consiste en conocer las intenciones de los que preguntan y no llamarles discípulos suyos sino tentadores. Hipócrita es aquel que aparenta ser algo que no es.

Pseudo-Crisóstomo, *opus imperfectum in Matthaeum, hom. 42*

Les llama hipócritas porque no iban a llevar a cabo lo que pensaban hacer, sabiendo que El conoce el corazón de los hombres y que, por eso mismo, conocía sus malas intenciones. Véase aquí el porqué los fariseos le halagaban para perderle. Pero Jesús los confundía para salvarlos, puesto que para un hombre no es de ningún provecho adular mientras que sí lo es ser corregido por Dios.

San Jerónimo

La sabiduría siempre obra de una manera sabia, y confunde con frecuencia a sus tentadores, por medio de su palabra. Por esto sigue: "Mostradme la moneda del tributo. Y ellos le presentaron un denario". Esta clase de moneda era la que se consideraba del valor de diez monedas, y llevaba el retrato del César. Por esto sigue: "Y Jesús les dijo: ¿de quién es esta figura e inscripción?" Los que creían que la pregunta del Salvador era hija de la ignorancia y no de la deferencia, aprendan aquí cómo Jesús podía conocer la imagen que había en la moneda. Prosigue: "Dícenle: del César". Y no creemos que era César Augusto, sino Tiberio, su hijastro, en cuyo tiempo sufrió la pasión nuestro Señor. Todos los emperadores romanos, desde el primero, llamado Cayo César que se apoderó del imperio, se llamaban Césares. Prosigue: "Pues pagad al César lo que es del César", esto es, la moneda, el tributo y el dinero.

San Hilario, *in Matthaeum, 23*

Si nada hay que siendo del César se encuentre entre nosotros, no estaremos obligados a darle lo que es suyo. Por lo tanto si nos ocupamos de sus cosas, si usamos del poder que él nos concede no haremos ofensa alguna, si damos al César lo que es del César.

San Juan Crisóstomo, *homiliae in Matthaeum, hom. 70,2*

Tú también, cuando oigas: da al César lo que es del César, sabe que únicamente dice el Salvador aquello que no se opone a la piedad. Porque si hubiese algo de esto, no constituirá un tributo del César, sino del diablo. Y después, para que no digan: que los hombres no están sujetos, añade: "Y a Dios lo que es de Dios".

San Jerónimo

Esto es, las décimas, las primicias, las oblaciones y las víctimas. Así como el mismo Señor pagó al César el tributo por sí y por San Pedro, pagó también a Dios, lo que es de Dios, haciendo la voluntad de su Padre.

San Hilario, *in Matthaeum, 23*

Conviene por lo tanto que nosotros le paguemos lo que le debemos, esto es, el cuerpo, el alma y la voluntad. La moneda del César está hecha en el oro, en donde se encuentra grabada su imagen; la moneda de Dios es el hombre, en quien se encuentra figurada la imagen de Dios; por lo tanto dad vuestras riquezas al César y guardad la conciencia de vuestra inocencia para Dios.

Orígenes, *homilia 21 in Matthaeum*

En esto aprendemos por el ejemplo del Salvador que no debemos atender a lo que dicen muchos so pretexto de religiosidad y que, por lo tanto, tiene algo de vanagloria, sino a lo que es conveniente, según dicta la razón. También podemos entender este pasaje en sentido moral, porque debemos dar al cuerpo algunas cosas -lo necesario- como tributo al César. Pero todo lo que está conforme con la naturaleza de las almas, esto es, lo que afecta a la virtud, debemos ofrecerlo al Señor. Los que enseñan que según la ley de Dios no debemos cuidarnos del cuerpo son fariseos, que prohiben pagar el tributo al César, como los que prohiben casarse y mandan abstenerse de comer a los que Dios ha creado. Y los que dicen que debemos conceder al cuerpo más de lo que debemos, son herodianos. Nuestro Salvador quiere que no sufra menoscabo la virtud, cuando prestamos nuestro servicio al cuerpo; ni que sea oprimida la naturaleza material, cuando nos dedicamos con exceso a la práctica de la virtud. El príncipe de este mundo, es decir, el diablo, representa al César; no podemos por lo tanto dar a Dios lo que es de Dios hasta que hayamos pagado al príncipe lo que es suyo, esto es, hasta que hayamos dejado toda su malicia. Aprendamos también aquí esto mismo que no debemos callar en absoluto en contra de los que nos tientan, ni responder sencillamente, sino con circunspección, así quitaremos la ocasión de que se quejen contra nosotros, y enseñaremos qué es lo que deben hacer para no ser dignos de represión los que quieren salvarse.

San Jerónimo

Los que debieron creer en tan admirable sabiduría, se asombraron al ver que sus propósitos de asechanzas no habían tenido lugar: Por esto sigue: "Y cuando esto oyeron, se maravillaron, y dejándole, se retiraron", llevando consigo su infidelidad y su admiración.

En aquel día se llegaron a El los saduceos, que dicen no haber resurrección, y le preguntaron, diciendo: "Maestro: Moisés dijo: si muriere alguno que no tenga hijo, su hermano se case con su mujer y levante linaje a su hermano. Pues había entre nosotros siete hermanos; y habiéndose casado el primero, murió, y por no haber tenido sucesión, dejó su mujer a su hermano. Y lo mismo el segundo, y el tercero, hasta el séptimo. Y después de todos, murió también la mujer. ¿Pues en la resurrección de cuál de los siete será mujer? Porque todos la tuvieron". Y respondiendo Jesús, les dijo: "Erráis no sabiendo las Escrituras ni el poder de Dios. Porque en la resurrección, ni se casarán ni serán dados en casamientos; sino que serán como los ángeles de Dios en el cielo. Y de la resurrección de los muertos, ¿no habéis leído las palabras que Dios os dice: Yo soy el Dios de Abraham, y el Dios de Isaac, y el Dios de Jacob? No es Dios de muertos, sino de vivos". Y oyendo esto las gentes, se maravillaban de su doctrina. (vv. 23-33)

San Juan Crisóstomo, *homiliae in Matthaeum, hom. 70,2*

Una vez confundidos los discípulos de los fariseos con los herodianos, se presentan los saduceos cuando les convenía aparecer más retraídos por la confusión de los primeros. Pero la presunción proyecta muchas veces cosas descabelladas, y es pertinaz en intentar cosas imposibles. Por esto el Evangelista, asombrado de su audacia, significa esto mismo, diciendo: "En aquel día se llegaron a él", etc.

Pseudo-Crisóstomo, *opus imperfectum in Matthaeum, hom. 42*

Cuando se retiraban los fariseos vienen los saduceos, sin duda porque disputaban acerca de cuál de ellos atraparía más pronto al Salvador en alguna contradicción. Si no podían superar al Señor con argumentos, al menos podrían molestarlo con su insistencia.

San Jerónimo

Había dos sectas* entre los judíos: una de los fariseos y otra de los saduceos. Los fariseos hacían ostentación de la justicia de las tradiciones y de las observancias, por lo que el pueblo los llamaba divididos. Pero los saduceos, tomando este nombre que significa justos, pretendían ser lo que no eran. Mientras que los fariseos creían y confesaban la resurrección del cuerpo y la inmortalidad del alma, como también los ángeles y el espíritu, según se lee en el libro de los Hechos de los apóstoles, los saduceos lo negaban todo. Por esto se dice aquí: "Que dicen no haber resurrección". *(Ya San Juan Crisóstomo decía, como que era cierto: "Porque es de saber que entre los judíos había muchas sectas". Flavio Josefo en sus esfuerzos apologéticos por presentar al judaísmo como una filosofía, señala a lo que se llama "sectas", bajo el nombre de* **hairesis,** *distinguiendo tres principales: los fariseos -a la que él pertenecía-; los saduceos; y los esenios.)*

Orígenes, *homilia 22 in Matthaeum*

No sólo negaban la resurrección de la carne, sino también la inmortalidad del alma.

Pseudo-Crisóstomo, *opus imperfectum in Matthaeum, hom. 42*

Viendo, pues, el diablo, que no podía extinguir el conocimiento de Dios, introdujo la herejía de los saduceos, que negaban la resurrección de los muertos, lo que estorbaba todo propósito de obrar bien. ¿Quién estará contento al tener que luchar todos los días contra sí mismo, si no esperase resucitar?

San Gregorio Magno, *Moralia. 14,39*

Hay también algunos que creen que el espíritu desaparece con la carne, que la carne se pudre y que la podredumbre se reduce a polvo, y como los elementos del polvo se disuelven -de modo que ya nunca pueden ser vistos por los ojos humanos- desconfían de que pueda tener lugar la resurrección.

Pseudo-Crisóstomo, *opus imperfectum in Matthaeum, hom. 42*

Para defender su error, creían los saduceos que habían encontrado un argumento muy poderoso*. Sigue: "Y le preguntaron, diciendo: "Maestro, dijo Moisés", etc. *((Reboli) Los saduceos presentan un caso por el que siete hermanos se casaron sucesivamente con la misma mujer, según la ley. Con ello buscaban argumentar contra la resurrección de los muertos. "Como ya en esta vida la poliandria es cosa repugnante,* *y como los siete hermanos tienen derecho a la misma mujer, y ésta no puede darse solamente a uno de ellos, sin que se violen los derechos de los demás, no puede darse la resurrección de los muertos; porque entonces, o habría poliandria o violación de los derechos de los demás". Jesús les hace manifiesta su ignorancia sobre la Escritura y el poder de Dios. Les evidencia su concepción materialista de la resurrección, y les abre la posibilidad de comprender su auténtico sentido.)*

San Juan Crisóstomo, *homiliae in Matthaeum, hom. non.occ*

Como la muerte era un mal insoportable entre los judíos, todo lo reducían a la vida presente. Había ordenado Moisés en la ley que la mujer viuda sin hijos, debía casarse con el hermano del difunto, para que naciese a éste un hijo de su hermano y así no se extinguiese su nombre. Esto representaba cierto consuelo respecto de la muerte. Ningún otro mejor que el hermano o el pariente debía tomar la mujer del difunto. Porque de otra manera no podría suponerse, que el hijo que había nacido de tal unión fuese hijo del que había muerto. Por lo tanto no se le consideraba como un extraño que no tenía obligación de sostener la casa del difunto, sino como su hermano a quien tocaba hacerlo así por el parentesco.

Prosigue: "Había entre nosotros siete hermanos", etc.

San Jerónimo

Los que no creían en la resurrección de los cuerpos y creían y admitían que el alma moría con el cuerpo, inventan una fábula que pone de relieve su desvarío respecto de lo que dicen acerca de la resurrección. Por esto concluyen: "¿Pues en la resurrección, de cuál de los siete será mujer?" Pudo suceder que esto acaeciese alguna vez entre ellos.

San Agustín, *quaestiones evangeliorum, 1,32*

Estos siete hermanos representan místicamente a los hombres impíos que no pudieron practicar la virtud en la tierra durante los siete períodos que dura su existencia. Y después la tierra por la que aquellos siete habían pasado estérilmente también pasará.

Prosigue: "Respondiendo Jesús les dijo: Erráis no sabiendo las Escrituras, ni el poder de Dios"

Pseudo-Crisóstomo, *opus imperfectum in Matthaeum, hom. 42*

En primer lugar, confunde muy sabiamente su necedad, porque no leían; en segundo lugar, su ignorancia, porque no conocían a Dios. Cuando se lee mucho, se conoce a Dios; la ignorancia es hija de la pereza.

San Jerónimo

Por lo tanto, se equivocan los que no conocen las Escrituras, y cuando las desconocen, desconocen también el poder de Dios.

Orígenes, *homilia 22 in Matthaeum*

Dice el Señor que desconocen dos cosas: las Escrituras y el poder de Dios, por el cual se verifica la resurrección y empieza en ella una nueva vida. El Señor, arguyendo a los saduceos, porque desconocían el poder de Dios, les enseñaba que también a El le desconocían. El era la virtud de Dios, y no le conocían, porque ignoraban lo que decían las Escrituras acerca de El; por lo tanto, no creían en la resurrección que El había de inaugurar. Se pregunta cuando dice el Salvador: "Erráis desconociendo las Escrituras", si se refiere a algunas Escrituras en que se dice: "En la resurrección, ni se casan", etc. Esto no está escrito en el Antiguo Testamento, pero nosotros decimos que sí está escrito, aun cuando no se expresa con las mismas palabras, porque se indica entre misterios, para que pueda entenderse moralmente. Porque como la ley es la figura de los futuros beneficios, cuando dice algo de los hombres o de las mujeres, se refiere especialmente a las nupcias espirituales. Mas yo no encuentro en ninguna parte Escritura alguna que diga que los santos, después de su muerte, estarán como los ángeles de Dios, a no ser que se entienda en sentido moral aquello que se dice en las Escrituras: "Y tú irás a tus padres" (*Gn* 15,15); y en otro lugar: "Ha sido agregado a su pueblo" (*Gn* 25,8). Pero dirá alguno: les reprendía porque no leían las demás Escrituras que no hablan de la ley, y que por eso erraban. Otro dice que desconocían la Escritura de la ley mosaica desde que no se les explicaba el sentido espiritual de ella.

Pseudo-Crisóstomo, *opus imperfectum in Matthaeum, hom. 42*

Cuando dice: "En la resurrección ni se casan ni serán casados", etc., se refiere a lo que había dicho: desconocéis el poder de Dios que dijo: "Yo soy el Dios de Abraham, el Dios de Isaac y el Dios de Jacob", se refiere a lo que les dijo después; desconocéis las Escrituras. Y en realidad conviene en las cuestiones alegar primero la autoridad de las Sagradas Escrituras contra los calumniadores y explicar después el motivo. A los que preguntan por ignorancia, primero respondemos exponiendo las razones y confirmándolas después con la autoridad; porque conviene confundir a los calumniadores y enseñar a los que preguntan de buena fe. Por eso el Señor contestó primero a los que le preguntaban por ignorancia y les expuso antes la razón diciendo: "En la resurrección".

Pseudo-Crisóstomo, *opus imperfectum in Matthaeum, hom. 42*

Así como morimos en este mundo también nacemos en él, por eso existe el matrimonio, para que el número que se pierde con la muerte se compense con los que nacen.

San Hilario, *in Matthaeum, 23*

Se había atribuido a los saduceos la opinión de que los halagos de la vida corporal, una vez terminada la misión de cada uno en esta vida, se desvanecían. Por esto añade: "Sino que serán como ángeles de Dios en el cielo".

San Juan Crisóstomo, *homiliae in Matthaeum, hom. 70,3*

Con lo que contesta muy oportunamente a lo que se le pregunta. Esta era la causa que tenían para creer que no era posible la resurrección: porque creían que los que resucitasen resucitarían del mismo modo, lo cual rechazó el Salvador demostrando que resucitarían en diferente estado.

Pseudo-Crisóstomo, *opus imperfectum in Matthaeum, hom. 42*

Debe advertirse que cuando hablaba de los ayunos y de las limosnas y de las demás virtudes espirituales, nunca hacía comparación con los ángeles; a no ser cuando hablaba de que no podrían cohabitar. Porque así como todos los actos de la carne son propios de los animales, especialmente los actos carnales, así todas las virtudes son propias de seres espirituales, especialmente la castidad, en la que se manifiesta que la naturaleza es vencida por las virtudes.

San Jerónimo

En cuanto a lo que sigue: "Serán como los ángeles de Dios en el cielo", se entiende que habla en sentido espiritual.

Dionisio, *de divinis nominibus, 1*

Cuando seamos incorruptibles e inmortales nos veremos en presencia de Dios mismo, inundados de purísimas contemplaciones; participaremos del don de la luz de la inteligencia en una disposición impasible y espiritual, a modo de las inteligencias celestiales; por esto dice que seremos iguales a los ángeles.

San Hilario, *in Matthaeum, 23*

La misma falsedad que exponen los saduceos acerca del matrimonio, la suelen presentar muchos otros, a saber, de qué manera aparecerá en la resurrección el sexo femenino. Lo mismo que debe opinarse respecto de los ángeles según las Sagradas Escrituras, conviene opinar, a nuestro modo de entender, respecto de las mujeres en la resurrección.

San Agustín, *de civitate Dei, 22,17*

Pero me parece más prudente que no debe dudarse que resucitará uno y otro sexo. Allí no habrá impureza, que es la causa de la confusión; porque antes que pecase la primera pareja, andaban desnudos. Por lo tanto la naturaleza se conservará, pero entonces no habrá unión carnal ni parto. Los miembros de la mujer no estarán acomodados al uso antiguo, sino que tendrán una nueva decencia, que no excitará la concupiscencia del que mire (la que estará anulada), pero se alabará la sabiduría y la clemencia de Dios, que hizo lo que no existía, y libró de la corrupción lo que hizo.

San Jerónimo

Nadie dice respecto de las piedras y de los árboles y de las demás cosas que no se reproducen naturalmente, que ni se casan ni son casados. Esto se dice de aquellos que, pudiendo casarse, no se casan por alguna razón.

Rábano

Todo esto que se ha dicho de las condiciones de la resurrección, resuelve la cuestión propuesta; habla, pues, de la resurrección muy oportunamente en contra de la infidelidad de aquéllos.

San Juan Crisóstomo, *homiliae in Matthaeum, hom. 70,3*

Y como citando aquéllos a Moisés habían argüido al Salvador, los confunde por medio de Moisés. Por esto añade: "Y de la resurrección de los muertos ¿no habéis leído, yo soy el Dios de Abraham?" etc.

San Jerónimo

Para comprobar la verdad de la resurrección, pudo utilizar otros ejemplos más evidentes, uno de ellos el de Isaías, que dice: "Resucitarán los muertos y se levantarán los que estaban en los sepulcros" (*Is* 26,9); y en otro lugar dice Daniel:

"Muchos de los muertos resucitarán del polvo de la tierra" (**Dn** 12,2). Se pregunta, pues, por qué querría el Señor dar la preferencia a este testimonio que parece ambiguo y sin relación directa con la verdad de la resurrección. Y como si el aducido probase lo que se proponía, añadió en seguida: "No es Dios de muertos, sino de vivos". Ya hemos dicho antes que los saduceos no admitían ni la existencia de los ángeles ni la de los espíritus, ni la de la resurrección de los cuerpos, y que por el contrario, predicaban hasta la muerte de las almas. Estos únicamente admitían los cinco libros de Moisés, menospreciando los vaticinios de los profetas; era, pues, inútil alegar testimonios, cuya autoridad no admitían. Por lo tanto, para probar la inmortalidad de las almas, pone el ejemplo de Moisés: "Yo soy el Dios de Abraham", etc., e inmediatamente añade: "No es Dios de muertos, sino de vivos". Porque, después de haber probado que las almas subsisten después de la muerte (no podía ser que fuese Dios de ellas si no existiesen), por lo tanto, se trataría de la resurrección de los cuerpos que con sus almas habrían obraron bien o mal.

San Juan Crisóstomo, *homiliae in Matthaeum, hom. 70,3*

Pero ¿cómo se dice en otro lugar que: "ha de ser Señor de vivos muertos" (**Rm** 14,9)? Y esto no se parece a lo que se dice aquí, pues se dice que existe el Dios de los muertos, a saber, de aquellos que habrán de vencer, y no de aquellos que vencidos una vez, no volverán a resucitar más.

San Jerónimo

Debe considerarse que estas palabras habían sido dirigidas a Moisés después de haber muerto los santos patriarcas, que ya descansaban en el sepulcro, de los cuales el Señor era Dios: Y nada podían tener si no existían, porque en la naturaleza de la cosa está el ser necesariamente lo que es el otro de quien procede; y así tener Dios, es pertenecer al número de los vivos. Y como Dios es la eternidad (y no es propio de las cosas que han muerto poseer lo que es eterno), ¿cómo se negará que existen y existirán siempre, aquellos de quienes se confiese ser la eternidad?

Orígenes, *homilia 22 in Matthaeum*

Dios es también quien dice: "Yo soy el que soy" (**Ex** 3,14). Por lo tanto, es imposible que sea Dios de los que no existen. Y obsérvese que no dijo: Yo soy el Dios de Abraham, de Isaac y de Jacob, sino: el Dios de Abraham, el Dios de Isaac y el Dios de Jacob; pero en otro lugar dice: "El Dios de los hebreos me ha enviado a ti" (**Ex** 7,16). Todos los que están perfectísimamente cerca de Dios, en cuanto se refiere a los demás hombres, llevan a Dios en sí: por lo tanto, no se llama Dios de ellos en general, sino en particular. Como cuando decimos: aquel campo es de aquéllos, damos a entender que cada uno de aquéllos no es el dueño absoluto de todo el campo. Si decimos este campo es de aquél, damos a entender que lo posee en absoluto. Cuando dice: "el Dios de los hebreos". Se manifiesta la pequeñez de éstos; porque cada uno de ellos sólo tiene algún poco de Dios. Pero se llama Dios de Abraham, Dios de Isaac y Dios de Jacob, porque cada uno de ellos tenía a Dios en absoluto; esto cede en no pequeña alabanza de los patriarcas, porque vivían para Dios.

San Agustín, *contra Faustum 16, 24*

Los maniqueos son confundidos aquí del mismo modo que antes lo habían sido los saduceos. Porque negaban también la resurrección como aquéllos, aunque de un modo diferente.

San Agustín, *in Ioannem, 11*

Por lo tanto, se llama Dios de Abraham, Dios de Isaac y Dios de Jacob, porque en estos tres se encuentran representados de cierto modo todas las generaciones de los que se llaman hijos de Dios. Dios engendra muchas veces por medio de un buen predicador a un buen hijo, o de un mal predicador un mal hijo. Esto se da a conocer por medio de Abraham, quien tuvo un hijo fiel, Isaac, de su mujer libre, Sara, y un hijo infiel, Ismael, de su esclava, Agar. Alguna vez sucede que Dios engendra por medio de un buen predicador un hijo bueno y uno malo; lo cual se da a conocer por medio de Isaac, que de la mujer libre, Rebeca, tuvo un hijo bueno, Jacob, y otro malo, Esaú. También sucede que en algunas ocasiones engendra hijos buenos, por medio de un predicador bueno y malo; lo cual se demuestra por medio de Jacob, que engendró hijos buenos de las libres (Lía y Raquel), y de sus esclavas (Zelfa y Bala).

Pseudo-Crisóstomo, *opus imperfectum in Matthaeum, hom. 42*

Y véase cómo la agresión de los judíos en contra de Jesucristo se va haciendo más débil: la primera, fue presentada por medio del terror, diciendo: "¿En virtud de qué poder haces estas cosas?" (21,23). Contra la que fue necesaria la fortaleza del corazón del Salvador; la segunda, fue con engaño, contra la que fue necesaria sutil sabiduría, y ésta fue con presunción e ignorancia, y por lo tanto, de menos fuerza que la anterior. Cuando es un ignorante el hombre que tiene la presunción de saber algo, le es muy fácil al varón sabio el convencerle. La oposición del enemigo es de importancia al principio; pero si alguno resiste con ánimo varonil, encontrará que su enemigo es más débil.

Prosigue: "Y cuando esto oyeron las turbas, se maravillaron", etc.

Remigio

No eran los saduceos, sino las turbas las que se admiraban. Esto sucede también todos los días en la Iglesia, porque cuando son vencidos sus enemigos en virtud de la divina inspiración, los fieles se alegran.

Mas los fariseos cuando oyeron que había hecho callar a los saduceos, se juntaron a consejo; y le preguntó uno de ellos, que era doctor de la ley, tentándole: "Maestro, ¿cuál es el grande mandamiento en la ley?" Jesús le dijo: "Amarás al Señor, tu Dios, de todo tu corazón y de toda tu alma y de todo tu entendimiento. Este es el mayor y el principal mandamiento. Y

el segundo, semejante es a éste: Amarás a tu prójimo como a ti mismo. De estos dos mandamientos depende toda la ley y los profetas". (vv. 34-40)

San Jerónimo

Como los fariseos habían sido confundidos en la presentación de la moneda, y vieron que se había levantado una facción en la parte contraria, debían con esto haberse decidido a no presentar nuevas asechanzas. Pero la malicia y la envidia fomentan muchas veces el atrevimiento. Por esto dice: "Mas los fariseos cuando oyeron que había hecho callar", etc.

Orígenes, *homilia 23 in Matthaeum*

Jesús impuso silencio a los saduceos, queriendo demostrar que la luz de la verdad había hecho enmudecer la voz de la mentira. Así como es propio del hombre justo callar cuando es tiempo de callar, y hablar cuando se debe hablar, pero nunca enmudecer, así también es propio de los doctores de la mentira, enmudecer en cuanto a la cuestión, pero no callar.

San Jerónimo

Los fariseos, por lo tanto, y los saduceos que eran enemigos entre sí, están conformes en cuanto se trata de tentar a Jesucristo, unidos por un mismo fin.

Pseudo-Crisóstomo, *opus imperfectum in Matthaeum, hom. 42*

Sin duda se pusieron de acuerdo los fariseos para vencer por medio del número a quien no habían podido vencer por medio de razones y se confiesan destituidos de verdad cuando apelan a la muchedumbre. Decían, pues, entre sí: que hable uno solo por nosotros, y nosotros hablemos por medio de él, y si vence, apareceremos como que hemos vencido todos. Y si queda confundido, lo será él solo. Por esto sigue: "Y le preguntó uno de ellos", etc.

Orígenes, *homilia 23 in Matthaeum*

Todo el que pregunta a algún sabio, no para aprender, sino para examinarlo, debemos creer que es hermano de aquel fariseo, según lo que dice por San Mateo: "Lo que hicisteis con uno de mis pequeñuelos, lo hicisteis conmigo" (*Mt* 25,40).

San Agustín, *de consensu evangelistarum, 2,73*

No llame la atención que San Mateo diga aquí que hubo un tentador que interrogó a Jesús. San Marcos omite esta parte, pero al final del pasaje concluye diciendo que el Señor Jesús le dijo con toda sabiduría: "No estás lejos del reino de Dios" (*Mt* 12,34). Pues puede suceder muy bien que, aun cuando alguien se aproxime al Señor con intención de tentarlo, obtenga de El una respuesta que le aproveche. Y verdaderamente no debemos mirar a la tentación como mala e hija de uno que quiere engañar a su enemigo, sino más bien como causa con que se quiere examinar a quien no se conoce; no en vano está escrito: "Que el que cree fácilmente, es porque tiene un alma ligera" (*Ecle* 18,4). Lo que pregunta, es lo que se dice a continuación: "Maestro, ¿cuál es el grande mandamiento de la ley?"

Orígenes, *homilia 23 in Matthaeum*

Decía Maestro, como tentándolo, porque no pronunciaba estas palabras como discípulo del Salvador. Por lo tanto, si alguien no aprende algo del divino Verbo, ni se entrega a El con toda su alma, aunque le dice Maestro, es hermano del fariseo, que tienta a Jesucristo. Cuando se leía la ley antes de la venida del Salvador, quizá se inquiría cuál era el mandamiento grande en ella; y no lo hubiese preguntado el fariseo si no se hubiese cuestionado esto mucho tiempo, no habiéndole encontrado solución hasta que viniese Jesucristo a enseñarlo.

Pseudo-Crisóstomo, *opus imperfectum in Matthaeum, hom. 42*

Le preguntaba acerca del mandato grande quien no cumplía ni aun el más pequeño. Debe preguntar acerca del progreso de la santidad, aquel que ya viene observando algo que pueda conducir a ella.

San Jerónimo

No le pregunta acerca de los mandamientos, sino cuál sea el mandato primero y más grande. Porque como todo lo que Dios manda es grande, cualquier cosa que responda servirá para calumniarle.

Pseudo-Crisóstomo, *opus imperfectum in Matthaeum, hom. 42*

El Señor, para humillar con su primera contestación la conciencia engañosa del que le preguntaba, respondió así: "Amarás al Señor tu Dios", etc. Amarás, dijo, y no temerás, porque amar es más que temer; temer es propio de los siervos, y amar es propio de los hijos. El temor procede de la necesidad, el amor, de la libertad; el que sirve a Dios por temor, evita el castigo, es verdad, pero no tiene la gracia de la santidad, puesto que obligado, practica el bien por miedo. No quiere el Señor que le teman los hombres de un modo servil, y como a amo, sino que se le ame como padre, puesto que ha concedido a los hombres el Espíritu de adopción. Amar a Dios de todo el corazón, es tanto como no tener su corazón inclinado al amor de alguna cosa, sino al amor de Dios. Amar a Dios con toda el alma, es tanto como tener un conocimiento certísimo de la verdad, y estar firme en la fe; por lo tanto, una cosa es el amor del corazón, y otra el amor del alma. El amor del corazón, es carnal en cierto sentido; en tal concepto amamos a Dios de una manera carnal, lo que no podemos hacer sin abstenernos del amor de las cosas terrenas; por lo tanto, el amor del corazón se siente en el corazón. Pero el amor del alma no se siente, sino que se comprende, porque consiste en el juicio del alma. El que cree que todo bien está en Dios, y que nada bueno está fuera de El, éste le ama con toda su alma. Amar a Dios con toda la mente, es tanto como consagrarle todos los sentidos, y aquél cuyo entendimiento sirve a Dios, y cuya sabiduría se fija en Dios, y cuya inteligencia se ocupa de las cosas de Dios, cuya memoria recuerda lo bueno, puede decirse que ama a Dios con toda su mente.

San Agustín, *de doctrina christiana, 1,22*

Se te manda que ames a Dios de todo corazón, para que le consagres todos tus pensamientos; con toda tu alma, para que le consagres tu vida; con toda tu inteligencia, para que consagres todo tu entendimiento a Aquel de quien has recibido todas estas cosas. No deja parte alguna de nuestra existencia que deba estar ociosa, y que dé lugar a que quiera gozar de otra cosa. Por lo tanto, cualquier otra cosa que queramos amar, conságrese también hacia el punto donde debe fijarse toda la fuerza de nuestro amor. Un hombre es muy bueno, cuando con todas sus fuerzas se inclina hacia el bien inmutable.

Glosa

De todo tu corazón, esto es, con tu entendimiento; con tu alma, esto es, con tu voluntad; con tu inteligencia, esto es, con tu memoria, a fin de que nada quieras, sientas ni recuerdes, que pueda contrariarle.

Orígenes, *homilia 23 in Matthaeum*

Con todo tu corazón, esto es, con toda tu memoria, todas tus acciones y todos tus deseos. Con toda tu alma, esto es, que estén preparados a ofrecerla por la gloria de Dios. Con toda tu inteligencia, esto es, no profiriendo más que lo que pertenezca a Dios. Y ve si puedes someter tu corazón a tu entendimiento por medio del cual conocemos las cosas inteligibles; también tu inteligencia, para manifestarlas, pues con ella las explicamos todas. Por cada una de estas cosas que se dan a conocer, como que crecemos y avanzamos en nuestra mente.

Si el Señor, no hubiese contestado al fariseo que le tentaba, podríamos creer que un mandamiento no es mayor que el otro. Pero el Señor le responde: "Este es el mayor y el primer mandamiento"; en lo que comprendemos que hay diferencia entre los mandamientos, que hay uno mayor y otros inferiores hasta el último. Le responde el Señor, no sólo que éste es el mandamiento grande, sino también el primero: no según el orden con que está escrito, sino según su mayor importancia. Unicamente reconocen la magnificencia y el primado de este mandamiento, aquellos que no sólo aman al Señor su Dios, sino que también le aman con aquellas tres condiciones, a saber: con todo su corazón, con toda su alma y con todo su entendimiento. Le enseñó que no sólo es grande y el primero, sino que también tiene un segundo que se parece a éste. Por esto sigue: "Y el segundo semejante es a éste: Amarás a tu prójimo como a ti mismo". Por lo tanto, si el que ama la iniquidad aborrece su alma (*Sal* 10,6), claro está que no ama a su prójimo como a sí mismo, porque ni aun a sí mismo se ama.

San Agustín, *de doctrina christiana 1,30*

Debe tenerse en cuenta que se ha de considerar como prójimo a todo hombre y que por lo tanto con nadie se debe obrar mal. Si se llama propiamente nuestro prójimo aquel a quien se debe dispensar o de quien debemos recibir oficios de caridad, se demuestra por medio de este precepto de qué modo tenemos obligación de amar al prójimo, y aun comprendiendo también a los santos ángeles, de quienes recibimos tantos oficios de caridad, como podemos ver fácilmente en las Escrituras. Así, el mismo Dios quiso llamarse nuestro prójimo, cuando Nuestro Señor Jesucristo se nos presenta como aquel tullido que se encontraba medio muerto y tendido en el camino (*Lc* 10).

San Agustín, *de Trinitate, 8,6*

El que ama a los hombres, debe amarlos, ya porque son justos, o ya para que lo sean. De este modo debe amarse al prójimo, y así es como se ama al prójimo como a sí mismo, sin peligro alguno; ya porque es justo, o ya para que sea justo.

San Agustín, *de doctrina christiana, 1, 22*

Si debes amarte a ti mismo, no es por ti, sino por aquél a quien debe encaminarse tu amor, como a fin rectísimo; no se extrañe nadie, si le amamos también por Dios. El que ama con verdad a su prójimo, debe obrar con él de modo que también ame a Dios con todo su corazón.

Pseudo-Crisóstomo, *opus imperfectum in Matthaeum, hom. 42*

El que ama al hombre es semejante al que ama a Dios, porque como el hombre es la imagen de Dios, Dios es amado en él como el rey es considerado en su retrato. Y por esto dice que el segundo mandamiento es semejante al primero.

Orígenes, *homilia 23 in Matthaeum*

El hecho de ser semejante el segundo mandamiento al primero, demuestra que es uno mismo el proceder y el mérito de uno y de otro: no hay pues, amor que aproveche para salvarse como aquel que se tiene a Dios en Jesucristo, y a Jesucristo en Dios.

Prosigue: "De estos dos mandamientos depende toda la ley y los profetas".

San Agustín, *de consensu evangelistarum, 1,33*

Dijo que depende; esto es, esta referida allí a donde tiene su cumplimiento.

Rábano

Todo el decálogo está comprendido en estos dos mandamientos: los preceptos primeros afectan al amor de Dios, y los segundos al del prójimo.

Orígenes, *homilia 23 in Matthaeum*

Aquel que cumplió todo lo que está mandado, respecto del amor de Dios y del prójimo, es digno de recibir gracias divinas, para que comprenda, que toda la Ley y los Profetas dependen de un solo principio: a saber, del amor de Dios y del prójimo.

San Agustín, *de Trinitate, 8, 7*

Siendo, pues, dos los preceptos de los cuales dependen la Ley y los Profetas -el amor de Dios y del prójimo- con razón la sagrada Escritura los presenta muchas veces como uno solo. Ya como amor de Dios, según aquello de San Pablo: "Sabemos que a los que aman a Dios todo les sale bien" (**Rm** 8,28), ya como amor del prójimo, como dice el mismo Santo; "Toda la ley está comprendida en un solo punto: Amarás a tu prójimo como a ti mismo" (**Gál** 5,14). Por lo tanto, como el que ama a su prójimo consiguientemente amará también a Dios, amamos a Dios y al prójimo con la misma caridad, aunque debemos amar a Dios por sí mismo, y al prójimo por Dios.

San Agustín, *de doctrina christiana, 1,30,26*

Mas, como la esencia divina es mucho más excelente que nuestra naturaleza, se le ama de una manera diferente a como amamos al prójimo, según está mandado. Y si te comprendes a ti mismo y si comprendes también a tu prójimo (esto es, alma y cuerpo), verás que no hay diferencia alguna entre estos dos preceptos: cuando va primero el amor de Dios y está circunscrito al modo con que se le puede amar, le sigue el amor del prójimo para que le ames como a ti mismo; por lo tanto, tu amor a ti no queda excluido de la cooperación a uno y otro amor.

Y estando juntos los fariseos, les preguntó Jesús, diciendo: "¿Qué os parece del Cristo? ¿De quién es hijo?" Dícenle: "de David". Díceles: "¿Pues cómo David en espíritu lo llama Señor, diciendo: Dijo el Señor a mi Señor: Siéntate a mi derecha, hasta que ponga tus enemigos por peana de tus pies. Pues si David le llama Señor, ¿cómo es su hijo?" Y nadie le podía responde palabra: ni alguno desde aquel día fue osado más a preguntarle. (vv. 41-46)

Pseudo-Crisóstomo, *opus imperfectum in Matthaeum, hom. 42*

Los judíos, creyendo que Jesús era únicamente hombre, le tentaban; no le hubiesen tentado si hubiesen conocido que era Hijo de Dios. Queriendo Jesucristo manifestar que conocía las torcidas intenciones de los judíos y que a pesar de ser El Dios, no quería decir claramente la verdad, para evitar que tomándolo los judíos como blasfemia se enfurecieran más; ni tampoco callar en absoluto, porque había venido a enseñar la verdad. Por esto, les preguntó de tal manera que la misma pregunta les manifestase quién era El; prosigue: "Y estando juntos los fariseos, les preguntó Jesús, diciendo: ¿Qué os parece del Cristo?, etc.

San Juan Crisóstomo, *homiliae in Matthaeum, hom. 71,2*

Primero había interrogado a sus discípulos, sobre qué decían otros del Cristo, y ahora les pregunta qué es lo que ellos dicen. Pero a éstos no les preguntaba del mismo modo, porque hubiesen dicho que era seductor y malo, como a El le consideraban, porque le creían únicamente hombre, le dijeron que era hijo de David. Y esto es lo que sigue: "Dícenle: de David". Y el Salvador, reprendiendo esto, cita al Profeta, manifestando su dominio y la propiedad de la filiación y el testimonio de autoridad procedente del Padre; por esto añade: "Díceles: ¿pues cómo David, en espíritu, lo llama Señor, diciendo: Dijo el Señor a mi Señor?", etc.

San Jerónimo

Este testimonio ha sido tomado del Salmo 109 (v.1): es llamado Señor por David, no por haber nacido de él, sino porque nacido del Padre subsistió siempre, anticipándose a su padre según la carne. Y le llama su Señor, no por error de duda, ni por su propia voluntad, sino porque así se lo dicta el Espíritu Santo.

Remigio

Cuando dice: "Siéntate a mi derecha", no debe entenderse que Dios tenga cuerpo para que pueda tener derecha e izquierda, sino que estar sentado a la diestra de Dios, es tanto como tener un honor igual a aquél.

Pseudo-Crisóstomo, *opus imperfectum in Matthaeum, hom. 42*

Creo también, que esta pregunta no la hizo contra los fariseos únicamente, sino también contra los herejes, porque según la carne, era hijo de David; pero era Dios, según la divinidad.

San Juan Crisóstomo, *homiliae in Matthaeum, hom. 71,2*

No se contenta con esto, sino que para que le teman, añade: "Hasta que ponga tus enemigos por peana de tus pies"; sin duda para que los guíe.

Orígenes, *homilia 23 in Matthaeum*

Dios ciertamente no pone precisamente a sus enemigos por peana a los pies de Cristo para su perdición, sino para su salvación.

Remigio

Cuando dice hasta, se refiere a lo infinito, como desde luego da a conocer: siéntate siempre, y tus enemigos estarán sujetos bajo tus pies eternamente.

Glosa

Que los enemigos sean sometidos por el Padre al Hijo, no manifiesta que haya debilidad en el Hijo, sino unidad de esencia: pues el Hijo sujeta sus enemigos al Padre, porque da a conocer al Padre sobre la tierra (*Jn* 17). Concluye hablando de este testimonio con estas palabras: "Pues si David le llama Señor, ¿cómo es hijo suyo?"

San Jerónimo

Esta pregunta nos aprovecha hasta hoy contra los judíos; porque los que dicen que el Cristo ha de venir, afirman que es un simple hombre, aunque Santo, de la descendencia de David. Preguntémosles, por lo tanto, como nos enseñó el Señor: si es únicamente hombre, y tan sólo hijo de David, ¿cómo es que David le llama su Señor? Los judíos, para desvanecer la verdad de la pregunta, forjan muchas frivolidades asegurando que procedía de Abraham, cuyo hijo fue Damasco Eliezer (*Gn* 14 y 15), y acerca de su persona está escrita en el Salmo, que después de la muerte de los cinco reyes, el Señor Dios había dicho a Abraham: "Siéntate a mi derecha hasta que ponga", etc. Preguntémosles cómo dijo a Abraham, lo que sigue: de qué modo habría sido engendrado Abraham antes que Lucifer, y cómo hubiese sido sacerdote, según el orden de Melquisedec, por quien Melquisedec habría ofrecido el pan y el vino, y de quien además habría recibido los diezmos del botín.

San Juan Crisóstomo, *homiliae in Matthaeum, hom. 71,2*

Esto dio por terminadas aquellas cuestiones, cerrando así sus bocas; por esto sigue: "Y nadie le podía responder palabra, ni alguno desde aquel día fue osado más a preguntarle". Callaron por entonces aunque contra su voluntad, porque no tenían ya qué decir.

Orígenes, *homilia 23 in Matthaeum*

Si la pregunta de los fariseos hubiese sido hija del deseo de saber nunca les hubiese propuesto tales cuestiones para que no volvieran a atreverse a preguntar.

Rábano

Por esto comprendemos que el veneno de la envidia puede ser vencido pero que difícilmente será extinguido.

CAPÍTULO 23

Entonces Jesús habló a la multitud y a sus discípulos diciendo: "Sobre la cátedra de Moisés se sentaron los escribas y los fariseos. Guardad, pues, y haced todo lo que os dijeren; mas no hagáis según las obras de ellos, porque dicen y no hacen. Pues atan cargas pesadas e insoportables, y las ponen sobre los hombros de los hombres; mas ni aun con su dedo las quieren mover". (vv. 1-4)

Pseudo-Crisóstomo, *opus imperfectum in Matthaeum, hom. 43*

Después que el Señor había humillado a los sacerdotes con su contestación dio a conocer la incorregible condición de ellos como sucede a los sacerdotes, que si obran mal ya no se enmiendan. Así como los seglares cuando faltan, se enmiendan fácilmente. Por esto se dirige a sus apóstoles y al pueblo. Prosigue: "Entonces Jesús habló a la multitud y a sus discípulos". Es infructuosa la palabra, cuando por medio de ella, unos son confundidos para que otros no sean enseñados.

Orígenes, *homilia 23 in Matthaeum*

Hay unos discípulos de Jesús que son mejores que los que componen las turbas, y encontrarás en las iglesias algunos que se acercan con más afecto al Verbo divino, y que son discípulos de Jesucristo, mientras que los otros solamente pueden llamarse su pueblo; y a veces, dice ciertas cosas sólo a sus discípulos; otras veces dice algunas cosas a las turbas y a los discípulos a la vez, como son las que siguen: "Sobre la cátedra de Moisés se sentaron los escribas y los fariseos". Los que creen que pueden gloriarse de interpretar bien la ley de Moisés, son los que se sientan sobre su cátedra, y los que no se separan de la letra de la ley, se llaman escribas; los que, dando a entender que saben algo más, se distinguen a sí mismos, como mejores que los demás, se llaman fariseos, que quiere decir, divididos. Los que comprenden y exponen los escritos de Moisés en sentido espiritual, se sientan, en verdad, sobre la cátedra de Moisés. Pero no son escribas ni fariseos, sino que son mejores que éstos, y discípulos amados de

Jesucristo. Por lo tanto, después de la venida de Jesucristo, se sientan sobre la cátedra de la Iglesia, que es la cátedra de Jesucristo.

Pseudo-Crisóstomo, *opus imperfectum in Matthaeum, hom. 43*

Debe observarse cómo se sienta cada uno de estos sobre la cátedra, porque la cátedra no es la que hace al sacerdote, sino el sacerdote a la cátedra. El lugar no santifica al hombre, sino el hombre al lugar. Por lo tanto, un mal sacerdote, del sacerdocio sacará deshonra, no dignidad.

San Juan Crisóstomo, *homiliae in Matthaeum, hom. 72,1*

Para que algunos no digan, soy peor para obrar, porque, quien me ha enseñado es malo, rechaza esta razón cuando añade: "Guardad, pues, y haced todo lo que os dijeren", etc. Porque no dicen cosa alguna de sí mismos, sino que hablan cosas de Dios, que publicó su ley por medio de Moisés. Y observa con cuánto honor habla de Moisés, manifestando la unidad que hay entre lo que se dice y el Antiguo Testamento.

Orígenes, *homilia 23 in Matthaeum*

Si los escribas y los fariseos que se sientan sobre la cátedra de Moisés son los doctores de los judíos, que enseñan según la letra los preceptos de la ley, ¿cómo es que el Señor nos manda hacer lo que éstos nos ordenan; siendo así que los apóstoles prohiben a los fieles, en el libro de los Hechos (cap. 15), que vivan, según la letra de la ley? Pero aquéllos la enseñan según la letra porque no conocen su espíritu; lo que nos dicen pues acerca de la ley, lo hacemos y observamos, conociendo su sentido, pero no obrando como ellos obran; porque ellos no obran como la ley enseña, ni comprenden que hay un velo sobre la letra de la ley. Y cuando se oyen estas cosas, no vayamos a creer que todas ellas son preceptos de la ley, porque hay muchas que tratan de las comidas, de los sacrificios, y otras cosas por el estilo; sino únicamente las que corrigen las costumbres. ¿Y cómo es que no mandó esto mismo acerca de la ley de gracia, sino únicamente acerca de la ley de Moisés? Porque todavía no era tiempo de dar a conocer los preceptos de la nueva ley, antes de su pasión. También a mí me parece que dijo esto, previendo algo más: como había de vituperar a los escribas y a los fariseos en sus palabras siguientes, para que no pareciera que deseaba la jefatura entre los necios, o que hacía esto por enemistad, primeramente retira toda sospecha; y entonces empieza a reprender, con objeto de que las turbas no caigan en los mismos defectos, pero comprendan que aunque deben oírlos, no deben imitarlos en sus acciones; por esto añade: "Mas no hagáis según las obras de ellos". ¿Qué cosa hay más miserable que un doctor, cuyos discípulos se salvan no siguiendo su ejemplo, y se condenan cuando le imitan?

Pseudo-Crisóstomo, *opus imperfectum in Matthaeum, hom. 43*

Así como el oro se saca de la tierra, despreciando a ésta, así también reciban la enseñanza los que la oyen, y no hagan caso de las costumbres de los que la predican. Frecuentemente suelen enseñar buena doctrina los hombres malos. Y así como los sacerdotes juzgan preferible enseñar junto con los buenos a los malos, y no despreciar por éstos a los buenos, así también los súbditos honren también a los malos sacerdotes en vistas a los buenos, para que no sean despreciados también los buenos junto con los malos. Pues mejor es favorecer, aunque injustamente, a los malos, que quitar lo que sea justo a los buenos.

San Juan Crisóstomo, *homiliae in Matthaeum, hom. 72,1*

Considera también cómo empieza a vituperarlos, pues sigue: "Porque dicen y no hacen". Especialmente, es digno de censura, aquel que teniendo obligación de enseñar, quebranta la ley. En primer lugar, porque falta cuando debe corregir a otro; en segundo lugar, porque el que peca es digno de mayor castigo, cuanto mayor es su dignidad; y en tercer lugar, porque hace más daño, en atención a que peca siendo doctor. Además, reprende también a aquéllos, porque son duros para los que les están subordinados. Por esto prosigue: "Pues atan cargas pesadas e insoportables", etc. En esto da a conocer la malicia doble de éstos: lo uno, porque exigen una vida perfecta a los que les están subordinados, sin dispensarles lo más mínimo; y lo otro, porque son altamente condescendientes consigo mismos. Pero conviene que el jefe proceda como juez inexorable en las cosas que a él afectan; y que sea bueno y pacífico en las que afectan a sus subordinados. Obsérvese, pues, cómo agrava su represión: no dijo que no pueden, sino que no quieren; ni dijo llevar, sino mover; esto es, ni aun acercarse, ni tocar.

Pseudo-Crisóstomo, *opus imperfectum in Matthaeum, hom. 43*

Indudablemente llama a esas observancias de la ley cargas pesadas e insoportables, a propósito de los fariseos y de los escribas, de quienes está hablando. De estas cargas dice el apóstol San Pedro dice en los Hechos de los Apóstoles: "¿A qué fin queréis colocar sobre los cuellos de los discípulos un yugo que no hemos podido llevar ni nosotros ni nuestros padres?" (**Hch** 15,10). Porque algunos, al recomendar con falsas razones a sus oyentes las cargas de la ley, ataban como con ciertos lazos sus corazones, a fin de que, creyéndose obligados por la razón, no se atreviesen a arrojar lejos de sí semejantes ligaduras. Mas éstos no cumplían ninguna de sus obligaciones, no sólo por completo, sino ni siquiera ligeramente, es decir, ni aun tocando con los dedos.

Glosa

O también: atan las cargas, esto es, recogen de todas partes esas tradiciones, que lejos de elevar la conciencia, la rebajan y la abaten.

San Jerónimo

Los hombros, los dedos, las cargas y los lazos con que son atadas las cargas de los que se ven oprimidos deben tomarse en sentido espiritual. Aquí también habla el Señor en general contra todos los maestros, que mandan lo más pesado y ellos no hacen ni aun lo menor.

Pseudo-Crisóstomo, *opus imperfectum in Matthaeum, hom. 43*

Tales son los que imponen un gran peso sobre los que vienen a hacer penitencia, y así, mientras se huye de la pena presente, se menosprecia el castigo de la otra vida. Por lo tanto, si colocas un gran peso sobre los hombros de un joven que no pueda llevarlo, tendrá necesidad o de arrojar la carga, o de sucumbir debajo de ella. Y al hombre a quien se le imponga una penitencia grave le sucederá que: o la despreciará o, si la acepta, cuando no pueda llevarla, escandalizado, pecará más. Por lo tanto, aunque no obremos bien imponiendo poca penitencia ¿no será mejor errar a causa de la caridad que de la crueldad? Cuando el padre de familia es condescendiente, el que dispensa sus gracias, debe serlo también. Si Dios es bueno, ¿por qué su sacerdote ha de ser austero? ¿Quieres aparecer como santo? En toda tu vida no dejes de ser austero contigo, y benigno respecto de los demás; que los hombres te oigan exigiendo poco y que te vean haciendo cosas grandes. El sacerdote que es condescendiente consigo, pero que exige cosas graves de los demás, es como un mal repartidor de contribuciones en una ciudad, que se dispensa de pagar y carga a los demás.

"Y hacen todas sus obras por ser vistos de los hombres, y así ensanchan sus filacterías, y extienden sus franjas. Y aman los primeros lugares en las cenas y las primeras sillas en las Sinagogas. Y ser saludados en la plaza y que los hombres los llamen Rabbí. Mas vosotros no queráis ser llamados Rabbí, porque uno sólo es vuestro Maestro y vosotros todos sois hermanos. Y a nadie llaméis padre vuestro sobre la tierra: porque uno es vuestro Padre, que está en los cielos. Ni os llaméis maestros, porque uno es vuestro Maestro, el Cristo. El que es mayor entre vosotros, será vuestro siervo. Porque el que se ensalzare, será humillado, y el que se humillare, será ensalzado". (vv. 5-12)

San Juan Crisóstomo, *homiliae in Matthaeum, hom. 72,2*
Había reprendido el Señor a los escribas y a los fariseos por crueles y perezosos, y ahora les reprende su vanagloria, que los separa de Dios. Por esto dice: "Todo lo hacen por ser vistos de los hombres", etc.

Pseudo-Crisóstomo, *opus imperfectum in Matthaeum, hom. 43*
En todas las cosas hay siempre un algo que las perjudica; así está el gusano para el tronco, y la polilla para el vestido. Por esto el demonio se esfuerza en corromper el ministerio de los sacerdotes, que ha sido establecido para fomentar la santidad, procurando que esto que es tan bueno, se convierta en malo en cuanto depende de los hombres. Quitemos el mal proceder del clero y todo saldrá perfectamente; de aquí se desprende que es difícil el arrepentimiento de los sacerdotes que pecan. Y el Señor quiere manifestar en esto la causa de por qué no podían creer en Jesucristo, esto es, porque todo lo hacen para ser vistos por los hombres. Es imposible, pues, que crean en Jesucristo cuando quien predica las cosas del cielo únicamente desea la gloria terrena de los hombres. He leído que

algunos interpretan este lugar de este modo: "Sobre la cátedra", esto es, según el honor y grado en que estuvo Moisés, fueron constituidos los escribas y los fariseos. Predicaban a otros la doctrina que anunciaba al Cristo que había de venir, pero ellos no le recibían cuando estaba presente. Por esto exhorta al pueblo a que oiga la ley que predicaban, esto es, a creer en Jesucristo anunciado por la ley, y no a imitar a los escribas y a los fariseos que eran incrédulos. Y explicó la causa de por qué predicaban que Jesucristo había de venir según la ley, y no creían en él, esto es, porque hacían todas sus obras con el fin de ser vistos por los hombres. No predicaban que Jesucristo vendría, por deseo de su venida, sino para que como doctores de la ley fuesen vistos por los hombres.

Orígenes, *homilia 24 in Matthaeum*

Hacen sus buenas obras con el fin de ser vistos por los hombres, aceptando visiblemente la circuncisión, pero ocultando las riquezas de sus casas, y haciéndolo todo por el mismo estilo. Los discípulos de Jesucristo cumplen la ley en secreto, porque -como dice el Apóstol- están constituidos judíos en secreto (**Rm** 4).

San Juan Crisóstomo, *homiliae in Matthaeum, hom. 72,2*

Observa que los reprende con cierta intención, porque no dice sencillamente que hacen sus obras para ser vistos por los hombres, sino que añade "todas". Y después demuestra que no se gloriaban tampoco de grandes cosas, sino de algunas de poca importancia. Por esto añade: "Y así ensanchan sus pergaminos", etc.

San Jerónimo

Por lo tanto, como el Señor había dado los mandatos de la ley por medio de Moisés, los cumplió hasta el extremo como decía el Deuteronomio: "Llevarás los preceptos en tu mano, y los tendrás siempre a la vista" (**Dt** 6,8). Lo que quiere decir: que estén mis preceptos en tu mano, y los cumplirás con las obras; estén ante tus ojos, para que medites en ellos de día y de noche. Los fariseos interpretando esto en mal sentido, escribían en pergamino el Decálogo de Moisés, esto es, los diez preceptos de la ley, llevándolos plegados y atados sobre la frente, formando con ellos una especie de corona, de modo que siempre los tenían delante de sus ojos. También había mandado Moisés, que llevasen en las cuatro puntas de sus mantos cenefas de jacintos, como distintivo del pueblo de Israel, para que, así como se distinguían en sus cuerpos de los gentiles por medio de la circuncisión -que era un signo judaico-, así el vestido llevase también alguna diferencia (ver **Nm** 15,38). Pero los maestros, como supersticiosos, deseando captar la atención de los demás, y apeteciendo las ganancias que podrían obtener de las mujeres, hacían sus cenefas más grandes, y ataban en ellas espinas agudísimas, para que al andar y al sentarse se punzasen, y con esta advertencia pudiesen consagrarse mejor al ministerio del servicio divino. Llamaban a aquella especie de distintivo, filacterías del Decálogo; tablas en que están escritos los nombres de los jueces, esto es, conservadurías, porque todos los que las tenían las conservaban para defenderse y protegerse a sí mismos. No entendían los fariseos que debían llevar estos preceptos más bien en su corazón que en sus cuerpos. De otro modo, quedaban reducidos a ser armarios o cajas que tienen libros, pero que no conocen a Dios.

Pseudo-Crisóstomo, *opus imperfectum in Matthaeum, hom. 43*

Imitando el ejemplo de éstos, hay muchos ahora que inventan nombres hebreos de ángeles, los escriben y se los colocan, para que sirvan de admiración a los que no entienden. Otros llevan colgado al cuello algún trozo escrito del Evangelio. Pero ¿no se lee todos los días el Evangelio en la iglesia para que lo oigan los hombres? ¿Cómo pueden salvar los Evangelios colgados al cuello a aquel a quien nada aprovechan cuando los tiene puestos en sus oídos? Además, ¿dónde estará la virtud del Evangelio: en las figuras de las letras, o en el conocimiento de su sentido? Si está en las figuras, obrarán bien llevándolo colgado al cuello; pero si está en el entendimiento, más aprovecharán si se lleva en el corazón, que si se suspende del cuello. Otros exponen este mismo pasaje fijándose en que dilataban sus discursos ocupándose del modo como ellos observaban la ley como filacterios, esto es, como conservadores de la salvación. Y así, en este sentido era como predicaban al pueblo con asiduidad. Las cenefas hermoseadas de sus mantos, significan las excelencias de los mandamientos de la ley de Dios.

San Jerónimo

Como dilataban en vano las filacterías, y hacían mayores sus orlas, se captaban la admiración de los hombres, pero les vituperaban en las demás cosas. Por esto prosigue: "Y aman los primeros lugares en las cenas; y ser saludados en las plazas", etc.

Rábano

Debe advertirse que no prohibe el que sean saludados en la plaza, ocupen o se sienten en los primeros puestos aquellos a quienes se deben estos respetos por razón de sus cargos o dignidades. Pero sí nos enseña, que nos guardemos como de unos malvados de aquellos que exigen injustamente de los fieles todas estas cosas, ya tengan o no derecho a ellas.

Pseudo-Crisóstomo, *opus imperfectum in Matthaeum, hom. 43*

No vitupera a aquéllos que ocupan los primeros lugares, sino a los que los desean; refiriendo su represión al deseo y no al hecho. Se humilla, pues, sin motivo respecto del lugar, aquel que da a sí mismo la preferencia en su corazón. Alguno hay que se jacta oyendo que es laudable el colocarse en el último lugar, y por esto se sienta después que todos. Y no sólo no abandona la arrogancia de su corazón, sino que además adquiere la vanagloria de la humildad, como el que quiere aparecer como justo, y se presenta como humilde. Hay muchos que siendo soberbios se colocan en los últimos sitios, y por el orgullo de su corazón, les parece que se sientan a la cabeza de los demás, y también hay muchos humildes, que aun cuando se sientan en los primeros puestos, están convencidos en sus conciencias que deben ocupar los últimos puestos.

San Juan Crisóstomo, *homiliae in Matthaeum, hom. 72,2*

Véase dónde se encuentra la vanagloria que los dominaba: en las sinagogas, en donde entraban a dirigir a otros. Que se condujesen de este modo en las cenas, era todavía tolerable, aun cuando conviene que el doctor llamase la atención, no sólo en la iglesia, sino en todas partes. Si el desear ocupar estos sitios merece reprensión, ¿cuánto peor será que otro los ocupe sin deber?

Pseudo-Crisóstomo, *opus imperfectum in Matthaeum, hom. 43*

También desean los primeros saludos, no sólo según el tiempo, sino también según la palabra para que les saludemos primero, levantando la voz y diciendo: que Dios te guarde, Maestro. Y en cuanto al cuerpo, para que les inclinemos la cabeza, y en cuanto al lugar, para que les saludemos en público. Por esto dice: "Y las salutaciones en la plaza".

Rábano

Aun cuando no están exentos de culpabilidad en este punto todos aquellos que se mezclan en las disputas del foro y ambicionan sentarse en la cátedra de Moisés y el que los hombres les llamen maestros de la sinagoga.

Pseudo-Crisóstomo, *opus imperfectum in Matthaeum, hom. 43*

Esto es, quieren ser llamados aunque no lo son; apetecen el nombre, pero desprecian el oficio.

Orígenes, *homilia 24 in Matthaeum*

En la Iglesia de Jesucristo también se encuentran algunos que desean los primeros puestos de las mesas, para ser parecidos a los diáconos; por lo tanto ambicionan ocupar los primeros puestos de aquellos que se llaman presbíteros; y otros trabajan porque los hombres les llamen obispos, esto es, maestros. Pero el verdadero discípulo de Jesucristo, desea los primeros puestos en las cenas espirituales, para comer lo mejor de los manjares espirituales. Desea también cuando los apóstoles se sienten sobre doce tronos, ocupar los primeros puestos; es muy justo que se hagan acreedores por sus buenas acciones a ocupar estos sitios. Desea también las salutaciones que tienen lugar en las alegrías de la gloria, esto es, en las reuniones celestiales de los hombres nacidos primitivamente para el cielo, y no desean llamarse maestros ni por los hombres ni por ninguna otra criatura cuando son buenos, porque sólo hay uno que es el maestro de todos. Por esto sigue: "Mas vosotros no queráis ser llamados Rabbí".

San Juan Crisóstomo, *homiliae in Matthaeum, hom. 72,3*

O dicho de otra manera: vituperaba a los fariseos por todo aquello, sin embargo pasaba en silencio algunas cosas pequeñas y de poca importancia dando a entender que sus discípulos no necesitaban ser instruidos acerca de ellas. Pero lo que era la causa de todos los males era el apetecer la cátedra de maestro. Toca esta cuestión para enseñar a los discípulos cómo deben portarse respecto de ellas. Por esto añade: "Mas vosotros no queráis ser llamados Rabbí", etc.

Pseudo-Crisóstomo, *opus imperfectum in Matthaeum, hom. 43*

No queráis ser llamados Rabbí, no sea que os atribuyáis lo que se debe a Dios: ni tampoco llaméis a otros maestros, para que no concedáis a los hombres lo que se debe a Dios. Únicamente hay un maestro de todos, y que enseña a todos los hombres naturalmente. Por lo tanto, si un hombre enseñase a otro, todos los hombres sabrían que tienen doctores. Pero ahora, como no es un hombre quien enseña sino Dios, son muchos los que son enseñados pero pocos los que aprenden. Porque no es el hombre quien da el entendimiento a los demás hombres cuando se les enseña, sino que ejercita por medio de la enseñanza el que Dios les ha concedido.

San Hilario, *in Matthaeum, 24*

Y para que los discípulos tengan presente que son hijos de un solo padre, y que por efecto de un nuevo nacimiento han pasado los umbrales de su origen terrenal, añade: "Y vosotros, todos sois hermanos".

San Jerónimo

Todos los hombres pueden llamarse hermanos por afecto, y éste puede ser de dos maneras, especial y general. Especial, porque todos los cristianos se llaman hermanos; general, porque todos los hombres proceden de un solo padre y viven unidos a nosotros como hermanos.

Prosigue: "Y a nadie llaméis vuestro padre sobre la tierra", etc.

Pseudo-Crisóstomo, *opus imperfectum in Matthaeum, hom. 43*

Aunque en el mundo un hombre engendra a otro hombre, sin embargo únicamente hay un Padre que nos ha criado a todos. No tenemos, pues, el principio de nuestra vida en nuestros padres, sino que únicamente recibimos de ellos el poder de transmitir esta vida.

Orígenes, *homilia 24 in Matthaeum*

¿Y quién es el que no dice padre en el mundo? Aquel que en todos los actos practicados según Dios, dice: "Padre nuestro que estás en los cielos" (***Mt*** 6,9).

Glosa

Y como daba a entender que Dios era Padre de todos, porque había dicho: "Que estás en los cielos", quiere dar a conocer quién sea este maestro universal. Por esto repite otra vez lo mandado acerca del maestro: "No os llaméis maestros, porque uno solo es vuestro maestro, Jesucristo".

San Juan Crisóstomo, *homiliae in Matthaeum, hom. 72,3*

Cuando se dice que Jesucristo es maestro, no se prescinde del Padre, como tampoco se prescinde de Jesucristo, cuando se dice que Dios Padre es el Padre de todos los hombres.

San Jerónimo

Se pregunta por qué se llama el Apóstol doctor de las gentes, en contraposición de lo que aquí se ordena (ver ***1Tim*** 2), y por qué en los monasterios se usa con tanta facilidad de la palabra padre. A esto se contesta, que una cosa es ser padre o maestro por naturaleza, y otra cosa es serlo por gracia. Si nosotros llamamos padre a un hombre, le dispensamos este honor en razón a su edad, y con ello no confesamos que sea el autor de nuestra vida. También se le llama maestro a aquel que en cierto sentido está unido con el verdadero maestro. Y (para no repetir esto muchas veces), del mismo modo que habiendo un solo Dios por naturaleza y un solo Hijo, esto no obsta para que haya muchos que se llamen abusivamente dioses, o que otros se llamen hijos por adopción; así, el que haya un padre o un maestro, no obsta para que haya otros muchos que por abuso puedan llamarse padres y maestros.

San Juan Crisóstomo, *homiliae in Matthaeum, hom. 72,3*

No sólo prohibe el Señor ocupar los primeros puestos, sino que por el contrario, quiere excitar a que se deseen los últimos. Por esto añade: "El que es mayor entre vosotros, será vuestro siervo".

Orígenes, *homilia 24 in Matthaeum*

Y si alguno predica la palabra divina, sabiendo que Jesucristo es quien la hace fructificar, que no quiera llamarse maestro, sino ministro. Por esto sigue: "El que es mayor entre vosotros, será vuestro siervo". El mismo Jesucristo, siendo verdaderamente maestro, se presentó como ministro, cuando decía: "Yo estoy en medio de vosotros como el que sirve" (*Lc* 22). Después de todo añadió para aquellos a quienes prohibió el deseo de la vanagloria: "Porque el que se ensalzare será humillado, y el que se humillare, será ensalzado".

Remigio

Lo cual debe entenderse de este modo: todo el que se ensalza por sus propios méritos, será humillado delante de Dios, pero el que se ensalza en virtud de los beneficios recibidos de Dios, será ensalzado delante de Dios.

"¡Mas ay de vosotros, escribas y fariseos hipócritas! que cerráis el reino de los cielos delante de los hombres. Pues ni vosotros entráis ni a los que entrarían dejáis entrar". (v. 13)

Orígenes, *homilia 25 in Matthaeum*

Jesucristo, como Hijo verdadero de Aquel que dio la ley, según la semejanza de las bendiciones que se conceden por la ley, explicó las felicidades de los que se salvan; y según la semejanza de las maldiciones expuestas en la ley, dice ¡ay! contra los pecadores, cuando añade: "¡Mas ay de vosotros, escribas y fariseos hipócritas!" Los que creen que es bueno decir esto contra los pecadores, comprendan que el propósito de Dios es semejante cuando maldice por medio de su ley; aquella maldición de la ley como el "ay" del Señor recaen sobre el pecador, no por causa del que los pronuncia, sino por causa de sus pecados, por los cuales se vuelve digno de escuchar estas cosas que Dios pronunció para corregir, a fin de que los hombres se conviertan al bien. Así como el padre cuando reprende al hijo pronuncia algunas veces palabras de maldición, aunque no desea que el hijo sea digno de ellas, sino más bien que le sirva para separarle de lo malo, así el Señor explica la causa de esta amenaza cuando dice: "Que cerráis el reino de los cielos", etc. Estos dos preceptos son naturalmente inseparables, porque el hecho de que alguno no permita que entren los demás es causa suficiente para que él mismo quede excluido.

Pseudo-Crisóstomo, *opus imperfectum in Matthaeum, hom. 44*

Las Sagradas Escrituras también se llaman el reino de los cielos, porque su adquisición está basada en ellas; la puerta es la inteligencia de las Escrituras. También es el reino de los cielos la felicidad de los bienaventurados, y la puerta por donde se entra a esa felicidad es Jesucristo; los guardianes de las llaves son los sacerdotes a quienes se ha confiado el deber de enseñar y explicar las Sagradas Escrituras; la llave es la palabra que explica el conocimiento de las Escrituras, por medio de la que se abre a los hombres la puerta de la verdad; su apertura es la verdadera interpretación. Obsérvese que no dijo: Ay de vosotros, que no abrís, sino que cerráis; luego las Escrituras no están cerradas, aunque son oscuras.

Orígenes, *homilia 25 in Matthaeum*

Por lo tanto, los fariseos y los escribas, ni entraban ni querían oír las palabras del Salvador, que dijo: "Si alguno entra por medio de mí, se salvará" (*Jn* 10,9); y ni aun a los que entrarían, esto es, aquellos que podían creer por medio de las Escrituras que habían sido ya explicadas por la Ley y por los Profetas, hablando de Jesucristo dejaban entrar. Cerrando la puerta a todos por medio del terror, les prohibían la entrada; éstos, no satisfechos porque no creían en Jesucristo, interpretaban mal sus enseñanzas y trastornaban todo lo que la Escritura profética decía de El, y blasfemaban de todo lo que hacía, como milagros falsos hechos por obra del demonio. Pero todos los que con su mala conversación dan ejemplo de pecar al pueblo, y ofenden, escandalizando a los pequeños, parece que cierran ante los ojos de los hombres el reino de los cielos. Este pecado se encuentra en los hombres públicos, especialmente en los doctores, que enseñan lo que debe hacerse según lo que prescribe el Evangelio a los hombres; pero no hacen lo que enseña. Pero viviendo y enseñando bien, abren a los hombres el reino de los cielos, y mientras ellos entran, animan a otros a entrar. Pero muchos no permiten entrar en el reino de los cielos, a los que quieren entrar; cuando excomulgan sin razón alguna, únicamente por algún celo, a los que son mejores que ellos, y ellos mismos no les permiten entrar. Aquellos que son prudentes venciendo la tiranía con su paciencia, aun cuando se les haya prohibido, entran y heredan el reino. Pero los que con mucha temeridad se ofrecieron a enseñar antes que aprendieran, e imitando las fábulas judaicas, dicen mal de quienes buscan en las Sagradas Escrituras las cosas del cielo, cierran cuanto pueden el reino de los cielos a los hombres.

"¡Ay de vosotros, escribas y fariseos hipócritas! Que devoráis las casas de las viudas, haciendo largas oraciones. Por esto llevaréis un juicio más riguroso". (v. 14)

San Juan Crisóstomo, *homiliae in Matthaeum, hom. 73,1*

En cuanto a lo demás, el Señor les reprende por su gula, y lo que es peor, porque llenaban su vientre no a costa de los ricos, sino de las viudas, y de este modo agravaban más su pobreza cuando lo que debían hacer era aliviarla. Por esto dice Jesucristo: "¡Ay de vosotros, escribas y fariseos hipócritas, que devoráis las casas de las viudas", etc.

Glosa

Esto es, que con vuestra superstición no os proponéis más que esquilmar a la plebe que os está confiada.

Pseudo-Crisóstomo, *opus imperfectum in Matthaeum, hom. 44*

Las mujeres son generalmente incautas, porque no pesan en su razón lo que ven o lo que oyen. También son demasiado suaves, porque fácilmente se doblegan ya de lo malo a lo bueno, o ya de lo bueno a lo malo. El sexo viril es más precavido y fuerte. Por lo tanto, los que aparentan santidad comercian especialmente con las mujeres, porque no pueden entender sus engaños y fácilmente se dejan guiar por ellos en asuntos de religión. Pero principalmente con quien más negocian es con las viudas. En primer lugar porque a la mujer no se le puede engañar fácilmente cuando tiene un hombre que le aconseje. En segundo lugar, porque no dan con tanta facilidad de su propio peculio, cuando viven bajo la potestad del marido. Por lo tanto, cuando el Señor confunde a los sacerdotes de los judíos, aconseja a los cristianos que se detengan menos con las mujeres viudas que con las demás, porque aun cuando la voluntad no sea mala, sin embargo, lo es la sospecha.

San Juan Crisóstomo, *homiliae in Matthaeum, hom. 73,1*

Además, esta especie de estafa es más grave, porque añade: "Haciendo largas oraciones". Todo el que obra mal es digno de castigo, pero el que toma de la religión motivo para obrar mal, es digno de mayor pena. Así pues, sigue: "Por esto sufriréis un juicio más riguroso".

Pseudo-Crisóstomo, *opus imperfectum in Matthaeum, hom. 44*

En primer lugar, porque sois malvados; en segundo lugar, porque os encubrís con la capa de santidad. Aparentáis cubrir vuestra avaricia con el aspecto de la religiosidad y casi entregáis al diablo las armas de Dios, para que la iniquidad sea estimada cuando es considerada como piedad.

San Hilario, *in Matthaeum, 24*

De aquí procede que por saciar la ambición visitando las casas de las viudas cierran con llave el reino de los cielos. Por lo tanto, serán castigados con más severidad, porque deberán el reato de su propia culpa y el de la ignorancia ajena.

Glosa

O porque el criado que sabe y no cumple, será castigado con mucha razón.

"¡Ay de vosotros, escribas y fariseos hipócritas!, porque rodeáis la mar y la tierra por hacer un prosélito; y después de haberle hecho, le hacéis dos veces más digno del infierno que vosotros". (v. 15)

San Juan Crisóstomo, *homiliae in Matthaeum, hom. 73,1*
Después de lo que se lleva dicho, otra vez el Señor vuelve a vituperar a los fariseos, ya que siendo ineficaces para salvar a muchos y necesitándose de mucho trabajo para convertir a uno a la fe no solamente son negligentes respecto a los que convierten sino que son también sus destructores. Porque los corrompen con los ejemplos de su mala vida: "¡Ay de vosotros, escribas y fariseos hipócritas! Porque rodeáis el mar y la tierra", etc.

San Hilario, *in Matthaeum, 24*
Rodear el mar y la tierra quiere decir que habían de ser juzgados por causa del Evangelio de Cristo en todos los extremos del orbe y que, en contra la fe que salva, someterían algún prosélito al yugo de su ley. Todos los que han pasado de la idolatría a la Sinagoga, cuyo pequeño número se designa en este pasaje con la palabra uno solo, son prosélitos, y éstos no abandonan la fe en su doctrina aun después de la predicación de Cristo. Pero cualquiera que aceptare la de los judíos, es hijo del infierno.

Orígenes, *homilia 25 in Matthaeum*
Porque todos los que judaízan después de la Pasión del Salvador, dan a entender en esto mismo que participan del sentimiento de aquellos que exclamaron en otro tiempo: "Crucifícale" (*Jn* 19,6). Por esto sigue: "Y después de haberle hecho (judío), le hacéis dos veces más digno del infierno que vosotros", etc.

San Hilario, *in Matthaeum, 24*
Por lo tanto, será digno del infierno dos veces, porque ni podrá conseguir el perdón de sus pecados cometidos entre los gentiles, y se habrá asociado a aquellos que persiguieron a Jesucristo.

San Jerónimo
Los escribas y los fariseos recorriendo todo el orbe, hacían esfuerzos por conseguir un prosélito de entre los gentiles, esto es, mezclar con el pueblo de Dios un forastero incircunciso.

Pseudo-Crisóstomo, *opus imperfectum in Matthaeum, hom. 44*
No querían salvar por caridad a aquel a quien enseñaban, sino por avaricia, para que aumentado el número de los judíos pertenecientes a la Sinagoga, aumentase también el número de oblaciones; también hacían esto por vanagloria.

El que se sumerge en el lodazal de los pecados, ¿cómo querrá librar a otros de los suyos? ¿Acaso podrá ser más caritativo con otro que consigo mismo? Demuéstrase por las mismas acciones quién desea convertir a otro por Dios, o por vanidad.

San Gregorio Magno, *Moralia, 31,7*

Como los hipócritas, aun cuando hagan acciones malas, no dejan de hablar bien, hablando bien producen hijos para la fe por medio de su conversación, pero no pueden sustentarlos para que vivan bien. Cuanto más se mezclan en las cosas del mundo, con tanta más negligencia permiten que traten las cosas de la vida aquellos a quienes han engendrado. Como viven con sus corazones endurecidos, no reconocen a los mismos hijos a quienes engendraron con la caridad del amor debido.

Por lo tanto, aquí se dice de los hipócritas: "Y después de haberle hecho, le hacéis digno del infierno", etc.

San Agustín, *contra Faustum, 18, 29*

Dijo esto, no porque eran circuncidados, sino porque imitaban sus costumbres, cuando se les había prohibido diciendo: "Sobre la Cátedra de Moisés", etc. En estas palabras deben advertirse dos cosas: la gran deferencia que debía concederse a la doctrina de Moisés, en cuya cátedra estaban obligados a enseñar buenas doctrinas aun los malos que en ella se sentaban; y de donde resultaba que salían hijos de perdición, no porque oían las palabras de la ley, sino porque imitaban sus acciones. Por lo tanto, eran dos veces más dignos que ellos, hijos de condenación, porque dejaban de hacer aquello a que se habían comprometido por voluntad propia no habiendo nacido judíos, sino habiéndose hecho judíos espontáneamente.

San Jerónimo

Porque como antes, cuando era gentil pecaba sencillamente, era sólo hijo de condenación una vez. Y viendo además los defectos de sus maestros, y comprendiendo que destruían con sus obras lo que enseñaban con sus palabras, se vuelve a su antigua vida. Y ahora volviéndose a hacer gentil, es digno de mayor castigo, como prevaricador.

Pseudo-Crisóstomo, *opus imperfectum in Matthaeum, hom. 44*

También, o porque cuando adoraba a los ídolos, practicaba la virtud al menos por agradar a otros hombres, una vez convertido en judío provocado por el ejemplo de sus malos maestros, era peor que los que le habían enseñado.

San Juan Crisóstomo, *homiliae in Matthaeum, hom. 73,1*

Cuando el maestro es bueno, el discípulo le imita, pero cuando es malo, el discípulo le aventaja.

San Jerónimo

Se llama hijo de condenación, como se llama hijo de perdición (*Jn* 17) al hijo de este siglo (*Lc* 16 y 17). Porque cada uno es llamado hijo de aquél, cuyas obras ejecuta.

Orígenes, *homilia 25 in Matthaeum*

En esto podemos comprender que aun entre aquellos que irán al infierno, habrá diferencias de tormentos. Unos serán hijos de condenación, pero otros los serán doblemente. Pero es necesario tener presente que generalmente el que se condena, sea judío, sea pagano o de cualquier otra confesión, queda hecho hijo del infierno por cada una de las especies de pecados que ha cometido y que así como el justo tendrá aumento de gloria según sus méritos, así el pecador tendrá una pena en el infierno proporcionada según el número de sus pecados.

"¡Ay de vosotros, guías ciegos! que decís: Todo el que jurare por el templo, nada es; mas el que jurare por el oro del templo, deudor es. ¡Necios y ciegos! ¿Qué es mayor, el oro, o el templo, que santifica el oro? Y todo el que jurare por el altar, nada es; mas cualquiera que jurare por la ofrenda que está sobre él, deudor es. ¡Ciegos! ¿Cuál es mayor, la ofrenda o el altar que santifica la ofrenda! Aquél, pues, que jura por el altar, jura por él, y por todo cuanto sobre él está. Y todo el que jurare por el templo, jura por él y por el que mora en él. Y el que jura por los cielos, jura por el trono de Dios, y por Aquél que está sentado sobre él". (vv. 16-22)

San Jerónimo

Así como en las filacterías y en las orlas anchas de sus vestidos y en la buena opinión de los demás buscaban la vanagloria y por medio de la vanagloria el lucro, así, una vez descubierto el engaño, acusan de impiedad a los transgresores. Si alguno juraba por el templo en una cuestión o en alguna riña y después se le probaba la mentira, no se le consideraba como culpable. Y esto es lo que Jesucristo manifiesta cuando dice: "Ay de vosotros, guías ciegos, que decís: el jurar por el templo nada es", etc. Como diciendo: nada debe. Pero si jura sobre el oro y el dinero que ofrecían a los sacerdotes en el templo, se veía obligado inmediatamente a pagar. Por esto sigue: "Mas el que jurare por el templo", etc.

Pseudo-Crisóstomo, *opus imperfectum in Matthaeum, hom. 44*

El templo, ciertamente pertenece a la gloria de Dios y a la salvación espiritual de los hombres; mas el oro del templo, aun cuando pertenece a la gloria de Dios, sin embargo, más afecta a la satisfacción de los hombres y a la utilidad de los sacerdotes. Pero los fariseos decían que el oro con que se complacían y las ofrendas con que se alimentaban eran más santas que el mismo templo. Así excitaban más a los hombres a que las ofrecieran, mejor que las oraciones. Por esto los reprende el Señor muy oportunamente, diciendo: "¡Necios y ciegos! ¿Qué es en verdad mayor?", etc. Los cristianos, ahora comprenden muchas cosas neciamente, porque si hubiere alguna causa, se estima cosa leve el jurar por Dios; pero el que jura por el Evangelio, parece que ha hecho algo más. A quienes debe decirse igualmente: ¡Necios y ciegos!, porque las Escrituras han sido escritas para servicio de Dios, pero Dios no ha sido hecho para las Escrituras. Por lo tanto, más es Dios que santifica al Evangelio, que el Evangelio que es santificado por El.

San Jerónimo

Además, si alguno jurase por el altar, ninguno lo tenía como reo de perjurio; pero si juraba sobre algún don, o sobre las oblaciones, esto es, sobre la hostia, sobre las víctimas, o sobre otras cosas semejantes que se ofrecen a Dios sobre el altar, se le exigía rigurosa cuenta. Y todo esto lo hacían no por temor de Dios, sino por ambición de las riquezas. Por esto sigue: "Y todo el que jurare por el altar, nada es", etc. El Señor los reprende como necios y embaucadores, porque vale mucho más el altar que las víctimas que se sacrifican en él.

Por esto sigue: "¡Ciegos! ¿Cuál es mayor, la ofrenda, o el altar que santifica la ofrenda?"

Glosa

Y para que no cometiesen semejante infamia, diciendo que el oro era mejor que el templo, y que la ofrenda era mayor que el altar, los vence por otra razón, a saber, porque en el juramento que se hace sobre el templo y sobre el altar se contiene el juramento que se hace por el oro y por la ofrenda. Y esto es lo que quiere decir cuando añade: "Aquel, pues, que jura sobre el altar, jura por él y por todo cuanto sobre él está".

Orígenes, *homilia 25 in Matthaeum*

Como también los judíos tenían costumbre de jurar por el cielo, para reprenderlos, añade: "El que jura por el cielo jura por el trono de Dios, etc." Por lo tanto, no evitan el peligro, como creen, por aquello de que no juran por Dios, sino por el trono de Dios, que es el cielo.

Glosa

El que jura por la criatura que le está sometida, jura también por la divinidad que rige a la creatura.

Orígenes, *homilia 25 in Matthaeum*

El juramento es la confirmación de aquello que se jura. Debe entenderse el juramento como testimonio de las Escrituras, el cual se profiere para confirmar lo que decimos. Porque el templo de Dios es la Sagrada Escritura, y el oro es el sentido que en ella se encierra. Así como el oro que está fuera del templo no está santificado, así todo el sentido que está fuera de la Sagrada Escritura, aunque parezca admirable, no es santo. Por lo tanto, no debemos usar nuestras inteligencias para confirmar la doctrina, a no ser que demostremos que es santa porque está fundada en las Sagradas Escrituras. El altar es el corazón del hombre, que es lo más esencial en el hombre, los votos y las ofrendas que se ponen sobre el altar, son todo lo que se sobrepone al corazón, como orar, cantar, dar limosnas, ayunar. El corazón del hombre santifica toda ofrenda, desde el mismo momento en que se ofrece. Por lo tanto, no puede haber otra ofrenda mejor que el corazón del hombre, por medio del cual se trasmite la ofrenda. Por lo tanto, si la conciencia del hombre no punza, tiene confianza en Dios, no por sus dones, sino porque -si así puede decirse- construye perfectamente el altar de su corazón. En tercer lugar, para que aprendamos que sobre el templo, esto es, sobre toda Escritura, y sobre el altar, esto es, sobre todo corazón, haya cierto entendimiento que se llama cielo y trono de Dios mismo, en el cual puede verse con toda evidencia el aspecto de la verdad, cuando viniere lo que es perfecto.

San Hilario, *in Matthaeum, 24*

Habiendo venido Jesucristo, enseña que es inútil la confianza de la ley, porque Jesucristo no es santificado por la ley, sino la ley por Jesucristo, en la cual está sentado como en un trono. Y así, son necios y ciegos los que, prescindiendo de lo que santifica, veneran lo santificado.

San Agustín, *de consensu evangelistarum, 1,34*

También entendemos por el templo y el altar al mismo Jesucristo, por oro y ofrenda las alabanzas, sacrificios y súplicas que en él y por medio de él, le ofrecemos; y no es, por lo tanto El quien se santifica por medio de estas cosas, sino ellas que son santificadas por El.

"¡Ay de vosotros, escribas y fariseos hipócritas! que diezmáis la yerba buena, y el eneldo, y el comino, y habéis dejado las cosas que son más importantes de la ley, la justicia y la misericordia y la fe. Esto era menester hacer, y no dejar lo otro. Guías ciegos, que coláis el mosquito y os tragáis el camello". (vv. 23-24)

San Juan Crisóstomo, *homiliae in Matthaeum, hom. 73,1*

Había dicho el Señor que ataban las cargas más pesadas, y las imponían sobre otros, huyendo ellos aun el tocarlas. Y ahora manifiesta, otra vez, que los que andan diligentes en las cosas pequeñas menosprecian las grandes; y por esto dice: "¡Ay de vosotros escribas y fariseos hipócritas! que diezmáis", etc.

San Jerónimo

Los fariseos, pues, como el Señor había mandado que se ofreciesen diezmos de todas las cosas en el templo, para alimento de los sacerdotes y de los levitas, cuya parte es el Señor, y para que prescindamos de interpretaciones espirituales, únicamente cuidaban de que llevasen lo mandado, menospreciando lo mayor. Por esto sigue: "Y habéis dejado las cosas que son más importantes", etc. Con estas palabras vitupera la avaricia de aquellos, porque exigían con el mayor interés las décimas, hasta de las más humildes legumbres, sin ocuparse de discutir los asuntos, de tener caridad con los pobres, y fe para con Dios, todo lo que es de la mayor importancia.

Pseudo-Crisóstomo, *opus imperfectum in Matthaeum, hom. 44*

Como los sacerdotes estaban poseídos de la avaricia, si alguno no ofrecía décimas, aun de la cosa más pequeña, lo castigaban como si hubiese cometido algún crimen grande. Pero si alguno perjudicaba a otro, o pecaba contra Dios, no se cuidaban de reprenderlo, andando solícitos únicamente de su ganancia, y cuidándose poco de la gloria de Dios y de la salvación de los hombres. Obrar en justicia, hacer caridad y tener fe, era lo que Dios había mandado para su gloria. Pero ofrecer los diezmos, únicamente era para utilidad de los sacerdotes, para que los sacerdotes cuiden del pueblo en los asuntos espirituales y los pueblos suministren el alimento material a los sacerdotes. Así sucede ahora que todos se cuidan de sus honores, y ninguno se cuida del honor de Dios. Defienden con celo lo que les corresponde, pero no se fijan en cuidar como deben del servicio de la Iglesia. Si el pueblo no ofrece décimas, todos murmuran, pero si ven que el pueblo peca, nadie lo reprende. Pero como algunos de los escribas y los fariseos a quienes se dirigía eran populares, no es inoportuno hacer otra exposición acerca de los que pagaban los diezmos. Porque tanto el que los da, como el que los recibe, se llaman diezmeros. Los escribas y los fariseos ofrecían diezmos de las cosas más pequeñas, en ostentación de su religiosidad. Pero en los juicios eran injustos, sin caridad con sus hermanos, e incrédulos.

Orígenes, *homilia 25 in Matthaeum*

Y como era probable que los que oían estas palabras del Señor llegaran a despreciar las décimas de las cosas pequeñas, añade el Señor con toda previsión: Es conveniente hacer todas estas cosas, esto es, juicio, caridad y fe, y no omitir aquellas otras prácticas, esto es, "los diezmos de la yerba buena, y el eneldo y el comino".

Remigio

También manifiesta el Señor, por medio de estas palabras, que deben cumplirse todos los preceptos de la ley, lo mismo los mayores que los menores. Son reprendidos aquéllos que dan limosna de los frutos de la tierra, creyendo que así se libran del pecado. A éstos nada aprovechan las limosnas, si no procuran apartarse de sus pecados.

San Hilario, *in Matthaeum, 24*

Y como es de menor importancia la decimación de la verdura que los oficios de caridad, el Señor los pone en evidencia diciendo: "Guías ciegos, que coláis el mosquito", etc.

San Jerónimo

Yo creo que se debe entender por camello los grandes preceptos: la justicia, la caridad y la fe. Por mosquito, las décimas de la yerba buena, del eneldo, del comino y de las demás hortalizas despreciables. Nosotros nos tragamos y despreciamos estos preceptos grandes de Dios, y bajo el pretexto de religión desplegamos un gran celo por las cosas pequeñas, que nos reportan alguna utilidad.

Orígenes, *homilia 25 in Matthaeum*

Por un lado se preocupan por el mosquito, esto es de los pecados de menor importancia, a los que llama mosquito. Pero por otro lado, se traga al camello, esto es, comete delitos más graves, a los que llama camellos, y que son animales grandes y tortuosos. Son escribas, moralmente hablando, aquéllos que nada creen que hay en las Sagradas Escrituras, sino lo que demuestra sencillamente la palabra. Son fariseos todos los que se justifican a sí mismos, y se distinguen de los demás diciendo: "no te acerques a mí, porque estoy limpio". La yerba buena, el eneldo y el comino, que aprovecha para condimentar las comidas, no son, en verdad, los alimentos más esenciales. Así, también en nuestro trato, hay algunas cosas que son necesarias para salvarse, como son la justicia, la caridad y la fe. Otras también contribuyen a sazonar nuestros actos, haciéndolos más llevaderos: como son la abstinencia de la risa, el ayuno, el doblar la rodilla, y otras cosas por el estilo. ¿Y cómo no considerar como ciegos a aquéllos que no ven? Porque de nada aprovecha que ande con cautela en la observancia de las cosas pequeñas, el que menosprecia las principales. Las palabras citadas confunden a éstos. No porque les prohibe la observancia de lo que es sencillo, sino porque les manda cumplir con más cuidado lo que es esencial.

San Gregorio Magno, *Moralia, 1,14*

De otro modo: el mosquito hiere ya cuando va zumbando; pero el camello se inclina voluntariamente para recibir la carga. Pues bien, los judíos colaron el mosquito pidiendo que fuese puesto en libertad el sedicioso ladrón, y se tragaron al camello porque se empeñaron en dar muerte a aquel que había bajado espontáneamente a llevar el peso de nuestra mortalidad.

"¡Ay de vosotros, escribas y fariseos hipócritas! que limpiáis lo de fuera del vaso y del plato, y por dentro estáis llenos de rapiña y de inmundicia. Fariseo ciego, limpia primero lo interior del vaso y del plato, para que sea limpio lo que está fuera". (vv. 25-26)

San Jerónimo

Aunque con diversas palabras reprende en el mismo sentido el Salvador a los fariseos porque engañaban y mentían, y porque manifestaban a los hombres exteriormente una cosa y en sus casas obraban de diferente modo. Por esto dice: "¡Ay de vosotros, escribas y fariseos, hipócritas!", etc. No dice esto porque hubiese superstición en su copa o plato de comer*, sino porque manifestaban exteriormente a los hombres cierta santidad, lo cual se da a conocer por lo que añade cuando dice: "Y por dentro estáis llenos de rapiña y de inmundicia".

((Reboli) Los fariseos tenían escrupulosas reglas para limpiar la vajilla. Estas ocupan un tratado completo de la Mishna, recopilación ulterior de normas rabino-fariseas.)

Pseudo-Crisóstomo, *opus imperfectum in Matthaeum, hom. 44*

También dice esto porque los judíos se lavaban, y lavaban sus vestidos y las cosas de su uso, cuando iban a entrar en el templo u ofrecían sacrificios en los días festivos. Y ninguno se purificaba a sí mismo de sus pecados, siendo así que Dios ni alaba la limpieza del cuerpo, ni condena sus inmundicias. A esto puede añadirse que si el Señor detesta las inmundicias de los cuerpos y de los vasos que por necesidad tienen que ensuciarse con el mismo uso, ¿cuánto más aborrecerá las inmundicias de la conciencia que si queremos podemos conservar siempre limpia?

San Hilario, *in Matthaeum, 24*

Los reprende también, porque teniendo cierta jactancia de afectación inútil, abandonan el ministerio de las cosas más útiles. El uso de la copa es interior, la cual, si está sucia por dentro, de nada aprovechará que esté limpia por fuera. Por lo tanto, de lo primero que debe cuidarse es del brillo de la conciencia interior, porque las cosas que afectan al cuerpo, se limpian exteriormente. Y por esto añade: "Fariseo ciego, limpia primero lo interior del vaso", etc.

Pseudo-Crisóstomo, *opus imperfectum in Matthaeum, hom. 44*

No dice esto refiriéndose a la copa ni al plato material, sino a la inteligencia, la cual, aun cuando nunca toca al agua, puede estar limpia delante de Dios. Porque si peca, aunque se lave con todas las aguas del mar y de los ríos, estará sucia y será despreciable delante de Dios.

San Juan Crisóstomo, *homiliae in Matthaeum, hom. 73,1*

Observa que cuando hablaba de los diezmos el Salvador, dijo muy oportunamente: convino hacer esto, y no omitir lo otro (v. 23): el diezmo es una especie de limosna. ¿Cómo podrá decirse que la limosna dañe? Sin embargo, no dijo esto, induciendo a la observancia legal. Aquí, cuando trata de las limpiezas o de las inmundicias, no añade esto, sino que manifiesta la necesidad que hay de que la limpieza exterior acompañe a la interior, lo cual equivale a tener el cuerpo limpio, como se demuestra por medio del vaso y del plato, pero que debe ir unido a lo interior, que es el alma.

Orígenes, *homilia 25 in Matthaeum*

Estas palabras nos dan a conocer que debemos esforzarnos por ser santos, pero no por aparentarlo. El que desea parecer ser justo, limpia lo exterior, y cuida de lo que se ve, pero no se ocupa de su corazón y de su conciencia. El que se fija en la limpieza de las cosas interiores, esto es, en los pensamientos, se deduce que limpia también el exterior. Pero todos los que profesan falsas enseñanzas son exteriormente como cálices limpiados por una especie de religiosidad que aparentan, pero interiormente están llenos de rapiña y afectación, llevando a los hombres al error. La copa es también un vaso para beber y el plato para comer. Por lo tanto toda palabra, por medio de la que bebemos espiritualmente, o toda narración, por medio de la que nos alimentamos, son vasos de comida y de bebida. Por lo tanto, el que desea decir un discurso rodeado de aparato, más bien que lleno de saludables pensamientos, es la copa limpia por fuera, pero llena de las inmundicias de la vanidad por dentro; y las palabras de la Ley y de los Profetas, son las copas de la bebida espiritual y los platos de las comidas necesarias. Los escribas y los fariseos desean demostrar el sentido exterior de estas palabras limpias; pero los discípulos de Jesucristo se esfuerzan por purificar su sentido moral.

"¡Ay de vosotros, escribas y fariseos hipócritas! que sois semejantes a los sepulcros blanqueados, que parecen de fuera hermosos a los hombres, y dentro están llenos de huesos de muertos y de toda suciedad. Así también vosotros de fuera os mostráis en verdad justos a los hombres, mas de dentro estáis llenos de hipocresía y de iniquidad". (vv. 27-28)

Orígenes, *homilia 25 in Matthaeum*
Como se ha dicho anteriormente, los fariseos estaban llenos interiormente de rapiña y de intemperancia. Del mismo modo aquí aparecen llenos de hipocresía y de iniquidad, comparados a los huesos de los muertos y a toda clase de inmundicia. Por esto dice el Salvador: "Ay de vosotros, escribas y fariseos que sois semejantes a los sepulcros", etc.

Pseudo-Crisóstomo, *opus imperfectum in Matthaeum, hom. 45*
Con mucha razón se llaman los cuerpos de los justos templos, porque el alma domina en el cuerpo del justo; así como el Señor domina en el templo y como el mismo Dios habita en los cuerpos de los justos. Los cuerpos de los pecadores se llaman sepulcros de muertos, porque el alma está muerta dentro del cuerpo del pecador y no puede creerse que viva, porque nada hace sobre el cuerpo que pueda llamarse vivo y espiritual.

San Jerónimo
Los sepulcros están pintados por fuera con cal y adornados con mármoles, y se distinguen por el oro y por los colores, pero interiormente llenos de huesos de muertos. Por esto dice: "Que aparecen de fuera hermosos a los ojos de los hombres, pero que interiormente están llenos de huesos de muertos y de toda suciedad". Así también, los malos sacerdotes que enseñan una cosa y hacen otra, demuestran la limpieza en el hábito del vestido y en la humildad de las palabras, pero interiormente están llenos de inmundicia, de avaricia y de lujuria. Y esto es lo que el Señor demuestra claramente diciendo: "Así también vosotros, de fuera os mostráis en verdad", etc.

Orígenes, *homilia 25 in Matthaeum*

Toda santidad fingida es muerta, porque no obra impulsada por Dios, sino que más bien no debiera llamarse santidad. Así como un hombre muerto no es hombre, así como los farsantes que fingen y simulan ser otras personas y no son las mismas que aparentan. Y hay en ellos tantos huesos y tanta inmundicia, cuantos bienes aparentan con mal fin. Parecen exteriormente justos delante de los demás hombres. No en presencia de aquéllos a quienes la Escritura llama dioses, sino en presencia de aquéllos que mueren como hombres.

San Gregorio Magno, *Moralia 26, 28*

Y no pueden tener excusa de ignorancia ante el juez sabio que todo lo escudriña, porque cuando manifiestan ante los ojos de los hombres todas las formas de santidad, ellos mismos se sirven de testimonio porque no desconocen que no viven bien.

Pseudo-Crisóstomo, *opus imperfectum in Matthaeum, hom. 45*

Di, pues, hipócrita: Si es bueno ser malo, ¿por qué no quieres aparecer lo que quieres ser? Pues es malo parecer ser depravado, pero peor es serlo, así como también está bien parecer bueno pero mejor es serlo.

"¡Ay de vosotros, escribas y fariseos hipócritas! que edificáis los sepulcros de los profetas y adornáis los monumentos de los justos. Y decís: Si hubiéramos vivido en los días de nuestros padres, no hubiéramos sido sus compañeros en la sangre de los profetas. Y así dais testimonio a vosotros mismos, de que sois hijos de aquéllos que mataron a los profetas". (vv. 29-31)

San Jerónimo

Con este silogismo tan oportuno los reprende como hijos de homicidas, mientras ellos, viviendo en opinión de bondad y de gloria, edifican en el pueblo sepulcros para los profetas, a quienes mataron sus mayores. Y esto es lo que dice: "¡Ay de vosotros, escribas y fariseos hipócritas! que edificáis los sepulcros de los profetas", etc.

Orígenes, *homilia 26 in Matthaeum*

No parece que reprende con bastante oportunidad a aquellos que levantan sepulcros a los profetas, porque hacían esto, sin duda, con algún fin laudable: ¿cómo es que se hicieron dignos de aquella repulsa?

San Juan Crisóstomo, *homiliae in Matthaeum, hom. 74,1*

No los reprende porque edifican sepulcros, sino que vitupera la intención con que los edificaban, porque no los levantaban para honrar la memoria de aquéllos que fueron muertos, sino arrogándose la vanagloria de las muertes de aquéllos, y temiendo no sea que andando el tiempo, una vez destruidos aquellos sepulcros, desaparezca la memoria de tanto atrevimiento.

Pseudo-Crisóstomo, *opus imperfectum in Matthaeum, hom. 45*

Y como decían entre sí: si obramos bien con los pobres, no serán muchos los que los vean y sólo podrán ver esto por un corto tiempo, ¿no será mejor levantar mausoleos que todos puedan ver, no sólo en la época actual, sino también en el porvenir? Oh, necedad humana, ¿de qué te aprovecha este recuerdo después de tu muerte, si eres atormentado donde estás y alabado donde no estás? Cuando Dios castiga a los judíos enseña a los cristianos, porque si hubiese hablado sólo para aquéllos, únicamente hubiese hablado y no se hubiese escrito. Pero todo esto se dijo para aquéllos y se escribió para éstos. Por lo tanto, si se levantan edificios santos con buenos fines, podrá decirse que se aumenta el número de las buenas obras. Pero si se hace con otros fines, habrá espíritu de vanagloria. No se alegran los mártires cuando son honrados por el dinero, de cuya privación lloran los pobres. Siempre los judíos fueron imitadores de las costumbres de sus antepasados y desdeñosos; y aun más, perseguidores de sus contemporáneos. Y no pudiendo resistir las increpaciones de sus profetas, los perseguían y los mataban. Y después, cuando les nacían hijos, los hacían partícipes de los pecados de sus padres. Y luego, como arrepintiéndose de la muerte de los inocentes profetas, levantaban mausoleos a su memoria. Pero a la vez perseguían y mataban a los profetas de sus tiempos que reprendían sus pecados. Y por eso añade: "Y decís: si hubiéramos vivido en los días de nuestros padres, no hubiéramos sido sus cómplices en la sangre de los profetas".

San Jerónimo

Esto, si no lo decían con las palabras, lo decían con las obras, en el mero hecho de edificar mausoleos a la memoria de los muertos, con lujo y ostentación.

Pseudo-Crisóstomo, *opus imperfectum in Matthaeum, hom. 45*

Lo que pensaban en su corazón, demostraban con sus obras. El Señor expone aquí las costumbres de todos los hombres malos, porque uno comprende en seguida la culpa de otro, pero con dificultad comprende la suya. Un hombre es imparcial en causa ajena pero se perturba en la propia. Todos podemos ser fácilmente jueces rectos en causa de otro, pero siempre es verdaderamente juez y sabio el que puede juzgarse a sí mismo.

Prosigue: "Y así dais testimonio a vosotros mismos de que sois hijos de aquéllos que mataron a los profetas".

San Juan Crisóstomo, *homiliae in Matthaeum, hom. 74,1*

¿Cómo puede llamarse hijo de un homicida a aquél que no participa del modo de pensar de su padre? Desde luego se comprende que de ninguna manera. Con lo que se da a conocer que el que insinúa esto, aunque de una manera embozada, se asemeja en la malicia.

Pseudo-Crisóstomo, *opus imperfectum in Matthaeum, hom. 45*

Las costumbres de los padres son un indicio de lo que serán los hijos, porque si el padre es bueno y la madre mala, o al contrario, los hijos imitarán ya al padre ya a la madre. Pero si los dos fuesen iguales, puede suceder alguna vez que salgan malos hijos de buenos padres, o lo contrario, aunque rara vez. Así sucede esto, como cuando nace un hombre fuera de la ley de la naturaleza, o teniendo seis dedos, o careciendo de ojos.

Orígenes, *homilia 26 in Matthaeum*

En los dichos de los profetas la narración que está conforme con la historia es el cuerpo y su sentido espiritual es el alma. Además, las letras y los libros de las Sagradas Escrituras, son los sepulcros. Los que únicamente cultivan la historia cuidan de los cuerpos de los profetas, porque son venerados en sus escritos a manera de un cadáver en su sepulcro. Y se llaman fariseos, esto es, cortados, porque separaban el alma del cuerpo de los profetas.

"Y llenad vosotros la medida de vuestros padres. Serpientes, raza de víboras, ¿cómo huiréis del juicio de la Gehenna? Por esto he aquí, yo envío a vosotros profetas, y sabios, y doctores; y de ellos mataréis y crucificaréis, y de ellos azotaréis en vuestras Sinagogas, y los perseguiréis de ciudad en ciudad, para que venga sobre vosotros toda la sangre inocente que se ha vertido sobre la tierra, desde la sangre de Abel, el justo, hasta la sangre de Zacarías, hijo de Baraquías, al cual matasteis entre el templo y el altar. En verdad os digo, que todas estas cosas vendrán sobre esta generación". (vv. 32-36)

San Juan Crisóstomo, *homiliae in Matthaeum, hom. 74,1*

Como había dicho el Salvador contra los fariseos y los escribas, que eran hijos de aquellos que mataron a los profetas, ahora manifiesta que les imitan en la malicia. Y como lo que decían era pura ficción, no podía admitirse que hubiesen dejado de tomar parte en los pecados de aquéllos, si hubiesen vivido en aquel tiempo. Y por esto dice: "Y llenad vosotros la medida de vuestros padres". No les dice esto como por mandato, sino prediciéndoles lo que habría de suceder.

Pseudo-Crisóstomo, *opus imperfectum in Matthaeum, hom. 45*

Les profetiza lo que habrá de suceder, porque así como sus padres mataron a los profetas, ellos matarían también a Jesucristo, a los apóstoles y a los demás santos, porque así les compara con aquel que peleando con alguien le dice: haz conmigo lo que has de hacer. No le manda que lo haga, sino que le da a entender que conoce lo que piensa. Y en realidad aventajaron a sus padres, ya que aquéllos mataron a hombres, pero éstos crucificaron al Señor. Mas como aceptó la muerte por su propia voluntad, no les imputaba la culpa de su propio sacrificio; pero sí la muerte de los apóstoles y de los demás santos. Es por esto que les dice: "llenad vosotros", y no sobrellenad, porque es propio de un juez benigno y justo despreciar las injurias que a él se le hacen y castigar las que se hacen a otros.

Orígenes, *homilia 26 in Matthaeum*

Llenan también la medida de la iniquidad paterna cuando no creen en Jesucristo. La causa de la incredulidad fue porque encadenaron su fe a los hechos materiales, y no quisieron ver en ellos cosa alguna espiritual.

San Hilario, *in Matthaeum, 24*

Los que llenarán la medida de la voluntad paterna llegarán a ser una generación viperina y de serpientes. Por esto sigue: "Serpientes, raza de víboras, ¿cómo huiréis del castigo eterno?"

San Jerónimo

Esto mismo dijo San Juan el Bautista (*Lc* 3 y *Jn* 3). Así como las víboras nacen de las víboras, así vosotros habéis nacido homicidas de padres homicidas.

Pseudo-Crisóstomo, *opus imperfectum in Matthaeum, hom. 45*

Se llaman raza de víboras, porque tal es la naturaleza de las víboras, que sus hijos, al nacer, rompen el vientre de su madre. Así también los judíos, al reprender las acciones de sus padres, los condenan. Dice, pues: ¿cómo huís del juicio del infierno? ¿Por ventura edificando sepulcros a los santos? El primer grado de piedad consiste en amar la virtud, y después a los santos. Honran sin razón a los justos aquellos que menosprecian la justicia, y los santos no pueden ser amigos de aquellos de quienes Dios es enemigo. ¿Acaso os librará algún nombre hueco, porque parecerá que pertenecéis al pueblo de Dios? Creo que mejor es un enemigo declarado, que un amigo falso. Así, delante de Dios es más aborrecible quien se llama siervo de Dios y practica las obras del diablo. Para Dios, el que se dispone a cometer un homicidio ya es homicida antes que lo ejecute. La voluntad es la que recibe el premio por lo bueno o el castigo por lo malo y las acciones son el testimonio de la voluntad. No examina Dios las obras porque necesite saber cómo las ha de juzgar, sino por causa de otros, para que todos sepan que Dios es justo. El Señor presenta ocasión de pecar a los malos, no para hacerlos que pequen, sino para manifestar que son pecadores, y ofrece ocasión a los buenos para que manifiesten su firme propósito de no pecar. Así, también dio ocasión a los escribas y a los fariseos para que manifestasen su propósito. Por esto concluye: "Por esto, he aquí, yo envío a vosotros profetas y sabios y doctores".

San Hilario, *in Matthaeum, 24*

Esto es, apóstoles, que como profetas os digan lo que ha de suceder; como sabios, que os den a conocer quién es Jesucristo; y como escribas, que os expliquen la Ley.

San Jerónimo

Y obsérvese, según lo que escribe el Apóstol a los fieles de Corinto (*1Cor* 12,28), que los discípulos de Jesucristo habían obtenido varios dones. A unos los había hecho profetas para que vaticinasen lo futuro; a los otros sabios que conocían cuándo debían predicar; a otros escribas, o sea sapientísimos respecto de la ley, de entre los que fue apedreado San Esteban, muerto San Pablo, crucificado San Pedro y azotados los discípulos, según refieren los Hechos de los apóstoles. Y los persiguieron de ciudad en ciudad, arrojándoles de la Judea, obligándoles a pasar a tierras de los gentiles.

Orígenes, *homilia 26 in Matthaeum*

También son escribas enviados por Jesucristo aquellos a quienes, según el Evangelio, el espíritu vivifica y la letra no mata, como la letra de la Ley, la que siguiendo algunos, caen en vanas supersticiones. La exposición simple del Evangelio, es suficiente para salvarse. Los escribas de la ley azotan a los escribas del Nuevo Testamento después de haberles calumniado en sus sinagogas. También los herejes, que son los fariseos espirituales, azotan a los cristianos con sus lenguas y los persiguen de ciudad en ciudad, unas veces de una manera material y otras espiritualmente, arrojándolos como de su propia ciudad de la Ley y de los Profetas, y aun del Evangelio, llevándoles a otro evangelio.

San Juan Crisóstomo, *homiliae in Matthaeum, hom. 74,2*

Después, para manifestar que no hacen esto impunemente, les hace temer de una manera indudable cuando añade: "Para que venga sobre vosotros toda sangre inocente", etc.

Rábano

Esto es, todo castigo merecido por haber derramado la sangre de los justos.

San Jerónimo

No hay duda alguna de que fue Caín quien mató a su hermano Abel. Era justo, no sólo porque ahora lo dice el Señor, sino porque está comprobado por medio del Génesis, en donde se refiere que sus ofrendas agradaban al Señor. Si preguntamos quién fue este Zacarías hijo de Baraquías, porque leemos en la Escritura que hubo muchos Zacarías, para que no tuviéramos duda alguna, se añadió: a quien matasteis entre el templo y el altar. Otros dicen que este Zacarías, hijo de Baraquías, es el undécimo de los doce profetas, y que llevaba el mismo nombre. Pero la Escritura no dice que fuese muerto entre el templo y el altar; además, en sus tiempos apenas quedaban ruinas del templo. Otros dicen que fue Zacarías el padre de San Juan.

Orígenes, *homilia 26 in Matthaeum*

La tradición nos refiere que había un lugar en el templo en donde podían las vírgenes adorar al Señor y que las casadas que ya tenían su marido, no podían entrar allí. Pero María, después que engendró al Salvador, cuando entraba a orar, se colocaba entre las vírgenes. Y como se lo estorbasen aquéllas que sabían que había engendrado, Zacarías dijo que era digna de habitar entre las vírgenes, porque aún lo era. Luego se comprende que los que vivían entonces lo mataron entre el templo y el altar, porque creían que quebrantaba la ley de una manera evidente. Y así es verdad lo que dice Jesucristo a los que estaban presentes: "Al cual matasteis", etc.

San Jerónimo

Como esto no se puede demostrar por medio de las Sagradas Escrituras, se desprecia con la misma facilidad con que se prueba. Otros creen que este Zacarías fue el muerto por Joás, rey de Judá, entre el templo y el altar, esto es, en el atrio del templo. Pero debe tenerse en cuenta que este Zacarías no fue hijo de Baraquías, sino del sacerdote Joiada. Baraquías en nuestra lengua quiere decir bendito del Señor y el nombre del sacerdote Joiada quiere decir -en el idioma hebreo- justicia. En el Evangelio que tienen los nazarenos, encontramos escrito hijo de Joiada en vez de hijo de Baraquías.

Remigio

Debe examinarse por qué dijo el Salvador hasta la sangre de Zacarías, siendo así que después fue derramada la sangre de tantos santos. Se resuelve esta cuestión de la manera siguiente. Abel fue pastor de ovejas, y fue muerto en medio del campo; Zacarías fue sacerdote muerto en el atrio del templo. Por lo tanto, el Señor hace mención de estos dos porque con ellos hace mención de los santos mártires, tanto de los seglares, cuanto del orden sacerdotal.

San Juan Crisóstomo, *homiliae in Matthaeum, hom. 74,2*

Hizo mención de Abel para manifestar que, así como aquél fue muerto por envidia, Jesucristo y sus discípulos también serían muertos por la misma causa. Hizo mención de Zacarías, porque en su muerte se cometieron dos crímenes: no solamente mataron un hombre justo, sino que también lo mataron en un lugar santo.

Orígenes, *homilia 26 in Matthaeum*

Zacarías también quiere decir memoria de Dios, por lo que todo el que se afana en borrar la memoria de Dios en aquellos a quienes escandaliza, parece como que derrama la sangre de Zacarías, hijo de Baraquías. Por medio de la bendición de Dios, nos acordamos de El. También los impíos se olvidan de Dios, bien cuando profanan su templo con malas acciones, y cuando manchan su altar por la pereza en la oración. Abel quiere decir también luto. Y el que no acepta lo que dice la Escritura: "Bienaventurados los que lloran" (*Mt* 5,4), derrama la sangre de Abel, esto es, la verdad del luto saludable. Algunos derraman también la verdad de las Escrituras, como si fuera la sangre de ellas, porque toda Escritura, si no se entiende según su verdadero espíritu, puede decirse que está muerta.

San Juan Crisóstomo, *homiliae in Matthaeum, hom. 74,2*

Y para que no tuviesen ninguna clase de excusa, con el fin de que no pudieran decir "porque has enviado tus discípulos a los gentiles, por esto nos hemos escandalizado", les predijo que sus discípulos habrían de ser enviados a ellos. Y por lo tanto, añade acerca de su castigo: "Os digo, en verdad, que todas estas cosas vendrán sobre esta generación".

Glosa

No se refería únicamente a los que estaban delante, sino también a toda generación de hombres malos que había precedido, o que debería suceder, porque todos formaban una misma sociedad, y eran como el cuerpo del diablo.

San Jerónimo

Es costumbre en las Sagradas Escrituras dar a conocer dos generaciones: de buenos y de malos (*Sal* 111,2). La generación de los buenos es bendecida, pero la generación de los malos se llama en este lugar generación de víboras. Por lo tanto, todos aquéllos que obraban del mismo modo contra los apóstoles, como Caín y Joas, pertenecen a una misma generación.

San Juan Crisóstomo, *homiliae in Matthaeum, hom. 74,2*

O de otro modo: como se tardaba el castigo del infierno con que les había amenazado, les vuelve a amenazar con castigos en la vida presente, cuando dice: "Vendrán todas estas cosas sobre esta generación".

Pseudo-Crisóstomo, *opus imperfectum in Matthaeum, hom. 46*

Así como todos los bienes que en todas las generaciones, desde la constitución del mundo, habían sido merecidos por los santos, se concedieron especialmente a aquellos pueblos modernos que recibieron a Jesucristo. Así, todos los males que en todas las generaciones merecieron sufrir los malos desde la constitución del mundo, vinieron sobre los modernos judíos porque rechazaron al Salvador. O de otro modo: así como toda la justicia de los santos que habían precedido, y aun de todos los demás santos, no pudo merecer tan grande gracia, cual fue concedida a los hombres en Jesucristo. Los pecados de todos los impíos, no pudieron merecer tanto castigo como vino sobre los judíos, hasta el punto de que sufrieran tales aflicciones, como las que les causaron los romanos. Y así, después, todas sus generaciones serán arrojadas hasta el fin del mundo por Dios, y servirán para escarnio a todas las gentes. ¿Qué cosa peor les podría suceder que no recibir al Hijo de Dios, cuando vino con tanta caridad y humildad, matándolo de aquella manera tan ignominiosa? Además, toda gente o toda sociedad no es castigada por Dios inmediatamente después que peca, sino que espera que pasen muchas generaciones y cuando agrada a Dios castigar a aquella sociedad o a aquella gente, parece como que trae sobre ella los pecados de todos los que habían precedido, porque castiga en ellas todo lo que merecían las demás. Así sucedió a la generación de los judíos, que viene siendo castigada por los delitos de sus padres; condenados en verdad, no por aquéllos, sino por sí mismos.

San Juan Crisóstomo, *homiliae in Matthaeum, hom. 74,2*

Por lo tanto, el que vio que muchos pecaban ya, y no se corregían, obrando del mismo modo o peor, se hizo digno de mayor castigo.

"Jerusalén, Jerusalén, que matas a los profetas, y apedreas a aquéllos que a ti son enviados, ¡cuántas veces quise allegar tus

hijos, como la gallina allega sus pollos debajo de las alas, y no quisiste! He aquí que os quedará desierta vuestra casa. Porque os digo que desde ahora no me veréis hasta que digáis: Bendito el que viene en el nombre del Señor". (vv. 37-39)

San Juan Crisóstomo, *homiliae in Matthaeum, hom. 74,3*
Después de lo ya dicho, el Señor dirigió su palabra a la ciudad, queriendo a la vez instruir a los que le oían diciendo: "Jerusalén, Jerusalén". Esta doble exclamación es propia del que se compadece y del que ama mucho.

San Jerónimo
Llama Jerusalén, no a las piedras y a los edificios de la ciudad, sino a los habitantes de quienes se lamenta con el acento de padre.

Pseudo-Crisóstomo, *opus imperfectum in Matthaeum, hom. 46.*
Previendo la ruina de aquella ciudad y el gran castigo que había de venirle de parte de los romanos, les recordaba, en verdad, la sangre de sus santos, que había sido derramada hasta entonces y que aún debía serlo. Por esto añade: "Que matas a los profetas y apedreas a los que te son enviados". Te envíe a Isaías y lo aserraste, has apedreado a mi siervo Jeremías, arrastraste por las piedras a Ezequiel, hasta derramarle los sesos. ¿Cómo te salvarás, si no recibes médico alguno? Y no dijo: mataste o apedreaste, sino que matas y apedreas, esto es, que tienes esto por costumbre natural, el matar y apedrear a los santos. Esto mismo hizo con los apóstoles, como había hecho antes con los profetas.

San Juan Crisóstomo, *homiliae in Matthaeum, hom. 74,3*
Además, habiéndola llamado y expuesto sus matanzas abominables, queriendo excusarse en cierto modo, le dice: "¿Cuántas veces quise allegar tus hijos?" Como diciendo: no me han separado de mi benevolencia hacia ti, ni aun las anteriores matanzas, sino que te he querido unir a mí, no una vez ni dos, sino muchas. Y da a conocer la magnitud de su amor con la semejanza de la gallina.

San Agustín, *quaestiones evangeliorum, 1,36*
Esta clase de animales tiene un grande afecto hacia sus hijos, hasta el punto de que si ellos enferman, también enferma la madre. Y en ella encontrarás lo que es difícil encontrar en los otros animales, porque con sus alas defiende a sus hijos y pelea contra el milano. Así también nuestra madre, la sabiduría de Dios, después de haber tomado nuestra carne, ha enfermado, como dice el Apóstol: "Que lo que parece flaco en Dios, es más fuerte que los hombres" (*1Cor* 1,25), protege nuestra debilidad y resiste al diablo, para que no nos arrebate.

Orígenes, *homilia 26 in Matthaeum*
Llama hijos de Jerusalén, según lo que llevamos dicho, a los sucesores de aquellos ciudadanos e hijos de los que habían precedido. Dice, pues: "Cuántas veces he querido", siendo así que había enseñado a los judíos corporalmente. Pero Jesucristo siempre estuvo presente en Moisés y en los profetas y en los ángeles,

que cuidan de la salvación humana en todas las generaciones. Y si alguno no estaba reunido, se entendía que no había querido reunirse.

Rábano

Cesen, pues, los herejes de creer que Jesucristo tuvo principio únicamente de la Virgen. Callen, y no sigan diciendo que el Dios de la ley y de los profetas es otro.

San Agustín, *Enchiridion, 97*

¿Dónde está, pues, aquella omnipotencia con que fabricó los cielos y la tierra, y todas las demás cosas que quiso hacer, si queriendo reunir a los hijos de Jerusalén no pudo? ¿Acaso no fue más reunir a los que quiso aun no queriendo ella?

San Juan Crisóstomo, *homiliae in Matthaeum, hom. 74,3*

Además, amenaza con la pena que siempre habían temido, a saber, con la destrucción de la ciudad y del templo, diciendo: "He aquí que os quedará desierta vuestra casa".

Pseudo-Crisóstomo, *opus imperfectum in Matthaeum, hom. 46*

Así como el cuerpo, cuando el alma se separa de él, primero se enfría, después se pudre, y por último se disuelve, así nuestro templo, cuando se separa de él el espíritu de Dios, primero se encuentra muy rebelde e indisciplinado, y después viene a su ruina.

Orígenes, *homilia 26 in Matthaeum*

También amenaza siempre Jesucristo a aquellos que no quisieron reunirse bajo sus alas. "He aquí que os quedará desierta vuestra casa", esto es, vuestra alma y vuestro cuerpo. Pero si alguno de vosotros no quiere reunirse bajo las alas de Jesucristo, desde el momento que huye de encontrarse con El (más bien por sus acciones que con su cuerpo), no verá la hermosura del Verbo hasta que se arrepienta de su mal propósito y diga: "Bendito el que viene en el nombre del Señor". Porque entonces viene el Verbo bendito de Dios sobre el corazón del hombre cuando se convierte al Señor. Por esto sigue: "Os digo que desde ahora no me veréis hasta que digáis: bendito el que viene en el nombre del Señor".

San Jerónimo

Como diciendo: si no hacéis penitencia y confesáis que soy el mismo de quien han hablado los profetas, llamándole Hijo del omnipotente Padre, no veréis mi rostro. Tienen también los judíos su tiempo de penitencia. Confiesen que es bendito el que viene en el nombre del Señor y entonces verán la cara de Jesucristo.

San Juan Crisóstomo, *homiliae in Matthaeum, hom. 74,3*

Por esto dio a conocer, su venida -aunque en secreto-, porque entonces todos le adorarán. Y cuando dice: "Desde ahora", se refiere al tiempo de su pasión.

CAPÍTULO 24

Y habiendo salido Jesús del templo, se retiraba. Y se llegaron a Él sus discípulos, para mostrarle los edificios del templo. Mas Él les respondió, diciendo: "¿Veis todo esto? En verdad os digo, que no quedará aquí piedra sobre piedra que no sea derribada". (vv. 1-2)

Orígenes, *in Matthaeum, 27*

Después que Jesucristo predijo todo lo que habría de venir sobre Jerusalén, se salió del templo el que le había conservado, para que no cayese mientras estaba El allí. Por esto se dice: "Y habiendo salido Jesús del templo, se retiraba". Y siendo cada uno como es templo de Dios por el Espíritu Santo que habita en él, cada uno es la causa de su deserción, y de que Jesucristo se salga de él. Prosigue: "Y sus discípulos se le aproximaron", etc. Era digno de verse cómo le explicaban la construcción del templo, como si nunca lo hubiera visto. A lo que debe responderse que, habiendo profetizado Jesucristo la ruina del templo, sus discípulos se admiraron de que aquella magnífica construcción del templo hubiese de venir a parar en la nada. Por esto le enseñaban el templo, para que tuviera compasión de aquel edificio, y no llevase a efecto lo que había dicho. Como esta construcción admirable de la naturaleza humana había sido convertida en templo de Dios, los discípulos y los demás santos, confesando que son admirables las obras de Dios comparadas con la humana debilidad, interceden delante del Señor para que no abandone al género humano por sus muchos pecados.

Prosigue: Mas El les respondió, diciendo: "¿Veis todo esto? pues en verdad os digo que no quedará piedra sobre piedra que no sea derribada".

Rábano

Según nos demuestra la historia, en el año 42, después de la pasión de Jesucristo, la ciudad y el templo fueron destruidos por Vespasiano y por Tito, emperadores romanos.

Remigio

Se permitió, por disposición de Dios, que una vez publicada la ley de gracia, fuese destruido el templo y quedaran abolidas sus ceremonias; no fuera que alguno, siendo todavía pequeñuelo en la fe, cuando viera, que después que se había realizado todo aquello que Dios había establecido, y que los profetas habían santificado subsistía aún, retrocediese poco a poco de la verdadera fe, volviendo al judaísmo material.

San Juan Crisóstomo, *homiliae in Matthaeum, hom. 75,1*

¿Pero cómo fue verdad que no quedó piedra sobre piedra? O dijo esto refiriéndose a una destrucción absoluta, o refiriéndose a aquel lugar donde se encontraba, pues hay partes que fueron destruidas hasta los cimientos. Pero sea esto o aquello, por lo acontecido conviene creer que también lo que queda será destruido completamente.

San Jerónimo

Hablando en sentido espiritual, cuando se apartó el Señor del templo, todos los edificios de la ley y la organización de los mandamientos fueron destruidos de tal modo, que los judíos ya nada pudieron cumplir. Y una vez quitada la cabeza todos los miembros luchan entre sí.

Orígenes, *in Matthaeum, 27*

También, todo hombre que recibiendo la palabra de Dios se convierte en templo suyo, si después del pecado conserva vestigios de fe o de religión, es templo en parte destruido y en parte subsistente. Mas aquél que después de haber pecado no se cuida de sí, es destruido poco a poco, hasta que se separa en absoluto del Dios vivo y así no queda piedra sobre piedra de los mandamientos de Dios, que no sea destruida.

Y estando sentado El en el monte del Olivar, se llegaron a El sus discípulos en secreto, y le dijeron: "Dinos, ¿cuándo serán estas cosas y qué señal habrá de tu venida y de la consumación del siglo?" Y respondiendo Jesús, les dijo: "Guardaos que no os engañe alguno; porque vendrán muchos en mi nombre, y dirán: yo soy el Cristo, y a muchos engañarán". (vv. 3-5)

Remigio

Continuando el Señor en su camino, llegó hasta el monte de los Olivos. Y mientras en el camino algunos de sus discípulos mostraban y alababan la construcción del Templo, delante de éste Él les predijo que habría de ser destruido completamente. Por esto, habiendo llegado al monte de los Olivos, se acercaron a Él para preguntarle. Por lo cual se dice: "Y estando sentado El en el monte Olivar".

San Juan Crisóstomo, *homiliae in Matthaeum, hom. 75, 1*

Se aproximaron en secreto, porque habían de preguntarle acerca de grandes cosas. Deseaban, pues, saber el día de su venida, porque deseaban con vehemencia ver su gloria.

San Jerónimo

Le preguntan tres cosas. Primera, cuándo sería destruida Jerusalén, diciendo: "Dinos, ¿Cuándo serán estas cosas?" En segundo lugar, en qué tiempo vendría Jesucristo, y por eso le dicen: "¿Y qué señal habrá de tu venida?" En tercer lugar, en qué tiempo sucederá la conclusión del mundo. Por esto dicen: "Y de la consumación del siglo".

San Juan Crisóstomo, *homiliae in Matthaeum, hom 75,1*

San Lucas dice que sólo preguntaron acerca de Jerusalén, creyendo que cuando Jerusalén fuese destruida habría de suceder la venida de Jesucristo y el fin del mundo. San Marcos dice que no preguntaron todos acerca de la destrucción de Jerusalén, sino únicamente San Pedro, San Juan, Santiago y San Andrés, porque eran los que hablaban con el Salvador con más libertad y confianza.

Orígenes, *in Matthaeum, 27*

Creo que el monte de los Olivos representa la Iglesia formada con los gentiles.

Remigio

El monte de los Olivos no tiene árboles infructuosos sino olivares, por medio de cuyo aceite se alimenta la luz para ahuyentar las tinieblas, para dar descanso a los fatigados y salud a los enfermos. Por lo tanto, sentándose el Salvador en el monte de los Olivos en frente del templo, y exponiendo a los judíos su ruina y destrucción, da a entender que Él, estando quieto y sosegado en su Iglesia, condena la soberbia de los impíos.

Orígenes, *in Matthaeum, 27*

El labrador, residente en el monte de los Olivos, es la Palabra de Dios confirmada en su Iglesia. Es decir, que Jesucristo siempre está injertando los ramos de la oliva silvestre sobre el buen olivar de los padres. Los que tienen confianza ante Jesucristo, quieren conocer alguna señal de su venida y del fin del mundo. De dos maneras tiene lugar la venida del divino Verbo sobre el alma. Primero, cuando se verifica la predicación de Jesucristo; esto es, cuando predicamos que Jesucristo ha nacido y ha sido crucificado. Su segunda venida tiene lugar cuando viene sobre los varones perfectos, de quienes se dice: "Publicamos su sabiduría entre los perfectos" (*1Cor* 2,6); a esta segunda venida acompañará la consumación del mundo en un varón perfecto, para quien el mundo está crucificado.

San Hilario, *in Matthaeum, 25*

Y como los discípulos le preguntaron tres cosas, las separa en tres diferentes tiempos y con tres significaciones. Les responde primero acerca de la destrucción de la ciudad, y después les confirma la verdad de sus palabras, no sea que alguno se atreva a engañarles. Por esto sigue: "Guardaos de que no os engañe alguno, porque vendrán muchos en mi nombre y dirán, yo soy el Cristo".

San Juan Crisóstomo, *homiliae in Matthaeum, hom. 75,1*

El Señor no respondió inmediatamente ni acerca de la destrucción de Jerusalén, ni de su segunda venida, sino de los males que en seguida debíamos evitar.

San Jerónimo

Uno de aquéllos de quienes se trata, fue Simón el samaritano, de quien leemos en los Hechos de los Apóstoles (*Hch* 8,9), que se atribuía a sí mismo una gran virtud, de quien leemos en sus obras entre otras cosas, estas palabras: yo soy la palabra de Dios, yo soy omnipotente, yo soy todo lo de Dios. Pero San Juan Apóstol dice en su carta: "Habéis oído que ha de venir el Anticristo, pues ahora hay muchos anticristos" (*1Jn* 2,18). Y yo creo que todos los herejes son anticristos. No debe llamar la atención si vemos que algunos son seducidos, porque el Señor ha dicho: "A muchos engañarán".

Orígenes, *in Matthaeum, 27*

Son muchos los seducidos, porque la puerta que conduce a la perdición es ancha, y son muchos los que entran por ella. Y esto solo es bastante para conocer la falsedad de los anticristos que dicen: "Yo soy el Cristo", lo que nunca se lee que haya dicho el Salvador. Eran suficientes para creer que El fuese el Cristo, las obras de Dios, la doctrina que enseñaba y su propia virtud. Toda palabra que explica las Sagradas Escrituras para que se crea en ellas, pero que no dice verdad, debe considerarse como el Anticristo. Jesucristo es la verdad, y toda verdad fingida, es el Anticristo. Sabemos además que todas las virtudes son Cristo y todas las falsas virtudes el Anticristo porque el diablo tiene en la apariencia para seducir a los santos todas las clases de bienes, que posee Cristo en la verdad para edificar a los hombres, por lo tanto, necesitamos el auxiliio de Dios, para que nadie nos engañe, ni predicación, ni virtud alguna. Es malo, pues, encontrar a alguno que se equivoca en su conducta, pero aun es peor no pensar según la regla segurísima de las Sagradas Escrituras.

"Y también oiréis guerras, y rumores de guerras. Mirad que no os turbéis. Porque conviene que esto suceda, más aún no es el fin. Porque se levantará gente contra gente y reino contra reino, y habrá pestilencias y hambres y terremotos por los lugares. Y todas estas cosas principios son de dolores". (vv. 6-8)

San Agustín, *Epistola, 199, 25*

Preguntando los discípulos, contestó el Señor diciéndoles aquellas cosas que habían de suceder con el tiempo, ya acerca de la destrucción de Jerusalén, que dio motivo a su pregunta; ya acerca de su venida por medio de su Iglesia, por la que no cesará de venir, hasta el fin, como se ve todos los días que viene a los suyos, porque todos los días nacen miembros suyos; ya acerca del último día en que vendrá a juzgar a los vivos y a los muertos. Manifestando las señales que habrán de preceder a estas tres cosas, como debe decirse algo de estas tres señales, debemos evitar con cuidado referir a unos sucesos lo que se refiere a otros.

San Juan Crisóstomo, *homiliae in Matthaeum, hom. 75, 1-2*

Aquí, pues, se habla de las guerras que vendrían sobre Jerusalén, cuando les dice: "Y también oiréis guerras y rumores de guerras".

Orígenes, *in Matthaeum, 28*

El que oye la gritería en las batallas, oye también las guerras y el que oye hablar de guerras lejanas, percibe las opiniones y los rumores sobre las guerras.

San Juan Crisóstomo, *homiliae in Matthaeum, hom. 75,2*

Como los discípulos podían asustarse por esto, el Salvador añadió: "Mirad que no os turbéis". Además, como creían que Jerusalén sería destruida, después de estas guerras, y que el fin del mundo vendría a continuación, les dice la verdad acerca de esto, añadiendo: "Porque conviene que esto suceda, mas aun no es el fin".

San Jerónimo

Esto es, no creamos que el día del juicio se aproxima, sino que se reserva para otro tiempo. Dan señales de ello las siguientes palabras: "Porque se levantarán gente contra gente y reino", etc.

Rábano

Se advierte esto a los apóstoles para que no se asusten y abandonen Jerusalén y Judea. El fin no vendrá inmediatamente, sino que a los cuarenta años se verificará la desolación de Judea, a la que seguirá la última destrucción de la ciudad y del templo, acerca de lo cual sigue: "Se levantará gente contra gente y reino contra reino". Consta también que las profundas aflicciones con que fue devastada toda esta provincia se cumplieron al pie de la letra, como Jesucristo había dicho.

San Juan Crisóstomo, *homiliae in Matthaeum, hom. 75,*

Después, para manifestar que El sería quien pelearía contra los judíos, no solamente anuncia las guerras, sino también las desgracias que vendrían de parte de Dios. Por esto añade: "Y habrá epidemias, hambres y terremotos por los lugares".

Rábano

Debe advertirse que cuando dice: se levantará una gente contra otra gente, se da a conocer la perturbación de los hombres. Que habrá pestes, he aquí la desigualdad de los cuerpos; que habrá hambre, he aquí la esterilidad de la tierra; y los terremotos por diversos lugares, he aquí la manifestación de la ira divina*.

*(*La ira divina se ha de entender no como el castigo de Dios hacia los hombres, sino como la manifestación de su justicia que responderá a cada cual según sus obras.*)

San Juan Crisóstomo, *homiliae in Matthaeum, hom. 75,2*

Y no sucederán estas cosas sencillamente según suelen ver los hombres, sino por medio de la ira que vendrá de lo alto. Por esto no dijo que habrían de venir estos males sencillamente, esto es según se acostumbra entre los hombres, sino según la justicia que viene de lo alto Y por esto no dijo sencillamente que habrían de venir, ni de repente, sino lo dijo con cierto énfasis, por esto añade: "Y todas estas cosas principio son de dolores", de los males que sufrirían los judíos.

Orígenes, *in Matthaeum, 28*

Así como enferman los cuerpos antes de la muerte, así es necesario que antes de la destrucción del mundo, la tierra, como agonizante, experimente grandes y frecuentes sacudidas; que el aire, tomando cierto aspecto mortífero, se convierta en pestilente; y que faltando la fuerza vital de la tierra, ésta no produzca frutos. Por lo tanto, en virtud de la escasez de los alimentos, los hombres se excitarán por la avaricia, y harán grandes guerras. Y como las insurrecciones y las luchas serán hijas de la avaricia, y además por las codicias de mando y de la vanagloria, habrá alguno que sea la causa primera de todos aquellos males que habrán de suceder antes de la destrucción del mundo. Así como la venida de Jesucristo trajo la paz para muchas gentes en virtud de la misericordia divina, así es consiguiente que por la multiplicación de la iniquidad se enfríe la caridad de muchos, y que Dios y Jesucristo los abandonen; que se levanten muchas guerras entre ellos, puesto que la santidad no evitará que obren los principios germinadores de las guerras. Por el contrario, las fuerzas adversarias, no detenidas ni por Cristo ni por los santos, actuarán sin obstáculo en los corazones de los hombres para que se levante pueblo contra pueblo, y reino contra reino. Por lo tanto, así como algunos creen, que el hambre y la peste son producidos por los ángeles de Satanás, estos poderes también se envalentonarán entonces por las virtudes enemigas, cuando no haya discípulos de Jesucristo que sean la sal de la tierra y la luz del mundo destruyendo todo lo que siembra la malicia de los demonios. Alguna vez venían hambres y pestes sobre Israel por sus pecados, pero habían quedado libres de ellas por las oraciones de los buenos. Se dice oportunamente "por los lugares", porque el Señor no quiere destruir al género humano en un sólo día, sino juzgarlo por partes, y darle lugar a que se arrepienta. Por lo tanto, si cuando empiecen los males no se ha declarado aun la corrección general, le sucederá peor. Por esto sigue: "Todas estas cosas son principio de dolores", que habrán de seguir contra los impíos, para que sean atormentados, con agudísimos dolores.

San Jerónimo

En sentido espiritual, parece que el triunfo de la Iglesia habrá de ser mucho más glorioso después que se haya levantado un reino contra otro reino y que se haya suscitado la peste de aquéllos cuya palabra se arrastra como un reptil, y después del hambre de oír la palabra de Dios, y de la agitación de toda la tierra, y de la separación de la verdadera fe, especialmente entre los herejes que mutuamente se combaten.

Orígenes, *in Matthaeum, 28*

Conviene, por lo tanto, que sucedan estas cosas antes que veamos la perfección de la sabiduría que hay en Jesucristo. Pero no vendrá en seguida el fin que buscamos, porque el fin pacífico está lejos de estos hombres.

San Jerónimo

Cuando dice: "Todas estas cosas principio son de dolores", parece más bien que se parecerán a los abortos o concepciones de la venida del Anticristo, que no partos naturales.

"Entonces os entregarán a tribulación, y os matarán y seréis aborrecidos de todas las gentes por causa de mi nombre. Y muchos entonces serán escandalizados, y se entregarán unos a otros, y se aborrecerán entre sí. Y se levantarán muchos falsos profetas, y engañarán a muchos. Y porque se multiplicará la iniquidad, se resfriará la caridad de muchos. Mas el que perseverare hasta el fin, éste será salvo. Y será predicado este Evangelio del reino por todo el mundo, en testimonio a todas las gentes; y entonces vendrá el fin". (vv. 9-14)

Rábano

El Señor manifiesta la razón por que habrían de venir tantos males sobre Jerusalén y la provincia de los judíos, añadiendo: "Entonces os entregarán", etc.

San Juan Crisóstomo, *homiliae in Matthaeum, hom. 75,*

O de otro modo, los discípulos al escuchar todas estas predicciones sobre Jerusalén, estaban en tal disposición de espíritu, que no sentían turbación alguna, como si oyeran males que les fueran extraños. Esperaban que les vendrían los días de prosperidad, que deseaban llegasen con grande interés. Por esto les anuncia el Salvador graves acontecimientos, que los ponían en cuidado. Así como antes les había advertido que evitasen los engaños de los seductores, ahora les predice la violencia de los tiranos, por medio de estas palabras: "Entonces os entregarán a la tribulación, y os matarán". Con toda oportunidad les hizo conocer estos males para calmarles en cierto sentido de las desgracias de los demás. No sólo los consoló así, sino que manifestándoles la causa de su aflicción, les añadió que todo lo sufrirían por su nombre. Por esto sigue: "Y seréis aborrecidos por todas las gentes por causa de mi nombre".

Orígenes, *in Matthaeum, 28*

¿Pero de qué modo sería odiado el pueblo de Cristo, aun por los habitantes en los últimos extremos de la tierra? A no ser que alguno diga que ha sido dicho por exageración todos, por muchos. Pero se plantea otra cuestión respecto de las palabras: "Entonces os entregarán". Se comprende desde luego la verdad. Porque antes que sucediesen estas cosas los cristianos ya sufrían tribulaciones. Pero alguno responderá, que entonces los cristianos sufrirían tribulaciones mayores que nunca. Desean generalmente los que viven en tiempo de mayores calamidades, examinar sus causas, y tener motivo de hablar. Por lo tanto, es consiguiente que como los hombres habían de dejar el culto de los falsos dioses, por la multitud de cristianos que habría, diríase que éstos eran la causa de las guerras, hambres y pestes y también de los terremotos; por esta razón la Iglesia ha sufrido grandes persecuciones.

San Juan Crisóstomo, *homiliae in Matthaeum, hom. 75, 2*

Después que había hablado de las dos clases de guerras, esto es, de las de los seductores y de las de los enemigos, les habla también de una tercera guerra, que provendría de los falsos hermanos, por esto dice: "Y muchos entonces serán escandalizados", etc. También San Pablo deplora esto diciendo: "En el exterior batallas, en el interior temores" (*2Cor* 7,5), y en otro lugar: "Peligros en los falsos hermanos" (*2Cor* 11,26): de quienes dice en otro lugar: "Los tales falsos apóstoles son operarios engañadores". Por esto añade aquí el Salvador: "Y se levantarán muchos falsos profetas", etc.

Remigio

Cuando estaba próxima la destrucción de Jerusalén, se levantaron muchos, llamándose cristianos y seduciendo a otros, a quienes San Pablo llama hermanos falsos y San Juan, Anticristos.

San Hilario, *in Matthaeum, 25*

Como fue Nicolás, uno de los siete primeros diáconos, que pervirtió a muchos, tergiversando la verdad.

San Juan Crisóstomo, *homiliae in Matthaeum, hom. 75, 2*

Además, manifiesta lo que es más penoso para éstos, que tales falsos profetas enfriarían la religiosidad, por lo que sigue: "Y como se multiplicará la iniquidad, se enfriará la caridad de muchos".

Remigio

Esto es, el verdadero amor de Dios y del prójimo; porque cuanto más se aumenta la iniquidad, respecto de uno y de otro, tanto más se apagará el fuego de la caridad en su corazón.

San Jerónimo

Debe advertirse que no negó la fe o la caridad de todos, sino la de muchos; porque la caridad siempre permanecería en los apóstoles y en aquéllos que estuviesen identificados con ellos, acerca de lo que dice San Pablo: "¿Quién nos separará de la caridad de Cristo?" (*Rm* 8,35). Por lo que se añade aquí: "Mas el que perseverare hasta el fin, éste será salvo".

Remigio

Dice hasta el fin, refiriéndose al término de su vida; porque quien persevera hasta el término de su vida, confesando a Jesucristo y en su amor, se salva.

San Juan Crisóstomo, *homiliae in Matthaeum, hom. 75, 2*

Después, para que no dijeren: ¿Cómo podremos vivir entre tantos malos? les ofrece lo que es más, que no sólo vivirían, sino que también enseñarían en todas partes; por esto añade: "Y será predicado este Evangelio del reino por todo el mundo".

Remigio

Como el Señor conocía que los corazones de sus discípulos habrían de entristecerse por la destrucción de Jerusalén, y la extinción de sus gentes, los consuela diciendo, que serían muchos más los que creerían de los gentiles, que los que perecerían de los judíos.

San Juan Crisóstomo, *homiliae in Matthaeum, hom. 75, 2*

En cuanto a que se había predicado el Evangelio por todas partes, antes de la destrucción de Jerusalén, oigamos lo que dice San Pablo: "En toda la tierra resonó su voz" (*Rm* 10,18). Y véase cómo vino desde Jerusalén hasta España. Por lo tanto, si uno solo recorrió tanto espacio, júzguese cuanto recorrerían los demás. Por lo que escribiendo a algunos les dice acerca del Evangelio: "Que fructifica y crece en toda criatura que habita debajo del cielo" (*Col* 1,6). Esta señal del poder de Jesucristo, es más grande que todo lo que había hecho en el espacio de treinta años. Porque apenas empezaba la predicación del Evangelio ya se había extendido por todos los confines de la tierra. Y aun cuando el Evangelio ya se había predicado por todas partes, sin embargo, no todos habían creído; por lo que añade: "En testimonio a todas las gentes", esto es, para acusar a aquéllos que no habían creído; porque los que creyeron testificarían contra los que no creyeron y los condenarían. Por lo tanto, después que el Evangelio haya sido predicado por todo el mundo, Jerusalén será destruida. Por esto sigue: "Y entonces vendrá el fin", esto es, el fin de Jerusalén, porque los que vieron brillar el poder de Jesucristo y que había invadido en poco tiempo toda la tierra, ¿qué perdón podían esperar si todavía eran ingratos?

Remigio

También puede referirse esto a la consumación del mundo. Porque entonces muchos se escandalizarán separándose de la fe, viendo la multitud y las riquezas de los malos y los milagros del Anticristo, y perseguirán a sus compañeros, y el Anticristo enviará falsos profetas que engañarán a muchos. Se aumentará la malicia, porque aumentará el número de los malos, y se enfriará la caridad, porque disminuirá el número de los buenos.

San Jerónimo

Será también una señal de la venida del Señor, la predicación del Evangelio en todo el mundo, de modo que ninguno tendrá excusa.

Orígenes, *in Matthaeum, 28*

Cuando dice: "Y seréis aborrecidos de todas las gentes por mi nombre", nadie podrá salvarse porque a la sazón todas las gentes estarán de acuerdo en contra de los cristianos, y cuando sucediese todo lo que Jesucristo ha predicho, tendrán lugar las persecuciones, ya no en una sola parte como antes, sino en general en todo el mundo se levantarán contra el pueblo de Dios.

San Agustín, *Epístola, 149, 46*

Y los que examinan estas palabras: "Será predicado este Evangelio del reino en todo el orbe", no crean que esto ya se verificó por medio de los apóstoles, porque esto no sucedió así, según está demostrado por documentos fidedignos.

Hay, pues, en Africa innumerables gentes bárbaras, a quienes todavía no se ha predicado el Evangelio. Especialmente puede decirse esto de aquellos que son vendidos como esclavos, y no puede admitirse con justicia que éstos no pertenecen también a la promesa de Dios, porque el Señor no solamente ofreció esto a la descendencia de Abraham ni sólo a los romanos, sino que comprendió a todas las gentes en aquel juramento. Entre cuyas gentes todavía no ha penetrado la Iglesia, lo cual conviene que suceda, para que crean todos los que están fuera de ella y entonces se cumplirá aquella promesa. "Y seréis aborrecidos de todas las gentes por mi nombre". (Cómo sucedería esto si no hubiese en todos los pueblos quienes aborrezcan y quienes sean aborrecidos? Por lo tanto, la predicación, no podía ser terminada por los apóstoles, siendo así que todavía hay gentes a quienes no ha llegado. Respecto a lo que dijo el Apóstol: "En toda la tierra había resonado su voz" (**Rm** 10,18), aunque esta frase se refiere a tiempo pasado, dijo con palabras lo que habría de suceder, no lo que ya había sucedido o se había ultimado, como el profeta a quien se refiere como testigo. Pero dijo también que el Evangelio fructificaba y crecía en todo el mundo, para dar a entender hasta dónde podría llegar, creciendo con el tiempo. Por lo tanto, si no se sabe cuándo el Evangelio llenará todo el mundo, tampoco se sabrá cuándo llegará el fin del mundo; porque antes no sucederá.

Orígenes, *in Matthaeum, 28*

Cuando todo el mundo haya oído la predicación del Evangelio, vendrá el fin del mundo. Y esto es lo que sigue: "Y entonces vendrá el fin". Muchas gentes, no sólo de los bárbaros, sino también de los nuestros, no han oído todavía la palabra cristiana.

Glosa

Puede defenderse lo uno y lo otro, si se entiende de diverso modo la extensión de la predicación del Evangelio. Porque si se entiende en cuanto al fruto de la predicación que se derrama por la Iglesia de los que creen en Jesucristo sobre todas las gentes (como dice San Agustín), se da a entender que el Evangelio estará predicado por todas partes, antes de la destrucción del mundo; y esto no sucedió antes de la destrucción de Jerusalén. Pero si se entiende en cuanto a la fama de la predicación, entonces ya se ha cumplido antes de la destrucción de Jerusalén, porque los discípulos de Jesucristo ya estaban diseminados por las cuatro partes del mundo. Por esto dice San Jerónimo: no creo que hayan quedado algunas gentes que desconozcan el nombre de Jesucristo, y aun cuando no hayan tenido quien le predique, no pueden desconocer en absoluto lo que es la fe, por las gentes vecinas.

Orígenes, *in Matthaeum, 28*

Moralmente hablando, el que crea que esto se refiere a la venida gloriosa de Jesucristo sobre su alma, es necesario que sufra por la venida de El las asechanzas de los que obran en sentido contrario, como esforzado atleta. Cristo será aborrecido en él por todos, no sólo por las gentes materiales, sino también por las gentes que viven en exageraciones espirituales. En ciertas cuestiones habrá pocos que comprendan la verdad de una manera evidente, siendo muchos los que se escandalizarán. Caerán de ella los traidores y los acusadores, por la discusión que se suscitará entre ellos, acerca del dogma de la verdad, lo que servirá de motivo para que se aborrezcan mutuamente. También habrá muchos que predicarán con mal fin, acerca de lo que habrá de suceder, e interpretarán mal las profecías (a quienes llama falsos profetas), que seducirán a muchos, haciendo que se enfríe la caridad ferviente que antes se encontraba en la sencillez de la fe. Pero el que pueda perseverar en la tradición apostólica, se salvará; y así, predicado el Evangelio a todas las almas, servirá de testimonio a todas las gentes, esto es, a todos los pensamientos incrédulos de ciertas almas.

"Por tanto, cuando viereis que la abominación de la desolación, que fue dicha por el profeta Daniel, está en el lugar santo, el que lee entienda. Entonces los que estén en la Judea, huyan a los montes. Y el que en el tejado, no descienda a tomar alguna cosa de su casa. Y el que en el campo, no vuelva a tomar su túnica. ¡Mas ay de las preñadas y de las que crían en aquellos días! Rogad, pues, que vuestra huida no suceda en invierno o en sábado. Porque habrá entonces grande tribulación, cual no fue desde el principio del mundo hasta ahora ni será. Y si no fuesen abreviados aquellos días, ninguna carne sería salva; mas por los escogidos aquellos días serían abreviados". (vv. 15-22)

San Juan Crisóstomo, *homiliae in Matthaeum, hom. 75, 2*
Como el Señor había insinuado ya, aunque de una manera oculta, la destrucción de Jerusalén, les da a conocer esto mismo de una manera evidente, aduciendo la profecía que prueba la destrucción de los judíos. Por esto dice: "Por tanto, cuando viereis la abominación de desolación", etc.

San Jerónimo
Esto que dice: "El que lee entienda", se expresa para que busquemos el sentido místico. Leemos, pues, en Daniel de este modo: "Y en medio de la semana cesará el sacrificio y las ofrendas; y en el templo habrá abominación de desolaciones hasta la consumación del tiempo, y la consumación se dará sobre la soledad" (*Dn* 9,27).

San Agustín, *Epístola, 199, 31*
San Lucas, para probar que había acontecido la abominación de la desolación predicha por Daniel, cuando fue destruida Jerusalén, recuerda las palabras del Salvador en este mismo lugar: "Cuando veáis que Jerusalén es sitiada por un ejército, sabed que entonces se acerca su desolación" (*Dn* 21,20).

Pseudo-Crisóstomo, *opus imperfectum super Matthaeum, hom. 49*

Por lo que me parece que llamaba abominación de desolación al ejército por el cual fue destruida la santa ciudad de Jerusalén.

San Jerónimo

También puede entenderse respecto de la estatua del César, que Pilato colocó en el templo; o de la estatua ecuestre de Adriano, que ha permanecido hasta hoy en el mismo lugar donde estuvo el ***Sancta Sanctorum***, pues la abominación, según la antigua Escritura, es llamada ídolo. Y por lo tanto, se añade la desolación, porque el ídolo fue puesto en el templo desolado y desierto.

San Juan Crisóstomo, *homiliae in Matthaeum, hom. 75, 2*

O porque el mismo que desoló la ciudad y el templo, colocó la estatua en el interior.

Y para que sepan que sucederán estas cosas viviendo aun algunos de ellos, dijo: "Cuando, por tanto, viereis", etc. En lo que debe admirarse el poder de Jesucristo y la fortaleza de sus discípulos, que predicaban en aquellos tiempos, en que se perseguía todo lo que era judío. Los apóstoles, como procedentes de los judíos, introdujeron leyes nuevas contra los romanos, que mandaban entonces. Los romanos vencieron a muchos miles de judíos, pero no pudieron vencer a doce hombres desnudos y desarmados. Como muchas veces había sucedido que los judíos habían sido rehabilitados después de grandes guerras (como sucedió en los tiempos de Senaquerib y Antíoco), para que nadie crea que entonces sucedería lo mismo, ordena el Salvador a sus discípulos que huyan, cuando añade: "Entonces los que están en la Judea", etc.

Remigio

Todo esto consta que sucedió cuando empezaba la desolación de Jerusalén. Cuando se aproximaba el ejército romano, todos los cristianos que había en aquella provincia (como refiere la historia eclesiástica) avisados por un milagro del cielo, se marcharon bien lejos. Atravesando el Jordán, vinieron a la ciudad de Pela, y allí bajo la protección del rey Agripa (de quien se hace mención en el Libro de los Hechos de los Apóstoles), permanecieron algún tiempo. Este mismo Agripa, con la parte de judíos que le obedecían, estaba sujeto al imperio romano.

San Juan Crisóstomo, *homiliae in Matthaeum, hom. 76, 1*

Después, manifestando los inevitables males y la calamidad sin límites que habían de venir sobre los judíos, añade: "Y el que esté en el tejado no descienda", etc. Porque era preferible salvarse con el cuerpo desnudo, que entrar en la casa a tomar vestido, y ser muerto. Por lo que dice también respecto del que está en el campo: "Y el que está en el campo no vuelva", etc. Porque si los que están en la ciudad huyen, con mucha más razón no deben volver a la ciudad los que están fuera. Y en verdad que es fácil despreciar el dinero, y no es difícil proveerse de vestidos; pero lo que atañe a la vida ¿cómo se podrá prescindir de ello? ¿Cómo podrá suceder que la que esté embarazada se encuentre ligera para huir? ¿Y cómo la que está criando abandonará al que parió? Por esto añade: "Mas ¡ay de las preñadas y de las que crían!", etc. Aquéllas, porque están más pesadas y no podrán huir con facilidad, cargadas con el peso de su concepción; y éstas, porque son detenidas por el vínculo de la compasión hacia sus hijos, y no pueden al mismo tiempo salvar a los que lactan.

Orígenes, *in Matthaeum, 29*

O porque entonces no habrá lugar a tener compasión ni de las preñadas, ni de las que crían, ni de sus infantes. Y como que hablaba a los judíos, los cuales decían que en el sábado no debía recorrerse más camino que el de un sábado, añade: "Rogad, pues, que vuestra huida no suceda en invierno o en sábado".

San Jerónimo

Porque en el primero, la crudeza de la estación impide andar por las soledades y ocultarse en los montes del desierto. Y en el segundo, porque era quebrantar la ley el querer huir, y les amenazaba la muerte si se quedaban.

San Juan Crisóstomo, *homiliae in Matthaeum, hom. 76, 1*

Véase cómo se habla aquí en contra de los judíos, porque los apóstoles no habían de guardar el día sábado, ni habían de permanecer allí cuando Vespasiano hizo esto, porque muchos de ellos ya habían muerto antes; y si alguno quedaba entonces, vivía en otras partes del mundo. Por qué dijo que debía orarse, lo explica cuando añade: "Porque habrá entonces grande tribulación", etc.

San Agustín, *epistola, 80*

Se lee en San Lucas: "Y habrá grande aflicción sobre la tierra, e ira contra este pueblo; y caerán degollados unos, y serán llevados cautivos por los gentiles otros" (*Lc* 21,23-24). Y después Josefo, que escribió la historia de los judíos, dice que sucedieron a este pueblo unos males tan grandes, que apenas pueden creerse; por esto se ha dicho con razón que no hubo semejante tribulación desde el principio del mundo, ni la habrá. Pero aunque en tiempo del Anticristo acaso la habrá igual o mayor, por lo dicho respecto de este pueblo debe entenderse que no será para ellos de tal magnitud. Así pues, aunque ellos reciban al Anticristo muy grandemente y de manera singular, en aquel tiempo experimentaron una tribulación mayor que la que habrá de acontecer.

San Juan Crisóstomo, *homiliae in Matthaeum, hom. 76, 1*

Yo pregunto a los judíos: ¿de dónde ha venido sobre ellos un castigo divino tan intolerable, que es mucho peor que cuantos anteriormente habían recibido? Porque desde luego se comprende que les vino aquella desgracia por el crimen cometido sobre la cruz. Pero aun manifiesta que eran dignos de mayor castigo en esto que añade: "Y si no fuesen abreviados aquellos días, ninguna carne sería salva", etc. Como diciendo: Si hubiese durado más aquella batalla de los romanos contra la ciudad, hubiesen perecido todos los judíos. Dice que toda carne judía, todos los que están fuera, y todos los que están dentro, porque no solamente a aquéllos que estaban en Judea atacaban los romanos, sino que perseguían también a los que andaban dispersos.

San Agustín, *epistola, 80*

Algunos me parece que han entendido bien, considerando que aquellos males estaban designados con el nombre de días, de la misma manera que se habla de días malos en otros lugares de la Escritura (**Gn** 47; **Sal** 93; **Ef** 5). Pues los días no son malos ellos mismos, sino lo que sucede en ellos. Y se dice que estos días serán abreviados para que, concediendo Dios alguna tolerancia, se sientan menos. Así pues, si bien serán largos, serán abreviados.

San Juan Crisóstomo, *homiliae in Matthaeum, hom. 76, 2*

Para que los judíos no dijesen que les sucedían estas cosas por la predicación de Jesucristo o por sus discípulos, manifiesta que si no hubieran estado allí ellos, hubieran perecido en absoluto. Por esto añade: "Mas por los elegidos, aquellos días serán abreviados".

San Agustín, *epistola 80*

No debemos dudar de que cuando fue destruida Jerusalén, había en aquel pueblo escogidos de Dios, que se habían convertido de entre los circuncidados, los cuales creían, o habían de creer, siendo elegidos antes de la constitución del mundo, en gracia a los cuales se acortarían aquellos días, y se harían un tanto tolerables aquellas desgracias. No faltan, sin embargo, quienes crean que se han de abreviar aquellos días, porque la carrera del sol será más corta, como fue más larga en tiempo de Josué.

San Jerónimo

Pero no recuerdan que está escrito: "El día persevera según tu orden" (**Sal** 118,91), por esto es que debemos admitir que se abrevian según las circunstancias de los tiempos, esto es, que se abreviarán, no por la medida, sino por el número, con el fin de que no desaparezca la fe de los que creen, por la tardanza.

San Agustín, *epistola 80*

Y no creamos que las semanas de Daniel se trastornaron abreviándose los días, ni que se concluyeron en menos tiempo, sino que serán completadas en el fin de los tiempos. Dice San Lucas muy terminantemente que la profecía de Daniel se completó cuando Jerusalén fue destruida.

San Juan Crisóstomo, *homiliae in Matthaeum, hom. 76, 2*

Obsérvese la ordenación del Espíritu Santo, porque San Juan nada escribió acerca de esto, para que no pareciese que escribía aquellas cosas que refería la historia, porque todavía vivió mucho tiempo después de la destrucción de Jerusalén. Pero los que murieron antes y nada vieron de esto, son los que escriben para que brille por todas partes la verdad de la profecía.

San Hilario, *in Matthaeum, 25*

O de otro modo, el Señor da a conocer un indicio seguro de su venida futura diciendo: "Cuando viereis que la abominación". Esto lo dijo el profeta refiriéndose a los tiempos del Anticristo. Fue llamada abominación, porque viniendo contra Dios, reclama para sí el honor de Dios; y abominación de desolación, porque ha de desolar toda la tierra con guerras y mortandades, y por esto, recibido por los judíos, se instalará en el lugar de santificación, para que donde se invocaba a Dios por las súplicas de los santos, recibido por los infieles, sea venerado con los honores de Dios. Y porque este error será más propio de los judíos, que por haber menospreciado la verdad abracen la falsedad, les aconseja que abandonen Judea y se marchen a los montes, no sea que mezclándose con aquellas gentes crean en el Anticristo y no puedan escapar de la perdición. Y lo que dice: "Y el que esté en el tejado no descienda", etc., se entiende de este modo: El techo es lo más alto de la casa y la conclusión más elevada de toda habitación; por lo tanto, todo aquél que se esforzare en la conclusión de su casa (esto es, en la perfección de su corazón), y en hacerse nuevo por la regeneración, y elevado según el espíritu, no deberá rebajarse por la codicia de bienes mundanos. "Y el que estará en el campo", etc., esto es, cumpliendo con su deber, no vuelva a los cuidados antiguos, por los que habrá de volver a tomar el vestido formado por los pecados viejos con que se cubría.

San Agustín, *epistola 80*

En las tribulaciones debe evitarse que nadie sea vencido y descienda de la sublimidad de las cosas espirituales a la vida carnal, y que aquél que antes adelantaba progresando por el camino de la virtud, desmayando mire hacia atrás.

San Hilario, *in Matthaeum, 25*

Cuando dice: "¡Ay de las preñadas y de las que críen en aquellos días", no debe creerse que el Señor decía esto por el peso del embarazo, sino que dio a conocer la grave situación de las almas, abrumadas de pecados, porque ni las que estén en el techo, ni las que se hallen en el campo, podrán evitar los ímpetus de la justicia, que pesará sobre ellas. También serán desgraciadas aquéllas que críen. Manifiesta por medio de estas palabras la debilidad de aquellas almas que se amamantan en el conocimiento de Dios, y por lo tanto también hay que temer por ellas, porque siendo pesadas para huir del Anticristo e incapaces para hacerle frente, no huyeron de los pecados, ni tomaron el alimento del verdadero pan.

San Agustín, *de verb. Dom. serm. 20*

También se dice que está embarazado aquél que desea las cosas ajenas, y nutriéndose el que ya robó lo que deseaba; a éstos se les considera como desgraciados en el día del juicio. En cuanto a lo que dijo el Señor: "Rogad, pues, para que vuestra huida no tenga lugar ni en invierno ni en sábado", etc.

San Agustín, *quaestiones evangeliorum. 1, 37*

Esto es, que nadie debe tener alegría ni tristeza en aquel día por las cosas temporales.

San Hilario, *in Matthaeum, 25*

Ni seamos hallados en la frialdad de los pecados, o en el ocio de las buenas obras, porque nos amenaza una desgracia grave, a no ser que se abrevien aquellos días en gracia a los escogidos de Dios, para que la brevedad del tiempo venza la fuerza de los males.

Orígenes, *in Matthaeum, 29*

Hablando en sentido místico, diremos que en todo el lugar santo de las Sagradas Escrituras (tanto del Nuevo como del Antiguo Testamento) se halla con frecuencia el Anticristo, que es la predicación falsa; y los que esto entienden, huyen desde la Judea de la letra a los elevados montes de la verdad. Y si se encuentra alguno que haya subido sobre el techo de la palabra, y que está sobre la cubierta, no baje de allí, con el fin de tomar algo de su casa. Y si está en el campo, en donde se halla escondido el tesoro, y volviese hacia atrás, caerá en el lazo de la mentira, y especialmente si ya se había quitado el vestido antiguo (esto es, el hombre viejo), y otra vez vuelve a tomarlo; entonces el alma que tenía en su seno, y que todavía no había dado frutos por medio de la palabra, incurre en esa misma amenaza; pues arroja lo que concibió, y pierde la esperanza que podía tener en los actos de la verdad; del mismo modo, cuando parezca que se ha formado y que fructifica la palabra, pero que en realidad no está suficientemente robustecida. Rueguen, por lo tanto, los que huyen a los montes, no sea que su fuga tenga lugar en invierno o en sábado. Porque en virtud de la tranquilidad del alma así constituida, pueden alcanzar el camino de la salvación. Pero si les coge en invierno, caerán en manos de aquéllos de quienes huyen. Oren, por lo tanto, para que su huida no tenga lugar ni en invierno ni en sábado. Algunos aun cuando nada malo hacen en sábado, sin embargo, nada hacen bueno; en semejante sábado, cuando el hombre no hace buenas obras, tampoco debe tener lugar vuestra huida, porque ninguno es vencido fácilmente amenazado por un falso dogma, sino el que está desnudo de buenas obras. ¿Qué tribulación hay mayor que ver seducir a nuestros hermanos y que alguno se vea a sí mismo agitado y dudoso? Por días se entiende los preceptos y los dogmas de la verdad. Todos los entendimientos que vienen abandonando la ciencia de falso nombre, son como añadidura de los días, que Dios abrevia en favor de los que quiere.

"Entonces si alguno os dijere: Mirad, el Cristo está aquí o allí, no lo creáis. Porque se levantarán falsos cristos y falsos profetas, y darán grandes señales y prodigios, de modo que (si puede ser) caigan en error aun los escogidos. Ved que os lo he dicho de antemano. Por lo cual si os dijeren: He aquí que está en el desierto, no salgáis; mirad que está en lo más retirado de la casa, no lo creáis. Porque como el relámpago sale del Oriente, y se deja ver hasta el Occidente, así será también la venida del Hijo del hombre. Donde quiera que estuviese el cuerpo, allí se juntarán también las águilas". (vv. 23-28)

San Juan Crisóstomo, *homiliae in Matthaeum, hom. 76, 2*

Habiendo concluido de hablar el Salvador de lo que había de suceder a Jerusalén, se ocupa de lo que había de preceder a su venida, e indica las señales, no sólo para utilidad de ellos, sino también para nosotros y para los que habrán de venir después; por esto dice: "Entonces si alguno os dijere", etc. Porque así como al decir antes el Evangelista: "En aquellos días vino Juan Bautista" (*Mt* 3,1), no designó el tiempo que había de venir a continuación (porque había treinta años de por medio), así ahora cuando dice "entonces" da a conocer todo el tiempo que había de mediar, y que abarcaría desde la destrucción de Jerusalén hasta los principios de la destrucción del mundo. Mas dándoles las señales de su segunda venida, les advierte cuál será el lugar y quiénes los seductores; porque no sucederá entonces lo que en su primera venida, que apareció en Belén, y en un pequeño ángulo de la tierra, ignorándolo todos al principio, sino que vendrá de una manera visible, sin necesidad de que nadie anuncie su venida, por lo que dice: "Y si alguno dijere: aquí o allí está el Cristo, no lo creáis".

San Jerónimo

En lo que da a conocer que su segunda venida no se conocerá por la humildad (como la primera), sino por la gloria que la acompañará. Es muy necio, por lo tanto, buscar entonces en un lugar humilde o escondido, al que es la luz que alumbra a todo el mundo.

San Hilario, *in Matthaeum, 25*

Y sin embargo, como habrá gran conmoción entre los hombres y los falsos profetas, como para indicar el poder que es propio de Jesucristo, fingirán que el Cristo está y se encuentra en muchas partes, para llevar engañados y abatidos a muchos al servicio del Anticristo. Por lo tanto, añade: "Se levantarán falsos cristos y falsos profetas".

San Juan Crisóstomo, *homiliae in Matthaeum, hom.76, 2*

Aquí se habla del Anticristo y de algunos de sus ministros, a quienes llama falsos cristos y falsos profetas, los cuales fueron muchos en tiempo de los apóstoles. Pero los que habrá antes de la segunda venida de Jesucristo serán mucho más funestos que los primeros. Por esto añade: "Y darán grandes señales y prodigios".

San Agustín, *de diversis quaestionibus octoginta tribus liber, 77*

El Señor nos advierte aquí, para nuestra inteligencia, que los hombres malvados pueden hacer ciertos milagros que no pueden hacer los buenos. Mas no por ello han de ser considerados como en lugar preferido por Dios, pues los magos de Egipto no eran más aceptos a Dios que el pueblo de Israel, porque este pueblo no podía hacer lo que aquéllos hacían, aunque Moisés pudo obrar cosas mayores por virtud divina. No se encomiendan a todos los buenos estas cosas maravillosas, para que no sean engañados los débiles con el perjudicial error de creer que en tales hechos hay mayores dones que en las obras de justicia, por las que se consigue la vida eterna. Pues cuando los magos obran cosas que algunas veces no pueden obrarlas los buenos, lo hacen con diverso poder. Aquéllos lo hacen buscando su gloria; éstos buscando la gloria de Dios. Aquéllos lo hacen con potestad concedida según su orden, para algún negocio o beneficio, como privados; éstos lo hacen públicamente y por mandato de aquél a quien están sujetas todas las criaturas. Pues de distinto modo da el posesor su caballo al soldado cuando es obligado, y de distinto modo lo entrega al comprador o a aquél a quien lo regala o lo presta. Y de la misma manera que la mayor parte de los soldados, a los cuales condena la disciplina imperial, amedrentan a algunos posesores simulando órdenes de su emperador, y les arrebatan violentamente lo que no está mandado por autoridad pública; así algunas veces los malos cristianos, ora cismáticos, ora herejes, por el nombre de Jesucristo, o por las palabras, o por los sacramentos cristianos, exigen algo de las potestades. Mas cuando obedecen a las órdenes de los malos, obedecen para seducir a los hombres, en cuyo error se alegran. Por lo cual, de una manera obran los milagros los magos, de otra los buenos cristianos y de otra los malos cristianos. Los magos por contratos ocultos, los buenos cristianos por la pública justicia; los malos cristianos por la simulación de la justicia pública. Y aun esto no debe causarnos admiración, porque todas las cosas que se hacen visiblemente, aun por las potestades inferiores de los aires, no es absurdo creer que pueden hacerse.

San Agustín, *de Trinitate 3, 8*

No se ha de creer que esta materia de las cosas visibles está al arbitrio de los ángeles rebeldes, sino sólo al de Dios, por quien se da a aquéllos la potestad. Ni tampoco han de ser llamados creadores aquellos ángeles malos, sino que por su sutileza conocieron los semilleros de estas cosas más ocultas a nosotros, que esparcen secretamente por medio de combinaciones congruentes a las estaciones, y de este modo tienen ocasión de producir las cosas y de acelerar los incrementos. Porque muchos hombres conocen de qué hierbas o carnes, o jugos o humores, aunque estén sepultados o confundidos, provienen las cosas que suelen suceder en los animales. Pero esto se hace tanto más difícil a los hombres, cuanto más abandonan las sutilezas de los sentidos y la actividad de los cuerpos, cambiándolas en pesadez y negligencia de los miembros.

San Gregorio Magno, *Moralia, 15, 30*

Cuando el Anticristo haya obrado prodigios admirables a la vista de los hombres carnales, los arrastrará en pos de sí. Porque los que se deleitan en los bienes presentes, se sujetarán sin resistencia alguna a la potestad de aquél. Por lo que continúa: "De modo que, si puede ser, aun los escogidos caigan en error".

Orígenes, *in Matthaeum, 25*

Elevada es la locución que dice: "Si es posible". No pronunció ni dijo, que aun los escogidos caigan en error, sino que quiere demostrar que los razonamientos de los herejes son frecuentemente muy persuasivos, y poderosos para conmover aun a los que obran con sabiduría.

San Gregorio Magno, *Moralia 33, 36*

O porque el corazón de los escogidos es agitado por pensamientos de consternación aun cuando su constancia no se altere. El Señor comprendió ambas cosas en una sola sentencia. Vacilar en el pensamiento, es ya lo mismo que errar. Y añade: "si puede ser", porque no puede ser que los escogidos caigan en error.

Rábano

O no dice esto, porque la elección divina quede frustrada, sino porque los que según el juicio humano parecían escogidos, caerán en el error.

San Gregorio Magno, *homiliae in Evangelia, 35*

Mas los dardos que se ven de antemano hieren menos, y por esto añade: "De antemano os lo dije", pues nuestro Señor denuncia los males precursores de la destrucción del mundo, para que, siendo sabidos de antemano, perturben menos cuando lleguen. Por lo cual concluye: "Luego si os dijeren: He aquí que está en el desierto, etc."

San Hilario, *in Matthaeum, 25*

Porque los falsos profetas (de los cuales había hablado antes), ora dirán que el Cristo está en los desiertos, para corromper a los hombres en el error, ora afirmarán que está en los lugares más recónditos de la casa, para aprisionarlos bajo el poder del Anticristo dominante. Mas el Señor declara que ni se ha de ocultar en lugar alguno, ni que ha de ser visto por algunos en particular, sino que declara terminantemente que ha de venir estando presente en todas partes y a vista de todos. Por esto sigue diciendo: Así como el relámpago sale del Oriente y se deja ver hasta el Occidente, así, etc.

San Juan Crisóstomo, *homiliae in Matthaeum, hom.76, 3*

Así como anteriormente predijo de qué manera ha de venir el Anticristo, así también por este pasaje manifiesta cómo ha de venir El. Así como el relámpago no necesita de anunciador o de pregonero, sino que se manifiesta en cualquier instante a todo el orbe, aun a aquéllos que están descansando en sus lechos, así también la venida de Jesucristo se manifestará a un mismo tiempo en todas partes por el brillo de su gloria. A continuación indica otra señal de su venida, cuando añade: "Donde quiera esté el cuerpo se congregarán las águilas, etc.," designando por las águilas a la multitud de ángeles, mártires y de todos los santos.

San Jerónimo

Por el ejemplo natural que vemos diariamente, somos instruidos en el sacramento de Cristo. Porque se dice que las águilas y los buitres, aun cuando estén al otro lado del mar, perciben el olor de los cadáveres y se congregan para comerlos. Si, pues, las aves que carecen de razón, por instinto natural (aun estando tan alejadas) perciben en qué lugar hay un pequeño cadáver, ¿con cuánta mayor razón la multitud de creyentes debe apresurarse a llegar a Jesucristo cuyo esplendor sale del Oriente y se deja ver hasta el Occidente? Mas por el cuerpo (lo cual en latín con más claridad se llama cadáver, por lo mismo que la muerte le hace caer), podemos entender la pasión de Jesucristo.

San Hilario

Para que no estuviésemos ignorantes siquiera del lugar a donde ha de venir, dice: "Donde quiera que se encuentre el cuerpo, allí se congregarán las águilas". Llamó águilas a los escogidos, a motivo del vuelo de su cuerpo espiritual, cuya reunión demuestra que ha de acontecer en el lugar de su pasión, cuando se congreguen los ángeles. Y con razón se ha de esperar la venida del esplendor, en el mismo lugar donde nos abrió la gloria de la eternidad por la pasión de su cuerpo abatido.

Orígenes, *in Matthaeum, 30*

Y téngase presente que no dijo: Donde quiera estuviere el cuerpo allí se congregarán los buitres o los cuervos, sino las águilas, queriendo demostrar que son como nobles y de estirpe regia, los que creyeron en la pasión del Señor.

San Jerónimo

Son llamados águilas, aquéllos cuya juventud se renueva, como la del águila (*Sal* 102), y los que toman plumas, para llegar a la pasión de Cristo.

San Gregorio, *Moralia 14, 31*

Donde quiera estuviere el cuerpo se congregarán las águilas, puede entenderse también como diciendo: Porque presido, encarnado, a la corte celestial, cuando separare las almas de los escogidos con sus cuerpos, las elevaré a las regiones celestiales.

San Jerónimo

O de otro modo, lo que aquí se dice, puede entenderse de los falsos profetas, pues hubo muchos príncipes en tiempo de la conquista del pueblo judío que a sí mismos se daban el nombre de cristos. Tanto era así, que, cuando estaban sitiados por los romanos, estaban al mismo tiempo divididos en tres bandos. Pero como queda ya dicho anteriormente, mejor aplicado está a la consumación del mundo. Puede entenderse también, en tercer lugar, de la guerra de los herejes contra la Iglesia, y de esos Anticristos que, apoyándose en la opinión de una ciencia falsa, pelean contra Jesucristo.

Orígenes, *in Matthaeum, 30*

Hablando en general, uno solo es el Anticristo, mas sus variedades son muchas, como cuando decimos: una mentira en nada se diferencia de otra mentira. A la manera que los profetas santos fueron verdaderos cristos, debemos entender también que cada uno de los falsos cristos tiene muchos falsos profetas, los cuales publican como verdaderos los sermones falsos de algún Anticristo. Por consiguiente, cuando alguno diga: Ved aquí al Cristo, vedle allí, no se ha de mirar fuera de las Escrituras, porque de la Ley, de los profetas y de los apóstoles sacan los testimonios que parecen defender la mentira. O al decir: Mirad aquí al Cristo, miradle allí, demuestra, no al Cristo sino a alguno que finge su nombre, como aconteció, por ejemplo, con la doctrina de Marción, con la de Valentino y con la de Basilides.

San Jerónimo

Por tanto, si alguno afirmare que el Cristo mora en el desierto de los gentiles y filósofos, o en lo más recóndito de los antros de los herejes que prometen los misterios de Dios, no lo creáis, porque la fe católica brilla en todas las iglesias, desde el Oriente hasta el Occidente.

San Agustín, *quaestiones evangeliorum. 1, 38*

Bajo el nombre de Oriente y Occidente, quiso significar todo el mundo por el cual se había de extender la Iglesia. Y según el sentido en que dijo: "De aquí a poco veréis al Hijo del hombre venir en las nubes" (*Mt* 26,64.); oportunamente hace ahora mención del relámpago, que suele resplandecer especialmente en las nubes. Constituida, pues, la autoridad de la Iglesia en toda la redondez de la tierra de una manera brillante y manifiesta, previene oportunamente a sus discípulos y a todos los fieles que no den crédito a los cismáticos y a los herejes. Porque cada cisma y cada herejía tiene su lugar en la redondez de la tierra, dominando en alguna parte, o engañando la curiosidad de los hombres en conciliábulos tenebrosos y ocultos. A esto se refiere cuando que dice: Si alguno os dijere: Mirad el Cristo está aquí o allí (lo cual indica las partes de la tierra o de las provincias), o en lo más retirado de la casa, o en el desierto; lo cual significa los conciliábulos secretos y oscuros de los herejes.

San Jerónimo

O por esto que dice: En el desierto y en lo más retirado de las casas, se da a conocer que los falsos profetas, en el tiempo de la persecución y de las angustias, siempre hallarán ocasión de engañar.

Orígenes, *in Matthaeum, 29*

O que cuando sacan a luz las Escrituras secretas y no divulgadas, en confirmación de su mentira, parecen decir: He aquí que la palabra de verdad está en el desierto. Mas cuantas veces mencionan las Escrituras canónicas a las cuales presta fe todo cristiano, parecen decir: He aquí que la palabra de verdad está en las casas. Pero nosotros no debemos abandonar la primitiva tradición eclesiástica. Quizá también, queriendo dar a conocer los razonamientos que no se hallan en las Escrituras, dijo: Si os dijeren: He aquí que está en la soledad, no queráis alejaros de la regla de fe. Mas queriendo dar a conocer a aquéllos que simulan las Escrituras divinas, dijo: Si os dijeren: He aquí que está en lo más recóndito de las casas, no lo creáis. Porque la verdad es semejante al relámpago que sale del Oriente y se deja ver hasta el Occidente. O dice esto porque la luz de la verdad es defendida en todos los lugares de la Escritura. Sale, pues, el relámpago de la verdad desde el Oriente, es decir, desde el nacimiento de Cristo, y se deja ver hasta su pasión en la cual tuvo lugar su muerte. O desde el primer principio de la creación del mundo hasta la novísima Escritura de los apóstoles. O también, el Oriente es la ley y el Occidente el fin de la ley y de la profecía de San Juan. Únicamente la Iglesia no quita la palabra ni el sentido de este relámpago, ni añade, a manera de profecía, ninguna otra cosa. O dice esto, porque no debemos prestar atención a aquéllos que dicen: mirad aquí al Cristo. Pues no lo dan a conocer en la Iglesia, a toda la cual ha llegado el Hijo del hombre, como El mismo lo dice: "Mirad que yo estoy con vosotros todos los días hasta la consumación de los siglos" (*Mt* 28,20).

San Jerónimo

Somos invitados a tomar parte en la pasión de Jesucristo, para que nos congreguemos en donde quiera que se lea en las Escrituras, a fin de que por ella podamos llegar al Verbo de Dios.

"Y luego después de la tribulación de aquellos días el sol se oscurecerá, y la luna no dará su lumbre, y las estrellas caerán del cielo y las virtudes del cielo serán conmovidas: y entonces aparecerá la señal del Hijo del hombre en el cielo, y entonces plañirán todas las tribus de la tierra". (vv. 29-30)

Glosa

Después que el Señor previno a los fieles contra la seducción del Anticristo y de sus ministros, haciendo comprender que vendrá de una manera manifiesta, ahora da a conocer el orden y el modo de su venida, diciendo: "Y luego después de la tribulación de aquellos días, el sol se oscurecerá", etc.

San Juan Crisóstomo, *homiliae in Matthaeum, hom.76, 3*

Dice tribulación de aquellos días, a motivo del Anticristo y de los falsos profetas; porque la tribulación será grande entonces existiendo tantos engañadores. Mas no se alargará por mucho tiempo, pues si la guerra judía fue acortada por causa de los escogidos, mucho más se abreviará esta tribulación por causa de aquéllos. Por esto no dijo sencillamente: Después de la tribulación sino que añadió, **inmediatamente**, porque El se presentará sin dilación.

San Hilario, *in Matthaeum, 26*

Indica la gloria de su venida por la oscuridad del sol, por el eclipse de la luna y por la caída de las estrellas, pues sigue diciendo: Y la luna no dará su lumbre, y las estrellas, caerán del cielo.

Orígenes, *in Matthaeum, 30*

Mas dirá alguno: así como en el principio de los grandes fuegos se forman las tinieblas a causa del mucho humo, así también en el fin del mundo, por el fuego que se ha de encender, serán oscurecidas las grandes lumbreras. Y languideciendo la luz de las estrellas, no pudiendo el restante cuerpo de las mismas remontarse como antes cuando las levantaba la misma lumbre, caerán del cielo. Cuando sucedan estas cosas, es consiguiente que las virtudes racionales de los cielos susceptibles de estupor, se conturben y padezcan alguna conmoción. Las alejadas, se entiende, de sus primitivas funciones. Por esto sigue diciendo: Y las virtudes del cielo serán conmovidas; y entonces aparecerá la señal del Hijo del hombre en el cielo, a saber, por la cual se han obrado las maravillas celestiales, o lo que es lo mismo, aparecerá el prodigio que obró el Hijo pendiente del leño. Y en el cielo aparecerá principalmente su señal, para que los hombres de todas las tribus que no creyeron antes en la anunciada cristiandad, reconociéndola entonces por la señal aparecida, lloren y se lamenten de su ignorancia y de sus pecados. Por lo que continúa: "Y entonces plañirán todas las tribus de la tierra". Mas cada cual juzgará de diferente manera, porque así como poco a poco se extingue la lumbre de la antorcha, así faltando el sustento de las lumbreras celestes, el sol se oscurecerá y también la luna, y faltará la luz de las estrellas. Y lo que quedare en éstas, como terreno caerá del cielo. Mas, ¿cómo puede decirse que será oscurecida la luz del sol, declarando el profeta (*Is* 30) que en el fin del mundo será más intensa? Igualmente refiere (*Is* 36), de la luz de la luna, que será como la del sol. Algunos intentan probar que todas o la mayor parte de las estrellas son más grandes que toda la tierra, luego ¿cómo podrán caer del cielo, si la tierra no basta a contener su magnitud?

San Jerónimo

No caerán, por tanto, a motivo de la disminución de esta luz, pues leemos (*Is* 30) que el sol tendrá una luz siete veces mayor. Pero todas las cosas parecerán tenebrosas a la vista, comparadas con la verdadera luz.

Rábano

Nada, sin embargo, nos impide entender que el sol y la luna con los demás astros han de ser despojados entonces por cierto tiempo de su luz (como consta que aconteció con el sol en tiempo de la pasión del Señor). Por esto dice el profeta Joel (*Jl* 2,31): "El sol se convertirá en tinieblas y la luna en sangre, antes que venga el día grande y manifiesto del Señor". Por lo demás, acabado el día del juicio y brillando la vida de la gloria futura, habiendo un nuevo cielo y una nueva tierra, entonces sucederá lo que el profeta Isaías predice (*Is* 30,26). Será la luz de la luna como la del sol, y la luz del sol será siete veces mayor. Respecto a lo que se dijo de las estrellas: "Y las estrellas caerán del cielo", en San Marcos está escrito de esta manera: "Y caerán las estrellas del cielo" (*Mc* 13,25), esto es, careciendo de su luz.

San Jerónimo

Por virtudes de los cielos entendemos el gran número de ángeles.

San Juan Crisóstomo, *homiliae in Matthaeum, hom.76, 3*

Los cuales con mucha razón se conmoverán o se turbarán, al ver que se obra tan gran trastorno, y que sus consiervos son castigados, y que todo el orbe de la tierra asiste al terrible juicio.

Orígenes, *in Matthaeum, 30*

Así como cuando se verificó la consumación del sacrificio de la cruz, faltando el sol, la tierra se cubrió de tinieblas, así al aparecer la señal del Hijo del hombre en el cielo, faltarán las luces del sol, de la luna y de las estrellas, como consumidas por la magnitud de aquella señal. Por lo que sigue: Y entonces aparecerá la señal del Hijo del hombre en el cielo. Debemos entender que esta señal será la de la cruz, para que los judíos, según el profeta Zacarías (capítulo 12) y según San Juan (capítulo 13) vean al que traspasaron y la señal de su victoria.

San Juan Crisóstomo, *homiliae in Matthaeum, hom.76, 3*

Si el sol se oscureciese realmente, la cruz no se dejaría ver, a no ser que fuera mucho más clara que los rayos solares. Y para que los discípulos no se avergüencen ni se duelan de la cruz, la llama "señal rodeada de cierta claridad". Aparecerá, pues, la señal de la cruz para que confunda la falta de pudor de los judíos. Vendrá, pues, Jesucristo al juicio, mostrando no solamente sus llagas, sino que también la muerte más reprochable. Por esto sigue diciendo: "Y entonces plañirán todas las tribus de la tierra", porque vista la cruz considerarán que nada ganaron con matarle, y que crucificaron a Aquél a quien se debía adorar.

San Jerónimo

Expresa muy bien las tribus de la tierra, porque llorarán los que no tienen ciudadanía en el cielo, sino que están inscritos en la tierra.

Orígenes, *in Matthaeum, 30*

Mas dirá alguno en un sentido moral que el sol que se ha de oscurecer es el diablo, el cual ha de ser acusado en el fin del mundo. Porque siendo él tinieblas, simula ser verdadero sol; mas la luna que parece ser iluminada por este sol, es toda la sociedad de los hombres perversos, que frecuentemente afirma tener la luz y promete darla. Confundida entonces, con todos sus reprobados dogmas, perderá su claridad. Y todos los que, ora valiéndose de dogmas, ora de falsas virtudes, prometían la verdad a los hombres y los seducían con mentiras, éstos han de ser llamados, muy oportunamente, estrellas que caen (por decirlo así) de su cielo, en donde se encontraban encumbradas, sublevándose contra la sabiduría de Dios. Para mejor apreciar este modo de razonar, usaremos de un ejemplo del libro de los Proverbios que dice: "La luz de los justos siempre es inextinguible" (***Pr*** 4,18; según la versión de los Setenta); mas la luz de los impíos será apagada; entonces la claridad de Dios se manifestará en todo aquél que llevó la Imagen del hombre celeste, y los hombres celestes se alegrarán, mas los terrenos plañirán. O la Iglesia es el sol, la luna y las estrellas, a la cual se ha dicho: "Hermosa como la luna, escogida como el sol" (***Ct*** 6).

San Agustín, *epist. 80*

Entonces se oscurecerá el sol y la luna no dará su luz, porque la Iglesia no se dejará ver entonces de sus perseguidores impíos y extraordinariamente crueles. Entonces las estrellas caerán del cielo, y las virtudes de los cielos serán conmovidas. Porque muchos en los cuales parecía brillar la gracia de Dios, al ser perseguidos se dejarán vencer y caerán, y algunos fieles esforzadísimos, se perturbarán. Mas esto se dice que ha de acontecer después de la tribulación de aquellos días, no porque sucedan estas cosas pasada toda aquella persecución, sino porque precederá la tribulación para que se siga la deserción de algunos. Y como quiera que así acontecerá durante todos aquellos días, de consiguiente, también después de la tribulación de aquellos días, y aun en los mismos días, acontecerá esto.

"Y verán al Hijo del hombre que vendrá en las nubes del cielo con gran poder y majestad". (v. 30)

San Juan Crisóstomo, *homiliae in Matthaeum, hom. 76,3*
Como habían oído mentar la cruz, para que no presumiesen que por segunda vez había de suceder algo cruel, añade: "Y verán al Hijo del hombre", etc.

San Agustín, *epist. 80*
El sentido más patente de este pasaje es que, al oír o leer cada cual esto, entienda que se trata de aquella misma venida en que ha de venir a juzgar a los vivos y a los muertos, en su cuerpo, en el cual está sentado a la diestra del Padre, y en el cual también murió y resucitó, y subió al cielo. Y así como en el libro de los Hechos de los Apóstoles (**Hch** 1,9) se lee: "Y le recibió una nube que le ocultó a sus ojos" (de los apóstoles), y porque en el mismo lugar dijeron los ángeles: "Así vendrá, como le habéis visto ir al cielo" (**Hch** 1,11). Con razón se ha de creer que ha de venir no solamente en el mismo cuerpo, sino que también en la nube.

Orígenes, *in Matthaeum, 30*
Verán, pues, con los ojos del cuerpo al Hijo del hombre en forma humana, que vendrá en las nubes del cielo, esto es, desde lo alto, porque así como cuando se transfiguró, la voz vino de una nube (**Mt** 17), así sucederá también cuando vendrá otra vez en forma gloriosa; y no tan solamente sobre una nube, sino sobre muchas, que serán su vehículo. Y a la verdad, si cuando el Hijo de Dios subía a Jerusalén, los que le amaban tendieron sus vestiduras en el camino para que no tocase el suelo (**Mt** 21), y ni aun querían que pisara la tierra el asnillo que le llevaba, ¿debe sorprendernos que el Padre y Dios de todas las cosas extienda las nubes celestes debajo del cuerpo de su Hijo, cuando descienda a la obra de la consumación del mundo? Mas podrá decirse: que así como en la creación del hombre tomó Dios el lodo de la tierra y formó al hombre, así también para revelar la gloria de Jesucristo, vistió el Señor del cielo un cuerpo celestial, primero en la transfiguración sobre una nube esplendorosa; y después en la consumación del mundo, lo exhibirá sobre nubes brillantes, por lo cual son llamadas nubes del cielo, de la misma manera que el barro es llamado de la tierra. Y es muy justo que el Padre conceda tales y tan admirables cosas a su Hijo que se humilló, y por esta causa le exaltó, no sólo según el espíritu, sino que también en cuanto al cuerpo, para que viniese sobre tales nubes. Y quizá sobre nubes dotadas de razón, para que no fuese irracional el vehículo del Hijo del hombre glorificado. Y ciertamente, vino Jesús primeramente con el poder, por el cual obraba los milagros y los prodigios en el pueblo. Mas todo aquel poder, en comparación de la gran

majestad con que ha de venir en el fin del mundo, era pequeño, pues era el poder del que se anonada a sí mismo. Y es consiguiente que se transforme en mayor gloria que en la que se transformó en el monte, porque entonces se transformó en presencia de tres hombres tan solamente, mas en el fin del mundo, aparecerá rodeado de mucha gloria, para que todos le vean glorificado.

San Agustín, *epist. 80*

Mas, puesto que las Escrituras han de ser profundizadas y no debemos contentarnos con examinarlas superficialmente, se ha de fijar la consideración diligentemente en lo que sigue. Poco después añade: Cuando viereis todo esto, sabed que está cerca a las puertas. Entonces sabremos que está cerca, no cuando veamos que existe algo de lo que ha de preceder, sino todo esto (en lo cual está comprendido, que se verá venir al Hijo del hombre). Y enviará a sus ángeles de las cuatro partes del mundo (esto es, de toda la redondez de la tierra), para congregar a sus escogidos: todo lo cual hará en la hora última, cuando venga sobre los miembros de su Iglesia, como sobre las nubes. O sobre toda la misma Iglesia como sobre una gran nube, al modo que ahora no cesa de venir; y por tanto, vendrá con gran poder y majestad, porque su mayor poder y majestad se reflejará en los escogidos, a los cuales fortalecerá en gran manera para que no sean vencidos en tan grande persecución.

Orígenes, *in Matthaeum, 30*

O viene diariamente con gran poder al alma del hombre que cree en las nubes proféticas, esto es, en las Escrituras de los profetas y de los apóstoles, los cuales, según su modo de entender declaran al Verbo de Dios superior a la naturaleza humana. Así decimos también que se revela gran gloria a aquéllos que entienden; gloria que se verá por cierto en la segunda venida del Verbo: que es la de las almas perfectas. Todas las cosas que acerca de la venida de Jesucristo se dijeron por los tres evangelistas (cuidadosamente comparadas entre sí y bien discutidas), se hallará que van encaminadas a que todos los días viene a su cuerpo, que es la Iglesia, de cuya venida dijo en otro lugar: "Veréis desde aquí a poco al Hijo del hombre sentado a la derecha del poder de Dios, y viniendo en las nubes del cielo" (*Mt* 26,64). Omítense los lugares en donde Jesucristo promete aquella última venida en su persona misma.

"Y enviará sus ángeles con trompetas y con grande voz: y allegarán sus escogidos de los cuatro vientos, desde lo sumo de los cielos hasta los términos de ellos". (v. 31)

Orígenes, *in Matthaeum, 30*

Como había hecho antes mención del llanto, el cual será para que los malos pronuncien espontáneamente su sentencia y se condenen a sí mismos, a fin de que no se crea que en este llanto han de terminar sus males, añade: "Y enviará sus ángeles con trompetas", etc.

Remigio

Mas esta trompeta no se ha de entender que realmente será material, sino la voz de los arcángeles, la cual será tan grande, que a sus clamores todos los muertos resuciten del polvo de la tierra.

San Juan Crisóstomo, *homiliae in Matthaeum, hom. 76,4*

Mas el sonido de la trompeta hace referencia a la resurrección, para dar una idea del gozo, del estupor que entonces habrá, y del dolor de aquéllos que serán separados y no serán llevados en las nubes.

Orígenes, *in Matthaeum, 30*

Pues escrito está en el libro de los Números (**Nm** 10,1-10) que haciendo sonar los sacerdotes las trompetas congregaban de los cuatro vientos a aquéllos que fueron de los campamentos de Israel, en comparación a los cuales se dice consiguientemente de los ángeles de Cristo: Y allegarán sus escogidos de los cuatro vientos, etc.

Remigio

Esto es, de las cuatro regiones del mundo, o sea el Oriente, el Occidente, el Norte y el Sur.

Orígenes, *in Matthaeum, 30*

Y opinan, los más sencillos por cierto, que tan sólo han de ser reunidos aquéllos que entonces tengan vida corporal. Pero mejor es afirmar que han de ser congregados todos por los ángeles de Jesucristo no solamente los llamados y escogidos desde la venida de Jesucristo hasta la consumación del mundo, sino que también todos los que hayan existido desde el principio del mundo; los que vieron, como Abraham (**Jn** 8) el día de Jesucristo; y se regocijaron en él. Y que no tan sólo dice que han de ser congregados los escogidos de Cristo que entonces existan corporalmente, sino también los que salieron de sus cuerpos, lo manifiesta la frase que dice: "Allegarán sus escogidos", no sólo de los cuatro vientos, sino que aun añade: "Desde lo alto de los cielos hasta los confines de ellos". Lo cual me parece que no conviene a nada de lo que existe sobre la tierra. O los cielos son las Escrituras divinas, o los testimonios de ellas, en las cuales habita Dios; las cimas de las Escrituras son sus principios; y los términos, los cumplimientos de las mismas. Se congregarán, pues, los santos desde lo más alto de los cielos (esto es, desde los que viven en los principios de las Escrituras) hasta los términos de ellos, esto es, hasta los que vivan cuando tenga lugar el cumplimiento de ellas. Y serán congregados con trompetas y grande voz, para que los que hayan oído y atendido, se preparen para el camino de la perfección que conduce al Hijo de Dios.

Remigio

O de otro modo: para que alguno no crea, tal vez, que tan sólo se han de congregar de las cuatro partes del mundo, y no de las regiones y de los lugares mediterráneos. Añade, por lo mismo: "Desde lo sumo de los cielos", etc. Se entiende por lo sumo del cielo, al centro del orbe; porque lo sumo del cielo preside al centro del orbe. Cuando habla de los términos de los cielos quiere significar los confines de la tierra, pues a lo lejos parece que los círculos celestes tienen su asiento en la tierra.

San Juan Crisóstomo, *homiliae in Matthaeum, hom. 76,4*

Mas esto se refiere a que el Señor llama a los escogidos por medio de los ángeles, al honor de los escogidos: pues, San Pablo (*1Ts* 4,16) dice que serán arrebatados en las nubes, porque los ángeles congregarán a aquéllos que en verdad hayan resucitado, mas las nubes recibirán a los congregados.

"Aprended de la higuera una comparación: cuando sus ramos están ya tiernos, y las hojas han brotado, sabéis que está cerca el estío: pues del mismo modo, cuando vosotros viereis todo esto, sabed que está cerca, a las puertas. En verdad os digo, que no pasará esta generación, que no sucedan todas estas cosas: el cielo y la tierra pasarán, mas mis palabras no pasarán". (vv. 32-35)

San Juan Crisóstomo, *homiliae in Matthaeum, hom. 77,1*

Porque había dicho que inmediatamente después de la tribulación de aquellos días acontecerá todo lo que estaba predicho, los discípulos podían tratar de averiguar el tiempo que había de transcurrir; por lo mismo lo declara, poniendo el ejemplo de la higuera, cuando dice: "Aprended de la higuera una comparación", etc.

San Jerónimo

Como diciendo: Así como cuando están tiernos los brotecillos en la higuera, y de la yema está naciendo la flor y la corteza da a luz las hojas, entendéis que viene el estío, y con la entrada del céfiro la primavera; así también cuando veáis todo lo que está escrito, no creáis que es llegado ya el fin del mundo, sino que vienen como ciertos precedentes o precursores para manifestar que está cerca, y a las puertas: por lo que sigue diciendo: Pues del mismo modo, cuando vosotros viereis todo esto, etc.

San Juan Crisóstomo, *homiliae in Matthaeum, hom. 77,1*

Con lo cual demuestra que no mediará mucho tiempo, sino que inmediatamente acontecerá la venida de Jesucristo. Y otra cosa predice también con esto, a saber, el estío espiritual y la tranquilidad que ha de suceder a los justos después del invierno; mas a los pecadores por el contrario, el invierno después del estío.

Orígenes, *in Matthaeum, 30*

La higuera en la temporada de invierno tiene la virtud vital escondida en sí misma, y después cuando la misma virtud vital principia a manifestarse pasado el invierno, por su misma pujanza sus ramas se ponen tiernas y producen hojas. Así también el mundo, y cada uno de los que se salvan, tienen la virtud vital escondida en sí (como en el invierno) antes de la venida de Jesucristo. Mas soplando sobre ellos Jesucristo, se convierten en tiernos ramos, y de corazón no duro; y lo que estaba oculto en ellos se manifiesta en hojas, y muestran evidentes frutos: para estos tales está cerca el estío y la venida de la gloria del Verbo de Dios.

San Juan Crisóstomo, *homiliae in Matthaeum, hom. 77.1*

Por esto también puso el referido ejemplo, para hacer creer que este discurso así ha de suceder realmente: porque en todos los lugares donde predice lo que en realidad ha de suceder, toma para ejemplo las necesidades de la naturaleza.

San Agustín, *epist. 80*

Mas, ¿quién niega que debemos esperar la pronta venida del Señor cuando veamos cumplirse los anuncios de los evangelistas y de los profetas? Ciertamente, cada día se aproxima más y más: ¿pero qué transcurso ha de mediar hasta que llegue? Sobre esto se ha dicho: "No toca a vosotros saber los tiempos o los momentos" (**Hch** 1,7). Observa cuando dijo el Apóstol: "Ahora está más cerca nuestra salud que cuando creímos" (**Rm** 13,11); y he aquí que pasaron tantos años, y sin embargo lo que dijo no es falso, ¿con cuánta mayor razón se ha de decir al presente que se acerca la venida del Señor, cuando tanto se ha recorrido para llegar al fin?

San Hilario, *in Matthaeum, 26*

La sinagoga es comparada, en un sentido místico, a la higuera: las ramas de la higuera se entienden que son el Anticristo hijo del diablo, porción del pecado, usurpador de la ley; el cual cuando principiara a reverdecer y a cubrirse de hojas a causa del verdor de los pecadores soberbios, entonces está próximo el estío, esto es, se advertirá el día del juicio.

Remigio

O cuando esta higuera brote nuevamente (esto es, cuando la Sinagoga reciba la palabra de la predicación santa, predicándola Enoc y Elías), debemos entender que está cerca el día de la consumación.

San Agustín, *de quaestiones evangeliorum, 1,39*

O por la higuera entiende el linaje humano, a causa del prurito de la carne. Cuando su ramo se ha puesto ya tierno, esto es, cuando los hijos de los hombres lleguen a producir, por la fe de Jesucristo, frutos espirituales, y brille en ellos el honor de ser adoptados como hijos de Dios.

San Hilario, *in Matthaeum, 26*

Y para que fuese firme la fe, acerca de lo que había de suceder, añadió: En verdad os digo, etc. Pues al decir "en verdad" añadió una declaración de veracidad.

Remigio

Y los ignorantes, ciertamente, refieren estas palabras a la destrucción de Jerusalén, y opinan como dicho a aquella generación, que vio la pasión de Jesucristo, el que no había de pasar antes de que aconteciese la destrucción de aquella ciudad. Mas no sé si palabra por palabra podrán explicarlo, por aquello que dice: "No quedará aquí piedra sobre piedra" (*Mt* 24,2), hasta aquello: "Cerca está a las puertas" (*Mt* 24,33), porque tal vez en algunos lugares podrán, mas en otros absolutamente no podrán.

San Juan Crisóstomo, *homiliae in Matthaeum, hom. 77,1*

De consiguiente, todas estas cosas fueron dichas acerca de la destrucción de Jerusalén. Así como las que dijimos de los falsos profetas y de los falsos cristos, y de todo lo demás que ha de acontecer hasta la venida de Cristo. Mas cuando dijo: "Esta generación", no lo dijo por aquella generación que entonces existía, sino por la que constituyen los fieles. Pues la Escritura acostumbró a designar la generación, no solamente por el tiempo, sino también por el lugar, por el culto y por el lenguaje. Así como cuando se dice: "Esta es la generación de los que buscan al Señor" (*Sal* 23,6). Con esto indica que perecerá Jerusalén y que será destruida la mayor parte de los judíos; mas ninguna prueba vencerá a la generación de los fieles.

Orígenes, *in Matthaeum, 30*

Sin embargo, la generación de la Iglesia pasará alguna vez todo este siglo, para que herede el futuro: no obstante, hasta que sucedan todas estas cosas, no pasará, y cuando sucedieren todas estas cosas, pasará, no tan sólo la tierra, sino también el cielo. Por esto sigue diciendo: "El cielo y la tierra", esto es, no solamente los hombres, cuya vida es terrena, y por lo mismo son llamados tierra, sino que también aquéllos cuya guarda está en los cielos, y por tanto son llamados cielo: y pasarán a las cosas venideras para que alcancen otras mejores. Pero las palabras pronunciadas por el Salvador no pasarán, porque, siendo suyas propias, producen su efecto y siempre lo producirán: mas los hombres perfectos que no pueden en este mundo completar su perfección para que se hagan mejores, pasando de lo que son a lo que no son; y esto es lo que se añade: "Mas mis palabras no pasarán". Y quizá pasen en realidad las palabras de Moisés y de los profetas; porque las cosas que eran profetizadas por aquéllos se han cumplido, mas las palabras de Jesucristo siempre se cumplieron y se cumplen todos los días, y se han de cumplir todavía en los escogidos. O por mejor decir, quizás no debemos afirmar que las palabras de Moisés o de los profetas se han cumplido enteramente; porque propiamente también aquellas palabras son del Hijo de Dios, y siempre se cumplen.

San Jerónimo

O aquí da a entender, bajo el nombre de generación, a toda la raza humana, o especialmente la de los judíos. Después los induce a la fe en lo que ha de preceder, añadiendo: "El cielo y la tierra pasarán, mas mis palabras no pasarán". Como quien dice: Más fácil es que sean destruidas las cosas fijas e inmóviles, que el que falte cosa alguna de mis palabras.

San Hilario, *in Matthaeum, 26*

Porque el cielo y la tierra, por condición de su creación, nada tienen en sí que haga necesaria su existencia; mas las palabras de Jesucristo, deducidas de la eternidad, contienen en sí la virtud de ser permanentes.

San Jerónimo

El cielo y la tierra pasarán por transformación y no por su extinción. De otra manera, ¿cómo se oscurecerá el sol, y la luna no dará su lumbre, si el cielo (en el que éstos se hallan) y la tierra no existieren?

Rábano

Debemos entender, sin embargo, que el cielo que pasará no es el sidéreo, sino el aéreo, que pereció antiguamente en el diluvio.

San Juan Crisóstomo, *homiliae in Matthaeum, hom. 77,1*

Y aduce a vista de todos los elementos del mundo, demostrando que la Iglesia es más apreciable que el cielo y la tierra; y con este motivo se da a conocer al propio tiempo como Criador de los hombres.

"Mas de aquel día ni de aquella hora nadie sabe, ni los ángeles de los cielos, sino sólo el Padre. Y así como en los días de Noé, así será también la venida del Hijo del hombre; porque así como en los días antes del diluvio se estaban comiendo y bebiendo, casándose y dándose en casamiento, hasta el día en que entró Noé en el arca, y no lo entendieron hasta que vino el diluvio, y los llevó a todos; así será también la venida del Hijo del hombre. Entonces estarán dos en el campo: el uno será tomado y el otro será dejado; dos mujeres molerán en un molino: la una será tomada y la otra será dejada: dormirán dos en un lecho: el uno será tomado y el otro será dejado". (vv. 36-41)

San Juan Crisóstomo, *homiliae in Matthaeum, hom. 77,2*

Habiendo indicado el Señor todas las cosas que precederán a la venida del Cristo, y habiendo llevado la narración hasta las mismas puertas, quiso guardar silencio acerca del día; por esto dice: "Mas de aquel día ni de aquella hora nadie sabe", etc.

San Jerónimo

Mas en algunos códices latinos se ha añadido: "Ni el Hijo", mientras que en los ejemplares griegos, especialmente en los de Ademancio y Pierio no se encuentra añadido esto. Mas como quiera que se lee en algunos, parece que debe discutirse acerca de ello.

Remigio

El evangelista San Marcos (**Mc** 13,32), dice que no solamente lo ignoran los ángeles, sino que también el Hijo.

San Jerónimo

En lo que se regocijan Arrio y Eunomio: pues dicen, no puede ser igual el que sabe y el que ignora. Contra ellos diremos brevemente, que habiendo hecho Jesús, es decir, el Verbo de Dios, todos los tiempos (pues todas las cosas fueron hechas por El), y sin El nada se hizo (**Jn** 1,3) y hallándose contenido el día del juicio en todos los tiempos, ¿cómo puede deducirse que ignora una parte del mismo el que conoce el todo? También hay que decir esto. ¿Qué es más, el conocimiento del Padre o el conocimiento del juicio? Si conoce lo que es más, ¿cómo ignora lo que es menos?

San Hilario, *in Matthaeum, 26*

¿Acaso también Dios Padre pudo denegar al Hijo el conocimiento de aquel día, habiendo dicho éste: "Todas las cosas me han sido entregadas por mi Padre" (**Lc** 10,22)? Luego no le han sido entregadas todas las cosas, si hay alguna que se le niega.

San Jerónimo

Así, pues, habiendo probado que el Hijo no ignora el día de la consumación, se ha de manifestar la causa por qué se diga que lo ignora. Interrogado después de la resurrección por los apóstoles acerca de este día, bien claramente respondió (**Hch** 1): No toca a vosotros saber los tiempos y los momentos que puso el Padre en su propio poder. Con ello da a entender que El lo sabe, pero que no conviene sea conocido por los apóstoles, para que estando siempre inciertos de la venida del Juez, vivan de tal manera todos los días como si hubiesen de ser juzgados en el mismo día.

San Agustín, *de Trinitate, 1,12*

De consiguiente cuando dice que ignora, se ha de entender que lo hace para que queden ignorantes, esto es, que no lo sabía para darlo a conocer entonces a sus discípulos. Como fue dicho a Abraham (**Gn** 22,12): Ahora conozco que temes a Dios, esto es, ahora he hecho que lo conocieras. Porque también él mismo se conoció por medio de aquella prueba.

San Agustín, *sermones, 97,1*

Al decir que el Padre sabe, dijo que en el Padre también el Hijo sabe, pues ¿qué puede haber en el día que no esté hecho en el Verbo, por quien se hizo el día?

San Agustín, *de diversis quaestionibus octoginta tribus liber, 60*

Bien, por tanto, se interpreta lo que se dijo (que sólo el Padre lo sabe) según el predicho modo de saber, porque hace que el Hijo lo sepa. Pero se dice que el Hijo ignora, porque no hace que los hombres sepan.

Orígenes, *in Matthaeum, 30*

O de otro modo: hasta la Iglesia (que es el cuerpo de Cristo) ignora el día aquel y la hora, y por lo tanto, se dice que ni el mismo Hijo sabe aquel día y la hora. Mas se dice que lo sabe en un sentido propio, según la costumbre de las Escrituras: pues el Apóstol (*2Cor* 5) presenta al Salvador, no conociendo el pecado porque no pecó. Mas el Hijo prepara el conocimiento de aquel día y la hora, a los coherederos de sus promesas, para que todos a un mismo tiempo lo sepan (esto es, lo experimenten por la misma cosa) en la hora y en el día que preparó Dios para los que le aman (*1Cor* 2).

San Basilio

He leído también, en cierto libro, que este Hijo se debe entender que es, no unigénito, sino adoptivo, pues no hubiera antepuesto los ángeles al Hijo unigénito. Porque dice así: ni los ángeles de los cielos ni el Hijo*. *(San Basilio está refiriéndose a una doctrina errónea. La frase "ni el Hijo" es una variante dudosa que San Basilio consideraba una adición inauténtica.)*

San Agustín, *epistola 80*

Dice por tanto el Evangelio de este modo: "De aquel día y hora nadie sabe". Y tú dices: Pero yo digo, que ni puede saberse el mes ni el año de su venida. Pues esto parece indicar que no se puede saber en qué año ha de venir, pero que se puede saber en qué semana de años, o en qué década; como si pudiera decirse y darse por sentado que ha de venir en el periodo de siete años, o de diez, o de cien, o de cualquier otro, bien sea de mayor o menor número. Y si presumes que no has comprendido esto, estás acorde conmigo.

San Juan Crisóstomo, *homiliae in Matthaeum, hom. 77,2*

Y para que comprendas que no es efecto de su ignorancia lo que calla, acerca del día y de la hora del juicio, aduce otro pronóstico cuando añade: "Y así como sucedió en los días de Noé, así será también la venida del Hijo del hombre". Esto lo dijo dando a entender que vendrá repentina e inopinadamente, y cuando muchos estarán entregados al pecado. Esto mismo dice San Pablo (*1Tes* 5): porque cuando digan: paz y seguridad, entonces les sobrecogerá una muerte repentina. Por lo que añade también aquí: "Porque así como en los días antes del diluvio se estaban comiendo y bebiendo", etc.

Rábano

Y no es que aquí se condenen los matrimonios o las comidas, según el error de Marción y de Manes (siendo así que en los primeros están establecidos los auxilios de la sucesión, y en las segundas los de la conservación de la naturaleza), sino que lo que se increpa es el uso inmoderado de lo que es permitido.

San Jerónimo

Se trata de averiguar, cómo se ha dicho anteriormente: "Se levantará gente contra gente y reino contra reino, y habrá pestilencia, y hambres, y terremotos". Y al mencionar ahora las cosas que han de suceder, se diga que son indicios de paz. Pero hay que tener en cuenta que, después de las guerras y de todo lo demás que ha de desolar al género humano, ha de seguir una paz corta, que aparente estar ya tranquilo todo, para que sea probada la fe de los creyentes.

San Juan Crisóstomo, *homiliae in Matthaeum, hom. 77,2*

O bien paz y disipación para aquéllos que insensiblemente están dispuestos al placer. Por este motivo no dijo el Apóstol: cuando haya paz, sino cuando digan: paz y seguridad (*1Tes* 5,3), indicando la insensibilidad de aquéllos semejantes a la de los que vivieron en los días de Noé, cuando los malos se entregaban a la disolución. Mas no así los justos que vivían constantemente en la tribulación y en la tristeza. Con esto da a entender que, cuando venga el Anticristo, los apetitos más indecentes tendrán aceptación en aquéllos que a la sazón serán hombres inicuos, quienes desesperarán de su propia salvación. Y por lo mismo pone un ejemplo que viene muy a propósito a este caso: cuando, pues, se construía el arca estaba puesta a la vista de todos, prediciendo los males futuros. Mas los hombres malos no lo creían, y se entregaban a la disipación (como si ningún mal hubiese de venir). Y dado que muchos no dan crédito a las cosas futuras, el ejemplo de las pasadas hace creíble lo que se predice.

Fija después otra señal, por la que da a conocer también que aquel día vendrá de una manera impensada, y que no ignora aquel día, cuando dice: "Entonces estarán dos en el campo: el uno será tomado, y el otro será dejado". Con estas palabras da a entender que serán tomados y dejados los siervos y los señores, los ociosos y los que trabajan.

San Hilario, *in Matthaeum, 26*

O el día del Señor sorprenderá a dos en el campo, a saber, los dos pueblos de los fieles y de los infieles en el siglo, como en el trabajo de esta vida. Serán, con todo, separados, y el uno dejado y tomado el otro; en lo cual se da a conocer la separación de los fieles e infieles. Porque al agravarse la ira de Dios, los escogidos se ocultarán en sus moradas; mas los pérfidos serán dejados para combustible del fuego del cielo. Lo mismo hay que decir, respecto de los que muelen; de donde sigue diciendo: "Dos mujeres molerán, etc." La muela es la obra de la ley, mas, porque una parte de los judíos, así como creyó por los apóstoles, ha de creer también por Elías y ha de ser justificada por la fe; por eso, una parte será tomada por la misma fe, a causa de sus buenas obras, y la otra será dejada en el trabajo infructuoso de la ley, moliendo en vano, y no amasará el pan del manjar celestial.

San Jerónimo

O dos se encontrarán a un tiempo en el campo, teniendo la misma labor, y como igual sementera; pero no recibirán igualmente el fruto de su trabajo. También en las dos que muelen a un tiempo, debemos entender la sinagoga y la Iglesia, que parecen moler a un tiempo en la ley, y obtener de las mismas Escrituras santas la harina de los preceptos de Dios. O las demás herejías que, o bien de ambos testamentos, o bien de uno de ellos, parecen moler la harina de sus doctrinas.

Continúa: "Dos en un mismo lecho: uno será tomado y otro será dejado".

San Hilario, *in Matthaeum, 26*

Mas dos en un lecho son los que predican el descanso de la pasión del Señor, acerca de la cual es una misma la confesión de los herejes y de los católicos. Pero como quiera que la fe de los católicos predicará la unidad de la Divinidad del Padre y del Hijo, e impugnará la falsedad de los herejes, el juicio de la voluntad divina comprobará la fe en la confesión de unos y otros, dejando a los unos y tomando a los otros.

Remigio

O por estas palabras se da a conocer los tres órdenes de la Iglesia. Por dos en el campo, el orden de los predicadores, a quienes se ha confiado el campo de la Iglesia; por dos en el molino, el orden de los casados, que cuando por sus diversos cuidados son llamados ora a estos asuntos, ora a los otros, parece que llevan a su alrededor piedras de molino; por dos en el lecho el orden de los que guardan continencia, cuyo descanso es designado con el nombre de lecho. En estos órdenes están los buenos y los malos, los justos y los injustos, y de consiguiente unos de ellos serán dejados y otros serán tomados.

Orígenes, *in Matthaeum, 31*

O de otro modo: el cuerpo está como enfermo en el lecho de las pasiones carnales; y el alma muele en la pesada muela de este mundo; mas los sentidos corporales obran en el campo del mundo.

"Velad, pues, porque no sabéis a qué hora ha de venir vuestro Señor. Mas sabed que si el Padre de familias supiese a qué hora había de venir el ladrón, velaría, sin duda, y no dejaría minar su casa. Por tanto, estad apercibidos también vosotros, porque a la hora que menos pensáis, ha de venir el Hijo del hombre". (vv. 42-44)

San Jerónimo

El Señor manifiesta claramente lo que ya dijo antes: "Mas de aquel día nadie sabe sino sólo el Padre" (*Mt* 24,36). Esto es, porque no convenía que los apóstoles tuvieran conocimiento de ello, para que vacilando como pendientes de expectación, crean constantemente que ha de venir aquél, cuya venida ignoran en qué tiempo ha de suceder. Y por lo mismo, como sacando la conclusión de las anteriores premisas, dice: "Velad, pues, porque no sabéis", etc.; y no dijo: Porque no sabemos, sino sabéis, para hacer comprender que El no ignora el día del juicio.

San Juan Crisóstomo, *homiliae in Matthaeum, hom. 77,2*

Quiere, pues, que los discípulos siempre anden solícitos. Por esto les dice: "Velad".

San Gregorio Magno, *homiliae in Evangelia, 13*

Vela el que tiene los ojos abiertos en presencia de la verdadera luz; vela el que observa en sus obras lo que cree; vela el que ahuyenta de sí las tinieblas de la indolencia y de la ignorancia.

Orígenes, *in Matthaeum, 31*

Pero dice algún sencillo que este discurso lo refería a la segunda vez que había de venir. Y algún otro, que hablaba de la futura venida del Verbo, en un sentido inteligible a la capacidad de sus discípulos, porque todavía no podían ellos comprender de qué manera había de venir.

San Agustín, *epístola 80*

No dijo: velad, tan sólo a aquéllos a quienes entonces hablaba y le oían, sino también a los que existieron después de aquéllos y antes que nosotros. Y a nosotros mismos, y a los que existirán después de nosotros hasta su última venida (porque a todos concierne en cierto modo), pues ha de llegar aquel día para cada uno. Y cuando hubiera llegado, cada cual ha de ser juzgado así como salga de este mundo. Y por esto ha de velar todo cristiano, para que la venida del Señor no le encuentre desprevenido; pues aquel día encontrará desprevenido a todo aquel a quien el último día de su vida le haya encontrado desprevenido.

Orígenes

Falaces son, pues, todos; ora los que declaran que saben cuándo tendrá lugar el fin del mundo; ora los que se glorían de saber el fin de su propia vida, el cual nadie puede conocer como no sea por las luces del Espíritu Santo.

San Jerónimo

Después de haber puesto el ejemplo del Padre de familia, hace saber claramente el motivo de guardar reserva acerca del día de la consumación, cuando añade: "Mas sabed que, si el Padre de familia supiese", etc.

Orígenes, *in Matthaeum, 31*

El padre de familia es el entendimiento del hombre, y la casa de éste es el alma, mas el ladrón es el diablo. Es, pues, contrario todo razonamiento que no penetra en el alma del hombre negligente, por la entrada natural, sino como quien mina la casa, destruyendo primero ciertas defensas naturales del alma (esto es, su inteligencia natural) y habiendo penetrado por la misma brecha, despoja al alma. Algunas veces encuentra alguno al ladrón en la misma perforación, y asiéndole, y dirigiéndole palabras agresivas, lo mata. El ladrón no viene durante el día, cuando el alma del hombre solícito está iluminada por el sol de la justicia, sino por la noche; esto es, en el tiempo en que todavía permanece su malicia. En la que encontrándose alguno, es posible, que aun cuando carezca de la eficacia del sol, esté, sin embargo, ilustrado con algún esplendor del Verbo, que es la lumbrera; permaneciendo, ciertamente, aun en la malicia, pero teniendo, sin embargo, resolución formada de hacerse mejor, y vigilancia, para que no sea barrenado su propósito; cuando el ladrón quiere minar la casa del alma, suele venir principalmente, en el tiempo de las tentaciones o de cualesquiera otras calamidades.

San Gregorio Magno, *homiliae in Evangelia, 13*

O el ladrón mina la casa sin saberlo el padre de familia, porque mientras el espíritu duerme sin tener cuidado de guardarla, viene la muerte repentina y penetra violentamente en la morada de nuestra carne, y mata al Señor de la casa, a quien halló durmiendo. Porque mientras el espíritu no prevé los daños futuros, la muerte, sin él saberlo, le arrastra al suplicio. Mas resistiría al ladrón, si velase, porque precaviendo la venida del Juez, que insensiblemente arrebata a las almas, le saldría al encuentro por medio del arrepentimiento, para no morir impenitente. Quiso, pues, el Señor, que la última hora sea desconocida, para que siempre pueda ser sospechosa; y mientras no la podamos prever, incesantemente nos prepararemos para recibirla. Por lo que sigue: "Y así, estad preparados, porque ignoráis en qué hora", etc.

San Juan Crisóstomo, *homiliae in Matthaeum, hom. 77,3*

Con esto parece confundir aquéllos que no ponen tanto cuidado en guardar su alma, como en guardar sus riquezas del ladrón que esperan.

"¿Quién creéis que es el siervo fiel y prudente, a quien su Señor puso sobre su familia, para que les dé de comer a tiempo? Bienaventurado aquel siervo a quien hallare su Señor así haciendo cuando viniere. En verdad os digo que le pondrá sobre todos sus bienes. Mas si dijera el siervo malo en su corazón: Se tarda mi Señor en venir, y comenzaré a maltratar a sus compañeros, y a comer y beber con los que se embriagan, vendrá el Señor de aquel siervo el día que no espera, y a la hora que no sabe, y lo separará, y pondrá su parte con los hipócritas. Allí será el llorar, y el crujir de dientes". (vv. 45-51)

San Hilario, *in Matthaeum, 27*

Aunque el Señor nos había exhortado en general a vivir con mucha vigilancia, encomienda de un modo especial a los príncipes de su pueblo (esto es, a los obispos) la solicitud en la expectación y su venida. Pues el siervo fiel y cabeza prudente de su familia significa el pastor que provee de lo útil y conveniente al rebaño que le está cometido. Por esto dice: "¿Quién creéis que es el siervo fiel y prudente?" etc.

San Juan Crisóstomo, *homiliae in Matthaeum, hom. 77,3*

Cuando dice, quién piensas, no es por ignorancia, porque se encuentra en la Escritura que también el Padre pregunta; como, por ejemplo, cuando dice: "¿Adán, dónde estás?" (**Gn** 3,9).

Remigio

No indica esta pregunta ciertamente la imposibilidad de practicar la virtud, sino la dificultad.

Glosa

Raro es el siervo fiel que sirva al Señor por el Señor y apaciente las ovejas de Cristo, no por el lucro sino por amor a Cristo; que discierna con prudencia la capacidad, vida y costumbres de sus súbditos.

San Juan Crisóstomo, *homiliae in Matthaeum, hom. 77,3*

Dos cosas exige de semejante siervo. A saber, prudencia y fidelidad: llama en verdad fiel a aquél que no se apropia nada de lo que pertenece a su Señor, ni gasta inútilmente sus cosas. Y llama prudente a aquél que conoce el modo con que conviene administrar lo que se le ha confiado.

Orígenes, *in Matthaeum, 31*

También al que progresa en la fe, aunque en ella no sea perfecto, se le llama comúnmente fiel, y prudente al que está dotado de una inteligencia viva. Si alguno lo observa, encontrará muchos fieles que se ejercitan en la práctica de la fe; pero no muchos prudentes, porque a los necios del mundo eligió Dios (*1Cor* 1,27). Y por el contrario hallará otros que son prudentes, pero de poca fe. Y es raro encontrar en uno solo fidelidad y prudencia. Para que, pues, a su tiempo dé el alimento, uno necesita la prudencia, pero es obra de fe no privar de alimento a los indigentes. Por tanto, no es, pues, inoportuno encargar que según el buen sentido seamos fieles y prudentes, para administrar los intereses de la Iglesia; fieles para que no disipemos lo que es de las viudas, nos acordemos de los pobres, y no demos ocasión de murmuración a los que reciben (según está escrito). Dios estableció que los que predican el Evangelio vivan de él (*1Cor* 9,14), y no busquemos más que el simple alimento y el vestido necesario, ni tengamos más que lo que tienen los pobres. Y prudentes para que prudentemente averigüemos la situación de los pobres, la causa de su indigencia, la clase en que cada uno ha sido educado, lo que le hace falta; pues ciertamente necesita mucha discreción el que quiera administrar bien las rentas de la Iglesia. Sea también fiel y prudente el siervo y no desperdicie el alimento racional y espiritual con quienes no conviene, queriendo exhibirse como sabio. Especialmente con aquéllos que más bien necesitan que se les predique la reforma de costumbres y arreglo de vida, que la ilustración científica. Pero a los que pueden comprender con más talento, no se desdeñe de exponerles cosas más altas; no sea que exponiendo las pequeñas sean despreciados por aquéllos que naturalmente son inteligentes o se hacen agudos con el estudio de las ciencias profanas.

San Juan Crisóstomo, *homiliae in Matthaeum, hom. 77,3*

Esta parábola se adapta también a los príncipes del siglo, pues cada uno debe usar de lo que tiene para el bien común, y no redunde en daño de los ciudadanos, y aun de sí mismos, bien sea sabio, magnate o de cualquier otra clase.

Rábano

El Señor es Jesucristo; la familia que constituyó, es la Iglesia católica. Difícil es, pues, encontrar en una sola persona la prudencia y fidelidad, pero no es imposible, porque no llamaría Dios bendito al que no pudiera serlo, como añade; bienaventurado aquel siervo que al venir su dueño, lo encontrara obrando así.

San Hilario, *in Matthaeum, 27*

Esto es, obedeciendo los preceptos de su Señor, y dispensando con oportunidad a la familia el alimento de la doctrina y la palabra de vida eterna.

Remigio

Nótese que así como hay gran diferencia de méritos entre los buenos predicadores y los buenos oyentes, así la hay también de premios. Dice San Lucas, si hallare buenos oyentes les hará sentarse a su mesa, y les dará buenos predicadores. Por lo que sigue: "en verdad os digo, que le constituirá sobre todos sus bienes".

Orígenes, *in Matthaeum, 32*

A saber para que reine con Cristo, a quien el Padre entregó todas las cosas. Pues como hijo de un buen padre colocado al frente de todo su patrimonio, comunica a todos sus dependientes la misma dignidad y gloria para que estén sobre todo lo creado.

Rábano

No para que gocen solos, sino sobre los demás, del premio eterno, ya por su vida ejemplar, ya también por el cuidado que tuvieron de su grey.

San Hilario, *in Matthaeum, 27*

O bien será constituido sobre todo bien; esto es, colocado en la gloria de Dios, sobre la que nada hay mejor.

San Juan Crisóstomo, *homiliae in Matthaeum, hom. 77,4*

Después instruye al oyente no sólo del premio prometido a los buenos, sino también de la pena que amenaza a los malos, cuando añade: "Pero si el malo dijere", etc.

San Agustín, *epistola 80*

Cuál sea el espíritu de este siervo, se infiere de sus costumbres, las cuales, aunque brevemente, procuró indicar el buen Maestro cuando dice sobre su soberbia: "Y empezare a maltratar a sus consiervos"; y sobre su lujuria cuando dice: "Y se ponga a comer", etc. Y no decía: "Mi Señor tarda", lo que demostraría deseo por su Señor; como ardía en él aquél que dijo: "Está sedienta mi alma de Dios vivo, ¿cuándo vendrá?" (*Sal* 41,3). Diciendo, pues, cuándo vendrá, expresaba el continuo afán que padecía, pareciéndole, por su deseo, largo el tiempo, que tanto corre.

Orígenes, *in Matthaeum, 31*

Peca por consiguiente contra Dios todo Obispo que no administra como siervo, sino como dueño; y frecuentemente como amargo dueño, que domina por la fuerza, y no acoge a los indigentes, sino que se regala con los ebrios. Y siempre se imagina que el Señor tardará en venir.

Rábano

En sentido figurado puede también entenderse por maltrato de los consiervos, la perversión de la conciencia de los débiles, con su palabra y mal ejemplo.

San Jerónimo

Cuando dice: "Vendrá el Señor de aquel siervo", etc., lo dice para que sepan que cuando menos lo piensen, entonces vendrá el Señor, y encarga la vigilancia y cuidado a sus pastores. En verdad que cuando dice: "Le dividirá", no se ha de entender que le partirá con la espada, sino que le separará de la comunión de los Santos.

Orígenes, *in Matthaeum, 31*

O le dividirá cuando su espíritu (esto es, su casa espiritual) vuelva al Dios que se la dio, y su alma con su cuerpo vaya al infierno. El justo no es dividido, sino que su alma va con su espíritu (esto es, su don espiritual) al reino de los cielos. Los que son divididos no tienen en lo sucesivo en sí parte del don espiritual, que era de Dios; sino que queda la parte que era de ellos mismos, esto es, el alma que con el cuerpo será castigada. De donde sigue: "Y su parte será con los hipócritas".

San Jerónimo

Con aquéllos que estaban en el campo y que molían, y sin embargo fueron abandonados. Pues muchas veces decimos que el hipócrita es una cosa, y manifiesta otra; así como en el campo y en la muela parecía que hacían lo mismo, pero el resultado demostró diferente intención.

Rábano

O con los hipócritas recibe su parte, a saber: doble condenación, esto es, fuego y frío. Y de aquí se sigue: "Allí será el llanto y el crujir de dientes"; al fuego corresponde el llanto de los ojos, y al frío el rechinar de dientes.

Orígenes, *in Matthaeum, 31*

O el llanto será para aquéllos que malamente se rieron en este mundo; y para aquéllos que holgaron irracionalmente, será el crujir de dientes; porque no queriendo sufrir dolores materiales, viéndose atormentados, rechinarán los dientes; y en fin, para los maldicientes y detractores. De lo dicho se infiere que no sólo constituyó el Señor Jefes de su Iglesia a los que son fieles y prudentes, sino también a los malos; y que no los salva por estar constituidos por el Señor Prelados de la Iglesia, sino por dar a su tiempo el alimento espiritual y abstenerse de la soberbia y la avaricia.

San Agustín, *epístola 80*

Condenado ya el siervo malo que sin duda alguna aborrece la venida de su Señor, pongamos ante nuestros ojos tres siervos buenos que desean su venida. Si uno de ellos dice que su Señor vendrá pronto, el otro más tarde, y el tercero confiesa su ignorancia sobre cuándo vendrá, veamos quién se conforma más con el Evangelio. Uno dice: vigilemos y oremos, porque pronto vendrá el Señor. Dice otro: vigilemos, porque esta vida es corta e incierta, aunque el Señor tarde en venir. Y dice el tercero: vigilemos, porque es breve e incierta esta vida y no sabemos cuándo vendrá el Señor (*Mt* 24,42). ¿Quién es el que dice lo que oímos decir en el Evangelio: vigilad, porque no sabéis en qué hora vendrá el Señor? Todos los que tienen deseos del reino de Dios, quieren y desean que sea verdad lo que piensa el primero; por consiguiente, si sucediere, se alegrarán con él el segundo y el tercero. Pero si no sucediere, es de temer que prevariquen los que creían lo que había dicho el primero, y empiecen a pensar que la venida del Señor no sólo tardará, sino que no se realizará. El que cree lo que dice el segundo, de que el Señor tardará en venir, si resultare falso, no prevaricará en la fe, sino que gozará de una alegría inesperada; pero el que confiesa ignorar lo que sucederá, desea aquello, tolera esto, no hiere en uno ni en otro porque no afirma ni niega ninguna de las dos.

CAPÍTULO 25

"Entonces será semejante el reino de los cielos a diez vírgenes, que tomando sus lámparas, salieron a recibir al esposo y a la esposa. Mas las cinco de ellas eran fatuas, y las cinco prudentes. Y las cinco fatuas, habiendo tomado sus lámparas, no llevaron consigo aceite. Mas las prudentes tomaron aceite en sus vasijas juntamente con las lámparas. Y tardándose el esposo comenzaron a cabecear, y se durmieron todas. Cuando a la media noche se oyó gritar: Mirad que viene el esposo, salid a recibirle. Entonces se levantaron todas aquellas vírgenes, y aderezaron sus lámparas. Y dijeron las fatuas a las prudentes: Dadnos de vuestro aceite, porque nuestras lámparas se apagan. Respondieron las prudentes, diciendo: Porque tal vez no alcance para nosotras y para vosotras, id antes a los que lo venden y comprad para vosotras. Y mientras que ellas fueron a comprarlo, vino el esposo; y las que estaban apercibidas entraron con él a las bodas, y fue cerrada la puerta. Al fin vinieron también las otras vírgenes, diciendo: Señor, Señor, ábrenos. Mas él respondió, y dijo: En verdad os digo, que no os conozco. Velad, pues, porque no sabéis el día ni la hora". (vv. 1-13)**

San Juan Crisóstomo, *homiliae in Matthaeum, hom. 78,1*
En la anterior parábola manifestó el Señor la pena que sufría el soberbio y el lujurioso que disipaban los bienes del Señor; en ésta conmina con el castigo aun a

aquél que no saca utilidad y no se provee abundantemente de lo que le hace falta. Tienen ciertamente aceite las vírgenes necias, pero no abundante. Por lo que dice: "Entonces será el reino de los Cielos semejante a diez vírgenes".

San Hilario, *in Matthaeum, 27*

Dice, "entonces" porque todo esto se refiere al gran día del Señor del que arriba hablaba.

San Gregorio Magno, *homiliae in Evangelia, 12,1*

El reino de los cielos, del presente tiempo, se llama la Iglesia; como se lee en San Mateo: "Enviará el Hijo del hombre sus ángeles y quitarán de su reino todos los escándalos" (*Mt* 13,41).

San Jerónimo

La semejanza de las diez vírgenes necias y prudentes, es aplicada por algunos sencillamente a las vírgenes, de las cuales unas según el Apóstol lo son de cuerpo y de espíritu; y otras solamente de cuerpo, careciendo de las demás obras; o guardadas bajo la custodia de sus padres; pero que sin embargo intentan casarse. Pero a mí me parece, por lo arriba dicho, que es otro el sentido, y que no pertenece esta comparación a la virginidad corporal, sino a todo género de personas.

San Gregorio Magno, *homiliae in Evangelia, 12,1*

En cada hombre se encuentran duplicados los cinco sentidos, y el número de los cinco duplicados completa el de diez; y porque de la reunión de los fieles de uno y otro sexo resulta la multitud, la Santa Iglesia la compara a diez vírgenes. Y como los buenos están mezclados con los malos, y los réprobos con los elegidos, propiamente se asemeja a la mezcla de las vírgenes prudentes y las necias.

San Juan Crisóstomo, *homiliae in Matthaeum, hom. 78,1*

Por esto, pues, expone esta parábola en la persona de las vírgenes para demostrar que aunque la virginidad sea una gran virtud, sin embargo será arrojada fuera con los adúlteros si no practica las obras de misericordia.

Orígenes, *in Matthaeum, 32*

O de otro modo: los sentidos de todos los que recibieron la palabra de Dios, son vírgenes; pues tal es la virtud de la palabra divina, que de su pureza participan todos los que por su doctrina abandonaron la idolatría y se convirtieron por Jesucristo al culto de Dios. Y sigue: "Que tomando sus lámparas salieron", etc. Toman sus lámparas, es decir, los órganos de sus sentidos, y salen del mundo de los errores al encuentro del Salvador, que siempre está preparado a venir para entrar juntamente con los que son dignos en la Iglesia, su bienaventurada esposa.

San Hilario, *in Matthaeum, 27*

O de otro modo: nuestro esposo y nuestra esposa es nuestro Dios encarnado, pues, para el espíritu la esposa es la carne. Las lámparas que tomaron es la luz de las almas que resplandecieron por el Sacramento del Bautismo.

San Agustín, *de diversis quaestionibus octoginta tribus liber, 59*

También las lámparas que llevan en las manos son las buenas obras; pues escrito está en San Mateo: brillen vuestras obras delante de los hombres (*Mt* 5,16).

San Gregorio Magno, *homiliae in Evangelia, 12*

Los que rectamente creen y justamente viven, son comparados a las cinco vírgenes prudentes. Pero los que confiesan en verdad la fe de Jesucristo, pero no se preparan con buenas obras para la salvación, son como las cinco vírgenes necias. Por lo que añade: cinco de ellas eran necias, y cinco prudentes.

San Jerónimo

Son ciertamente cinco los sentidos que aspiran a las cosas celestiales y las desean. Acerca, pues, de la vista, del oído y del tacto, ha dicho especialmente San Juan: "lo que vimos, lo que oímos, lo que con nuestros ojos examinamos y nuestras manos tocaron" (*1Jn* 1,1). Sobre el gusto: "gustad y ved cuán suave es el Señor" (*Sal* 33,9). Sobre el olfato: "corremos siguiendo el olor de tus unciones" (*Ct* 1,3). También son cinco los sentidos terrenos que exhalan fetidez.

San Agustín, *de diversis quaestionibus octoginta tribus liber, 59*

Por las cinco vírgenes necias se entiende la pérdida de la continencia destruida por los cinco deleites de la carne; pues debe contenerse el apetito de la voluptuosidad de los ojos, de los oídos, del olfato, del gusto y del tacto. Pero como esta continencia se hace en parte delante de Dios para agradarle con el gozo interior de la conciencia y en parte delante de los hombres únicamente para captarse la gloria humana, por eso se llaman cinco prudentes y cinco necias, si bien unas y otras se llaman vírgenes. Porque ambas gozan del mismo título aunque por diverso motivo.

Orígenes, *in Matthaeum, 32*

Así como las virtudes simultáneamente se acompañan entre sí, de modo que el que tuviese una las tenga todas, del mismo modo los sentidos se siguen mutuamente. Por tanto, es necesario que, o todos los cinco sentidos sean prudentes, o todos necios.

San Hilario, *in Matthaeum, 27*

La división entre cinco prudentes y cinco necias, debe entenderse en absoluto de los fieles y de los infieles.

San Gregorio Magno, *homiliae in Evangelia, 12*

Pero es de notar que todas llevan lámparas, pero no todas tienen aceite: sigue pues: "Pero las cinco necias no tomaron aceite", etc.

San Hilario, *in Matthaeum, 27*

El aceite es el fruto de las buenas obras; las lámparas son los cuerpos humanos, en cuyas entrañas debe esconderse el tesoro de la buena conciencia.

San Jerónimo

Aceite tienen las vírgenes, que según la fe se adornan con buenas obras. No tienen aceite los que parece que profesan la misma fe, pero descuidan la práctica de las virtudes.

San Agustín, *de diversis quaestionibus octoginta tribus liber, 59*

Por aceite pienso puede significarse la alegría, según aquello del salmo: "Te ungió el Señor tu Dios con el aceite del regocijo" (*Sal* 44,8). Por consiguiente, el que no se alegra porque interiormente agrada a Dios, éste no tiene aceite, pues no siente placer sino en las alabanzas de los hombres. Pero las prudentes tomaron aceite con las lámparas, esto es, pusieron la alegría de las buenas obras "en sus vasos", esto es, en el corazón y en la conciencia: "pusieron". Como el Apóstol avisa: "Pruébese, dice, a sí mismo el hombre y entonces tendrá la gloria en sí, y no en otro" (*Gál* 6,4).

San Juan Crisóstomo, *homiliae in Matthaeum, hom. 78,1*

Llama aquí aceite a la caridad y a la limosna y a cualquier socorro prestado a los indigentes: llama también carismas de la virginidad a las lámparas; y por eso llama necias a las que vencieron la dificultad mayor y por la menor lo perdieron todo. Pues ciertamente cuesta más vencer los deseos de la carne que los de las riquezas.

Orígenes, *in Matthaeum, 32*

El aceite es la palabra divina que llena los vasos de las almas; pues nada conforta tanto como la predicación moral, que es como el aceite de la luz. Las prudentes, pues, tomaron este aceite, que les fue bastante aun tardando la salida, y la permanencia del Verbo que venía a perfeccionarlas. Las necias, no obstante que tomaron las lámparas desde el principio encendidas en verdad, no tomaron el aceite suficiente hasta el fin; siendo negligentes en recibir la doctrina que confirma en la fe y alumbra las buenas obras.

Sigue: "Tardando, pues, el esposo, dormitaron", etc.

San Agustín, *de diversis quaestionibus octoginta tribus liber, 59*

En el intervalo de tiempo desde la venida del Señor hasta la resurrección de los muertos, mueren hombres de ambos géneros.

San Gregorio Magno, *homiliae in Evangelia, 12*

Dormir es morir, y dormitar antes del sueño es desfallecer en la virtud antes de la muerte, porque del peso de la enfermedad viene el sueño de la muerte.

San Jerónimo

Dormitaron, esto es, murieron. Por consiguiente, dice: "durmieron" porque después han de ser despertadas. Por esto, pues, dice: "haciéndose esperar el esposo", manifestó que no es corto el tiempo que ha de pasar entre la primera y segunda venida del Señor.

Orígenes, *in Matthaeum, 32*

Tardando el esposo, y no viniendo pronto el Verbo a la consumación de la vida, padecen algo los sentidos dormitando y como en la noche del mundo vegetando: "Y durmieron" como obrando perezosamente en sentido espiritual, pero no abandonaron las lámparas ni desconfiaron de la conservación del aceite las prudentes. De lo que sigue: "a la media noche, pues, se dio la voz", etc.

San Jerónimo

La tradición judía es que Cristo vendrá a media noche como en tiempo de los egipcios, cuando se celebró la Pascua y vino el Angel exterminador, y el Señor pasó por encima de los tabernáculos, y los postes de los frontispicios de nuestras casas fueron consagrados con la sangre del cordero. De lo que infiero que permanece la tradición apostólica, de que en el día de la vigilia de Pascua, no es lícito despedir al pueblo antes de media noche, esperando la venida de Cristo, para que después de pasado este tiempo se tenga la seguridad de que todos celebran el día festivo. Por lo que dice el salmo: "Me levantaba a media noche a confesar tu nombre" (*Sal* 118,62).

San Agustín, *de diversis quaestionibus octoginta tribus liber, 59*
A media noche, esto es, cuando nadie lo sabe ni lo espera.

San Jerónimo
De repente, y como en intempestiva hora de la noche, tranquilos todos, y cuando sea más pesado el sueño, los ángeles que precedan al Señor anunciarán al clamor de sonoras trompetas la venida de Jesucristo, significada por estas palabras: "He aquí que viene el esposo; salid a su encuentro".

San Hilario, *in Matthaeum, 27*
Al sonido de la trompeta sale a su encuentro la esposa: serán, pues, ya dos en uno, esto es, la naturaleza humana y Dios, porque la bajeza de la carne será transformada en gloria espiritual.

San Agustín, *de diversis quaestionibus octoginta tribus liber, 59*
Lo que dice arriba, de que tan sólo las vírgenes irán al encuentro del esposo, debe entenderse, que la llamada esposa está formada de la reunión de las vírgenes; a la manera que todos los cristianos que concurren a la Iglesia son llamados hijos porque acuden a su madre. De la reunión de estos mismos hijos, se compone la que se llama madre. Ahora bien, la Iglesia queda desposada y virgen, convoca a las nupcias, pero éstas se celebran en el tiempo en que estando para perecer toda la humanidad, entra por esta unión en el goce de la inmortalidad.

Orígenes, *in Matthaeum, 32*
A la media noche, esto es, en la profundidad del sueño, dieron, según pienso, los ángeles el grito de alerta, queriendo despertar a todos. Son los ángeles los custodios de las almas, que clamando despiertan interiormente a todos los que duermen: "He aquí que viene el esposo, salid a su encuentro", y a esta excitación que todos oyeron, se levantaron. Pero no todos prepararon bien sus lámparas, por lo que sigue: "Entonces todos se levantaron, y prepararon sus lámparas", etc. Se preparan las lámparas con el recto uso de los sentidos, según los preceptos evangélicos, porque los que hacen mal uso de ellos, no llevan provisión en sus lámparas.

San Gregorio Magno, *homiliae in Evangelia, 12*
Entonces todas las vírgenes se levantan porque tanto los elegidos como los réprobos despiertan del sueño de la muerte; preparan sus lámparas, porque

cuenta en su conciencia sus obras, por las que esperan recibir la bienaventuranza.

San Agustín, *de diversis quaestionibus octoginta tribus liber, 59*
Prepararon sus lámparas, esto es, la cuenta de sus obras.

San Hilario, *in Matthaeum, 27*
Tomar las lámparas, es volver las almas a sus cuerpos; y su luz es la conciencia de las buenas obras, que brilla en los vasos de los cuerpos.

Orígenes
Pero las lámparas de las vírgenes necias se apagan, porque las obras, que por defuera parecían buenas a los hombres, a la venida del Juez quedan por dentro oscuras. Por lo que sigue: Las necias dijeron a las prudentes: "Dadnos de vuestro aceite", etc. ¿Por qué piden entonces aceite a las prudentes, sino porque a la venida del Juez se encuentran interiormente vacías, y buscan apoyo fuera de sí? Como si desconfiadas de sí mismas digan a sus prójimos: porque veis que nosotras seremos rechazadas por falta de buenas obras, sed vosotras testigos de que las hicimos.

San Agustín, *de diversis quaestionibus octoginta tribus liber, 59*
Se acostumbra siempre buscar aquello que nos complace. Así es que se quiere el testimonio de los hombres, que no penetran el corazón, para presentarlo ante Dios, que registra en el corazón; pero las obras que se apoyan en alabanza ajena, quitada ésta, desaparecen, por lo que sus lámparas se apagan.

San Jerónimo
Pero las vírgenes que sienten apagarse sus lámparas, hacen ver que en parte alumbran; pero no con luz inextinguible, ni con obras duraderas. Si, pues, alguno tiene alma pura y ama la honestidad, no debe contentarse con aquellas obras mediocres y que pronto se agostan; sino con perfectas virtudes para que brillen eternamente.

San Juan Crisóstomo, *homiliae in Matthaeum, hom. 78,1*
Estas vírgenes no sólo eran necias porque descuidaron las obras de misericordia, sino que también, porque creyeron que encontrarían aceite en donde inútilmente lo buscaban. Aunque nada hay más misericordioso que aquellas vírgenes prudentes, que por su caridad fueron aprobadas; sin embargo, no accedieron a la súplica de las vírgenes necias. Respondieron, pues, diciendo: "No sea que falte para nosotras y para vosotras", etc. De aquí, pues, aprendemos que a nadie de nosotros podrán servirles otras obras sino las propias suyas.

San Jerónimo
Las vírgenes prudentes responden así no por avaricia, sino por temor, pues cada uno recibirá el premio por sus obras. Ni en el día del juicio podrán compensarse los vicios de los unos con las virtudes de los otros. Aconsejan las vírgenes prudentes, que no vayan a recibir al esposo sin aceite en las lámparas. Y sigue: "Más vale que vayáis a la tienda y lo compréis".

San Hilario, *in Matthaeum, 27*

Son vendedores aquéllos que necesitando la misericordia de los fieles, nos venden por lo que nos piden, la satisfacción de nuestras buenas obras. Este es el aceite copioso de la luz indeficiente que debe comprarse y guardarse con los frutos de la misericordia.

San Juan Crisóstomo, *homiliae in Matthaeum, hom. 78, 2*

Ya ves qué buena es nuestra negociación con los pobres. Estos no se encuentran allá, sino aquí; por tanto aquí es donde conviene acopiar el aceite para que nos sirva allá, cuando Jesucristo nos llame.

San Jerónimo

Este aceite se compra y se vende a mucho precio, y se logra con mucho trabajo: no sólo con las limosnas, sino también con las virtudes y consejos de los maestros.

Orígenes, *in Matthaeum, 32*

Aunque eran necias, comprendían sin embargo, que debían recibir al esposo con luz en todas las lámparas de sus sentidos. Pues veían también que teniendo poco aceite de virtud y acercándose la noche, se apagarían sus lámparas. Pero las prudentes envían a las necias a buscar el aceite de los vendedores porque veían que no habían reunido tanto aceite, esto es, palabra divina que bastase para salvarlas a ellas e instruir a las otras. Por lo que dicen: "Id mejor a los vendedores", esto es, a los Doctores, y "compráoslo" esto es, recibidlo de ellos. Y el precio es la perseverancia y el deseo, la diligencia y el trabajo de los que quieren aprender.

San Agustín, *de diversis quaestionibus octoginta tribus liber, 59*

No se crea que dieron un consejo, sino que les recordaron indirectamente su descuido. Los aduladores que alabando lo que es falso o lo que ellos ignoran, meten a las almas en el camino del error, halagándolas como fatuas con falsas satisfacciones, venden también aceite, recibiendo en pago de él alguna gracia temporal. Dícese, por tanto: "Id a los vendedores y compráoslo" esto es, veamos ahora quién os ayuda de los que acostumbraron a venderos alabanzas. Dicen, pues: "No suceda que falte para nosotras y para vosotras" porque de nada sirve el testimonio ajeno en la presencia de Dios, que ve los secretos del corazón. Y apenas a cada uno le basta el testimonio de su conciencia.

San Jerónimo

Como había ya pasado el tiempo de vender y llegado el día del juicio, no había lugar a penitencia ni a hacer nuevas obras buenas, y se ven obligados a dar cuenta de las pasadas. Por eso sigue: "Mientras fueron a comprarlo vino el esposo; y las que estaban preparadas, entraron con él a las bodas".

San Hilario, *in Matthaeum, 27*

Las bodas son la adquisición de la inmortalidad y la unión de la corrupción con la incorrupción por un nuevo consorcio.

San Juan Crisóstomo, *homiliae in Matthaeum, hom. 78,2*

Por lo que dice: "Mientras fueron a comprarlo", manifiesta, que aunque queramos ser misericordiosos para después de la muerte, de nada nos servirá para evitar la pena; como tampoco le aprovechó a aquel rico, que fue misericordioso y solícito para con sus allegados.

Orígenes, *in Matthaeum, 32*

"Mientras fueron a comprarlo"; se encuentran algunos que cuando debieron aprender algo útil lo despreciaron y al fin de la vida cuando quieren aprender, los coge la muerte.

San Agustín, *de diversis quaestionibus octoginta tribus liber, 59*

"Mientras fueron a comprar", esto es, cuando se inclinaban a las cosas del mundo buscando gozar como acostumbraban de ellas, porque no conocían los placeres del espíritu, vino el Juez, y las que estaban preparadas, eso es, aquéllas que delante de Dios tenían el testimonio de su conciencia, entraron con él a las bodas. Eso es, adonde el alma pura, unida con puro afecto al Verbo divino, alcanza la perfección.

San Jerónimo

Después del día del juicio no hay lugar para las buenas obras y la justificación, la puerta está cerrada.

San Agustín, *de diversis quaestionibus octoginta tribus liber, 59*

Recibidos en el reino de los cielos aquéllos que han cambiado su vida por la de los Angeles se cierra la entrada; porque después del juicio no tienen lugar los méritos ni las súplicas.

San Hilario, *in Matthaeum, 27*

Y sin embargo, cuando ya no hay lugar a penitencia vienen las vírgenes necias pidiendo que se les abra. Por lo que sigue: "Vienen últimamente las demás vírgenes diciendo: Señor", etc.

San Jerónimo

En verdad es magnífica confesión esta apelación a Dios y es digno de premio este indicio de fe: pero ¿de qué sirve invocar con la voz a quien niegas con las obras?

San Gregorio Magno, *homiliae in Evangelia, 12*

Afligidas bajo el peso del sentimiento de la repulsa, redoblan la súplica implorando la autoridad del Señor y sin atreverse a llamar Padre a aquél cuya misericordia despreciaron en vida.

San Agustín, *de diversis quaestionibus octoginta tribus liber, 59*

No se dice que compraron aceite; y así debe entenderse que no quedando ya satisfacción ninguna de alabanza ajena, volvieron llenas de angustia y aflicción a implorar la misericordia de Dios. Pero después del juicio es muy grande la severidad de aquél que antes del juicio ensanchó tanto su inefable misericordia. Y por esto sigue: Y el Señor respondiendo dice: "En verdad os digo, que no os conozco". De aquí, pues, aquella regla: no sabe los secretos de Dios, esto es, su sabiduría para entrar en su reino, el que, si bien se afana en obrar según sus preceptos, no es por agradar a Dios sino a los hombres.

San Jerónimo

Conoce, pues, el Señor a los suyos, y el que no le conoce será desconocido (*2Tim* 2,19). Y aunque sean vírgenes, ya por la pureza del cuerpo, o ya por la confesión de la verdadera fe, sin embargo, son desconocidas por el esposo porque no tienen aceite. De aquí se infiere aquello de "Vigilad, pues, porque ignoráis el día y la hora": esta sentencia comprende todo lo que queda dicho antes; a fin de que siéndonos desconocido el día del juicio, nos preparemos solícitamente con la luz de las buenas obras.

San Agustín, *de diversis quaestionibus octoginta tribus liber, 59*

No sólo ignoramos en qué tiempo ha de venir el esposo, sino que también la hora de la muerte, para la que cada uno debe estar preparado y aun preparado, se encontrará sorprendido cuando suene aquella voz, que despertará a todos.

San Agustín, *epistola 80*

No faltaron quienes quisieron enseñar que esta parábola de las diez vírgenes se refiere a la venida que todos los días celebra la Iglesia; pero esta interpretación no puede admitirse, pues podría ser impugnada por alguno con razón.

"Porque así es como un hombre, que al partirse lejos, llamó a sus siervos y les entregó sus bienes: Y dio al uno cinco talentos, y al otro dos, y al otro dio uno, a cada uno según su capacidad, y se partió luego. El que había recibido los cinco talentos, se fue a negociar con ellos y ganó otros cinco. Asimismo el que había recibido dos ganó otros dos. Mas el que había recibido uno, fue y cavó en la tierra y escondió allí el dinero de su Señor. Después de largo tiempo vino el Señor de aquellos siervos, y los llamó a cuentas. Y llegó el que había recibido cinco talentos, presentó otros cinco talentos, diciendo: Señor, cinco talentos me entregaste, he aquí otros cinco he ganado de más. Su Señor le dijo: Muy bien, siervo bueno y fiel; porque fuiste fiel en lo poco, te pondré sobre lo mucho, entra en el gozo de tu Señor. Y llegó también el que había recibido los dos talentos, y dijo: Señor, dos talentos me entregaste, aquí tienes otros dos que he ganado. Su Señor le dijo: Bien está, siervo bueno y fiel; porque fuiste fiel sobre lo poco, te pondré sobre lo mucho; entra en el gozo de tu Señor. Y llegando también el que había recibido un talento, dijo: Señor, se que eres un hombre de recia condición, siegas en donde no sembraste y allegas en donde no esparciste: y temiendo, me fui, y escondí tu talento en tierra; he aquí tienes lo que es tuyo. Y respondiendo su Señor, le dijo: Siervo malo y perezoso, sabías que siego en donde no siembro, y que allego en

donde no he esparcido: pues debiste haber dado mi dinero a los banqueros, y viniendo yo hubiera recibido ciertamente con usura lo que era mío. Quitadle, pues, el talento, y dádselo al que tiene diez talentos: Porque será dado a todo el que tuviere, y tendrá más; pero al que no tuviere, le será quitado aun lo que parece que tiene: Y al siervo inútil echadle en las tinieblas exteriores: allí será el llorar y el crujir de dientes". (vv. 14-30)

Glosa

En la precedente parábola ha sido demostrada la condenación de aquéllos que no se habían provisto suficientemente de aceite. Bien se entiende por aceite la pureza de las buenas obras, bien la satisfacción de la conciencia o de la limosna que se hace con dinero.

San Juan Crisóstomo, *homiliae in Matthaeum, hom. 78,2*

Esta parábola se aduce contra aquéllos que no sólo con dinero, sino ni aun con palabras, ni de ningún otro modo quieren ser útiles a sus prójimos, sino que todo lo ocultan. Por eso que dice: "Así, pues, como un hombre que marchó muy lejos", etc.

San Gregorio Magno, *homiliae in Evangelia, 9,1*

Este hombre que marcha lejos, es nuestro Redentor, que subió al cielo, con aquella carne que había tomado, la cual tiene su lugar propio en la tierra, y es llevada como en peregrinación, cuando es colocada en el cielo por nuestro Redentor.

Orígenes, *in Matthaeum, 33*

Según la naturaleza de su divinidad no viaja, sino según la ordenación del cuerpo que tomó, pues quien dice a sus discípulos: Yo estoy con vosotros hasta la consumación del siglo (*Mt* 28,20), es el unigénito de Dios, que no está circunscrito a extensión corporal. Y al decir eso no dividimos a Jesús, sino que respetamos los accidentes propios de cada naturaleza. Podemos decir que el Señor viaja con aquéllos que viven dentro de la fe sin ver su esencia, y el Señor estará con nosotros hasta que saliendo de nuestros cuerpos nos reuniremos con él. Es de advertir que el texto no dice: como el hombre viajero, así yo el Hijo del hombre; porque él mismo es quien propone la parábola del peregrino como hombre, no como Hijo de Dios.

San Jerónimo

Convocados, pues, los apóstoles, les entregó la doctrina evangélica; distribuyéndola dando a unos más y a otros menos, pero no según su generosidad o mezquindad, sino según la capacidad y fuerzas de cada uno de los que la recibían. Así como dice el Apóstol, que los que no podían digerir un alimento sólido, los alimentaba con leche. De aquí sigue: "Y a uno le dio cinco talentos y a otro", etc. En los cinco, en los dos y en uno talentos, entendemos que a cada uno fueron dadas diversas gracias.

Orígenes, *in Matthaeum, 33*

Cuando vieres que aquéllos que han recibido el ministerio de la predicación, unos tienen más y otros menos, o por decirlo así, comparados con los mejores algunos tienen tan poco, conocerás las diferencias con que recibieron de Jesucristo el don de la palabra divina, porque diferente fue la eficacia que produjo por medio de aquéllos que recibieron cinco talentos, que la de los que recibieron dos, y otra la de los que recibieron uno, pues no cabía en todos la misma medida de la gracia. Y el que recibió un talento, recibió en verdad un don no despreciable, pues es mucho recibir un talento de tal Señor. El recibir tres es propio del siervo, así como son tres los que producen fruto. El que recibió cinco talentos es el que puede dar a la Sagrada Escritura la más elevada interpretación de su sentido divino. El que recibe dos talentos es aquel que tiene conocimiento de lo corporal, pues dos es el número de lo carnal; y aun al de menos capacidad dio un talento el señor de los siervos.

San Gregorio Magno, *homiliae in Evangelia, 9,1*

O de otro modo: los cinco talentos denotan los dones de los cinco sentidos, es decir, la ciencia de las cosas exteriores; mientras que los dos talentos significan la inteligencia y el obrar; y un talento indica tan sólo el don de la inteligencia.

Sigue: "Y marchó en seguida".

Glosa

No cambiando de lugar, sino dejándoles en libertad de obrar a su arbitrio.

Sigue: Fue, pues, el que había recibido cinco talentos y agenció otros cinco.

San Jerónimo

Recibidos, pues, los sentidos corporales, duplicó en sí el conocimiento de lo celestial, conociendo por las criaturas al Creador, por las cosas corporales las incorporales, y por las del tiempo las eternas.

San Gregorio Magno, *homiliae in Evangelia, 9,1*

Hay también muchos, que si bien no saben penetrar en las cosas interiores y espirituales, sin embargo, por el deseo de alcanzar la gloria, enseñan lo bueno que pueden, y mientras se guardan de los deseos de la carne, de la ambición de las cosas terrenas y del deseo de las visibles, apartan a otros de ellas con sus consejos.

Orígenes, *in Matthaeum, 33*

Los que tienen los sentidos despejados hablando provechosamente y elevándose ellos mismos a mayor ciencia y enseñando con esmero, adquirieron otros cinco talentos. Porque nadie recibe aumento de otra virtud, sino de aquélla que tiene; y cuanto él la posee, tanto la comunica a otro, y no más.

San Hilario, *in Matthaeum, 27*

El siervo aquel que recibió cinco talentos es el pueblo creyente que vino de la ley, partiendo de la cual duplicó su mérito, cumpliendo la obra de la fe evangélica.

Sigue: "Igualmente el que había recibido dos talentos aumentó otros dos".

San Gregorio Magno, *homiliae in Evangelia, 9,1*

Hay algunos que comprendiendo y obrando predican a otros y reportan doble ganancia de su negocio, porque predicando a un mismo tiempo a ambos sexos, doblan los talentos.

Orígenes, *in Matthaeum, 33*

"Lucraron otros dos", esto es, la inteligencia literal y otra más sublime.

San Hilario, *in Matthaeum, 27*

Aquel siervo a quien se encargaron dos talentos, es el pueblo gentil justificado por la fe y por la confesión del Hijo y del Padre; esto es, por la confesión de nuestro Señor Jesucristo, Dios y hombre de espíritu y carne. Estos son, pues, los dos talentos que le fueron confiados. Pero como el pueblo judío había conocido todos los misterios que se contienen en los cinco talentos, esto es, en la Ley y lo duplicó por la fe en el Evangelio, así el pueblo de los gentiles mereció la comprensión y las obras por el aumento de los dos talentos.

Sigue: "Pero el que recibió un talento marchándose, cavó en la tierra", etc.

San Gregorio Magno, *homiliae in Evangelia, 9,1*

Esconder en tierra el talento, es emplear el ingenio en asuntos terrenales.

Orígenes, *in Matthaeum, 33*

Cuando vieres alguno que tiene habilidad para enseñar y aprovechar a las almas, y que oculta este mérito, aunque en el trato manifieste cierta religiosidad, no dudes en decir que este tal recibió un talento y él mismo lo enterró.

San Hilario, *in Matthaeum, 27*

Este siervo que recibió un talento y lo escondió en la tierra, es el pueblo que persiste en la ley judía, que por envidia y por no querer salvar a las naciones, escondió en tierra el talento recibido; ocultar el talento en la tierra es ocultar bajo la envidia de la pasión corporal la gloria de la nueva predicación.

Sigue: "Después de mucho tiempo vino el Señor y llamó a cuentas", etc. Conviene poner atención en el examen de este juicio.

Orígenes, *in Matthaeum, 33*

Observa en este pasaje que no son los siervos los que acuden al Señor para ser juzgados, sino que el Señor es quien viene a ellos a su debido tiempo. Por eso dice: "Después de mucho tiempo", esto es, después que envió a los que consideró aptos para procurar la salvación de las almas. Por tanto, no es fácil conocer quien de ellos que sea apto para semejante obra, ha de salir pronto de esta vida, como claramente se deduce por el hecho de que también los apóstoles envejecieron. Por lo que dice a Pedro: "Cuando envejecieras extenderás tu mano" (**Jn** 21,18); y San Pablo ha dicho a Filemón: "Pablo ahora es anciano" (**Flm** 9).

San Juan Crisóstomo, *homiliae in Matthaeum, hom. 78,2*

Nota que el Señor no exige inmediatamente la cuenta, para que admires su longanimidad; y a mí me parece que encubriendo simuladamente el tiempo de su resurrección, dijo esto.

San Jerónimo

Dice, pues: pasado mucho tiempo, porque largo es el tiempo entre la ascensión del Salvador y su segunda venida.

San Gregorio Magno, *homiliae in Evangelia, 9,1*

Este pasaje del Evangelio reclama nuestra atención porque aquéllos que en este mundo han recibido más que los otros, han de sufrir un juicio más severo ante el autor del mundo. Porque a proporción que se aumentan los dones, crece la obligación de la cuenta. Y por tanto debe ser más humilde, por razón de su cargo, aquél que más estrechado se ve a darla.

Orígenes, *in Matthaeum, 33*

La confianza dio valor a aquél que había recibido cinco talentos para acercarse el primero al Señor. "Y acercándose el que había recibido cinco talentos", etc.

San Gregorio Magno, *homiliae in Evangelia, 9,2*

El siervo, pues, que entregó duplicados los talentos, es alabado por el Señor y llevado a la eterna recompensa. Por lo que añade: "Díjole el Señor": alégrate.

Rábano

Alégrate, es una interjección, por la que indica su gozo el Señor, que invita a la eterna felicidad al siervo que ha trabajado bien; por lo que el Profeta dice, "nos inundarás en el gozo de tu rostro" (*Sal* 15,11).

San Juan Crisóstomo, *homiliae in Matthaeum, hom. 78,2*

Siervo bueno, porque se refiere a la caridad con el prójimo; y fiel, porque no se apropió nada de lo que a su Señor pertenecía.

San Jerónimo

Fuiste fiel en lo poco, porque todo lo que al presente tenemos, aunque parezca grande y abundante, sin embargo, es poca cosa en comparación de los bienes futuros.

San Gregorio Magno, *homiliae in Evangelia, 9,2*

Entonces el siervo fiel será puesto sobre lo mucho; porque libre de toda molestia de corrupción gozará en el cielo de eterno gozo. Entonces entrará en el perfecto gozo de su Señor, cuando arrebatado a aquella eterna patria, y agregado a los coros de los ángeles, se hallará poseído interiormente de un gozo, que no será interrumpido por la corrupción exterior.

San Jerónimo

¿Qué mayor premio puede darse al siervo fiel que estar y disfrutar en el gozo de su Señor?

San Juan Crisóstomo, *homiliae in Matthaeum, hom. 78,3*

Esta es la expresión de toda bienaventuranza.

San Agustín, *de Trinitate, 1,8*

Este será nuestro gozo pleno, que mayor no puede haberlo, gozar de Dios en la Trinidad, a cuya imagen hemos sido hechos.

San Jerónimo

El Padre de familia felicita con la misma alabanza a los dos siervos, al que había doblado en diez los cinco talentos, y al que de dos hizo cuatro: ambos, pues, reciben igual premio, no por consideración de la grandeza del lucro, sino por la solicitud de su voluntad. Sigue: "Acercóse, pues, el que había recibido dos talentos".

Orígenes, *homilia 33 in Matthaeum*

En lo que dice que, acercándose uno que había recibido cinco, y el otro dos, entiende por acceso el tránsito de este mundo al otro, y nota que son las mismas las palabras que dirige a los dos, para que no crea que aquél que recibió menos facultades, y empleó todas las que había recibido, había de merecer de Dios menos premio que el otro que tuvo mayores medios. Lo único que se busca es que el hombre emplee en la gloria de Dios todo cuanto de El haya recibido.

San Gregorio Magno, *homiliae in Evangelia, 9,3*

El siervo que no quiso negociar con el talento, lo volvió al Señor con excusas: "Acercándose, pues", etc.

San Jerónimo

En verdad está escrito "para excusar con excusas sus pecados" (*Sal* 140,4), esto sucede a este siervo, añadiendo el pecado de soberbia a los de pereza y negligencia. Porque el que debió confesar sencillamente su inercia y rogar al Padre de familia, por el contrario, le calumnia, y pretende haber obrado con prudencia, no exponiéndose a perder el dinero buscando ganancias.

Orígenes, *homilia 33 in Matthaeum*

Paréceme que este siervo se encontraría entre los creyentes; no empero entre los operarios fieles, sino entre los vergonzantes que lo hacen todo de modo que no sean conocidos como cristianos. Y aun creo que son de aquéllos que temen a Dios y le consideran como austero e implacable. Esto indica cuando dice: "Señor, sé que eres hombre duro": comprendemos que, en verdad nuestro Señor, recoge en donde no sembró, porque el justo siembra en el espíritu, del cual sacará vida eterna. Coge, aun en donde no siembra, y amontona en donde no esparce: porque considera como recogido para sí todo lo que en los pobres se sembrare.

San Jerónimo

Por aquello que este siervo se atrevió a decir: "Coges en donde no sembraste", entendemos que el Señor acepta las virtudes, aun de los gentiles y filósofos.

San Gregorio Magno, *homiliae in Evangelia, 9,3*

Muchos hay en la Iglesia que se parecen a este siervo, que temiendo entrar en el camino de una vida mejor, no se atreven a sacudir la pereza de su cuerpo; y creyéndose pecadores tiemblan de tomar el camino de la santidad, y no se horrorizan de permanecer en sus iniquidades.

San Hilario, *in Matthaeum, 27*

También se entiende por este siervo, el pueblo judío aferrado a su ley. Alega como pretexto de su alejamiento de la ley evangélica el miedo y dice: aquí está lo que es tuyo, o como si hubiera observado todo aquello que por el Señor está mandado. Sabiendo que yerra, queriendo recoger frutos de justicia donde la ley no ha sido admitida, y hacer fieles de entre los gentiles dispersos, que no son de la estirpe de Abraham.

San Jerónimo

Pero con lo mismo que creía excusarse, se condena a sí mismo. Por lo que sigue: "Respondiendo, pues, su Señor, le dijo: Siervo malo". Le llama siervo malo, porque calumnió al Señor; perezoso, porque no quiso duplicar el talento, y le condena tanto por la soberbia como por la pereza. Si me tenías por duro y cruel, y que buscaba lo ajeno, ¿por qué no obrabas con lo mío con más diligencia y dabas mi dinero o mi plata a los negociantes? La palabra del Señor es pura como el oro y la plata pasados por el crisol (*Sal* 11,7). El dinero, pues, y la plata son la predicación del divino Evangelio, que debió darse a los negociantes; esto es, o a los demás doctores así como los apóstoles ordenaron Obispos y Presbíteros en cada diócesis, o a todos los creyentes, que pueden duplicar el capital y devolverlo con usuras, para que practiquen las buenas obras que aprendieron de la predicación.

San Gregorio Magno, *homiliae in Evangelia, 9,4*

Así como hay peligro de que los doctores oculten el talento del Señor, también los oyentes pueden incurrir en la misma falta cuando se les exijan los réditos de lo que se les enseñó; a saber, si no han procurado penetrar en la inteligencia de lo que no han oído, por la meditación de lo que oyeron.

Orígenes, *homilia 33 in Matthaeum*

Aunque el Señor no toleró el pasar por severo, como el siervo pensaba, consintió sin embargo los demás descargos que éste dio. Pero en verdad, es duro para con aquéllos que abusan de la misericordia de Dios, no para conversión, sino para su abandono.

San Gregorio Magno, *homiliae in Evangelia, 9,4*

Oigamos la sentencia que el Señor proferirá contra el siervo perezoso: "Quitadle, pues, el talento que se le dio y dadlo a aquél que tiene diez talentos".

Orígenes, *homilia 33 in Matthaeum*

Puede el Señor, ciertamente, en fuerza de su divino poder quitar la suficiencia al perezoso, que abusa de ella, y darla a aquél que la multiplicará.

San Gregorio Magno, *homiliae in Evangelia, 9,4*

Parecía más conforme que se diese mejor a aquél que tenía dos, que al otro que había recibido cinco. Debió, pues, darlo al que tenía menos: pero como por cinco talentos se designa la ciencia exterior, y por los dos talentos el entendimiento y la obra, tuvo más el de los dos que el que había recibido cinco. Porque si bien el de los cinco talentos mereció la administración de las cosas exteriores, todavía quedó vacío del conocimiento de las eternas: el talento, pues, que según dijimos, significa el entendimiento, debió darse a aquél que administró bien las cosas exteriores: lo que diariamente vemos en la Santa Iglesia, a saber:

que gozan del conocimiento de las cosas internas los que fielmente administran las externas.

San Jerónimo

Se da el talento a aquél que había agenciado otros diez, para que entendamos cuán grande es el gozo del Señor en el trabajo de uno y otro; a saber aquel que duplicó los dos y el que duplicó los cinco, sin embargo merecía mayor premio el que más trabajó en favor de su Señor.

San Gregorio Magno, *homiliae in Evangelia, 9,6*

Generalmente se cita alguna vez la sentencia que dice: "A todo el que tiene se le dará", etc. Quien, pues, tiene caridad, recibe además otros dones; así como el que no la tiene, aun los que recibió, los perderá.

San Juan Crisóstomo, *homiliae in Matthaeum, hom. 78,3*

El que tiene el don de la predicación y de la doctrina para aprovechar, pierde estos dones si no usa de ellos; pero el que los cultiva atrae otros mayores.

San Jerónimo

Muchos naturalmente sabios y con talento, si fueren negligentes y dejaran perder por desidia estos dotes naturales, en comparación de aquél que, aunque algo menos capaz, compensó con su trabajo e industria lo que recibió de menos, pierden con los dotes naturales el premio que se les había prometido, y ven cómo pasa a otros. Puede también entenderse así: el que tiene fe y buena voluntad en Dios, aunque, si como hombre apareciese tener de menos en sus obras, le dará el buen juez lo que falte; pero a aquél que no tuviere fe, aunque tuviere las demás virtudes naturalmente adquiridas, las perderá. Por eso dijo con elegancia: Lo que parece tener, le será quitado; porque a aquel que no ha recibido la fe cristiana, no se le debe imputar el abuso de ella, sino a aquél mal administrador que dio los bienes de naturaleza aun al siervo malo.

San Gregorio Magno, *homiliae in Evangelia, 9,6*

Quien no tiene caridad, incluso lo que le parese poseer lo pierde.

San Hilario, *in Matthaeum, 27*

La gloria y el honor de la ley pertenece a aquéllos que practican el Evangelio: al paso que se quitará a aquéllos que no tienen la fe de Cristo aun cuando parecía que tenían la de la ley.

San Juan Crisóstomo, *homiliae in Matthaeum, hom. 78,3*

El siervo malo no sólo es castigado con el daño, sino también con la pena intolerable y la acusación y denuncia. Por eso sigue: "Arrojad al siervo inútil a las tinieblas exteriores", etc.

Orígenes, *homilia 33 in Matthaeum*

Esto es, en donde no hay ninguna luz, ni siquiera corporal, ni hay visión de Dios, sino que como pecadores indignos de la presencia divina, son condenados para expiación a las que se llaman tinieblas exteriores. Alguno que ha explicado antes que nosotros acerca de las tinieblas del abismo que existe fuera del mundo;

dice que como indignos de todo el mundo son arrojados fuera en aquel abismo de tinieblas que nadie las ilumina.

San Gregorio Magno, *homiliae in Evangelia, 9,6*

Y así incurre en la pena de tinieblas exteriores el que por su espontánea culpa cae en las interiores.

San Jerónimo

¿Qué se entiende por la pena de llanto y rechinar de dientes? Lo dijimos arriba.

San Juan Crisóstomo, *homiliae in Matthaeum, hom. 78,3*

Advierte que no solamente es castigado con la última pena el que roba lo ajeno y obra mal, sino también el que no practicó el bien.

San Gregorio Magno, *homiliae in Evangelia, 9,6*

El que tiene, pues, talento, procure no ser perro mudo; el que tiene abundancia de bienes, no descuide la caridad; el que experiencia de mundo, dirija a su prójimo; el que es elocuente, interceda con el rico por los pobres; porque a cada uno se le contará como talento lo que hiciere aunque fuese por el más pequeño.

Orígenes, *homilia 33 in Matthaeum*

Si a alguno disgusta el oír que será juzgado porque no enseñó a otros, recuerde aquello del Apóstol: "¡Ay de mí si no evangelizare!" (*1Cor* 9,16).

"Y cuando viniere el Hijo del hombre en su majestad, y todos los ángeles con él, entonces se sentará sobre el trono de su majestad: Y serán ayuntadas ante él todas las gentes y apartará los unos de los otros, como el pastor aparta las ovejas de los cabritos: Y pondrá las ovejas a su derecha y los cabritos a la izquierda. Entonces dirá el Rey a los que estarán a su derecha: Venid, benditos de mi Padre, poseed el reino que os está preparado desde el establecimiento del mundo: Porque tuve hambre, y me disteis de comer; tuve sed, y me disteis de beber; era huésped, y me hospedasteis; desnudo, y me cubristeis; era enfermo, y me visitasteis; estaba en la cárcel, y me vinisteis a ver. Entonces le responderán los justos, y dirán: Señor, ¿cuándo te vimos hambriento y te dimos de comer, o sediento y te dimos de beber? ¿Y cuándo te vimos huésped y te hospedamos, o desnudo y te vestimos? ¿O cuándo te vimos enfermo o en la cárcel y te fuimos a ver? Y respondiendo el Rey les dirá: En verdad os digo, que cuando lo hicisteis a uno de estos mis hermanos pequeñitos, a mí lo hicisteis. Entonces dirá también a los que estarán a la izquierda: Apartaos de mí, malditos, al fuego eterno, que está aparejado para el diablo y para sus ángeles. Porque tuve hambre y no me disteis de comer, tuve sed y no me disteis de beber. Era huésped y no me hospedasteis; desnudo, y no me cubristeis; enfermo y en la cárcel, y no me visitasteis. Entonces ellos le responderán, diciendo: Señor, ¿cuándo te vimos hambriento, o sediento, o huésped, o desnudo, o enfermo, o en la cárcel y no te servimos? Entonces les responderá diciendo: En verdad os digo, que en cuanto no lo hicisteis a uno de estos pequeñitos, ni a mí lo hicisteis". (vv. 31-45)

Rábano
Después de las parábolas sobre el fin del mundo expone el Señor el modo cómo será juzgado.

San Juan Crisóstomo, *homiliae in Matthaeum, hom. 79,1*
Escuchemos esta parte sublime del discurso con la mayor compunción, grabándola profundamente en nuestra alma, pues es el mismo Jesucristo quien lo profiere del modo más terrible y claro. No dice como en las parábolas anteriores: el reino de los cielos es semejante, sino que manifestándose y revelando su propia persona dice: "Cuando viniere el Hijo del hombre en su majestad".

San Jerónimo
El que, dos días después había de celebrar la Pascua y ser entregado al escarnio de los hombres y a la muerte de cruz, oportunamente promete el triunfo de su resurrección, para compensar el escándalo con la promesa del premio. Y es de notar que quien ha de ser visto con majestad es el Hijo del hombre.

San Agustín, *in Ioannem, 21*
En forma humana, pues, le verán los impíos y los justos; porque en el juicio aparecerá con la misma forma que tomó de nosotros; pero después será visto en la forma divina que todos los fieles ansían.

Remigio
Estas palabras destruyen el error de aquéllos que dijeron que el Señor no conservará la forma de siervo: pues de dice majestad de su divinidad en la que es igual al Padre y al Espíritu Santo.

Orígenes, *homilia 34 in Matthaeum*
Volverá con gloria para que su cuerpo aparezca transfigurado como lo fue en el monte. Su asiento debe entenderse lo más perfecto de los Santos de quienes está escrito: "Porque allí se colocaron los tronos para el juicio" (*Sal* 121,5); o ciertas virtudes angélicas, de las que se dice: Sean Tronos o Dominaciones (*Col* 1,16), etc.

San Agustín, *de civitate Dei, 20,24*
Bajará, pues, con los ángeles, que convocó de las alturas para celebrar el juicio, por lo que dice: Y todos sus ángeles con El.

San Juan Crisóstomo, *homiliae in Matthaeum, hom. 79, 1*

Concurrirán todos los ángeles para dar testimonio ellos mismos del ministerio que ejercieron por orden de Dios para la salvación de los hombres.

San Agustín, *sermones, 351,8*

Con el nombre de ángeles designó también a los hombres, que juzgarán con Cristo, pues siendo los ángeles nuncios, como a tales consideramos también a todos los que predicaron a los hombres su salvación.

Sigue: "Y serán congregados ante El todos", etc.

Remigio

Estas palabras prueban la verdad de la futura resurrección.

San Agustín, *de civiate Dei, 20,24*

Esta reunión se verificará por ministerio de los ángeles, a quienes se dice en el salmo: "Congregad al Señor todos sus Santos" (**Sal** 49,5).

Orígenes, *homilia 34 in Matthaeum.*

No entendamos que serán reunidos ante El en un local todos los pueblos porque ya no estarán dispersos por muchos y falsos dogmas sobre El. Se hará patente la Divinidad de Cristo, para que no sólo ninguno de los justos, sino ninguno de los pecadores lo ignore. Ya no aparecerá el Hijo de Dios en un lugar y en otro no, sino como dio a entender El mismo con la comparación del relámpago. Mientras, pues, los malos no se conocen, ni conocen a Cristo, y los justos sólo lo ven como por espejo y enigma, no están separados los buenos de los malos. Pero cuando por la aparición del Hijo de Dios entraren todos en el conocimiento de sí mismos, entonces el Salvador separará a los buenos de los malos, por lo que sigue: "Y los separará unos de otros", etc. Por cuanto los pecadores conocerán sus delitos y los justos verán patentes los frutos de su justicia que les acompañaron hasta el fin. Se llaman ovejas los que se salvan, por la mansedumbre con que aprendieron de Aquél que dijo: aprended de mí, que soy manso (**Mt** 11, 29); y por cuanto estuvieron dispuestos hasta sufrir la muerte, imitando a Jesucristo, que como oveja fue llevado a la muerte (**Is** 53,7). Los malos, en cambio, son llamados cabritos, los que trepan los más ásperos peñascos y caminan por sus precipicios.

San Juan Crisóstomo, *homiliae in Matthaeum, hom. 79,1*

A éstos llama cabritos, pero a los otros ovejas, para demostrar la inutilidad de aquéllos pues de nada aprovechan, y la utilidad de éstas, porque es mucho el fruto que de las ovejas se saca, como la lana, la leche y los corderillos que nacen. La Sagrada Escritura suele designar la sencillez y la inocencia con el nombre de oveja. Bellamente, pues, se designan aquí los elegidos con este nombre.

San Jerónimo

El cabrito es animal lascivo, que en la ley antigua se ofrecía para víctima de los pecados; y no dice cabras, que pueden tener crías y salen esquiladas del lavadero.

San Juan Crisóstomo, *homiliae in Matthaeum, hom. 79,1*

Después los separa hasta de lugar, pues sigue: "Y colocará a las ovejas a la derecha, y los cabritos a la izquierda".

Orígenes, *homilia 34 in Matthaeum*

Los Santos, pues, que obraron obras derechas, recibieron en premio de sus obras derechas la derecha del Rey, en la cual está el descanso y la gloria. Pero los malos por sus obras pésimas y siniestras, cayeron en la siniestra, esto es, en la tristeza de los tormentos. Continúa: "Entonces dirá el Rey, etc". Venid, para que, habiendo estado unidos perfectamente con Jesucristo, alcancen aun lo que más insignificante había sido para ellos; y añade: "Benditos de mi Padre", para que se manifieste la grandeza de la bendición de ellos, pues con preferencia son benditos del Señor que hizo el cielo y la tierra (*Sal* 113,15).

Rábano

O son llamados benditos, aquéllos a quienes por sus buenos méritos, se les debe la bendición eterna. Y dice que el reino es de su Padre, porque atribuye la potestad del reino, a aquél por quien El mismo ha sido engendrado Rey. De aquí que con autoridad regia, con la que sólo El será exaltado en aquel día, pronunciará la sentencia del juicio, por esto se dice claramente: "Entonces dirá el Rey".

San Juan Crisóstomo, *homiliae in Matthaeum, hom. 79,2*

Observa que no dijo: recibid, sino poseed, o por mejor decir, heredad; como bienes familiares, o más bien paternos, como bienes vuestros que se os deben desde hace mucho tiempo, por esto se dice: El reino que os está preparado desde el establecimiento del mundo.

San Jerónimo

Todas estas cosas se han de tomar en el sentido de la presciencia de Dios, para quien las cosas futuras ya han sucedido.

San Agustín, *de civitate Dei, 20,9*

Hecha excepción de aquel reino del cual, en el juicio final, se ha de decir: Poseed el reino que os está preparado, también la Iglesia presente, aunque de una manera más impropia, es llamada su reino, en el que aun se lucha con el enemigo, hasta que se llegue a aquel pacificadísimo reino en donde se reinará sin enemigos.

San Agustín, *sermones, 351,8*

Pero dirá alguno: Yo no quiero reinar, me basta salvarme. En eso se engaña, primero, porque no hay salvación alguna para aquéllos cuya iniquidad persevera; además si hay alguna diferencia entre los que reinan y los que no reinan, conviene que todos estén en un mismo reino, para que no sean considerados como enemigos o de otro orden distinto y perezcan mientras los otros reinan. Pues todos los romanos poseen el reino romano, aunque no todos reinan en él.

San Juan Crisóstomo, *homiliae in Matthaeum, hom. 79,2.*

Y por qué méritos los escogidos reciben los bienes del reino celestial, lo manifiesta cuando añade: "Porque tuve hambre, y me disteis de comer".

Remigio

Y hay que notar que en este lugar menciona el Señor las siete obras de misericordia, las cuales, cualquiera que tuviere cuidado de cumplirlas, merecerá alcanzar el reino preparado a los escogidos desde el establecimiento del mundo.

Rábano

Pues en un sentido místico observa las leyes del verdadero amor, quien al que tiene hambre y sed de justicia le alimenta con el pan de la palabra, o bien le da de beber la bebida de la sabiduría, y el que recibe en la casa de la Madre Iglesia al que anda errante por la herejía o por el pecado, y el que admite al que está enfermo en la fe.

San Gregorio Magno, *Moralia 26,25*

Mas éstos a quienes dirá el Juez cuando venga, teniéndolos a la derecha: "Tuve hambre", son la parte de los escogidos que son juzgados y reinan, los que limpian las manchas de la vida con lágrimas, los que redimiendo los pecados precedentes con las acciones buenas consiguientes, todo lo ilícito que obraron en otro tiempo, lo cubren enteramente ante los ojos del juez. Y hay otros que no son juzgados y reinan, los cuales superan los preceptos de la ley con la virtud de la perfección.

Orígenes, *homilia 34 in Matthaeum*

Y a causa de su humildad se proclaman indignos de alabanza por sus buenas obras; no por haberse olvidado de aquello que hicieron, pues El mismo les muestra su compasión en los suyos. Por esto sigue diciendo: Entonces le responderán los justos: ¿Cuándo te vimos? etc.

Rábano

Dicen esto ciertamente no desconfiando de las palabras del Señor, sino pasmándose de tan extraordinaria excelencia y de la grandeza de su majestad. O porque les parecerá mezquino el bien que habían obrado, según aquello del Apóstol: "No son de comparar los trabajos de este tiempo con la gloria venidera, que se manifestará en nosotros" (**Rm** 8,18).

Continúa: Y respondiendo el Rey, dirá: "En verdad os digo, que en cuanto lo hicisteis a uno de estos mis hermanos pequeñitos, a mí me lo hicisteis".

San Jerónimo

Libremente podíamos entender que Jesucristo hambriento sería alimentado en todo pobre, y sediento saciado, y de la misma manera respecto de lo otro. Pero por esto que sigue: "En cuanto lo hicisteis a uno de mis hermanos", etc., no me parece que lo dijo generalmente refiriéndose a los pobres, sino a los que son pobres de espíritu, a quienes había dicho alargando su mano: "Son hermanos míos, los que hacen la voluntad de mi Padre" (**Mt** 12,50).

San Juan Crisóstomo, *homiliae in Matthaeum, hom. 79,1*

Mas si son sus hermanos, ¿por qué los llama pequeñitos? Por lo mismo que son humildes, pobres y abyectos. Y no entiende por éstos tan sólo a los monjes que se retiraron a los montes, sino que también a cada fiel aunque fuere secular; y, si tuviere hambre, u otra cosa de esta índole, quiere que goce de los cuidados de la misericordia: porque el bautismo y la comunicación de los misterios le hacen hermano.

Continúa: "Entonces dirá también a los que estarán a la izquierda: Apartaos", etc.

Orígenes, *homilia 34 in Matthaeum*

Así como había dicho a los justos, venid (*Mt* 25,34), así también dice a los inicuos, apartaos. Los que guardan los Mandamientos de Dios, están más próximos al Verbo y son llamados para que se aproximen todavía más. Pero están muy alejados de El (aunque parece que le asisten) los que no cumplen sus Mandamientos, por esto oyen, apartaos, para que los que al presente parecen estar en su presencia, después ni siquiera le vean. Y hay que advertir que a los escogidos se ha dicho: "Benditos de mi Padre" (*Mt* 25,34); mas no se dice ahora: malditos de mi Padre, porque el dispensador de la bendición es el Padre; mas el autor de la maldición es para sí mismo cada uno de los que han obrado cosas dignas de maldición. Los que se apartan de Jesús, caen en el fuego eterno, el cual es de distinta naturaleza del fuego de que hacemos uso: pues ningún fuego es eterno entre los hombres, y ni siquiera de mucha duración. Y ten presente que no dice que el reino está preparado, en verdad, para los ángeles, mas sí que el fuego eterno lo está para el diablo y para sus ángeles. Porque por lo que a El toca, no ha creado a los hombres para que se pierdan, pero los que pecan son los que se unen con el diablo, para que así como los que se salvan son comparados a los ángeles santos, de la misma manera sean comparados a los ángeles del diablo los que perecen.

San Agustín, *de civiate Dei, 21,10*

De aquí se colige que será uno mismo el fuego destinado para suplicio de los hombres y de los demonios. Y si será dañoso al tacto corporal, para que por él puedan ser atormentados los cuerpos, ¿de qué manera podrá contenerse en él la pena de los espíritus malignos, salvo que los demonios tengan ciertos cuerpos, formados del aire denso y húmedo, como algunos han opinado? Mas si alguno afirma que los demonios no tienen cuerpos, no se ha de entablar disputa acerca de este asunto discutible: pues ¿por qué no diremos -con términos que, aunque maravillosos, son sin embargo razonables- que los espíritus incorpóreos pueden ser afligidos con la pena del fuego corporal? Si las almas de los hombres -aun siendo enteramente incorpóreas- podrán ser encerradas ahora en los miembros corporales y también entonces ser sujetos indisolublemente a los vínculos de sus cuerpos, se adherirán, por consiguiente, los demonios (aunque incorpóreos) a los fuegos corporales para ser atormentados, recibiendo la pena de los fuegos, mas no dando la vida a los fuegos. Y aquel fuego será corporal, y atormentará a los cuerpos de los hombres juntamente con sus espíritus; pero los espíritus de los demonios sin cuerpo.

Orígenes, *in Matthaeum, 34*

O tal vez aquel fuego tenga tal sustancia, que siendo invisible queme las cosas invisibles; a esto se refiere lo que dice el Apóstol: "Las cosas que se ven son temporales; mas las que no se ven son eternas" (*2Cor* 4,18). No te admires, pues, cuando oigas que el fuego es invisible y castigador, y cuando veas que el calor se aproxima y atormenta no poco interiormente a los cuerpos. Continúa: "Porque tuve hambre, y no me disteis, etc." Se escribió a los fieles: "Vosotros sois cuerpo de Cristo" (*1Cor* 12,27). Luego así como el alma que habita en el cuerpo, aun cuando no tenga hambre respecto a su naturaleza espiritual, tiene necesidad, sin embargo, de tomar el alimento del cuerpo, porque está unida a su cuerpo, así también el Salvador, siendo El mismo impasible, padece todo lo que padece su cuerpo, que es la Iglesia. Y ten en consideración que, cuando habla a los justos, cuenta sus beneficios enumerándolos de uno en uno, mas cuando lo hace a los inicuos, abreviando la narración, juntó en una ambas palabras, diciendo: "Enfermo y en la cárcel, y no me visitasteis", etc. Porque propio era de la misericordia del Juez publicar con más encomio y ampliar las obras buenas de los hombres, y hacer mención transitoriamente y abreviar sus maldades.

San Juan Crisóstomo, *homiliae in Matthaeum, hom. 79, 1*

Y mira cómo abandonaron la misericordia no en un sólo concepto, sino en todos. Porque no tan sólo no dieron de comer al hambriento, sino que (lo que era menos penoso) tampoco visitaron al enfermo. Y observa de qué manera añade las cosas más soportables, porque no dijo: Estaba en la cárcel y no me sacasteis; enfermo y no me curasteis; sino dice, no me visitasteis, y no vinisteis a mi casa. Además, cuando tiene hambre no pide una mesa espléndida, sino la comida necesaria. Todas estas cosas, por tanto, bastan para sufrir la pena. Primero, la facilidad en dar lo que se pide (pues era pan); segundo, la miseria del que pedía (pues era pobre); tercero, la compasión de la naturaleza (pues era hombre); cuarto, el deseo de alcanzar lo que se prometía (pues prometía el reino); quinto, la dignidad del que recibía (pues era Dios el que recibía por medio de los pobres); sexto, la superabundancia del honor (porque se dignó recibir de mano de los hombres); séptimo, lo justo que era dar (pues recibía de nosotros lo que es suyo): mas los hombres ante todas estas cosas son cegados por la avaricia.

San Gregorio Magno, *Moralia 26,24*

Esos de quienes esto se dice, son los malos fieles, que son juzgados y perecen, pues los otros (a saber, los infieles) no son juzgados y perecen: porque entonces no se discutirá la causa de los que se acercan a la presencia del severo juez, ya con la condenación de su infidelidad. Pero los que retienen la profesión de su fe, mas no tienen las obras propias de esta profesión, son confundidos para que perezcan. Estos por lo menos oyen las palabras del juez, porque por lo menos tuvieron las palabras de su fe; aquéllos ni siquiera perciben en su condenación las palabras del Juez eterno, porque ni siquiera en las palabras quisieron guardar la reverencia que se le debe: pues el príncipe que gobierna una república terrena, de una manera castiga al ciudadano que delinque en el interior; y de otra distinta al enemigo que se rebela en el extranjero. Contra aquél procede, consultando sus leyes; contra el enemigo promueve la guerra y no averigua lo que diga la ley acerca de la pena que merece.

San Juan Crisóstomo, *homiliae in Matthaeum, hom. 79,1*

Mas reprochados por las palabras del juez, hablan con mansedumbre, pues continúa: "Entonces ellos también le responderán, diciendo: Señor, ¿cuándo te vimos hambriento y no te alimentamos, sediento?", etc.

Orígenes, *in Matthaeum, 34*

Advierte que los justos se paran en cada una de las palabras; y los réprobos no lo hacen así en cada una, sino que pasan por ellas ligeramente: porque es propio de los justos, a causa de su humildad, desmentir diligentemente y de una en una sus buenas obras, narradas en presencia de los mismos. Y es propio de los hombres malos, para excusarse, dar a entender que no tienen culpas, o que son leves y pocas; y esto mismo lo indica la respuesta de Jesucristo. Por esto continúa: "Entonces les responderá: En verdad os digo: que en cuanto no lo hicisteis a uno de estos pequeñitos", etc. Y queriendo demostrar que las acciones buenas de los justos son sublimes, y que las culpas de los pecadores no son sublimes, dice a los justos: "Por lo mismo que lo hicisteis a uno de mis hermanos pequeñitos", mas al referirse a los inicuos, no añadió la palabra hermanos. Porque verdaderamente, los que son perfectos, son sus hermanos: más agradable es a Dios la obra buena que se hace en obsequio a los más santos, que la que se hace en obsequio a los menos santos; y es culpa más leve desdeñar a los menos santos que a los más santos.

San Agustín, *de civitate Dei, 20,1*

Aquí, pues, se trata del último juicio, cuando Jesucristo ha de venir del cielo con el fin de juzgar a los vivos y a los muertos. Llamamos último a este día del juicio divino, esto es, último tiempo, pues es incierto por cuántos días se alargará dicho juicio; según costumbre de las Escrituras Santas, el día suele ponerse en lugar del período. Por lo mismo, pues, decimos el último juicio o novísimo, porque juzga ahora, y juzgó desde el principio del género humano, separando a los primeros hombres del árbol de la vida (*Gn* 3,24) y no perdonando a los ángeles que pecaron (*2Pe* 2,4). Y en aquel juicio final serán juzgados a un mismo tiempo los hombres y los ángeles, porque por el poder divino se hará que a cada uno se le representen en su memoria todas sus obras (ya buenas, ya malas); y que sean vistas con admirable celeridad por la vista de la mente, a fin de que el entendimiento acuse o excuse a la conciencia.

"E irán éstos al suplicio eterno y los justos a la vida eterna". (v. 46)

San Agustín, *de fide et operibus c. 25*

Algunos se engañan a sí mismos diciendo que el expresado fuego eterno no es la pena eterna: previendo esto el Señor, concluyó su sentencia diciendo así: E irán éstos al suplicio eterno y los justos a la vida eterna.

Orígenes, *in Matthaeum, 34*

Advierte que, habiendo dicho primeramente: Venid (**Mt** 25,34), benditos, dice después: Apartaos, malditos (**Mt** 25,41): porque es propio del buen Dios recordar primero las acciones buenas de los buenos, que las malas de los malos. En este lugar nombra primero la pena de los malos y luego la vida de los justos, para que evitemos primero los males (que son causa del temor); y luego apetezcamos los bienes (que son causa del honor).

San Gregorio Magno, *Moralia, 25,10*

Si con tan extraordinaria pena es castigado el que es acusado de no haber dado lo suyo, con qué pena habrá de ser vulnerado el que es increpado por haber quitado lo ajeno?

San Agustín, *de civitate Dei, 19,11*

La vida eterna es, pues, nuestro sumo bien, y el fin de la ciudad de Dios. De este fin dice el Apóstol: "Y por fin la vida eterna" (**Rm** 6,22). Y además, como quiera que aquéllos que no están muy versados en las Escrituras Santas pueden tomar la vida eterna por la vida de los malos, a causa de la inmortalidad del alma, o a causa de las penas interminables de los impíos: verdaderamente se ha de decir que el fin de esta ciudad en la cual se tendrá el sumo bien para que todos puedan entenderlo es o la paz en la vida eterna, o la vida eterna en la paz.

San Agustín, *de Trinitate, 1,8*

Pues lo que dijo el Señor a su siervo Moisés: "Yo soy el que soy" (**Ex** 3,14), lo veremos cuando vivamos para siempre: y así lo dice el Señor: "Esta es la vida eterna, que te conozcan a ti Dios verdadero" (**Jn** 17,3). Porque esta visión nos promete el fin de todas las acciones, y la perfección eterna de todos los goces, de la cual dice San Juan: "Le veremos así como El es" (**1Jn** 3,2).

San Jerónimo

Mas, ioh lector prudente! advierte que los suplicios son eternos y que la vida perpetua no tendrá peligro de acabarse.

San Gregorio, *Dialog. 4,44*

Mas dicen algunos, que ha amenazado a los pecadores, tan sólo para refrenarlos en el pecar. A los estos responderemos: si ha amenazado con falsedades para corregirlos en su injusticia, también prometió cosas falsas para provocarlos a la justicia; y así, mientras andan solícitos para presentar a Dios como misericordioso no se avergüenzan de predicarle falaz. Pero (dicen), la culpa limitada no debe ser castigada ilimitadamente: a los cuales responderemos que hablarían bien, si el juez justo apreciara, no los corazones de los hombres, sino sus obras. A la justicia, por tanto, del severo juez corresponde que jamás carezcan de suplicio aquéllos cuyo espíritu jamás quiso carecer de pecado en esta vida.

San Agustín, *de civitate Dei, 21,11*

Ninguna ley justa exige que sea igual la duración del tiempo de la pena al de la culpa, pues no hay quien haya querido sostener que la pena del homicida o del adúltero deba durar tan poco como duraron estas faltas. Cuando por algún gran crimen es condenado alguno a muerte, ¿acaso toman en consideración las leyes el tiempo que dura el suplicio; y no la necesidad de quitarle para siempre de la sociedad de los vivos? Los azotes, la deshonra, el destierro, la esclavitud que frecuentemente se imponen sin remisión alguna, ¿no se parece en esta vida, en la forma, a las penas eternas? Y eso que no pueden ser eternas, porque ni la misma vida durante la cual se imponen es eterna. Pero se dice: ¿Cómo, pues, puede ser verdad lo que dice Jesucristo: "Con la misma medida que midiereis seréis medidos", si el pecado temporal es castigado con pena eterna? Pero no se considera que la medida de la pena se entiende, no por la igual duración del tiempo, sino por la reciprocidad del mal, esto es, que el que mal hizo mal padezca; hízose digno de la pena eterna, el hombre que aniquiló en sí el bien que pudiera ser eterno.

San Gregorio, *Dialog. 4,44*

No se ha dicho jamás de hombre justo que se complaciese en la crueldad, y si manda castigar al siervo delincuente, es para corregirle de su falta: los malos, pues, condenados al fuego eterno, ¿por qué razón arderán eternamente? A esto responderemos que Dios Omnipotente no se complace en el tormento de los desgraciados, porque es misericordioso. Pero porque es justo no le es suficiente el castigo de los inicuos. Y por alguna razón el fuego eternamente devorará a los malvados, así, pues, servirá para que reconozcan los justos cuán deudores son a la gracia divina, con cuyo auxilio pudieron evitar los eternos males que ven.

San Agustín, *de civitate Dei, 21,3*

Pero dirán que de todos los cuerpos creados por Dios, no hay ninguno que pueda padecer y no pueda morir. Es, pues, necesario que viva sufriendo, y no es necesario que muera de dolor. Porque no cualquier dolor mata a estos cuerpos mortales; para que un dolor pueda matar es necesario que sea de tal naturaleza, que estando íntimamente unida el alma a este cuerpo, cediendo a acerbos dolores, salga de él. Entonces, el alma se une a tal cuerpo con un lazo tan íntimo que ningún dolor podrá romperlo; y no se extinguirá la muerte, sino que será muerte sempiterna, cuando el alma no podrá vivir sin Dios, ni librarse de los dolores del cuerpo muriendo. Entre los que negaron semejante eterno suplicio el más misericordioso fue Orígenes, que incurrió en el error de que después de largos y crueles suplicios serían libertados hasta el mismo diablo y sus ángeles, y asociados a los ángeles santos. Pero la Iglesia no sin razón lo condenó no sólo por éste, sino por muchos otros errores, y le abandonó a esta ilusión de falsa misericordia que le había hecho inventar en los santos verdaderas miserias, para evitar los futuros castigos y falsas bienaventuranzas, en las que no gozaran con seguridad de la eterna dicha. También yerran en diversos sentidos otros llevados de un sentimiento de compasión puramente humano, que suponen que después de sufrir temporalmente aquellas penas serán tarde o temprano liberados de ellas en el último juicio. ¿Por qué, pues, tanta misericordia con toda la naturaleza humana, y ninguna con la angélica?

San Gregorio, *Dialog. 4,44*

Pero preguntan cómo pueden ser santos los que no rogarán por sus enemigos cuando los verán ardiendo. Ruegan, en verdad por sus enemigos, durante el tiempo que pueden reducirlos a fructuosa penitencia y convertir sus corazones, pero ¿cómo orarán por aquéllos que ya de ningún modo pueden convertirse de la iniquidad?

San Agustín, *De civ. Dei 21,19*

También hay algunos que no prometen a todos los hombres la redención del suplicio eterno, sino tan sólo a aquéllos que están lavados con el bautismo de Cristo y que han participado de su cuerpo, de cualquier modo que hayan vivido. Por aquello que dice el Señor por San Juan: "Si alguno comiere de este pan no morirá eternamente" (*Jn* 6,51). Asimismo otros no hacen la misma promesa a todos los que participan del sacramento de Cristo sino solamente a los católicos (aunque vivan mal), y que no solamente hayan participado del cuerpo de Cristo, sino que de hecho hayan formado parte de su cuerpo, que es la Iglesia, a pesar de que después hayan incurrido en alguna herejía o idolatría. No falta quien teniendo fijos los ojos en aquellas palabras de San Mateo: "El que perseverare hasta el fin, ésta será salvo" (*Mt* 24,3); promete tan sólo a los que perseveran en la Iglesia católica (aunque vivan mal), que por el mérito del fundamento, es decir, de la fe, se salvarán por el fuego con que en el último juicio serán castigados los malos. Pero todo esto lo refuta el Apóstol diciendo: "Evidentes son las obras de la carne, que son la impureza, la fornicación y otras semejantes: yo os predico que todos los que tal hacen no poseerán el reino de Dios" (*Gál* 5,19-21). Si, pues, alguno prefiere en su corazón las cosas temporales a Cristo, aunque parezca que tiene la fe de Cristo, sin embargo no es Cristo el fundamento en quien tales cosas antepone. Y con mayor razón, si comete pecados, queda convicto de que no sólo no prefiere a Dios, sino que le pospone. He hallado algunos que piensan que tan solamente arderán en el fuego eterno los que descuidan el compensar con dignas limosnas sus pecados y por eso sostienen que el juez en su sentencia no ha querido hacer mención de otra cosa, que de si han hecho o no limosnas. Pero el que dignamente hace limosna por sus pecados, empieza primero a hacerla para sí mismo: pues es indigno que no la haga para sí, el que la hace para el prójimo, y no oiga la voz de Dios que dice: "Amarás a tu prójimo como a ti mismo". Y asimismo en el Eclesiástico "Compadécete de tu alma agradando a Dios" (*Eclo* 30,24). No haciendo esta limosna por su alma, esto es, la de agradar a Dios, ¿cómo puede decirse que hace limosnas suficientes por sus pecados? Por esta razón se han de hacer las limosnas para que seamos oídos cuando pedimos perdón por los pecados pasados, y no creamos que con ellas compramos el permiso de perseverar obrando mal. Por esto, pues, el Señor predijo que colocaría a su derecha a los que hicieron limosnas y a la izquierda a los que no las hicieron; para demostrar cuánto vale la limosna para borrar los pecados pasados; no para continuar pecando impunemente.

Orígenes, *in Matthaeum, 34*

Pero no piensan algunos que tan sólo es digno de premio este medio de justificación, sino también cualquier otro de los que mandó Jesucristo, porque da de comer y beber a Jesucristo el que alimenta a los fieles con la verdad y la justicia. Asimismo vestimos a Cristo desnudo, cuando enseñamos a algunos, vistiéndoles con las ropas de la sabiduría, y entrañas de misericordia. Le recibimos como peregrino en la casa de nuestro pecho, cuando preparamos nuestro corazón y el de nuestros prójimos, para recibir diversas virtudes. Igualmente cuando visitáremos a nuestros hermanos enfermos en la fe o en las costumbres, enseñándoles, reprendiéndoles o consolándoles, al mismo Cristo visitamos. Finalmente, todo lo que aquí en el mundo existe, es cárcel de Cristo y de los suyos, que se encuentran como prisioneros y encarcelados por las exigencias del mundo y las necesidades de la naturaleza. Cuando, pues, les hiciéremos bien, les visitamos en la cárcel y a Jesucristo en ellos.

CAPÍTULO 26

Y aconteció que cuando hubo Jesús acabado todos estos razonamientos, dijo a sus discípulos: "sabéis que de aquí a dos días será la Pascua, y el Hijo del hombre será entregado para ser crucificado". (vv. 1-2)

San Hilario, *in Matthaeum, 29*

Después que el Señor había predicho su venida con gloria, ahora avisa su pasión para que comprendan que al misterio de la cruz va unido el de su eterna gloria. Por eso dice: "Y sucedió que cuando hubo Jesús acabado estos razonamientos".

Rábano

A saber, sobre el fin del mundo y del día del juicio; o, porque obrando y predicando había completado todo desde el principio del Evangelio hasta su pasión.

Orígenes, *in Matthaeum, 35*

No dijo sencillamente todos los razonamientos sino todos éstos; pues aun convenía que pronunciara otros antes de su muerte.

Sigue: Dijo a sus discípulos: "Sabéis que después de dos días se celebrará la Pascua".

San Agustín, *de consensu evangelistarum, 2,78*

De la narración del Evangelio de San Juan se deduce que seis días antes de la Pascua fue Jesús a Betania, y desde allí a Jerusalén sobre un jumentillo; después tienen lugar los hechos que cuenta ocurridos en Jerusalén. Comprendemos, pues, que desde aquel día que llegó a Betania hasta los dos antes de la Pascua, habían pasado cuatro, pues este es el tiempo que media entre la Pascua y los ácimos. Porque la Pascua se llama sólo el día en que es muerto el cordero por la tarde, esto es, la luna catorce del primer mes; mientras que la fiesta de los ácimos tenía lugar en la luna decimaquinta cuando el pueblo salió de Egipto. Algunas veces los evangelistas acostumbran tomar una por otra.

San Jerónimo

La Pascua, que en hebreo se llama ***phase*** (paso), no recibe su nombre, como piensan muchos, de la pasión (es decir del verbo que quiere decir padecer), sino del paso porque viendo el ángel exterminador la sangre en las puertas de los Israelitas, había pasado sin herirlos, o porque el mismo Señor había descendido en auxilio de su pueblo.

Remigio

O también porque con la protección del Señor, librado el pueblo de Israel de la esclavitud de los egipcios, había pasado a ser libre.

Orígenes, *in Matthaeum, 35*

No dijo: después de dos días será o vendrá la Pascua, para dar a entender que aquella Pascua sería como se acostumbraba según la ley, sino se hará la Pascua; esto es como nunca se hizo.

Remigio

En sentido místico se dice Pascua porque en aquel día pasó Cristo de este mundo al Padre, de la corrupción a la incorrupción, de la muerte a la vida; y porque por su saludable tránsito redimió al mundo de la esclavitud del demonio.

San Jerónimo

Después de los dos días de la clarísima luz del Antiguo y Nuevo Testamento, se celebra la Pascua verdadera para el mundo y también nuestro tránsito, esto es *phase*, si abandonando las cosas de la tierra nos apresuramos a adquirirlas del cielo.

Orígenes, *in Matthaeum, 35*

Predice a sus discípulos que será entregado: "y el Hijo del hombre será entregado para ser crucificado". Y les previene, para que oyendo antes lo que sucederá, no se asombren repentinamente, viendo entregar a su maestro a la muerte. Por esto, pues, dice "será entregado", sin indicar por quién. Dios lo entregó por compasión al linaje humano; Judas por avaricia; los sacerdotes por envidia; el diablo por temor de que con su doctrina arrancase de su poder al género humano, no advirtiendo que por su muerte le arrancaría mejor de lo que le había arrancado ya por su doctrina y sus milagros.

Entonces se juntaron los príncipes de los sacerdotes y los magistrados del pueblo en el atrio del príncipe de los sacerdotes, que se llamaba Caifás; y tuvieron consejo para prender a Jesús con engaño y hacerle morir. Mas decían: "no en el día de la fiesta, porque acaso no sucediese alboroto en el pueblo". (vv. 3-5)

Glosa

El Evangelista pone de manifiesto los preparativos de toda la maquinación que precedió a la pasión que el mismo Jesucristo había anunciado. Por esto dice: "entonces se congregaron los príncipes de los sacerdotes".

Remigio

La palabra entonces, va unida a las anteriores, esto es, antes de que se celebrase la Pascua.

Orígenes, *in Matthaeum, 35*

No los verdaderos sacerdotes, ni los verdaderos ancianos, sino los de aquel pueblo, que en la apariencia era el de Dios. Y en realidad era el pueblo de Gomorra, que no comprendiendo que aquél era el sumo sacerdote de Dios, le tendían asechanzas; y desconociendo al Primogénito de toda criatura, se convinieron contra El que es el más anciano de todas las cosas.

San Juan Crisóstomo, *homiliae in Matthaeum, hom. 79,3*

Meditando inicuos proyectos, se dirigieron al príncipe de los sacerdotes, para que les diese un poder que él no debía dar. Muchos eran los príncipes de los sacerdotes, siendo así que la ley no permitía más que uno. En lo que se manifestaba el principio de disolución de la nación Judía; Moisés había mandado que no hubiera más que un príncipe de los sacerdotes, y muerto éste, se eligiera otro, pero después vinieron a ser anuales. A éstos, pues, llama aquí príncipes de los sacerdotes, porque lo parecían.

Remigio

Son dignos de condenación, no sólo porque se reunieron, sino también porque eran príncipes de los sacerdotes. Porque cuanto mayor es el número de los que se reúnen para perpetrar algún mal, y más altos, esclarecidos y nobles fueren, tanto más grave es el delito que se comete, y por ello mayor la pena que se les prepara. A fin de manifestar la sencillez e inocencia del Señor, añade el Evangelista: "para prender a Jesús con engaño y hacerle morir", pues reunieron consejo para prender y matar con engaño a aquél en quien no podían hallar causa alguna de muerte.

San Juan Crisóstomo, *homiliae in Matthaeum, hom. 79,3*

Tuvieron consejo, pues, para prenderle ocultamente y matarle; pero temían al pueblo, y por eso esperaban que pasara la fiesta, diciendo: "no en el día de la fiesta". Pues el diablo no quería que Cristo padeciera en la Pascua para que no se hiciera pública su pasión. Los príncipes de los sacerdotes no lo decían por temor de Dios, es decir, porque no se agravase su pecado, cometiéndolo en este día; sino porque en todo pensaban mundanamente. Por eso que sigue: "no ocurriese acaso un tumulto en el pueblo".

Orígenes, *in Matthaeum, 35*

Por las varias opiniones del pueblo en que unos amaban a Cristo, otros le aborrecían, otros creían en él, y otros no.

San León Magno, *sermones, 58,2*

Al acordar los príncipes de los sacerdotes disposición para que no se originara tumulto un día santo, no se proponían la santificación de la fiesta, sino la impunidad del crimen, pues temían, no que el pueblo pecara, sublevándose las turbas en la principal solemnidad, sino el que Cristo se les escapara.

San Juan Crisóstomo, *homiliae in Matthaeum, hom. 79,3*

Pero el furor en que ardían les hizo cambiar de decisión porque habiendo encontrado un traidor mataron a Cristo en la misma festividad.

San León Magno, *sermones, 58,1*

Parécenos que fue providencia divina, el que los príncipes de los judíos, que tantas veces habían buscado ocasión de sacrificar a Cristo, no pudieran saciar su furor más que en la solemnidad de la Pascua. Convenía, pues, que lo que había sido figurado y prometido mucho antes, tuviese manifiesto y cumplido efecto, y el sacrificio figurativo fuera sustituido por el verdadero. Completóse con un solo sacrificio el de las variadas y diferentes víctimas, para que las sombras desapareciesen ante la realidad, y cesaran las figuras en presencia de la verdad; la hostia se transforma en otra hostia, la sangre hace desaparecer otra sangre, y las ceremonias legales se cumplen cuando desaparecen.

Y estando Jesús en Betania, en casa de Simón el leproso, se llegó a El una mujer que traía un vaso de alabastro, de ungüento precioso, y lo derramó sobre la cabeza de El, estando recostado en la mesa. Y cuando lo vieron sus discípulos, se indignaron diciendo: "¿A qué fin este desperdicio? porque podía eso venderse en mucho precio y darse a los pobres". Mas entendiéndolo Jesús, les dijo: "¿por qué sois molestos a esa mujer? pues ha hecho conmigo una buena obra. Porque siempre tenéis pobres con vosotros: mas a mí no siempre me

tenéis. Porque derramando ésta este ungüento sobre mi cuerpo, para sepultarme lo hizo. En verdad os digo, que en todo lugar, donde fuere predicado este Evangelio en todo el mundo, se contará también lo que ha hecho para memoria de ella". (vv. 6-13)

Glosa

Después de haber hablado del consejo que los príncipes tomaron para matar a Cristo, pasa el Evangelista a referirnos su cumplimiento, explicándonos la manera como Judas se convino con los judíos, para entregar a Cristo. Pero antes hace preceder la causa de la traición: se había lamentado Judas, porque el ungüento que la mujer había derramado sobre la cabeza de Cristo no se había vendido, para hurtar algo del precio, lo cual quiso él compensar vendiendo al maestro. Dice pues: "Estando, Jesús en Bethania, en casa de Simón el leproso".

San Jerónimo

No porque entonces lo fuese aun, sino porque antes lo había sido y curado después por el Señor, le quedaba aun el primer mote de leproso, para que constase la virtud del que le había curado.

Sigue: "Se acercó a El una mujer que llevaba un vaso de alabastro, de ungüento precioso".

Rábano

Este alabastro es una especie de mármol blanco, pintado de varios colores, que suele destinarse a vasos de perfumes, porque se dice que los conserva sin corrupción.

San Jerónimo

Otro Evangelista, en lugar de alabastro de ungüento precioso, dijo de nardo puro, esto es, verdadero y sin mezcla.

Rábano

En griego, significa fe, de donde deriva **pístico**, esto es, fiel: pues aquel ungüento era entonces fiel, esto es, puro y no adulterado.

Sigue: "Y lo derramó sobre la cabeza de El que estaba recostado".

Orígenes, *in Matthaeum, 35*

Acaso hay quien diga que fueron cuatro las mujeres de quienes nos hablaron los evangelistas. Pero yo convengo mejor en que fueron tres, y tan sólo una la que citan San Mateo y San Marcos, otra de la que escribió San Lucas, y otra de la que habló San Juan.

San Jerónimo

No crea nadie que fuera la misma la que derramó el ungüento sobre la cabeza y sobre los pies. La primera fue aquélla que lavó con lágrimas, y las enjugó con su cabello y claramente es llamada mujer pública. De ésta, pues, no se ha escrito tal cosa, ni era posible que una meretriz llegara en un momento a ser digna de tocar la cabeza del Señor.

San Ambrosio, *in Lucam, 7*

Es posible que no fuese la misma, y que por consiguiente, el Evangelista no incurriera en contradicción. Esta cuestión puede resolverse teniendo presente la diversidad de méritos y de tiempos, pudiendo ser entonces pecadora, y ahora más perfecta.

San Juan Crisóstomo, *homiliae in Matthaeum, hom. 80,1*

Este es el motivo por que los tres evangelistas, a saber: San Mateo, San Marcos y San Lucas, parece se refieren a una misma. Mas no sin razón el Evangelista recordó la lepra de Simón, para manifestar en qué fundó su confianza esta mujer para acercarse a Cristo: la lepra es un mal impuro, y esta mujer, viendo que Jesús había curado a aquel hombre, en cuya casa estaba, tomó confianza para creer que fácilmente limpiaría la inmundicia de su alma. Y así como otras mujeres se habían acercado a Jesús para la curación del cuerpo, ella sólo se acerca a Cristo para honrarle, y para curar su alma, no teniendo en su cuerpo enfermedad alguna, y es la razón por qué es digna de admiración. Según San Juan, no es la misma mujer, sino otra admirable hermana de Lázaro.

Orígenes, *in Matthaeum, 35*

San Mateo y también San Marcos, refieren que este hecho tuvo lugar en casa de Simón el leproso; mientras que San Juan dice que fue Jesús a donde estaba Lázaro. Y no era Simón quien le servía, sino María y Marta. Por otra parte, según San Juan, seis días antes de la Pascua fue a Bethania, cuando María y Marta dispusieron una cena; pero aquí cuando descansó en la casa de Simón, no quedaban más que dos días para la Pascua. Y según San Mateo y San Marcos, los discípulos se indignaron al ver el hecho; mas según San Juan, sólo fue Judas por la pasión de hurtar; pero según San Lucas, nadie murmuró.

San Gregorio Magno, *homiliae In Evangelia, 33,1*

O bien podrá decirse que ésta es la misma mujer que San Lucas llama pecadora y San Juan llama María.

San Agustín, *de consensu evangelistarum, 2,79*

Aunque San Lucas cuenta un hecho semejante al que de aquí se habla, que ocurrió en la casa de un hombre, y convengan en el nombre de la persona en cuya casa era donde estaba el Señor convidado (pues dice que se llamaba Simón); sin embargo, como no es contra el uso y costumbre de los hombres el que dos tengan el mismo nombre, es más creíble que fuese otro Simón, no leproso, en cuya casa, en Bethania, sucedía esto. Yo pienso, pues, que no era sino la misma mujer, la pecadora que entonces se acercó a los pies de Jesús. Y que la misma María hizo esto dos veces; a saber: la primera la que cuenta San Lucas y conmemora también San Juan con el nombre de María, antes que el Salvador llegara a Betania, en estos términos: "había, dice, un enfermo en Bethania llamado Lázaro, en el castillo de María y Marta su hermana. María era la que ungió al Señor con ungüento y limpió sus pies con sus cabellos, cuyo hermano Lázaro estaba enfermo" (*Lc* 11,1-2). María había, por consiguiente, hecho ya esto, cuando otra vez lo hizo en Betania. Y este segundo hecho es el que no refiere San Lucas, y es referido por los tres evangelistas, a saber, Juan, Mateo y Marcos, con la diferencia empero que San Mateo y San Marcos dicen que derramó aquel ungüento en la cabeza del Señor, mas San Juan en los pies. Lo que no envuelve contradicción, si admitimos que no solamente ungió la cabeza del Señor, sino también los pies. A no ser que haya quien niegue que, como cuenta San Marcos, roto el vaso de alabastro y ungida la cabeza, pudo haber quedado lo bastante para perfumar los pies del Señor. Pero el que así calumnia, conceda que los pies del Señor fueron ungidos antes de romper el vaso, para que quedase entero, a fin de ungir la cabeza, derramándolo todo por la rotura.

San Agustín, *de doctrina christiana, 3,12*

Nunca un hombre de sano juicio se imaginaría que los pies del Salvador serían ungidos con este bálsamo precioso como suelen hacer los hombres mundanos y voluptuosos. Pues en tales cosas no está la culpa en el uso, sino en la maldad de la manera de usarlas: el que usa de una cosa traspasando los límites de las buenas costumbres de las personas con quienes vive, o quiere manifestar algo o es reprobable. Por lo tanto, lo que en otros es la más de las veces un crimen, en la divina y profética persona, es señal de algún gran misterio. Pues el buen olor significa la buena fama, la que adquirirá con la buena vida y obras, el que siguiendo los pasos de Cristo unge sus pies con precioso perfume.

San Agustín, *de consensu evangelistarum, 2,78*

Pero esto puede parecer contradictorio, porque San Mateo y San Marcos dijeron que faltaban dos días para la Pascua y después dijeron que Jesús estaba en Betania, en donde se habla de aquel precioso ungüento; sin embargo el mismo hecho habrá de narrar San Juan cuando dice "seis días antes de la Pascua" (*Jn* 12,1). Pero los que presentan esta objeción no comprenden que San Marcos y San Mateo refieren el acontecimiento del ungüento recapitulando, pues ninguno de ellos dice que sucedió dos días antes de la Pascua; así continuó diciendo: "después de esto hallándose en Betania".

San Juan Crisóstomo, *homiliae in Matthaeum, hom. 80,1*

Como los discípulos habían oído decir a su maestro: "Misericordia quiero y no sacrificio" (*Mt* 9,13), pensaban entre sí: si no acepta los sacrificios, con mayor razón rehusará el bálsamo. Por esto sigue: viendo esto los discípulos se indignaron diciendo: "¿por qué este desperdicio? pues pudo esto venderse", etc.

San Jerónimo

Sé que algunos critican este pasaje porque San Juan dijo que sólo Judas fue el que lo tomó a mal, porque era el depositario y ladrón desde el principio; y San Mateo dice que se indignaron todos los discípulos. Pero ignoran la figura que se llama silepsis por la que se toma a uno por muchos y a muchos por uno. Pues San Pablo en su epístola a los hebreos dice que los ancianos de la antigua ley fueron divididos (*Heb* 11,37) cuando tan solamente lo fue Isaías.

San Agustín, *de consensu evangelistarum, 2,79*

Puede también entenderse que igualmente los otros discípulos lo sintieron, o que Judas los persuadió con lo que dijo, y que San Marcos y San Mateo expresaron la impresión que les hicieron las palabras de Judas. Pero éste lo dijo movido del deseo de hurtar; y los otros de la caridad con los pobres: mas San Juan sólo cita aquél para hacer constar con este motivo su inclinación a hurtar.

San Juan Crisóstomo, *homiliae in Matthaeum, hom. 80,1*

Los discípulos, pues, pensaban así; pero el Señor, conociendo la intención de la mujer, se lo permitió porque era mucha su piedad e inefable su amor; y por esto condescendiendo dejó derramar el ungüento sobre su cabeza. Así como el Padre aceptó con gusto el olor de la víctima, del mismo modo Cristo condescendió con esta mujer devota, cuya intención no conocían los discípulos que se quejaban. Por esto sigue: "Conociéndolo, pues, el Señor, les dijo: ¿Por qué molestáis a esta mujer?"

Remigio

Con lo que claramente manifestó que los discípulos habían dicho algo contra ella. Pero el Señor dijo esta notable expresión: "Ha hecho una obra buena conmigo", como si dijera: no es desperdicio del bálsamo como vosotros decís, sino una obra buena, esto es, homenaje de piedad y devoción.

San Juan Crisóstomo, *homiliae in Matthaeum, hom. 80,2*

No se contentó el Señor con decir: "Ha hecho conmigo una buena obra", sino que primero dijo: "¿Por qué molestáis a esta mujer?" Enseñándonos, que cuando alguno hace alguna buena obra, aunque no sea perfecta se debe recibir y alentar, y no exigir desde el principio toda su perfección. Si alguno hubiera preguntado a esta mujer qué es lo que iba a hacer, no se lo hubiera permitido, pero después de derramado ya el ungüento era inoportuna la represión de los discípulos. Por lo mismo, para no defraudar el deseo de esta mujer, la consoló con sus palabras.

Sigue: "Pues siempre tendréis pobres con vosotros".

Remigio

El Señor manifestó con estas palabras en cierto modo, que no eran culpables los que le servían con alguno de sus bienes mientras vivía aún en el cuerpo mortal, porque pobres había de haber siempre en la Iglesia, mientras que El había de permanecer poco tiempo corporalmente entre ellos. Por esto añade: "Pero a mí no siempre me tendréis".

San Jerónimo

Surge aquí la dificultad de por qué el Señor dijo después de su resurrección a los discípulos: "He aquí que yo estoy con vosotros hasta la conclusión del mundo" (*Mt* 28,20), y ahora diga: "A mí no siempre me tendréis". Pero a mí me parece que en este pasaje habla de su presencia corporal, de la que ellos de ninguna manera volverían a disfrutar después de la resurrección, del mismo modo y con la misma familiaridad que entonces.

Remigio

Puede también resolverse esta duda entendiendo que sólo fue dicho a Judas. Pero por esto no dijo "tendrás" sino "tendréis"; porque en la persona de Judas fue dicho a todos sus imitadores. Por eso dijo "no siempre" siendo así que ni con el tiempo pueden contar; porque los malos parece que tienen a Cristo cuando se mezclan con sus miembros en el presente siglo y se acercan a su mesa. Pero no siempre será así, cuando sólo a los elegidos les dirá: "Venid, benditos de mi Padre" (*Mt* 25,34).

Sigue: "Derramando, pues, este ungüento", etc. Era costumbre de aquel pueblo embalsamar con diversos aromas los cuerpos de los muertos para que se conservasen sin corrupción mucho tiempo. Y porque había de suceder que esta mujer quisiese ungir el cuerpo muerto del Señor y no pudiera verificarlo, porque se anticipara la resurrección, por esto sucedió por disposición divina, que el cuerpo del Señor fuese ungido en vida. Y dice: "Derramando este ungüento sobre mi cuerpo, para enterrarme lo hizo". Esto es, ungiendo esta mujer mi cuerpo vivo, manifiesta que moriré y seré enterrado.

San Juan Crisóstomo, *homiliae in Matthaeum, hom. 80,2*

Como había recordado su muerte y su sepulcro para no entristecer a la mujer, la consuela otra vez con estas palabras: "En verdad os digo, que en cualquier parte donde fuere predicado", etc.

Rábano

Esto es: por todos los lugares por los que se extenderá la Iglesia en todo el mundo se dirá lo que hizo esta mujer. Notemos la contraposición que así como Judas fue dominado de infame perfidia, ésta lo fue de gloriosa piedad y devoción.

San Jerónimo

Escucha, pues, la noticia anticipada, de que pasados dos días, padecerá y morirá y su Evangelio será conocido y celebrado en toda la tierra.

San Juan Crisóstomo, *homiliae in Matthaeum, hom. 80,2*

Así como lo dijo ha sucedido, y por cualquier parte de la tierra que fueres oirás la celebridad de esta mujer debido al poder del Señor. Las victorias de muchos reyes y de grandes capitanes han sido olvidadas en la memoria de los hombres; así como la mayor parte de los que fundaron ciudades y redujeron a esclavitud muchas naciones, ni de palabra ni de nombre, han sido conocidos. Mientras que esta mujer que derramó este bálsamo en la casa de cierto leproso, en presencia de doce hombres, es celebrada por todo el orbe de la tierra, y la memoria de su hecho no se ha borrado a pesar de tanto tiempo como ha transcurrido. ¿Pero por qué nada especial prometió a esta mujer más que una memoria eterna? Porque de estas palabras claramente pudo entenderse que si había hecho una buena obra era evidente que recibiría buena recompensa.

San Jerónimo

En sentido místico está en Bethania la morada de la obediencia, que en otro tiempo fue de Simón el leproso, en donde vive el que ha de padecer por todo el mundo. Simón se interpreta también obediencia, que en otro sentido puede entenderse el mundo en cuya casa fue curada la Iglesia.

Orígenes, *in Matthaeum, 35*

En todas las Sagradas Escrituras, por aceite se entiende las obras de misericordia, con el cual se alimenta y luce la lámpara de la predicación. También significa la doctrina, con la cual se alimenta a los oyentes, con la fervorosa predicación de la fe. Generalmente se llama aceite todo lo que sirve para ungir. El bálsamo o perfume es diferente del aceite, pues es un ungüento precioso. Así, toda acción justa se llama buena obra, pero una cosa son las que se practican por respetos humanos para agradar a los hombres, y otra las que se hacen por Dios y según Dios. Y esto mismo que hacemos por Dios, o aprovecha para los hombres, o únicamente para la gloria de Dios. Por ejemplo, alguno hace bien al hombre por un sentimiento natural de justicia, no por Dios, como obraban a veces los gentiles; semejante buena obra es aceite común, no perfume. Y sin embargo, es agradable a Dios, porque, como dice San Pedro por boca de San Clemente, las buenas obras que hacen los infieles, les aprovechan en este siglo, no en el otro para conseguir la vida eterna; pero los que las hacen por Dios les aprovechan para el siglo venidero. Este es el ungüento de buen olor. Pero algunos se hacen para utilidad de los hombres, como por ejemplo las limosnas y las demás de su género: el que esto hace con los cristianos, unge los pies del Señor; porque éstos son los pies del Señor que es lo que principalmente suelen hacer los penitentes para el perdón de sus pecados. Pero el que observa castidad, persevera en los ayunos y oraciones y en las demás obras que tan sólo conciernen a la gloria de Dios, unge con perfume la cabeza del Señor, y éste es el ungüento precioso de cuyo olor se llena toda la Iglesia. Y ésta es la obra propia no de los penitentes, sino de los perfectos. También la doctrina que es necesaria a los hombres es el bálsamo con que son ungidos los pies del Señor. Pero el conocimiento de la fe que sólo pertenece a Dios, es el bálsamo con que se unge la cabeza de Cristo con el que nos enterramos con Cristo por el bautismo muriendo al mundo.

San Hilario, *in Matth. can. 29*

Esta mujer representa al pueblo gentil; es la que en la pasión de Cristo dio gloria a Dios, porque ella ungió la cabeza de Cristo que es Dios. Pues el ungüento es el fruto de las buenas obras. Pero los discípulos en su deseo de salvar a Israel, dicen que debía haberse vendido en provecho de los pobres: por instinto profético llaman pobres a los judíos necesitados de fe. Pero el Señor les responde que les quedará mucho tiempo para cuidar de estos pobres. Por otra parte, esto no es más que la orden expresa para que los apóstoles vayan por orden suya a llevar la salud a las naciones, que por la unción del bálsamo de esta mujer han sido enterradas con El y son regeneradas de entre los muertos en el sacramento del bautismo. Y esta es la razón porque su buena obra será publicada donde será publicado el Evangelio, pues desapareciendo Israel será predicada la gloria del Evangelio a la conversión de las naciones.

Entonces se fue uno de los doce, llamado Judas Iscariote, a los príncipes de los sacerdotes y les dijo: "¿Qué me queréis dar, y yo os lo entregaré?" Y ellos le señalaron treinta monedas de plata. Y desde entonces buscaba oportunidad para entregarlo. (vv. 14-16)

Glosa

Supuesta la oportunidad de la traición, el Evangelista habla a continuación de la que cometió Judas. Por lo que dice: "Entonces fue uno de los doce", etc.

San Juan Crisóstomo, *homiliae in Matthaeum, hom. 80,2*

Tan luego como oyó que el Evangelio se había de predicar en todas partes, temió, pues esto demostraba un poder admirable.

San Agustín, *de consensu evangelistarum, 2,78*

Las palabras: "Entonces se fue uno de los doce", continúan la narración de los acontecimientos que empieza con la palabra del Señor: "Sabéis que, pasados dos días, se celebrará la Pascua... Entonces se juntaron los príncipes de los sacerdotes", etc. Entre aquello que se dijo: "Porque no sucediese alboroto en el pueblo" (*Mt* 26,5), y esto que se dice: "Entonces se fue uno de los doce", se interpuso lo que sucedió en Bethania, de lo cual se ha hecho mención al recapitular.

Orígenes, *in Matthaeum, 35*

Y se fue en busca de un príncipe de los sacerdotes, para entregar al que fue hecho sacerdote eternamente (*Sal* 109,4); y se fue a buscar muchos príncipes de los sacerdotes, para venderles por precio al que quería redimir a todo el mundo.

Rábano

Y dice que se fue, porque tomó tan criminal designio, no forzado, no invitado, sino espontáneamente.

San Juan Crisóstomo, *homiliae in Matthaeum, hom. 80,2*

Y añade: "Uno de los doce"; como si dijera, de la sección principal, de los que sublimemente fueron elegidos, y para designarle agrega: "Llamado Judas Iscariote" (de *Isch-Queriióth*, que quiere decir varón u hombre de Kerioth y vulgarmente Carioth, pueblo donde nació Judas): porque había otro Judas.

Remigio

Pues Cariot fue el pueblo donde nació este Judas.

San León Magno, *sermones, 60,4*

Quien no abandonó a Jesucristo perturbado por el temor, sino que se dejó arrastrar por la codicia de las riquezas. Porque toda afición al dinero es vil. Y el alma codiciosa de ganancias no temió perecer por una aunque pequeña; y no hay vestigio alguno de justicia en aquel corazón, en el que la avaricia ha hecho su morada. Embriagado el pérfido Judas con este veneno, cuando tuvo sed de ganancias, tan neciamente fue impío, que vendió a su Señor y a su maestro. Por esto dijo a los príncipes de los sacerdotes: "¿Qué me queréis dar y yo os lo entregaré?"

San Jerónimo

El infeliz Judas quiso compensar con el precio de su maestro el daño que creía se había hecho con la efusión del ungüento. Sin embargo, no pide una cantidad determinada, para que no pareciese lucrativa su perfidia, sino que dejó a la libertad de los compradores el dar lo que quisieran, como si entregara una propiedad vil.

Orígenes, *in Matthaeum, 35*

Y esto es lo que hacen todos los que reciben algo de las cosas corporales o mundanas, para que entreguen y arrojen fuera de su alma al Salvador, y a la palabra de la verdad que se hallaba en ellos.

Continúa: "Y ellos le señalaron treinta monedas de plata": señalándole tanta paga cuantos años el Salvador había vivido en este mundo.

San Jerónimo

José no fue vendido en treinta monedas de oro -como opinan algunos, fundándose en la versión de los Setenta intérpretes- sino en treinta monedas de plata según la verdad hebraica: pues no podía ser de más precio el siervo que el Señor.

San Agustín, *quaestiones evangeliorum, 1,61*

Mas, el haber sido vendido el Señor en treinta monedas de plata, simbolizó en la persona de Judas a los inicuos Judíos, quienes buscando las cosas carnales y temporales (que se refieren a los cinco sentidos del cuerpo), no quisieron admitir a Jesucristo, y como quiera que esto lo llevaron a efecto en la sexta edad del mundo, se simbolizó de este modo que ellos habían de recibir seis veces cinco como valor del Señor vendido. Y porque la palabra del Señor es plata (Salmo 11,7), ellos entendieron asimismo carnalmente la misma ley, pues habían grabado la imagen del principado secular como en plata, que obtuvieron cuando hubieron perdido al Señor.

Continúa: "Y desde entonces buscaba oportunidad para entregarle".

Orígenes, *in Matthaeum, 35*

Mas San Lucas explica más claramente qué oportunidad era la que buscaba, Judas, cuando dice: "Y buscaba ocasión para entregarlo sin concurso de gentes" (*Lc* 22,6); esto es, cuando el pueblo no estaba junto a El, sino cuando estaba retirado con sus discípulos; lo cual verificó, en efecto, entregándole después de la cena, cuando se hallaba retirado en el huerto de Getsemaní. Y verás si esta oportunidad se parece a los que al presente quieren hacer traición a la palabra de Dios en el tiempo de la persecución, cuando la muchedumbre de los creyentes no está cerca de la palabra de la verdad.

Y en el primer día de los ácimos se llegaron los discípulos a Jesús y le dijeron: "¿En dónde quieres que dispongamos para que comas la Pascua?" y dijo Jesús: "Id a la ciudad a casa de cierta persona y decidle: El Maestro dice: Mi tiempo se acerca, en tu casa hago la Pascua con mis discípulos". Y los discípulos hicieron como Jesús les había mandado y dispusieron la Pascua. (vv. 17-19)

Glosa

Había hablado el Evangelista de las cosas que habían de preceder a la pasión de Jesucristo; a saber de la predicación de la pasión, del consejo de los príncipes y del convenio de la traición: mas ahora principia a referir el tiempo y el orden de la pasión diciendo: "Y el primer día de los ácimos".

San Jerónimo

El primer día de los ácimos, es el día catorce del primer mes, cuando es inmolado el cordero, y la luna está en todo su lleno, y es desechada la levadura.

Remigio

Y es de advertir que entre los judíos la Pascua se celebraba en el primer día, mas los siete días restantes eran llamados de los ácimos, pero aquí se toma el día de los ácimos por el día de la Pascua.

San Juan Crisóstomo, *homiliae in Matthaeum, hom. 81,1*

O llama a este día el primero de los ácimos, los cuales eran siete; pues acostumbraron siempre los judíos a contar desde la víspera. Por esto hace mención de este día, en la víspera del cual había de ser inmolada la Pascua, y lo fue en la feria quinta.

Remigio

Mas dirá tal vez alguno: Si aquel cordero típico llevaba la figura de este verdadero Cordero, ¿por qué no padeció Jesucristo en aquella noche en que solía ser inmolado el cordero? Pero hay que tener presente que en la misma noche entregó a los discípulos los estimables misterios de su sangre y de su cuerpo. Y así detenido y atado por los judíos consagró el principio de su inmolación (esto es, de su pasión).

Continúa: "Se llegaron los discípulos a Jesús y le dijeron: ¿En dónde quieres que dispongamos para que comas la Pascua?" Creo, pues, que el pérfido Judas se hallaba entre aquellos discípulos que se llegaron a Jesús y le preguntaron.

San Juan Crisóstomo, *homiliae in Matthaeum, hom. 81,1*

De aquí se deduce claramente que no tenía casa ni choza. Yo opino también que ni los discípulos la tenían; pues, en verdad, le hubiesen rogado que fuese allí.

Continúa: "Y dijo Jesús: Id a la ciudad a casa de cierta persona", etc.

San Agustín, *de consensu evangelistarum, 2,80*

A saber, a casa de aquél a quien San Marcos y San Lucas llaman padre de familia o Señor de la casa. Pues lo que interpuso San Mateo, a casa de cierta persona, quiso insinuarlo en compendio, por su intención de ser breve, porque nadie habla de la manera que diga: "Id a casa de cierta persona", ¿quién no lo sabe? Y por esto habiendo puesto San Mateo las palabras del Señor cuando dijo: Id a la ciudad, interpuso él mismo: A casa de cierta persona. No porque el mismo Señor hubiese dicho esto, sino para insinuarnos, callando el nombre, que hubo en la ciudad cierta persona, a cuya casa fueron enviados los discípulos del Señor, para que dispusieran la Pascua. Pues se manifestó por el Señor que los discípulos eran enviados, no a casa de cualquier hombre, sino a casa de cierto hombre (esto es, a casa de un hombre determinado).

San Juan Crisóstomo, *homiliae in Matthaeum, hom. 81,1*

O se puede decir que por esto que dice: "A casa de cierta persona", da a entender que los envía a casa de un hombre desconocido, manifestando con ello que podía no padecer. Porque el que persuadió la mente de esta persona para que los recibiese, ¿qué no hubiera podido hacer, ciertamente, contra los que le crucificaban, si hubiese querido no padecer? Pero yo no admiro tan sólo que un viviente desconocido le recibió, sino que despreció el odio de muchos recibiendo a Jesucristo.

San Hilario, *in Matthaeum, 30*

O no nombra al hombre con quien hubo de celebrar la Pascua, por esta razón; porque aun no se daba entonces a los creyentes el honor del nombre cristiano.

Rábano

U omite el nombre, para designar la licencia que se ha de dar de celebrar la verdadera Pascua y hospedar a Jesucristo en la morada de la mente a todos los que quieran hacerlo.

San Jerónimo

También en esto la nueva Escritura guarda la costumbre del Antiguo Testamento, porque con frecuencia leemos: Dijo éste a aquél; y en este lugar y en aquél. Y sin embargo, no se pone el nombre de las personas y de los lugares. Continúa: "Y decidle: El Maestro dice: Mi tiempo se acerca".

San Juan Crisóstomo, *homiliae in Matthaeum, hom. 81,1*

Y dijo esto a los discípulos, aludiendo a la pasión, para que ejercitados por las repetidas enunciaciones de la pasión, meditasen lo que había de acontecer, demostrándoles al mismo tiempo que iba a la pasión por su voluntad. Continúa: "En tu casa hago la Pascua": En lo que da a entender que hasta el último día no se oponía a la ley. Y añadió: "Con mis discípulos", para que se preparase lo bastante y para que aquél a cuya casa los enviaba, no creyese que Él quería ocultarse.

Continúa: "Y los discípulos hicieron como Jesús les había mandado, y dispusieron la Pascua".

Orígenes, *in Mathaeum, 35*

Tal vez alguno pretenderá que por lo mismo que Jesús celebró la Pascua según la costumbre judía, lo hagamos nosotros también, porque conviene que seamos imitadores de Cristo, no considerando que Jesús fue hecho bajo la ley, no para dejar bajo la ley a los que estaban bajo la ley, sino para librarlos de la ley. ¿Con cuánta mayor razón, pues, no debían entrar en la ley los que antes estaban fuera de la ley? sino que celebren espiritualmente lo que en la ley se manda que se celebre corporalmente, para que celebremos la Pascua con ácimos de sinceridad y de verdad, según la voluntad del Cordero cuando dice (*Jn* 6,54): "Si no comiereis mi carne y bebiereis mi sangre, no tendreis vida en vosotros".

Y cuando vino la tarde, se sentó a la mesa con sus doce discípulos. Y cuando ellos estaban comiendo, dijo: "En verdad os digo, que uno de vosotros me ha de entregar. Y ellos muy llenos de tristeza, cada uno comenzó a decir: ¿Por ventura soy yo, Señor? Y El respondió y dijo: El que mete conmigo la mano en el plato, ése es el que me entregará. El Hijo del hombre va ciertamente como está escrito de El; pero ay de aquel hombre por quien será entregado el Hijo del hombre: más le valiera a aquel hombre no haber nacido". Y respondiendo Judas que lo entregó, dijo: "¿Soy yo por ventura, Maestro?" Dícele: "Tú lo has dicho". (vv. 20-25)

San Jerónimo
Como el Señor había predicho ya su pasión, ahora predice cuál será el traidor, dándole lugar a que haga penitencia, puesto que sabía que conocía sus pensamientos, y los secretos de su corazón, con el fin de que se arrepintiese de lo hecho. Por esto dice: "Y cuando vino la tarde, se sentó a la mesa con sus doce discípulos".

Remigio
Dice con los doce, porque Judas aun estaba con ellos aun cuando ya se había separado en realidad.

San Jerónimo
Judas obraba así, para evitar toda sospecha de traición.

Remigio
Debe advertirse que el Salvador se sentó a la mesa por la tarde, porque el Cordero solía sacrificarse a esa hora.

Rábano
Además se sentó con sus discípulos, por la tarde, porque en la pasión del Señor (cuando el verdadero sol tocaba a su ocaso), preparaba a todos los fieles una cena eterna.

San Juan Crisóstomo, *homiliae in Matthaeum, 81,1*

Dice el Evangelista que cuando los discípulos estaban comiendo, Jesús empezó a hablar de la traición de Judas, dando así a conocer con tiempo y desde la mesa, la malicia del traidor. Por esto sigue: "Y cuando ellos estaban comiendo dijo: en verdad os digo que uno de vosotros me ha de entregar", etc.

San León Magno, *sermones, 58,3*

En lo que dio a entender que conocía la conciencia de su traidor. Pero no le confunde con represiones ásperas y manifiestas, sino que le reconviene con amonestación sencilla y oculta, para que se arrepienta y se corrija con más facilidad; por ello no le había dirigido expresiones duras.

Orígenes, *in Matthaeum, 35*

Habló en general, para que cada uno diese a conocer la situación especial de su espíritu y para dar a conocer la malicia de Judas, que no creía que el Salvador tenía conocimiento de sus determinaciones. Yo creo que, en un principio, pensó que el Señor como hombre no lo descubriría, que y que, después de ver que su conciencia era conocida de Cristo, intentó la ocultación, puesta de manifiesto en sus palabras. En lo primero se mostró su incredulidad, y en esto último su impudicia. El Señor habló en general también para manifestar la bondad de sus discípulos, que más bien creían en las palabras del Señor, que en el testimonio de su conciencia. Por esto sigue: "Y ellos, muy llenos de tristeza, cada uno empezó a decir: ¿Por ventura soy yo, Señor?" Todos los discípulos sabían por lo que habían oído al Salvador, que la naturaleza humana es inclinada a lo malo, y que está en lucha contra los que gobiernan en este mundo de tinieblas; y por esta causa cada uno de ellos temía y preguntaba. Por lo que debemos siempre temer, que pueden sobrevenirnos toda clase de males puesto que somos débiles. Y viendo el Señor que sus discípulos temían por sí mismos, demostró cuál era el traidor por medio de una expresión profética, que dice en el Salmo: "El que come mi pan ensanchará su enemistad contra mí" (**Sal** 40,10).

Por esto sigue: "Y El respondió y dijo: el que mete conmigo", etc.

San Jerónimo

¡Oh admirable paciencia la del Señor! Primero había dicho: uno de vosotros me ha de entregar (**Mt** 26,21), y el traidor persevera en su mal propósito. Le reprende con más claridad, y sin embargo, no le designa por su nombre. Pero Judas cuando los demás se afligen y retiran su mano, y se abstienen de llevar la comida a su boca, él con la temeridad y desvergüenza con que le había de entregar, hasta mete la mano en el plato con su maestro, para que su atrevimiento ocultase la situación de su espíritu.

San Juan Crisóstomo, *homiliae in Matthaeum, 81,1*

Me parece que también Jesucristo metía la mano en el plato al mismo tiempo que Judas, comprometiéndole más así, y atrayéndolo a su amor.

Rábano

San Mateo dice que en el plato, y San Marcos dice en la escudilla (**Mc** 14,20).*Paropsis* es un vaso cuadrado para poner comida, y de cuatro lados iguales de donde toma el nombre; **catino** es un vaso frágil para contener líquidos. Y pudo suceder que en la mesa hubiese algún vaso frágil y cuadrado a la vez.

Orígenes, *in Matthaeum, 35*

Es costumbre de hombres malos poner asechanzas a otros hombres después de la sal y del pan, especialmente a aquéllos que no tienen como enemigos. Por lo tanto, después del convite espiritual, suele verse con frecuencia la gran malicia de aquél que ha entregado a su maestro, sin acordarse del amor de su maestro en los beneficios materiales, ni de sus enseñanzas en los beneficios espirituales. Así obran en la Iglesia todos aquéllos que intrigan contra sus hermanos con quienes asisten con frecuencia a la sagrada mesa del cuerpo de Cristo.

San Jerónimo

Pero Judas una y otra vez avisado no retrocede de su traición, sino que parece que la paciencia del Señor fomenta su atrevimiento; y por lo tanto le anuncia el castigo, para que la intimación de la pena corrija a aquél a quien no había vencido el pundonor. Por esto sigue: "El Hijo del hombre va ciertamente", etc.

Remigio

Es propio de la humanidad ir y venir y de la divinidad estar y permanecer y como la humanidad pudo padecer y morir según el designio de la divinidad, dice muy oportunamente el Hijo del Hombre que va. Por ello dice terminantemente: "Como está escrito de Él", puesto que todo lo que padeció ya había sido vaticinado antes por los profetas.

San Juan Crisóstomo, *homiliae in Matthaeum, 81,2*

Dijo esto para consolar a sus discípulos, y que no creyesen que sufría aquello por debilidad, y para advertir a la vez al traidor. Porque aun cuando estaba escrito que Jesucristo habría de padecer, sin embargo, se culpa de su muerte a Judas. Pero la traición de Judas no es quien ha obrado nuestra salvación, sino que la sabiduría de Jesucristo se valió para nuestro bien de la necedad de otros. Y por eso sigue: "¡Ay de aquel hombre por quien será entregado!".

Orígenes, *in Matthaeum, 35*

No dijo: ay del hombre que le entregará, sino por quien será entregado, dando a conocer que era otro quien entregaba al Señor, esto es, el diablo, siendo el mismo Judas el ministro de la traición. ¡Ay, pues, de todos los traidores de Cristo! porque quien entrega a los discípulos de Cristo entrega al mismo Jesucristo.

Remigio

¡Ay también de todos los que se acercan a la sagrada mesa con maligna y manchada conciencia! Porque aunque no entreguen al Salvador a los judíos para que lo crucifiquen, lo entregan como alimento a sus inicuos miembros. Y para explicarlo más añade: "Más le valiera a aquel hombre no haber nacido", etc.

San Jerónimo

Pero no debe pensarse que Judas existiese antes de nacer, porque a nadie pudo hacer bien sino a aquel que existe; simplemente se dice que es mucho mejor no vivir que vivir para el mal.

San Agustín, *de consensu evangelistarum, 1,40*

Y si alguno arguye que puede demostrar que existe otra vida antes de esta, se le puede demostrar que esto no sólo no conviene a Judas, sino a ningún otro. ¿Acaso no se dice que no le convino nacer para el diablo, es decir, para el pecado?, o también ¿no le hubiera valido más no haber nacido para Cristo por la vocación, evitando así su apostasía?

Orígenes, *in Matthaeum, 35*

Judas después de las preguntas de los apóstoles, y de las palabras del Salvador que se referían a él, preguntó luego a su vez con intención perversa, a fin de que, al hacer una pregunta parecida a las que hicieron los demás, ocultara su determinación de traicionar al Señor, porque el verdadero arrepentimiento no se detiene; por esto sigue: "Y respondiendo Judas que lo entregó, dijo: ¿Soy yo por ventura, Maestro?"

San Jerónimo

En cual probó su afecto fingido, o dio señal de su incredulidad: también los demás que no habían de entregarle dijeron: ¿Soy yo acaso, Señor? (*Mt* 26,22) Pero éste que le había de entregar no le llama Señor, sino Maestro, como si pudiese servirle de excusa negar al Señor y entregar sólo a su Maestro.

Orígenes, *in Matthaeum, 35*

Y como queriendo subsanar esto mismo le llama Maestro, aun cuando no merecía nombrarle.

San Juan Crisóstomo, *homiliae in Matthaeum, 81,2*

Aunque el Señor podía haber dicho: has convenido tomar dinero, y aun te atreves a preguntar. Pero nada de esto dijo el mansísimo Jesús, para designarnos la línea de conducta que debemos observar. Por esto sigue: "Y le dice: Tú lo has dicho".

Remigio

Lo cual puede entenderse de este modo: tú lo dices y dices la verdad; o tú lo has dicho y no yo; con el fin de que aun pudiese hacer penitencia y no descubrir más su iniquidad.

Rábano

También Judas pudo decir esto, y ser respondido por el Señor, sin que los demás advirtieran lo que se había hablado.

Y cenando ellos tomó Jesús el pan, y lo bendijo, y lo partió y lo dio a sus discípulos diciendo: "tomad y comed; éste es mi cuerpo". (v. 26)

San Jerónimo

Después de haber cumplido la Pascua figurativa y comido el cordero con sus discípulos, pasa el Señor a la institución del sacramento de la verdadera Pascua. Y a la manera como Melquisedec, sacerdote del supremo Dios, había ofrecido pan y vino como figura, así también para presentar la realidad de su cuerpo y sangre, dice: "Y cenando ellos tomó Jesús el pan", etc.

San Agustín, *epistola, 54, 7-8*

En lo que claramente se ve que los discípulos no recibieron en ayunas el cuerpo y la sangre del Señor en el día de su institución. ¿Podrá censurarse acaso el rito de toda la Iglesia, en virtud del cual se ordena recibirle siempre en ayunas? Agradó en verdad, al Espíritu Santo, que en honor de tan gran Sacramento entrase el cuerpo del Señor en la boca del cristiano antes que ningún otro alimento. Pero el Salvador, queriendo demostrar la sublimidad de este misterio, quiso instituirlo al final de la cena, grabándolo así en el corazón y en la memoria de sus discípulos, de quienes se despedía. Por lo tanto no dijo en qué forma debería recibirse en lo sucesivo, con el fin de dejar esto al arbitrio de sus discípulos (por medio de quienes había de organizarse la Iglesia).

Glosa

También dejó Jesucristo otra forma de recibir su cuerpo y su sangre, y la instituyó después, con el fin de que la fe tuviese su mérito, cuando cree a pesar de que no ve.

San Ambrosio, *de Sacramentis 4,4*

Con el fin de que no hubiese horror alguno en el derramamiento de sangre y pudiese obtenerse el precio de la redención.

San Agustín, *sermones, 227*

Instituyó el Señor su cuerpo y su sangre sobre cosas que vienen a constituir una sola, aun cuando consten de muchas partes, porque el pan se forma de muchos granos de trigo, y el vino también se forma de muchos racimos de uvas. Además, en esto nos dio a entender el Salvador que consagraba el misterio de nuestra paz y unión en su propia mesa.

Remigio

También oportunamente utilizó el fruto de la tierra, dando a entender que había venido a ella para absolverla de aquella maldición, con que fue maldecida por el pecado del primer hombre. Y aun congruentemente mandó ofrecer los frutos que produce la tierra, y en aquéllos por los cuales los hombres se interesan más; con el fin de que no hubiese dificultad en su adquisición y los hombres pudiesen ofrecer a Dios sacrificios del trabajo de sus manos.

San Ambrosio, *de Sacramentis 4,3*

De aquí se desprende que los sacramentos de los cristianos son anteriores a los de los judíos, porque Melchisedec ofreció el pan y el vino del mismo modo que el Hijo de Dios, a quien se dice en el Salmo: "Tú eres sacerdote eterno según el orden de Melchisedec" (*Sal* 119,4). Refiriéndose a lo cual se dice aquí: "Tomó Jesús el pan".

Glosa

Lo que debe entenderse respecto del pan de trigo, porque como dice San Juan, el Señor se comparó al grano de trigo, diciendo: "Que si el grano de trigo cuando cae en la tierra" (*Mt* 12,24), etc. Este pan corresponde al Sacramento, porque su uso es más común, puesto que se hacen otros panes cuando éste falta. Y como Jesucristo demostró hasta el último día que no había venido a derogar la ley (como ya había dicho antes), lo instituye en la víspera, cuando se inmolaba el cordero según el precepto legal, y habían de comerse los ácimos y retirarse todo lo fermentado. Es evidente que este pan, ofrecido por el Señor a sus discípulos, era ácimo.

San Gregorio, *registrum epistularum*

Llama la atención de algunos que en la Iglesia unos ofrecen panes ácimos, y otros fermentados. Pues la Iglesia Romana ofrece panes ácimos, porque el Señor tomó carne sin mezcla alguna; pero otras iglesias le ofrecen fermentado, porque el Verbo del Padre se vistió de carne y es verdadero Dios y verdadero hombre. Porque el fermento se mezcla con la harina, y sin embargo, nos transformamos en el cuerpo del Señor nuestro Salvador, tanto cuando se nos ofrece en el pan ácimo, cuanto en el fermentado.

San Ambrosio, *De Sacramentis 4,4*

Este pan, antes de las palabras de la consagración es pan común, pero cuando se le consagra, el pan se convierte en carne de Cristo. Por lo tanto la consagración, ¿en qué palabras consiste y en qué oraciones sino en las de Jesús nuestro Dios? Por lo tanto, si hay tanta fuerza en su palabra que empieza a ser lo que antes no era, ¿con cuánta más facilidad debe suceder que existan aquellas cosas que antes eran transformadas en otras sustancias? Si su palabra produjo cosas admirables, ¿no las producirá en los misterios espirituales? Luego, el pan se transforma en el cuerpo de Jesucristo y el vino en su sangre, por medio de la palabra divina. Se pregunta ¿cómo?; de este modo: no se engendra un hombre sino por medio de la unión de un hombre y de una mujer: pero porque quiso el Señor, Jesucristo nació de la Virgen por obra del Espíritu Santo.

San Agustín, *De verb. Dom*

Y así como por obra del Espíritu Santo fue creada sin unión una verdadera carne, así la sustancia del pan y del vino, es consagrada en el mismo cuerpo y sangre de Nuestro Señor Jesucristo. Y como esta consagración se hace en virtud de la palabra del Señor, añade: "Y lo bendijo".

Remigio

En esto dio a entender también que junto con el Padre y el Espíritu Santo, colmó la naturaleza humana con la gracia del poder divino, y la enriqueció con el don de la eterna inmortalidad. Y para demostrar que su cuerpo no se sometía a la pasión sin quererlo así, añade: "Y lo partió".

San Agustín, *in lib. sentent*

Cuando se parte la hostia, mientras la sangre del cáliz es derramada en la boca de los fieles, ¿qué otra cosa se significa sino la inmolación del cuerpo del Señor en la cruz, y el derramamiento de su sangre brotando de su costado?

San Dionisio, *de ecclesiastica hierarchia 3*

En esto se da a conocer también que la Palabra del Señor siendo una y simple, por medio de la Encarnación, llega hasta nosotros de un modo compuesto y visible, se asocia con nosotros por bondad, y nos hace partícipes de todos los bienes espirituales que se nos distribuyen. Por esto sigue: "Y lo dio a sus discípulos".

San León Magno, *sermones, 58,3*

No se exceptuó de la participación de este misterio al traidor, para que constase, que Judas no obraba exasperado por injuria alguna, sino voluntariamente a impulso de su impiedad (o lo que es lo mismo, intentaba perseverar en su voluntaria impiedad).

San Agustín, *in Ioannem 26*

San Pedro y Judas participaron de un mismo pan, pero San Pedro recibió la vida y Judas la muerte.

San Juan Crisóstomo, *homiliae in Matthaeum, hom. 82,1*

Y esto lo demuestra San Juan diciendo: "Que después de esto, Satanás entró en él". Su pecado se agravó, porque se había acercado al sacramento con conciencia manchada, y al acercarse no mejoró en su conciencia, ni por el temor, ni por el beneficio, ni por el honor. Mas Jesucristo, aunque nada se le ocultaba no le privó del sacramento para que aprendamos que no omite nada de aquello que nos conviene para nuestra enmienda.

Remigio

En esta acción dejó también ejemplo a su Iglesia, para que no separe a nadie de su sociedad ni de la comunicación del cuerpo y la sangre de Nuestro Señor, sino por algún crimen público y manifiesto.

San Hilario, *in Matthaeum, 30*

La Pascua quizá se celebró sin que el traidor Judas hubiese participado del cáliz y de la fracción del pan; pues no era digno de la participación de los eternos misterios; pero se comprende que él salió de allí, porque se manifiesta que volvió con las turbas.

Sigue: "Recibid y comed".

San Agustín, *De verb. Dom*

El Señor convida a sus siervos para prepararles manjar de sí mismo; ¿pero quién se atreverá a comer a su Señor? Y en verdad que cuando se le come, fortalece, no debilita. Vive comido porque resucitó después de muerto; y cuando le comemos no le partimos; y en verdad que así sucede en el sacramento. Conocen los fieles el modo como reciben la carne de Cristo: cada uno recibe una parte. Por partes se recibe en el sacramento, y sin embargo, permanece entero, todo en el cielo y todo en nuestro corazón. Por lo tanto, todas estas cosas se llaman sacramentos, porque en ellos unas cosas se ven y otras se creen. Lo que se ve tiene figura corporal y lo que se entiende es un fruto espiritual.

San Agustín, *in Ioannem 27, 11*

No comamos, por lo tanto, la carne de Jesucristo en el sacramento únicamente (lo que hacen muchos malos), y comámosle hasta participar de su espíritu para que vivamos como miembros en el cuerpo del Señor, para que nos alimentemos de su espíritu.

San Ambrosio, *de sacramentis 4,5*

Antes, pues, que se verifique la consagración, el pan es pan; pero cuando sobre él descienden las palabras de Jesucristo, que dice: "Este es mi cuerpo" el pan se convierte en cuerpo de Cristo.

Y tomando el cáliz dio gracias y se lo dio, diciendo: "Bebed de éste todos, porque ésta es mi sangre del Nuevo Testamento, que será derramada por muchos para remisión de pecados. Y dígoos que desde hoy más no beberé de este fruto de vid hasta aquel día cuando lo beba nuevo con vosotros en el reino de mi Padre". (vv. 27-29)

Remigio

Como el Señor había dado su cuerpo a los discípulos bajo la especie de pan, también les dio el cáliz de su sangre; por esto dice: "Y tomando el cáliz dio gracias y se lo dio", etc. En lo que se da a entender cuán grande es el deseo que tiene de nuestra salvación, en obsequio de la cual derramó su sangre.

San Juan Crisóstomo, *homiliae in Matthaeum, hom. 82, 1*

Por lo tanto, dio gracias para enseñarnos el modo de recibir este sacramento, demostrando a la vez que no iba a sufrir su pasión contra su voluntad. Nos enseñó, pues, que todo lo que sufrimos debemos llevarlo con gusto. Y en esta ocasión nos dio motivo de buena esperanza; si, pues, la figura de este sacrificio (a saber, la inmolación del cordero pascual), dio la libertad al pueblo de la esclavitud de Egipto, con mucha más razón la realidad librará al mundo entero. "Y se les dio, diciendo: bebed de éste todos". Y para que no se asustasen oyendo esto, El mismo bebió primero su propia sangre invitándoles sin perturbación alguna, a que participasen de aquellos misterios.

San Jerónimo

Así nuestro Señor Jesucristo fue convidado y convite; el que comía y era comido.

Sigue: "Esta es mi sangre del Nuevo Testamento".

San Juan Crisóstomo, *homiliae in Matthaeum, 82, 1*

Esto es, lo que sirve de anuncio de la nueva ley: esto lo prometía el Antiguo Testamento y se ve realizado en el nuevo; y así como el Antiguo Testamento contenía la sangre de los becerros y de las ovejas, así el Nuevo contiene la sangre del Señor.

Remigio

Por lo tanto se lee que Moisés recibió la sangre del cordero y la guardó en un vaso. Y habiendo introducido en ella el hacecillo de hisopo con él roció al pueblo diciendo: "Esta es la sangre del Señor" (*Ex* 24,6-8).

San Juan Crisóstomo, *homiliae in Matthaeum, 82, 1*

Cuando nombra la sangre, anuncia su pasión, diciendo: "Que será derramada por muchos", y además expresa la causa de su muerte, cuando añade: "Para el perdón de los pecados". Como diciendo: La sangre del cordero fue derramada en Egipto por la salvación de los primogénitos del pueblo de Israel. Pero ésta se derrama para remisión de los pecados de todo el mundo.

Remigio

Y debe advertirse que no dice, por pocos, ni por todos, sino por muchos; porque no había venido a redimir únicamente a los hombres de un lugar determinado sino a muchos de todas las naciones.

San Juan Crisóstomo, *homiliae in Matthaeum, 82, 1*

Y diciendo esto, manifiesta que su pasión es un misterio de la salvación de los hombres, por medio del que consuela a sus discípulos. Y dice, así como Moisés: "Esto os servirá de recuerdo sempiterno" (*Ex* 12,14), y además dijo (como refiere San Lucas): "Haced esto en memoria mía" (*Lc* 22,19).

Remigio

Enseñó que no sólo debe ofrecerse el pan, sino también el vino, para dar a entender que debía confortar con estos sacramentos a los que tuviesen hambre y sed de justicia.

Glosa

Así como el alimento corporal lo obtenemos por medio de la comida y de la bebida, el Señor, del mismo modo, nos ha preparado el alimento de nuestras almas por medio de una comida y bebida. También convenía significar la pasión del Señor instituyendo este sacramento bajo dos especies distintas. Porque en la pasión derramó su sangre y así ésta se separó de su cuerpo. Convino, pues, para recordar la pasión del Señor, que el pan se ofreciese separado del vino y son los sacramentos del cuerpo y la sangre. Debe saberse, sin embargo, que todo Jesucristo se contiene en cada una de las especies; bajo la especie de pan se contiene también la sangre con el cuerpo, y bajo la especie de vino se contiene el cuerpo con la sangre.

Ambrosiaster, *Comentario a las epístolas paulinas, 1 Cor 11, 26*

También se consagran dos especies, porque lo que tomamos, aprovecha para sustento del alma y del cuerpo.

San Cipriano, *epistola, 3,2*

El cáliz del Señor no contiene sólo agua, ni sólo vino, sino las dos cosas mezcladas; como tampoco puede decirse que el cuerpo del Señor puede ser sólo la harina o sólo el agua, sino las dos cosas unidas.

San Ambrosio, *de sacramentis 5,1*

Y si Melchisedech ofreció pan y vino, ¿para qué aprovecha la mezcla del agua? Véase la razón: Moisés tocó la piedra, y de ésta brotó mucha agua; mas la piedra era Cristo. Y uno de los soldados hirió con su lanza el costado de Cristo, brotando de él agua y sangre; el agua para que lavase y la sangre para que redimiese.

Remigio

Debe tenerse en cuenta que San Juan dice: "Las muchas aguas son del pueblo"; y como conviene que nosotros siempre estemos en Cristo y Cristo en nosotros, se ofrece el vino mezclado con agua, para dar a conocer que la cabeza y los miembros (esto es, Cristo y la Iglesia), constituyen un solo cuerpo. También sirve para demostrar que Jesucristo no ha padecido sino por el deseo de nuestra redención, y que nosotros no podemos salvarnos sin su pasión.

San Juan Crisóstomo, *homiliae in Matthaeum, 82,2*

Y como habló de su pasión y de su cruz, era muy natural, por consiguiente, que hablase también de su resurrección, diciendo: "Y dígoos, que desde hoy más no beberé de este fruto de vid". Llama reino a su resurrección, y por lo tanto, dijo esto acerca de la resurrección (cuando iba a beber con sus apóstoles ese cáliz), para que no creyesen que su resurrección era una fantasía. Y por lo tanto, para convencer a los hombres acerca de la resurrección de Jesucristo, dijeron: "Hemos comido y bebido juntamente con El, después que resucitó de entre los muertos" (**Hch** 10,41). Por esto da a conocer que lo verán resucitado, y que volverá a estar con los hombres. Cuando dice "nuevo", debe entenderse que nuevamente -esto es, de un modo nuevo-, no como teniendo cuerpo pasible y necesitando de comida: después de la resurrección no comió ni bebió porque necesitase de alimento, sino para confirmar la verdad de su resurrección. Y como hay algunos herejes que usan agua y no vino en la administración de los sacramentos, da a entender por medio de estas palabras, que cuando instituyó los sacramentos, dio el vino que bebió resucitado. Por lo que dijo: "De este fruto de vid": pues la vid produce vino y no agua.

San Jerónimo

De otro modo, el Señor pasó de lo material a lo espiritual; que la viña trasplantada de Egipto es el pueblo de Israel, lo prueba la Sagrada Escritura. Dice, pues, el Señor, que no volverá a beber del fruto de esta vid, sino en el reino del Padre; y yo creo que el reino del Padre es la fe de los creyentes; por lo tanto, cuando los judíos reciban el reino del Padre, entonces beberá el Señor de su vino.

Obsérvese también que dice del Padre y no de Dios, porque todo padre da su nombre al hijo; como si dijese: cuando hayan creído en Dios Padre, el Padre los conducirá al Hijo.

Remigio

O de otro modo: "No beberé de este fruto de vid". Esto es, no me gozaré en adelante en los sacrificios materiales de la sinagoga, en los que tenía lugar preferido la inmolación del cordero pascual. Llegará, pues, el día de mi resurrección, en el cual, constituido en el reino del Padre (esto es, elevado a la gloria de la eterna inmortalidad), allí lo beberé de nuevo con vosotros; esto es, cuando tenga lugar la salvación del mundo, ya renovado por el agua del bautismo, me alegraré con un nuevo gozo.

San Agustín, *quaestiones evangeliorum, 1,42*

O de otra manera, cuando dice: lo beberé nuevo, da a entender que éste es antiguo. Mas como recibió el cuerpo, que había de entregar a la muerte en su pasión de la descendencia de Adán (llamado hombre antiguo) por lo mismo encomendó su sangre en el sacramento del vino. Pero ¿qué otro vino nuevo debemos entender, sino la inmortalidad de los cuerpos que se han de renovar? Cuando dice: "Lo beberé con vosotros", les promete del mismo modo, la resurrección de sus cuerpos, para revestirse de la inmortalidad. Con vosotros, pues, se refiere, no al mismo tiempo, sino a aquella misma renovación, porque como dice el Apóstol, resucitaremos con Cristo, a fin de que la esperanza de la vida futura sea aquí ya nuestra alegría presente. Lo que dice acerca del retoño de la vid, al que llama nuevo, significa ciertamente que estos mismos cuerpos que han de morir ahora, según su antigüedad terrena, resucitarán después, según la renovación celestial.

San Hilario, *in Matthaeum, 30*

Parece, pues, que no bebiendo Judas con El, tampoco lo había de beber en el reino, toda vez que les promete a todos los que beben entonces, que beberán después con El mismo del fruto de esta vid.

Glosa

Pero defendiendo la opinión de otros Santos que afirman haber recibido Judas los Sacramentos de manos de Jesucristo, debe entenderse, que cuando dice con vosotros, se refiere a muchos de ellos, pero no a todos.

Y dicho el himno salieron al monte del Olivar. Entonces Jesús les dijo: "Todos vosotros padeceréis escándalo en mí esta noche. Porque escrito está: Heriré al Pastor, y se descarriarán las ovejas del rebaño. Mas después que resucitare, iré delante de vosotros a la Galilea". Respondió Pedro y le dijo: "Aunque todos se escandalizaren en ti, yo nunca me escandalizaré". Jesús le dijo: "En verdad te digo que esta noche, antes que cante

el gallo, me negarás tres veces". Pedro le dijo: "Aunque sea menester morir yo contigo, no te negaré". Y todos los otros discípulos dijeron lo mismo. (vv. 30-35)

Orígenes, *in Matthaeum, 35*

Enseñaba el Señor a los discípulos que habían recibido el pan de bendición, comido el cuerpo del Verbo y bebido el cáliz de acción de gracias, que por estos dones debían entonar un himno a su Padre; por esto se afirma: "Y dicho el himno, salieron al monte de los Olivos". Para que de lo alto pasasen a lo alto, porque el fiel no puede hacer cosa alguna en el llano.

Beda.

Sabia y magníficamente conduce el Señor a sus discípulos al monte de los Olivos, después de haberles administrado el sacramento de su cuerpo y de su sangre, y de recomendarlos a su Padre con el himno de piadosa intercesión, para señalarnos simbólicamente que por la acción de sus Sacramentos, y por su intercesión debemos ascender a virtudes más altas, y a los dones y carismas del Espíritu Santo, con los que dulcísimamente está perfumado nuestro corazón.

Rábano.

También puede entenderse aquel himno que el Señor cantaba, según San Juan, dando gracias a su Padre; en el que rogaba, con los ojos elevados al cielo, por sí mismo, por sus discípulos y por aquéllos que habían de creer en El, por las palabras de los mismos.

Glosa.

Esto es lo que dice el Salmo (*Sal* 21): "Comerán los pobres, y se saciarán y alabarán al Señor", etc.

San Juan Crisóstomo, *homiliae in Matthaeum, 82, 2*

Oigan todos, los que (semejantes a los puercos) sólo se preocupan en solazarse en la comida y terminar con la embriaguez, en lugar de levantarse de la mesa con la acción de gracias; oigan también los que no escuchan la última oración en los sagrados misterios: la última oración (de la Misa) es figura de aquel himno. Dio gracias, pues, antes de administrar los sagrados misterios a sus discípulos, para enseñarnos también a dar gracias, dijo el himno, después que comió, para que nosotros hagamos lo mismo.

San Jerónimo

Según este ejemplo del Salvador, todo aquél que estuviese satisfecho del pan de Cristo y embriagado con su sangre, puede alabar a Dios y subir al monte de los Olivos, en donde está el premio de los trabajos, el consuelo del dolor y el conocimiento de la verdadera luz.

San Hilario, *in Matthaeum, 30*

Por esto se manifiesta también, que una vez consumadas todas las virtudes de los divinos misterios, los hombres serán elevados a la gloria celestial con un gozo y alegría común.

Orígenes, *in Matthaeum, 35*

Muy oportunamente es elegido el monte de la misericordia, en donde había de manifestar la debilidad escandalosa de los discípulos; preparado ya entonces a no rechazar a los discípulos que se separasen, sino a recibir los que volviesen. Por esto sigue: "Entonces Jesús les dijo: todos vosotros padeceréis escándalo en mí esta noche".

San Jerónimo

Les predice lo que han de padecer, para que cuando esto suceda, no desesperen de la salvación, sino que se salven haciendo penitencia.

San Juan Crisóstomo, *homiliae in Matthaeum, 82, 2*

En lo cual nos da a conocer lo que fueron sus discípulos antes de la pasión y después de ella, porque los que no podían estar con Cristo (cuando era crucificado) después de su muerte eran más fuertes que el diamante. La huida, pues, de sus discípulos y su temor, son una demostración de la muerte de Cristo, para confusión y vergüenza de los marcionistas. Porque si no fue apresado ni crucificado, ¿cómo y por qué se apoderó tan gran temor de San Pedro y de los demás apóstoles?

San Jerónimo

Y añade claramente: "Esta noche", porque a la manera de los que se embriagan, que prefieren la noche, así los que se escandalizan huyen de la luz y buscan las tinieblas.

San Hilario, *in Matthaeum, 30*

La fe de esta predicción estaba fundada en la autoridad de una antigua profecía; por esto añade: "Porque escrito está: heriré al Pastor y se descarriarán las ovejas del rebaño".

San Jerónimo

Lo mismo que, con diversas palabras, y hablando de Dios en la persona del profeta, Zacarías manifiesta diciendo: "Hiere al Pastor, y las ovejas se descarriarán (*Za* 13,7)". El Pastor bueno es herido, para que dé su alma por sus ovejas, y de muchos rebaños de errores, resulte un solo rebaño y un solo pastor.

San Juan Crisóstomo, *homiliae in Matthaeum, hom.82,2*

Cita, pues, esta profecía, aconsejándoles, al mismo tiempo que crean siempre lo que está escrito, manifestando a la vez, que iba a ser crucificado por determinación de Dios, y revelando en todos conceptos, que El no era ajeno al Antiguo Testamento, y a aquel Dios que en él se anunciaba. Sin embargo, no quiso que continuasen apesadumbrados, y les vaticina cosas alegres, diciendo: "Mas después que resucitare iré delante de vosotros a la Galilea". Después de su resurrección no se apareció a ellos inmediatamente en el cielo, ni eligió un lugar lejano para aparecérseles, sino los mismos lugares y hasta las personas mismas, para que con esto comprendiesen que Aquél que había expirado en el patíbulo de la cruz, era el mismo que resucitó. Por esto les asegura que El irá también a Galilea, para que, libres del temor de los judíos, creyesen lo que les decía.

Orígenes, *in Matthaeum, 35*

Les predice también, que los que se separan un poco escandalizándose, nuevamente se reunirán cuando resucite Jesucristo y vaya delante de ellos a la Galilea de los gentiles. O de otro modo, si alguno pregunta cómo se escandalizan sus discípulos después de tantas señales y prodigios, sepa que quiere demostrar, por medio de esto, que así como ninguno puede llamar Dios a Jesús, sino en el Espíritu Santo, así ninguno puede vivir sin escandalizarse (o estar libre de escándalos), sino por el Espíritu Santo. Cuando se cumplía esto, que anunciaba Jesucristo: "Todos vosotros padeceréis escándalo en mí esta noche", todavía no había venido el Espíritu Santo, puesto que Jesucristo aun no había sido glorificado. Pero nosotros, después de haber confesado a Jesucristo Nuestro Señor, en el Espíritu Santo, si después nos escandalizamos o lo negamos, no tenemos excusa. Y aquéllos se escandalizaron, como quiera que todavía estaban en las tinieblas de la noche. Mas de nosotros se alejó la noche con su oscuridad, y vino el día con su luz. Todavía más. Aquéllos se escandalizaron en aquella noche, porque el Padre no perdonó a su único Hijo, sino que lo entregó para padecer por nosotros, a fin de que las ovejas del rebaño que padezcan escándalo, se alejen para poco tiempo. Y luego Cristo, que va delante a Galilea, reúna o congregue a todos los que quieran seguirle, como el pueblo gentil que de las tinieblas del error fue sacado a la luz de la fe.

San Hilario, *in Matthaeum, 30*

Pero San Pedro entre tanto, arrastrado por el afecto y amor de Jesucristo, sin atender a la debilidad de su carne, ni dar fe a las palabras del Salvador, como si no hubiera de realizarse lo que había dicho: "Respondió Pedro y dijo: Aunque todos", etc.

San Juan Crisóstomo, *homiliae in Matthaeum, hom. 82,3*

¿Qué dices, oh Pedro? El profeta vaticinó la dispersión de las ovejas (*Za* 13,7), y Jesucristo confirmó la profecía. Tú, sin embargo, replicas: de ningún modo. Cuando dijo: uno de vosotros me entregará (*Mt* 26,21), temías ser el traidor, aunque de nada te acusaba la conciencia. Ahora terminantemente anuncia que todos os escandalizaríais y le contradices. Pero como había sido sacado de la ansiedad que tenía, acerca de la traición, confiado de lo demás decía: "Yo nunca me escandalizaré".

San Jerónimo

No había, sin embargo, ni mentira ni temeridad en el Apóstol San Pedro, sino una fe y amor ardentísimo hacia el Señor nuestro Salvador.

Remigio

Lo que Jesucristo dice como profeta, San Pedro lo niega como amante. En lo que se nos enseña moralmente, que cuanto confiamos en el ardor de la fe, tanto debemos temer en la fragilidad de la carne. Sin embargo, Pedro parece digno de censura, porque contradijo, porque se antepuso a los demás y porque todo se lo atribuyó a sí mismo, confiado en la fortaleza de su perseverancia. Para curar esto en él, permitió su caída, no impulsándole para que negara, sino dejándolo abandonado a sus propias fuerzas, y convenciendo de fragilidad a la humana naturaleza.

Orígenes, *in Matthaeum, 35*

Los otros discípulos se escandalizaron en Jesús, pero San Pedro lo hizo a tal punto que negó hasta tres veces. Por esto sigue: "Y Jesús le dijo: en verdad te digo, que esta noche, antes que cante el gallo me negarás tres veces".

San Agustín, *de consensu evangelistarum 3,2*

Pueden causar extrañeza y aun mover la curiosidad las diversas palabras y sentencias de los evangelistas acerca de que, avisado Pedro, alardeó presuntuosamente que moriría con el Señor o por el Señor. De manera que fuerzan se entienda haber expresado Pedro esta presunción en diferentes ocasiones con Cristo; y que tres veces el Señor le respondió que su triple negación precedería al canto del gallo. Del mismo modo, después de su resurrección le pregunta tres veces si le ama, y otras tantas le manda apacentar sus ovejas. ¿Qué hay, pues, en las palabras de San Mateo, o en sentencias semejantes a aquellas, o en las que, según San Juan (*Jn* 13) o San Lucas (*Lc* 22), Pedro dio a conocer su presunción? San Marcos (*Mc* 14,30), a la verdad, hace conmemoración de esto casi con las mismas palabras que San Mateo; si no es que expresa más distintamente que el Señor había manifestado cómo sucedería. "En verdad te digo, que tú, hoy, en esta misma noche, antes que el gallo haya dado dos cantos, me has de negar tres veces"; por lo cual parece a algunos pocos reflexivos, que Marcos no está conforme con los otros evangelistas. Triple es toda la negación de Pedro. Si, pues, ésta empezase después del primer canto del gallo, aparecerían con nota de falsedad los tres evangelistas que afirman que el Señor dijo que antes del canto del gallo Pedro le negaría. Además, si Pedro hiciera toda la negación antes de que el gallo comenzara a cantar, vanamente afirmaría Marcos que el Señor había penetrado lo que sucedería, es decir, que antes de los dos cantos del gallo lo negaría tres veces. Pero como quiera que aquella triple negación empezó antes del primer canto del gallo, los tres evangelistas atendieron, no a cuándo había de completarla, sino a cuántas habían de ser y cuándo habían de comenzar, esto es, antes del canto del gallo. Aunque podría entenderse que la negación ya estaba realizada en Pedro antes del primer canto del gallo, puesto que antes del canto del gallo era tan grande el temor que ofuscaba su mente que pudo conducirle a las tres negaciones. Mucho menos, por lo tanto, debe hacer dudar que la triple negación, con las tres voces del que niega, que comienza antes del canto del gallo, no termina antes del primer canto del gallo. Es como si a alguno se le dijese: Antes de cantar el gallo me escribirás una carta, en la que me injuriarás tres veces. La predicción no sería falsa porque empezara a escribirle antes de cantar el gallo, y la terminara después del primer canto.

Orígenes, *in Matthaeum, 35*

Preguntarás acaso si era posible que San Pedro no se escandalizase, habiendo dicho el Salvador que todos se escandalizarían respecto de El (**Mt** 26,31); a lo que alguno contestará que era necesario se realizase lo que había predicho el Salvador. Pero otro dice, que quien hizo, rogado por los Ninivitas, que no se realizase la predicción de Jonás (**Jon** 3), podía también evitar el escándalo de San Pedro por su petición. Sin embargo su promesa, audaz por efecto de la vehemencia de su afecto, pero también imprudente, fue la causa, no sólo de su escándalo, sino de su triple negación. Mas después de haber jurado, replicará alguno que no era posible el que dejase de negarle. Pues si Jesucristo juraba diciendo "En verdad" (**Amén**), ciertamente hubiese mentido diciendo: "En verdad te digo" si Pedro hubiese estado en lo cierto al decir "no te negaré". Parécenme los demás discípulos meditando en lo primero que les había dicho: "Todos vosotros sufriréis escándalo". Pero en cuanto a aquello que dijo a San Pedro: "En verdad te digo", etc., a él solo lo anunciaba igualmente, toda vez que los demás no estaban comprendidos en aquella profecía. Por esto sigue: "Pedro le dijo: Aunque sea menester morir yo contigo, no te negaré". Del mismo modo dijeron todos los demás discípulos. Tampoco sabe San Pedro lo que dice aquí; no había de morir con Jesús, que moría por todos los hombres, puesto que todos vivían en el pecado, y todos necesitaban que otro muriese por ellos, y no ellos por los demás.

Rábano

San Pedro entendía que el Señor había predicho que le negaría por el temor de la muerte, y por lo mismo replicaba que aun cuando le amenazase peligro de muerte, de ningún modo podría separarse de su fe. Del mismo modo los otros apóstoles por el afecto de su corazón no temían el peligro de muerte, pero su humana presunción fue vana sin la protección divina.

San Juan Crisóstomo, *homiliae in Matthaeum, hom. 82,3*

Opino que San Pedro dijo aquellas palabras por ambición y por jactancia, y por eso cayó. Porque ya en la cena disputaban cuál de ellos sería el mayor; tal alucinación les producía ya el vano deseo de gloria y Jesucristo, deseando librarle de estas pasiones le retiró su auxilio. Véase cómo, aleccionado por esto, habla a Cristo con mayor humildad después de la resurrección y no vuelve a replicarle. Todo esto lo perfeccionó aquella caída. Pues antes, todo se lo atribuía a sí mismo, habiendo debido decir más bien: yo no te negaré si me ayudas con tu favor. Por el contrario, manifiesta después que todo debe atribuirse a Dios: "¿por qué os fijáis en nosotros, dice, (**Hch** 3) como si hubiésemos hecho andar a éste en virtud de nuestro propio mérito?". He aquí, por tanto, la gran lección que se nos da, a saber, la insuficiencia del humano deseo destituido o privado del auxilio divino.

Entonces fue Jesús con ellos a una granja llamada Getsemaní, y dijo a sus discípulos: "Sentaos aquí mientras que yo voy allí y hago oración". Y tomando consigo a Pedro y a los dos hijos de Zebedeo, empezó a entristecerse y angustiarse. Y entonces les dijo: "Triste está mi alma hasta la muerte: esperad aquí y velad conmigo". (vv. 36-38)

Remigio

Poco antes el Evangelista había referido que una vez terminado el himno, salió con sus discípulos al monte de los Olivos, y para manifestar a qué sitio del expresado monte se dirigió, dijo a continuación: "Entonces fue Jesús con ellos a una granja", etc.

Rábano

San Lucas dice: "Al monte de los Olivos" (*Lc* 22,40), y San Juan "Al otro lado del torrente Cedrón" (*Jn* 18,1), que es lo mismo que Getsemaní, y éste es el lugar en que oró, a la falda del monte de los Olivos, en donde existe un huerto, y en donde también está edificada la iglesia.

San Jerónimo

Getsemaní quiere decir valle riquísimo, en el que mandó que sus discípulos se detuviesen un poco y esperasen su vuelta, hasta que solo el Señor orase por todos.

Orígenes, *in Matthaeum, 35*

No convenía que fuese apresado allí donde había cenado con sus discípulos; pero sí convenía que orase antes de ser apresado y eligiese un lugar solitario a propósito para orar. Por esto sigue: "Y dijo a sus discípulos: sentaos aquí mientras que yo voy allí y hago oración".

San Juan Crisóstomo, *homiliae in Matthaeum, hom. 83,1*

Dice esto, porque los discípulos seguían a Jesucristo todos juntos, y acostumbraba a orar separado de sus discípulos. Esto lo hacía instruyéndonos para que en la oración busquemos el reposo y la soledad.

San Juan Damasceno, *de fide orth. 3,24*

Y como la oración es la elevación del alma hacia Dios y la petición de lo que se necesita de Dios, ¿de qué manera oraba el Señor? Porque su alma no necesitaba elevarse a Dios, pues era una persona con el Verbo de Dios*; ni tampoco pedir lo que viene de Dios, porque Jesucristo es Dios y hombre a la vez. Pero haciéndose semejante a nosotros, nos enseñó a pedir a Dios Padre por mediación de El mismo, a la manera que dominó sus pasiones, para que triunfando nos alcanzase la victoria contra ellas. De este modo ora allanándonos el camino que nos lleva a Dios, cumpliendo toda justicia por nosotros, reconciliándonos con su Padre y honrándole como a su mismo principio y demostrándonos que no es distinto a Dios. *(Si bien el Verbo encarnado es persona divina, no se puede dejar de considerar su naturaleza humana con todas las necesidades y operaciones que le son propias.)*

Remigio

Cuando el Señor oró en el monte, nos enseñó en su oración a rogar al Señor por las cosas del cielo. Y cuando oró en Getsemaní, nos enseñó que procuremos perseverar humildes en la oración.

Rábano

Sabiamente se dice que ora en el valle de la abundancia al aproximarse la pasión, para manifestar que sufría la muerte por nosotros en el valle de su humildad y en la abundancia de su caridad. También nos dio a conocer, en sentido espiritual, que no llevemos un corazón destituido de la abundancia de la Caridad.

Remigio

Y como había escuchado la fe de los discípulos y la constancia de su devota voluntad para con El, pero sabía ya que se turbarían y dispersarían. Por lo mismo les mandó que se sentaran en aquel lugar, porque el sentarse es propio del que descansa, y habían de trabajar los que le habían de negar. De qué manera salió, lo da a entender cuando añade: "Y tomando consigo a Pedro y a los dos hijos del Zebedeo, empezó a contristarse y angustiarse". Esto es, tomó a aquéllos a quienes había manifestado en el monte el esplendor de su majestad.

San Hilario, *in Matthaeum, 31*

Pero como dice: "Empezó a contristarse y a angustiarse", los herejes creen que el Hijo de Dios tuvo miedo a la muerte. Porque afirman que no era eterno, ni existía de la infinidad de la esencia del Padre, sino que fue hecho de la nada por Aquél que crió todas las cosas. Que por lo tanto había en El la ansiedad del dolor y el miedo consiguiente de la muerte, como quien pudo temer la muerte y pudo morir y entonces, el que pudo morir aun cuando haya de existir siempre en lo futuro, no por esto es eterno en Aquél que se engendró a sí mismo. Si los herejes fuesen capaces de dar fe a los Evangelios, sabrían que el Verbo en el principio era Dios, que desde el principio estaba en Dios, y que era igual la eternidad del que engendra que la del engendrado. Pero si el haber tomado carne con todas sus propias flaquezas contaminó o afectó la virtud de su incorruptible sustancia, de manera que sea débil para sufrir, temerosa para morir, también estará sometida a la corrupción. Y de este modo cambiada la eternidad en miedo, lo que en ella es, podría alguna vez no ser. Dios siempre existe sin medida de tiempo; y como es, tal es eternamente. Nada pudo, por tanto, morir en Dios, ni en sí puede haber miedo alguno en Dios.

San Jerónimo

Pero nosotros decimos que de tal manera tomó el Hijo de Dios al hombre pasible, que la divinidad permaneció impasible; padeció, en realidad, el Hijo de Dios (no de una manera aparente, sino real), todo aquello que atestigua la Sagrada Escritura, según aquello en lo que podía padecer, a saber, en cuanto a la naturaleza que tomó.

San Hilario, *de Trinitate, 10*

Opino que algunos pretenden que no hubo cosa alguna para temer, sino por causa de la pasión y de la muerte. Mas yo pregunto a los que así juzgan, si es razonable que pudiera temer la muerte aquél que, quitando a los apóstoles todo temor de la muerte, les exhortó a la gloria del martirio. Porque, ¿qué pudo temer en la muerte quien devuelve la vida a los que mueren por El? Además, ¿qué dolor de muerte podía temer el que iba a morir por su propia voluntad? Si aun la pasión había de honrarle, ¿cómo había de entristecerle el temor de ella?

San Hilario, *in Matthaeum, 31*

Pero como ya hemos visto que el Señor se entristeció, veamos las causas de su tristeza. Había dicho antes a sus discípulos que se escandalizarían; advirtió que San Pedro le negaría tres veces; y habiendo tomado con El a Santiago y a San Juan, empezó a entristecerse. Por tanto, no se entristeció hasta que los tomó, sino que todo el miedo empezó después de haberlos tomado, y así la tristeza no nació de lo que El podría sufrir, sino de lo que sucedería a aquéllos a quienes tomó*. *(A la luz del crecimiento en la comprensión de la fe cristológica, es más fácil considerar las limitaciones y fragilidades propias de la naturaleza humana en una visión completa de Jesucristo, verdadero Dios y verdadero hombre.)*

San Jerónimo

Se entristecía el Señor, no por el temor de padecer, porque había venido a esto, y había reprendido a Pedro porque temía, sino por la infidelidad de Judas, el escándalo de sus apóstoles, la repulsión y reprobación del pueblo judío y la destrucción de la desgraciada Jerusalén.

San Juan Damasceno, *de fide orth. 3,23*

O de otro modo, todas las cosas que no han recibido antes el ser del Creador, tienen deseo de existir por naturaleza y rehuyen naturalmente el no existir. Por tanto, Dios Verbo, hecho hombre, tuvo este deseo que demostró apeteciendo la comida, bebida y el sueño (por medio de lo que se conserva la vida), y tuvo naturalmente la experiencia de estas cosas. Y por el contrario, deseó el alejamiento de todo lo corruptible. De aquí que en el tiempo de su pasión, la que sufrió voluntariamente, tuvo el temor natural de la muerte y de la tristeza; porque se teme naturalmente la separación del alma y el cuerpo, por la unión natural que Dios ha establecido desde el principio, entre estas dos sustancias.

San Jerónimo

Por lo tanto, para probar nuestro Señor que verdaderamente asumió la humanidad, se entristeció verdaderamente, y para que la pasión no dominase su alma, empezó a entristecerse por causa de la misma pasión. Una cosa es entristecerse, y otra empezar a entristecerse.

Remigio

En este lugar quedan vencidos los maniqueos que decían que el Salvador había tomado un cuerpo fantástico; del mismo modo que aquéllos que dijeron que no tuvo verdadera alma, sino que en lugar de ella estuvo la divinidad.

San Agustín, *in lib. 83 Quaest. qu. 80*

Tenemos las exposiciones de los evangelistas, por medio de las que sabemos que Jesucristo nació de la Santísima Virgen; fue apresado por los judíos, azotado, crucificado y muerto, y colocado en un sepulcro, lo cual nadie puede entender que sucediera, si no hubiese tenido cuerpo. Ni nadie que no sea un loco podrá entender en sentido figurado estas cosas, puesto que han sido contadas por aquéllos que tenían presente cuanto había sucedido. Así, pues, del mismo modo que todas estas cosas atestiguan que tuvo cuerpo, así también demuestran que tuvo su alma aquellas afecciones, que no pueden encontrarse sino en el alma, las cuales encontramos descritas o mencionadas en los mismos evangelistas: y se admiró Jesús, y se irritó y se entristeció.

San Agustín, *de civitate Dei 14,9*

Luego, cuando se refieren todas estas cosas en el Evangelio, no se refieren falsamente, sino que Jesucristo recibió con el alma humana estos movimientos (cuando fue su voluntad), por dispensación ciertísima, del mismo modo que cuando quiso se hizo hombre. Nosotros tenemos estos afectos por debilidad de nuestra humana condición; pero no así el Señor Jesús, cuya debilidad fue por su propia virtud.

San Juan Damasceno, *de fide orth. 9,20*

Por lo cual nuestras pasiones naturales estuvieron en Cristo, según la naturaleza y sobre la naturaleza. Según la naturaleza, porque consentía a su carne padecer lo que es propio de ella; y sobre la naturaleza, porque no precedían en El las cosas naturales a la voluntad. Pues nada se considera violento en Jesucristo, sino que todo es voluntario, porque voluntariamente tuvo hambre, temió y se entristeció. Por lo tanto, acerca de la manifestación de su tristeza añadió: "Y entonces les dijo: triste está mi alma hasta la muerte".

San Ambrosio, *super Lucam I. 10, De tristitia Christi*

Triste, pues, está, no El, sino su alma, porque no está triste la sabiduría, ni tampoco la divina esencia, sino el alma. Porque tomó mi alma y tomó mi cuerpo.

San Jerónimo

Dice que se entristeció, no por la muerte, sino hasta la muerte, hasta librar a sus apóstoles por medio de su pasión. Expliquen, pues, los que aseguran que Jesús tomó alma irracional, cómo se entristece y cómo conoce el tiempo de su tristeza. Pues aun cuando también los brutos animales se entristecen, no conocen ni las causas ni el tiempo que durará su tristeza.

Orígenes, *in Matthaeum, 35*

O de otro modo: "Mi alma está triste hasta la muerte", como diciendo: ha empezado la tristeza en mí, pero no durará siempre, sino hasta la muerte; porque cuando hubiese muerto al pecado, moriré también a toda clase de tristezas, que tan gran principio tuvieron en mí. "Esperad aquí", etc. Como si dijese: a los demás les he mandado permanecer allí como más débiles, preservándoles tranquilos de esta agonía; pero a vosotros, como más fuertes, os he traído para que trabajéis conmigo en las vigilias y en las oraciones. Sin embargo, quedaos también aquí vosotros, para que cada uno permanezca firme en el grado de su vocación, porque toda gracia, por grande que sea, tiene otra mayor.

San Jerónimo

O de otro modo, no les impide el sueño, para el cual no había tiempo por la inminencia del peligro, sino que les prohibe entregarse al sueño de la infidelidad y entorpecimiento de la inteligencia.

Y habiendo dado algunos pasos, se postró sobre su rostro, e hizo oración y dijo: "Padre mío, si es posible pase de mí este cáliz. Mas no como yo quiero, sino como Tú". Y vino a sus discípulos y los halló dormidos, y dijo a Pedro: "¿Así no habéis podido velar una hora conmigo? Velad y orad para que no entréis en tentación. El espíritu, en verdad, pronto está, mas la carne enferma". Se fue de nuevo segunda vez, y oró diciendo: "Padre mío, si no puede pasar este cáliz sin que yo lo beba, hágase Tu voluntad". Y vino otra vez y los halló dormidos; porque estaban cargados los ojos de ellos. Y los dejó, y de nuevo fue a orar tercera vez, diciendo las mismas palabras. (vv. 39-44)

Orígenes, *in Matthaeum, 35*

A San Pedro, el de su mayor confianza, y a los otros los lleva consigo el Señor, para que le vean postrado en tierra y orando, con el fin de que aprendan, que de sí no pueden salir cosas grandes, sino humildes; y que no deben ser ligeros para ofrecer, sino solícitos para orar. Por esto dice: "Y habiendo dado algunos pasos". Porque no quería separarse mucho de ellos, sino orar cerca de ellos, y el que había dicho: "Aprended de mí que soy manso y humilde de corazón" (*Mt* 11,29), humillándose a sí mismo laudablemente, cayó sobre su rostro. Por esto sigue: "Se postró sobre su rostro, e hizo oración y dijo: Padre mío, si es posible pase de mi este cáliz". Y manifestando en su oración la devoción correspondiente, como quien es amado, y a la vez quiere acomodarse a las disposiciones del Padre, añade: "Mas no como yo quiero, sino como tú", enseñándonos a orar, que no pidamos que se cumpla nuestra voluntad, sino la de Dios. Y según comienza a temer y a entristecerse, así ruega que pase de El aquel cáliz, y no como El quiere sino como quiera su Padre. Esto es, no según su esencia divina e impasible, sino según la naturaleza humana y débil. Porque al tomar nuestra carne, asumió todas sus propiedades, para que no se juzgase que había tenido fantásticamente nuestra carne, sino real y verdaderamente. Es propio del hombre fiel no querer al principio sufrir dolor alguno, especialmente aquél que lleva hasta la muerte, porque es hombre carnal; pero si es el plan de Dios, lo asume, pues es fiel. Así como no debemos confiar demasiado, para que no parezca que ensalzamos nuestro propio poder, así tampoco debemos desconfiar, para no valorar de impotente la ayuda que Dios nos presta. Y debe advertirse, que San Marcos y San Lucas escribieron esto del mismo modo. Pero San Juan omite la circunstancia de que Jesús ruega que pase de El aquel cáliz, porque aquéllos exponen su Evangelio refiriéndose más a su naturaleza humana que a la divina; pero San Juan se ocupa más de esta segunda. De otro modo, Jesús, viendo lo que habían de sufrir los judíos, por pedir su muerte, decía: "Padre, si es posible, pase de mí este cáliz".

San Jerónimo

Dice terminantemente: este cáliz, esto es, el del pueblo de los judíos, los cuales no pueden tener excusa de ignorancia al quitarme la vida, porque tienen la ley y los profetas que me han anunciado.

Orígenes, *in Matthaeum, 35*

Además, comprendiendo cuánto beneficio había de venir a todo el mundo por su pasión decía: "Mas no como yo quiero, sino como tú". Esto es, si es posible que vengan sin mi pasión todos estos beneficios, que son frutos de la misma, pase de mí esta pasión, para que el mundo se salve, y a la vez, los judíos no perezcan a causa de ella. Pero si sin la perdición de algunos no puede realizarse la salvación de muchos, (en cuanto a tu justicia) no pase. En muchos lugares la Sagrada Escritura hace mención de este cáliz, en que bebe su pasión el Salvador. Bebe todo el cáliz el que sufre, en testimonio de la fe, toda clase de violencias. Lo derrama al recibirlo, quien la niega para evitar los tormentos.

San Agustín, *de consensu evangelistarum 3,4*

Y con el fin de que alguno no crea que El disminuyó la potestad del Padre, no dijo: si puedes hacer, sino "si puede hacerse", o si es posible, como dijera: si quieres. Puede suceder que aquél quisiera. De aquí que San Lucas especifica esto más claramente, porque no dice, si puede hacerse, sino "si quieres" (*Lc* 22,42).

San Hilario, *in Matthaeum, 31*

O de otro modo. No dice, pase de mí este cáliz, porque esto sería tanto como orar por temor. Cuando ruega que pase de El, no pide que se prescinda del cáliz, sino que pase a otro aquello que pasa de El. Todo su miedo era por aquéllos que habían de padecer después que El, y por eso ora diciendo: pase de mí este cáliz, esto es, como yo lo bebo que sea bebido por ellos, sin desconfianza, sin dolor y sin miedo a la muerte. Por esto dice: si es posible, porque considera el temor que inspiran estos tormentos en el hombre, y es difícil que los cuerpos humanos no sean vencidos por la crueldad de los tormentos. Cuando dice: "No como yo quiero, sino como tú", quería, en verdad, que ellos no padeciesen, no fuera que desfalleciesen en la prueba, si merecían la gloria de su herencia, sin la dificultad de su pasión. "No como yo quiero, sino como tú", dice, porque el Padre quiere que la firmeza del Hijo al beber el cáliz pase a los demás, toda vez que es su voluntad que el diablo sea vencido, no sólo por Jesucristo, sino también por los discípulos.

San Agustín, *Enchiridion*

Representando Jesucristo así al hombre, manifiesta cierta voluntad privada del hombre, en la que figuró la suya y la nuestra, el que es nuestra cabeza, cuando dice: "Pase de mí". Esta era la voluntad humana deseando lo que le es propio, y cuasi privativo. Pero como quiere que el hombre sea recto y se dirija a Dios, añade: "Mas no como yo quiero sino como tú"; como si dijese: mírate en mí, porque puedes querer algo propio. Y aun cuando Dios quiera otra cosa se concede esta facultad a la fragilidad humana.

San León Magno, *sermones, 58,5*

Esta expresión de la cabeza, es la salvación de todo el cuerpo. Esta expresión instruye a todos los fieles, anima a los confesores y corona a todos los mártires. Porque ¿quién podría vencer los odios mundanales, el ímpetu de las tentaciones, y los terrores de la persecución, si Jesucristo no hubiera dicho a su Padre en todos y por todos: "Hágase tu voluntad"? (*Mt* 26,42) Aprendan, pues, esta voz todos los hijos de la Iglesia, para que cuando la adversidad sobreviene fuertemente, vencido el temor del espanto, soporten con resignación cualquier clase de sufrimientos.

Orígenes, *in Matthaeum, 35*

Habiéndose separado un poco Jesús de sus discípulos, no pudieron velar siquiera una hora en su ausencia. Por cuya razón debemos rogar que no se separe de nosotros el Salvador, ni aun por poco tiempo.

Por esto sigue: "Y vino a sus discípulos y los halló dormidos".

San Juan Crisóstomo, *homiliae in Matthaeum, hom. 83,1*

Porque además del silencio propio de la noche, sus ojos estaban abrumados por la tristeza.

San Hilario, *in Matthaeum, 31*

Cuando vino a sus discípulos y los encontró dormidos, reprendió especialmente a San Pedro. Por esto sigue: "Y dice a Pedro así: ¿no habéis podido velar una hora conmigo?" Reprendió a San Pedro con preferencia a los demás, porque se gloriaba especialmente de que no se escandalizaría.

San Juan Crisóstomo, *homiliae in Matthaeum, hom. 83,1*

Pero como también los otros dijeron lo mismo, reprende la debilidad de todos. Los que habían ofrecido morir con Cristo, ni aun pudieron velar con El.

Orígenes, *in Matthaeum, 35*

Y encontrándolos durmiendo los despierta con su palabra para que oigan, y les manda velar, diciendo: "Velad y orad para que no entréis en tentación", para que primero vigilemos, y vigilando oremos. Vigila aquél que practica buenas obras y el que procura con solicitud no caer en error alguno. Entonces es cuando es oída la oración del que vigila.

San Jerónimo

Es imposible que el alma humana viva exenta de tentaciones. Por esto no dice: Vigilad y orad, para que no seáis tentados, sino para que no caigáis en la tentación, esto es, para que la tentación no os venza.

San Hilario, *in Matthaeum, 31*

La razón de por qué quiso aconsejarles que orasen para que no cayesen en la tentación, la manifiesta diciendo: "El espíritu, en verdad, está pronto, mas la carne enferma". No decía esto de sí mismo, sino que se dirigían a sus discípulos estas palabras.

San Jerónimo

Esto se refiere especialmente a aquellos temerarios, que creen conseguir todo lo que se imaginan. Y así cuanto más confiamos en el fervor de nuestra mente, tanto más debemos temer de nuestra propia fragilidad.

Orígenes, *in Matthaeum, 35*

Aquí se ha de considerar si del mismo modo que la carne de todos es flaca, así el espíritu de todos está pronto. O si la carne de todos es flaca y no está pronto el espíritu de todos los hombres, sino únicamente el de los santos, porque el espíritu de los infieles es perezoso y su carne flaca. Está también de otra manera débil la carne solamente de aquéllos, cuyo espíritu se halla firme, a saber: aquéllos que mortifican con espíritu firme las obras de la carne. Y éstos son los que quiere el Señor que vigilen y oren, para que no caigan en tentación. Porque cuanto más espiritual es una persona, tanto más solícita debe andar para que no padezca grave detrimento el bien practicado.

Remigio

De otro modo. En estas palabras da a conocer el Salvador, que había tomado de la Virgen verdadera carne, y que tenía verdadera alma. Por lo que ahora dice que su espíritu está pronto para sufrir, pero que su carne está flaca porque teme los sufrimientos de la pasión.

Sigue: "Se fue de nuevo segunda vez, y oró diciendo: Padre mío, si no puede pasar este cáliz sin que yo lo beba, hágase tu voluntad".

Orígenes, *in Matthaeum, 35*

Creo que aquel cáliz de la pasión había de haber pasado de Jesús enteramente, pero con esta diferencia: que si lo hubiera bebido y hubiese pasado de El, también después hubiera pasado del género humano, mas si no lo hubiera bebido, acaso hubiese pasado de El, pero no de los demás hombres. Quería, por lo tanto, que pasase de El este cáliz de la pasión, pero sin gustar su amargura, si fuese posible en cuanto a la justicia de Dios; pero si esto no podía suceder, prefería beberlo, y que así pasase de El y de toda la humanidad, a rehuir beberlo contra la voluntad del Padre.

San Juan Crisóstomo, *homiliae in Matthaeum, hom. 83,1*

Cuando ora por segunda y por tercera vez (esto en virtud de la debilidad humana, con la que temía a la muerte), justifica que verdaderamente se ha hecho hombre, porque el hacerse una cosa por segunda y por tercera vez, es una demostración especialísima de la verdad en el lenguaje de las Escrituras. Por lo que José dijo a Faraón: "Lo que has visto por segunda vez perteneciente a la misma cosa, es señal de la realidad de tu sueño" (**Gn** 41,32).

San Jerónimo

Ora por segunda vez, para que si Nínive (esto es, la gentilidad), no puede salvarse de otro modo, si no se seca el arbusto (esto es, la Judea), hágase la voluntad del Padre, la cual no es contraria a la del Hijo, quien dice por medio del Profeta. "Para hacer tu voluntad: Dios mío, quíselo". (*Sal* 39,9)

San Hilario, *in Matthaeum, 31*

Como los discípulos habían de sufrir, tomó sobre sí toda la debilidad de nuestro cuerpo, y clavó en la cruz consigo mismo todas las causas de nuestra debilidad. Y por esto no puede pasar de Él este cáliz sin que lo beba, porque no podemos padecer sino en virtud de su pasión.

San Jerónimo

Jesucristo solo ruega por todos, así como solo sufre por todos. "Y vino otra vez y los encontró dormidos, porque estaban cargados los ojos de ellos"; languidecían y eran oprimidos los ojos de los apóstoles, porque estaba próxima la hora de la negación.

Orígenes, *in Matthaeum, 35*

Y creo, que todavía estaban más cargados los ojos del alma que los del cuerpo, porque aun no se les había concedido el Espíritu Santo. Por esto no les reprende, sino que marchándose, ora otra vez, enseñándonos a no desfallecer, sino a permanecer en la oración hasta alcanzar lo que hemos empezado a pedir. Por esto sigue: "Y los dejó, y de nuevo fue a orar tercera vez diciendo las mismas palabras".

San Jerónimo

Oró por tercera vez, para que toda palabra estuviese en la boca de dos o tres testigos.

Rábano

Por esto oró el Señor tres veces, para alcanzarnos el perdón de los pecados pasados, para defendernos de los males presentes, y para prevenir los peligros futuros. También para que dirijamos toda oración al Padre, al Hijo y al Espíritu Santo. Además para que se conserven íntegros nuestro espíritu, nuestra alma y nuestro cuerpo.

San Agustín, *quaestiones evangeliorum 2,47*

No será absurdo entender también que Jesús oró tres veces en razón a las tres tentaciones que sufrió; porque así como la tentación del deseo es de tres maneras, lo mismo es triple la tentación del temor. El miedo de la muerte se opone al apetito que existe en la curiosidad, porque así como hay cierta avidez en este apetito de conocer todas las cosas, así en la muerte se encuentra el miedo de perder su conocimiento. Al apetito del honor o alabanza se opone el temor de la ignominia y afrentas; y al apetito del placer, el temor del dolor.

Remigio

O de otro modo, ruega tres veces por sus apóstoles, y especialmente por San Pedro, que le había de negar tres veces.

Entonces vino a sus discípulos, y les dijo: "Dormid ya y reposad: ved aquí llegada la hora, y el Hijo del hombre será entregado en manos de pecadores. Levantaos, vamos, ved que ha llegado el que me entregará". (vv. 45-46)

San Hilario, *in Matthaeum, 31*

Después de la oración frecuente, después de las muchas idas y venidas, quitó el miedo y volvió la seguridad, invitando a descansar, por esto dice: "Entonces vino a sus discípulos", etc.

San Juan Crisóstomo, *homiliae in Matthaeum, hom. 83,1*

Y en realidad que entonces convenía vigilar. Pero dijo esto para dar a entender que no podrían soportar la vista de los males que estaban por venir, y que no necesitaba de su ayuda, y que era absolutamente necesario que sea entregado.

San Hilario, *in Matthaeum, 31*

O esto lo dice porque ya estaba seguro de la voluntad de su Padre respecto de sus discípulos, acerca de la cual había dicho: "Hágase tu voluntad" (*Mt* 26,42). Porque al beber el cáliz que había de pasar a nosotros, absorbió la debilidad de nuestro cuerpo, el cuidado de nuestro temor, y la agonía de la muerte.

Orígenes, *in Matthaeum, 35*

O el sueño con que ahora manda a los discípulos dormir no es aquel mismo sueño que arriba se dice les abrumó. Allí los encontró durmiendo, no descansando, sino teniendo los ojos cargados. Ahora les manda, no que duerman simplemente, sino con descanso, para que se conserve el orden, y que en primer lugar velemos orando para no entrar en tentación, y así después durmamos y descansemos, para que cuando alguno encuentre lugar a propósito para el Señor, tabernáculo para el Dios de Jacob, suba sobre el lecho de su estrado y deje dormir a sus ojos. Acaso el alma no pudiendo sufrir siempre los trabajos como hallándose encorvada, conseguirá algún descanso sin represión, lo que moralmente hablando se llama sueño, y hasta que teniendo este descanso por algún tiempo resucite renovada (*Sal* 131,3-4).

San Hilario, *in Matthaeum, 31*

Mas en el hecho de que al volver a ellos el Salvador y encontrarlos dormidos, a la primera vez los reprende, a la segunda calla y a la tercera les manda descansar, existe esta razón: primero, que después de la resurrección los encontrará dispersos, desconfiados y asustados; segundo, que después de enviarles el Espíritu Santo, los visitará teniendo los ojos todavía cargados, para conocer la libertad del Evangelio, porque detenidos algún tiempo por el afecto de la ley, estarán ocupados por el sueño de la fe; y en tercer lugar (esto es, en la vuelta de su claridad), les devolverá la seguridad y el descanso.

Orígenes, *in Matthaeum, 35*

Y después que los hubo despertado de aquel sueño viendo en espíritu que se acercaba Judas a entregarle, aun cuando éste no era visto todavía por los apóstoles, Jesús les dijo: "He aquí que se acerca", etc.

San Juan Crisóstomo, *homiliae in Matthaeum, hom. 83,1-2*

Cuando dice: "Ved aquí llegada la hora", manifiesta que todo lo que sucedía, era por disposición divina, y en cuanto a lo que dice: "Y el Hijo del hombre será entregado en mano de los pecadores", da a conocer que era necesaria la maldad de estos, y no que El fuese criminal.

Orígenes, *in Matthaeum, 35*

Pero también ahora Jesús es entregado en manos de pecadores, cuando los que parece que creen en Jesucristo, lo tienen en sus manos, siendo pecadores, y también cuantas veces el justo que tiene a Jesús en sí mismo, es entregado en poder de los pecadores, Jesús es entregado en manos de los mismos.

San Jerónimo

Después que oró por tercera vez e impetró la corrección del temor de los apóstoles, por la consiguiente penitencia, seguro de su pasión, se encamina hacia sus enemigos, ofreciéndose a que le crucifiquen. Por esto sigue: "Levantaos, vamos", como diciendo, para que no os encuentren como temerosos, marchemos voluntariamente a la muerte, para que se vean la confianza y el gozo del que ha de padecer. Sigue, pues: "He aquí que se aproximó el que me entregará".

Orígenes, *in Matthaeum, 35*

No dice: se aproximó a mí, porque no se acercaba a El el traidor, que se había alejado de El por sus pecados.

San Agustín, *de consensu evangelistarum, 3,4*

Parece que este razonamiento, según San Mateo, es contradictorio. Porque ¿cómo dijo: dormid ya y descansad, y ahora añade: "Levantaos, vamos"? (**Mc** 11,41) Por lo cual, como contradicción algunos procuran entender esto así: dormid ya y descansad, como si hubiera sido dicho más bien como represión que como aprobación; cuya explicación sería genuina si hubiera necesidad de ella. Pero como San Marcos recuerda que habiendo dicho: "Dormid ya, y descansad", añadió "bastante es"; y después: "llegada es la hora. Y el Hijo del hombre será entregado", se entiende que después de aquello que les dijo: "Dormid ya, y descansad", calló el Señor algunos instantes, hasta que sucediera lo que había ofrecido. Pero ahora añade: "Ved aquí llegada la hora". Por esto dijo San Marcos: "Bastante es", esto es, porque ya habéis descansado.

Y estando El aún hablando, he aquí que llegó Judas, uno de los doce, y con él una grande tropa de gente armada de espadas y palos, que habían enviado los príncipes de los sacerdotes, y los

ancianos del pueblo. Y el que lo entregó les dio la señal diciendo: "El que yo besare, el mismo es, prendedlo". Y se llegó luego a Jesús, y dijo: "Dios te guarde, Maestro". Y lo besó. Y Jesús le dijo: "¿Amigo, a qué has venido?" Al mismo tiempo llegaron, y echaron mano de Jesús, y le prendieron. (vv. 47-50)

Glosa

Como queda dicho arriba, que el Señor se presentaba espontáneamente a sus perseguidores, el Evangelista explica a continuación el modo cómo fue detenido por ellos. Así dice: "Estando aun El hablando, he aquí que uno".

Remigio

Uno ciertamente por el número, no por la dignidad; dijo esto para demostrar la inhumanidad del crimen de aquél que de Apóstol se había convertido en traidor. "Y con él una grande turba con espadas y palos". Para manifestar el Evangelista que era la envidia la causa de la prisión, añade: "Enviados por los príncipes de los sacerdotes y ancianos del pueblo".

Orígenes

Puede alguno decir que por ser muchos los creyentes en Jesús, fueron también muchos los que se reunieron contra El, temerosos de que la multitud de los primeros se lo arrebatasen de las manos. Yo creo que también hubo otra causa, porque como creían que solía echar los demonios en nombre de Beelzebub, se imaginaban que se les escaparía por arte diabólico. Muchos son también ahora los que se arman contra Jesús con las espadas espirituales de la herejía. "Y el que lo entregó, les dio la señal, diciendo: Al que bese", etc. Digno es de investigarse ¿cómo siendo Jesús conocido de todos los habitantes de la Judea, les dio esta señal como si no le conociesen? Pero sabemos por tradición, que no sólo usaba de dos formas (a saber, una según la cual todos lo veían; y otra como se transfiguró delante de sus discípulos en el monte); sino que también se mostraba a cada uno según merecía, como está escrito sucedía con el maná, que tenía el sabor según el uso que de él se hacía; y el Verbo de Dios no a todos se muestra del mismo modo. Por estas transfiguraciones necesitaban una señal.

San Juan Crisóstomo, *homiliae in Matthaeum, hom.83,2*

Por tanto, les dio la señal, porque habiendo sido detenido muchas veces por los mismos, pasaba sin que le conociesen; como habría sucedido entonces si hubiera querido.

Sigue: "Y acercándose apresuradamente a Jesús, dijo: Dios te guarde, Maestro. Y lo besó".

Rábano

Recibió el Señor el beso del traidor, no para enseñarnos a fingir, sino para que se vea que no huye de la traición.

Orígenes, *in Matthaeum, 35*

Pero si alguno pregunta por qué Judas entregó a Jesús por medio de un beso, diré, que según algunos, porque quiso guardar esta muestra de respeto a su Maestro, no atreviéndose a lanzarse sobre El. Y según otros, hizo esto temiendo que si se presentaba como enemigo descubierto, daría motivo a que se desapareciera. Y yo juzgo que todos los traidores a la verdad usan del beso, fingiendo amarla. Todos los herejes (como Judas) dicen a Jesús: Maestro. Pero Jesús mansamente responde. Por lo que sigue: "Y le dijo Jesús: Amigo, ¿a qué has venido?" Dícele, pues, amigo, vituperando su falsedad. Ciertamente no hallamos en las Escrituras a ninguno de los buenos llamado así; pero sí al malo se le dice: "Amigo, ¿cómo entraste aquí?" (*Mt* 22,11); "Amigo, no te hago agravio" (*Mt* 20,13).

San Agustín, *in sermone de Passione*

Pero dice: ¿A qué has venido? como si dijera: Abrazas y vendes; sé por qué vienes. Te finges amigo, siendo traidor.

Remigio

Amigo, ¿a qué viniste? Haz lo que has de hacer. "Entonces se acercaron y echaron mano de Jesús, y le prendieron", esto es, cuando El lo permitió; porque muchas veces lo habían intentado y no pudieron.

Rábano

¡Alégrate, cristiano! porque en el tráfico de tus enemigos, venciste tú, pues lo que vendió Judas, y los judíos compraron, tú lo adquiriste.

Y uno de los que estaban con Jesús, alargando la mano, sacó su espada, e hiriendo a un siervo del Pontífice, le cortó la oreja. Entonces le dijo Jesús: "Vuelve tu espada a su lugar, porque todos los que tomaren espada, a espada morirán. ¿Por ventura piensas que no puedo rogar a mi Padre, y me dará ahora mismo más de doce legiones de ángeles? ¿Pues cómo se cumplirán las Escrituras de que así conviene que se haga?" (vv. 51-54)

San Juan Crisóstomo, *homiliae in Matthaeum, hom. 84,1*

Según refiere San Lucas, el Señor había dicho a sus discípulos en la cena: "El que tiene saco, tome también la alforja; y el que no, venda su túnica y compre espada" (*Lc* 22,36) y los discípulos respondieron: "He aquí dos espadas" (*Lc* 22,38). Era conveniente que allí hubiera espadas, porque habían de comer el cordero pascual. Oyendo que habían de venir los perseguidores para prender a Cristo, al salir de la cena, se armaron de espadas como si hubieran de pelear en su defensa contra sus enemigos. He aquí que uno de los que estaban con Jesús, extendiendo la mano, esgrimió su espada.

San Jerónimo

Se lee en el Evangelio de San Juan, que esto lo hizo Pedro con el denuedo que hizo las demás cosas. Y sigue: "E hiriendo al criado del príncipe de los sacerdotes, le cortó la oreja" (*Jn* 18,10). Este criado, llamado Malco, a quien le fue cortada la oreja derecha, y cuyo nombre diré de paso que significa rey caído del pueblo judío, vino a ser el esclavo de la impiedad y de la avaricia de los sacerdotes. Y perdió la oreja derecha, quedándole sólo la izquierda para que oyese las vanas palabras de la ley.

Orígenes, *in Matthaeum, 35*

Porque aunque parezca que oyen la Ley, con el oído izquierdo, no oyen más que la sombra de la tradición de la ley, pero no la verdad. El pueblo de los gentiles, que creyeron está significado por Pedro; y por lo mismo que creyeron en Cristo, fueron causa de que les fuese quitada a los judíos la recta interpretación de la Ley.

Rábano

O bien, Pedro no privó a los creyentes de la inteligencia de la verdad, pero como ejecutor de la justicia de Dios, privó de ella a los negligentes, mientras que a aquéllos que creyeron, les fue restituida como antes, por la divina misericordia.

San Hilario, *homiliae in Matthaeum, hom. 32*

O de otro modo, le es cortada la oreja al criado del príncipe de los sacerdotes, esto es, al pueblo desobediente que servía a éstos, se le priva de oír y entender la verdad, que era como cortarle la oreja.

San León Magno, *in sermone. 1 de Passione*

El Señor no permite que pase adelante el piadoso celo del Apóstol. Y por eso sigue: "entonces Jesús le dice: envaina tu espada". El no permitir que fuera prendido el que había venido para morir por todos, era contra el misterio de nuestra redención. Da, pues, a sus enemigos licencia para ensañarse, a fin de que no se postergue por más tiempo el glorioso triunfo de la cruz, prolongando el reinado del demonio, y la humana cautividad.

Rábano

Convenía también que el autor de la gracia diese a los fieles ejemplo de su paciencia, enseñándoles más bien a sufrir con fortaleza, que excitándolos a pelear.

San Juan Crisóstomo, *homiliae in Matthaeum, hom. 84,1*

Para persuadir más fácilmente a su discípulo, añade la conminación diciendo: "todos los que tomaren la espada, a espada perecerán".

San Agustín, *Contra Faustum 22,70*

Esto es, todo el que usare de espada. Usa de espada todo aquél, que sin autoridad superior, ni legítima potestad, manda o consiente que se derrame sangre. Pues aunque el Señor había mandado a sus discípulos que se armaran, no les había mandado que hirieran. ¿Qué tenía, pues, de indigno el que Pedro, después de este hecho, fuese constituido pastor de la Iglesia, como Moisés, después de haber muerto al egipcio, fue hecho príncipe de la Sinagoga, si ambos pecaron, no por detestable inhumanidad, sino por celo y odio a la injusticia; el uno, por amor de su hermano, y el otro, aunque carnal, por el amor de su Señor?

San Hilario

Pero no todos los que usan de espada suelen morir a espada; pues son víctimas de calenturas o de otro accidente, muchos que por ser jueces y por la necesidad de resistir a los ladrones han usado de ella. Y si, según la misma sentencia, todo el que usa de espada, por ella debe ser muerto, con razón se blandía para matar a aquéllos que se valían de ella para cometer un crimen.

San Jerónimo

¿Con qué espada, pues, será muerto aquél que se arma con ella? Con aquélla de fuego que brilla delante del paraíso, y con aquella espada espiritual, que se describe en la armadura divina.

San Hilario, *in Matthaeum, 23*

El Señor mandó envainar la espada, porque El era quien les había de matar, no con espada material, sino con la de su palabra.

Remigio

O de otro modo. El que usa de espada para matar a un hombre, él mismo es antes víctima de su malicia.

San Juan Crisóstomo, *homiliae in Matthaeum, hom. 84,1*

No sólo contuvo a los discípulos, amenazándolos con la pena, sino también manifestando que se entregaba voluntariamente. Y por esto dijo: "¿Crees, por ventura, que no puedo yo acudir a mi Padre y me enviará más de doce legiones de ángeles?" Como había dejado ver las muchas flaquezas de su humanidad, no le pareció que le creerían si dijera que podía perderles. Y por eso dice: "¿Por ventura crees que no puedo pedir auxilio?"

San Jerónimo

Como si dijera; no necesito el auxilio de los doce apóstoles, aunque todos me defendieran porque puedo tener doce legiones del ejército angélico. Una legión se componía antiguamente de seis mil hombres, de modo que doce legiones formaban setenta y dos mil ángeles, que es el número de lenguas en que están divididas las naciones.

Orígenes, *in Matthaeum, 35*

En esto demostraba que a la manera de las legiones de la milicia humana, son las de los ángeles de la milicia celeste, que pelean contra las legiones de los demonios, pues toda milicia se entiende formada contra enemigos. No decía esto como quien necesita el auxilio de los ángeles, sino según lo entendía Pedro, queriendo prestarle auxilio, pues más necesidad tienen los ángeles del auxilio del Hijo unigénito de Dios, que El mismo de ellos.

Remigio

Podemos entender también por ángeles, los ejércitos romanos, pues con Tito y Vespasiano se levantaron contra Judea todas las lenguas, y se cumplió la profecía de que pelearía por El toda la tierra contra los insensatos (*Sb* 5,21).

San Juan Crisóstomo, *homiliae in Matthaeum, hom. 84,1*

No sólo calma con esto el temor de los discípulos, sino que también hace patente la Escritura, diciendo: "¿Cómo, pues, se cumplirán las Escrituras, de que así conviene que se haga?"

San Jerónimo

Esta sentencia prueba la voluntad pronta a padecer, lo cual inútilmente hubieran anunciado los profetas, si el Señor no lo hubiera confirmado con su pasión.

En aquella hora dijo Jesús a aquel tropel de gente: "como a ladrón habéis salido con espadas y con palos a prenderme; cada día estaba sentado en el templo con vosotros enseñando, y no me prendisteis. Mas esto todo fue hecho para que se cumplieran las Escrituras de los profetas". Entonces le desampararon todos los discípulos y huyeron. Mas los que tenían preso a Jesús, le llevaron a casa de Caifás, el príncipe de los sacerdotes, en donde se habían juntado los Escribas y los ancianos. Y Pedro le seguía de lejos, hasta el palacio del príncipe de los sacerdotes. Y habiendo entrado dentro, se estaba sentado con los sirvientes para ver el fin. (vv. 55-58)

Orígenes, *in Matthaeum, 35*

Después que dijo a Pedro: "envaina tu espada" (*Mt* 26,52), que es un ejemplo de paciencia; después que había sanado la oreja cortada, según refiere otro evangelista, como una muestra de su inmensa benignidad y divina virtud; añade: "En aquella hora, dijo el Señor a aquel tropel de gente" para que si hubieran olvidado los beneficios pasados, por lo menos reconozcan los presentes, "Como a un ladrón habéis salido con espadas y palos a prenderme."

Remigio

Como si dijera: el oficio de ladrón es dañar y esconderse. Pero yo no daño a nadie, sino que curé a muchos y siempre enseñé en las Sinagogas. Y así continúa: "Todos los días me sentaba con vosotros en el templo a enseñar, y no me prendisteis".

San Jerónimo

Como diciendo que es una necedad perseguir con espadas y palos al que espontáneamente se entrega en vuestras manos y buscar en la noche traidoramente, como si se ocultara, a Quien todos los días enseñaba en el templo.

San Juan Crisóstomo, *homiliae in Matthaeum, hom. 84,2*

En verdad, no le prendieron en el templo, porque no se atrevieron por temor a las turbas. Y por esta razón el Señor salió fuera, a fin de darles lugar y tiempo más oportuno para prenderle. Y esto prueba que no hubieran podido prenderle en manera alguna, si espontáneamente no lo hubiera permitido. El Evangelista da la razón del por qué el Señor quiso dejarse prender, cuando añade: "Pero todo esto se hizo para que se cumplieran los escritos de los profetas".

San Jerónimo

"Taladraron mis manos y mis pies" (*Sal* 21,17) y en otro lugar: "Como oveja fui llevado al sacrificio" (*Is* 53,17); y en el mismo lugar: "Por las iniquidades de mi pueblo fue llevado a la muerte" (*Is* 53,5-8).

Remigio

Porque como todos los profetas habían vaticinado la pasión de Cristo, por eso no citó un testimonio determinado, sino que dice en general para cumplir los vaticinios de los profetas.

San Juan Crisóstomo, *homiliae in Matthaeum, hom. 84,2*

Los discípulos que permanecieron mientras fue detenido Jesús, cuando dijo esto a las turbas, huyeron. Por eso dice: "Entonces todos los discípulos, abandonándole, huyeron", pues conocían, que entregándose voluntariamente a los enemigos no era posible escapar.

Remigio

Este hecho demuestra la cobardía de los apóstoles, pues los que en el ardor de la fe habían prometido morir con El, ahora huyen olvidados de su promesa. Es lo que vemos realizarse en aquéllos que por su amor a Dios prometen hacer grandes cosas y después no las cumplen. Sin embargo, no deben desesperar, sino levantarse como los apóstoles y rehabilitarse por la penitencia.

Rábano

En sentido místico, así como Pedro que lavó con lágrimas el pecado de la negación, enseñó la rehabilitación de aquéllos que se doblegan en el martirio, así también, huyendo los demás discípulos, enseñan a guardarse aquéllos que no se sienten fuertes para sufrirlo.

Sigue: "Otros, deteniendo a Jesús, le llevaron a casa de Caifás".

San Agustín, *de consenso evangelistarum 3,6*

Pero antes fue llevado a Anás, suegro de Caifás, según dice San Juan. Fue llevado pues, atado, porque en aquella turba iba un tribuno y una cohorte, como cuenta San Juan.

San Jerónimo

Refiere Josefo que este Caifás había comprado solo por aquel año el pontificado. Habiendo dispuesto Moisés, por orden de Dios, que los pontífices sucediesen a sus padres, de generación en generación, no es, pues, de extrañar que un pontífice inicuo juzgue inicuamente.

Rábano

Conviene, pues, el nombre con la acción. Caifás, esto es, espía sagaz, dispuesto a consumar su maldad, vomita por su boca una desvergonzada mentira para perpetrar un homicidio. Por esto le llevaron allí, a fin de obrar según su consejo. Y sigue: "En donde los escribas, los fariseos y los ancianos se habían reunido."

Orígenes, *in Matthaeum, 35*

Con Caifás y los príncipes de los sacerdotes se congregan también los escribas, esto es, los letrados que enseñan la letra que mata; los ancianos, no de la verdad, sino de la decrepitud de la letra.

Sigue: Pero Pedro le seguía a lo lejos, pues no podía de cerca sino de lejos, pero sin abandonarle enteramente.

San Juan Crisóstomo, *homiliae in Matthaeum, hom. 84,2*

Mucho era el fervor del apóstol San Pedro, que aun viendo huir a los demás no huyó, sino que permaneció y entró. Si San Juan entró también, era porque conocía al príncipe de los sacerdotes. Pedro seguía de lejos, porque había de negar al Señor.

Remigio

Pero no hubiera podido negarle si hubiera estado cercano al Señor. Esto también significa que Pedro había de seguir al Señor en la pasión.

San Agustín, *quaestiones evangeliorum 1,42*

Y que la Iglesia seguiría e imitaría los padecimientos del Salvador, pero de muy diferente modo; pues la Iglesia padece para sí misma, y Aquél por la Iglesia.

Sigue: "Y habiendo entrado, se sentó entre los criados para ver en qué paraba".

San Jerónimo

Bien fuera por amor de discípulo o bien por humana curiosidad, deseaba saber la sentencia del pontífice contra el Señor; si le condenaba a muerte, o azotado le daba libertad.

Mas los príncipes de los sacerdotes y todo el concilio buscaban algún falso testimonio contra Jesús para entregarle a la muerte; y no le hallaron aunque se habían presentado muchos falsos testigos. Mas por último llegaron dos testigos falsos y dijeron: "Este dijo: puedo destruir el templo de Dios y reedificarlo en tres días". Y levantándose el príncipe de los sacerdotes, le dijo: "¿No respondes nada a lo que éstos deponen contra ti?" Y Jesús callaba. Y el príncipe de los sacerdotes le dijo: "Te conjuro por el Dios vivo que nos digas si tú eres el Cristo, el Hijo de Dios". Jesús le dice: "Tú lo has dicho. Y aun os digo que veréis desde aquí a poco al Hijo del hombre sentado a la derecha de la virtud de Dios, y venir en las nubes del cielo". Entonces el príncipe de los sacerdotes rasgó sus vestiduras y dijo: "Ha blasfemado. ¿Qué necesidad tenemos de testigos? He aquí ahora acabáis de oír la blasfemia. ¿Qué os parece?" Y ellos respondiendo dijeron:

"reo es de muerte". Entonces le escupieron en la cara y le maltrataron a puñadas, y otros le dieron bofetadas en el rostro, diciendo: "Adivínanos, Cristo, ¿quién es el que te ha herido?" (vv. 59-68)

San Juan Crisóstomo, *homiliae in Matthaeum, hom. 84,2*
Congregados los príncipes de los sacerdotes, quería todo aquel asqueroso conciliábulo dar forma de juicio a sus asechanzas contra el Salvador. Por lo que se dice: "Los príncipes, pues, de los sacerdotes, y todo el concilio, buscaban falso testimonio contra Jesús", etc. Pero que el tribunal era incompetente y todo tumulto y confusión, se manifiesta por lo que sigue, "y no hallaron prueba a pesar de haberse acercado muchos testigos falsos".

Orígenes, *in Matthaeum, 35*
Los falsos testimonios tienen cabida cuando se presentan con cierto colorido. Pero ni color se encontraba en las mentiras que proferían contra Jesús, aunque eran muchos los que querían congraciarse con los príncipes de los sacerdotes. De lo que resulta gran gloria a Jesús, que tan irreprensiblemente habló y obró en todo, que aun los hombres más malos y astutos no pudieron hallar ni en la apariencia cosa digna de represión.
Sigue: "Por último llegaron dos falsos testigos", etc.

San Jerónimo
¿Cómo pueden llamarse testigos falsos si dicen aquello mismo que leemos que dijo el Señor? Pero es falso el testigo que no da su verdadero sentido a lo que se ha dicho. El Señor, pues, había hablado del templo de su cuerpo. Pero en sus mismas palabras le calumnian añadiendo o mudando algo, para que resulte justificada la acusación. El Salvador había dicho: "Destruid este templo" (*Jn* 2,19), y los testigos lo tergiversan diciendo: puedo destruir el templo de Dios. Vosotros, dice, destruid, no yo; pues no nos es lícito atentar contra nosotros mismos. Después ellos inventan: "Y después de tres días lo reedificaré", para que pareciese que hablaba del templo judío. Pero el Señor para manifestar que hablaba del templo vivo y animado, había dicho: y yo en tres días lo resucitaré; una cosa es edificar, y otra resucitar.

San Juan Crisóstomo, *homiliae in Matthaeum, hom. 84,3*
¿Mas por qué no adujeron la acusación sobre la violación del sábado? Porque muchas veces los había convencido sobre este punto.

San Jerónimo
La cólera y la impaciencia de no hallar lugar a la calumnia hizo saltar de su solio al pontífice, poseída su alma de furor y de agitación su cuerpo. Y por esto sigue: "Y levantándose el príncipe de los sacerdotes, le dijo: ¿no respondes nada a las acusaciones de éstos?"

San Juan Crisóstomo, *homiliae in Matthaeum, hom. 84,2*

Dijo esto queriendo obligar a Jesús a dar una respuesta para cogerle. Inútil era, pues, toda respuesta de excusa que no había de ser admitida. Y por eso sigue: "Pero Jesús callaba", pues aquello era tan sólo una farsa de juicio. En verdad no era sino una invasión de ladrones como en una caverna, y por esto calla.

Orígenes, *in Matthaeum, 35*

Esto nos enseña a despreciar a los calumniadores y falsos testigos, para que ni siquiera consideremos dignas de respuesta las falsas acusaciones que nos imputan; mayormente cuando es más noble y valeroso callar que defenderse sin provecho alguno.

San Jerónimo

Sabía bien como Dios, que cuanto dijese se había de torcer en calumnia. Cuanto, pues, más callaba Jesús ante las acusaciones de los falsos testigos y sacerdotes impíos, con tanto mayor furor le provocaba el pontífice a contestar a fin de encontrar en su respuesta motivo de acusarle. Por lo que sigue: "Y el príncipe de los sacerdotes le dijo: te conjuro por Dios vivo que nos digas", etc.

Orígenes, *in Matthaeum, 35*

Encontramos algunas veces en la ley el uso del juramento. Pero creemos, sin embargo, que el hombre que quiere vivir según el Evangelio, no debe permitirse el conjurar a otro. Porque si no es lícito jurar, tampoco es lícito provocar el juramento. El que contempla a Jesús imperando a los demonios y dando poder a sus discípulos sobre ellos, debe entender que la facultad concedida por el Salvador no es juramento.

Por tanto, el príncipe de los sacerdotes pecaba obligando insidiosamente a Jesús a contestar. Y así imitaba a su padre el demonio, que dudoso preguntó dos veces al Salvador: "Si tú eres Cristo Hijo de Dios" (*Mt* 4,3.6) de lo que lógicamente se deduce, que el dudar si el Hijo de Dios es el mismo Cristo, es obra del diablo. No era, pues, decoroso al Señor contestar al conjuro del príncipe de los sacerdotes, como obligado por fuerza. Por lo que ni negó ser Hijo de Dios, ni claramente lo confesó. "Dícele Jesús; tú dijiste"; pues no era digno de oír la doctrina de Cristo y así no le enseña, sino que tomando su palabra le contesta con ella. "Pero en verdad os digo que dentro de poco veréis al Hijo del hombre", etc. A mí me parece que el acto de sentarse significa en el Hijo del hombre cierta realeza, porque junto al trono de Dios -que es el único poderoso- ha sido constituido el que recibió del Padre toda potestad en el cielo y en la tierra. Y esto se cumplirá el día en que hasta sus mismos enemigos lo reconocerán, aunque ya empezó a cumplirse, pues sus discípulos le vieron resucitado de entre los muertos y sentado a la diestra del Todopoderoso. O porque en comparación de la eternidad que existe en Dios, desde la creación del mundo hasta su fin, hay un día. No es, pues, de admirar que dijera el Señor: "Dentro de poco" demostrando la brevedad del tiempo hasta el fin, y no sólo profetizaba que le verían sentado a la diestra del poder de Dios, sino que también sobre las nubes del cielo. Por eso sigue: "Y viniendo en las nubes del cielo". Estas nubes son los profetas y apóstoles de Cristo a los que les manda llover cuando quiere y son nubes del cielo que no pasan, porque llevan en sí la imagen del hombre celestial, y dignas de ser el trono de Dios como formadas de los herederos de El y coherederos de Cristo.

San Jerónimo

El pontífice, pues, a quien el furor había sacudido de su solio, rasga sus vestidos a impulsos de su ira. Y por eso dice: "Entonces el príncipe de los sacerdotes rasgó sus vestiduras, diciendo: blasfemó". Es costumbre judía rasgar los vestidos cuando se oye alguna blasfemia contra Dios.

San Juan Crisóstomo, *homiliae in Matthaeum, hom. 84,2*

Esto lo hizo para agravar más la acusación y expresar con hechos lo que decía de palabra.

San Jerónimo

El hecho de rasgar sus vestiduras, demostró que los judíos habían perdido su dignidad sacerdotal y que estaba vacante la sede del sumo sacerdote, roto ya el velo que cubría la ley.

San Juan Crisóstomo, *homiliae in Matthaeum, hom. 84,3*

Habiendo rasgado sus vestiduras no pronuncia por sí mismo la sentencia, y busca hacer recaer la responsabilidad en los demás, preguntando: ¿qué os parece? Como se acostumbra a preguntar contra los reos confesos y de blasfemia manifiesta y como obligando y haciendo violencia, prepara al auditorio para proferir la sentencia diciendo: "¿Qué necesidad tenemos de testigos? He aquí ahora acabáis de oír la blasfemia", etc. ¿Qué blasfemia fue ésta? Porque ante ellos mismos reunidos había dicho: "Dijo el Señor a mi Señor: siéntate a mi derecha" (*Mt* 22,44). Y les dio la interpretación y callaron; ni le contradijeron en lo sucesivo. ¿Por qué pues, ahora llaman blasfemia a lo que ha dicho? "Pero ellos respondieron diciendo: Reo es de muerte"; eran los mismos los que acusaban, los que discutían y los que pronunciaban la sentencia.

Orígenes, *in Matthaeum, 35*

¿Cuán grande crees que no fue el error de condenar a muerte a la principal de todas las vidas, y no atender al testimonio de tantos resucitados por la fuente de la que fluía la vida de todos?

San Juan Crisóstomo, *in Matth. hom. 85,1*

Como el que se lanza sobre la presa, así demostraban su ciego furor.

Sigue: "Entonces escupieron en su rostro", etc.

San Jerónimo

Para que se cumpliera lo que estaba dicho: "Di mi mejilla a las bofetadas, y no aparté mi rostro del oprobio de las salivas" (*Is* 50,6). Sigue: "Otros le daban bofetadas en el rostro diciendo: profetiza", etc.

Glosa

Por escarnio se le dice esto al que había querido ser tenido por profeta de las naciones.

San Jerónimo

Necedad hubiera sido responder y profetizar al verdugo, cuando era patente su furor.

San Juan Crisóstomo, *homiliae in Matthaeum, hom. 85,1*

Observa cómo el Evangelista expone con suma exactitud todo lo que considera digno de reprobación, no ocultando nada ni avergonzándose; sino por el contrario, estimando como la mayor gloria el que el Señor del universo padeciese por nosotros tales afrentas. Esto, pues, leamos continuamente, esto en nuestra mente grabemos, y gloriémonos de ello.

San Agustín, *quaestiones evangangeliorum 1,44*

Lo que se ha dicho: "Escupieron sobre su rostro", habla de aquéllos que rechazan la presencia de la gracia; y asimismo le abofetean los que prefieren sus honores al de Dios; y dan palmadas en su rostro los que, obcecados por la perfidia, afirman que Jesucristo no ha venido, como queriendo exterminar y rechazar su presencia.

Pedro entretanto estaba sentado fuera en el atrio, y se llegó a él una criada, diciendo: "tú también estabas con Jesús el Galileo". Mas él lo negó delante de todos, diciendo: "no sé lo que dices". Y saliendo él a la puerta le vio otra criada, y dijo a los que estaban allí: "éste estaba también con Jesús Nazareno". Y negó otra vez con juramento diciendo: "no conozco tal hombre". Y de allí a un poco se acercaron los que estaban allí, y dijeron a Pedro: "seguramente tú también eres de ellos; porque aun tu habla te da a conocer". Entonces comenzó a hacer imprecaciones y a jurar que no conocía a tal hombre. Y cantó luego el gallo. Y Pedro se acordó de la palabra que le había dicho Jesús: "Antes que cante el gallo, me negarás tres veces". Y habiendo salido fuera lloró amargamente. (vv. 69-75)

San Agustín, *de consensu evangelistarum 3,6*

Entre las predichas afrentas del Señor, tuvieron lugar las tres negaciones de Pedro, las cuales no todos los evangelistas refieren en el mismo orden. San Lucas explica primero la tentación de Pedro, y después las afrentas del Señor; pero San Mateo y San Marcos las cuentan primero y después la tentación de Pedro. Así pues, dice: "Pero Pedro estaba sentado fuera en el atrio".

San Jerónimo

Estaba sentado fuera para ver la salida del preso; y no se acercaba a Jesús, para que los criados no concibieran sospecha alguna.

San Juan Crisóstomo, *homiliae in Matthaeum, hom. 85,1*

El que cuando sólo vio prender a su maestro de tal modo se enardeció, que desenvainó la espada y cortó la oreja; al oír los ultrajes contra Cristo se convierte en negador y no resiste a las amenazas de una vil criada. Sigue: "Y se acercó a él una criada, diciendo: y tú estabas con Jesús Galileo".

Rábano

¿Por qué primero le descubrió una criada habiendo tantos hombres que pudieron reconocerle; sino para que se viese que también este sexo pecaba en la muerte del Señor y era redimido por su pasión? Sigue: "Pero él negó delante de todos diciendo: no sé lo que dices". Manifiestamente y delante de todos negó, porque temió descubrirse; y al decir que no le conocía, dio a entender que aun no quería morir por el Salvador.

San León Magno, *sermones 60,4*

Según parece fue permitida esta vacilación para que en el príncipe de la Iglesia tuviese principio el remedio de la penitencia, y nadie se atreviera a confiar en su propia fortaleza, cuando ni el mismo San Pedro había podido evadirse del peligro de la inconstancia.

San Juan Crisóstomo, *homiliae in Matthaeum, hom. 85,1*

No sólo una vez, sino por segunda y tercera negó en breve rato; de aquí sigue: "Saliendo, pues", etc.

San Agustín, *consensu evangelistarum 3,6*

Se entiende que luego que salió fuera, habiéndole negado una vez, el gallo cantó primero, que es lo que San Marcos dice.

San Juan Crisóstomo, *homiliae in Matthaeum, hom. 85,1*

Para manifestar que ni la voz del gallo le contuvo de la negación, ni le recordó su promesa.

San Agustín, *consensu evangelistarum 3,6*

No le negó la segunda vez estando fuera delante de la puerta, sino cuando volvía al fuego, pues aun no había salido ni le había visto fuera la otra criada, sino que al salir le vio. Esto es, que al levantarse para salir le conoció, y dijo a los que allí estaban, esto es, a los que se calentaban con él al fuego en el atrio: "Y éste estaba con Jesús Nazareno". Pero él, que había salido, oído esto, regresó, para excusarse negando. O como es más creíble no oyó lo que de él se había dicho al salir, y cuando volvió, le dijeron la criada y aquel otro de quien hace mención San Lucas: "Y tú eres de ellos". O como refiere San Juan: ¿acaso eres tú también de los discípulos de este hombre?

Sigue: "Y volvió a negar con juramento", etc.

San Jerónimo

Sé que algunos, llevados de piadoso afecto hacia el apóstol San Pedro, interpretan este pasaje, diciendo que Pedro negó al hombre, no a Dios; y que el sentido es éste: no conozco al hombre, porque conozco a Dios. El lector prudente comprende cuán frívolo sea esto; porque si éste no negó, mintió el Señor cuando dijo: "Me negarás tres veces" (*Mt* 26,34).

Rábano

Decimos que no sólo niega a Cristo quien dice que no es Cristo, sino que también quien siendo cristiano niega serlo.

San Agustín, *consensu evagelistarum 3,6*

Hablemos ya de la tercera negación. Sigue pues: "Poco después se acercaron los que estaban y dijeron a Pedro: verdaderamente tú eres de ellos". Pero San Lucas dijo: "Y pasado un rato como de una hora" (*Lc* 22,59). Y como para convencerle, añaden enseguida: "Pues tu lenguaje te descubre".

San Jerónimo

No porque hablase otra lengua o fuese de otra nación, pues que todos eran hebreos, los que le acusaban y el que se defendía, sino porque cada provincia y región tenía sus dialectos, y no podían disimular el lenguaje de su origen.

Remigio

Observa cuán perjudicial es la conversación con hombres depravados; pues esta misma obligó a Pedro a negar al Señor a quien antes había confesado ser Hijo de Dios. Sigue pues: "Entonces empezó a maldecir", etc.

Rábano

Advierte que primero dijo: "No sé lo que dices" (*Mt* 26,70); después niega con juramento; y finalmente, maldice y jura que no conoce a aquel hombre. Perseverar en el pecado, da incremento a la maldad, y el que desprecia lo pequeño cae en lo grande.

Remigio

En sentido místico, son designados por la negación antes del primer canto del gallo aquéllos que, conturbados por la muerte del Señor, no creían antes de su resurrección que El fuese Dios; por la negación después del canto del gallo son designados aquéllos que yerran acerca de la naturaleza del Señor ya como Dios, ya como hombre. Por la primera criada se designa la avaricia y por la segunda la delectación carnal; por los que allí estaban se entienden los demonios, pues ellos son los que arrastran a los hombres a la negación de Cristo.

Orígenes, *in Matthaeum, 35*

Por la primera criada se entiende la sinagoga de los judíos, que frecuentemente obligaron a los fieles a negar a Cristo; por la segunda, la congregación de las naciones perseguidoras de los cristianos; por los terceros que estaban en el atrio, los ministros de diferentes herejías.

San Agustín, *quaestiones evangeliorum 1,45*

Tres veces negó Pedro. El error, pues, de los herejes acerca de Cristo, se formula de tres maneras, pues yerran en cuanto a su Divinidad, o en cuanto a su humanidad, o en ambas cosas.

Rábano

Después de la tercera negación se deja oír el canto del gallo y esto es lo que sigue: "Y en seguida el gallo cantó", por lo que se significa al doctor de la Iglesia que increpa a los soñolientos diciendo: despertaos, justos, y no queráis pecar (*1Cor* 15,34). Suele con frecuencia la Sagrada Escritura expresar el carácter de una cosa por el tiempo en que acontece; así es que Pedro, que negó a la media noche, se arrepintió al canto del gallo. "Y se acordó Pedro de la palabra que Jesús le había dicho: Antes que el gallo cante, tres veces me negarás".

San Jerónimo

Se lee en el Evangelio de San Lucas, que después de la negación de Pedro y el canto del gallo, el Salvador miró a Pedro, y su mirada excitó en él amargo llanto; pues no podía ser que permaneciera en las tinieblas de la negación el que había sido mirado por la luz del mundo. "Y saliendo fuera, lloró amargamente"; pues sentado en el atrio de Caifás no podía hacer penitencia. Por eso que sale fuera del concilio de los impíos, para lavar con lágrimas amargas las manchas de su cobarde negación.

San León Magno, *sermones 60,4*

Felices tus lágrimas, santo Apóstol, que tuvieron la virtud del santo bautismo para borrar la culpa de la negación. Intervino, pues, la diestra de nuestro Señor Jesucristo, para impedir tu precipicio cuando ya caías; y recobraste la fortaleza de perseverar, en el mismo peligro de caer. Pronto, pues, se rehabilitó Pedro, como quien recibe una nueva fuerza; y en tanto grado, que el que entonces se había asustado de la pasión de Cristo, permaneció después constante sin temer su propio martirio.

CAPÍTULO 27

Y venida la mañana, todos los príncipes de los sacerdotes y los ancianos del pueblo entraron en consejo contra Jesús, para entregarle a la muerte. Y lo llevaron atado y lo entregaron al presidente Poncio Pilato. Entonces Judas, que le había entregado, cuando vio que había sido condenado, movido de arrepentimiento, volvió las treinta monedas de plata a los príncipes de los sacerdotes y a los ancianos, diciendo: "He pecado entregando la sangre inocente". Mas ellos dijeron: "¿Qué nos importa a nosotros? viéraslo tú". Y arrojando las monedas de plata en el templo, se retiró, y fue y se ahorcó con un lazo. (vv. 1-5)

San Agustín, *de consensu evangelistarum 3,7*

El Evangelista había tejido anteriormente su narración refiriendo aquellas cosas que sucedieron al Señor hasta el amanecer, pero volvió para narrar la negación de Pedro, terminada la cual continuó lo demás hasta la mañana. Y dice:

"Habiéndose hecho de día, entraron en consejo contra Jesús todos los príncipes de los sacerdotes y ancianos del pueblo para entregarle a la muerte".

Orígenes, *in Matthaeum, 35*

Creía que con la muerte se extinguiría la doctrina y la fe en aquéllos que le habían creído como Hijo de Dios. Insistiendo, pues, en sus proyectos, ataron a Jesús, que desataba a los demás y así le llevaron al procurador Poncio Pilato.

San Jerónimo

Observa la solicitud de los sacerdotes que pasaron en vela toda la noche para cometer un homicidio, y entregaron atado a Jesús a Pilato, porque tenían la costumbre de entregar atado ante el Juez al que condenaban a muerte.

Rábano

Pero debe notarse que no fue entonces la primera vez que le ataron, sino que ya poco antes lo habían hecho en el huerto como dice San Juan.

San Juan Crisóstomo, *in Matthaeum. hom. 84,3*

No le mataron ocultamente porque querían destruir su gloria, en razón a que muchos le admiraban, y por esto se empeñaron en matarle públicamente y delante de todos; y a este fin le llevaron ante el prefecto.

San Jerónimo

Viendo, pues, Judas al Señor condenado a muerte, les devolvió a los sacerdotes el precio, como si estuviera a su arbitrio el cambiar la sentencia. "Entonces Judas, que le había entregado, cuando vio que había sido condenado, movido de arrepentimiento, devolvió las treinta monedas de plata a los príncipes de los sacerdotes y a los ancianos diciendo: he pecado entregando sangre inocente".

Orígenes, *in Matthaeum, 35*

Contéstenme los que inventan cierta fábula sobre dos naturalezas en el hombre, ¿por qué Judas conociendo su pecado dijo: "Pequé entregando la sangre del justo"; sino por la buena semilla de inteligencia y virtud que sembró Dios en el alma racional, la cual no cultivó Judas, y por esto cayó en tal pecado? Si, pues, si hay algún hombre de tal naturaleza que haya de perderse, Judas fue el que más perteneció a esta clase. Si después de la resurrección de Jesucristo hubiera dicho esto, acaso lo hubiera dicho obligado a arrepentirse de su pecado en fuerza de la misma resurrección. Pero ahora, viendo que había sido entregado Jesús a Pilato, se arrepintió tal vez acordándose de lo que Jesús había dicho repetidamente sobre su futura resurrección. Sin duda que Satanás, que había entrado en él, le apremió hasta que entregó a Jesús a Pilato; y después que logró lo que quería, salió de él y dejándole, pudo arrepentirse. ¿Pero cómo vio Judas que Jesús había sido condenado, si aun no había sido interrogado por Pilato? Acaso dirá alguno, que en su imaginación vio el resultado del proceso por lo que había visto. Otro dirá que lo que está escrito: "viendo Judas que había sido condenado", se refiere al mismo Judas, entonces sintió su maldad y se reconoció condenado.

San León Magno, *sermones 52,5*

Diciendo, sin embargo: "He pecado, entregando sangre inocente", persiste en la perfidia de su impiedad no reconociendo a Jesús como Hijo de Dios, sino tan sólo como hombre de nuestra condición puesto en peligro de muerte, cuya misericordia hubiese inclinado a su favor, si no hubiera negado su omnipotencia.

San Juan Crisóstomo, *homiliae in Matthaeum, hom. 85,2*

Observa que se arrepintió cuando había consumado su pecado. El diablo no permite a aquéllos que no velan, que vean el mal hasta que lo consuman.

Sigue: "Mas ellos dijeron: ¿Qué nos importa a nosotros? Viéraslo tú".

Remigio

Como si dijeran: ¿Qué nos importa a nosotros si es justo? Esto era de tu cuenta. Esto es, tu obra se manifestará como sea. Algunos quieren que se lean juntas estas palabras: "A nosotros qué, tú lo vieras" para que haga este sentido: ¿qué concepto hemos de tener de ti, que confiesas haber entregado al justo?

Orígenes, *in Matthaeum, 35*

Cuando el diablo se aparta de alguno, observa el instante favorable, y cuando le ha inducido a un segundo pecado, acecha la ocasión para el tercero. A la manera que aquél que primero abusó de la esposa de su padre, se arrepintió de esta maldad; pero después el diablo exageró de tal manera su tristeza que llegó al extremo de perder al desgraciado. Algo semejante pasó en Judas, pues luego que se arrepintió, no supo contener su corazón, sino que se dejó llevar de la tristeza inspirada por el diablo, la cual le perdió. Y sigue: "Y marchándose se ahorcó". Pero si hubiera procurado hacer penitencia y la hubiese practicado a tiempo, sin duda hubiera encontrado a aquél que dijo: "No quiero la muerte del pecador" (*Ez* 33,11). Pero tal vez quiso adelantarse a la muerte de su maestro, y salirle al encuentro con el alma separada del cuerpo, para que confesando y rogando mereciese misericordia; pero no consideró que no debe el siervo de Dios sacarse de este mundo, sino esperar que Dios lo disponga.

Rábano

Se colgó de un lazo para manifestar que era detestado del cielo y de la tierra.

San Agustín, *De quaestiones novi et veteri testamentorum, q. 94*

Pero ocupados los príncipes de los sacerdotes en la muerte del Señor desde el amanecer hasta la hora de nona, ¿cómo se prueba que Judas les entregó el precio de la sangre que había recibido, antes de la crucifixión del Señor, y les dijo en el templo: "He pecado, entregando sangre inocente"? Aunque todos los príncipes y los ancianos del pueblo no estuvieron en el templo antes de la pasión del Señor, y en la cruz lo estuvieron insultando, no puede probarse con ello que lo de Judas fue antes de la pasión del Señor, cuando hay muchas cosas que ciertamente ocurren antes de los hechos y son narradas después. Pero quizás Judas se arrepintió después de la hora de nona, preso del miedo al ver que había muerto el Salvador, y que debido a ello se había desgarrado el velo del templo, que la tierra tembló, que se rompieron las piedras y que chocaron los elementos. Sin embargo, después de la hora de nona también estaban ocupados los ancianos y los príncipes de los sacerdotes en la celebración de la pascua; y en el sábado estaba prohibido por la ley aun llevar dinero encima. Por esto yo creo que no es posible saber en qué día -ni en qué tiempo-, puso Judas fin a su vida.

Y los príncipes de los sacerdotes, tomando las monedas de plata, dijeron: "No es lícito meterlas en el tesoro, porque es precio de sangre". Y habiendo deliberado sobre ello, compraron con ellas el campo de un alfarero para sepultura de los extranjeros. Por lo cual fue llamado aquel campo Haceldama, esto es, campo de sangre, hasta el día de hoy. Entonces se cumplió lo que fue dicho por Jeremías el profeta, que dijo: Y tomaron las treinta monedas de plata, precio del apreciado, al cual apreciaron de los hijos de Israel. Y las dieron por el campo del alfarero, así como me lo ordenó el Señor. (vv. 6-10)

San Juan Crisóstomo, *homiliae in Matthaeum, hom. 85,3*
Como los príncipes de los sacerdotes sabían que habían comprado la muerte, se veían condenados por su propia conciencia; y para demostrar esto, añade el Evangelista: "Y los príncipes de los sacerdotes, tomando las monedas de plata, dijeron; no es lícito meterlas en el tesoro, porque es precio de sangre".

San Jerónimo
En verdad que filtraban un mosquito y se tragaban un camello, por lo tanto, si no ponen el dinero en el tesoro (esto es, en el gazofilacio en donde estaban las ofrendas hechas a Dios), porque era precio de sangre; ¿por qué derraman esa misma sangre?

Orígenes, *in Matthaeum, 35*
Veían que debían emplearse aquellas monedas más bien en los muertos, porque eran precio de sangre. Pero como en el lugar donde habitan los muertos hay también sus diferencias, emplearon aquel precio de la sangre de Jesús en la adquisición del campo de un alfarero, para enterrar allí a los peregrinos, y no entre las tumbas de sus padres. Por esto sigue: "Y habiendo deliberado sobre ello, compraron con estas monedas el campo de un alfarero para enterrar a los extranjeros".

San Agustín, *in serm. de Passione*
Yo creo que esto sucedió por disposición divina, para que se vea que el precio del Salvador no sirve al abuso de los pecadores, pero ofrece descanso a los peregrinos. A fin de que en lo sucesivo Jesucristo redima a los vivos con el precio de su sangre, y reciba a los muertos por su pasión preciosa. Con el precio de la sangre del Señor se compra, pues, el campo de un alfarero. Leemos en las Sagradas Escrituras que la salvación de todo el género humano ha sido comprada

con la sangre del Salvador. Este campo es, pues, todo este mundo. El alfarero, que puede tener el dominio de todo el mundo, es El mismo que hizo de tierra este vaso de nuestro cuerpo. Pues el campo de este alfarero, es el comprado con la sangre de Jesucristo. Para los peregrinos, diremos que andaban desterrados de todo el mundo, sin casa ni patria; pero que en la sangre de Cristo se les provee del descanso necesario. Llamamos peregrinos a aquéllos piadosos cristianos que, renunciando al siglo, y no poseyendo cosa alguna en el mundo, descansan en la sangre de Cristo y el sepulcro de Cristo, no es otra cosa que el descanso del cristiano. Estamos sepultados, pues, con Jesús, como dice el Apóstol, por medio del bautismo en la muerte (*Rm* 6,4). Nosotros, por lo tanto, somos peregrinos en este mundo, y nos encontramos como huéspedes mientras dura la luz de la vida.

San Jerónimo

Como también éramos peregrinos respecto de la ley y de los profetas, hemos recibido nuestra salud del perverso proceder de los judíos.

Orígenes, *in Matthaeum, 35*

También llamamos peregrinos a aquéllos que desconocen a Dios hasta el fin, porque los justos están sepultados con Jesucristo en el sepulcro nuevo que ha sido abierto en la piedra. Y los que son extraños a Dios hasta el fin, quedan sepultados en el campo del alfarero, que trabaja en lodo, que fue comprado con el precio de sangre y se llama campo de sangre. Sigue: "Por lo cual fue llamado aquel campo Haceldama, esto es, campo de sangre, hasta el día de hoy".

Glosa

Esto último debe referirse al tiempo en que escribió esto el Evangelista. Además confirma esto mismo por medio de profecías, diciendo: "Entonces se cumplió lo que fue dicho por Jeremías el profeta, que dijo: y tomaron las treinta monedas de plata, precio del apreciado, a quien apreciaron los hijos de Israel, y las dieron por el campo del alfarero, así como me lo ordenó el Señor".

San Jerónimo

Esto no se encuentra escrito en Jeremías, pero en Zacarías (*Za* 11,12) (que es el penúltimo de los doce profetas), se lee esto mismo aunque escrito de diferente modo. Y aun cuando en el sentido se diferencian poco, en el orden y en las palabras hay diferencia.

San Agustín, *de consensu evangelistarum, 3,7*

Y si alguno juzga que por ello no se debe creer al Evangelista, sepa primeramente que no todos los códices del Evangelio expresan que fue dicho por Jeremías, sino que simplemente dicen que lo dijo un profeta. Pero a mí me parece que esto no es defensa, puesto que muchos códices, especialmente los más antiguos, citan el nombre de Jeremías, y nadie puede conocer la causa porque se añadiese este nombre, introduciendo así una equivocación. Y por qué se ha quitado, no es por otra razón mas que por efecto de la ignorancia atrevida que confundía la cuestión anterior. Pudo también suceder que la intención de San Mateo cuando escribió su Evangelio fuese citar a Jeremías en lugar de Zacarías (como suele suceder), lo que, sin embargo corregiría, tal vez avisado por aquéllos que leyeron su Evangelio cuando aun vivía. O tal vez que haciendo memoria, regida por el Espíritu Santo, se le ocurrió citar el nombre de un profeta por otro, porque el Señor así lo determinó cuando escribía. Y la primera causa de que así lo haya determinado es, que de esta manera da a conocer que todos los profetas - como han hablado animados por un mismo Espíritu- convienen entre sí de un modo admirable, como si pudiese decirse que todo lo escrito por los profetas parece que procede de un sólo hombre. Por lo tanto debe admitirse sin duda alguna todo lo que el Espíritu Santo ha dicho por su boca, y que lo de cada uno, es de todos; y lo de todos, de cada uno. Y así, si alguno en nuestros días, al querer citar las palabras de una persona dijera que las ha dicho otro que es muy amigo de aquel cuyas palabras quiere citar, y se da cuenta que se ha confundido, enmiéndelo, pero diga: he dicho bien, no fijándose en otra cosa que en la conformidad que hay entre ellos. ¿Con cuánta mayor razón debe decirse esto respecto de los santos profetas? Hay también otra razón por la que podemos decir que se permite seguir citando a Jeremías en vez de Zacarías y que más bien esto fue ordenado por autoridad del Espíritu Santo. Se dice en Jeremías (**Jer** 32,7-9) que compró un campo al hijo de su hermano, y que le dio treinta monedas de plata, pero no como precio, según se dice en la profecía de Zacarías. El Evangelista interpretó esto refiriéndose a la profecía que hablaba de las treinta monedas de plata, lo cual se cumplió ahora en el Señor como no cabe duda. Pero también se refiere a esto aquello del campo comprado de que habla Jeremías, y que puede significar místicamente que no se citaba aquí el nombre de Zacarías, que dijo en treinta monedas de plata, sino el de Jeremías, que habló del campo comprado. De esta manera, quien lee el Evangelio y ve el nombre de Jeremías, y al buscar en el libro de Jeremías no encuentra el testimonio respecto de las treinta monedas de plata, sin embargo sí encuentra el de la compra del campo, con lo cual se da cuenta de que debe comparar los textos y así descubrir el sentido de la profecía y su relación con lo que se cumplió en el Señor. Y aquello que añadió a este testimonio San Mateo, cuando dice: "A quien apreciaron de los hijos de Israel y las dieron por el campo del alfarero, así como me lo ordenó el Señor"; esto no se encuentra ni en Zacarías ni en Jeremías; por cuya razón debe creerse que más bien lo añadiría el Evangelista por elegancia, y en sentido espiritual o que lo intercalaría, en atención a que había sabido esto por inspiración divina, creyendo que esto lo decía refiriéndose al precio en que fue apreciado Jesucristo según la profecía.

San Jerónimo

Lejos, pues, del que sigue a Cristo que pueda ser argüido de falso, quien tuvo el cuidado no de citar las palabras y las sílabas, sino únicamente las sentencias de las doctrinas.

San Jerónimo

He leído hace poco tiempo, en un códice hebreo que me proporcionó uno de la secta de los nazarenos, un pasaje apócrifo de Jeremías, en el que hallé esto literalmente escrito. Y me parece que más bien este testimonio está tomado de Zacarías a quien citaban con frecuencia los evangelistas y los apóstoles, como tenían costumbre de citar el Antiguo Testamento, dando el sentido y prescindiendo del orden de las palabras.

Y Jesús fue presentado ante el presidente, y le preguntó el presidente y dijo: "¿Eres tú el rey de los judíos?" Jesús le dice: "Tú lo dices". Y como le acusasen los príncipes de los sacerdotes y los ancianos, nada respondió. Entonces le dice Pilato: "¿No oyes cuántos testimonios dicen contra ti?" Y no le respondió a palabra alguna, de modo que se maravilló el presidente en gran manera. (vv. 11-14)

San Agustín, *de consensu evangelistarum, 3,7*
Una vez terminado lo que dice San Mateo respecto de Judas el traidor, vuelve al orden de su narración, diciendo: "Y Jesús fue llevado ante el presidente".

Orígenes, *in Matthaeum, 35*
Considera al que fue constituido por el eterno Padre Juez de toda criatura, cuánto se humilló hasta querer estar delante de este juez de Judea. Y es interrogado sobre un asunto del que acaso el mismo Pilato pregunta con ironía o duda. Por esto sigue: "Y le preguntó el presidente: ¿Eres tú el rey de los judíos?"

San Juan Crisóstomo, *homiliae in Matthaeum, hom. 86,1*
Pilato pregunta esto, porque los enemigos de Jesús todo lo interpretaban mal en contra de El, y como sabían que Pilato no entendía de los asuntos legales, levantan contra El públicas acusaciones.

Orígenes, *in Matthaeum, 35*
Y Pilato dijo esto de una manera terminante, por cuya razón más adelante escribió el título de Rey de los judíos. Cuando respondió al príncipe de los sacerdotes: "Tú lo has dicho", reprendió su duda de una manera indirecta; pero confirma las palabras afimrativas de Pilato, por lo que sigue: "Jesús le dice: Tú lo has dicho".

San Juan Crisóstomo, *homiliae in Matthaeum, hom. 86,1*
Confesó que era rey, pero del cielo, como se lee terminantemente en otro Evangelio, en que dijo Jesús: "Mi reino no es de este mundo" (*Jn* 18,36); de modo que ni los judíos, ni Pilato, podían alegar excusa alguna al insistir en esta acusación.

San Hilario, *in Matthaeum, 32*

Ni el pontífice a quien contestando Jesús había dicho: "Tú lo dijiste"; porque bien sabido tenía por la ley que habría de nacer el Cristo. Pero como este que preguntaba si Jesús era el rey de los judíos, desconocía la ley, sólo le contestó: "Tú lo dices"; porque por medio de la fe de esta confesión, había de venir la salvación de los gentiles.

San Jerónimo

Observa además que respondió la sentencia a Pilato, de algún modo forzado a hacerlo. Pues no quiso contestar a los sacerdotes y a los príncipes, creyéndolos indignos de su contestación. Por esta razón, cuando era acusado por los príncipes de los sacerdotes y por los ancianos, nada respondió.

San Agustín, *de consensu evangelistarum, 3,8*

San Lucas también manifiesta las mismas culpas de que le acusaban sus enemigos. Dice: "Empezaron a acusarle, diciendo: hemos encontrado a éste sublevando a nuestro pueblo, y prohibiendo pagar sus tributos al César, diciendo además que El es el Cristo Rey" (*Lc* 23,2). No afecta a la esencia el orden con que se refieren estas cosas, como tampoco interesa el que un evangelista calle lo que otro dice.

Orígenes, *in Matthaeum, 35*

Así como antes Jesús nada respondió, cuando lo acusaban, así tampoco ahora, porque no se dirigía entonces a ellos la palabra de Dios, como en otro tiempo se había dirigido a los profetas. Pero tampoco era digno que respondiese a Pilato, quien no tenía jurisdicción propia para juzgar a Cristo. Sino que por el contrario era traído y llevado, combatido por dos opiniones diferentes. Por esto sigue: "Entonces le dice Pilato: ¿no oyes cuántos testimonios dicen contra ti?"

San Jerónimo

En verdad que es un gentil quien desprecia a Jesucristo, pero echando la culpa al pueblo judío.

San Juan Crisóstomo, *homiliae in Matthaeum, hom. 86,1*

Decía también esto, porque quería librarle si respondía disculpándose. Sigue. "Y no le respondió a palabra alguna, de modo que se maravilló el presidente en gran manera". Y aun cuando tenían muchas pruebas de su virtud y de su mansedumbre y humildad, sin embargo, le calumniaban y activaban contra El su juicio perverso. Por esta razón no responde y si alguna vez lo hace, habla con brevedad, no fuera que, por su prolongado silencio se formase de El la idea de pertinacia.

San Jerónimo

Jesús no quiso responder cosa alguna para evitar que, descubriendo el presidente su inocencia, se dilatase el inmenso beneficio de su pasión.

Orígenes, *in Matthaeum, 35*

El presidente se admiró de su constancia, creyendo acaso que tenía jurisdicción para declararle culpable. Y sin embargo, le veía firme en su tranquila y pacífica sabiduría e imperturbable gravedad, además se admiraba extraordinariamente, porque le parecía un milagro que presentado Jesús ante un juez, como culpable permaneciera impertérrito a vista de la muerte, que tan terrible es a los hombres.

Por el día solemne acostumbraba el presidente entregar libre al pueblo un preso, el que querían. Y a la sazón tenía un preso muy famoso, que se llamaba Barrabás. Y habiéndose ellos juntado, les dijo Pilato: "¿A quién queréis que os entregue libre? ¿A Barrabás, o por ventura a Jesús, que es llamado el Cristo?" Pues sabía que por envidia lo habían entregado. Y estando él sentado en el tribunal, le envió a decir su mujer: "Nada tengas tú con aquel justo. Porque muchas cosas he padecido hoy en visión por causa de él". Mas los príncipes de los sacerdotes y los ancianos persuadieron al pueblo que pidiese a Barrabás, y que hiciese morir a Jesús. Y el presidente les respondió y dijo: "¿A cuál de los dos queréis que os entregue libre?" Y dijeron ellos: "A Barrabás". Pilato les dice: "¿Pues qué haré de Jesús, que es llamado el Cristo?" Dicen todos: "Sea crucificado". El presidente les dice: "¿Pues qué mal ha hecho?" Y ellos levantaban más el grito, diciendo: "Sea crucificado". Y viendo Pilato que nada adelantaba, sino que crecía más el alboroto, tomando agua, se lavó las manos delante del pueblo, diciendo: "Inocente soy yo de la sangre de este justo: allá os lo veáis vosotros". Y respondiendo todo el pueblo dijo: "Sobre nosotros y sobre nuestros hijos sea su sangre". Entonces les soltó a Barrabás, y después de haber hecho azotar a Jesús, se lo entregó para que lo crucificasen. (vv. 15-26)

San Juan Crisóstomo, *homiliae in Matthaeum, hom. 86,1*
Como Jesucristo no respondía a las acusaciones de los judíos, para poder Pilato absolverle de ellas, inventa otro medio para salvarle. Por eso dice: "Por el día solemne acostumbraba el Presidente entregar libre al pueblo un preso, el que querían".

Orígenes, *in Matthaeum, 35*
De este modo agradan los que gobiernan a los que les están subordinados, hasta que consiguen sentar sobre ellos su dominación absoluta. Entre los judíos también existió esta misma costumbre en algún tiempo. Saúl no mató a Jonatás, porque todo el pueblo así se lo pidió.

San Juan Crisóstomo, *homiliae in Matthaeum, hom. 86,2*
Pilato también quiso salvar a Jesús, apoyado en esta costumbre. Y para que los judíos no tengan ninguna sombra de excusa, pone en parangón con Jesucristo

a un homicida conocido de todos. Acerca de lo cual sigue: "Y a la sazón tenía un preso muy famoso, que se llamaba Barrabás". No solamente era ladrón, sino ladrón insigne, esto es, célebre por su maldad.

San Jerónimo

Este Barrabás, según el evangelio de los hebreos, se dice que fue hijo de un maestro de aquéllos, que había sido condenado por una sedición y homicidio. Pilato les da a elegir para que dejen en libertad al que quieran. Al ladrón o a Jesús; no dudando que Jesús sería el escogido. Por esto sigue: "Y habiéndose ellos reunido, les dijo Pilato: ¿a quién queréis que os entregue libre, a Barrabás, o por ventura a Jesús, que es llamado el Cristo?"

San Juan Crisóstomo, *homiliae in Matthaeum, hom. 86,2*

Como diciendo: si no queréis dejarlo en libertad como inocente, dejadlo, al menos, como condenado, pero libre por la festividad. Y si convenía dejarlo libre cuando fuese verdaderamente culpable, con mucha más razón en caso de duda. Véase cómo se invirtió el orden en esta ocasión. La petición en favor de los condenados, se hacía por medio del pueblo y la concesión era propia del príncipe. Pero ahora sucede lo contrario. El príncipe pide al pueblo, y el pueblo se vuelve más cruel.

Glosa

Por qué trabajó tanto Pilato por librar a Jesucristo, lo manifiesta el Evangelista cuando añade: "Pues sabía que por envidia lo habían entregado".

Remigio

Cuál fuera aquella envidia, lo da a conocer San Juan, que en el capítulo 11 de su Evangelio dice: "He aquí que todo el mundo va en su seguimiento y si le dejamos libre así, todos creerán en El" (*Jn* 11,48). Es de notar también, que en lugar de lo que dice San Mateo: "O a Jesús que es llamado Cristo", dice San Marcos: "¿Queréis que os deje en libertad al rey de los judíos?" (*Mc* 15,9). Pues sólo los reyes de los judíos eran ungidos, y por esta unción se les llamaba cristos.

San Juan Crisóstomo, *homiliae in Matthaeum, hom. 86,1*

Después añade otra razón que es suficiente para que todos desistiesen de su pasión. Sigue: "Y estando él sentado en el tribunal, le envió a decir su mujer: Nada tengas tú con aquel justo". Porque además de las pruebas que eran públicas, era de mucho peso lo que en sueños había visto.

Rábano

Debe observarse que el tribunal es el asiento de los jueces, el solio el de los reyes y la cátedra el de los maestros; mas la mujer de este hombre gentil comprendió en visiones y sueños lo que los judíos, aun despiertos, no habían querido creer y entender.

San Jerónimo

Nótese también que Dios revela muchas veces en sueños a los gentiles su voluntad y que cuando Pilato y su mujer confiesan que es justo son testimonio del pueblo gentil.

San Juan Crisóstomo, *homiliae in Matthaeum, hom. 86,1*

¿Pero por qué Pilato no veía el mismo sueño? Porque ella era más digna, o porque si Pilato lo hubiese visto, tampoco hubiese sido creído, o tal vez no lo hubiera revelado. Y por esto es disposición de Dios, lo que ve la mujer, para que sea manifiesto a todos. Y no ve más, sino que sufre mucho. Sigue pues: "Porque muchas cosas he padecido hoy en visión por causa de él". Con esto se proponía moverlo a compasión, para que sintiese como ella y desistiera de la condenación a muerte; pero el tiempo apremiaba, pues en aquella misma noche había tenido el sueño.

San Agustín, *in serm. de Passione*

Así, pues, el juez se aterró tanto, con lo que le dijo su mujer, de que no consintiera en juzgar del modo criminal que pretendían los judíos, que fue juzgado por la visión y tormentos de su mujer. Es juzgado el mismo que juzga y es atormentado antes que atormente.

Rábano

Entendiendo ahora, por fin, el diablo que iba a perder su presa por Jesucristo, quiso que a la manera que en el principio del mundo había introducido la muerte por medio de una mujer, así por medio de otra mujer lograra librar a Cristo de las manos de los judíos, a fin de que por su muerte no perdiera su imperio.

San Juan Crisóstomo, *homiliae in Matthaeum, hom. 86,2*

Nada de lo dicho movió a los enemigos del Salvador, cegados enteramente por la envidia. Por lo que se dedican a contaminar a la plebe, con su misma malicia. Y esto es lo que dice a continuación: "Mas los príncipes de los sacerdotes y los ancianos persuadieron al pueblo que pidiese a Barrabás, y que hiciese morir a Jesús".

Orígenes, *in Matthaeum, 35*

Y es digno de verse ahora, cómo el pueblo judío es persuadido y excitado por sus ancianos y por sus doctores, en contra de Jesús para que le pierdan.

Prosigue: "Y el Presidente les respondió y dijo: a cuál de los dos queréis que os entregue libre?"

Glosa

Se dice que Pilato se expresó en estos términos, ya por lo que le había dicho su mujer, o ya por lo que pedía el pueblo, que según costumbre pedía la libertad de algún reo, en los días de las fiestas.

Orígenes, *in Matthaeum, 35*

Y entonces las turbas, como fieras que corren desenfrenadas, quisieron que les diese en libertad a Barrabás. Por esto sigue: "Y ellos dijeron: A Barrabás". Esto demuestra que aquella gente era dada a la sedición, al homicidio y al latrocinio. Según algunos de su gente, esto era sólo en las cosas exteriores, pero en la realidad lo eran en el interior. En donde no está pues, Jesús, allí se encuentran los pleitos y las guerras; pero en donde está, todo es bonanza y paz. Todos los que se asemejan a los judíos en la doctrina y en la vida, desean la libertad de Barrabás, porque el que obra mal, tiene en su cuerpo libre a Barrabás y atado a Cristo; así como el que obra bien, tiene a Cristo en libertad y a Barrabás encadenado. Pero quiso, por tanto, Pilato, descargar sobre los judíos la ignominia de tan gran crimen. Por eso que sigue: "Pilato les dice: ¿Pues qué haré de Jesús?", etc., no sólo para que contesten, sino para ver adónde llega su impiedad. Pero ellos, lejos de avergonzarse de oír que Pilato confesaba a Jesucristo, no se detienen, en manera alguna, en su perversidad. Sigue: "Dicen todos: sea crucificado", con lo que colmaron la medida de su impiedad, no sólo pidiendo la vida para un homicida, sino que también la muerte ignominiosa de cruz para un justo.

Rábano

Los crucificados, pendientes del leño, clavados de pies y manos, para que murieran, vivían largo tiempo en la cruz, no porque se prefería que su vida fuese más larga, sino porque se prolongase la muerte, a fin de que el dolor no concluyera tan pronto. Los judíos no pensaban más que en darle una muerte ignominiosa, no comprendiendo que era la elegida por el Señor, pues vencido el diablo por esta misma cruz, había de ser ella como un trofeo, que brillaría en la frente de todos los fieles.

San Jerónimo

Cuando respondieron esto, no condescendió Pilato al momento, sino que en virtud de la advertencia de su mujer, que le había dicho: "Nada tengas tú con aquel justo", Pilato respondió a los judíos. Por esto sigue: "El Presidente les dice: ¿Pues qué mal ha hecho?" Diciendo esto Pilato absolvía a Jesús. Sigue: "Y ellos levantaban más el grito, diciendo: Sea crucificado". Así se cumplía lo que estaba escrito en el Salmo: "Me rodearon muchos perros; la congregación de los malévolos me sitió" (*Sal* 21,17); y aquellas palabras de Jeremías: "Mi heredad se hizo para mí, como el león en la selva; dieron voces sobre mí" (*Jr* 12,8).

San Agustín, *de consensu evangelistarum, 3,8*

Pilato procuró muchas veces que los judíos dejasen en libertad a Jesús, lo cual atestigua San Mateo cuando dice: "Y viendo Pilato que nada adelantaba, sino que crecía más el alboroto". Lo cual no hubiese dicho, si no hubiere tenido grande interés (aun cuando se lo callaba cuantas veces intentaba esto), en librar a Jesús del furor de los judíos.

Sigue: "Tomando agua se lavó las manos delante del pueblo, diciendo: inocente soy yo", etc.

Remigio

Era costumbre entre los antiguos, cuando alguno quería aparecer como inocente de algún delito, tomar agua y lavarse las manos en presencia del pueblo.

San Jerónimo

Por esto Pilato tomó agua según aquella expresión del profeta, que dice: "lavaré entre los inocentes mis manos" (*Sal* 25,6). Como contestando a esto y diciendo: yo he querido librar a un inocente, pero como se levanta una sedición, y como se me hace aparecer como un criminal contra el César, yo soy inocente de la sangre de este justo. Por lo tanto, el juez que es obligado a pronunciar sentencia contra el Señor, no condena al acusado, sino que reprende a los que se lo presentan, declarando que es justo aquél que ha de ser crucificado. Sigue: "Allá os lo veáis vosotros"; como diciendo: Yo soy ministro de las leyes, pero vuestro clamor derrama sangre. "Y respondiendo todo el pueblo, dijo: Sobre nosotros, y sobre nuestros hijos sea su sangre". Persevera esta imprecación hasta nuestros días entre los judíos, y la sangre del Señor pesa sobre ellos.

San Juan Crisóstomo, *homiliae in Matthaeum, hom. 87,1*

Mira aquí la gran perfidia de los judíos, su impiedad y su funesto apasionamiento no les permite ver lo que les conviene prever. Y se maldicen a sí mismos, diciendo: su sangre sea sobre nosotros, y atraen también la maldición divina sobre sus hijos, diciendo: y sobre nuestros hijos. Pero nuestro Dios misericordioso, no aceptó esta imprecación, y se dignó recibir a muchos de sus hijos, que hicieron penitencia: porque San Pablo era de ellos, y muchos miles de fieles, que creyeron, cuando se predicó en Jerusalén.

San León Magno, *sermones, 59,2*

Excedió, pues, a la culpa de Pilato, el crimen de los judíos. Pero con todo no quedó libre de responsabilidad, por haber dejado su propia opinión, y haber tomado parte en el crimen de los demás. Sigue: "Entonces les soltó a Barrabás; y después de haber hecho azotar a Jesús, se lo entregó", etc.

San Jerónimo

Debe tenerse en cuenta que Pilato cumplió con lo que estaba prescrito en las leyes romanas, en las que se establecía que fuese azotado primero el que después había de ser crucificado. Jesús es entregado a los soldados para que le azoten, y aquel cuerpo santísimo y aquel pecho del Señor, recibieron los azotes.

San Agustín, *in serm. de Passione*

He aquí que preparan al Señor para azotarle. Mira, ya es herido; la violencia de los azotes rompe su santa piel; repetidos golpes desgarran sus espaldas y sus hombros. ¡Oh dolor! Dios se encuentra tendido delante del hombre, y sufre el suplicio de un reo, cuando en el Señor no pudo encontrarse vestigio alguno de pecado.

San Jerónimo

Esto sucedió porque estaba escrito: "Muchos son los azotes de los pecadores" (*Sal* 31,10), pero nosotros nos libramos por ellos de nuestros castigos. Por el acto de lavarse Pilato las manos, quedan purificadas las acciones de los gentiles, y nosotros quedamos ajenos a la impiedad de los judíos.

San Hilario, *in Matthaeum, 33*

Excitando los sacerdotes al pueblo, éste eligió a Barrabás, que quiere decir hijo de su padre, en lo que se revela el secreto de su futura iniquidad, dando la preferencia sobre Cristo al anticristo, que es el hijo del pecado.

Rábano

Barrabás es también el que levantaba las sediciones en los pueblos, y fue puesto en libertad por el pueblo judío, esto es, el diablo, que hasta hoy reina sobre ellos, por cuya razón no pueden tener paz.

Entonces los soldados del presidente tomando a Jesús para llevarle al pretorio, hicieron formar alrededor de El toda la cohorte. Y desnudándole, le vistieron un manto de grana. Y tejiendo una corona de espinas, se la pusieron sobre la cabeza y una caña en su mano derecha. Y doblando ante El la rodilla, le escarnecían, diciendo: "Dios te salve, rey de los judíos". Y escupiéndole, tomaron una caña y le herían en la cabeza. (vv. 27-30)

San Agustín, *de consensu evangelistarum, 3,9*

Después de la acusación de Jesucristo consecuente es que nos ocupemos de su pasión, que San Mateo empieza así: "Entonces los soldados del presidente, tomando a Jesús para llevarle al pretorio, convocaron a El toda la cohorte".

San Jerónimo

Como Jesús era llamado rey de los judíos, y los escribas y los sacerdotes le acusaban de que quería usurpar el dominio de todo Israel, los soldados se burlan de El, desnudándole de sus antiguos vestidos, vistiéndole un manto de grana en lugar de la borla roja que usaban los antiguos reyes. Y en vez de diadema ponen sobre su cabeza una corona de espinas; en vez del cetro real, le dan una caña, y le adoran como a rey, y esto es lo que añade: "Y desnudándole, le vistieron de un manto de grana", etc.

San Agustín, *de consensu evangelistarum, 3,9*

En esto se comprende, cómo dijo San Marcos, que fue vestido de púrpura. En vez de púrpura real, debe entenderse que fue cubierto por sus enemigos con una clámide de grana, cuando se burlaban de El. Porque hay cierta púrpura roja que se parece mucho a la grana. Es posible también que San Marcos, al hablar de púrpura, se refiera al color de la clámide, si bien ésta fue de grana.

San Juan Crisóstomo, *homiliae in Matthaeum, hom. 87,1*

¿Qué cuidado debe darnos lo demás, si sufrimos afrentas de otro, después que Jesús las ha sufrido por nosotros? Porque lo que en Jesucristo sucedía era el extremo de la afrenta. No padecía las injurias en una sola parte de su cuerpo, sino todo El, la cabeza con la corona, los cañazos y los golpes; la cara, porque era escupida; las mejillas, que eran heridas por bofetadas, y todo su cuerpo por los azotes, pues había sido desnudado, y por la envoltura de la clámide, y por la burlesca adoración que le prestaban; sus manos eran ofendidas por la caña que le dieron en vez de cetro. Como si temiesen dejar de hacer algo de lo que pudiera ofenderle.

San Agustín, *de consensu evangelistarum, 3,9*

Parece que San Mateo habla de todo esto como recopilando, y no porque entonces fuese cuando Pilato lo entregó para crucificarle. Pues San Juan, antes de decir que Pilato entregaba al Señor para que le crucificasen, cita todo lo que pasó.

San Jerónimo

Pero nosotros todo esto lo entendemos en sentido espiritual. Pues así como Caifás, dijo: "Conviene que un solo hombre muera por todos" (*Jn* 18,14), sin saber lo que decía, del mismo modo todo lo que éstos hicieron, aunque con otra intención, nos da, sin embargo, a conocer estos misterios, a los que creemos. En el manto de púrpura, se representa las cruentas ofrendas de los gentiles; en la corona de espinas, que se ha levantado la antigua maldición; con la caña, que han sido muertos los animales nocivos; y que tenía la caña en la mano, para escribir el sacrilegio de los judíos.

San Hilario, *in Matthaeum, 33*

El Señor, después de haber tomado sobre sí todas las enfermedades de nuestro cuerpo, nos demuestra con el color de la púrpura la sangre derramada por los mártires que habían de merecer con El el reino de los cielos. Y también es coronado de espinas, esto es, de los pecados de las naciones que como aguijones forman la corona de la victoria de Cristo. Con la caña que empuña su mano, conforta la debilidad y la frivolidad de las naciones, y es golpeada con ella su cabeza, para que la debilidad de los gentiles, sostenida por la mano de Jesucristo, descanse también en Dios Padre (que es su cabeza).

Orígenes, *in Matthaeum, 35*

También puede decirse que la caña fue un misterio, porque antes que creyéramos confiábamos en el báculo de caña de los egipcios o de cualquiera otro pueblo enemigo de Dios. Y esta caña es la que aceptó para triunfar con ella en el árbol de la cruz. Hieren además con esta caña la cabeza de Jesucristo porque el poder enemigo dirige constantemente sus tiros contra Dios Padre, cabeza del Salvador.

Remigio

Por manto de púrpura debe entenderse la carne de nuestro Señor, la que se llama roja por la efusión de su sangre; por corona de espinas, el haber tomado sobre sí todos nuestros pecados, porque apareció en semejanza de carne de pecado.

Rábano

Hieren la cabeza del Señor con una caña aquéllos que contradicen su divinidad, esforzándose en probar su error con la autoridad de la Sagrada Escritura (que está escrita con la caña). Escupen en su cara, los que rechazan con palabras execrables la presencia de su gracia, y niegan que Jesús haya venido en carne mortal. Adoran falsamente aquéllos que creen en El, pero le desprecian con sus perversas costumbres.

San Agustín, *quaestiones evangeliorum, 2,51*

Cuando, pues, en la pasión despojaron al Señor de su propio vestido, y le vistieron de burla, son significados los herejes, que dicen que no tuvo verdadero cuerpo, sino ficticio.

Y después que lo escarnecieron, le desnudaron del manto y le vistieron sus ropas, y le llevaron a crucificar. Y al salir fuera, hallaron un hombre de Cirene, por nombre Simón: a éste obligaron a que cargase con la cruz de Jesús. Y vinieron a un lugar llamado Gólgota, esto es, lugar de la Calavera. Y le dieron a beber vino mezclado con hiel. Y habiéndolo probado, no lo quiso beber. (vv. 31-34)

Glosa

Después que el Evangelista hizo mención de lo que se refiere al escarnio de Cristo, empieza ahora a referir el proceso de su crucifixión. Y dice: "Después que lo escarnecieron, lo desnudaron del manto", etc.

San Agustín, *de consensu evangelistarum, 3,9*

Se comprende que esto lo hicieron al final, cuando ya era llevado a la crucifixión, esto es, después que Pilato lo entregó a los judíos.

San Jerónimo

Debe advertirse que cuando Jesús era azotado y escupido no tenía puestos sus vestidos propios, sino aquéllos que había tomado por nuestras culpas. Pero cuando es crucificado y ha pasado todo el encono de las burlas, vuelve a tomar sus propios vestidos, y el distintivo que le es propio; e inmediatamente se trastornan los elementos, y la criatura da testimonio de que Aquél es su creador.

Orígenes, *in Matthaeum, 35*

Acerca del manto se ha escrito, que se lo quitaron de nuevo, pero respecto a la corona nada dicen los evangelistas, para que así no quede en nosotros ninguna de nuestras antiguas espinas, después que nuestro Salvador nos la quitó de una vez y las puso en su venerable cabeza.

San Agustín, *in serm. de Passione*

No quiere el Señor padecer bajo techo, ni en el templo de los judíos, para que no se crea que únicamente padecía por aquel pueblo. Por lo tanto, salió fuera de la ciudad y fuera de sus muros, para que se vea que su sacrificio tiene por objeto el bien general, o sea que se ofrece por todo el mundo y para la purificación de todos, y esto se demuestra terminantemente cuando dice: "Y al salir fuera hallaron un hombre de Cirene, por nombre Simón: A éste obligaron a que cargase con la cruz de Jesús".

San Jerónimo

No crea alguno que lo que aquí se refiere sea contrario al relato de San Juan, quien dice que el Señor ya llevaba su cruz cuando salió del Pretorio, mientras que San Mateo refiere que encontraron a un hombre de Cirene, a quien hicieron cargar con la cruz del Salvador. Pues debe tenerse en cuenta que saliendo Jesús del Pretorio, ya llevaba la Cruz, en efecto; pero que después encontraron a Simón, a quien impusieron la cruz para que la llevara.

Orígenes, *in Matthaeum, 35*

O también que habiendo salido, embargaron a Simón. Y que aproximándose al lugar donde debían crucificar a Jesús, fue donde cargaron la cruz sobre El mismo, para que la llevase. No obligaron a Simón por casualidad, sino que fue llevado a aquel lugar sin duda alguna, por disposición divina para que el Evangelio lo hallase digno del ministerio de la Cruz de Cristo. No convenía que llevase la Cruz únicamente el Salvador, sino que debíamos también llevarla con El, cumpliendo así con la obligación saludable que nos correspondía. Y en verdad que no nos hubiese aprovechado llevarla nosotros si El no la hubiese llevado.

San Jerónimo

Hablando en sentido espiritual puede decirse que las naciones se convierten a la cruz, y el extranjero obediente lleva la ignominia del Salvador.

San Hilario, *in Matthaeum, 33*

Los judíos eran indignos de llevar la cruz de Jesucristo, porque había quedado como patrimonio de la fe de los gentiles el recibir y compartir la cruz del redentor.

Remigio

Este Simón, en verdad, no era de Jerusalén, sino peregrino y extranjero, esto es, Cirineo. Cirene es una ciudad de Libia; Simón quiere decir obediente y Cirineo, heredero; por lo que propiamente se designa al pueblo gentil, que era peregrino respecto de los testamentos de Dios. Pero cuando creyó se convirtió en ciudadano de los santos, y heredero doméstico de Dios.

San Gregorio Magno, *homiliae in Evangelia, 32,3*

O en otro sentido, en el Simón que carga con la obligación de llevar la cruz del Señor, están figurados los abstinentes orgullosos que afligen en verdad su carne con la abstinencia, pero que no buscan interiormente el fruto de ella, por cuya causa, si bien Simón lleva la Cruz no muere en ella. Porque los que se abstienen y se vanaglorian, si bien por la abstinencia mortifican su cuerpo, por el deseo de gloria viven para el mundo.

Prosigue: "Y vinieron a un lugar llamado Gólgota, esto es, lugar de la calavera".

Rábano

Gólgota es un nombre sirio que quiere decir calavera.

San Jerónimo

Yo he oído que alguien llamó lugar de la calavera al lugar donde fue enterrado Adán y es llamado así, porque la cabeza del primer hombre reposaba allí. Pero esta interpretación favorable, y que agrada al oído del pueblo no es la verdadera. Fuera de la ciudad y de la puerta, había lugares donde se ajusticiaba a los condenados a muerte y tenían el nombre de calvarios (esto es, de los degollados). Por esta misma razón fue crucificado allí nuestro Señor, para que en donde estuvo primeramente el lugar de los condenados, se levantase ahora el estandarte del martirio. Mas Adán había sido sepultado cerca de Ebrón y Albea como leemos en el libro de Jesús, el hijo de Nave (*Jos* 14,15 Vulg.).

San Hilario, *in Matthaeum, 33*

El sitio donde se colocó la cruz se encontraba precisamente en medio del mundo, para que desde allí pudiese de igual manera llegar a todos el conocimiento de Dios.

Prosigue: "Y le dieron a beber vino mezclado con hiel".

San Agustín, *de consensu evangelistarum, 3,11*

San Marcos refiere esto del modo siguiente: "Y le daban a beber vino mezclado con mirra" (*Mc* 15,23). Pero San Mateo dice, que con hiel por la amargura (pues la hiel hacía al vino amarguísimo), aun cuando puede suceder que la hiel y la mirra hagan el vino amarguísimo.

San Jerónimo

La vida amarga hace amargo el vino que dan de beber a nuestro Señor Jesucristo, y así se cumple lo que está escrito; "le dieron a comer hiel" (*Sal* 68,2), y Dios habla de Jerusalén (por medio de Jeremías): "Yo te planté viña verdadera, ¿cómo te has convertido en viña extraña para mi amargura?" (*Jer* 2,21). Prosigue: "Y habiéndolo probado, no lo quiso beber".

San Agustín, *de consensu evangelistarum, 3,11*

Como dice San Marcos: "Y no lo recibió" (*Mc* 15,23), se comprende que no lo recibió para beber, pero lo gustó, como asegura San Mateo; y como el mismo San Mateo dice, no lo quiso beber. San Marcos dijo que no lo recibió, pero no dijo nada sobre que lo gustase. Mas habiéndolo gustado no lo quiso beber, y esto indica que gustó por nosotros la amargura de la muerte, pero resucitó al tercer día.

San Hilario, *in Matthaeum, 33*

Rehusó beber el vino mezclado con hiel, porque no se mezclase la amargura de los pecados con la felicidad incorruptible de la eterna gloria.

Y después que lo hubieron crucificado repartieron sus vestidurtas echando suerte, para que se cumpliese lo que fue dicho por el profeta, que dice: Se repartieron mis vestiduras, y sobre mi túnica echaron suerte. Y sentados le hacían la guardia.

Y pusieron sobre su cabeza su causa escrita: "Este es Jesús el Rey de los Judíos". Entonces crucificaron dos ladrones con El; uno a la derecha y otro a la izquierda. (vv. 35-38)

Glosa

Una vez referido cómo Jesucristo fue llevado hasta el lugar de su pasión, continúa el Evangelista ocupándose de esta misma pasión, explicando el género de muerte que se le dio. Sigue: "Y después que le hubieron crucificado".

San Agustín, *de diversis quaestionibus octoginta tribus, 25*

La sabiduría de Dios sirve de ejemplo a los hombres para que vivan con rectitud. Corresponde, pues, a la vida perfecta, no temer aquellas cosas que no deben temerse. Hay hombres también, que, aun cuando no teman la muerte, se horrorizan ante cierto género de suplicio. Para que el hombre que vive bien no temiera ningún género de muerte, le dio ejemplo en la cruz de aquel hombre. No había ninguna clase de muerte entre todas que fuese más execrable y temible que la muerte con que murió el Salvador.

San Agustín, *in serm. de Passione*

Advierta vuestra piedad cuánto es el poder de la cruz. Adán despreció el precepto tomando la fruta del árbol; pero todo lo que perdió Adán lo encontró Jesucristo en la cruz. El género humano se salvó también del diluvio de las aguas en un arca de madera. Habiendo salido el pueblo de Dios de la cautividad de Egipto, Moisés dividió las aguas del mar con su vara, humilló a Faraón, y redimió al pueblo de Dios. Además Moisés arrojó su vara al agua, y la convirtió de amarga en dulce. También por medio de su vara hizo brotar agua saludable de una piedra espiritual. Y para que Amalech fuera vencido, Moisés extendió los brazos junto a su vara. Y el arca del testamento en que estuvo depositada la ley de Dios era de madera. Para que así se viniera por medio de estas cosas y como por grados, hasta el madero de la cruz.

San Juan Crisóstomo, *in serm. de Passione*

Por lo tanto, en cruz elevada fue donde padeció el Señor, y no debajo de techo alguno, a fin de que hasta la misma atmósfera se purificase. Y también la tierra sentía sobre sí tan gran beneficio, purificándose por la corriente de sangre que manaba del costado divino.

Glosa

También parece que el madero de la cruz representa la Iglesia, extendida por las cuatro partes del mundo.

Rábano

En sentido moral puede decirse, que la cruz significa por su anchura la alegría del que trabaja, porque la tristeza produce las angustias. Mas la anchura de la cruz es aquella parte transversal de ésta, donde se fijan las manos; y por manos entendemos las acciones. Por la altura de la cruz a la que se adhiere la cabeza, se significa la esperanza del premio que se espera de la altísima justicia de Dios; y la longitud donde todo el cuerpo se extiende, representa la tolerancia por cuya razón se llaman longánimos los que toleran. Finalmente, profundo es lo que se encuentra dentro de la tierra, y ello representa lo oculto del sacramento.

San Hilario, *in Matthaeum, 33*

Así es como está suspendida del árbol de la cruz la salud y la vida de todos. Por esto dice: "Y después que le hubieron crucificado", etc.

San Agustín, *de consensu evangelistarum, 3,12*

Esto ya lo dijo San Mateo, aunque en muy pocas palabras. San Juan explica de diferente modo lo que entonces sucedió. Dijo: "Cuando los soldados lo hubieron crucificado, tomaron sus vestidos e hicieron cuatro partes; una para cada uno de los soldados, y la túnica. Mas la túnica era inconsútil" (*Jn* 19,23).

San Juan Crisóstomo, *homiliae in Matthaeum, hom. 87,1.*

Debe observarse que no era pequeña esta humillación que sufría Jesucristo. Hacían esto con El, teniéndole por el más deshonrado y el más vil de los hombres. Esto de dividirse las ropas, únicamente se hacía con los reos más viles y despreciables, y con los que nada tenían.

San Jerónimo

Esto que sucedió con Jesucristo, ya había sido vaticinado en el salmo (*Sal* 22,19), por cuya razón sigue: "Para que se cumpliese lo que fue dicho por el profeta, que dice: se repartieron mis vestiduras, y sobre mi túnica echaron suertes". Sigue: "Y sentándose le hacían la guardia", esto es, los soldados. El cuidado de los soldados y de los sacerdotes nos sirvió de gran provecho para que aparezca más clara y evidente la gloria de la resurrección. "Y pusieron sobre su cabeza su causa escrita: Este es Jesús, rey de los judíos". No puedo admirar bastante la grandeza de este acontecimiento; cómo habiendo comprado testigos falsos y excitado al pueblo ignorante, para que se levantase y gritase, no encontraron otra causa de muerte más que la de que se titulaba rey de los judíos. Y ellos acaso hicieron esto como burlándose y riéndose.

Remigio

Sin duda se puso este título sobre la cabeza de Jesús por disposición divina, para que comprendiesen los judíos, que a pesar de haberle quitado la vida, no pudieron prescindir de tenerle como rey, pues por la muerte afrentosa no sólo no perdió su imperio, sino que más bien se confirmó en él.

Orígenes, *in Matthaeum, 35*

El príncipe de los sacerdotes llevaba escrita sobre su cabeza la santificación del Señor, según estaba mandado en la ley. Así pues, Jesús, el verdadero Rey y Príncipe de los sacerdotes, tuvo escrito en su cruz: "Este es el rey de los judíos". Pero al subir al Padre, no tiene ya letras o nombre que lo designen, sino al Padre mismo.

Rábano

Como era rey y sacerdote a la vez, y habiendo ofrecido el holocausto de su carne en el altar de la cruz, obtuvo también por medio de aquel título manifiesto la dignidad de rey, cuyo título no se puso bajo, sino sobre la cruz. Porque aun cuando sufría en ella por nosotros en cuanto a la debilidad humana, sin embargo, brillaba sobre la cruz la majestad de rey, la cual no perdió en la cruz sino que más bien la confirmó.

Sigue: "Entonces crucificaron dos ladrones con El, uno a la derecha y otro a la izquierda".

San Jerónimo

Así como Jesucristo llevó por nosotros la maldición de la cruz, así fue crucificado por la salvación de todos, como culpable entre los culpables.

San León Magno, *sermones, 55,1*

Fueron crucificados dos ladrones (uno a la derecha y otro a la izquierda), para que se diese a conocer en la misma forma del patíbulo la manera con que habrá de procederse respecto de los hombres en el juicio final. Por lo tanto, la pasión de Jesucristo encierra en sí todo el misterio de nuestra salvación. Y del instrumento que la perfidia de los judíos le preparó, hizo el poder del Redentor peldaño para su gloria.

San Hilario, *in Matthaeum, 33*

Son crucificados dos ladrones, uno a la derecha y otro a la izquierda, para manifestar que todos los hombres eran llamados a participar de los beneficios de la pasión del Señor. Y como hay diferencia de fieles e infieles, así se estableció la división de aquéllos entre la derecha y la izquierda, colocándose uno de los dos a la derecha, el cual se salvó por su profesión de fe.

Remigio

También se representa por medio de estos dos ladrones todos aquéllos que abrazan las privaciones de la vida más estrecha. Todos aquéllos que hacen esto sólo por agradar a Dios, son designados en aquél que fue crucificado a la derecha del Señor; pero los que lo hacen por el deseo de alcanzar humanas alabanzas o por algún fin menos digno, son representados en aquél que fue crucificado a la izquierda.

Y los que pasaban le blasfemaban, moviendo sus cabezas y diciendo: "¡Ay! tú el que destruyes el templo de Dios y lo reedificas en tres días, sálvate a ti mismo; si eres Hijo de Dios, desciende de la cruz". Asimismo insultándole también los príncipes de los sacerdotes con los escribas y ancianos, decían: "A otros salvó, y a sí mismo no puede salvarse: si es el rey de Israel, descienda ahora de la cruz y le creemos: Confió en Dios, líbrelo ahora si le ama, pues dijo: Hijo soy de Dios". Y los ladrones que estaban crucificados con El le improperaban. *(vv. 39-44)*

San Juan Crisóstomo, *homiliae in Matthaeum, hom. 87,1*

Habiendo desnudado y crucificado a Jesucristo, van todavía más lejos y le insultan viéndole clavado en la cruz. Por esto dice: "Y los que pasaban le blasfemaban moviendo sus cabezas", etc.

San Jerónimo

Blasfemaban, en verdad, porque pasaban más allá del camino, y no querían andar por el justo sendero de las Sagradas Escrituras; y movían sus cabezas, porque ya antes habían movido sus pies, y no se encontraban fijos sobre la verdadera piedra.

Remigio

El pueblo insultándole, se llama a sí mismo fatuo, porque los testigos falsos eran los que habían provocado aquella escena. Por esto sigue: "Y diciendo: ¡Ay! Tú el que destruyes el templo de Dios", etc.

San Hilario, *in Matthaeum, 33*

¿Qué esperanza les quedaría, pues, del perdón cuando vieran la resurrección del cuerpo del Señor reedificando el templo de Dios después de tres días?

San Juan Crisóstomo, *homiliae in Matthaeum, hom. 87,2*

Y queriendo continuar en vituperarle, añaden: "Sálvate a ti mismo: Si eres Hijo de Dios, desciende de la cruz".

San Juan Crisóstomo, *in serm. de Passione*

Pero muy al contrario; como es Hijo de Dios no baja de la cruz, porque había venido a ser crucificado por nosotros.

Sigue: "Asimismo insultándole los príncipes de los sacerdotes, burlándose decían: a otros salvó", etc.

San Jerónimo

Los escribas y los fariseos, aun sin querer, confiesan que había salvado a otros. Por esta razón, vuestra misma sentencia os condena; el que salvó a otros, también podía salvarse a sí mismo (si quisiese). Sigue: "Si es el rey de Israel, baje ahora de la cruz y le creeremos".

San Juan Crisóstomo, *in serm. de Passione*

Considera, pues, que esto no es otra cosa más que la voz de los hijos del diablo, que imitan en cierto sentido el eco de su padre. Porque el diablo decía: "Si eres el Hijo de Dios, arrójate abajo" (*Mt* 4,6); y los judíos dicen: "Si eres el Hijo de Dios baja de la cruz".

San León Magno, *sermones, 55,2*

¿De qué fuente de error habéis bebido, oh judíos, el veneno de tales blasfemias? ¿Quién os sirvió de maestro? ¿Qué doctrina os ha persuadido que debíais admitir por rey de Israel e Hijo de Dios, a aquél podía, o no dejarse crucificar, o desprender su cuerpo librándole de la sujeción de los clavos? Esto no os lo dijeron, ni los secretos de la ley, ni las bocas de los profetas, sino que verdaderamente lo habéis leído en Isaías: "No separé mi rostro de la ignominia de las salivas" (*Is* 50,6); y en otro lugar: "Taladraron mis manos y mis pies, y contaron todos mis huesos" (*Sal* 21,17). Acaso habéis leído: ¿el Señor bajó de la cruz? Lo que habéis leído es: "El Señor reinó desde ella" (*Sal* 92,1; 96,1; 98,1; etc.).

Rábano

Pero si entonces hubiese bajado de la cruz, accediendo a los que le insultaban, no nos hubiese demostrado el valor de su paciencia. Mas esperó un poco, y sufrió las burlas. Y el que no quiso separarse de la cruz, resucitó del sepulcro.

San Jerónimo

La oferta que hacen es engañosa, cuando añaden: "Y le creeremos". ¿Qué es más, bajar de la cruz cuando todavía estaba vivo, o resucitar del sepulcro después de muerto? Resucitó y no le creísteis; luego tampoco le hubieseis creído si hubiese bajado de la cruz. Pero me parece que imitan a los demonios. Inmediatamente que fue crucificado el Señor, experimentaron éstos los efectos de la cruz, y comprendieron que sus fuerzas se habían quebrantado. Por esto desean que baje de la cruz. Pero nuestro Señor, conociendo las asechanzas de sus enemigos continúa en la cruz, para destruir al demonio. Sigue: "Confió en Dios, que lo libre ahora si quiere".

San Juan Crisóstomo, *homiliae in Matthaeum, hom. 87,2*

¡Oh malvados en extremo! ¿Acaso no eran profetas y justos aquéllos a quienes Dios no sacó de los peligros? Y si no pereció la gloria de aquéllos a quienes llevasteis a los peligros, con mucha más razón no debíais escandalizaros de lo que ahora padece el Salvador. Porque siempre salió al paso toda duda en vosotros por las palabras que os había dicho. "Pues dijo: Hijo soy de Dios". Por medio de esto querían dar a conocer, que padecía por culpa del seductor y del falsario, del mismo modo que por el soberbio y por el que se gloriaba en las palabras que decía. Así, pues, no sólo se burlaban de Él los judíos y los soldados que estaban debajo, sino también los ladrones que estaban en lo alto, y crucificados a la vez con el Señor. Por esto sigue: "Y asimismo los ladrones que estaban crucificados con Él le improperaban".

San Agustín, *de consensu evangelistarum, 3,16*

Puede creerse que San Lucas contradice lo que se dice aquí, porque refiere que uno de los ladrones blasfemaba a Nuestro Señor, y era reprendido por el otro. A no ser que entendamos que San Mateo quiso referir esto con la mayor brevedad posible, y que por eso habló en plural y no en singular, como leemos en la Epístola a los Hebreos, en que se habla en plural: Cerraron las bocas de los leones (*Hb* 11,33), siendo así que sólo Daniel fue quien las cerró. ¿Qué cosa más natural que alguno diga: los ignorantes me insultan, aun cuando sea uno solo? El relato de San Mateo sería contrario al de San Lucas, si hubiese dicho que ambos ladrones insultaban al Señor, pero como está escrito *los ladrones*, y no se añadió *ambos*, pudo entenderse que, según el modo usual de hablar, el número plural significa uno solo.

San Jerónimo

Puede decirse también que primero blasfemaron los dos, pero que después, cuando el sol se oscureció, la tierra tembló, las piedras se chocaron y aparecieron las tinieblas, uno de ellos creyó en Jesús, enmendando su primera negación por una subsiguiente confesión.

San Juan Crisóstomo, *homiliae in Matthaeum, hom. 87,2*

Para que no se crea que en esto medió alguna connivencia o que no fuese ladrón el que lo parecía, nos lo prueba por la afrenta. Puesto que el ladrón que pendía en la cruz también era enemigo, y de repente se convirtió.

San Hilario, *in Matthaeum, 33*

Que los ladrones insultaban al Señor en su pasión, quiere decir que todos los fieles habían de escandalizarse por el acto de la crucifixión.

San Jerónimo

También se representan en los dos ladrones los dos pueblos (el de los gentiles y el de los judíos). El primero blasfemó del Señor y después, aterrado por la multitud de prodigios, hizo penitencia, y hasta hoy increpa a los judíos que siguen blasfemando.

Orígenes, *in Matthaeum, 35*

Pero el ladrón que se salvó puede representar el misterio de aquéllos que después de muchos pecados creyeron en Jesucristo.

Mas desde la hora de sexta hubo tinieblas sobre toda la tierra hasta la hora de nona. Y cerca de la hora de nona clamó Jesús con grande voz, diciendo: "Elí, Elí, lamma sabactani"; esto es: "Dios mío, Dios mío, ¿por qué me has desamparado?" Algunos, pues, de los que allí estaban, cuando esto oyeron decían: "A Elías llama Este". Y luego corriendo uno de ellos, tomó una esponja y la empapó en vinagre, y la puso sobre una caña, y le daba a beber. Y los otros decían: "Dejad, veamos si viene Elías a

librarlo". Mas Jesús, clamando segunda vez con grande voz, entregó el espíritu. (vv. 45-50)

San Juan Crisóstomo, *in serm. de Passione*

No podía sufrir la criatura la ofensa hecha a su Creador; así fue que el sol recogió sus rayos para no ver las acciones de los impíos, y por esto se dice: "Mas desde la hora de sexta hubo tinieblas por toda la tierra, hasta la hora de nona".

Orígenes, *in Matthaeum, 35*

Algunos dudan de la veracidad de este texto del Evangelio. El ocultamiento del sol siempre se verifica cuando le llega su tiempo; pero este eclipse que suele suceder llegado el momento, no acontece en ninguna otra época más que cuando el sol y la luna están en conjunción. O sea cuando la luna gira por debajo del sol, e impide que los rayos de éste lleguen a la tierra. Mas en el día en que padeció nuestro Señor, se sabe perfectamente que no tenía lugar esa conjunción de la luna respecto del sol, puesto que era tiempo pascual, y que la pascua se celebraba en el plenilunio. Algunos de los fieles, queriendo defender de algún modo esta verdad, dijeron en contra de esto, que aquella falta del sol se verificó como los demás nuevos prodigios que contra el orden acostumbrado hace Dios cuando lo cree oportuno.

Dionisio, *epistola, 7*

Veíamos que la luna coincidía con el sol cuando no le correspondía (porque no era tiempo de conjunción). Y además que la luna desde la hora de nona hasta la de víspera, se encontraba ocultando el diámetro del sol de una manera sobrenatural. Veíamos también que el mismo eclipse empezaba por el Oriente, y que llegaba hasta el término del disco solar, pero que después retrocedía. Y que otra vez, no de este mismo modo, por defecto o por oposición, sino que por el contrario, se verificaba en toda la extensión del disco.

San Juan Crisóstomo, *homiliae in Matthaeum, hom. 88,1*

Duraron tres horas las tinieblas, cuando el eclipse de sol pasa en breve tiempo, pues no se detiene, como saben los que lo han observado.

Orígenes, *in Matthaeum, 35*

Pero en contra de esto dicen los hombres del mundo: cuando sucedió este hecho tan admirable, llama la atención que ninguno de los griegos o de los bárbaros, ni de los que lo vieron dejaron consignado que tal acontecimiento hubiese ocurrido en tiempo alguno. Pero Flegón escribió en sus Crónicas, que sucedió esto en tiempo de Tiberio César, aun cuando no dijo que se verificó en el plenilunio. Y yo creo que así como los demás prodigios que se verificaron en la pasión del Señor (esto es, que el velo se rasgó, que la tierra tembló, etc.), esto se verificó únicamente en Jerusalén, etc., o, si se quiere, en Judea, así como, en el libro Primero de Reyes, diga como Badías refiriéndose a otra cosa: "Vive el Señor Dios tuyo, si hay una gente o un reino a donde no haya enviado a buscarte el Señor mi Dios" (*1Re* 18,10), manifestando que en verdad lo había buscado entre los gentiles alrededor de Judea. Es muy natural también que el comprender que algunas nubes muy oscuras y muy grandes se reuniesen sobre la ciudad de Jerusalén y el territorio de los judíos y que, por lo tanto, ocurrieron profundas tinieblas desde la hora de sexta hasta la de nona. Se sabe que dos criaturas fueron hechas en el día sexto. A saber: los animales antes de la hora sexta, y en la sexta el hombre; y que, por lo tanto, debía estar crucificado en la hora de sexta el que moría por la salvación del hombre, y que desde la hora de sexta empezaron las tinieblas, y se extendieron por toda la tierra hasta la hora de nona. En otro tiempo, cuando Moisés elevó sus manos al cielo, se extendieron las tinieblas sobre los egipcios cuando tenían cautivos a los siervos de Dios. Del mismo modo, cuando Jesucristo extendió sus manos hacia el cielo en la cruz, sobre el pueblo que había clamado: "Crucifícale" (*Mc* 15,14), a la hora de sexta, se extendieron también las tinieblas. Y desde aquel momento quedaron privados de toda luz, como señal de las futuras tinieblas que habían de ocultar sus inteligencias y que habían de alcanzar a todos los judíos. Del mismo modo, en tiempo de Moisés se cubrió de tinieblas la tierra de Egipto por espacio de tres días, permaneciendo la luz para los hijos de Israel. En tiempo de Cristo las tinieblas oscurecieron toda Judea por tres horas, ya que a causa de sus pecados, fueron privados de la luz de Dios Padre y del esplendor de Cristo y de la iluminación del Espíritu Santo. Por el contrario, la luz que brilla sobre todo el resto de la tierra ilumina a toda la Iglesia de Dios en Cristo. Y si las tinieblas oscurecieron Judea hasta la hora de nona, es claro que nuevamente brillará la luz sobre ellos porque *cuando la plenitud de los gentiles hayan entrado entonces todo Israel será salvado* (*Rom* 11,25).

San Juan Crisóstomo, *homiliae in Matthaeum, hom. 88,1*

Admira, en verdad, que las tinieblas se extendiesen por toda la tierra, lo cual nunca había sucedido. Unicamente en Egipto hubo tinieblas cuando se celebró la pascua. Pero éstas que entonces ocurrieron eran figuras de las que ahora sucedieron. Y véase cómo las tinieblas se verifican en la mitad del día, o sea cuando había luz. De tal modo, que pudieron admirar este milagro todos los habitantes de la tierra. Esta es la señal que había ofrecido Jesucristo que daría a aquéllos que se la pidieron, diciendo: "Esta generación mala y adúltera pide una señal, y no le será concedida sino la del profeta Jonás" (*Mt* 12,39). Y esta señal daba a conocer la muerte y la resurrección. Además, mucho más admirable es que sucediese esto cuando el Señor había sido crucificado, y no cuando andaba por la tierra. Esto era muy suficiente para que se convirtieran los judíos, no sólo por la magnificencia del milagro, sino porque esto sucedió después que hubieron hablado todo lo que quisieron, y se saciaron de injuriarle. ¿Y cómo no se admiraron todos ni creyeron que Jesús era Dios? Porque aquella clase de hombres tenían mucha malicia y grande abandono; así es que sucedió este prodigio, y no conocieron cuál era la causa que lo producía. Por lo que habló El mismo después, para manifestar que vivía y que El mismo fue quien hizo aquel milagro. Sigue: "Y cerca de la hora de nona clamó Jesús con grande voz, diciendo: Elí, Elí, lamma sabactani; esto es, Dios mío, Dios mío, ¿por qué me has desamparado?"

San Jerónimo

Dijo el principio del salmo (**Sal** 21,2). Por lo tanto es inútil lo que se encuentra en medio del versículo: "Mírame". En el texto hebreo se lee: "Elí, Elí, lamma sabactani" esto es "Dios mío, Dios mío, ¿por qué me has desamparado?" Luego los que creen que el salmo fue citado por la persona de David -o por Ester y Mardoqueo- son impíos, puesto que también los testimonios del Evangelista tomados de él se refieren al Salvador, como son aquellas palabras: "Se dividieron mis vestidos y taladraron mis manos" (**Sal** 21,17-19; **Mt** 27,35).

San Juan Crisóstomo, *homiliae in Matthaeum, hom. 88,1*

Por lo tanto habló con las palabras del profeta, dando así testimonio del Antiguo Testamento hasta la última hora; y para que vean cómo honra a su Padre y que no le contraría. Por eso habló en hebreo, para que todos entendiesen lo que decía.

Orígenes, *in Matthaeum, 35*

Debemos preguntarnos: ¿Qué se entiende cuando se dice que Jesucristo es abandonado por Dios? Algunos, al no poder explicarlo, dicen que fue dicho por humildad. Pero claramente se podría entender qué dice, haciendo una comparación de su gloria que tenía junto al Padre y la turbación que padeció despreciado en la cruz.

San Hilario, *in Matthaeum, 33*

Los intérpretes herejes deducen de estas palabras o que faltó el Verbo de Dios, no animando aquel cuerpo al que vivificaría, haciendo las veces de alma, o que Jesucristo no nació hombre, sino que el Verbo de Dios estaba en él a manera de espíritu profético. Pero si Jesucristo tenía únicamente un alma y un cuerpo desde que empezó a ser hombre, como tienen de ordinario todos los hombres desde su principio, ahora aparece que retirada la protección del Verbo de Dios, como destituído de toda protección, clama de este modo: "Dios mío, Dios mío, ¿por qué me has desamparado?". También puede decirse que la naturaleza del Verbo había cambiado en realidad respecto del alma, y que Jesucristo necesitaba del auxilio del Padre para todo, y que ahora, como desamparándole, permitió que se quejase de su soledad. Mas ante estas afirmaciones débiles e impías, tenemos la fe de la Iglesia, apoyada en las enseñanzas de los Apóstoles, que no permite que Jesucristo sea dividido ni que el Hijo de Dios deje de ser considerado también como Hijo del hombre; porque esta queja de quedar abandonado, no es otra cosa que la debilidad propia del que agoniza; y la promesa del paraíso, es el reino de Dios vivo. El que se queja de haber sido abandonado a la hora de la muerte, habla así porque es hombre; pero a la vez tenemos a este mismo que muere ofreciendo que reinará en el paraíso, porque es Dios. No te admire, pues, la humildad de las palabras y las quejas del que es abandonado, y cuando lo vez en la forma de siervo, cree en el escándalo de la cruz.

Glosa

Se dice que Dios lo abandonó en su muerte, porque lo dejó bajo el poder de sus perseguidores; le retiró su protección, pero no dividió su unión.

Orígenes, *in Matthaeum, 35*

Después que vio el Salvador que las tinieblas se habían extendido por toda Judea, dijo estas palabras, dando a entender que el Padre le había abandonado. Esto es, que lo había entregado, cuando ya no tenía fuerzas, a tantas calamidades, para que aquel pueblo que había sido tan honrado por el Padre, recibiera lo que merecía, por lo que se había atrevido a hacer con El. Esto es, que quedase privado de la luz de su protección, ya que El había sido abandonado por la salvación de las gentes. ¿Qué mérito habían adquirido los que creyeron de entre los gentiles, para que mereciesen ser comprados del poder del enemigo, por la sangre preciosa de Jesucristo derramada sobre la tierra? ¿O qué habían de hacer los hombres en adelante, para ser dignos de que Jesús padeciese por ellos toda clase de tormentos? Acaso viendo los pecados de los hombres por quienes sufría, dijo: ¿Por qué me has abandonado?, ¿para que me pareciese a aquél que coge rastrojos en la siega, o racimos en la vendimia? No creas que el Salvador dijo estas cosas como suelen decirlas los hombres, cuando experimentan sufrimientos como El padecía en la cruz. Porque si lo crees en este sentido, no oirás su gran voz, la que manifiesta que algo grande se encierra en ella.

Rábano

El Salvador dijo esto como rodeado de nuestras tribulaciones cuando en los peligros nos consideramos abandonados de Dios. La naturaleza humana fue abandonada de Dios por el pecado, pero como el Hijo de Dios se hizo abogado nuestro, deplora la miseria de aquéllos cuya culpa aceptó. En lo que da a conocer cuánto deben llorar aquéllos que pecan, cuando así lloró quien nunca había pecado.

Sigue: "Algunos de los que allí estaban, cuando esto oyeron, decían: a Elías llama Este".

San Jerónimo

No todos sino algunos, quienes yo creo serían soldados romanos, porque no entendían las propiedades de la lengua hebrea. Y por esta razón cuando dijo: "Elí, Elí", creían que llamaba a Elías. Pero si queremos creer que eran los judíos los que decían esto, tendremos que decir que según venían haciendo, se propondrían difamar al Señor como imbécil, porque llamaba en su auxilio a Elías.

Sigue: "Y luego corriendo uno de ellos tomó una esponja y la empapó en vinagre", etc.

San Agustín, *in serm. de Passione*

De este modo se da a beber vinagre al que es la fuente de la dulzura; el que da la miel es amargado con hiel; el que perdona, es azotado; el que dispensa gracias, es condenado; la majestad es burlada; la virtud es vilipendiada y es cubierto de esputos el que da la lluvia.

San Hilario, *in Matthaeum, 33*

El vinagre, pues, es un vino agriado por su mala naturaleza o por descuido o por la calidad de la vasija. Porque el vino representa el honor o la virtud de la inmortalidad. Como se había agriado en Adán, el Señor lo recibió y bebió por los hombres. Y se le ofrece con una caña y en una esponja para que bebiese; esto es, recibió los vicios de la corrupción humana por los que se había perdido la felicidad eterna, y así identificó en sí mismo para participación de la inmortalidad, todo lo que estaba viciado en nosotros.

Remigio

O de otro modo. Los judíos que eran el vinagre degenerado del vino de los patriarcas y de los profetas, tenían los corazones rebosando engaño como la esponja cavernosa tiene escondrijos profundos y tortuosos. Por la caña se representa la Sagrada Escritura, que se cumplía en este acontecimiento. Así como la lengua hebrea y la griega se dice que son la locución que se hace por la lengua, así la caña es la que representa la letra o la escritura que se hacía por medio de una caña

Orígenes, *in Matthaeum, 35*

Y algunos que están instruidos en las enseñanzas de la Iglesia, pero que viven mal, dan a beber a su Dios vino mezclado con hiel. Y los que atribuyen a Jesucristo sentencias contrarias a la verdad, como si El las hubiera dicho, son los que llenan la esponja de hiel, la ponen sobre la caña de la Sagrada Escritura, y la ofrecen a la boca del Salvador.

Sigue: "Pero los demás decían: dejad, veamos si viene Elías a librarlo".

Rábano

Como los soldados entendían en mal sentido las palabras del Salvador, en vano esperaban la venida de Elías. Pero el Salvador invocaba en lengua hebrea a Dios y lo tenía inseparablemente consigo.

San Agustín, *in serm. de Passione*

Como Jesucristo ya nada tenía que padecer, la muerte se detiene porque comprende que allí no tiene dominio alguno. Quedó sorprendida ante aquella novedad que nunca había conocido. Vio que éste nunca había pecado, que estaba libre de culpas y que no tenía sobre El ninguna clase de derecho. Sin embargo, la muerte se acercó aliada al furor de los judíos y se lanza como desesperada sobre el autor de la vida. Por esto sigue: "Mas Jesús clamando segunda vez con grande voz, entregó el espíritu". ¿Por qué desagrada a algunos que Jesucristo viniendo del seno del Padre a vivir nuestra esclavitud*(La esclavitud del pecado) para devolvernos la libertad haya aceptado nuestra muerte para que por la suya seamos liberados de ella, convirtiéndonos en dioses*(Esto es, elevándonos a la participación de la naturaleza divina. En Cristo, somos hechos hijos en el Hijo, coherederos del Reino junto con El) a nosotros mortales que despreciamos la muerte y considera como dignos del cielo a los que habitan en la tierra? En la contemplación de estas obras brilla el poder divino así como en el testimonio de su inmensa caridad, padeciendo por sus criaturas y muriendo por sus siervos. Esta es, pues, la primera razón de la pasión del Señor; que quiso que se supiese cuánto amaba Dios al hombre, prefiriendo ser amado que temido. La segunda causa es que la sentencia de muerte dada justamente contra el hombre fuese abolida con justicia mayor. Y porque el primer hombre juzgado por Dios en pena de su pecado había incurrido en la muerte y la había transmitido a sus descendientes, vino del cielo el segundo hombre inmune de pecado, para que fuese condenada la muerte. Esta, mandada para arrebatar a los culpables, se atrevió a acometer también al mismo autor de la inocencia. No debe llamar la atención si dio por nosotros cuanto recibió de nosotros (esto es, el alma), siendo así que tanto hizo por nosotros y tantas gracias nos dispensó.

San Agustín, *contra Felicianum, 14*

Lejos, pues, de los fieles la duda de que Jesucristo pudo de tal modo sentir la muerte que (cuanto es en sí) perdiese la vida el que es la vida. Porque si esto fuese así ¿cómo en aquellos tres días podríamos decir que tuvo vida alguna cosa, habiéndose extinguido la fuente de la vida? La divinidad de Jesucristo no participó de la muerte más que por la unión con la humanidad y por efecto de las debilidades humanas que voluntariamente había tomado sobre sí, pero sin perder nada del poder de su naturaleza por la que vivifica todas las cosas. En nuestra muerte, despojado nuestro cuerpo de la vida, no perece nuestra alma y ésta, al separarse, conserva su virtud y no hace más que abandonar aquello que vivificó y a cuanto hay en sí produce la muerte, pero ella no la padece. Con respecto al alma del Salvador, no podemos decir que careciera de la divinidad y de santificación especial. Sin embargo, ésta pudo abandonar el cuerpo de Jesús en aquellos tres días, como suele suceder en la muerte, aunque no pudiese perecer. Yo creo que el Hijo de Dios murió, no como castigo de maldad en la que nunca incurrió, sino según la ley natural a que se sujetó por la redención del género humano.

San Juan Damasceno, *de fide orthodoxa, 3,27*

Aun cuando Jesús murió como hombre y su alma se separó de su cuerpo incontaminado, sin embargo, la divinidad continuó inseparablemente unida a los dos; esto es, al alma y al cuerpo sin que pueda decirse que se dividiera la unión hipostática. El cuerpo y el alma tuvieron en la muerte la misma unión hipostática del Verbo del mismo modo que la tuvieron desde el principio de la existencia de Dios hombre. Ni el alma ni el cuerpo tuvieron cada uno su propia hipóstasis, sino la del Verbo.

San Jerónimo

Es señal del poder divino dejar ir el espíritu, como el mismo Jesús ha dicho: "Ninguno puede separar mi alma de mí, pero yo la dejo y la vuelvo a tomar" (*Jn* 10,17-18). Aquí debemos entender por la palabra alma el espíritu; esto es, lo que hace vivir y espiritualiza el cuerpo o que el espíritu es la esencia del alma, según lo que está escrito en el salmo: "Quitarás su espíritu y desfallecerán" (**Sal** 103,29).

San Juan Crisóstomo, *homiliae in Matthaeum, hom. 88,1*

Por esto clamó con voz fuerte, para dar a conocer que todo aquello sucedía en virtud de su gran poderío y al dar un fuerte grito al tiempo de morir, manifiesta claramente que es verdadero Dios porque los hombres cuando mueren, apenas pueden expresarse con una voz muy débil.

San Agustín, *de consensu evangelistarum, 3,18*

San Lucas dice lo que expresó en aquella grande voz: "y clamando Jesús con grande voz dice: Padre, en tus manos encomiendo mi espíritu".

Y he aquí se rasgó el velo del templo en dos partes de alto a bajo. Y tembló la tierra y se hendieron las piedras. Y se abrieron los sepulcros y muchos cuerpos de santos que habían muerto, resucitaron. Y saliendo de los sepulcros después de la resurrección de El, vinieron a la santa ciudad, y aparecieron a muchos. Mas el centurión y los que con él estaban guardando a Jesús, visto el terremoto y las cosas que pasaban tuvieron grande miedo y decían: "Verdaderamente Hijo de Dios era Este". Y estaban allí muchas mujeres a lo lejos, que habían seguido a Jesús desde Galilea sirviéndole. Entre las cuales estaba María Magdalena, y María madre de Santiago y de José, y la madre de los hijos del Zebedeo. (vv. 51-56)

Orígenes, *in Mattaheum, 35*

Sucedieron grandes cosas desde que Jesús clamó con aquella gran voz. Por esto sigue: "Y he aquí que se rasgó el velo del templo", etc.

San Agustín, *de consensu evangelistarum, 3,19*

Se da a conocer con bastante claridad que se rasgó el velo en cuanto Jesús entregó su espíritu. Si San Mateo no hubiese añadido: "Y he aquí", sino que sencillamente hubiese dicho: "Y el velo del templo se rasgó", sería dudoso si era éste o San Marcos recapitulando lo que había recordado. San Lucas, sin embargo, se había atenido al orden porque dijo: "El sol se oscureció" (**Lc** 23,45) y a continuación creyó oportuno añadir: "Y el velo del templo se rasgó". Parece que San Lucas recapituló cuanto aquellos habían dicho por su orden.

Orígenes, *in Matthaeum, 35*

Se sabe que había dos velos en el templo; uno que cubría el Sancta Sanctorum y otro exterior que cubría el tabernáculo o la entrada del templo. En la pasión de nuestro Salvador, se rasgó el velo que estaba fuera desde lo alto hasta lo bajo para que se publicasen todos los misterios que desde el principio del mundo hasta entonces estaban ocultos con el velo del misterio y que con razón habían permanecido ocultos hasta la venida de nuestro Señor. Cuando llegue la perfección de todas las cosas, entonces también se quitará el segundo velo para que podamos ver hasta lo que hay oculto en el interior (esto es, la verdadera arca del testamento) y la naturaleza de las cosas tal y como son, viendo los querubines y todo lo demás.

San Hilario, *in Matthaeum, 33*

Se rasga el velo del templo, porque el pueblo quedaba dividido en dos partes y se le quita el honor de este velo con la defensa del ángel de la guarda.

San León Magno, *55,4*

La súbita perturbación de todos los elementos es un testimonio suficiente en favor de esta adorable pasión. "Y tembló la tierra y las piedras", etc.

San Jerónimo

Nadie debe dudar de lo que representa la grandeza de estas señales (aun ateniéndonos a la letra), puesto que el cielo, la tierra y el universo probaban que su Señor era a quien habían crucificado.

San Hilario, *in Matthaeum, 33*

La tierra se mueve porque no era capaz de recibir a este muerto. Las piedras se rompieron porque la palabra de Dios penetra todas las cosas por duras y fuertes que sean y la potestad de su eterno poder las hizo chocarse. Los sepulcros se abrieron porque los sepulcros de la muerte estaban abiertos. "Y muchos cuerpos de santos que habían muerto, resucitaron". Habiendo Jesús desterrado las tinieblas de la muerte e iluminado las oscuridades de los abismos, quitaba a la muerte sus despojos.

San Juan Crisóstomo, *homiliae in Matthaeum, hom. 88,2*

Cuando el Salvador estaba en la cruz, los que se burlaban de El decían: "Salvó a otros y a sí mismo no puede salvarse"; pero lo que no quiso hacer consigo lo hizo con los cuerpos de sus siervos como lo demostró ampliamente. Si bien es verdad que hizo un gran milagro resucitando a Lázaro después de cuatro días de muerto, mucho más hizo ahora resucitando de repente a los que habían muerto mucho tiempo antes y haciéndolos aparecer vivos. Esto era una figura de la futura resurrección. Y para que no se creyese que era pura fantasía lo que sucedió, el Evangelista añade: "Y saliendo de los sepulcros después de la resurrección de El, vinieron a la santa ciudad y se aparecieron a muchos".

San Jerónimo

Del mismo modo que Lázaro resucitó, así resucitaron muchos cuerpos de santos, demostrando que el Señor había resucitado. Sin embargo, cuando se abrieron los sepulcros, no salieron de ellos los difuntos antes de que resucitase el Señor para que El fuera el primogénito de la resurrección de entre los muertos. Entendamos por santa ciudad en la que fueron vistos los resucitados o a la Jerusalén celestial o a esta tierra que antes había sido santa. Porque santa se llamaba la ciudad de Jerusalén por el templo y por el Sancta Sanctorum y por la preeminencia sobre otras ciudades en que se adoraban ídolos. Pero cuando se dice que aparecieron a muchos, se da a entender que la resurrección no fue general, sino especialmente a muchos que merecían conocer lo que veían.

Remigio

Preguntan algunos qué ocurrió con aquéllos que resucitaron cuando resucitó el Señor. Es de creer que habían resucitado para ser testigos de la resurrección del Señor. Algunos afirman que volvieron a morir y a convertirse en polvo, como sucedió a Lázaro y a los demás a quienes el Señor resucitó. Pero no puede darse crédito a lo que éstos dicen. Porque entonces les hubiese servido de mayor tormento a aquéllos que resucitaron si hubiesen vuelto a morir en seguida, que si no hubiesen resucitado. Lo que debemos creer es que resucitaron cuando resucitó el Señor y que cuando El subió a los cielos se subieron ellos también.

Orígenes, *in Matthaeum, 35*

Estos grandes misterios suceden todos los días pues el velo del templo se abre a los santos para que vean los misterios que encubre, la tierra se mueve (esto es, toda carne) a impulsos de la divina palabra de los misterios del nuevo Testamento, las peñas se abren para que lo que fueron misterios para los profetas sean realidad de sacramentos espirituales para nosotros. Los cuerpos de las almas pecadoras que están muertas a Dios son llamados sepulcros. Cuando estas almas son resucitadas por la gracia de Dios, sus cuerpos que antes fueron sepulcros de muertos, se convierten en cuerpos de santos y los ven salir de los mismos y seguir a Aquél que resucitó y que andan con El en su nueva vida. Los que son dignos de tener trato en los cielos entran en la santa ciudad en todos los tiempos y se aparecen a muchos de los que ven sus buenas obras.

"Mas el Centurión y los que con él estaban guardando a Jesús, visto el terremoto y los portentos que pasaban, tuvieron grande miedo y decían: Verdaderamente Hijo de Dios era Este".

San Agustín, *de consensu evangelistarum, 3,20*

No se opone a esto lo que dice San Mateo, que el centurión se admiró, así como los que estaban con él. Porque también San Lucas dice que se admiró cuando dio aquel fuerte grito al espirar. Respecto a esto, San Mateo no sólo dijo que "visto el terremoto", sino que también añadió: "Y lo que sucedía", demostrando con esto lo mismo que San Lucas, quien dice que el centurión se admiró con la muerte de Salvador porque todo lo que entonces sucedía fue prodigioso.

San Jerónimo

Debe considerarse que el centurión al presenciar el escándalo de la pasión del Señor, ya confiesa que es verdadero Hijo de Dios, mientras que Arrio, en el seno de la Iglesia, le llama sólo hombre.

Rábano

Con razón el centurión representa la fe de la Iglesia. Habiéndose desgarrado el velo de los misterios del cielo por la muerte del Salvador, la confirma dogmáticamente mientras la sinagoga calla que Jesús, verdadero y justo hombre, es también verdadero Hijo de Dios.

San León Magno, 66,3

Tiemble toda la humanidad por la crucifixión de su Redentor con el ejemplo del centurión, rómpanse las piedras de las almas infieles y los que están encerrados en los sepulcros de la mortalidad salgan venciendo los obstáculos que los detienen; preséntense también ahora en la ciudad santa (esto es, en la Iglesia de Dios), anticipo de la futura resurrección y lo mismo que debe creerse respecto de los cuerpos, hágase en los corazones.

"Y estaban allí muchas mujeres a lo lejos, que habían seguido a Jesús desde Galilea sirviéndole", etc.

San Jerónimo

Era costumbre entre los judíos (y no se tomaba a mal en los tiempos antiguos) que las mujeres suministrasen de su propio peculio alimento y vestido a sus maestros, pero como esto podría servir de mal ejemplo para los gentiles, San Pablo recuerda que él lo prohibió. Servían, pues, al Señor de lo que les pertenecía a fin de que recibiendo de ellas el alimento corporal, anunciasen ellas el espiritual, no porque el Señor necesitase de los alimentos de sus criaturas, sino para mostrar un verdadero modelo de maestro que se contenta con percibir de sus discípulos la comida y el vestido. Pero veamos qué compañeros tuvieron. "Entre las cuales estaba María Magdalena y María madre de Santiago y José y la madre de los hijos del Zebedeo".

Orígenes, *in Matthaeum, 35*

San Marcos dice que la tercera se llamaba Salomé.

San Juan Crisóstomo, *homiliae in Matthaeum, hom. 88,2*

Pero estas mujeres contemplaban lo que entonces sucedía (porque eran sumamente compasivas). Y véase la constancia con que continuaron asistiéndole hasta en los mismos peligros, manifestando así su gran fortaleza, pues mientras los discípulos habían huido, ellas no se separaron de su lado.

San Jerónimo

Helvidio* dijo que Santiago y José son hijos de María, la Madre del Señor. A éstos los judíos los llamaron hermanos de Jesucristo. Habla de Santiago el Menor para distinguirlo de Santiago el Mayor, que era hijo del Zebedeo. Dice Helvidio que es erróneo pensar que no hubiese estado allí la Madre del Señor estando también las otras mujeres, o inventar no sé qué otra María, cuando el evangelio de San Juan asegura que la Madre del Señor estaba allí. ¡Oh ciego furor y alma maliciosa para su propio daño! Oiga, pues, lo que dice el evangelista San Juan: "Estaban junto a la cruz de Jesús su Madre y la hermana de su Madre María Cleofé y María Magdalena". Ninguno duda que hubo dos apóstoles llamados Santiago: el hijo de Zebedeo y el hijo de Alfeo. Sin embargo, acerca de aquel Santiago el menor de quien la Escritura dice que era hijo de María, podemos decir que es el hijo de Alfeo si se trata realmente de uno de los apóstoles. Pero si no es apóstol sino un tercer Santiago, ¿cómo puede considerarse como pariente del Señor? ¿Y cómo el tercero se llamará menor para distinguirle del mayor? Las palabras mayor y menor no se citan cuando se habla de tres sino cuando se quiere distinguir entre dos. El hijo de Alfeo fue llamado pariente del Señor, según afirma San Pablo (**Gál** 1,19): "Yo no vi a ningún otro de los apóstoles más que a Santiago, pariente del Señor". Y para que no se crea que éste era el hijo del Zebedeo, léase los Hechos de los Apóstoles, en donde se dice que ya había sido muerto por Herodes (**Hch** 12). De esto se deduce que aquella María a quien la Escritura llama madre de Santiago el Menor, fue la esposa de Alfeo, hermana de Santa María, la Madre del Señor, y la misma a quien San Juan llama María de Cleofás. Pero si te parece que se trata de dos distintas Marías, porque una vez es llamada María, madre de Santiago el Menor y otra vez María de Cleofás, estudia la costumbre de la Escritura de designar a la misma persona con nombres diferentes. Así como el suegro de Moisés es llamado Reuel y Jetró, del mismo modo la esposa de Alfeo es llamada María de Cleofás y María, madre de Santiago el Menor. Si ésta fuera la Madre del Señor, el Evangelista hubiese preferido llamarla así, como lo hace en todos los lugares. Y aunque María de Cleofás fuera distinta de María, madre de Santiago y José, consta ciertamente que esta última no puede ser la Madre del Señor. *(Laico romano, partidario del arriano Auxencio de Milán. Sostenía que Santa María había tenido otros hijos con José después del nacimiento de Jesús. San Jerónimo lo refuta en su obra **La virginidad perpetua de Santa María**.)*

San Agustín, *de consensu evangelistarum, 3,21*

Se podría decir tanto que habían otras mujeres a lo lejos (como aseguran tres evangelistas), como otras junto a la cruz, como dijo San Juan, si San Mateo y San Lucas no hubiesen nombrado a Santa María Magdalena entre las que estaban a lo lejos y San Juan entre las que estaban junto a la cruz. No puede entenderse esto de otro modo sino diciendo que estaban a una distancia tal que se puede decir tanto que estaban junto a la cruz por encontrarse prontas en su presencia, como que estaban a lo lejos en comparación de la multitud que estaba más cerca rodeando al Salvador con el centurión y con los soldados. También podemos entender que aquéllas que estaban con la Madre del Salvador empezaron a marcharse después que la encomendó a su discípulo para salir de la aglomeración de la muchedumbre y para contemplar todo lo demás que sucedió desde mayor distancia. Por esto los evangelistas que hacen mención de ellas después de la muerte del Señor las citan como estando a lo lejos.

Y cuando fue tarde vino un hombre rico de Arimatea, llamado José, el cual era también discípulo de Jesús. Este llegó a Pilato y le pidió el cuerpo de Jesús. Pilato entonces mandó que se le diese el cuerpo. Y tomando José el cuerpo, le envolvió en una sábana limpia. Y lo puso en un sepulcro suyo nuevo, que había

hecho abrir en una peña. Y revolvió una grande losa a la entrada del sepulcro, y se fue. Y María Magdalena y la otra María, estaban allí sentadas enfrente del sepulcro. (vv. 57-61)

Glosa

Después que el Evangelista refirió el orden de la pasión y muerte del Señor, se ocupa ahora de su sepultura diciendo: "Y cuando fue tarde".

Remigio

Arimatea es la misma ciudad llamada Rámata, de Elcana y de Samuel y se encuentra en el territorio de Canaán, junto a Dióspolis*. Este José fue de elevada posición según el mundo pero es alabado por tener aun mayor mérito delante de Dios y por esto se considera como justo. Convenía también que fuese él mismo quien diese sepultura al cuerpo del Señor porque en atención a sus virtudes fue digno de prestar aquel servicio. "Este llegó a Pilato y le pidió el cuerpo de Jesús".

*(Ramá en **1Sam** 1, 19; 2, 11; 7, 17; **Ramatáyim** en **1Sam** 1,1; **Ramataim** en **1Mac** 11,34. Se le identificacon la actual Rentis, al nordeste de Lyda, aunque para algunos su emplazamiento actual es discutido.)

San Jerónimo

Se considera como rico, no para jactancia del que escribe para que pueda decir que un hombre noble y riquísimo era discípulo del Señor, sino para manifestar por qué pudo pedir a Pilato el cuerpo del Señor. Los pobres y los desconocidos no se hubiesen atrevido a presentarse a Pilato -que era el representante del poder romano- a pedir el cuerpo del crucificado. En otro evangelio este José se llama buleutes (consejero) y respecto de él parece que habló el primer salmo diciendo: "Bienaventurado aquel hombre que no toma parte en las determinaciones de los impíos" (**Sal** 1), etc.

"Y tomando José el cuerpo, lo envolvió en una sábana limpia".

San Juan Crisóstomo, *homiliae in Matthaeum, hom. 88,2.*

Véase el valor de este hombre que se pone en peligro de muerte atrayendo hacia sí las enemistades de todos por su afecto hacia Jesucristo. Además, no sólo se atreve a pedir su cuerpo, sino también a sepultarlo.

San Jerónimo

Por la sepultura sencilla del Salvador, es condenada la ambición de los ricos que ni aun en el sepulcro quieren carecer de sus riquezas. Podemos también comprender en sentido espiritual que el cuerpo del Señor no se ha de envolver en telas de oro ni en piedras preciosas ni aun de seda, sino en un lienzo puro; aun cuando esto signifique que envuelve a Jesús en una sábana limpia el que lo recibe con conciencia pura.

Remigio

La sábana es un paño de lino. Así como el lino proviene de la tierra y con mucho trabajo es conducido a su blancura; de este modo se quiere significar que el cuerpo del Señor, asumido de la tierra -esto es, de la Virgen- a través de los sufrimientos de la pasión es conducido a la blancura de la inmortalidad.

Rábano

De aquí viene el uso en la liturgia de la Iglesia de no celebrar el santo sacrificio del altar sobre seda ni paño teñido sino sobre lino de la tierra, como leemos que fuera ordenado por el Papa San Silvestre.

"Y lo puso en un sepulcro suyo nuevo, que había hecho abrir en una peña".

San Agustín, *in serm. 2 de Sabbato sancto*

Por lo tanto, el Salvador fue depositado en un sepulcro que no era suyo, dando a conocer que moría por la salvación de los demás. ¿Por qué habría de ser colocado en un sepulcro propio el que no había muerto para sí? ¿Por qué habría de tener tumba en la tierra aquél cuyo trono permanecía en el cielo? ¿Por qué habría de tener sepultura propia quien no estuvo en el sepulcro más que tres días, no como muerto, sino como descansando en un lecho? El sepulcro es la habitación de la muerte. No era necesario, pues, que Cristo, que es la vida, tuviese habitación de muerte ni necesitaba habitación de difunto el que nunca muere.

San Jerónimo

Es colocado en un sepulcro nuevo para que no se creyera que después de la resurrección había resucitado uno cualquiera de los demás cuerpos que allí descansaban. También puede significar este sepulcro nuevo las entrañas virginales de María. Fue depositado en el sepulcro que había sido abierto en una piedra porque si hubiese sido edificado con muchas piedras, se hubiese podido decir que había sido robado minando los cimientos.

San Agustín, *in serm. 2 de Sabbato sancto*

Y aun cuando el sepulcro hubiese estado hecho en la tierra, siempre hubieran podido decir que habían minado la tierra y lo habían robado. Si hubiese sido una piedra pequeña la que cerrase la sepultura, podían decir: cuando nosotros dormíamos nos lo han robado. Por esto sigue: "Y revolvió una gran losa a la entrada del sepulcro y se marchó".

San Jerónimo

Manifiesta que era grande la piedra con que cerró para que no pudiese abrirse el sepulcro sin el auxilio de muchos.

San Hilario, *in Matthaeum, 33*

En sentido espiritual puede decirse que José fue una especie de apóstol porque éste envolvió el cuerpo en una sábana limpia. Y en otro lugar encontramos que a San Pedro se le mandó desde el cielo un gran lienzo en el que se encontraba todo género de animales. De esto se desprende que la Iglesia está sepultada con Cristo bajo el aspecto de aquel lienzo. Además, el cuerpo del Señor es colocado en un sepulcro vacío y nuevo, abierto en una roca. Porque por medio de la predicación de los apóstoles, debía introducirse al mismo Jesucristo en el duro corazón de la gentilidad por la influencia de los esfuerzos de su doctrina. Verdaderamente duro y nuevo, en el cual no había penetrado aun el temor de

Dios y como ninguna otra cosa debe entrar mejor en nuestros corazones sino Dios, una piedra grande cierra la puerta, para que nadie nos traiga el conocimiento de la divinidad antes ni despues que El.

Orígenes, *in Matthaeum, 35*

Quizás se escribió que el cuerpo fue envuelto en una sábana limpia y se puso en un sepulcro nuevo, cerrándolo con una piedra grande porque todo lo que se encuentra cerca del cuerpo del Señor es limpio, nuevo y grandioso.

Remigio

Después que el cuerpo del Señor quedó sepultado (los demás se marcharon a sus propias casas), únicamente continuaron allí las mujeres que más lo habían amado y con cuidado extremo se fijaron bien en el lugar donde el Salvador quedó sepultado. Porque en tiempo oportuno debían ofrecerle el testimonio de su devoción. "Y María Magdalena y la otra María estaban allí sentadas enfrente del sepulcro".

Orígenes, *in Matthaeum, 35*

No se dice que la madre de los hijos de Zebedeo estuviese sentada junto al sepulcro porque quizás no haya podido llegar sino hasta la cruz; mas éstas, dada su gran caridad, no faltaron tampoco en lo que sucedió después.

San Jerónimo

Habiendo abandonado todos al Señor, las mujeres perseveraron en su deber, esperando lo que Jesús había ofrecido. Por esta causa merecieron ser de las primeras que vieron la resurrección, porque "Quien persevere hasta el fin, se salvará" (*Jn* 22; 24,13).

Remigio

Esto es lo que hacen hasta hoy las santas mujeres en este mundo (esto es, las almas humildes de los santos) y observan con piadosa curiosidad cómo se completa la pasión de Cristo.

Y otro día, que es el que se sigue al de la Parasceve, los príncipes de los sacerdotes y los fariseos acudieron juntos a Pilato, diciendo: "Señor, nos acordamos que dijo aquel impostor cuando todavía estaba en vida: Después de tres días resucitaré. Manda, pues, que se guarde el sepulcro hasta el tercero día; no sea que vengan sus discípulos y lo hurten, y digan a la plebe: Resucitó de entre los muertos: y será el postrer error peor que el primero". Y Pilato les dijo: "Guardas tenéis, id, y guardadlo como sabéis". Ellos, pues, fueron, y para asegurar el sepulcro, sellaron la piedra y pusieron guardas. (vv. 62-66)

San Jerónimo

No contentos los príncipes de los sacerdotes con haber crucificado al Señor, quisieron guardar su sepultura e impedir en cuanto estuviese de su parte la resurrección. Por esto dice: "Y otro día, que es el que sigue al de la Parasceve", etc.

Rábano

Parasceve quiere decir preparación. Con este nombre se entiende el sexto día que precede al sábado en el cual preparaban lo necesario para este día, como se dice respecto del maná: "En el sexto día recogeréis doble" (*Ex* 16,22) y como en el sexto día fue hecho el hombre y en el séptimo descansó Dios, por esto muere Jesús en el día sexto por el hombre y descansa el sábado en el sepulcro.

San Jerónimo

A pesar de haber cometido un horrendo crimen con la muerte del Salvador, a los príncipes de los sacerdotes todavía no les resultaba suficiente y buscaban derramar todo el veneno de la perfidia contraída hiriendo la honra del Salvador después de su muerte. Por esto llaman impostor a aquél que sabían que era inocente. Por esto dicen: "Señor, recordamos que dijo aquel impostor", etc.

Remigio

El Señor había ofrecido que resucitaría al tercer día porque había dicho: "Así como estuvo Jonás tres días y tres noches en el vientre de una ballena", etc. (*Mt* 12,40). Pero debe observarse de qué modo resucitó después de tres días, porque algunos quieren decir que fueron las tres horas, a saber: una la de tinieblas; otra la de la aurora y del día. Sin embargo, éstos desconocen el significado de la locución figurada. Porque en sentido figurado se entienden la feria sexta en que padeció y comprende la noche precedente. Sigue después la noche del sábado con su día y la noche del día del domingo, que ya forma parte de este día. Por esto es verdad que resucitó al tercer día.

San Agustín, *in serm. de Passione*

Por lo tanto, resucitó después de tres días, para que en la pasión del Hijo se diese a conocer el asentimiento de toda la Trinidad. Los tres días son una figura, porque la Trinidad que en un principio hizo al hombre, es la misma que repara al hombre por la pasión de Jesucristo.

Sigue: "Manda, pues, que sea custodiado el sepulcro hasta el tercero día".

San Hilario, *in Matthaeum, 33*

El miedo de que fuese robado el cuerpo, y su guardia y sello es un testimonio de necedad y de infidelidad, porque quisieron sellar el sepulcro de aquél por cuyo mandato habían visto levantarse a Lázaro del sepulcro.

Rábano

Y cuando dicen: "Y este error será peor que el primero", dicen la verdad aunque por ignorancia. Porque fue mucho peor el menosprecio del arrepentimiento en los judíos que el error de su ignorancia.

San Juan Crisóstomo, *homiliae in Matthaeum, hom. 89,1*

Véase cómo sin querer se conciertan para probar la verdad. Se demostró la verdad de la resurrección precisamente por las disposiciones que adoptaron. Porque habiendo sido custodiado el sepulcro, no pudo haber engaño alguno y si no pudo haber engaño, es evidente e irreprochable que el Señor resucitó. Veamos lo que Pilato contestó: "Guardas tenéis, id y guardadlo como sabéis".

Rábano

Como diciendo: Ya tenéis bastante con que os haya permitido matar a un inocente; en cuanto a lo demás, continuad en vuestro error. "Ellos, pues, fueron y para asegurar el sepulcro sellaron la piedra y pusieron guardas".

San Juan Crisóstomo, *homiliae in Matthaeum, hom. 89,1*

Pilato no quiso que fuesen sólo los soldados los que sellaran el sepulcro, porque si lo hubiesen sellado los soldados únicamente, se habría podido decir que habían permitido a los discípulos que robasen el cuerpo del Señor y así hubiera quedado quebrantada la creencia de la resurrección. Pero en este caso ya no podían decirlo porque ellos mismos habían sellado el sepulcro.

CAPÍTULO 28

Mas en la tarde del sábado, al amanecer el primer día de la semana, vino María Magdalena y la otra María a ver el sepulcro. Y había habido un gran terremoto: porque un ángel del Señor descendió del cielo, y llegando, revolvió la piedra, y se sentó sobre ella. Y su aspecto era como un relámpago, y su vestidura como la nieve. Y de temor de él se asombraron los guardas, y quedaron como muertos. Mas el ángel, tomando la palabra, dijo a las mujeres: "No tengáis miedo vosotras, porque sé que buscáis a Jesús, el que fue crucificado. No está aquí, porque ha resucitado como dijo: Venid, y ved el lugar donde había sido puesto el Señor. E id luego, decid a sus discípulos que ha resucitado; y he aquí va delante de vosotros a Galilea: allí le veréis. He aquí os lo he avisado de antemano". (vv. 1-7)

San Agustín, *in sermonibus de resurrectione.*

Después de las burlas y los azotes, de la hiel y vinagre mezclados, de los tormentos y las llagas sufridas en la cruz y, finalmente, después de la muerte y la bajada a los infiernos, resucitó de su tumba la nueva carne, brotó de lo caduco la nueva vida y resucitó la salvación de la misma muerte, para volver más pura después del sepulcro.

San Agustín, *de consensu evangelistarum, 3,24*

La cuestión acerca de la hora en que las mujeres fueron al sepulcro no resulta trivial. San Mateo dice aquí: "Mas en la tarde del sábado" (*Mt* 16,2) etc., a diferencia de lo que dice San Marcos: "Y muy de mañana, el primero de los sábados vienen María Magdalena y la otra María, a ver el sepulcro" (*Mc* 16,2)*. Cuando San Mateo se refiere a la noche, quiere abarcar desde la primera parte de la noche (que se llama víspera) hasta el final de la misma, en la que fueron al sepulcro. Y como en el sábado no les estaba permitido hacer esto, llamó noche a aquel tiempo en que se podía trabajar y por esto hicieron cuanto pudieron durante lo que podía llamarse noche. *(La siguiente interpretación está fundada en la traducción hecha por la Vulgata del griego* **opse de sabbatön** *por "la tarde del sábado" (vespere autem sabbati). Sin embargo, esta traducción no es muy exacta. Debería traducirse más bien por "después de terminado el sábado" o "al final de los sábados", es decir, "al final de la semana", lo cual armoniza perfectamente con la siguiente frase: "en la aurora del primer día de la semana".)*

Y así, se dice: "Mas en la tarde del sábado", como si se dijese: En la noche del sábado; esto es, en la noche que sigue al día del sábado.* Las mismas palabras así lo indican: "Al amanecer el primer día de la semana". Lo que no comprenderíamos si la palabra víspera significase tan sólo la primera parte (esto es, el comienzo) de la noche. Pues no puede decirse que el principio de la noche es la hora que empieza a brillar antes de amanecer sino más bien la misma noche, que empieza a desaparecer cuando viene la luz. Es un modo de hablar común en la Escritura el tomar el todo por la parte. Por lo tanto, se debe entender noche cuando se trata de la víspera, la cual termina al amanecer y al amanecer fue cuando vinieron al sepulcro.*(Es decir, que sigue a las horas diurnas del sábado, mientras hay luz del sol.)*

Beda

O de otro modo, cuando se dice que las mujeres vinieron en la tarde del sábado a ver el sepulcro debe entenderse que empezaron a venir en la víspera y cuando empezó a lucir la mañana del sábado, llegaron al sepulcro. Esto es, prepararon en la víspera las aromas con que se proponían ungir el cuerpo del Señor, pero los trajeron al sepulcro a la mañana siguiente. San Mateo dijo esto mismo, pero con oscuridad, por querer abreviar. Pero los otros evangelistas lo refieren todo y por orden, explicándolo mejor. El día viernes el Señor fue colocado en el sepulcro. Cuando las mujeres regresaron de haberlo dejado sepultado, prepararon los aromas y los ungüentos, mientras les era lícito trabajar. Durante el sábado no hicieron nada, según estaba mandado en la Ley y así lo dice claramente San Lucas. Pero una vez pasado el sábado y terminada la víspera, cuando ya llegaba el momento de poder obrar, compraron con celeridad lo que les faltaba para satisfacer su devoción (como refiere San Marcos) para ir a ungir al Señor y muy de mañana fueron al sepulcro (*Mc* 16,1-2).

San Jerónimo

No debemos creer, como quieren los impíos, que la aparente divergencia entre los relatos de los evangelistas al citar la hora en que las mujeres vinieron al sepulcro es una prueba de la falta de historicidad de estos relatos. Más bien debemos ver en ello una gran ansiedad en las mujeres, repitiendo las visitas, yendo y viniendo y no decidiéndose a abandonar el sepulcro del Señor, ni ausentarse de él.

Remigio

Debe saberse que hablando en sentido espiritual, San Mateo se propuso demostrarnos la gran dignidad con que el honor de la resurrección del Señor favoreció a aquella sacratísima noche después de vencida la muerte. Por esto dijo: "Mas en la tarde del sábado", etc. Se expresa de este modo porque tiene en cuenta el orden observado en aquellos tiempos, en que las vísperas se consideraban pertenecientes a la noche y no al día. En estas palabras se demuestra que el Señor convirtió esta noche en festiva y brillante por la luz de su resurrección.

Beda homilia Aest. I

Desde el principio del mundo hasta nuestros días, se divide el día de tal modo, que la noche precede a la mañana. Porque el hombre, por el pecado, cayó de la luz del paraíso a las enfermedades y tinieblas. Ahora sigue muy oportunamente el día a la noche, cuando por la fe en la resurrección, hemos vuelto de las tinieblas del pecado y de la sombra de la muerte, a la luz de la vida que nos ha concedido el Señor.

Crisólogo salmo 75

No desaparece el sábado sino que es santificado por Jesucristo. No dijo vine a disolver la ley, sino a cumplirla (*Mt* 5,17). Es iluminado para que brille en el día del Señor y resplandezca en la Iglesia lo que se oscureció en la sinagoga por la obcecación de los judíos. Sigue: "Vino María Magdalena", etc. Tarde busca el perdón la que temprano corrió a la culpa. La que había caído en el paraíso, se apresura a recobrar la fe en el sepulcro. Se precipita a sacar la vida de la muerte, la que había sacado la muerte de la vida. No dijo, pues, vinieron, sino vino. Bajo un solo nombre vienen dos, no por casualidad sino misteriosamente: viene la misma, pero distinta, de modo que se moviese por la virtud y no ya según su vida pasada. Estas dos mujeres, María Magdalena y la otra María, son figuras de la Iglesia que precede a los apóstoles en el sepulcro del Señor, a saber, María es el nombre de la Madre de Cristo, mas este nombre pertenece a dos mujeres. Porque aquí está figurada la unidad de la Iglesia compuesta de los dos pueblos, el gentil y el judío. Vino María al sepulcro como si viniese al seno de la resurrección, como si Jesucristo naciese otra vez del sepulcro de la fe. Antes había sido engendrado en un vientre según la carne. Ahora, Aquél a quien la virginidad cerrada había traído a esta vida, un sepulcro cerrado lo devolvía a la vida eterna. Es un prodigio de la divinidad el haber dejado íntegra la virginidad después del parto y haber salido del sepulcro cerrado con su propio cuerpo.

Sigue: "Y he aquí que hubo un gran terremoto", etc.

San Jerónimo

Dios nuestro Señor, Hijo al mismo tiempo de Dios y del hombre, demostrando que participa de estas dos naturalezas, divina y humana, dio un notable ejemplo de su grandeza y de su humildad. Por esto, aunque como hombre es crucificado y sepultado, sin embargo, lo que sucede exteriormente da a conocer que es Hijo de Dios.

San Hilario, *in Matthaeum.*

El terremoto indica el poder de la resurrección. Porque una vez vencida la pena de muerte y desterradas sus tinieblas, se conmovió el infierno cuando resucitó el Señor de los poderes celestiales.

San Juan Crisóstomo, *homiliae in Matthaeum, 90*

Sucedió el terremoto para que se levantasen y velasen las mujeres, porque como se proponían ir y llevar ungüento, debían de haberse pasado la noche preparando los aromas y probablemente se habían quedado dormidas.

Beda., in homilia super Venid Maria Magdalene.

Cuando el Señor salió del sepulcro hubo un gran terremoto (lo mismo que cuando murió en la cruz) y ello da a entender que los corazones humanos se conmovieron, primero por la fe en la pasión y fueron incitados después a hacer penitencia por el santo temor de la resurrección.

Crisólogo, *sermon 77 y 74*

Si la tierra tembló así cuando el Señor resucitó para salvación de los santos, ¿cuánto temblará cuando vuelva para juzgar a los malvados? Dice el Profeta: "La tierra tembló cuando Dios se levantó a juzgar" (*Sal* 75,9). ¿Cómo podrá soportar la presencia de Dios quien no pudo soportar la presencia de un ángel? Y sigue: "Porque un ángel del Señor bajó del cielo". Al resucitar el Señor y destruir la muerte, vuelve a relacionarse el cielo con la tierra y así como en el principio trató la mujer con el ángel para perdición de la humanidad, ahora otra mujer trata con otro ángel para la felicidad.

San Hilario, *in Matthaeum*

Verdaderamente es grande la prueba que tenemos de la misericordia de Dios Padre, porque cuando resucita el Hijo, lo honra con el servicio de los ángeles y por lo tanto, antes de la resurrección uno es enviado para que la resurrección sea anunciada por un siervo de la voluntad del Padre.

Beda, *in homilia super Venid Maria Magdalene*

Como Jesucristo es Dios y hombre, incluso en los actos de pura humanidad, no le falta nunca la asistencia de los ángeles que únicamente se debe a Dios. "Y llegando revolvió la piedra". No porque fuera necesario abrir la puerta para que saliera el Señor sino para que su salida demuestre a los hombres la realidad del hecho. El que dentro del seno de una Virgen, siendo mortal, pudo entrar en el mundo naciendo, estando cerrado el sepulcro, hecho inmortal pudo salir del mundo resucitado.

Remigio

La piedra rodada del sepulcro es figura de los Sacramentos de Cristo que ya venían prefigurándose en el contexto de la Ley. En efecto, la Ley había sido escrita en piedra y por ello está representada en ella.

Crisólogo, *sermon 74*

No dice volvió, sino revolvió la piedra. Porque la vuelta de la piedra era únicamente señal de muerte; pero el revolver la piedra daba a conocer la resurrección. Aquí se transforma el orden de las cosas. El sepulcro destruye la muerte y no descompone al muerto, la casa de la muerte se transforma en habitación de la vida, aparece la clausura de un modo nuevo, recibe un muerto y lo devuelve vivo. Sigue: "Y se sentó sobre ella". No se sentó por cansancio sino como doctor de la fe y heraldo de la resurrección. Y se sentó sobre la piedra para que la consistencia del asiento fuese motivo de firmeza para los creyentes. El ángel colocaba sobre la piedra los cimientos de la fe sobre la que Jesucristo había de fundar su Iglesia. También puede decirse que la piedra del sepulcro es figura de la muerte con que todos estaban oprimidos y en cuanto a que el ángel se sentó sobre la piedra, se da a entender, que Jesucristo venció la muerte con su poder.

Beda, *in homilia super Venid Maria Magdalene*

Y apareció estando de pie el ángel que anunciaba la venida del Salvador al mundo, porque estando así, manifestaba que el Señor venía a vencer al príncipe de este mundo. Se dice que se sentó el que anunciaba la resurrección porque así daba a conocer que representaba a Aquél que una vez vencido el autor de la muerte, ya se había sentado en el trono de su reino eterno. Se sentó, pues, sobre la piedra rodada con la que se había cerrado la puerta del sepulcro dando a conocer que el Señor había destruido con su poder los antros del infierno.

San Agustín, *de consensu evangelitarum 3,24*

Puede también llamar la atención que San Mateo diga que el ángel se sentó sobre la piedra separada del sepulcro y que San Marcos diga que cuando entraron las mujeres, vieron a un joven sentado a la derecha. Pero debemos entender que San Mateo no habló del ángel que vieron las que entraron y que San Marcos se ocupó sólo del que vieron sentado sobre la piedra. Como vieron dos ángeles, oyeron lo que cada uno de ellos dijo acerca de Jesús. O bien cuando dice que "entraban en el sepulcro" (*Mc* 16,5), debemos entender que lo hacían a alguna parte cercada que protegía el sepulcro, o sea, algún espacio que había ante la piedra del sepulcro y en cuya cavidad se había hecho la excavación para la sepultura. Por lo tanto, pudieron ver al ángel también en el mismo lugar, pero a la derecha y sentado sobre la piedra, como dice San Mateo.

Sigue: "Y su aspecto era", etc.

Crisólogo, *sermon 75*

Se diferencia el resplandor del rostro de la blancura de los vestidos y se compara el rostro del ángel con el relámpago y su vestido con la nieve. Porque el relámpago viene del cielo y la nieve de la tierra. Por esto dice el Profeta: "Alabad al Señor de la tierra, fuego, granizo, nieve" (*Sal* 148,7), etc. Por lo tanto, en el rostro del ángel se da a conocer la claridad de naturaleza espiritual y en su vestido está significada la gracia que ha unido la naturaleza humana a la divinidad y así se manifiesta la aparición del ángel que habla, con el fin de que los ojos de la carne puedan soportar el resplandor de la claridad, a la vez que por el resplandor del relámpago teman y respeten al Autor de cuanto existe.

Crisólogo, *sermon 77*

¿Para qué aprovecha el vestido, cuando no hay necesidad de cubrirse? Pero el ángel prefigura nuestro vestido y nuestra forma en la resurrección, cuando el hombre se vestirá con el brillo mismo de su cuerpo.

San Jerónimo

También el ángel, con su blanco vestido, representa la gloria del que triunfa.

San Gregorio Magno, *homiliae in Evangelia. 21,4*

O de otro modo, en el relámpago aparece el terror del que teme y en la nieve la tranquilidad del candor y como Nuestro Señor es poderoso y terrible para los pecadores y apacible para los justos, con mucha oportunidad aparece el ángel testigo de su resurrección con el resplandor de su semblante y con el candor del vestido blanco, aterrando así a los malvados y halagando a los buenos; por esto sigue: "Y de temor de él", etcétera.

Rábano

Los que no confían en su amor se aterran por la ansiedad del temor y los que no quieren creer la verdad de su resurrección quedan como muertos.

Crisólogo, *sermon 75*

Guardaban el sepulcro por crueldad y no por un acto de piedad. No puede sostenerse aquél a quien la conciencia abate y el remordimiento precipita. Por eso el ángel aterra a los impíos y habla y consuela a los buenos.

Sigue: "Mas el ángel tomando la palabra", etc.

San Jerónimo

Los guardias, aterrados, cayeron como muertos y el ángel, no los levanta sino que anima a las mujeres, diciendo: "No tengáis miedo vosotras"; como diciendo: Teman aquellos que permanecen en la incredulidad. Pero vosotras, como buscáis a Jesucristo crucificado, oíd que ya resucitó, cumpliendo lo ofrecido. Por esto sigue: "Porque sé que buscáis a Jesús el que fue crucificado".

Crisólogo, *sermon 77*

Buscaban al crucificado y muerto, a pesar de que los terribles acontecimientos de la pasión habían perturbado en parte su fe. Pero había sido tal el ímpetu de su amor, que buscaban al Señor del cielo aun en el sepulcro. "No está aquí".

Rábano

Esto es, en cuanto a presencia corporal porque en cuanto a la Divinidad, está en todas partes. "Porque ha resucitado como dijo".

San Juan Crisóstomo, *homiliae in Matthaeum, hom. 90*

Como diciendo: Y si no me creéis, acordaos de sus palabras. Y todavía añade una nueva razón, cuando dice: "Venid y ved el lugar donde había sido puesto el Señor".

San Jerónimo

Y si no creéis en mis palabras, creed en el sepulcro vacío.

Crisólogo, *sermon 76*

El ángel menciona primero el nombre, habla de la cruz y habla de la pasión. Pero luego reconoce la resurrección y a su Señor. Así el ángel, después de tanto tormento y del sepulcro, reconoce a su Señor. ¿Por qué el hombre ha de creer rebajado a su Dios cuando lo ve en carne mortal? ¿o ha de considerar que desfalleció su poder en la pasión? Dice que fue crucificado y muestra el lugar donde había sido enterrado el Señor para que no se creyese que era otro, sino el mismo, resucitado de entre los muertos. Y si el Señor volvió a su propia carne y da señales evidentes de su resurrección, ¿por qué ha de pensar el hombre que vendrá en otra carne? ¿O es que el siervo desdeña su propia carne, siendo así que el Señor no cambió la nuestra?

Rábano

Por medio de estas palabras, no sólo se ofreció ocasión de alegría al alma interior, sino que se debió poner de manifiesto a los que verdaderamente lo amaban. Por ello sigue: "Y marchando pronto", etc.

Crisólogo, *sermon 76*

Como diciendo: Mujer ya santificada, vuelve al hombre; persuádelo a que crea, ya que antes le enseñaste a pecar; cuéntale cómo es verdad que Jesús ha resucitado, una vez que antes fuiste la causa de su ruina. "Y he aquí va delante de vosotros, etc.

San Juan Crisóstomo, *homiliae in Matthaeum, hom. 90*

Les dice esto para asegurarles que no corren peligro alguno, para que así el temor no enfríe su fe.

San Jerónimo

Estas palabras: "Va delante de vosotros, a Galilea" quieren decir en sentido espiritual que iba al país inmundo de los gentiles donde antes habitaba el error y la corrupción y el pie no hallaba vestigio firme y estable.

Sigue: "Allí le veréis; he aquí que os lo he avisado de antemano".

Beda, *in homilia super Venid Maria Magdalene*

El Señor fue visto en Galilea por sus discípulos cuando ya había pasado de la muerte a la vida, de la corrupción a la inmortalidad. Galilea quiere decir migración. ¡Felices las mujeres, que merecieron anunciar al mundo el triunfo de la resurrección! Y más felices las almas que en el día del juicio (mientras los réprobos se aterran) merezcan entrar en el goce de la bienaventurada resurrección.

Y salieron al punto del sepulcro, con miedo y con gozo grande, y fueron corriendo a dar las nuevas a los discípulos. Y he aquí, Jesús les salió al encuentro diciendo: "Dios os guarde". Y ellas se llegaron a El, y abrazáronle sus pies y le adoraron. Entonces les dijo Jesús: "No temáis: id, dad las nuevas a mis hermanos para que vayan a la Galilea; allí me verán". (vv. 8-10)

San Hilario, *in Matthaeum*

Las mujeres fueron instruidas por medio del ángel. En seguida les salió al encuentro el Salvador, para que al anunciar la resurrección a los ansiosos discípulos, no pudiesen decir que hablaban únicamente porque el ángel se lo había dicho, sino porque lo habían oído de boca del mismo Salvador. Por esto sigue: "Y salieron al punto del sepulcro con miedo y con gran gozo".

San Agustín, *de consensu evangelistarum, 3, 23-24*

Se dice que salieron del sepulcro, esto es, de aquel lugar donde estaba el espacio del huerto que se había cavado delante de la piedra.

San Jerónimo

Dos sentimientos agitaban a aquellas mujeres: el del gozo y el del temor. El primero por el deseo de que resucitase y el segundo por la magnificencia del milagro y los dos adquirían mayores proporciones, porque tenían lugar en mujeres. Por esto sigue: "Y fueron corriendo a dar las nuevas a sus discípulos". Se dirigían, pues, a los Apóstoles, para que empezase a esparcirse por medio de ellos la semilla de la fe. Y las que así buscaban y las que así corrían merecieron que el Salvador resucitado les saliese al encuentro. Por esto sigue: "Y he aquí Jesús les salió al encuentro, diciendo: Dios os guarde".

Rábano

Con esto da a conocer que sale siempre al encuentro ayudando a todos aquellos que emprenden el camino de las virtudes para que puedan llegar a la eterna salvación.

San Jerónimo

Las primeras mujeres merecieron oír: "Que Dios os guarde", porque así quedaba deshecha la maldición de la mujer Eva, en estas mujeres.

Crisólogo, *sermon 76*

Estas mujeres son figura de la Iglesia porque Jesucristo reprende a sus discípulos cuando dudan acerca de su resurrección y los confirma cuando vacilan. Cuando sale al encuentro de estas mujeres, no las asusta con su poder, sino que las previene con el ardor de su caridad. Porque Jesucristo se saluda en su Iglesia, que ha recibido en su propio cuerpo.

San Agustín, *de consensu evangelistarum, 3, 23-24*

Deducimos que estas mujeres hablaron dos veces con los ángeles. La primera cuando iban al sepulcro, es decir, cuando vieron un solo ángel (de quien hablan San Mateo y San Marcos) y la segunda cuando después vieron dos (como dicen

San Lucas y San Juan). También encontraron al Señor dos veces; una en aquel sitio en que María lo confundió con un hortelano y la otra ahora, cuando sale al encuentro de las mujeres en el camino, para confirmarlas por segunda vez, separando de ellas todo temor.

Crisólogo, *sermon 76*

Allá no les permitió que lo toquen. Pero aquí no sólo se lo permite, sino que incluso lo detengan y lo abracen. Por esto sigue: "Y ellas se llegaron a El y abrazáronle los pies y le adoraron".

Rábano

Ya se ha dicho antes que resucitó estando cerrado el sepulcro, dando a conocer así que su cuerpo era inmortal a pesar de haber sido muerto y encerrado en el sepulcro. Quiso detener a las mujeres para demostrarles claramente que tenía carne, la misma que era tocada por los mortales.

Crisólogo, *sermon 76*

Las mujeres, como tipo de la Iglesia, abrazan los pies de Jesucristo, que representan la predicación evangélica y obtienen con su prisa que el Salvador detenga también sus pasos para que ellas puedan honrar a la divinidad entera. Pero aquella otra que sobre la tierra llora a su Señor y por esto lo busca muerto en el sepulcro ignorando que reina en el cielo con el Padre, merecidamente oyó estas palabras: "No me toques" (***Jn*** 20,17). Nosotros cuando conocemos las cosas divinas vivimos para Dios y cuando gustamos de las cosas humanas nos cegamos a nosotros mismos. Detuvieron los pies del Señor, para poder conocer en El mismo que era hombre y que ellas estaban a sus pies y que se les había concedido seguirlo y no preceder a Jesucristo. Lo mismo que había dicho el ángel dijo el Señor y así confirmó todavía más a aquéllas a quienes el ángel había confirmado ya.

Sigue: "Entonces les dice Jesús: no temáis".

San Jerónimo

Tanto en el Antiguo como en el Nuevo Testamento, ha de observarse que cuando ha habido alguna aparición extraordinaria, se ha cuidado siempre de quitar el temor, para que así, calmada la inteligencia, se pueda oír lo que se dice.

San Hilario, *in Matthaeum*

Por el contrario, el orden de la causa principal se transforma, porque como la muerte había venido por medio de una mujer, debió ser una mujer la primera que viese y anunciase la gloria de la resurrección. Por esto el Señor añade: "Id, dad las nuevas a mis hermanos para que vayan a Galilea: allí me verán".

Crisólogo, *sermon 76*

Llama hermanos a aquellos a quienes hizo participantes de su cuerpo. Llama hermanos a aquellos quienes el bondadoso heredero constituyó consigo mismo como coherederos y llama hermanos a aquellos a quienes adoptó por hijos del Padre.

San Agustín, *de consensu evangelistarum, 3, 23-25*

El Señor no había de darse a conocer en el lugar en donde se había dejado ver por vez primera, sino en Galilea (en donde fue visto después) y donde mandó que podía ser visto, tanto por medio del ángel, como por sí mismo. Esto es un misterio cuya comprensión todo fiel debe buscar. Galilea quiere decir migración o revelación. En el primer sentido, ¿qué otra cosa puede entenderse sino que la gracia de Jesucristo había de salir del pueblo de Israel, para emigrar a los gentiles, quienes de ningún modo hubieran creído a los Apóstoles cuando les predicaban el Evangelio, si el mismo Dios no hubiese preparado el camino de los corazones de los hombres? Y en este sentido se toman aquellas palabras: "Va delante de vosotros a Galilea". Y cuando se añade: "Allí le veréis", se entiende: "allí encontraréis a sus miembros", o lo que es lo mismo, "le veréis allí vivo en cuerpo, en todo lo que podréis conocerle". Pero en el segundo sentido, según el cual Galilea significa "revelación", la idea puede ser que El no iba a estar más en la forma de siervo, sino en aquella en que es igual al Padre. Aquélla será una revelación que se puede entender como una verdadera Galilea, cuando seamos semejantes a El y le veamos como es (*1Jn* 3,2). Entonces, también, será cuando se realizará el más feliz paso desde este mundo a la eternidad.

Y mientras ellas iban, he aquí algunos de los guardas fueron a la ciudad, y dieron aviso a los príncipes de los sacerdotes de todo lo que había pasado. Y habiéndose juntado con los ancianos y tomado consejo, dieron una grande suma de dinero a los soldados, diciendo: "Decid que vinieron de noche sus discípulos y lo hurtaron, mientras que nosotros estábamos durmiendo. Y si llegase esto a oídos del presidente, nosotros se lo haremos creer, y miraremos por vuestra seguridad". Y ellos tomando el dinero lo hicieron conforme habían sido instruidos. Y esta voz que se divulgó entre los judíos dura hasta hoy día. (vv. 11-15)

San Juan Crisóstomo, *homiliae in Matthaeum, hom. 91*

De las señales que aparecieron acerca de Jesucristo, unas fueron conocidas en todo el mundo, como las tinieblas, y otras sólo por los soldados que guardaron el sepulcro, como la admirable aparición del ángel y el terremoto. Las que se verificaron para los soldados sucedieron así para que se asustasen y diesen ellos mismos testimonio de la verdad. La verdad cuando es publicada por los que la contradicen brilla más, lo cual sucedió en este caso. Por esto dice: "Y mientras ellas iban (esto es, las mujeres), he aquí que algunos de los guardas fueron a la ciudad y dieron aviso a los príncipes de los sacerdotes", etc.

Rábano

La sencillez del alma y la ignorancia de los hombres es la que manifiesta en muchas ocasiones la verdad de una cosa tal y como es, sin engaño de ninguna especie. Por el contrario, la astuta malicia pugna por hacer pasar lo falso por verdadero.

San Jerónimo

Por lo tanto, los príncipes de los sacerdotes, que debieron hacer penitencia y buscar a Jesucristo resucitado, persisten en su malicia y malversan el dinero que han recibido para las necesidades del templo en comprar una mentira, como antes habían entregado a Judas las treinta monedas de plata. Por esto sigue: "Y habiéndose juntado con los ancianos y tomado consejo, dieron una grande suma de dinero", etc.

Crisólogo, *sermon 76*

No se contentaron con matar al Maestro, sino que ahora intentan el modo de perder a los discípulos, haciendo aparecer como crimen de éstos lo que es un poder del Maestro. Es incontestable que los soldados se habían dejado perder. Los judíos habían perdido su víctima y los discípulos habían recobrado su Maestro, no por medio del hurto sino por la fe; no por el engaño, sino por la virtud; no por el crimen, sino por la santidad; no muerto, sino vivo.

San Juan Crisóstomo, *homiliae in Matthaeum, hom. 90,1*

¿Cómo podían robarlo los discípulos, siendo así que eran pobres, ignorantes y que ni se atrevían a presentarse en público e inclusive viéndole vivo huyeron? ¿Cómo no hubiesen temido a tantos soldados después de muerto? ¿Acaso hubieran podido haber destruido la puerta del sepulcro? Esta era una piedra grande, necesitaba de muchas manos. ¿Y acaso no tenía también puesto un sello? ¿y por qué no lo robaron en la primera noche cuando nadie guardaba el sepulcro? En el sábado fue cuando pidieron a Pilatos la guardia. ¿Y qué querían decir después aquellos sudarios que San Pedro vio caídos en el suelo? Por lo tanto, si hubiesen querido robarlo, no hubieran robado el cuerpo desnudo, no sólo por no injuriarle, sino también por no tardar en la salida, dando lugar a que los soldados los detuviesen. Además, la mirra estaba adherida al cuerpo y a los vestidos y siendo tan pegajosa, no podrían fácilmente separarse los vestidos del cuerpo. Por lo tanto, no puede admitirse lo que dicen respecto del robo. Los que se empeñan en decir esto para oscurecer la resurrección, colaboran haciéndola brillar más. En efecto, cuando dicen que los discípulos lo han robado, confiesan que no está el cuerpo en el sepulcro. Manifiestan que es falso el robo tanto la guardia de los soldados, como el temor de los discípulos.

Remigio

Y si los guardias se durmieron, ¿cómo vieron el robo? Y si no lo vieron, ¿cómo pudieron probarlo? Y por lo tanto, no pudieron probar lo que quisieron.

Glosa

Y para que no se desdijesen los soldados, por temor a que el procurador castigase su descuido, añadieron: "Y si llegase esto a oídos del presidente, nosotros se lo haremos creer y miraremos por vuestra seguridad".

San Juan Crisóstomo, *homiliae in Matthaeum, hom. 90,2*

Véase aquí cómo todos fueron corrompidos: Pilatos fue engañado, el pueblo judío excitado y los soldados sobornados. Por esto sigue: "Mas ellos tomando el dinero, lo hicieron conforme habían sido instruidos". Si el dinero tuvo tanto poder respecto del discípulo al punto que lo hizo entregar a su Maestro, no te admire que los soldados también sean vencidos por el dinero.

San Hilario

Por lo tanto, por dinero se compra el silencio de la resurrección y la mentira de un robo, porque apegados a las cosas del mundo, los que viven en la codicia del dinero niegan la gloria de Jesucristo.

Rábano

Así como el crimen de sangre que ellos se habían atraído pesaba como carga insoportable de pecado sobre su posteridad, así el soborno de una mentira para negar la verdad de la resurrección los abruma con perpetua condenación. Por lo que sigue: "Y esta voz, que se divulgó entre los judíos, dura hasta hoy día".

San Severo

Se divulgó esto entre los judíos, mas no entre los cristianos. Lo que en la Judea encubría el judío con el oro, brilló en todo el mundo por medio de la fe.

San Jerónimo

Todos los que abusan de lo que se da para beneficio del templo y para las necesidades de la Iglesia dedicándolo a otros usos, para satisfacer su propia voluntad, son semejantes a los escribas y a los sacerdotes, que compran la mentira y la sangre del Salvador.

Y los once discípulos se fueron a la Galilea al monte, a donde Jesús les había mandado. Y cuando lo vieron, le adoraron: mas algunos dudaron. Y llegando Jesús les habló diciendo: "Se me ha dado toda potestad en el cielo y en la tierra. Id, pues, y enseñad a todas las gentes bautizándolas en el nombre del Padre, del Hijo y del Espíritu Santo: enseñándolas a observar todas las cosas que os he mandado: y mirad que yo estoy con vosotros todos los días hasta la consumación del siglo". (vv. 16-20)

Beda

Después que fue anunciada la resurrección por el ángel, San Mateo aseguró que los discípulos también se encontraron con el Señor, diciendo: "Y los once discípulos se fueron a Galilea, al monte, a donde Jesús les había mandado". Porque cuando el Señor iba a padecer había dicho a sus discípulos: "Después que resucite os precederé a Galilea" (*Mt* 26,32). El ángel también había dicho a las mujeres: "Decid a sus discípulos, que va delante de vosotras a Galilea" (*Mc* 16,7). Por lo que los discípulos obedecieron el mandato del Maestro. Puntualmente los once se presentan y le adoran; uno de los discípulos ya había perecido y fue el que había entregado a su Señor y Maestro.

San Jerónimo

Por lo tanto, Jesús fue visto en el monte de Galilea después de su resurrección y allí fue adorado y aun cuando algunos lo duden, su duda aumentará nuestra fe: "Y cuando lo vieron, le adoraron; mas algunos dudaron".

Remigio

Esto lo refiere más extensamente el evangelista San Lucas. Dice, pues, que cuando el Señor resucitó de entre los muertos y se apareció a sus discípulos, ellos asustados creían que veían un espíritu.

Beda

El Señor se les apareció en un monte, para dar a entender que el cuerpo que había tomado de la tierra al nacer -como sucede con todos los hombres- ya estaba elevado sobre todas las cosas terrenas cuando resucitó y enseñaba a los fieles que si deseaban allí ver la magnificencia de su resurrección, debían esforzarse por pasar de las más bajas pasiones a los más elevados deseos. Además, Jesús precede a sus discípulos en Galilea porque Jesucristo resucitó de entre los muertos constituyéndose en primicias de los que mueren. Siguen también los que son de Jesucristo y pasan a su imitación, de la muerte a la vida, contemplando a la divinidad en su esencia. Por esta razón sucedió todo esto en Galilea, que quiere decir revelación.

San Agustín, *de consensu evangelistarum 3,25*

Pero debe considerarse cómo pudo ser visto el Señor en Galilea de una manera corporal, siendo así que no fue visto en el mismo día en que resucitó, a no ser que alguien diga que no fueron los once discípulos que ya entonces se llamaban apóstoles, sino que estuvieron allí otros once discípulos del gran número de los que Jesús tenía. Porque el Señor fue visto en Jerusalén el mismo día, pero fue al principiar la noche, como dicen claramente San Lucas y San Juan, que en esto están conformes. Tampoco fue visto en los ocho días siguientes, después de los cuales dice San Juan que el Señor se apareció a sus discípulos. Esto fue cuando se apareció por primera vez a Santo Tomás que no le había visto en el día de su resurrección. Pero en todo esto hay una dificultad. San Juan cuando lo refiere, no dice que estaban los once en el monte, sino junto al mar de Tiberíades y que fueron siete los que vieron al Señor cuando estaban pescando: "Ya era ésta la tercera vez en que Jesús se aparecía a sus discípulos" (*Jn* 21,14). Esto debe entenderse respecto del número de días y no respecto del número de manifestaciones y si queremos entender que dentro de los ocho días antes que

Santo Tomás le viese, el Señor fue visto por los once discípulos, ésta no era la tercera manifestación, la que tenía lugar junto al mar de Tiberíades, sino la cuarta y por esto debemos comprender que después de todas estas cosas sucedió el hecho de los once discípulos que vieron al Salvador en el monte de Galilea. Encontramos también que los cuatro evangelistas están conformes en decir que el Señor fue visto diez veces después de su resurrección: una por las mujeres en el sepulcro; otra por las mismas cuando salían del sepulcro y en el camino; la tercera vez por San Pedro; la cuarta, por los dos discípulos que iban a Emaús; la quinta por muchos en Jerusalén donde no estaba Santo Tomás; la sexta, cuando fue visto por Santo Tomás; la séptima, junto al mar de Tiberíades; la octava, en el monte de Galilea, como refiere San Mateo; la novena, cuando estaban a la mesa, -como cuenta San Marcos- porque ya no pertenecían a la tierra sino que debían ser invitados por el Señor; la décima, en el mismo día, no ya sobre la tierra sino elevado en las nubes cuando subía a los cielos, como refieren tanto San Marcos como San Lucas. Es importante tener presente en todo esto lo que dice San Juan, que no fueron escritas todas las cosas, de donde se deduce que el trato del Salvador con sus discípulos era frecuente en el espacio de cuarenta días antes de su ascensión a los cielos.

Remigio

Y cuando los discípulos vieron al Señor, lo reconocieron y postrándose en tierra lo adoraron. Por esto el piadoso y clemente Maestro, se aproximó a ellos para arrancar de sus corazones toda clase de dudas y los confirmó en la fe. "Y llegando Jesús les habló diciendo: se me ha dado toda potestad en los cielos y en la tierra".

San Jerónimo

Le había sido dada esta potestad a Aquél que poco antes había sido crucificado, que había sido encerrado en su sepulcro y que resucitó después.

Beda

No puede decirse esto en cuanto a la divinidad, por la que es coeterno con el Padre, sino respecto de la humanidad que había tomado en la tierra y en virtud de la cual se había rebajado hasta ser poco menos que los ángeles.

San Severo

Por lo tanto, el Hijo de Dios comunicó al Hijo de la Virgen, Dios al hombre, la divinidad a la carne, lo que siempre posee con el Padre.

San Jerónimo

Se le dio toda potestad en el cielo y en la tierra, porque Aquél que antes sólo reinaba en el cielo, por la fe de los creyentes debía reinar ahora en la tierra.

Remigio

Esto ya lo había dicho el Salmista cuando se refería a la resurrección del Señor: "Lo has constituido sobre todas las obras de tus manos" (*Sal* 8,7) y esto es lo que ahora dice el Señor: "Me ha sido dada toda potestad en el cielo y en la tierra". Y aquí debe entenderse que los ángeles ya sabían que estaban sujetos al

Dios hombre antes que el Señor resucitase de entre los muertos. Y queriendo Jesucristo dar también a conocer a los hombres que se le había dado toda potestad en el cielo y en la tierra, les mandó predicadores para que anunciasen la palabra divina a todas las naciones. Por esto sigue: "Id, pues y enseñad a todas las gentes".

Beda

El que había dicho antes de su pasión: "No vayáis por el camino de los gentiles" (*Mt* 10,5), cuando resucitó de entre los muertos, les dijo: "Id y enseñad a todas las gentes", por lo que se equivocan los judíos diciendo que Jesucristo había de venir únicamente para su salvación. Avergüéncense también los donatistas *, que deseando encerrar en una localidad la misión de Jesucristo, dijeron que únicamente había venido para salvar a los africanos y no a los habitantes de las demás naciones. *(Herejía norafricana que toma su nombre de Donato, obispo cismático de Cartago en el siglo IV. Los donatistas sotenían que los sacramentos administrados por ministros indignos eran inválidos, negando así su eficacia "ex opere operato" en virtud del poder de Cristo, el único y verdadero ministro de los sacramentos. Fueron refutados por San Agustín.)*

San Jerónimo

En primer lugar enseñan a todas las gentes y después de instruirlas las bautizan con agua. No puede suceder que el cuerpo sea quien reciba el sacramento del bautismo, a no ser que el alma reciba antes la verdad de la fe*. Por esto dice: "Bautizándolas en el nombre del Padre, del Hijo y del Espíritu Santo". Porque siendo una misma la divinidad de las Personas, debía ser una misma la gracia que concediesen. La palabra Trinidad significa un solo Dios. *(La misión de bautizar está implicada en la misión de evangelizar, porque el sacramento es preparado por la Palabra de Dios y por la fe que es consentimiento a esta Palabra. Ver **Catecismo de la Iglesia Católica**, 1122.)*

San Severo

Por lo tanto, todas las naciones son dirigidas hacia su salvación por la misma potestad que las creó para la felicidad eterna.

Dídimo, *De Spiritu sancto, l. 2*

Aun cuando puede existir algún demente que se empeñe en bautizar suprimiendo algunos de los tres nombres antedichos -esto es, oponiéndose a la ley de Jesucristo- bautizará pero sin validez y por eso no podrá librar del pecado a aquellos a quienes creyese bautizados. De esto se deduce cuán indivisible es la esencia de la Trinidad y que el Padre es verdadero Padre del Hijo, que el Hijo es verdadero Hijo del Padre y que el Espíritu Santo es verdaderamente el Espíritu del Padre y de Dios Hijo y que además lo es de la Sabiduría y de la Verdad, que es el Hijo. Este es el fundamento de la felicidad de los creyentes y todo el Plan de la salvación está basado en esta Trinidad.

San Hilario

¿Qué hay que pueda contribuir a la salvación de los hombres que no esté contenido en este sacramento? Todo lo necesario está pleno en él, pues proviene de Aquel que es pleno y perfecto. En efecto, dicho sacramento tiene el nombre de su naturaleza en el Padre, en el sentido en que sólo el Padre es padre, porque su paternidad no proviene de otro al modo humano: El es ingénito, eterno y subsiste siempre en sí de modo que sólo es conocido por el Hijo. Y el Hijo es como la descendencia del ingénito, uno del uno, verdadero del verdadero, vivo del vivo, perfecto del perfecto, potencia de la potencia, sabiduría de la sabiduría, gloria de gloria, imagen de Dios invisible, forma*(*"Forma" tiene aquí probablemente el mismo significado que "imagen". Estos dos términos aparecen juntos en muchos pasajes de La Trinidad de San Hilario*) del Padre ingénito. El Espíritu Santo no puede separarse de la confesión esencial del Padre y del Hijo y en verdad, en ninguna parte falta este consuelo de nuestra esperanza. En los efectos de sus dones está la prenda de las futuras promesas. Es la luz de las inteligencias y el esplendor de las almas. Todo esto, aun cuando los herejes no pueden cambiarlo, lo quieren acomodar a la humana inteligencia, porque Sabelio*(*Sabelio, fundador de la herejía conocida como sabelianismo en el siglo III. Sostenía que el Padre, el Hijo y el Espíritu Santo no son personas distintas realmente entre sí, sino manifestaciones del único Dios existente*). dice que el Padre está en el Hijo y cree que la distinción entre el Padre y el Hijo es cuestión de nombres más que de realidades, porque imagina que el Hijo es el mismo que el Padre. Ebión*(*Ebión es el nombre del supuesto fundador de de la llamada secta de los ebionitas. Estos negaban la divinidad del Señor Jesús, considerándolo un simple hombre, aunque nacido de manera extraordinaria. Sus orígenes se remontan al siglo I y San Hilario (310-367) la considera aún viva en su tiempo.*) se esfuerza en demostrar que en María está exclusivamente el origen del Hijo de Dios, y en realidad no hace proceder al hombre de Dios sino a Dios del hombre. Los arrianos dicen que la forma, la sabiduría y el poder de Jesucristo, en cuanto Dios, proceden de la nada y han principiado en el tiempo. ¿Qué de extraño tiene que piensen también del Espíritu Santo de diferente modo, si son tan temerarios que invierten y cambian tales cosas respecto del Hijo de quien también procede el Espíritu Santo?

San Jerónimo

Este orden se considera como esencial. Mandó a sus Apóstoles que enseñasen primero a todas las gentes, después que los bautizasen con el sacramento de la fe y que después de la fe y del bautismo les enseñasen todo lo que debían hacer. Por esto sigue: "Enseñándolas a observar todas las cosas que os he mandado".

Rábano

Así como el cuerpo está muerto cuando carece de espíritu, la fe está muerta cuando carece de obras.

San Juan Crisóstomo, *homiliae in Matthaeum, hom. 90,2*

Y como les había hecho encargos de mucha importancia, queriendo animarlos les dice: "Y mirad que yo estoy con vosotros todos los días, hasta la consumación de los siglos". Como diciendo: "y no digáis que es difícil cumplir lo que se os manda, porque estoy yo con vosotros, que todo lo facilito". No dijo que estaría con ellos, sino con todos los que creyesen después de ellos. Por lo tanto, hay que decir que los Apóstoles no vivirían hasta la consumación de los siglos, en atención a que estas palabras deben entenderse como dirigidas a todo el cuerpo de fieles.

Rábano

De aquí se desprende que no habrán de faltar fieles que sean dignos de la eterna felicidad hasta la consumación de los siglos.

San Juan Crisóstomo, *homiliae in Matthaeum, hom. 90,2*

Les recuerda la consumación de los siglos para atraerlos mejor y para que no sólo vean lo presente, sino que además conozcan aquellos beneficios que habrán de permanecer siempre, como diciendo: "la aflicción que sufriréis concluirá con esta vida, pero vendrá después la otra que no tendrá fin y los beneficios de que disfrutaréis, subsistirán siempre".

Beda

Se pregunta cómo dice: "Yo estoy con vosotros", cuando dice en otro lugar: "Voy a Aquél que me envió" (*Jn* 16,5). Porque unas cosas son las que pertenecen a la humanidad y otras las que pertenecen a la divinidad. Irá al Padre por la humanidad y permanece con sus discípulos, en cuanto a la divinidad. Respecto de lo que dijo: "Hasta la consumación del siglo", pone lo finito por lo infinito. Porque el que en la vida presente permanece con sus escogidos protegiéndolos, también estará con ellos después que ésta haya concluido, premiándolos.

San Jerónimo

El que promete estar con sus discípulos hasta el fin de los tiempos, manifiesta que ellos habrán de vencer siempre y que El nunca se habrá de separar de los que crean.

San León Magno, *sermones 72*

Y el que sube a los cielos, no abandona a los adoptados sino que los alienta a la paciencia, a la vez que los invita a la gloria; de cuya gloria nos haga participantes el mismo Jesucristo, Rey de la gloria, que es Dios bendito, por todos los siglos. Amén.

Le invitamos a leer las otras Catena Aurea o Comentarios sobre los evangelios de los otros tres Evangelistas, los cuales también hemos publicado para nuestros estimados lectores. Esperamos sean de gran ayuda.!!!